国家出版基金项目
NATIONAL PUBLICATION FOUNDATION

古代方言文獻叢刊

華學誠 主編

歷代方志方言文獻集成

曹小雲 曹嫄 輯校

第八册

中華書局

廣東省 凡一百一十一種

〔嘉靖〕廣東通志初稿

【解題】戴璟修，張岳等纂。「方言」見卷十八《風俗》中。録文據嘉靖十四年（一五三五）刻本《廣東通志初稿》。

方言

有方言，有方音，有俗字。

廣人謂父曰爹、曰爸。母曰媽、曰阿姐〔一〕。呼哥嫂輒以亞先之，亦曰阿。如兄則曰亞哥，嫂曰亞嫂之類。叔、舅亦然。兒女排行亦先以亞。遊樂曰則劇。按《朱子語類》亦言「則劇」，閩廣有此語。問何如曰點様。詰人曰蔑地。無曰毛。移近曰埋。呼兒曰仔，其不儉者曰散仔。斥男女之賤者，男曰獠，《五代史·南漢世家》所謂「憨獠」者可証。女曰夫娘。見《輟耕録》。甚至以物

〔一〕姐：原誤作「妞」。

形狀，如子弟汰而不曉事者曰大頭蝦。至於外縣，每十里不同。如游樂，南海曰僫欣，順德曰僫，東莞曰料；新會指何處曰蓬蓬，此類皆方言也。

廣城四聲皆無訛者，如來近黎、久近苟，皆不甚相遠。惟東莞謂東曰凍，是以平爲去也；如莞曰官，是以上爲平也。香山城内，大近正音而差濁，谷字都、黄旗角，則皆閩語，殊侏儒。如謂人曰能，是以真入蒸也。增城有東話，語尤奇俏，謂屋曰竄，是以入爲上也。新會、下海、東莞、南頭謂刀曰多，是以豪入歌也。此類皆方音也。

范成大《虞衡志》記臨桂數字，雖甚鄙野，而偏旁亦有依附。𡘾音穩，大坐穩也。⿱不高音矮，不高故矮也；亦作⿱不長，不長亦矮也。奀音勒，不大謂瘦也。⿱石山音磡，山石之巖窟也。閂音攘，横關也。氽音酋，人在水上也。氼音魅，人没入水下也。⿰毛口，音鬍，毛口也。丼〔一〕，東敢反，以石擊水之聲也，今廣亦有之。又無曰冇，音耄，謂與有相反也。季子曰孻，力求反，子之盡也。新會曰屘，極命反，子之至尾者也。兩廣謂巖峒曰⿴凵山，亦龍反，兩山之間也。順德謂石梗曰石硝，蓋取諧聲。番禺、從化謂地之寬平者曰⿱罒泰，音胤，則又無所取義。此俗字也。

〔一〕丼：原作「井」。

〔雍正〕廣東通志

【解題】郝玉麟修，魯曾煜等纂。「方言俗字」見卷五一《風俗》中。録文據雍正九年（一七三一）刻本《廣東通志》。

方言俗字

古稱鴃舌者爲南蠻，猺岐諸種是也。自秦以中土人與趙佗，風俗已變。東晉、南宋衣冠望族向南而趨，占籍各郡，於是言語不同。省會音柔而直，歌聲清婉可聽，唯東、新各邑平韻多作去聲。西北韶南、連州地連楚豫，言語大略相通，其聲重以急。惠之近廣者，其音輕以柔，唯齊與灰、庚與陽四韻，音同莫辨。興寧、長樂，音近於韶，謂我爲哎，廣人呼爲哎子。東至潮，語同閩，有音無字，與廣人語多不通。肇、高、雷、廉，土音略與省會相合，而舌本强。廣州呼人曰個，畜曰隻，而諸郡相反。瓊島孤懸海外，音與潮同，雜以閩人，間有與廉州相似，類廣西梧州音者，名西江黎語云。

廣州謂父曰爸，音巴。亦曰爹。母曰媽，音馬。亦曰毑。音拿上聲。謂風亦曰毑，即颶母之説也。謂子曰崽，音宰。亦曰仔。凡物之小者亦曰仔。良家子曰亞官仔。廣州多用亞字發語。奴僕曰弟仔，惠州曰賴子，言爲主人所賴也。謂平人曰獠，嶺北人曰外江獠。指外省人言語曰蠻聲。呵横恣者曰蠻澄䘨。劉䘨、龔澄樞，古粤人之横逆者也。肇人自稱曰儂，與吴近。稱外祖父曰公低，亦曰翁爹。外祖母曰淒低。子女晚生者多名曰孻，盡子也。音賴平聲。或曰屘。尾子也。音米。貴而故賤其名使易育曰狗仔。美人之貌曰艷。呼顛者曰廢。遊戲曰則劇，順德曰仙，新會曰了。廣州謂來曰黎，走曰趯，取物曰邏，謂欺曰到，謂卵曰春，食飽曰⿰飠匊。音救。數物之束者曰一子二子。家曰一主。穀曰一造。瓊州數尚六，禾六束曰一把，錢六百曰一串，物六十觔曰一担。潮州以錢八十爲一佰。高、雷諸郡搆茆以栖曰艼。音寮。村落多名艼，如新艼、紙艼者是也。自陽春以下至瓊，地名多曰那某、曰羅某、曰扶某。黎人姓名亦多曰那、曰扶、曰抱。潮及惠之濱海者，髻曰莊，鬚曰秋，牛曰悟，字與音全相反。畬人謂火曰桃花溜溜，謂飯曰拐燶，瓊人曰邁。此須重譯乃通者也。

如俗字，穩坐之爲⿱大坐，音穩。人物之短者爲⿱不高，音矮。人物之瘦者爲奀，音芒。山之巖洞爲⿱石山，音勘。水之磯激爲泵，音聘。蓄水之地爲氹，圖錦切。通水之道爲圳，屯去聲。水之曲折爲乪，音瀼。路之險隘爲卡，音汊。隱身忽出爲閄，音閃。截木作墊曰不，敦上聲。門上橫木曰閂，音拴。物之脱者曰甩。倫粒切。此粵字之隨俗撰出者也。

又多譌字，如華爲蕐，泥爲坭，誕爲誔，循爲⿰犭盾，教爲敎，茲爲⿱艹亦，隣爲僯，悵爲猖，閱爲閲，貺爲⿰月兄，曷爲曷，聞爲⿱人耳，徊爲⿰犭回，激爲激之類，皆承訛襲陋而不知其非者也。邇者粵曁閩學習正音，户誦家絃，悉依字典，同文之治，聿昭海宇矣。至礪作砺，蠶作蚕，今通用。

〔道光〕廣東通志

【解題】阮元修，陳昌齊等纂。《風俗一》見卷九二《輿地略十》、《風俗二》見卷九三《輿地略十一》。録文據道光二年（一八二二）刻本《廣東通志》。

風俗一

古稱鴃舌者爲南蠻，猺岐諸種是也。自秦以中土人與趙佗，風俗已變。東晉、南宋衣冠望族向南而趨，占籍各郡，於是言語不同。省會音柔而直，歌聲清婉可聽，唯東、新各邑平韻多作去聲。韶南、連州地連楚豫，言語大略相通，其聲重以急。惠之近廣者，其音輕以柔，唯齊與灰、庚與陽四韻，音同莫辨。興寧、長樂，音近於韶，謂我爲哎，廣人呼爲哎子。東至潮，語同閩，有音無字，與廣人語多不通。肇、高、雷、廉，土音略與省會相合，而舌本强。廣州呼人曰個、畜曰隻，而諸郡相反。瓊島孤懸海外，音與潮同，雜以閩人，間有與廉州相似，類廣西梧州音者，名西江黎語云。

廣州謂父曰爸，音巴。亦曰爹。母曰嬭，音馬。亦曰毑。音拿上聲。謂風亦曰毑，即颶母之説也。謂子曰崽，音宰。亦曰仔。凡物之小者亦曰仔。良家子曰亞官仔。廣州多用亞字發語。奴僕曰弟仔，惠州曰賴子，言爲主人所賴也。謂嶺北人曰外江獠。指外省人言語曰蠻聲。呵橫恣者曰蠻澄鋹。劉鋹、龔澄樞，古粤人之橫逆者也。肇人自稱曰儂，與吴近。稱外祖父曰公低，亦曰翁爹。外祖母曰𡞞低。子女晚生者多名曰孻，盡子也。音賴平聲。或曰屘。尾子也。音米。貴而故賤其名使易育曰狗仔。美人之貌曰靚。呼顛者曰廢。遊戲曰則劇，順德曰仙，新會曰了。廣州謂來曰黎，走曰趯，取物曰邏，謂欺曰到，謂卵曰春，食飽曰𩚨。音救。數物之束者曰一子二子。家曰一主。穀曰一造。瓊州數尚六，禾六束曰一把，錢六百曰一串，物六十斤曰一担。潮州以錢八十爲一佰。自陽春以下至瓊，地名多曰那某、曰羅某、曰扶某。黎人姓名亦多曰那、曰扶、曰抱。潮及惠之濱海者，髻曰莊，鬚曰秋，牛曰悟，字與音全相反。犎人謂火曰桃花溜溜，謂飯曰拐爧，瓊人曰邁。此須重譯乃通者也。

如俗字，穩坐之爲𡙇，音穩。人物之短者爲𡮣，音矮。人物之瘦者爲奀，音芒。山之巖洞爲𥐻，音勘。水之磯激爲砅，音聘。蓄水之地爲氹，圖錦切。通水之道爲圳，屯去聲。水之曲折爲乪，音瀼。路之險隘爲卡，音汊。隱身忽出爲閄，音閃。截木作墊曰不，敦上聲。門上横木曰閂，音拴。物之脱者曰甩。倫粒切。此粵字之隨俗撰出者也。又多譌字，如華爲蕐，泥爲坭，誕爲誔，循爲𤟄，教爲敎，隣爲僯，悵爲㹻，閲爲閱，睨爲𦙶，曷爲曷，聞爲䎽，徊爲𤞣，激爲潡之類，皆承訛襲陋而不知其非者也。邇者粵暨閩學習正音，户誦家絃，悉依字典，同文之治，聿昭海宇矣。至硇作碙，蜑作蛋，今通用。同上〔一〕。

〔一〕「上」指雍正《廣東通志》。

廣州謂平人曰狫，亦曰獠，賤稱也。《北史》周文帝討諸獠，以其生口爲賤隸，謂之壓獠，威壓之也。謂平人之妻曰夫娘。夫娘之稱頗古，劉宋、蕭齊崇尚佛法，閣内夫娘令持戒，夫娘謂夫人、娘子也。廣州則以爲有夫之娘也。

東莞女子未字者，稱曰大娘；已者，稱小娘；衆中有已字未字，則合稱大小娘。

廣州謂新婦曰心抱，謂婦人娠者曰有歡喜，免身而未彌月曰坐月，亦曰受月。謂子曰崽。《水經注》「弱年崽子」是也。謂雲孫曰徽，元孫曰塞，息訛爲塞也。謂父曰爸、曰爹。《南史》「湘東王〔一〕，人之爹」是也。

陽春謂外祖父曰公爹，外祖母曰婆爹；高明呼曰公低、婆低。

東莞謂曾祖曰白公，曾祖母曰白婆，或止稱曰阿婆。

廣州謂母曰嬭，亦曰媽，媽者，母之轉聲，即母也，亦曰毑。凡雌物皆曰毑。婦謂舅姑曰大人公、大人婆，亦曰家公、家婆。《列子》曰「家公執席」是也。子女謂其祖父曰亞公，祖母曰亞婆。謂母之兄弟妻曰妗母，母之叔伯父母曰叔公、曰叔婆。孫謂祖母之兄弟及妻曰舅公、曰妗婆。謂從嫁老婦曰大妗。醮子之夕，其親戚送花於新郎房中，男曰花公，女曰花婆。子初生者曰大孫頭，新會則曰長仔，或曰屘。奴僕曰種仔。廣州凡物小者皆曰仔。耕傭曰耕仔，小販曰

〔一〕王：原誤作「主」，據《南史》改。

販仔，游手者曰散仔，船中司爨者曰火仔，亡賴者曰打仔，大奴曰大獠，小奴曰細仔，小婢曰妹仔，奴之子曰家生仔，螟蛉子曰養仔，盟好之子曰契仔。婣婭之使役曰親家郎。

東莞稱無賴者曰纘仔，又多以屎爲兒女乳名，賤之所以貴之。男曰屎哥，女曰屎妹。謂賃田者曰佃丁、曰田客，賃地者曰地丁、曰地客，僦屋曰房客。巫曰師公、師婆。瓊女賣檳榔者曰山子，猺之眷者亦曰山子。謂外省人曰蠻果，海外諸巨曰番鬼。司柁者曰柁公、梢公，在船頭者曰頭公。二人爲舟司命，即三老也。摇櫓者曰事頭，《宋書》：「蕭惠開有舫十餘，事力二三百人。」事頭者，事力之首也。立桅斗者曰班首，司篙者曰駕長。

香山謂佃而服役者曰入倩，謂田主曰使頭，其後反以田户之首爲使頭。

廣州謂鯁直者曰硬頸，迂腐曰古氣，壯健曰筋節，輕捷曰轆力，言其力如車之轆也。角勝曰鬬。轉曰翻。謂淫曰姣，音豪。又曰嫪毐。謂不曰吾。問何如曰點樣。來曰釐。溺人曰碇。罵人曰鬧。挈曰扱起。

東莞謂事訖曰効。遊戲曰暸、曰欣，新會曰流。指何處曰蓬蓬。

順德謂欺曰到。《史記》張儀曰：「不如出兵以到之。」索隱曰：「到，欺也。」猶俗云張到。謂張網得禽獸也。到，得也。張儀善欺，故謂欺人者曰張到也。

謂猥猿者曰魁擢，出賈誼《哀時命》篇，即《詩》之「虺隤」也。縫衣曰敹。《書》曰：「敹乃甲胄。」凡細者縫，粗者敹；著裏曰縫，著邊曰敹。

東莞謂光曰皎。音効。美好曰灑。持物曰的。肥曰腍。肉熟曰肣。《禮記》「腥肆爓腍祭」注曰：「肣，熟也。」爓，或爲腤也。

廣州謂烹物爲腤，亦曰炠也。謂港曰涌，音沖。涌，衝也。凡池沼皆曰塘，其在江中亦曰塘，若白蜆塘、蠕塘、菱角塘是也。凡水皆曰海，出洋謂之下海，入江謂之上海。出洋曰開洋，亦曰飄洋。謂潮曰水，潮起則曰水大，潮落則曰水乾。廉、欽州謂潮以朔望而大者曰老水，日止一潮者曰子水。二水相通處曰滘。稱山之有林木者爲山，無者爲嶺。

廣州謂帆曰㡆。挽索曰繵。旁出者曰纜枝。小舟曰艇。芟草曰薅草，亦曰撈。諺曰：「耕而不撈，不如作暴。」樹椮水中以挂罾曰罾罭，亦曰罾門。

西寧謂魚種曰魚口。小猪曰猪口。

廣州數食籮曰幾頭。晉元帝謝賜功德浄饌一頭是也。數檳榔曰幾口。陸倕謝安成王賜檳榔一千口是也。亦曰幾子。陳少主嘗敕施僧智顗檳榔三千子是也。數蕉子曰幾梳。蘇軾詩：「西鄰蕉子熟，時致一梳黄。」謂衣一套曰一沓。沓，襲也。訛襲爲沓。楮錢一斤曰一佰。線縷一綹曰一子。擲骰子者一擲曰一手。禽之窠曰鬬。范石湖云「雌雄曰一鬬，十鷄併種，當得六鬬」是也。

萬州以禾十二把爲一擔。潮陽以築牆縱横一丈爲一井。化州石城間貧者欲避火於野外搆茅以棲名曰艼。音寮。雷州有艼村，有蒲艼，有新艼島，吴川有茳艼鎮，瓊有芒艼港，儋有郎芋墟，定安有坡芋市，萬有黎芋都，樂會有薄芋瀰陂，會同有李芋塘，文昌有罟芋墩，黎峒有岑芋、黑芋、居芋、陳婆芋。地名多曰那某、湳某、婆某、可某、曹某、爹某、落某、番某。其近漢者多曰㚢音不某。香山中秋夕，劇飲月下曰餖中秋。發引之日，役夫蹋路歌以娱尸曰踏鷓鴣。

海豐方言與潮相近。鼻曰鄙，耳曰繫，鴨曰啞。其屬於山者，語又不同。謂無曰冒，我曰礙，溪曰階，嶺曰諒。其蜑人則謂飯曰邁，筯曰梯，碗曰愛，瓦盆曰把浪。拿綱曰今綱。狼人謂父曰扶，我曰留，彼曰往，女謂男曰友友，又曰友二。男謂女曰有助。謂娶曰换。野郎曰苦郎。那家曰扶閭。有心有意曰眉心眉意。扁擔曰閑。木曰肺。以榕木擔相贈曰送條閑肺榕。頭曰圖，有歌曰：「三十六圖羊，四十變圖鷄。」

獞謂花瓣曰花脉，花朵曰花桃。

猺謂魚曰牛，謂不曰陷。有歌曰：「牛大陷到石頭邊。」謂兄曰表，來曰大。有歌曰：「表大便到木横底，娘大便到木横枝。」

瓊語有數種，曰東語，又曰客語，似閩音。有西江黎語，有土軍語、地黎語。地黎稱峒名有三字者，如那父爹、陀横大、陀横小之類；四字者，如曹奴那紐、曹奴那勸、曹奴那累之類；有六字者，如從加重伯那針、從加重伯那六、從加重伯那持之類；有七字者，如從加重伯那白吾之類。其山多曰鷓鴣啼，村多曰荔枝。

廣州語多與吴趨相近，如鬚同蘇，逃同徒，豪同塗，酒同走，毛同無，早同祖，皆有字有音。

德慶亦然。

新會多以平仄相易。如通作痛，痛作通。東莞則謂東爲凍，以平爲去；謂莞爲官，以上爲平。香山以人爲能。番禺謂人曰寅。東莞之南頭謂刀曰多。增城謂屋曰窟〔一〕，謂視不正曰乜音咩斜。射覆曰估。以刀削物曰捭。音批。細切物曰剽。音速。削去物曰㓦。音撇。謂多曰够，音遘。少曰不够。謂無尾曰屧。音掘。謂人無情義者亦曰屧。謂腿曰屧，音彼。髀也。以手按物曰捺。以拳加物曰搋。同扠。以手覆物曰揞。庵上聲。以指爬物曰搲。焉寡切。搬運曰摙。連上聲。漱口曰敕音速口。謂人愚曰殨殍。怒目視人曰睩。音利。謂田多少曰幾畛。肉動曰䐈〔二〕。音徹。瘡腫起曰𦙶。興去聲。裸體曰𨉖𨋇。音赤歷。不謹事曰邋遢。露大齒曰齙牙。新婦入門使親屬老婦迎之曰㩉步，是夕夫婦同牢食曰煖房飯，次早見舅姑親屬獻幣帛帨履曰荷惠。冬至圍爐而食曰打邊爐。元夕黏詩藏謎以示博通曰打燈謎。以鴿翎貫皮錢踢之曰踢毽。謂雲腳疏直曰風路。不知人之來歷曰不知風路。

龍門謂娶婦時置酒延賓以迎之曰接路。高要人謂壻曰郎家，女巫曰鬼𩴵。《粵東筆記》。

謠俗之中又有三者，有方言，有方音，有俗字。廣人謂母曰媽，曰阿姐。呼兄嫂輒以亞先之，亦曰阿。兒女安排行亦先以亞。此皆方音也。兩廣謂巖洞曰峃，亦龍切。兩山之間也。順

〔一〕屋：原誤作「産」，據《廣東新語》改。
〔二〕䐈：原誤作「佩」。

德謂石梗曰硝，蓋取諧聲。番禺、從化謂地之寬平者曰嘐，音允。則又無所取義，此俗字也。黄志。

風俗二

惠之方言呼弟曰亞泰。午食曰晏晝。溪曰開。嶺曰雨。長樂、興寧、和平謂母爲哀，謂父曰亞公。《惠州府志》。

方言有二，一水源音，一客家音，相傳建邑時，人自福建來此者爲客家，自江右來者爲水源。《長寧縣志》。

謂奢靡曰旁派。謂房屋曰厝。灰曰火膚。謂婦女曰姿娘。茶葉曰茶米。謂男子曰擔褒。女子曰查畝。游玩曰踢拖。約略曰含散。資助於人曰耙沙。因事取利曰俾接。將就去得曰挫哩略。事尚懸遠曰加哩囉。戲謔曰省。《普寧縣志》。

〔民國〕仁化縣志

【解題】何炯璋修，譚鳳儀纂。仁化縣，今廣東省韶關市仁化縣。「言語」見卷五《風土志》中。録文據民國二十年（一九三一）鉛印本《仁化縣志》。

言語

邑中言語最爲複雜，大别可分爲五種。一、附城語；二、長江扶溪語；三、城口恩村語；

四、下水語；五、客家語。每種中尚各有細别，不過爲他處人聽之不甚分辨。採訪册。

〔乾隆〕長寧縣志

【解題】李紹膺修，吴覲光纂；楚元士增修。長寧縣，今廣東省韶關市新豐縣。「方音」見卷八《風土志》中。録文據乾隆二十一年（一七五六）增修刻本《長寧縣志》。

方音

語音，小兒讀書多訓官話，惟言語則不然。語有兩樣：一水源音。一客家音。傳説開建之始祖自福建而來則客家音，自江西而來則水源音。今各隨其相沿，亦不拘泥。

〔道光〕長寧縣志

【解題】高炳文修，馮蘭纂。長寧縣，今廣東省韶關市新豐縣。「方音」見卷八《風土志》中。有道光十九年（一八三九）刻本。録文據清鈔本《長寧縣志》。

方音

鄉中小兒讀書，多訓官話，亦訓土音，惟言語則不然。語有兩樣，一水源音，一客家音。傳説開建之始祖自福建而來則爲客家音，自江西而來則爲水源音。各鄉間有相殊，要亦大同小異耳。

〔光緒〕嘉應州志

【解題】吴宗焯修，温仲和纂。光緒二十四年（一八九八）修。嘉應州，轄境包括興寧、長樂、平遠、鎮平四縣，州治在今梅州市區。「方言」見卷七，由梁居實等初輯，温仲和覆輯。録文據光緒二十七年（一九〇一）刻本《嘉應州志》。

方言

父母統稱曰爺孃，亦曰爺哀。

案：《古木蘭詩》：「不聞爺孃唤女聲。」《南史》：「侯景曰：前世吾不復記，惟阿爺名標。」遵義鄭珍《親屬記》曰：「按爺，本止作邪。《宋書・王彧傳》：『子絢六歲，讀《論語》郁郁乎文哉，外祖何尚之戲曰：可改邪邪乎文哉。』以郁是其父嫌名也。通作耶。杜詩：『耶孃妻子走相送。』耶即邪字。隸形因加父作爺。」《玉篇》：「爺，以遮切。俗爲父爺字。」又曰：「孃與娘，雖同讀女良切，《篇韻》娘訓『少女之貌』是也。而《南史・竟陵王子良傳》：『子良曰：娘今何處？何用讀書。』〔一〕《北史・韋世康傳》：『世康與子弟書曰：娘春秋已高，温凊宜奉。』《隋書》太子勇語衛王曰：『阿娘不與我好婦，亦是可恨。』皆通用娘字，其相混蓋久。」黄釗《石窟一徵》

〔一〕何：原脱，據《南史》補。

曰：「母曰㲻子，讀如哀。」仲和案：《朱子家禮》：「母死稱哀子。」今州人生以稱其母何耶？蓋哀與愛通。《樂記》「肆直而慈愛者，宜歌《商》」，鄭注：「愛或爲哀。」《呂覽·報更》篇：「人主胡可以不務哀士？」高注：「哀，愛也。」《釋名》：「哀，愛也。」是哀、愛聲義同。母主慈愛，故有此稱。今稱人母曰尊慈，自稱曰家慈，亦此意也。然鄙意哀即乃字讀平聲而稍變耳。哀乃古音，同部乃之轉爲哀，猶耐之轉爲能也。是其例矣。

父曰阿爸、阿爹。

案：《玉篇》：「爹，屠可切，父也。又陟斜切。」「爸，蒲可切，父也。」「奢，之邪切，父也。」「爺，以遮切，俗爲父爺字。」《集韻》：「爸，部可切。又必駕切。吴人呼父也。」鄭珍曰：「按古讀巴如逋，即父之重唇音，遂作巴加父，今俗呼父或爲巴巴，或爲耙耙，或爲八八，並此字。」案《御覽》五百九十八文部戴良字文讓《失父零丁》曰「今月七日失阿爹」，與我、禍爲韻。《南史·梁始興王憺傳》：「詔徵還朝，人歌曰：始興王，人之爹。赴人急，如水火。何時復來乳哺我？」荆土方言謂父爲爹，故云。韓退之《祭女挐文》：「阿爹阿八。」《廣韻》：「爹，屠可切，北方人呼父。陟斜切，羌人呼父也。」今州人皆呼陟斜切，蓋由晉宋間羌語轉入中國也。

母曰阿姆、阿媽、阿孋。

案：姆，《説文》：「女師也。」《禮記·内則》「姆教婉娩聽從」，鄭注云：「婦人五十無子出，不復嫁，以婦道教人，若今乳母也。」《公羊》何注：「禮，后夫人必有傅母。」字或作姆，或作母。

知阿姆即是阿母。故《史記·倉公傳》「故濟北王阿母」注：「服虔曰：乳母也。」《説文》姆，從女每聲，讀若母同。今州人呼母字，與每聲及从每聲之晦字最近，尚作米音，與羊鳴聲相似，此是古音。古晦與母通。《尚書序》「異晦同頴」，《史記·魯世家》作異母，可證其讀。母字，莫補切。惟姆字未變。《廣韻》姥云：「或作姆，女師也。」則姆已讀莫補切矣。《廣韻》：「媽，母也。」莊綽《鷄肋篇》：「今人呼父爲爹，母爲媽，兄爲哥，舉世皆然，問其義則無説。」鄭珍曰：「按母今世皆讀莫補切，古亦有此音。《篇韻》媽音莫補切，則是别行母也。今本《廣雅》脱媽字，據《集韻》《類篇》引《廣雅》有之，知媽自漢已有，今俗讀馬平聲，以莊綽不知其義推之，宋時呼媽與今同。」《廣雅》：「嬭，母也。」《廣韻》：「奴禮切，楚人呼母。」按今讀奴蟹切，曰嬭嬭，或曰乳乳者，即嬭嬭也。《玉篇》曰：「嬭，乳也。」《廣韻》十二蟹：「嬭，奴蟹切，乳也。」是也。又五支㜷：「武移切，齊人呼母。」李商隱撰《李賀小傳》言「阿㜷老且病」是也。又有稱八者，昌黎《祭女挐文》云：「阿爹阿八。」鄭珍曰：「自來無注阿八者，退之行次十八，不得爲八，余謂阿八是挐女之母也，時俗呼父爲爹，母爲八，故退之云『阿爹阿八』，遺某祭挐耳。其祭周氏姪女、李氏姪孫女及姪孫滂文，並稱夫婦祭之，可見時以有此稱，因造𤕤字。」《集韻》《類篇》：「𤕤，母也。」其字不見於《玉篇》《廣韻》，則知𤕤是唐人因八而製。王氏念孫《廣雅疏證》以《集韻》𤕤字爲采《廣雅》譌文，蓋未知此今州人呼八八，其音同伯伯，或以稱伯母，此則聲之有輕重耳。

祖父曰阿公，祖母曰阿婆，曾祖父曰公大，曾祖母曰婆大，祖之兄弟曰伯公、叔公，其妻曰伯婆、叔婆。

案：《吕氏春秋·孟冬紀》：「孔子之弟子從遠方來者，孔子荷杖問之曰〔一〕：『子之公不有恙乎？』搏杖而揖問之曰：『子之父母不有恙乎？』置杖而問曰：『子之兄弟不有恙乎？』故孔子以六尺之杖，諭貴賤之等，辨親疏之義。」《史記·外戚世家》：「封公昆弟，家於長安。」索隱曰：「公亦祖也，謂皇后同祖之昆弟。」《顔氏家訓》：「齊朝士子，皆呼祖僕射爲祖公，全不嫌有所涉也，乃有對面以相戲者。」《南史》何偃呼顔延之爲顔公，延之以其輕脱，乃曰：「身非三公之公，又非田舍之公，又非君家阿公，何以見呼爲公？」〔二〕《南齊書·鬱林王紀》：「昭業謂豫章王妃庾氏曰：『阿婆，佛法言，有福德生帝王家。』」《昌黎集·祭周氏姪女文》云：「維年月日十八叔、叔母具時羞清酌之奠。」又《祭滂文》：「維年月日十八翁及十八婆盧氏。」又《祭李氏二十九娘子文》：「維年月日十八叔翁及十八叔婆盧氏。」

婦人稱君舅曰家官，君姑曰家娘。

案：婦人外父母家而内夫家，故稱家官，猶公也。《周禮》「牛人掌公牛」「巾車掌公車」，鄭注並云：「公，猶官也。」《史記·孝文紀》索隱曰：「官，猶公也。」然則官、公一聲之轉，家官猶家公矣。《釋名》引里語曰：「不瘖不聾，不成姑公。」姑公即家孃、家官也。

〔一〕荷：原作「倚」，據《吕氏春秋》改。
〔二〕見：原脱，據《南史》補。

夫之兄曰阿伯，曰大郎，夫之弟曰阿叔，曰小郎。

案：《通俗編》：「《五代史補》：李濤弟澣娶婦竇氏，出參濤，濤答拜，澣曰：新婦參阿伯，豈有答禮？」是阿伯之稱，五代時已有矣。《爾雅》：「夫之兄爲兄公，夫之弟爲叔。」今通稱阿叔。《文選》任彦昇《奏彈劉整》文：「齊故西臺内史劉寅妻范，詣臺訴列稱：『出適劉氏，二十許年。劉氏喪亡，撫養孤弱。叔郎整，常欲相害。』」《晉書》：「王獻之與賓客談議〔一〕，詞理將屈，謝道藴使婢白曰：『新婦欲與小郎解圍。』」《世説》：「王夷甫妻郭氏，令婢擔糞。王平子諫之，郭大怒曰：『昔夫人臨終，以小郎屬新婦，不以新婦屬小郎。』」

夫之姊曰姊，夫之女弟曰小娘姑。

案：《爾雅》：「夫之姊爲女公，夫之女弟爲女妹。」今州人於夫之姊仍稱曰姊，獨於夫之妹稱曰小娘姑。案《焦仲卿妻詩》：「新婦初來時，小姑始扶牀。」則小姑之稱甚古，不獨唐人詩之「未諳舅姑性，先遣小姑嘗」也。又案昌黎《祭女拏文》稱「四小娘子」。《集韻》：「娘，少女之號。」故州人合而稱之曰小娘姑也。

子之妻曰新婦。

案：新婦，土音似心舅。黄香鐵《石窟一徵》云：「按連平州人呼爲心鋪，廣州人呼爲心

〔一〕議：原作「義」。據《晉書》改。

抱，或謂即薪臼二字，言其操井臼薪水之勞，要皆新婦之轉音。」仲和案：新婦之轉音，是也。新心雙聲，婦臼疊韻，新婦之爲心舅聲之轉變耳。

弟讀爲大之平聲。

案：土音大之平聲與弟雙聲。州人呼曰「老弟」者作此音，如廣州人之讀睇也。仲和案：《莊子·應帝王》篇：「因以爲弟靡，因以爲波流。」郭象注：「變化頹靡，世事波流。」釋文：「弟，徐音穨，丈回反。」案梯，弟聲，俗讀弟似梯，與穨聲近，蓋即古音也。睇，古音讀如題。《詩·小宛》「題彼脊令」箋：「題之爲言視睇也。」《大學》「顧諟」鄭注：「諟，或爲題。」《小爾雅》：「題，視也。」是睇題相通之證。

婦人謂夫之兄弟之妻統曰子嫂，於弟之妻曰老弟新婦，於子女統曰子息，兄公稱弟之妻曰姆。

案：《爾雅》：「女子謂兄之妻爲嫂，弟之妻爲婦。」郭注：「猶今言新婦是也。」今州人稱老弟音如廣州人讀睇新婦音如心舅。鄭珍曰：「案《爾雅》是弟妻與子婦同稱，郭氏注云『猶今人言新婦』則誤，如《世説》新婦，但可言子婦，非女子謂弟之妻也。」仲和謂州人稱弟妻雖同曰新婦，而加老弟二字，則與子婦有别矣。兄公稱弟妻曰姆者，爲子女之稱，若伯姆、叔姆耳。《通俗編》云：「《戰國策》：『老臣賤息舒祺最少。』《東觀漢記》有『此我子息』之語。」案李密《陳情表》：「門衰祚薄，晚有兒息。」兒息，猶子息，統子女言之。息者，生也，故以目兒女。若《尸子》「棄黎老之言，用姑息之語」，則姑息猶姑婦，此子婦稱息之始。注者解息爲小兒，非是。

親家翁曰且公，親家母曰且姆，親家兄弟曰且伯、且叔。

案：且，土音讀入麻部。黄香鐵云是親家二字叶爲一字，蓋緩讀之則爲親家，急讀之則爲且。此説是也。案且與借聲相近，《檀弓》云：「夫祖者且也，且胡爲其不可以反宿也？」凡言且者，皆謂姑且如此，即假借之意也。《曲禮》「有天王某甫」，鄭注：「某甫，且字也。」何氏《隱義》云：「且，假借此字也。」對本家父母伯叔言之，則且公、且姆、且伯、且叔，皆有假借之義也。

男子曰賴子，女子曰妹子。

案：賴子猶男子，妹子猶女子也。亦曰賴子人、妹子人，猶言男人、女人也。因而駡人亦曰賴子。按《五代史・南平世家》：「南漢與閩、蜀皆稱帝，從誨所向稱臣，蓋利其賜予。俚俗語謂奪攘苟得無愧恥者爲賴子〔一〕，猶言無賴也，故諸國皆目爲高賴子。」《易・歸妹》注及釋文並云妹者少女之稱，不必定爲女弟也。

妻父謂之丈人老，妻母謂之丈尾哀，亦曰丈尾婆。

案：《通鑑》韋執誼係杜黄裳壻，杜勸執誼請太子監國，執誼驚曰：「丈人甫得一官，奈何啓口議禁中事乎？」此稱妻父爲丈人也。今州俗特加一老字爲異。至丈尾哀、丈尾婆之稱，則

〔一〕奪攘：原作「攘奪」。據《新五代史》改。

真方俗語矣。尾，讀平聲蓋即爹之轉音，古音支聲與多聲相近。《説文》芠字，從艸支聲，或從多聲作茤；爹，從女多聲，或從氏聲作㚫，皆其例也。《廣雅》：「妻之父謂之父爹，妻之母謂之母爹。」《説文》：「江淮之間謂母曰媞。」是多可轉爲支，而哀即乃之轉也，故訛曰丈尾哀矣。

子女之最小者曰滿子，愛憐少子曰惜滿子。

案：黄香鐵《石窟一徵》引：「何光遠《鑑誡録》陳裕詩：『滿子面甜糖脆餅，蕭娘身瘦鬼婕娥。怪來唤作渾家樂，骨子猫兒盡唱歌。』玩詩意，滿子是謂其子女，蕭娘是謂其妻妾，則以稚子爲滿子，自五代時已然。」案《戰國策》：「趙威后曰：丈夫亦愛憐少子乎？」又案袁文《甕牖閑評》云：「世有孃惜細兒之語。」《陟岵》之詩云：「母曰予季行役。」季，少子也。母以少子行役，其心眷眷然，形之語言如此。此正謂孃惜細兒者，不獨今人爲然也。州中亦有惜滿子之語，惜，《唐韻正》云古音鵲，俗讀正合古音。

婦人統稱曰姑娘子。

案：韓昌黎《祭女拏文》稱四小娘子，《祭姪孫女文》稱二十九娘子，又《北齊書》徐讓之誚祖珽：「老馬十歲，尚號騮駒；一好耳順，强稱娘子。」是婦人之稱娘子舊矣。今土音娘子之上多一輔字平聲，讀如大埔之埔，或疑爲姑娘之轉音，例以京師稱某姑娘，湖北京山人呼妻爲姑娘，翁姑呼媳爲某家姑娘，則當爲姑娘子，特州俗以爲婦人之通稱耳。曰輔娘子者，此娘子能輔丈夫以成家，猶輔車相依之義，似亦可以備一説也。

曾孫曰塞子。

案：屈大均謂廣州人呼曾孫爲塞，其實係息字。《尸子》：「棄黎老之言，用姑息之語。」注：「姑，婦也。息，小兒也。」曾孫最小，故以息爲名。又《釋名》：「息，塞也。言物滋息。此四字據畢秋帆本增。塞，滿也。」至曾孫則生齒繁矣，言塞滿門户也。

赤子曰⿰歹牙⿰歹亞。

案：《通俗編》云：「《集韻》：『吴人謂赤子曰⿰歹牙⿰歹亞。』」〔二〕汪价《儂雅》讀鴉牙二音。俗以兒啼，則口作⿰歹牙⿰歹亞聲以慰之。

童生考試皆曰相公。

案：王粲《羽獵賦》：「相公乃乘輕軒，駕四駱。」又粲《從軍行》：「相公征關右，赫怒震天威。」《日知録》云：「前代拜相者必封公，故稱之曰相公。」《復齋漫録》：「韓子華兄弟皆爲宰相，其家呼子華三相公，呼持國五相公。」翟灝曰：「按今凡衣冠中人，皆僭稱相公〔三〕，或亦綴以行次，曰大相公、二相公，甚無謂也。」又按《道山清話》：「嶺南人見逐客，不問官高卑，皆呼爲相公，想是見相公常來也。豈因是一方之俗，而漸行於各方歟？」今州人凡考試者無論識與不識，皆呼爲考試相公。

〔二〕⿰歹牙⿰歹亞：《集韻》作「⿰子亞⿰歹牙」。

〔三〕僭：原脱，據《通俗編》補。

夫謂妻曰老婆，妻謂夫曰老公，亦曰夫主。

案：老者，偕老之義。公婆者，有子孫之稱。或稱曰夫主，則《後漢書·列女傳》所謂「正色端操，以事夫主」是也。

妾謂之小，亦曰阿姆支。

案：《漢書·元后傳》：「鳳知其小婦弟張美人已嘗適人。」顔注云：「小婦，妾也。」《後漢書·趙孝王良傳》：「趙相奏乾居父喪私聘小妻。」李注云：「小妻，妾也。」《通鑑·漢紀》：「永元五年，梁王暢上疏曰：臣暢小妻三十七人。」胡注云：「凡非正室者皆小妻。」《詩·柏舟》「愠於羣小」，集傳云：「羣小，衆妾也。」是皆以妾爲小也。又《水經·河水注》引佛經有「國王小夫人生肉胎，大夫人妬之」之語，是亦分妻妾爲大小也。黄香鐵云：「俗呼妾爲阿姆支，輕賤之詞也。按陸放翁著《家世舊聞》有云『杜支婆』者，其自注云：『先世以來，於諸庶母皆稱支婆。』蓋謂支庶之支也。今俗駡婦人女子多曰支，亦以支庶非正室賤之也。」

愛子曰吾子。

案：黄香鐵云：「吾，土音讀如厓。今俗婦人愛憐少子曰吾子。」按《管子·海王》篇「吾子食鹽二升少半」注：「吾子，謂小男小女也。」又按《寂園雜記》：「廣東謂老人所生幼子曰䆀。」惠州人則謂小廝爲䆀子，今俗呼子曰䆀子。又尋常通稱小兒爲細䆀子。䆀，土音讀如賴。

年老無子者謂之孤老。

案：《晉書·劉元敏傳》：「此公孤老，餘年無幾。」《劉曜載記》：「賜孤老貧病帛各有差。」

掌炊爨者謂之火頭。

案〔一〕：《南史·何承天傳》：「東方曼倩發憤於侏儒，遂與火頭倉子，稟賜不殊。」

和尚曰禾上，又曰秃子。

案：《説文》：「秃，無髮也。从儿上象禾粟之形〔二〕，取其聲。」段玉裁曰：「粟當作秀，謂禾秀之穎屈曲下垂，莖屈處圓轉光潤如折釵股，秃者全無髮，首光潤似之，故曰象禾秀之形。」仲和案：今俗稱禾上，固由和尚之聲近，而秃之取義亦由首無髮，然據《説文》取象之形，則秃與禾上二字亦相關也。

腦蓋謂之腦囟。息進切，土音讀心之去聲。罵人輕聽曰腦囟不合。

案：《説文》部首：「囟，頭會，𡿺𡿺腦同蓋也。象形。」郝蘭皋曰：「囟，𡿺蓋也，人從囟至心如絲相貫，心囟一體皆智慧所藏，人之思慮生於心而屬於𡿺，故善記憶者謂爲𡿺盛多思慮者，或言傷𡿺焉。」案《内則》正義引《説文》云：「囟，其字象小兒腦不合也。」《韓詩外傳》：「三年腦合而後能言。」詈人輕聽者，謂如小兒之易哄也。又有詈人曰無腦漿、無腦屎者，言其無智慧也。

〔一〕案：原脱，據通例補。

〔二〕上：原脱，據《説文解字》補。

頤下謂之頦，牙根謂之齦，頸謂之頸莖，强項曰硬頸。

案：《廣韻》十六咍頦注云「頤下」，二十一欣齗注云「齒根肉，齦同」。《説文》：「頸，頭莖也。」《釋名》云：「頸，俓也。俓挺而長也。」今州人呼曰頸莖。黄香鐵云：「硬頸，見《廣東筆記》。又按《吴郡圖經續記》：『章岵守蘇州，人目爲章硬頸。』則硬頸二字，吴人亦言之。」

牙齦之腔謂之牙骹。怒人應喙曰牙骹硬。

案：黄香鐵云：「《周禮·考工記》：『參分其股圍，去一以爲骹圍。』〔一〕先鄭注：『骹，近牙者也。』牙骹二字本此。」

耳曰耳公，鼻曰鼻公。

案：公與容，古同聲而通用，故容貌之容，本作頌，從頁公聲；容受之容，古作㝐，從宀公聲。王懷祖曰：「《楚詞·七諫》：『正法弧而不公。』謂方正不容也。《淮南·齊俗》篇：『望君而笑是公也。』亦以公爲容。」據此則所謂耳公、鼻公者，猶耳容、鼻容耳。

目内瞳子曰瞳仁。

案：《中庸》：「仁者，人也。」《魯論》：「井有仁焉。」劉聘君曰：「仁當作人。」仁、人古字通。又字書：「目，人眼也，象形，重瞳子也。」按漢儒釋仁字以爲相人偶，然則於重字更有關會

〔一〕《石窟一徵》無「參分其股圍去一以爲骹圍」十一字。

矣。今俗稱眼珠仁。

眼外郭曰眼眶。

案：《説文》：「眥，目匡也。」《玉篇》：「眶，眼眶也。」《釋名》：「睫，插也，接也。插於眼匡而相接也。」又云：「目匡陷急曰眇。眇，小也。」《列子·仲尼篇》：「矢來注眸子，而眶不睫。」

眼外皮曰目瞼。

案：釋玄應《月燈三昧經音義》引阮孝緒《字略》云：「瞼，眼外皮也。」

口謂之喙。許穢切。

案：《説文》口部、《廣雅·釋親》、昭四年《左傳》釋文皆曰「喙，口也」。土音讀如運載之載。《爾雅·釋詁》：「載，言也。」《釋名》：「頤，養也。」「或曰牙車，牙所載也。或曰頰車，亦所以載物也。」凡繫於車，皆取在下載上物也。據此則真以爲能載物矣。仲和謂運載之載，《廣韻》收入去聲十九代，喙收入二十廢，兩韻聲最近，故《大雅·緜》詩借喙爲困極之瘃殇，而與兑杜外切駾他外切韻。今土音讀困極之瘃殇與口喙之喙、犬吠之吠、運載之載皆疊韻，蓋讀喙如載，此古音之存於方音者也。

髆謂之肩甲。

案：《釋名》：「肩，堅也。」「甲，闔也，與胸脅背相會闔也。」

手指文謂之𦝫。

案：《廣韻》：「膈，手指文也。」膈通作鸁。《淮南·本經》「冠無觚鸁之理」注云：「鸁，讀指端鸁文之鸁。」《士喪禮》：「鸁醢，兩籩〔一〕，無縢。」鄭注：「今文鸁爲蝸。」

膝耑曰膝頭。

案：《説文》：「髕，厀耑也。」《釋名》云：「膝頭曰膞。膞，團也，因形團圜而名之也。或曰蹁。蹁，扁也，亦因形而名之也。」蹁，蓋蹟之轉聲。王伯申曰：「蹟之爲蹁，猶獱獺之爲猵獺也。」

胃謂之肚。

案：《廣雅·釋親》：「胃謂之肚。」《釋名》：「胃，圍也，圍受食物也。」〔二〕「肚之言都也，食所都聚也。」

臍下曰小腹。

案：《釋名》：「自臍以下曰水腹，水汋所聚也。又曰少腹。少，小也，比於臍以上爲小也。」《説文》：「疛，小腹痛，从疒，肘省聲。」

眼淚謂之目汁。

案：《廣韻》五支眵下注云「目汁凝」，是古人亦稱目汁矣。

〔一〕籩：原作「邊」。據《儀禮》改。
〔二〕食：原脱。據《釋名》補。

毛之短小者謂之寒毛。

案：《晉書・夏統傳》：「聞君之言，不覺寒毛盡戴。」《唐書・鄭從讜傳》：「捕反賊，誅其首惡，皆寒毛惕伏。」

赤子陰謂之朘。

案：《説文》肉部《新附》：「朘，赤子陰也。」《廣韻》十五灰臧回切，收三字，朘，注「赤子陰也」；峻，「上同，見《老子》」；屡，「上同，出《聲類》」。今土音正合十五灰韻也。案《玉篇》亦云然，惟不云峻見《老子》。案《老子》：「骨弱筋柔，未知牝牡之合而峻作，精之至也。」《老子》釋文引《説文》云「赤子陰也」，當是《玉篇》之誤，《説文》無此三字，朘在《新附》。

臀曰矢朐。音吻。本黄香鐵説。矢朐曰后斗。

案：《左傳》文十八年：「殺而埋之馬矢之中。」吴夌雲曰：「矢，當作菡。《説文》：『菡，糞也。』式視切。華部：糞从釆。官溥説似米而非米者矢字。據此釆與菡乃一字。」夌雲謂釆讀若辨，即菡聲之轉，故釆或爲便，爲旋，猶菡或爲矢，爲私也。襄十五年《傳》「師慧過宋朝將私焉」、定二年《傳》「夷射姑旋焉」，私、旋注並訓小便。釆、菡皆正字，旋、便、矢、私，皆以聲近假借。《戰國策》：「寧爲鷄口，毋爲牛後。」《史記・蘇秦傳》同。吴夌雲謂後當作后，聲之誤也。后字，从反人从口，尾下竅也。故張守節云：「鷄口雖小，乃進食；牛後雖大，乃出糞。」且后是尾下竅，即司字，可證古詞與飼皆止作司，言從口出曰司，食從口入亦曰司，而司從反后，則后爲尾下口明矣。

娠謂之有身。

案：《國語·晉語》「昔者大任娠文王」注：「娠，有身也。」《詩·大明》「大任有身」傳：「身，重也。」吴夌雲曰：「身，篆作□。《説文》：『象人之身，从人厂聲。』」夌雲謂：「身中作㠯，與𤰔同意，蓋象大腹有所裹藏形。《説文》當云『象人之有身』，轉寫脱一有字耳。其他作任、作娠，皆後起字。作震、作任，又妊娠之通借字。」仲和案：《一切經音義》卷十九引《詩·大任》「有娠」傳曰：「娠，重也。」蓋釋玄應所見《毛詩》或作娠耳。《月令》注「有娠」，釋文音身，是娠與身聲同互通之證。今俗曰有身，亦可作有娠，以娠音身故也。

肥大謂之厖壯，亦曰豐厖。

案：《爾雅·釋詁》：「厖、壯，大也。」《方言》：「凡物之大貌曰豐厖，秦晉之間，凡人之大謂之奘，或謂之壯。」錢繹箋疏曰：「《説文》：『厖〔一〕，石大也。』成十六年《傳》『民生敦厖』，杜注：『厖，大也。』通作痝。《素問·瘧風論》：『痝然浮腫。』與厖然同。《淮南·説山訓》『蛖象之病，人之寶也』，高注：『蛖，大蛤，中有珠。』《玉篇》：『䏵，身大也。』僖五年《傳》『狐裘尨茸』，《邶》詩作『蒙戎』。《商頌》『爲下國駿厖』，《大戴記》作『恂蒙』，《荀子·榮辱篇》作『駿蒙』，楊倞

〔一〕厖：原誤作「龐」，據《方言箋疏》改。下一同。

注：『蒙，讀爲厖。』《小戎》篇『蒙伐有苑』箋云：『蒙，厖也。』〔一〕《玉篇》：『朦，大也。』義與厖俱近。」《方言》又云：「朦、厖，豐也。自關而西，秦晉之間凡大貌謂之朦，或謂之厖。豐，其通語也。」錢繹曰：「《詩・大東》毛傳：『饛，滿簋貌。』《玉篇》朦字亦作朧，朧與厖通。」仲和案：今俗謂人肥大曰厖壯，亦曰豐厖。厖字聲近蟒，與古音似蒙者稍異矣。俗謂大雨曰厖雨，或曰黑風厖雨，亦是此厖字。

人瘦小謂之癠。俗作奀字。

案：《方言》：「凡物生而不長大亦謂之鮆，又曰癠。」郭注：「今俗呼小爲癠，癠音薺菜。」仲和案：今俗別作奀字，蓋以不大會意也，其聲亦近癠。

乳曰乳姑。

案：《爾雅》：「姑，且也。」《方言》：「盬，且也。」盬姑可通，且咀亦可通。僖二十八年《左傳》：「伏而盬其腦。」《孟子》：「蠅蚋姑嘬之。」阮雲臺謂姑即盬其腦之盬，咀也。然則乳姑者，謂乳可咀耳。

吾謂之雅。土音讀平聲。

案：《說文》吾從五聲，《廣韻》在模部，而從吾聲之衙字，今以爲衙署，在麻部。古音吾與

〔一〕厖：原誤作「龎」，據《方言箋疏》改。

牙同聲通用。《詩・騶虞》《山海經》《墨子》作騶吾，《漢書・東方朔傳》作騶牙。《漢・地志》允吾，音衙，《尚書》君牙，《禮記・緇衣》引作君雅。皆其證也。但古音麻部之字，如牙衙，皆讀吾。今州音則吾字讀轉牙音耳。然其相變之蹤迹，尚可尋也。段茂堂曰：經傳我、吾不同字，「我不欲人之加諸我也，吾亦欲無加諸人」「如有用我者，吾其爲東周」「我善養吾浩然之氣」「我以吾仁，我以吾義」皆是。同一自稱，而用之輕重不同。今州人稱厓、稱雅，亦略似此。

我謂之厓。

案：《說文》：「我，施身自謂也。或說：我，頃頓也。」《賓筵》「側弁之俄」箋云：「俄，傾貌。」人部曰：「俄，頃也。」然則古文以我爲俄。「从戈𠂢，𠂢，古文垂也。」是許意以从戈𠂢爲形聲，而又以我即古文俄傾之俄矣。案《祭義》「故君子頃步而弗敢忘孝也」，鄭注云：「頃當爲跬，聲之誤也。」是跬與頃古音同，故直指爲聲誤。案《荀子》書跬皆作頃，如《勸學篇》：「不積蹞步。」《解蔽篇》：「蹞者越百步之溝，以爲蹞步之澮也。」注云：「蹞與跬同，半步曰跬。」跬字古書作蹞，以聲誤而爲頃字，故鄭君云頃當爲跬。《說文》走部：「䞨，半步也。从走圭聲，讀若跬同。」段玉裁云：「䞨，今字作跬。《司馬法》曰：『一舉足曰跬。跬，三尺。兩舉足曰步。步，六尺。』讀若跬同，當作『讀若圭』三字，淺人所改也。《伍被傳》作窺，同部假借。《祭義》作頃，異部假借。支與清轉移次近也。」仲和謂：我爲俄之古文，則我有頃義；而頃聲近跬，相因而誤。則我與跬一聲之轉。我，從古垂字。從垂之字讀當以唾陲《說文》讀若朵爲正。故凡從我之字，如莪俄皆入歌戈部，而義之從我、儀之從義皆爲一類。故《洪範》以義韻頗，《三百篇》儀字皆與何、嘉、多等字韻。其後儀、垂皆轉入支部。遠邊之垂，高邊之崖，其義其聲俱近，而厓、㕒二字與崖聲義尤近，以《莊子・人間世》篇「彼且爲嬰兒，亦與之爲嬰兒；彼且爲無町畦，亦與之爲無町畦；彼且爲無崖，亦與之爲無崖；達之，入於無疵」證之，則知我轉爲厓，是由歌戈轉入支佳。段氏所謂十六部、十七部合音最近者，此考古音者所當知也。

稱人謂之箕，謂之虞，謂之吳，謂之惹。

案：其經典皆爲斥事、斥人之詞，而據《說文》則其即箕之古文，是箕、其本一字也。《詩・曹風》「其弁伊騏」箋云：「騏當作璂。」《周官・弁師》「王之皮弁，會五采玉璂」注云：「璂讀如薄借綦之綦。」《易》「箕子之明夷」釋文：「蜀才作其。」《詩》「彼其之子」箋云：「其或作記，或作已。」讀聲相似。《嵩高》箋：「近，聲如彼記之子之記。」《叔于田》箋：「忌，讀如彼己之子之己，又讀姬。」《書》「若之何其」鄭注：「其，齊魯之閒聲近姬，姬通作居。」《禮記・檀弓》鄭注：「居，讀如姬姓之姬。」束皙《補亡》詩即作「彼居之子」。是一其字而聲讀各因方音而轉。古無四聲，故平可轉爲上去，上去亦可讀爲平，與今方音同也。《小爾雅》：「而、乃、爾、若，汝也。」按汝，从水女聲，古音本與虞、麌、吳爲韻。《詩・閟宮》：「無貳無虞，上帝臨女。敦商之旅。」是女與虞、旅爲韻。《緜》：「古公亶父，來朝走馬。率西水滸，至於岐下。爰及姜女，聿來胥宇。」是女又與父、馬、滸、下、宇爲韻。《大明》「矢於牧野」，與「殷商之旅，上帝臨女」隔句韻。《采蘋》：

「于以奠之？宗室牖下。誰其尸之，有齊季女。」女亦與野、旅、下爲韻。上聲則入麌部，平聲則入虞部，虞本从吳得聲，此其蹤迹之可尋者也。又若字，古人亦讀爲汝，故傳記之文多有以若爲汝者。《史記·項羽本紀》「吾翁即若翁」，《漢書》作「汝翁」。《易》巽九二：「巽在牀下，用史、巫紛若。」漢《郊祀歌》：「六龍之調，使我心若，訾黄其何不來下。」古音下讀爲互，與若合韻。故《烝民》詩「天子是若，明命使賦」，若與賦韻也。後世下音既訛，而若字亦增入人也切之音，或爲惹，皆音之變也。州人稱人之辭或曰箕，或曰虞，或曰吳，或曰惹，皆即其而、汝、若之轉音也。

不知其人而問之曰某人。土音讀某似滿。

案：《穀梁傳》桓二年「蔡侯鄭伯會于鄧」注：「鄧，某地。」釋文作厶，云：「本作某。不知其國，故云厶地。後皆放此。」據此知范注原本某作厶，即《説文》訓「姦衺」之厶。吳夌雲謂厶，兼晦、某、私三音。仲和案：《士冠禮》「某有子某」鄭注：「古文某爲謀。」古音某聲與無聲通。《詩》「民雖靡膴」釋文引《韓詩》作「靡腜」。「周原膴膴」，《文選注》引《韓詩》作「腜腜」，是共證也。蕪與蔓通，《爾雅·釋草》「蔓菁」釋文云：「蔓，音万。本作蕪，音無。」今州人稱某人而土音似滿人者，蓋某聲同無，無聲同蔓，蔓滿疊韻。某聲又同每，故《説文》梅或作楳，「亹亹文王」，讀若每每。亹或作亹。《爾雅》「虋冬」注「門冬一名滿冬」，是某與每、每與門滿，皆一聲之轉。輾轉相證，而知變音之由也。

富謂之發。黄香鐵云：土音讀褒之入聲，如官音之讀潑。案《廣韻》上聲二十四緩有粄字，云「屑米餅也」。京師鬆糕，土音謂之發粄，其聲正同。

案：《説文》：「發，䠶發也。从弓癹聲。」引申爲發起之稱。《大學》「發身」「發財」是也。因土音無相當之字，舉其聲之近似而合於富之義者，故香鐵以發字當之，而謂「讀褒之入聲」耳。其實即富字之變音也。《廣韻》宥部富，方副切。月部發，方伐切。凡《切韻》上一字與所切之字爲雙聲，而富、發同用方字，皆非母輕脣音之發聲字也。錢辛楣《養新録》謂古無輕脣音，古讀方如負、如旁、如謗，其所舉畐聲之字，如匍匐之爲蒲伏、扶服，又舉服字古轉爲犕。今考發字轉入去聲，古亦讀爲廢。《史記·貨殖傳》「子贛廢著鬻財」，《漢書》作「發貯」。《荀子》引《詩》「武王載旆」作「載發」，可證富古音亦如備。《説文》：「富，備也。」「福，備也。」《曲禮》注：「富之言備也。」《祭統》云：「福者，備也。」皆以疊韻爲訓。若轉入聲，則富與福亦當同方墨切，以福亦從畐聲故也。福讀如匍匐之匐，古音與德、國、克、翼等字爲韻，故《小宛》二章：「人之齊聖，飲酒温克。彼昏不知，壹醉日富。」富與克韻也。《郊特牲》：「富也者，福也。」《詩》「何神不富」傳：「富，福也。」「維昔之富不如時」箋：「富，福也。」《釋名》：「富，福也。」皆疊韻爲訓。古音富入職韻，《廣韻》收入屋韻，非古音矣。案《説文》：「奲，富奲奲皃。从奢單聲。」今俗亦有此語，奲即讀奢，言「發奲奲」，其富字仍本今之方音也。

貧謂之括。黄香鐵云：「土音讀塊之平聲。」仲和謂：即貧匱之匱。匱古有塊音。

黄香鐵《石窟一徵》作「括言空諸所有也」。仲和案：今俗笑人無錢曰無括烏紗，故作括字其實即貧匱之匱之古音。鄭注《月令》：「匱，乏也。」《墨子・七患》篇：「四穀不收謂之餽。」王懷祖謂餽與匱通。匱與塊聲近，《禮運》「蕢桴而土鼓」注：「蕢讀凷，聲之誤也。」《説文》：「凷，墣也[一]。从土凵。凵屈象形。」或从鬼作塊。是鬼聲與貴聲相通之證。又蕢桴之蕢，《羣經音辨》作蒯聵之蒯。《漢書・何武王嘉師丹傳》贊：「以一蕢障江河。」蔡邕《釋誨》作「九河盈溢，非一凷所能防」。一蕢即一凷也。《荀子・性惡篇》「傀然獨立於天地之間」注：「傀與塊同。」《漢書・東方朔傳》「魁然無徒」注：「魁讀曰塊。」塊然獨處，其貧可知。魁、傀與塊皆同鬼聲，故亦通用。

祭謂之餽。土音讀徙之平聲。

案：祭，土音讀徙之平聲，與齋疊韻。《曲禮》「立如齋」注：「謂祭祀時。」仲和案：《羣經音辨》：「祭，享神也，子例切。」「祭國也，測介切。」今土音讀祭，是由測介切而轉入平聲耳。又案《士虞禮》「祝命佐食墮祭」鄭注：「下祭曰墮。墮之猶言墮下也。《周禮》曰：『既祭，則藏其墮。』謂此也。今文墮爲挼。《特牲》《少牢》或爲羞，失古正矣。齊魯之間謂祭爲墮。」惠士奇曰：「墮之爲言下也，猶放飯於器也。墮之爲言輸也，猶輸幣於神也。」又《特牲饋食禮》「祝命挼祭」注云：「《士虞

[一] 墣：原誤作「璞」，據《説文解字》改。

禮》曰：『祝命佐食隋祭。』《周禮》曰：『既祭，則藏其隋。』隋與挼讀同耳。今文改挼皆爲綏。古文此皆爲挼祭也。」案隋在《廣韻》五支，今土音則讀轉入咍韻之災哉爲一類，此爲隋唐之音。若古音，則隋挼綏皆在歌戈部矣。又按《説文》：「禬，會福祭也。」《周禮》：「女祝掌以時招梗禬禳之事，以除疾殃。」注云：「除災害曰禬，禬猶刮去也。」「大祝六祈，三曰禬，四曰禜。」注云：「禬禜告之以時有災變也。」今州俗讀禬轉爲平聲，亦近似也。《説文》食部：「餽，吴人謂祭曰餽。从食鬼，鬼亦聲。」〔一〕按食鬼會意以從鬼聲，槐字之音例之，當作此字爲是。又《中山策》云「飲食餔餽」，高誘注云：「吴人謂食爲餽，祭鬼亦爲餽。」今州俗謂食爲餽，則詈人語矣。謂祭爲餽，蓋本吴音也。

爛謂之緜。

案：州俗凡煮肉謂當煮爛爲煮緜。《釋名》：「煮繭曰莫。莫，幕也。貧者著衣，可以幕絡絮也。或謂之牽離，煮熟爛牽引使離散如緜然也。」緜義蓋本此。又案《玉藻》「言容繭繭」注云：「繭繭，聲氣微也。」疏云：「繭繭猶緜緜。」蓋言無所用力之意。《説文》：「緜聯，微也。」《淮南·天文訓》：「至于連石，是謂下舂。」高注：「連讀腐爛之爛。」據此是連、緜皆有爛義。

紛謂之纈。

〔一〕鬼：原脱，據《説文解字注》補。

案：州俗凡絲棼而不理曰纕，事紛而不治亦曰纕。《廣雅》：「紛纕，不善也。」王懷祖疏證云：「《吕刑》『泯泯棼棼』傳云：『泯泯爲亂，紛紛同惡。』《方言》云：『凡人語言過度及妄施行謂之䝁。』皆謂不善也。棼與紛通，䝁與纕通，合言之則曰紛纕。曹憲音女交、奴孔二反。《大雅·民勞》篇：『無縱詭隨，以謹惽怓。』傳云：『惽怓，大亂也。』惽怓與紛纕聲近而義同。」《漢書·崔駰傳》「紛纕塞路」，李賢注引《方言》「纕，盛多也」。案纕从糸農聲，州人即讀農。

碎謂之茸。

案：州俗凡事漫無條理而好爲瑣碎曰茸，凡物不欲麤觕而務極細碎曰茸茸。司馬遷《報任少卿書》「在闒茸之中」，顔師古注曰：「闒茸，猥賤也。闒，下也。茸，細毛也。言非豪傑也。闒，吐合反。茸，人勇反。」《文選》李善注引張揖訓詁以爲「闒茸〔一〕，獰劣也。」吕忱《字林》曰：「闒茸，不肖也。」《廣韻》三鍾茸，而容切。《説文》：「茸，草茸茸皃〔二〕。从草，聰省聲。」草初生狀謂之茸，鹿茸，蓋取此意。《詩》「狐裘蒙戎」釋文：「如字，徐而容反。蒙茸，亂貌。案徐此字音是依《左傳》作尨茸。」「何彼穠矣」傳：「穠，猶戎戎也。」釋文：「襛，《韓詩》作茙。」《説文》無茙字，戎戎與茸茸其詞相似，或茙即茸之異體，或《韓》亦作戎，後人加草。形容之詞，單詞與重言同。案司馬相如《大人賦》：「攢羅列聚，叢以蘢茸兮。」此正是碎義。戎與茙通，蘇頌《圖經》：「香

〔一〕茸：原脱，據《文選注》補。
〔二〕茸：原脱，據《説文解字注》補。

葇，俗呼香茸。」孟詵《食療本草》謂之香戎。顔師古《匡謬正俗》：「戎，猱也。俗語變訛謂之戎，猶今香葇謂之香戎也。」今别造狨字，蓋穿鑿不經。案猱即《樂記》「獶雜子女」之獶，亦亂雜之意。

美謂之産，亦謂之勁，亦謂之竫。土音讀井之平聲。

案：《左傳》襄二十五年《傳》：「子美入，數俘而出。」杜注：「子美，子産也。」是美與産義通。又按《禮記》「急繕其怒」鄭注：「繕讀曰勁。」《周禮・夏官・繕人》注：「繕之言勁也，善也。」《説文》美與善同意，然據《論語》「盡美矣，未盡善也」，則善能包美，而美未能包善。繕爲勁，亦爲善，善亦爲美，此古義之存於俗語者也。又謂之竫者，《説文》：「竫，亭安也。」《詩》「静女其姝」，馬瑞辰謂：「凡經傳静字，皆竫之假借。」静、竫又與靖通。文十二年《公羊傳》「惟諓諓善竫言」，王逸《楚詞注》作「靖言」。《廣雅》：「竫，善也。」《藝文類聚》引《韓詩》「有静家室」，静，善也。《鄭詩》「莫不静好」，《大雅》「籩豆静嘉」，皆以静爲竫之假借。此《詩》「静女」亦當讀靖，謂善女，猶淑女、碩女也。故「其姝」「其孌」，皆狀其美好之貌。仲和案：《曲禮》：「日而行事，則必踐之。」鄭注：「踐讀曰善，聲之誤也。」《詩・鄭風》「有踐家室」，《韓詩》作「有靖」。《堯典》「静言庸違」，《漢書・王遵傳》引作「靖言」，《史記》作「善言」，是踐與靖、靖與善，皆一聲之轉。俗言即本竫靖二字讀平聲而略變耳。又《説文》：「精，擇也。」《玉篇》：「粗，麤，大也。」精粗對言，亦有美惡之義。故俗謂瘦肉曰精肉。《玉篇》：「腈，子盈切。腈肉也。」精、腈同。

美又謂之窕。讀如峭、如噍。

案：《方言》：「窕，美也。陳楚周南之間曰窕，自關而西，秦晉之間，凡美色或謂之好，或謂之窕。美狀爲窕，美心爲窈。」錢繹曰：「《周南・關雎》毛傳：『窈窕，幽閒也。』《序》釋文引王肅〔一〕：『善心曰窈，善容曰窕。』《小雅・大東》篇『佻佻公子』，《韓詩》作『嬥嬥』。《廣雅》：『嬥嬥，好也。』《楚詞・九歎》王逸注引《詩》作『苕苕』，義並與窕同。」仲和案：窕，郭途了反，《詩》釋文同。今土音讀如嘸、如峭，聲亦相近。俗又謂人窕爲窕媞。案《爾雅・釋訓》：「媞媞，安也。」郭注：「皆好人安詳之皃。」《説文》：「媞，諦也。」《詩》「好人媞媞」，毛傳：「媞媞，安諦也。」《楚詞・七諫》：「西施媞媞，而不得見。」王逸注引《詩》作「媞媞」。是提提即媞媞也。媞今土音讀是，俗駡人恣肆亦曰窕肆，與窕媞聲同。《爾雅・釋言》：「窕，肆也。」《羣經音辨》穴部「窕，輕也」，引「楚師輕窕」，與今俗所言窕肆意亦相同。

奢侈謂之爽。

案：《爾雅・釋言》：「爽，差也。差，忒也。」《太玄・廓》云〔二〕：「或失之差。」范望注：「過差也。」《詩》「女也不爽」「士也不爽」傳並云：「爽，差也。」《方言》云：「爽，過也。」事失其常度而用費過差，故曰爽也。

吝嗇謂之澀，亦謂之劍。

〔一〕序：原脱，據錢繹《方言箋疏》補。
〔二〕太：原作「大」。

案：澀者，嗇之聲轉。《廣雅》：「澀、遴，難也。」《說文》：「澀，不滑也。」「遴，行難也。」《楚詞・七諫》「言語訥澀」王逸注：「澀者，難也。」《列子・力命篇》：「穋伢情露，謇極凌誶，四人相與遊于世。」張湛注：「謇極，訥澀貌。」今俗笑吝嗇者亦曰訥澀。《方言》：「自關而西，秦晉之間，凡人語而過曰僉，東齊謂之劒。」皆盛多之意。今州俗反以謂出納之吝者，亦猶亂謂治之義也。

語言謇吃謂之缺舌。

案：《孟子》：「今也南蠻鴃舌之人。」今俗即以鴃舌謂口吃之人矣。

智謂之精。

案：《禮記・緇衣》：「精知略而行之。」《說文》：「精，擇也。」《廣韻》：「精，明也。」《荀子・智賦》：「血氣之精也。」州俗謂人有心計者，或曰精明，或曰精智，或稱精靈，而單稱之則曰精，或謂之精緻。《唐書・崔元翰傳》：「好學不倦，用思精緻。」《宋史・歷律志》：「宣和璣衡之制，詳密精緻。」

愚謂之惷，亦謂之戇。

案：《周禮・司刺》「三赦曰惷愚」，注云：「惷愚，生而癡騃童昏者。」《士昏》記：「某之子惷愚。」《禮記・哀公問》：「寡人惷愚冥煩。」〔一〕《表記》：「其民之敝，惷而愚。」《廣韻》收於三

〔一〕煩：原誤作「頑」，據《禮記》改。

鍾、四江、三用中。《唐韻正》云古音丑工反。今土音讀同春蠢之蠢。《説文》：「戇，愚也。」《衆經音義》引《三蒼》云：「戇愚，無所知也。」今土音讀如昂之去聲。

黠謂之鬼黠。土音黠讀爲挖。

案：《方言》云：「慧，自關而東趙魏之間謂之黠，或謂之鬼。」州俗亦有鬼黠之稱。

詐謂之徼。朱注：「徼，古堯反。」

案：《論語》「惡徼以爲智者」集解：「孔曰：『徼，抄也。抄人之意，以爲己有。』」朱注：「徼，伺察也。」州俗則以謂不由正道，掩人不備而以詐取勝者，蓋有行險徼倖之意。《史記·留侯世家》云：「九江王，楚梟將。」此梟與驍同，與俗之所謂徼者異。

歡喜謂之嬹。土音讀同釁。

案：《廣雅》：「嬹，悦也。」王懷祖云：「嬹者，《説文》：『嬹，説也。』《學記》『不興其藝』注云：『興之言喜也，歆也。』正義引《爾雅》云：『歆、喜，興也。』興與嬹通。」《文王世子》「既興器」注云：「興當爲釁字之誤也。」今州俗讀嬹字正作釁音。

憂謂之切。

案：顔師古《匡謬正俗》云：「《甫田》篇：『勞心忉忉。』《爾雅音》：『切切，憂也。』後之賦者叙憂慘之情多爲忉怛。王仲宣《登樓賦》：『心悽愴以感發，意忉怛而憯惻。』諸如此類，皆當音切。字與忉字相類。切字從刀七聲，傳寫誤亂，或變爲忉。今之學者諷誦辭賦皆爲忉怛，不復言切，失之遠矣。」仲和案：《祭法》「濟濟漆漆然」鄭注：「漆漆，讀如『朋友切切』，《論語》『小人長戚戚』，與漆漆聲同，是戚亦可轉爲切也。」州俗婦人女子皆謂憂爲切，此古義之存於俗語者也。

忿怒謂之狠。

案：《廣雅・釋詁》：「懇，信也。」《釋訓》：「懇懇，誠也。」皆與忿怒之意遠。考《説文》心部無懇，土部無墾，皆後出之字。豕部：「狠，豕此字依段氏補齧也，从豕艮聲。」匕部：「艮，很也，从匕目。匕目，猶目相匕，不相下也。」凡物不相下然後齧，是狠即有忿恨之意，即有求勝之意。《曲禮上》「很毋求勝」注云：「很，鬩也。」釋文很，胡懇反。狠蓋與很同意。《爾雅》：「鬩，恨也。」〔一〕釋文：「孫炎作很，云相很戾。」《左傳》正義引李巡「本作恨」。《詩》「兄弟鬩於牆」傳：「鬩，很也。」正義曰：「很者，忿爭之名。」《詩・小雅・白華》「視我邁邁」釋文：「《韓詩》及《説文》並作『㤄㤄』。許云『很怒也』。」今本《説文》：「㤄，恨怒也。」當從《釋文》作「很怒」爲是。

逍遥自得謂之雙爽。《朱子語類》卷一百四：「須是早起了，卻覺得心下鬆爽。」是當時已有鬆爽之語。

案：雙字，自《吴紫玉歌》「羽族之長，名爲鳳凰。一日失雄，三年感傷。雖有衆鳥，不爲匹雙」已入陽韻。徐陵《鴛鴦賦》「孤鸞照鏡不成雙」，亦與鴦爲韻。而爽字，則《詩・氓》之「淇水

〔一〕恨：原誤作「很」，據《爾雅》改。

湯湯，漸車帷裳。女也不爽，士貳其行」，《蓼蕭》之「蓼彼蕭斯，零露瀼瀼。既見君子，爲龍爲光。其德不爽，壽考不忘」，皆讀平聲。《廣雅》：「逍遥，儴徉也。仿徉，徙倚也。徜徉，戲蕩也。」王懷祖引《離騷》「聊逍遥以相羊」、《遠遊》「聊仿佯而逍遥」、《哀時命》「獨徙倚而仿佯」以爲證，而謂儴佯、仿佯、尚羊、儴徉、徜徉、方羊、常羊、商羊，並字異而義同。戲蕩謂之常羊，舞貌亦謂之常羊，跳貌亦謂之常羊。考州俗雙爽二字之意亦同之。蓋形容之字本取其聲，古音雖變，而尚有未盡變者，此類是也。

怒罵謂之阿詮。此緣切。

案：阿與苛、訶疊韻。《方言》：「苛，怒也。」《廣雅·釋詁》苛、訶皆訓爲怒。《説文》：「訶，大言而怒也。」「詮，具也。」《廣雅》：「詮者，論之具也。」謂之阿詮者，言怒而責之具其詞，而不稍隱諱也。

嬾怠謂之嬾司。

案：怠，从心台聲，古音怡。《書》「舜讓于德弗嗣」，《史記》作「不懌」。徐廣曰：「今文作不怡。」李善《文選注》引《書》作「不台」，《漢書音義》：「古文台作嗣。」王懷祖曰：「不嗣之爲不怡、不台，嗣音之爲詒音，皆與聲相近而通。司與台聲相近，故從司、從台之字可互通。《左氏春秋》莊八年『甲午治兵』，《公羊》作『祠兵』。《釋獸》釋文曰：『齝，字書以爲古齝字。』皆其例也。」仲和案：漢《柏梁詩》「日月星辰和四時」「徹道宫中禁墮怠」爲韻。又曹朔作《後漢敬隱后頌》，述宋氏之先云：「實先契而佐唐，湯受命而創基。二宗儼以久饗，盤庚儉而弗怠。」與基韻，是怠聲本近尸。又《本草别録》：「陟釐，生江南池澤。」陶注云：「此南人用作紙者。」唐本注引《藥對》云「河中側黎」，《拾遺記》云「側理紙，水苔爲之」〔一〕。後人語訛謂之側理，然則側理、陟釐聲相近。《爾雅》釋文菭，或丈之反。是菭古讀若治，陟釐即苔之合聲，怠亦當同也。州人讀嬾怠爲嬾尸，正合古音，無庸改字也。

遲鈍謂之儒輸。土音無相當之字，舉其近似者，似此二字之變音。

案：《方言》：「儒輸，愚也。」《廣雅》同。郭璞注云：「儒輸，猶懦撰也。」《荀子・脩身篇》：「勞苦之事，則偷儒轉脱。」楊倞注：「偷謂苟避於事，懦亦謂懦弱畏事。」或曰偷當爲輸，引此文及注，輸懦與輸儒同例言之也。《玉藻》「諸侯荼」鄭注：「荼，讀爲舒遲之舒。舒懦者，所畏在前也。」釋文：「懦，怯懦也。」〔二〕又作「濡弱也」。《漢書・西南夷傳》「恐議者選耎」，師古云：「選耎，怯不前之意。」《後漢書・西羌傳》作「選懦」，與郭注曰「懦撰」例言之亦當同也。儒輸、懦撰並疊韻，今土音亦疊韻，輕重斂侈之間，遂變爲有音無字。然其變之由儒輸二字而來，則其迹固可尋也。輸同蝓，以蝸牛今俗以爲蝓嬴也，古作虒蝓，亦與儒輸二音相似。

説是非謂之學是非。

〔一〕水：《拾遺記》作「海」。
〔二〕懦：原作「弱」，據《經典釋文》改。

案：《説文》：「斆，覺悟也。」篆文作學。《白虎通義》云：「學之爲言覺也，以覺悟所不知也。」州俗以子弟所爲之事告之父兄，謂之學，或以此之是非告之彼，亦謂之學。皆謂有所不知，吾覺悟之使知之耳。此則學爲覺悟使知之古義存於俗語中者也。

分謂之奔。

案：《詩·泂酌》「餴饎」，釋文餴又作饙。案奔、賁同也。「奔軍之將」，《禮記》作賁，鄭注讀爲僨。《周禮·草人》「墳壤」，故書墳作坌。昭五年《春秋左氏經》「叔弓帥師敗於蚡泉」，《穀梁》作「賁泉」。是賁與蚡同也。《説文》寡字注云：「頒，分也。」《魚藻》「有頒其首」，樊光《爾雅注》引《詩》作「有賁其首」。是賁又與頒通也。《易·賁卦》釋文引傅氏云：「賁，古班字。」《王制》「名山大澤不以肦」，鄭注：「肦，讀爲班。」是賁又與班、肦通也。《詩·白駒》「賁然來思」傳：「賁，飾也。」箋引《易》「山下有火，賁」。徐邈並音奔。今俗凡班分人物皆謂之奔，以物予人亦謂之奔，蓋古音之遺也。

跛扈謂之可扈。

案：《大雅·皇矣》詩「無然畔援」鄭箋：「畔援，猶跛扈也。」釋文引《韓詩》「畔援，武强也」〔一〕。通作畔换。《漢書·敘傳》「項氏畔换」，師古注：「畔换，强恣之貌，猶言跛扈也。」引

〔一〕武强：原誤作「强武」，據《經典釋文》改。

《詩》「無然畔換」。今俗謂强恣曰可扈者，跋爲畔之入聲，從畔之轉爲播音也。《士虞禮》：「尸飯，播餘于篚。」古文播爲半，半，古拌字。是拌與播爲古今字。番聲之字，古音讀藩，當入桓元部，後始有薄波、薄禾二切，故《廣韻》收於桓元部，又收於戈部。今之可字，蓋由播字變音而來也。或轉爲可惡，則文士之言耳。

揮棄物謂之拌。

案：《方言》：「拌，棄也。楚凡揮棄物謂之拌〔一〕，或謂之敲，淮汝之間謂之投。」《廣雅》：「拌，棄也。」王懷祖曰：「拌之言播棄也。《士虞禮》：『尸飯，播餘于篚。』古文播爲半。半，古拌字，謂棄餘于篚也。」仲和案：番聲之字，《廣韻》有收入戈部者，《唐韻正》謂當削去，併入元桓二韻。今土音謂播棄物其聲如潘藩，正與古韻合也。孔廣森曰：「歌戈爲寒元之陰聲，故二部每互相轉。」戚學標曰：桓之轉爲和，番之轉爲播，難之轉爲儺，單之轉爲鼉是也。

謂人古性曰寡性。

案：《禮記·緇衣》：「故君子寡言而行，以成其信。」〔二〕鄭注云：「寡當爲顧，聲之誤也。」《商頌》「韋顧既伐」，《漢書·古今人表》作「韋鼓」。《西域傳》「宛王毋寡」，《陳湯傳》作「毋鼓」。是顧與寡、寡與鼓聲俱相近。顏師古《陳湯傳》注云：「《西域傳》作毋寡，而此云毋鼓，鼓、寡聲

〔一〕棄：原脱，據《方言》補。

〔二〕信：原作「性」，據《禮記》改。

相近，蓋戎狄之言不甚諦也。」州俗有所厚望於人而不相顧，則謂之寡；或見人性情執古不與常同，亦謂之寡性；酒味苦亦謂之寡。或曰寡辣辣，亦曰迴性。

擔謂之孩。土音讀惄之平聲。

案：《廣雅》：「擨、孩、何、拂，擔也。」王懷祖疏證改孩爲旅，謂各本譌作孩，自宋時本已然，故《集韻》《類篇》孩字注並云：「一曰擔也。」考《玉篇》《廣韻》孩字俱不訓爲擔，孩字明是俗旅字之譌。仲和謂王氏未免武斷，今州俗明以擔爲孩，故擔夫謂之孩腳。

啼哭謂之嗷。

案：《説文》：「楚謂兒泣不止曰嗷咷。」嗷咷與《易》「號咷」同義。《曲禮上》「毋嗷應」鄭注：「嗷，號呼之聲也。」昭二十五年《公羊傳》云：「昭公於是嗷然而哭。」《説文》引作「噭」，則噭與嗷通。又作叫，《宋史略》：「仁宗生，晝夜啼不止，有道人能止兒啼，召入，則曰：『莫叫！莫叫！何似當初莫笑。』乃止。」

畏葸謂之朒縮。

案：《漢書·五行志》：「王侯朒縮不任事。」〔一〕《息夫躬傳》：「方今丞相王嘉健而蓄縮，不可用。」蓄縮，猶朒縮也。《明史·秦良玉傳》贊云：「秦良玉一土舍婦人，提兵裹糧，崎嶇轉

〔一〕王侯：原誤作「侯王」，據《漢書》改。

鬭，其急公赴義有足多者，彼仗鉞臨戎〔一〕，縮朒觀望者〔二〕，視此能無愧乎？」此以畏葸爲縮朒也。此本黄香鐵《石窟一徵》。

舒遲謂之朐䏰。

黄香鐵云：「音如問俊二字。按朐䏰，蟲名。《漢書·地理志》有朐䏰縣，楊用修謂夔州地多此蟲，故以爲名。」土音似穩準二音。據《廣韻》上聲十七準、去聲二十二稕作蠢閏二音，今俗駡人無知曰蠢糞，糞字即在去聲二十三問，是從如順切轉入方問切，然則非舒遲之謂矣。

詈人憒憒曰惛忞，亦曰惛惛忞忞。

案：《周書·多方》：「乃大淫昬。」《説文》引《立政》之「在受德忞」。今《尚書》作暋。昬、忞皆亂也。重言則《法言·問神》篇云：「著古昔之㖧㖧，傳千里之忞忞者，莫如書。」李軌注云：「㖧㖧，目所不見；忞忞，心所不了。」《廣雅》：「惛惛、忞忞，亂也。」昬㖧惛同。忞，武粉切，土音讀如粉。案《方言》：「惃、愻、頓愍，惛也。江湘之間謂之頓愍。」郭注：「頓愍，猶頓悶也。」是愍、悶聲轉。《書·盤庚》：「若網在綱，有條而不紊。」釋文：「紊，徐音文。」是紊與文古同音也。

語言牽引謂之啐笊。土音讀如笊籬之笊。

〔一〕仗：原作「杖」，據《明史》改。

〔二〕縮朒觀望：原作「觀望縮朒」，據《明史》改。

案《方言》：「囒哰、謰謱，拏也。」郭注：「言譇拏也。囒哰，闌牢二音。謰謱，上音連，下力口反。」〔一〕《廣雅》：「囒哰，謰謱也。」王懷祖曰：「此雙聲之相近者也。」錢繹《方言箋疏》曰：《說文》：『拏，牽引也。』『譇拏，羞窮也。』《玉篇》：『譇詉，言不可解也。』《廣韻》：『譇詉，語不正也。』又云：『囒哰，譇詉，語不可解。』案譇、惹古今字。《說文》訓『譇拏』爲羞窮，蓋謂羞澀辭窮而支離牽引也。」仲和案：今俗相罵尚有一譇拏之語，而囒哰轉爲哰笊，亦謂羞澀辭窮支離牽引也。又謂牽引舊事爲譇。

懊憹謂之懊惱。土音讀如拗慅。

案：《方言》：「惃、愂、頓愍，惛也。或謂之氐惆。南楚飲毒藥懣謂之氐惆。愁恚憒憒，毒而不發，謂之氐惆。」郭注：「氐惆，猶懊憹也。」錢繹箋疏曰：「氐惆雙聲字，蓋形容之詞。今吳俗謂小兒煩懣懊惱聲如躋遭，即氐惆之轉也。注『氐惆猶懊憹』者，《素問·六元正紀大論》篇：『甚則瞀悶懊憹。』案：懊憹轉之即懊惱矣。」仲和案：州俗亦有躋遭之語，或讀轉去聲，又或轉爲愀唧，而懊惱二字則聲如拗慅、如凹笊，亦謂心中煩懣也。

斥人多言曰譶譶，土音讀如閃。亦曰諣諣。土音讀如卦。

案：《說文》：「譶，疾言也。讀若沓。」《文選·琴賦》「紛㴿譶以流漫」注：「㴿譶，聲多也。

〔一〕力：原誤作「刀」，據《方言注》改。

徒合切。」又《説文》：「諣，疾言也。古卦切。」

以掌進小兒食曰唅。

案：《玉篇》唅，胡紺切。《衆經音義》卷十一引《埤倉》云：「唵，唅也，謂掌進食也。」州俗以掌進小兒食亦曰唅。

婦人詈人貪食曰屯，亦曰薦。

案：《易・序卦》：「屯者，盈也。」與飽食義合。《莊子・齊物論》「麋鹿食薦」注引《三倉》云「六畜所食曰薦」。是此語甚毒。

作事軟弱謂之飴。

黄香鐵云：「按《急就章注》：『軟弱者多爲飴，言其形怡怡然也。』」

騙人曰獺人。

黄香鐵云：「俗稱騙人曰獺人。按《淮南子・兵略訓》：『畜池魚者，必去猵獺。』《説文》：『獺，如小狗，水居食魚。猵屬也。』〔一〕然則騙即猵也。獺即猵之類也。獺音撻，俗讀作泰之入聲〔二〕，紿字之轉音也。」仲和案：獺或轉爲㨃，《玉篇》他達切，引《方言》「逃也、叛也」。又轉爲

〔一〕猵：原脱，據《石窟一徵》補。
〔二〕泰之入聲：《石窟一徵》作「擦入」。

姡，《玉篇》胡刮、户刮二切，「多詐也」。又轉爲但，《淮南·説山》篇：「媒但者，非學謾他〔一〕，今莊氏本作也，此從王懷祖訂正。但成而生不信。」王懷祖云：「但與誕同，故高注曰『但，猶詐也』。他與訑同。謾訑，詐欺也。《燕策》：『燕王謂蘇代曰：「寡人甚不喜訑者言也。」蘇代對曰：「周地賤媒，爲其兩譽也。之男家曰女美，之女家曰男富。」』故曰『媒但者非學謾他，但成而生不信』也。」是獺人者莫若媒，而古謂之但也。《列子·黄帝篇》：「吾不知子之有道而誕子。」又：「今昉知子黨之誕我。」〔二〕誕即但也。但字讀轉入聲爲怛，即今方音所謂獺人。玄應書引《纂文》曰：「兖州人以相欺人爲訑人。」即《説文》「沇州謂欺曰詑」，重讀之即爲㺚人矣。

騙物曰撮。

黄香鐵云：「案撮當作最。《説文》：『最，犯而取也。从冃从取。』亦冒取之義也。」俗謂翦綹爲撮子。

婦人與人私通曰甲人。

案：甲，通作狎。《方言》云：「媟，狎也。」郭注云：「相親狎也。」郝蘭皋云：「按媟有嬻嫚之意，故《廣雅》云『狎，輕也』。輕有忽意，故《論語》『狎大人』鄭注：『狎，慣忽也。』輕忽。媟又

〔一〕學：原誤作「覺」，據《淮南子》改。
〔二〕黨：原誤作「等」，據《列子》改。

因狎習而生也，通作甲，《詩》『能不我甲』釋文：『甲，《韓詩》作狎。』《書》『因甲于内亂』正義引鄭、王皆以甲爲狎。《釋言》云：『甲，狎也。』」黄香鐵謂「《廣韻》始，烏合切，烏合二字叶爲始字，猶野合也」，亦通。

相親昵謂之黏。

案：《考工記·弓人》「凡昵之類不能方」注：「故書昵或作樴。」《左傳》「不義不暱」，《説文》引作「不義不䵒」，云「䵒，黏也」。或作翻，《考工記注》杜子春云：「樴，讀爲不義不昵。或爲䵒。」䵒，黏也。昵䵒皆暱之或字，䵒又䵒之或字。而樴與戠同，《禹貢》「厥土赤埴墳」，鄭本作戠，徐、王皆讀曰埴。《考工記》「摶埴之工」，鄭注訓埴爲黏土，是埴、戠同物也。《説文》：「埴，黏土也。」是昵、暱、䵒、樴、戠、埴，並聲近相通也。今俗於兩情相親昵者曰將黏合矣。合，讀如甲。又謂婦人私奔曰黏人，蓋亦古義也。

凡物擴大充滿謂之桄。

案：《戴東原文集》曰：「《堯典》『光被四表』傳曰：『光，充也。』釋文光字無切，正義曰：『光，充。』《釋言》文據郭本《爾雅》『桄、熲，充也』，注曰：『皆充盛也。』釋文曰：『桄，孫作光。古黄反。』《説文》曰：『桄，充也。』孫愐《唐韻》古曠反。《樂記》：『鐘聲鏗，鏗以立號，號以立横，横以立武。』鄭注曰：『横，充也。謂氣作充滿也。』釋文曰：『横，古曠反。』追原古初，當讀古曠反，庶合充廓廣遠之義。而釋文於《堯典》無音切，於《爾雅》乃古黄反，殊少精覈。」王伯申曰：「光、桄、黄，古同聲而通用，三字皆充廣之義，不必古曠反而後爲充也。」仲和案：王説是也。黄從光聲，桄從光聲，横、廣皆從黄聲，皆有擴充之義。吾州方音謂梯之横木、人所蹋以登者曰梯桄，而於物之擴大充滿者，俗皆曰桄，讀同梯桄之桄，似入庚韻，與横爲疊韻，與光、黄之在《唐韻》者爲聲近，皆讀平聲，段氏古音皆在第十部也。近人推戴氏取《爾雅》「光，充」之訓以説《堯典》「光被」爲卓識，其實以充滿爲桄，本吾州婦孺習熟之土音，特不經證出，人自不察耳。

謂言不實曰危訛。

案：今俗謂譎詐欺謾之人説話不實曰危訛，或重言之曰危危訛訛；或曰衣阿，或重言之曰衣衣阿阿。皆謂言無實不足信。此古音，即《大雅·民勞》篇「無縱詭隨」，詭隨之古音正如此也。《經義述聞》曰：「詭，古讀若戈；隨，讀若譌。譌音上禾反，字或作訛，又作訑。隨，其假借字也。《説文》『沇州謂欺曰詑』，《楚詞·九章》『或詑謾而不疑』，《燕策》『寡人甚不喜訑者言也』，並字異而義同。」馬瑞辰曰：「玄應引《三倉》『詭，譎也』，《廣雅·釋詁》『詭，欺也』。詭通作恑，《廣雅·釋言》『詭，恑也』。又省作危，《莊子·漁父》曰『苦心勞形，以危其真』，釋文：『危，本作訛。』詭、僞亦聲近，僞即譌也，譌即訛也。譌通作詑、作他，《廣雅》詑、他並曰『欺也』。又借作他，又通作訑。玄應書引《纂文》曰『兖州以相欺人爲訑人』。皆詭隨爲譎詐欺謾之證。」仲和謂「訑人」重讀之，即今方音之「𠊎人」。歌戈部之字，《廣韻》多收入支部，方音亦支戈相轉。古音不分四聲，方音亦四聲隨輕重而變。如危訛，又曰衣阿，又曰語我，又曰俄我，又曰多夥，或從危轉曰巖訛，或轉爲噩襌，皆字隨聲變，而方音之足證古音，於此可見矣。

小兒啼哭不止曰打撥剌。

案：《説文》：「癶，足剌癶也。讀若撥。」足部：「蹎，步行獵跋也。」又：「躐〔一〕，跋也。」《爾雅》：「跋，躐也。」釋文云：「跋，郭音貝。」犬部犮訓云：「从犬而丿之，曳其足，則剌犮也。」俗笑人衣着不整曰剌剌犮犮，亦此二字。《廣韻》：「蹎，賴蹎，行不正也。」剌癶、剌犮、獵跋、賴蹎皆同。

作事順適曰順緒。

案：《爾雅》：「舒、業、順，敘也。」「舒、業、順、敘，緒也。」俗言順緒，蓋古之遺語。

好惡通曰好壞。

案：《爾雅》：「壞，毀也。」《説文》：「敗也。」毀、敗則不好矣。俗謂好人壞人、好事壞事、好錢壞錢、做好做壞，皆以好壞對言之。壞又通作瘣。《小弁》詩「譬彼壞木」毛傳：「壞，瘣也。謂傷病也。」《説文》：「瘣，病也。」引《詩》「譬彼瘣木」。蓋壞瘣雙聲，故通用也。亦有言惡者。今俗音似稍變，聲之侈斂不同耳，非有異字也。

愛惡通曰惜咎。惜土音鵲，咎土音讀近澆。

案：《唐韻正》惜，古音鵲。與土音同。咎，《廣韻》入有部，云「惡也，過也，愆也」。豪部咎

〔一〕躐：原誤作「獵」，據《説文解字》改。

字注云「咎，繇」。據孔巽軒《詩聲類》，咎當入蕭部，與幽部通。尤字，《唐韻》以建首，據《三百篇》當入之部，故以幽代之。以「彤弓弨兮，受言櫜之。我有嘉賓，中心好之。鐘鼓既設，一朝醻之」。櫜从咎聲。「鼓鐘伐鼛，淮有三洲。」鼛亦從咎聲。又謂鼛鼓，《周禮》作「皋鼓」，聲亦近咎，《古文尚書》以咎繇爲皋陶是也。故《左傳》魯人之皋，協下憂韻。《招隱士》：「猿狖羣嘯兮虎豹嘷，攀援桂枝兮聊淹留。」嘷亦從皋。據此則俗稱人咎我，正從此音而稍變耳，所云不怕人咎惜者，正此二字。《方言》：「咎，謗也。」《書·西伯戡黎序》「殷始咎周」鄭注：「《書·大傳》云：『咎，惡也。』」惜爲愛，咎爲惡，此古音之存於俗語者也。據《説文》人部：「倃，毀也。从人咎聲。」心部：「慦，怨仇也。从心咎聲。」似所謂咎惜之咎當作倃慦，然倃慦皆後出之字，咎字足以包之。

能謂之耐。《廣韻》十九代，奴代反，土音讀如限之去聲。

案：《唐韻正》云：能，古音奴來、奴代二反。今此字收於十六咍、十七登、十九代、四十三等部中。按陸氏釋文，《詩》「各奏爾能」下云「徐奴代反，又奴來反」，「柔遠能邇」下云「鄭奴代反」。《禮運》：「聖人耐以天下爲一家。」《樂記》：「人不耐無樂，樂不耐無形，形而不爲道，不耐無亂。」鄭注：「耐，古書能字也，後世變之，此獨存焉。」《穀梁傳》成七年「非人之能也」，本亦作耐。《左傳》襄二十一年「與欒盈爲公族大夫而不相能」，能，徐音乃代反。昭元年「居於曠林不相能也」，能，一音奴代反。是古但有奴來、奴代二音，來讀如犂，則能亦讀如泥。又如《史記·天官書》《封禪書》《漢書·王莽傳》《周禮·大宗伯·司中注》「三台」作「三能」，鄭注云：

「古以能爲三台字。」正義曰：「古者以耐字爲今之能字，能字爲三台之字，後世以來廢古耐字，以三台之能替，耐之變而爲能也，又更作三台之字，是古今變也。」是能與台音相近，故《春秋元命苞》謂三能，能之爲言耐也。晉時此音未改，江左以降，始以方音讀爲奴登反，而又不可盡没古人奴來、奴代之音，故兼收之哈代登三韻。後之注釋者，於哈韻止云三足鼈，而能字始移之登部矣。今當削去，并入哈代二韻。仲和案：哈代二韻，與吾州方音最合。今俗皆讀代韻，所謂極能奴代切者，即能字之古音也。顧氏援引古來有韻之文，證據該博，不能盡録，取其與哈代二韻切合方音者數條，取證吾州方言多隋唐以前之古音而已。《離騷》：「紛吾既有此内美兮，又重之以修能。扈江蘺與辟芷兮，紉秋蘭以爲佩。」佩，古有背音。王逸《章句》能，乃代反。漢司馬相如《封禪頌》：「旼旼穆穆，君子之能。蓋聞其聲，今觀其來。」《後漢書·黄琬傳》：「桓帝時京師謡：欲得不能，光禄茂才。」晉潘岳《射雉賦》：「眄箱籠以揭驕，睨驍媒之變態。奮勁骹以角搓，瞵睅目以旁睞。鶯綺翼而䞓撾，灼繡頸而衮背。鬱軒翥以餘怒，思長鳴以效能。」此賦能字，以吾州方音讀之最協，知今方音即能字之古音也。

小兒不聽教訓曰棘人。

案：《爾雅·釋言》：「悈、褊，急也。」《詩》「我是用急」，《鹽鐵論·繇役》篇作「我是用戒」。戒即悈也。又通作革。《文選·三國名臣贊序》注引《倉頡》曰：「革，戒也。」又通作棘。《詩》「棘人欒欒兮」毛傳：「棘，急也。」正義引《釋言》文。《崔靈恩傳》作「悈人」。悈與棘一聲之轉。

困極謂之𤸃。許穢切。土音讀與吠疊韻。

案：《大雅・緜》篇「維其喙矣」毛傳：「喙，困也。」馬瑞辰曰：「按喙與㱚、𤸃字通。《説文》無㱚、𤸃二字，古蓋多借作喙。」《方言》：「㱚，僗倦同也。」又曰：「𤸃，極也。」郭注：「今江東呼極爲𤸃，倦聲之轉也。」《晉語》「余病𤸃矣」韋注：「短氣貌。」《廣雅》：「喙，極也。」極即困也。《玉篇》：「㱚，困極也。或作𤸃。」「𤸃，困極也。亦作喙。」《廣韻》：「𤸃，困極也。」引《詩》「昆夷𤸃矣」，「本亦作喙」。仲和案：今方音讀困倦之㱚𤸃喙三字，與吠字爲疊韻，皆在《廣韻》去聲二十廢。兑杜外切駾他外切二字在《廣韻》十四泰，《緜》詩與喙韻，則喙音可知。《野有死麕》：「舒而脱脱兮，無感我帨兮，無使尨也吠。」吠與帨、脱韻，與《緜》詩喙與兑、駾韻正同。蓋兑聲之字，皆當讀如税。《儀禮・喪大記》「褖衣」鄭注云：「字或作税。」阮文達公釋《易》彖音，謂今音皆讀團之去聲，與古音有異，古讀音近於才，故《繫辭傳》曰「彖者，材也」。此乃古音訓相兼，是彖音必與才音同部，而以《緜》詩爲證，謂此乃《詩・大雅》及孔子之音一綫廑存。今以吾州方音讀𤸃㱚字證之，當入代部，正是才部同韻之去聲。在段氏古音第一部之咍止海志代之代韻中，與税音最近，與口喙之喙讀爲運載之載疊韻，皆與才音同類。乃知通儒所謂一綫廑存之古音，竟在吾州婦孺皆知之土音中，特不經證明，人自不覺耳，故亟表明之。文達説見《揅經室集》《學海堂初集》，文多不盡録也。

可輕賤者謂之不直錢。

案：《史記·灌夫傳》：「駡臨汝侯曰：『生平毀程不識不直一錢〔一〕，今日乃呫囁耳語。』」

吐謂之歐。

案：《説文》欠部、《廣雅·釋詁》《漢書·丙吉傳》集注並云「歐，吐也」。《急就章》：「帔敝囊橐不直錢。」

回謂之轉。

案：俗謂自某處回來曰轉來。此亦古語也。《説文》口部：「回，轉也。从口，中象回轉之形。」

立謂之企。

案：《廣雅》：「徛，立也。」《方言》：「徛，立也。」《説文》：「企，舉踵也。」《衛風·河廣》「跂予望之」，徛、企、跂並同。

卷謂之綑。

案：《禮記·王制》鄭注：「卷，俗讀也，其通則曰衮。」謂記禮時俗讀衮爲卷，故記作卷字，而其通則曰衮也。今俗謂卷簾曰綑簾，亦古語也。

服物朽敗曰黦，人無用亦曰黦。

黄香鐵云：「黦，讀紆物切。周處《風土記》：『梅雨霑衣服，皆敗黦。』《集韻》：『色變也。』」

〔一〕生平：原誤作「平生」，據《史記》改。

今謂草木朽敗曰黦。又物久沾漬於濕處曰黯。黯而敗焉，謂之黯黦。案《顔氏家訓》，黯，重沓，是多饒積厚之意〔一〕，顧野王《玉篇》誤爲黑旁。」仲和案：《禮運》「故事大積焉而不苑」釋文：「苑，于粉反。積也。」正義引皇氏云：「既用順爲常，事無苑滯。」是以苑爲鬱也。苑有二義，《小雅》「有菀者柳」傳：「菀，茂木也。」《晉語》「人皆集於苑」，對「集於枯」言之，亦茂木也。有作枯病解者，《淮南子》「形苑而神壯」，又曰「百節莫苑」，高注「苑，枯病也」是也。《廣韻》入聲十月：「黦，黄黑色。」《説文》作黫〔二〕，「黑有文也」。皆言色。蓋古止作菀苑。《玉篇》：「䔢，於元反，敗也。」又曰「萎䔢也」。《詩》釋文「菀音鬱」。黦從黑宛聲，今土音讀近鬱。《廣韻》八物又收此字於鬱字下，止云「黄黑色」，而鬱字注則云「臭腐也」。蓋黦者，物之沾漬枯朽而變黄黑色者也。宛有鬱音，故黦聲從之，引申則人無用亦曰黦，猶朽木不可雕也。

輕賤謂之蔑視，亦曰渺視。

案：《説文》：「懱，輕易也。」懱與蔑同。《周語》：「鄭未失周典，王而蔑之，是不明賢也。」韋昭注：「蔑，小也。」案渺亦爲小，小即輕易，故今謂輕視人爲蔑視、爲渺視者，皆謂小視人也。

恰好曰及。

黄香鐵云：「案胡澹庵《經筵玉音問答》：『上舉所著皂羅鞋謂予曰：朕此鞋，原是皇后做

〔一〕厚：原脱，據《顔氏家訓》補。
〔二〕黫：原作「黦」，據《説文解字》改。

與太上皇著，覺稍短，朕著得及則。』彼時已有及則者，即俗語謂鞋之及腳者也。」今俗凡事僅好亦有及及之語。

黑謂之烏。

黄香鐵云：「東坡贈黄照道人詩云：『面臉照人原自赤，眉毛覆眼照來烏。』是固以烏爲黑矣。」仲和案：南海鄒特夫《遺書》云：「日體黑點，非遠鏡莫能見者。而《淮南子》諸書傳日中有烏之説，即謂此物。是古人已以遠鏡窺得之，傳聞失實，乃謂烏爲鳥名，蔽於所見也。」則更古矣。

保謂之包。

案：俗謂此事我敢保曰我敢包。保管曰包管。此古音也。《説文》：「保，養也。从人，采省聲。采，古文孚。倸〔一〕，古文不省。采，古文。」孚从采。倸，古文𥝢，𥝢亦聲，是孚、保聲同也。而從孚聲之桴，或從包作枹。從包聲之飽，古文即從采聲作餜。罦之或體亦從孚作罦。是孚、保、包三字，其聲皆互相通。此亦足證古音也。

織布謂之賡布。

案：賡是賡續。《爾雅》：「賡，續也。」《説文》續，古文從庚貝作賡，即續字也。《詩》「西有長庚」傳云：「庚，續也。」此亦古語也。

〔一〕倸：原誤作「𥝢」，據《説文解字》改。

可謂之肯。

案：《説文》：「可，肯也。」「肯，可也。」今俗謂可不可通曰肯不肯。亦古語也。

巡視曰邏，探望遊觀亦曰邏。

案：黄香鐵云：「俗以至田中看溝水及禾苗曰邏田、邏水、邏禾。案陳白沙詩『邏苗遠峙夕，濯足荒溝寒』者即此謂。又姻婭友朋約相過亦曰來邏。女子出嫁，月内母至壻家探視曰邏滿月，亦曰邏月。又女子年節歸寧亦謂之邏年、邏節。又山水佳勝之處，初探其境，亦曰邏。按邏字，《説文》『巡也』，《玉篇》『遊兵也』，《正韻》『遊偵也』。以其有巡之義而爲邏田之邏，有遊之義而爲邏景之邏，有偵之義而爲邏月、邏年之邏。按土音似罅字平聲，然亦近羅字。羅字卷舌呼，此則張口呼耳。」仲和案：邏，《説文》無此字，見大徐《新附》。《廣韻》三十八箇邏字注與《玉篇》同。據《三國志·陸遜傳》：「韓扁齎表奉報，還遇敵於沔中，鈔邏得扁。」是漢末有此字，故《玉篇》邏字上出邉字，注云「邏，候也」。則邏字本爲游兵偵探之義，與俗云云未免懸殊。求之古義，當是委蛇二字合音。案《召南》「委蛇委蛇」傳云：「委蛇，行可從迹也。」箋云：「委蛇，委曲自得之貌。」馬瑞辰謂：「委蛇二字疊韻，毛公以爲行有常度，故云行可從迹。從迹即蹤迹也。徐行者必紆曲，《君子偕老》傳：『委委者，行可委曲從迹是也。』曲與衺同義，故衺皃亦謂之委蛇。《韓詩》作『逶迤』，《説文》：『迤，衺行也。』又云：『委迤，衺去皃。』《廣雅》：『委蛇，窊衺也。』」仲和謂委蛇、窊衺皆疊韻，長言之爲委蛇，急言之爲衺、爲迤。州俗所稱即合二字爲一字也。委曲自得與行田遊山皆合，行有常度可從迹與看姻婭親朋合。至田中看溝水及禾苗并遊山水，其行多窊衺紆曲；而至姻婭親朋之家，又行有常度可蹤迹，與遊兵邏候偵探情形不同。然俗語雖合古音古義，而究無相當一定之字，即借邏字用之，亦近似也。又據《詩》：「丘中有麻，彼留子嗟。彼留子嗟，將其來施施。」箋：「施施，舒行伺間，獨來見己之貌。」此與俗云邏人之義極合。《顔氏家訓》云：「江南舊本，悉單爲施。」惟《韓詩》作「將其來施施」，是知六朝時江南舊本《毛詩》止作「來施」，與二章「來食」句法相同。來施即來邏，施之古音今存於方音，恰與麻嗟韻合，此所宜表而出之也。案《老子》五十三章：「行於大道，唯施是畏。」王懷祖曰：「施，讀迆。迆，邪也，言行於大道之中，惟懼其入於邪道也。下文云：『大道甚夷，而民好徑。』河上公注：『徑，邪不正也。』是其證矣。《説文》：『迆，衺行也。』引《禹貢》『東迆北，會于匯』。《孟子·離婁》篇『施從良人之所之』趙注曰：『施者，邪施而行。』丁公著音迆。《淮南·齊俗》篇『去非者，非批邪施也』高注曰：『施，微曲也。』《要略》篇『接徑直施』高注曰：『施，邪也。』是施與迆通。《史記·賈生傳》『庚子日施兮』，《漢書》施作斜，斜亦邪也。《韓子·解老》篇釋此章之義曰：『所謂大道也者，端道也。所謂貌施也者，邪道也。所謂徑也者，佳麗也。佳麗也者，邪道之分也。』此尤其明證矣。」仲和謂：俗言邏田、邏禾、邏山水，皆不能直走大路，必多從衺曲小徑行走，其義又極合。以俗音足證古音古義，故爲輾轉取證以明之。

人相隨從謂之騰。

案：《方言》：「顤、鑠、盱、揚，賸，雙也。」錢繹曰：「《燕禮》『媵觚于賓』鄭注：『媵，或讀爲揚。』《檀弓》『洗而揚觶』注：『舉爵於君也。』《禮》揚作媵，是揚與媵古字同。《廣雅》：『賸，二也。』《玉篇》：『美目貌。』《廣韻》：『賸，美目貌。』『賸，大視也，雙也。』《月令》『乃合累牛騰馬』鄭注：『累、騰，皆乘匹之名。』《廣雅》：『匹，乘也。』《説文》：『賸，物相增加也。一曰送也，副也。』鍇曰：『媵之言送也，副貳也。』騰、賸、媵、賸並同。」仲和案：雙也，二也，副貳也，乘匹也，所謂相人偶也，人偶便有相隨從、同行止之義。今俗謂人到處行止相隨從曰騰，蓋古義也。

藏匿謂之匧。土音讀如柄。

案：《説文》匸部匧注云：「側逃也。从匸丙聲。」臣鉉等曰：「丙非聲，義當從内會意，疑傳寫之誤，盧候切。」大徐意蓋以匧爲側陋之陋也。《玉篇》：「匧，力候切。側陋也。亦作陋。」大徐蓋據此。段茂堂曰：「或從丙聲，茵讀若陸，與漏音近。」江沅《音均表》編入第四部，謂「各本作側逃也，今依《玉篇》，即《堯典》謂隱藏不出者，丙聲不可通」。江氏於陋字下又注云：「沅案此字經書俱作陋，上畫遠于下而成丙，實從匸内也，轉寫誤多一筆，大徐説是。」仲和案：自顧野王《玉篇》以匧爲陋，而丙聲遂不可通，故大徐以丙爲非聲，段氏、江氏又附和之，然大徐所見本爲丙聲固甚明也。今考《説文》同部之字：「匸，衺徯有所夾藏也。」「區，踦區，藏匿也。」〔一〕

〔一〕匿：《説文解字》作「隱」。

「匿，亡也。」「丙，側逃也。」「匽，匿也。」數字相連，皆是亡逃、藏匿之義。今吾州方言，凡物恐人知之藏匿之曰丙人，恐人見之藏匿之亦曰丙，讀如柄，正是丙聲。此許君《説文》古音一綫僅存者，自當入第十部丙音類中，不得令與陋字爲類入第四部。陋字或如大徐、江氏之説從匸内，或如段氏從丙聲，與丙丙聲離之則雙美，合之則兩傷矣。考韋孟《在鄒詩》陋與朝韻，班固《北征頌》陋與豆務慕附鶩諭韻，張衡《東京賦》陋與趣具韻，皆與丙聲遠，自《玉篇》合丙陋爲一字，改丙聲之字爲力候切，使非吾州方音爲《説文》證，不特丙聲不可識，而數字連屬爲亡逃、藏匿之義亦晦矣。

升飯曰載飯。

案：《儀禮》之例：凡牲在鼎謂之升，在俎謂之載。今俗於牲醴不曰載，獨於飯則曰載飯。案《説文》：「𩛥，設飪也。从丮食，才聲。讀若載。」是𩛥爲今載飯之本字，載爲假借字。《詩》「清酒既載」箋：「既載，謂已在尊中也。」《士昏禮》：「匕俎從設，北面載。」載亦設也。是古語之遺也。

揖謂之唱喏。喏讀如惹，土音讀如也。

案：《通俗編》云：「《宋書・恩倖傳》前廢帝言：『奚顯度刻虐，比當除之。』左右因唱喏，即日宣旨殺焉。」翟灝曰：「按喏本古諾字，唱諾似即唱喏也。《玉篇》喏訓『敬言』。《春渚紀聞》：『才仲攜一麗人登舟，即前聲喏。』『聲』亦『唱』之義。」又案《性理大全・家禮》：「凡卑幼於尊長，晨亦省問，夜亦安置。」注云：「丈夫唱喏，婦人道萬福、安置。」又「若卑幼自遠方至見尊長」云云，注：「晨夜唱喏、萬福、安置。」

慫慂謂之唆悚。

案：《説文》慫，讀若悚。而《説文》無悚字，豈挩文耶？謂慫即今悚字耶？《爾雅·釋詁》：「悚，愳也。」州俗謂慫慂人曰悚，或曰唆悚。《漢書·衡山王傳》「日夜縱臾王謀反事」顔師古注云：「縱臾，謂奬勸也。」《史記》作「從容」。《汲黯傳》：「從諛承意。」並與慫慂同。案慫慂疊韻，單言之則謂之慫。昭六年《左傳》「聳之以行」杜注：「聳，懼也。」《漢書·刑法志》聳作㥶，顔注云：「㥶，謂奬也。」

猝有所聞曰懸朴聲。

案：《方言》：「懸朴，猝也。」郭璞注：「急速也。」王懷祖云：「今俗語狀聲響之急速者曰懸朴。」州俗則曰懸朴聲。

事壞無救曰辟歷述。

案：《釋名》：「劈歷，辟析也。所歷皆破析也。」《爾雅·釋言》：「辟，歷也。」郝蘭皋曰：「凡聲近之字，古多以爲訓。如霹靂，《説文》作劈歷，《釋名》作辟歷，《釋采帛》云：『并者，歷辟而密也。』然則歷辟、辟歷俱以聲爲義。」今俗每曰辟歷述。

謂聲之蓬擁而至者，曰必栗剥落，曰茀離杷拉，曰皮離蒲盧。

案：《爾雅》：「毗劉，暴樂也。」「覭髳，茀離也。」郝蘭皋云：「暴樂通作爆爍。爆爍之爲言猶剝落也，亦言蘀落，或言拓落，猶落魄也。又言牢落，猶遼落。又言留落，音變爲仳離，案《唐韻正》離，古音羅。與披離同。又變爲劈歷，又變爲觱篥，亦作必栗。蓋必栗猶別裂，其聲激楚，聽之如欲破裂也。茀離，《説文》引作弗離，郭云：『茀離即彌離，彌離猶蒙籠。』變爲迷離，又變爲幎歷，又變爲冪歷，又變爲冪羅，又變爲幕絡，爲溟沐，爲霡霂，爲蠛蠓，爲緜蠻，爲彌漫。茀離之爲言猶紛綸，紛綸猶紛亂。皆古方俗之語，不論其字，惟取其聲。今登萊間人，凡果實及木葉隊落，謂之毗劉杷拉，即暴落之聲轉。」仲和案：州俗凡雨雹及菓葉紛亂而下曰必栗剝落，曰茀離杷拉，曰茀離蒲盧，因而事之紛亂亦往往作此聲。案《春秋》襄三十四年「執莒公子務婁」，務婁與部婁、苻離、蒲盧皆聲之轉，古人形容之字多取雙聲疊韻，今方俗語亦多如此也。

以手裂物曰斯沙。土音讀轉去聲。

案：《爾雅》：「斯，離也。」《詩·墓門》「斧以斯之」傳：「斯，析也。」《莊子·則陽》篇：「斯而析之。」《史記·河渠書》：「乃廝二渠以引其河。」集解引《漢書音義》云：「廝，分也。」廝與斯通。今俗猶呼手裂物爲斯也。又案《方言》：「㾷、披，散也。東齊聲散曰㾷，器破曰披，秦晉聲變曰㾷，器破而不殊其音亦謂之㾷。」又案斯、沙古音近。《周官·内饔》「鳥皫色而沙鳴」鄭注：「沙，嘶也。」今土音裂物聲直作斯沙，讀轉爲去聲耳。

以水滅火曰淬。

案：《漢書·五行志》：「火與水合曰淬。」〔一〕淬音倉猝之猝。晉灼曰：「火入水故曰淬也。」州俗凡以熱鐵入水及撲滅柴火等類皆曰淬，此亦古語也。

謂牆傾墮曰攋。落旱反。土音讀鑽去聲。

案：《方言》：「攋、隓，壞也。」《廣雅》：「攋，墮也。」《太玄·度》次三：「小度差差，大攋之階。」測曰：「小度之差，大度傾也。」是攋爲傾隓。今俗凡物之自高而傾隓者皆曰攋。讀鑽之去聲，與落旱反之音相近。謂牆隓落曰牆攋，謂樹隓落亦曰樹攋。《玉篇》《廣韻》並作𥙣，云「墮壞也」。𥙣與攋同。

以罪誣人曰賴，以己罪加於他人曰堵賴。

案：《漢書·文三王傳》「抵讕置辭」顔注云：「抵，拒也。讕，誣讕。」《谷永傳》「滿讕誣天」，蕭該音義：「滿，或音謾。」《史記·孝文紀》索隱引韋昭云：「謾，相抵闌也。」闌與讕同。王懷祖云：「案今人謂以罪誣人曰賴，又謂以己罪加於他人曰抵賴。」州俗亦有此語，但語轉爲堵賴，或曰誣賴，其意相同。此亦古語也。

概不相與曰一抹摋。

案：《漢書·谷永傳》「欲末殺災異」師古曰：「末殺，掃滅也。」《釋名》：「摩挲，猶末殺也。

〔一〕淬：《漢書》作「焠」。

手上下之言也。」據此則末殺似恐物點汙，以手上下摩挲而掃滅之義。州俗言一抹搬，是都凡之詞，概不要説之意。

及曰唐逮。

《説文》：「逮，唐逮，逗。及也。」段注：「唐逮雙聲，蓋古語也。《釋言》曰：『遏、遾，逮也。』《方言》曰：『東齊曰蝎，北燕曰噬，逮，通語也。』」

怒人震已曰來嚇人。

案：《詩·柔桑》篇「反予來赫」釋文：「本亦作嚇。鄭，許嫁反。口拒人也。《莊子》云『以梁國嚇我』是也。」正義云是「張口嗔怒之貌」。《莊子·秋水》篇：「鴟得腐鼠，鵷雛過之，仰而視之曰嚇。」司馬注：「嚇，怒其聲，恐其來奪己也。」《衆經音義》卷四「恐嚇」注曰：「呼嫁反。《詩》『反予來嚇』箋曰：『距人曰嚇。』」亦言恐嚇，或言恐喝，皆一義也。州俗亦多言恐嚇、恐喝者，或從呼嫁反，讀平聲，曰嚇人，亦古語也。

愧怍難容曰入地坼〔一〕。

案：《顏氏家訓》：「公私宴集，談古賦詩。塞默低頭，欠伸而已。有識旁觀，代其入地。」州俗則曰入地坼，此亦古語也。

〔一〕坼：原誤作「圻」。

行多紆曲曰赽赽趫趫〔一〕。

案：《説文》：「赽，行貌。」《小弁》篇：「鹿斯之奔，維足伎伎。」毛傳：「伎伎，舒貌。」箋：「伎伎然舒者，留其羣也。」據《爾雅》：「鹿，其迹，速。」《説文》：「速，疾也。」《夏小正》「鹿人從」，傳云：「鹿之養也離，羣而善之。」善之即善走也。夫鹿迹本速而善走，加之以奔，其速爲何如？今偏伎伎然舒，爲羣所留，是言欲速反遲之意。釋文：「伎，本作跂。」《白帖》引《詩》正作「維足跂跂」。《漢書・東方朔傳》：「跂跂脈脈善緣壁。」《淮南子》高注：「跂，行也。」《廣雅・釋訓》：「赽赽、趫趫，行也。」趫通作喬。《説文》：「高而曲也。」必言曲者，喬從夭，夭，屈也。屈、曲義同。州俗詈人不爽直而多紆曲者曰赽赽趫趫，於路不砥平而多欹衺者亦曰赽赽趫趫，於事不聽排解，旁人故爲慫慂齟齬者亦曰赽赽趫趫。土音似跂翹。蓋謂欲速故遲，偏不如人意也。

與人物而問滿意與否曰夠不夠。

案：《文選・魏都賦》「繁富夥夠」，李善注引《廣雅》：「夠，多也。」《方言》：「凡物盛而多謂之寇。」寇與夠聲近義同。

呼人曰喊人。

〔一〕赽：原作「鼓」，據《説文解字》改。本條同。

案：《法言·問神》篇：「瞽曠能默，瞽曠不能齊不齊之耳；狄牙能喊，狄牙不能齊不齊之口。」是喊字漢時已有。

人衆多曰壤。

案：《執競》傳：「穰穰，衆也。」《文選·東京賦》注〔一〕：「穰穰，衆多也。」穰聲同壤。《史記·滑稽傳》：「穰穰滿家。」《貨殖傳》云：「天下壤壤，皆爲利往。」壤壤，即穰穰也。《一切經音義》卷六引《筭經》：「黄帝爲法，數有十等，謂億兆京垓壤秭溝澗正載。」則壤之爲衆多可知矣。《漢書·張敞傳》「長安中浩穰」師古曰：「穰，盛也。」此亦古語也。

小兒不安静謂之匈。

案：《荀子·天論篇》云：「君子不爲，小人匈匈也輟行。」楊倞注云：「匈匈，諠譁之聲。」俗謂之爲匈者，亦謂不能安静，其聲匈匈也。

事不變通謂之恆。

案：《方言》：「鉗、疲、憋，惡也。南楚凡人殘駡謂之鉗，又謂之疲。」郭注：「疲恎，惡腹也。」案《玉篇》：「疲，惡心也，急性也。」疲、恆同。今俗謂人於事不知通變曰疲，或曰疲滯，即疲恎也。特與惡心、急性之説，似不相同耳。

〔一〕注：原脱。

勤謂之廞。土音讀轉去聲。

案：《禮記·學記》「不興其藝」鄭注：「興之言喜也，歆也。」正義引《爾雅》云：「歆、喜，興也。」今《爾雅》作「廞、熙，興也」。廞爲歆之假音。《説文》「廞，讀若歆」是也。郝蘭皋云：「歆本訓神食气，因而引申爲喜。《楚語》云：『楚必歆之。』韋昭注：『歆，猶貪也。』歆與淫聲近，故《樂記》云『聲淫及商』，鄭注以爲貪商。《周禮》廞，故書皆爲淫。淫有浸淫、經久之義，故鄭衆讀淫爲廞，其訓爲陳，亦其義也。《周禮·司裘》《司服》《大司樂》《大師》《笙師》《典庸器》《巾車》《司兵》《圉人》俱言廞，後鄭不從先鄭注，皆以廞爲興，本於《爾雅》也。但《爾雅》之廞興爲興喜，《周禮》之廞興爲興作，義各有當，爲用不同。若能觀其會通，則亦無不同耳。」仲和案：觀其會通者，凡事必心有所興喜，然後能有所興作。若有所貪，而爲之不厭，乃能浸淫、經久於其中，此歆之義，亦即廞之義也。廞、歆與恁聲近，故班固《典引》云「勤恁旅力」。今俗或二字連言曰勤廞，或單言廞，皆兼有興喜、興作二義，但廞讀轉去聲耳。此亦古語也。又廞與矜聲同。案《吕氏春秋·重言》篇：「艴然充盈，手足矜者，兵革之色也。」高注曰：「矜，嚴也。」王懷祖曰：「矜，猶奮也。言手足奮動也。《燕策》曰『矜戟砥劍』，言奮戟也。《墨子·所染》篇曰：『其友皆好矜奮。』《荀子·正名篇》曰：『有兼聽之明，而無奮矜之容。』《淮南·説林》篇曰：『吕望使老者奮，項託使嬰兒矜。』是矜與奮同義。」王伯申曰：「《列子·説符篇》立矜作立慬，慬與矜古同聲而通用，猶穫之爲矜也。張湛注《列子》：『慬，勇也。』《淮南·説山》篇云：『立懂者，非學鬭争，懂立而生不讓。』《氾論》篇云：『立氣矜，奮勇力。』《韓詩外傳》云：『外立節矜，而敵不侵擾。』是立矜即立懂也。」仲和案：俗謂勤爲矜者，正有奮勇義，而勤亦堇聲，與懂同。《説文》：「矜，矛柄也。」《廣韻》：「矡，古作矜。」《漢書・陳勝項籍傳》贊：「棘矜。」服虔曰：「以棘作矛矡也。」是矜、矡古今字。此方音足證勤之有矜音，亦方音多古音之證也。

作事勤勉謂之薆。土音讀如蝱。

案：《書・洛誥》：「汝乃是不薆。」薆訓爲勉，言汝乃是不勉也。薆、明、孟，古並同聲。明字古讀若芒，與孟古同聲通用。《國策》芒卯即孟卯也。《大戴禮・誥志》篇曰：「明，孟也。」明、孟同聲。《禹貢》「孟猪」，《史記・夏本紀》作「明都」可證。《爾雅》：「孟，勉也。」故勉謂之孟，亦謂之明。《盤庚》曰：「明聽朕言。」謂勉從朕言也。重言之則曰明明。《大雅・江漢》曰：「明明天子。」猶言亹亹文王也。《爾雅》曰：「亹亹，勉也。」鄭注《禮器》曰：「亹亹，猶勉勉也。」亹亹、勉勉、明明，一聲之轉。今俗謂作事勤勉者曰薆，或曰煞薆，讀如言采其蝱之蝱，此亦古音與明、孟同在段氏古音第十部也。

猶豫不決曰遲疑，亦曰游移。

案：《廣雅》云：「躊躇，猶豫也。」王懷祖云：「猶豫，字或作猶與，單言之則曰猶曰豫〔一〕，

〔一〕 曰豫：原脱，據《廣雅疏證》補。

合言之則曰猶豫，轉之則曰容與，倒之則曰猶夷，曰游移。《九章》『君不行兮夷猶』王注：『夷猶，猶豫也。』《曲禮》云：『夫卜筮者，先王之所以決嫌疑定猶豫也。』《離騷》：『心猶豫而狐疑兮。』《史記・淮陰侯傳》：『猛虎之猶豫，不若蜂蠆之致螫。騏驥之躊躅，不如駑馬之安步。孟賁之狐疑，不如庸夫之必至也。』嫌疑、狐疑、猶豫、躊躅，皆雙聲字，狐疑與嫌疑，一聲之轉耳。」今州俗猶豫轉爲游移，狐疑轉爲遲疑，或重言之曰游游移移，曰遲遲疑疑，本皆因聲以見義。《水經注》等説，不求諸聲而求諸字，以爲獸名者，無怪王懷祖、郝蘭皋皆譏其説多鑿也。

人材出衆曰俶儻。俶，土音讀如迪。

案：《廣雅》：「俶儻，卓異也。」王懷祖云：「枚乘《七發》『俶兮儻兮』，合言之則曰俶儻。《文選・封禪文》：『奇物譎詭，俶儻窮變。』李善注引《漢書音義》云：『俶儻，卓異也。』《報任少卿書》：『唯倜儻非常之人稱焉。』倜與俶同。」俗於人材出衆曰俶儻，亦古語也。

謂人勤儉曰作家。作，土音做。《通鑑》卷二百三十六胡注：「唐人多讀作如佐音。」案今土音讀做，即胡注所謂佐音也。故作官曰做官，作事曰做事。

案：《廣韻》三十八箇有作字，則箇切，與佐、左同音，訓「造也」。杜工部《章梓州橘亭餞成都竇少尹（得涼字）》詩：「主人送客何所作。」即何所做也。仲和案：《後漢書・宦者傳》：「靈帝本侯家，宿貧，每歎桓帝不能作家居，故聚爲私藏。」是作家即俗言做家也。又案做家即宜家，此古韻也。《説文》宜，從多省聲。《唐韻正》宜，古音魚何反。古無四聲之分，《裳裳者華》

四章：「左之左之，君子宜之。」宜與左韻，與作音正同。

謂人變性曰改常。

案：改常猶變常、失常也。《易・歸妹・象傳》曰：「幽人之貞，未變常也。」《需・象傳》曰：「利用恒，无咎，未失常也。」《屯・象傳》曰：「十年乃字，反常也。」此言反乎其常，反猶復也，反常猶復常。《坤・象傳》曰：「後順得常。」《文言》曰「後得主而有常」是也。與俗所云改常者不同。

歷時久謂之烝日。

案：鄭氏箋《詩》屢言古者聲寘、填、塵同。《爾雅》：「曩、塵、佇、淹、留，久也。」塵通作填。《詩》「倉兄填兮」毛傳：「填，久也。」「孔填不寧」鄭箋亦以填爲久。又轉爲烝。《釋言》：「填，塵也。」《詩》「烝在桑野」，鄭箋以爲久處桑野。「烝也無戎」，箋亦云久。古聲填、寘、塵同，是皆義存乎聲矣。郝蘭皋曰：「今登萊間人，謂時之久者或曰烝日，或曰鎮日，或曰塵日，謂年亦曰烝年、鎮年、塵年，皆古音也。鎮與填亦古字通。」州俗亦有烝日、烝年、烝月之語。謂人盡日無所事事每曰「食了飯烝日作麽事」，而讀烝音如真，則以鎮、填皆真聲，音義皆同也。

明日曰晨朝，日後三日曰大後日，昨日曰前奔日，或曰秋奔日。

案：《衆經音義》卷一出「晨朝」二字，注云：「《爾雅》：『晨，早也。』《釋名》云：『晨，伸也。言其清旦日光復伸見也。』」又案《老學庵筆記》云：「後三日爲外後日，意其俗耳。偶讀《唐逸史·裴老傳》乃有此語。裴，大歷中人也。」翟灝曰：「案今又謂之大後日。」仲和案：已過之日俗曰前奔日者，言日之易過如奔駟之過隙然，此在前已奔之日也。又曰秋者，秋收也，俗言物之收藏者曰收秋，言此已奔之日如物之收秋然也，有光陰當愛惜之意。

夜謂之闇。

案：《祭義》「夏后氏祭其闇」鄭注：「闇，昏時也。」又《禮器》：「逮闇而祭。」謂未明時也。《呂氏春秋》：「使民闇行，若有嚴刑於旁。」高注：「闇，夜也。」故《廣雅》云：「闇，夜也。」州俗日入之後謂之闇晡，土音讀如大埔之埔。即《神女賦》所謂「晡夕之夜」也。此亦古語也。

天陰謂之天闇。

案：《論語》「高宗諒陰」，鄭訓陰爲闇。《無逸》「乃或諒陰」，《喪服·四制》作「諒闇」。陰、闇古同聲通用。此亦古語也。

虹謂之天弓。

案：《衆經音義·大菩薩藏經》卷二十一出「天弓」二字，注云：「亦言帝弓，即天虹。虹音胡公反，俗云絳。雙出鮮盛者名虹[一]，暗昧者名蜺。」州俗概謂之天弓。

電謂之覢電，亦謂之閃電。

[一] 雙：原脱，據《玄應音義》補。

案：《衆經音義・大威德陀羅尼經》十二卷出「䚷電」二字，注云：「又作睒，同。式冉反。《説文》暫見也。經文作閃，窺頭也。」州俗以電卜雨，有「南睒三日，北睒對時」之諺。又諺曰：「東睒西閃，湖洋副圻。」

細雨謂之雨毛。

案：《通俗編》云：「蘇軾詩：『毛空暗春澤。』自注云：蜀人以細雨爲雨毛。」州俗亦謂之落雨毛。

驟雨乍晴曰過雲雨。

案：《通俗編》云：「元稹詩：『江喧過雲雨。』張方平詩：『一霎過雲雨。』趙汝鐩詩：『蓬響過雲雨。』」州俗謂驟雨乍晴者亦曰過雲雨。

大聲曰砰磅，曰磅硠。

案：《文選》潘岳《籍田賦》注引字書云：「呼，大聲也。」《列子・湯問篇》：「砰然聞之，若雷霆之聲。」《上林賦》：「砰磅訇礚。」司馬彪注皆「水聲也」。《思玄賦》：「伐河鼓之磅硠。」《風賦》：「飄忽淜滂。」皆是形容其聲之大。州俗往往連言砰磷磅硠，或四字俱讀轉去聲，因而形容人家熱鬧亦作此聲。蓋此等皆以聲爲義，聲同皆可通用。如《詩》「有車鄰鄰」，杜甫詩作「車轔轔」。又砰或作駍、作輧、作軯皆是。

兩物相擊曰砝礚。

案：《説文》：「硈，石堅也。从石吉聲。」「礚，石聲也。从石蓋聲。」《子虚賦》：「礧石相擊，硠硠礚礚。」州俗假之以狀物之相擊曰硈礚，土音作極礚，此古音也。硈讀同殛。《爾雅》：「殛，誅也。」通作極。《詩·小雅·菀柳》「後予極焉」箋：「極，誅也。」即用《爾雅》「殛，誅也」。此可爲硈有極音之證。凡事有阻礙俱作此聲。或連言之曰硈硈礚礚。又有云衝礚者，即硠礚之轉。俗謂人不和互相齟齬，亦曰硠硠礚礚。第硠之轉音如康耳。《上林賦》「砰磅訇礚」，訇礚，即硠礚、衝礚也。又有聲作「極竭」二字，如香鐵所謂「琵琶孑孓」者，此並以聲爲義。

砂石剥落之聲曰晳硋。

案：《説文》：「硋，碎石隕聲也。从石炙聲。」「晳，上擿山巖空青、珊瑚陊之。从石析聲。」《周禮》：「晳蔟氏，掌覆妖鳥之巢。」鄭司農云：「晳讀爲擿。」後鄭曰：「晳，古字，从石析聲。」段玉裁引此以證《説文》譌晳爲擿之誤，且曰：「从石析聲者，古人以石上擲毁物，故从石析會意，析亦聲。」仲和案：今俗讀若析炙，又讀若席石，此與歷辟、暴樂同意，皆是以聲爲義。上陊之勢有重輕，故聲有洪細，且多雙聲疊韻，方音不異於古也。

作事大張聲勢曰澎湃。

案：《上林賦》：「洶涌澎湃。」《玉篇》云：「澎湃，水勢。」今俗譏人小題大做，過於耗費，其聲轉爲幫拔，又轉爲昌賒。幫拔、昌賒即澎湃也。

無所倚藉而財用不乏曰甹。

案：《説文》：「甹，俠也。三輔謂輕財者爲甹。」又作僔，云僔俠也。僔甹同。俗謂人無所倚藉，無所事事，輕用錢財，絶不困乏，則以甹稱之。

笑人得意曰毨毨毨。

案：毨之言蒙戎。《詩》「狐裘蒙戎」，《左傳》作「尨茸」。毨，《廣雅》「罽也」。《説文》𦅸，爲「西域胡毛布」，蓋毨毨然爾。州俗假以形容得意不自持之人。毨讀如噴，或讀如縫之去聲。

中心不寧曰亂攪攪。

案：《説文》：「攪，亂也。」《詩・小雅》：「祇攪我心。」今俗謂小兒攪亂人意亦此字。《詩》釋文：「攪，交卯反。」土音讀若校，或讀轉平聲。

張口運氣曰開欠。

案：《釋名》：「欠，欽也。開張其口脣，欽欽然也。」《通俗文》：「張口運氣謂之欠故。」《玉篇》：「故欠，張口氣也。」故欠，即開欠。《衆經音義》引《埤倉》云：「張口頻伸也。」案凡張口開欠，多并伸其手，故《禮》云：「君子欠伸。」

嚏曰人道我。

案：《詩・終風》「願言則嚏」鄭箋云：「嚏，讀當爲不敢嚏咳之嚏。今俗人嚏云人道我，此古之遺語也。」州俗嚏亦謂有人論我，其來古矣。

急走謂之趆。

常語也。

案《廣韻》入聲二十一麥：「趚，急走也。出《字林》。查獲切。」今俗謂行趚、走趚、快趚，皆

小兒戲謂之狡。

案：《方言》：「逞、曉、恔、苦，快也。」郭注：「恔即狡。狡戲亦快事也。」錢繹曰：「注云狡戲者，《檜風・隰有萇楚・序》云：『恣疾也。』箋：『恣謂狡狭淫戲不以禮也。』《衆經音義》十八引《通俗文》云：『小兒戲謂之狡獪。』是其義也。」今俗婦女開口曰狡獪，獪如怪音，亦即此二字也。

小兒慧者謂之乖。

案：《方言》：「虔、儇，慧也。晉謂之䜊。」錢繹箋疏曰：「《廣雅》：『䜊，慧也。』《玉篇》《廣韻》並同。郭氏音悝。《玉篇》：『悝，疾也。』義亦相近。今謂小兒慧者曰乖，即䜊之轉音也。」州俗亦謂小兒乖，亦常語也。

小女子戲不畏人曰作劇。

案：《廣韻》二十陌：「嚽，戲嚽。」通作劇，俱奇逆切。李白詩「妾髮初覆額，折花門前劇」是也。今俗有惡作劇之語，而以謂小女子則二字疊韻，又有謂生劇者，《朱子語類》作則劇。

謂人醜曰䫏醜，或曰像獅頭。

案：《説文》頁部：「䫏，醜也。从頁其聲。今逐疫有䫏頭。」段氏曰：「舉漢事以證。」女

部：「娸，人姓也。从女其聲。杜林説：『娸，醜也。』」江沅曰：「杜蓋假爲娸字。」據《廣韻》七之「頬，方相」，蓋周時謂之方相，漢時謂之頬頭。今俗舞獅則謂之獅頭。獅頬聲亦近也。今俗謂人醜者，合言之曰頬醜，或竟謂之像獅頭。舞獅者或戴面具，俗謂之沙和尚，形容人頬醜者亦曰像沙和尚。此亦古之遺語之意也。

互相牽引曰甹夆掣曳。土音轉爲併邦批扯。

案：《詩·小毖》「莫予荓蜂」傳云：「荓蜂，瘳曳也。」箋云：「羣臣小人無敢我瘳曳。」《爾雅·釋訓》：「甹夆，掣曳也。」郭注：「謂牽拖。」《詩正義》引孫炎曰：「謂相掣曳入於惡也。」甹，《説文》作德，云「使也，从彳甹聲」。夆作夆，「使也，从彳夆聲。讀若螽」。《釋文》：「掣，本或作瘳。」《説文》引縱曰瘳，从手，瘛省聲。《文選·海賦》：「或掣掣洩洩於裸人之國。」掣洩即掣曳。《潛夫論》引《詩》作「莫予併螽」，皆字異而義同也。州俗謂黨與互相招邀牽引曰併邦批扯，即甹夆掣曳也。邦从丰聲，夆亦从丰聲，螽蜂又从夆聲，併荓皆从并聲，併螽俗音轉爲併邦，聲同則通假，尚可證古音也。而批扯亦即瘳曳、掣曳之轉變。《海賦》之「掣掣洩洩」，即俗語之牽牽扯扯也，其義尤顯。此俗語之足證古音古義者也。

以勢力懵人謂之翕人。

案：《小雅》「潝潝訿訿」毛傳云：「潝潝然患其上，訿訿然不思稱其上。」《爾雅》：「翕翕，訿訿，莫供職也。」郭注云：「賢者陵替姦黨熾，背公卹私曠職事。」《方言》云：「翕，熾也。」《廣雅》同。又曰：「翕，熱也。」《説文》：「翕，起也。」義並相近。楊雄《甘泉賦》「翕赫曶霍」，李善注：「翕，赫盛貌。」傳云「潝潝然患其上」，蓋讀潝潝如翕赫之翕。郭注《爾雅》「姦黨熾」，正釋翕翕二字，與《詩正義》云「潝潝爲小人之勢，是作威福也」，詞異而義同。《漢書》劉向上封事曰：「衆小在位而從邪議，歙歙相是而背君子。」引《詩》爲證。蓋本《詩》以歙歙爲小人互相，是讀歙如翕合之翕也。《荀子·修身篇》云：「小人致亂而惡人之非己也，致不肖而欲人之賢己也。心如虎狼，行如禽獸，而又惡人之賊己也。諂諛者親，諫諍者疏，修正爲笑，至忠爲賊，雖欲無滅亡，得乎哉？《詩》曰：『噏噏呰呰，亦孔之哀。謀之其臧，則具是違。謀之不臧，則具是依。』此之謂也。」凡此皆與今俗所謂翕人之義合。而字或作翕、作潝、作歙、作噏，聲義並同。俗謂「翕人者，人翕之，天誅之」，亦即《荀子》所謂滅亡也。俗又謂爲人所翕曰翕气，曰歙气。《説文》：「歙，翕气也。从欠脅聲。」《廣韻》作歙气。《文選·高唐賦》「股戰脅息」，注「脅息，猶翕息」是也。《淮南·精神》篇「開閉張歙」高注曰：「歙，讀脅也。」又《本經》篇：「性命之情，淫而相脅。」高注曰：「脅，迫。」《郊特牲》：「大夫强，諸侯脅。」《衆經音義》十二引《公羊》「㬪於齊」，劉兆注：「㬪，畏迫也。」《玉篇》：「㬪，以威力相恐㬪也。」《廣韻》：「㬪，以威力相恐也。」然則歙人即脅人，脅人即迫人也。《趙策》曰「以秦權恐猲諸侯」，《史記·蘇秦傳》作「恐愒」，索隱曰：「謂相恐脅也。」恐脅，即恐嚇也，亦即恐喝。俗所謂歙人，蓋兼有此義，謂以威力相脅迫也。

持勢力以輕賤人謂之勢。

案:《説文》:「恃,賴也。从心寺聲。」段注:「賴,赢也。」言恃財也。《小雅》:「無母何恃。」因以母爲恃,無母謂之失恃。仲和案:釋文引《韓詩》:「恃,負也。」《小宛》「果赢負之」傳:「負,持也。」是恃可通持,其義皆爲負。今俗謂恃汝有人、恃女有錢,恃皆作持音,蓋恃、持皆寺聲,古本同音也。又謂持其勢力而輕賤人曰勢,往往曰某人甚勢,或曰勢逐逐,猶《易》所謂「其欲逐逐」也。或有止曰逐逐者。人有著新衣曰簇簇,形容新發財而有驕態者,亦作此二字,其聲似稍變,要之,仍與此二字爲疊韻也。

凡事非常者謂之奇侅。侅讀如駭,土音轉爲怪。

案:《説文》:「侅,奇侅,非常也。从人亥聲。」段氏曰:「今人以駭字代之。」州俗轉爲怪音,謂之奇怪。怪,亦非常也。

謂人無用曰佁。

案:《説文》:「佁,癡貌。从人台聲,讀若騃。」段氏曰:「今人即以騃字代之。」《方言》即謂之癡騃。又《説文》:「誒,可惡之詞。从言矣聲。」今俗謂人無用者,其聲從騃字略變,仍與騃疊韻也。俗言可惡之事,往往摇首發聲曰誒。又據《莊子·外篇·達生》云:「誒詒爲病。」釋文:「誒,李呼該反,一音哀。詒,李音臺。」《駢雅》云:「懈倦也。」今俗或有疾痛伸吟,或懈倦欠伸,常呼誒詒二字,其音正作哀臺。

謂人倉皇急遽者曰蹝踵。

案：《玉篇》人部：「儱偅，行不正也。」足部：「蠬踵，小兒行貌。」《廣韻》三鍾亦云：「蠬踵，小兒行貌。」《集韻》平聲：「蹱蹤，行遽也。」仲和謂：小兒初行，其足無力，往往行遽而不正。老人亦如之，故亦謂之龍鍾。因而人之行遽而不正者，亦謂儱偅、蠬踵、蹱蹤，並字異而義同。蠬踵，亦謂之籠東、東籠。《荀子·議兵篇》：「東籠而退。」東籠即蹱蹤也，是兵退行急遽不正之意。《北史·宇文泰傳》：「泰與侯景戰，馬驚墮地，景兵追及之，李穆以杖擊泰曰：『籠東軍士，爾曹主何在？而獨留此？』追者不疑，因得逸去。」事並見《李穆傳》。《後漢書·皇后紀》「輕薄謥詷」注：「謥詷，言急遽也。」言急遽謂之謥詷，行急遽謂之蹱蹤，其義相同，因言而加言，因行而加足，皆後出之字。州俗於小兒、老人及倉皇急遽者皆謂之籠鍾，或重言之曰籠籠鍾鍾，其聲亦同也。

順人之意而諂諛之曰跭蹝。

案：《説文》棒下注云「棒蹝也」，不知爲何物。據《廣韻》，棒雙是「帆未張」。《廣韻》又有艂艭，謂船名。跭蹝，謂胡豆。《博雅》：「筝篗，謂之茱。一曰酒篘。」《廣韻》又有跭蹝，二字胡江、疏江二切，云「堅立」。《集韻》堅立作竦立。《廣韻》堅字疑誤，竦立是也。仲和謂：古必有夆雙之語，故帆未張謂之棒雙，船名亦曰艂艭，胡豆亦曰跭蹝，茱曰筝篗，酒篘亦曰筝篗，人竦立又謂之跭蹝，皆取其聲，而加舟、加豆、加竹、加足，皆後人分别之字，此字所以孳乳而浸多也。州俗於喜人諛己者，順其意而諛悦之，或作一字曰彭、曰廷，或作二字曰夆雙，或轉其聲曰捧悚，義亦似慫慂而稍不同。慫慂，蓋慫慂之以行，此則並無行意，欲餂其言以爲取笑而已。蓋亦古語也。

不謹謂之邋遢，不潔謂之拉颯。

案：《玉篇》偈，他盍切；偛，先盍切。云：「偈偛，惡也。一曰不謹貌。」《廣韻》二十八盍：「[illegible]，惡也。」「偈[illegible]，儜劣。」「偈偛，不謹貌。」「偈傝，不著事也。」「邋遢，不謹事。」音義並同。今俗謂不謹者，其聲如蠟歁，歁，《廣韻》云「大啜」，與《玉篇》舌部䑙云「大食也，通荅切」者，似同一字。或曰邋遢，或曰邋邋遢遢，此一義也。又蠟轉讀似庵，入覃談部，則以合盍二部本爲覃談之入，故其聲相轉，而遢讀如塔，如庵塔二音，亦或重言曰庵庵塔塔，仍即邋遢二字，不過音稍轉變耳，此又一義也。人不謹即不潔净，因而物之拉雜不潔净者，亦同此稱。《廣韻》：「攋搮，和雜也。」「搕搮，糞也。」《集韻》：「肐膇，肉雜也。」「攋搮，和攬也。」《廣韻》十二末作剌㓢，云「不净也」。今土音讀如辣撈二音。黄山谷集：「偈偛，物不蠲也。蜀人語音如塔䩺。」段氏《説文》拉字注云：「語曰摧枯拉朽。」俗謂拉雜，引申之强引之來曰拉。狼藉汙穢謂之拉扱，今土音轉讀拉颯。《晉書・五行志》：「太元末，京口謡：『黄雌鷄，莫作雄父啼。一旦去毛衣，衣被拉颯棲。』」是拉颯二音亦甚古矣。

汙穢謂之鏖糟。鏖，於刀切。土音讀如阿。

案：《漢書・霍去病傳》「合兵鏖皋蘭下」顔注引晉灼曰：「世俗謂盡死殺人爲鏖糟。」案盡死殺人，則血肉狼藉而不清潔，其於汙穢義亦相近。今俗鏖讀如阿，每曰阿糟拉颬。婦人謂病人遇鬼亦曰有阿糟拉颬。

小兒不聽安慰曰喬喬桀桀。

案：《甫田》詩「維莠驕驕」，《法言》作「喬喬」。《爾雅》：「喬，高也。」胡承珙謂驕驕即喬喬之假借。二章「維莠桀桀」，馬瑞辰謂即揭揭之假借，義亦爲高。今俗於小孩齟齬不遂意，則謂之多喬桀，或重言之曰喬喬桀桀，皆有不滿所欲之意。《詩》「葭菼揭揭」傳：「揭揭，長也。」馬瑞辰謂長與高義正相近。愚亦謂滿與長意亦相近。

娶妻謂之導親。

案：胡承珙云：「凡字從壽聲者，可借爲討。」引《説文》「斀」，《周書》以爲討」爲證據。《説文》：「討，治也。」段玉裁曰：「發其糾紛而治之曰討。治討曰討。猶治亂曰亂也。」仲和案：《小弁》「惄焉如擣」，《韓詩》作「疛」，蓋字異而義同。《説文》叔，或从寸作尌。叏，籒文从寸作寽，是寸與又通也。《説文》：「𠷎，誰也。从口𠷎，又聲。」是壽聲與又聲同也。段氏曰：「又在一部，不當爲聲，各字皆從𠷎無從壽者，此字當去。」仲和謂：今書壽从寸，正因篆文本又聲，故隸書得緣之而从寸，段氏往往以其聲與所作《音均表》不合，而改《説文》，不足據也。然此皆與娶親之義不合。案《説文》：「道，所行道也。从辵从首。衟，古文道，从首寸。」竊謂討親即衟親。道又爲導，其聲並同。古人親迎所謂男帥女、女從男者，帥即導也。娶妻謂之導親者，謂壻親迎而導帥之，導即迎也。《韓奕》詩「韓侯顧之」毛傳：「顧之，曲顧道義也。」正義謂：「既受女揖，以出門及登車授綏之時，當曲顧以道引其妻之禮義。」蓋道與導、義與儀，古通用。傳言道義，即導儀也。據此則曲顧導儀，正是親迎之禮。今州俗多不親迎，而猶沿此稱，知古必親迎矣。又俗謂乞食曰討食，取賬曰討賬，以物與乞者亦謂之討，蓋討爲征討，是討有取義。凡字從壽聲者可借爲討，則討爲禱之借，禱有求義。又《説文》：「𣪘，棄也，从攴𠷎聲。《周書》以爲討。」引《詩》曰：「無我𣪘兮。」即《鄭風・遵大路》之「無我魗兮」，傳云「棄也」。棄與取相反爲義，討食之討即禱求之借也，討賬之討即征討之義，討，取之也。以物與乞者曰討，則棄之之義也。皆與導親之導不同。

不知緩急曰悠悠洋洋。

案：《爾雅・釋訓》：「悠悠、洋洋，思也。」案悠悠通作遥遥，悠遥同音通用。《説苑》引《詩》「悠悠我思」作「遥遥我思」，是其證也。洋洋通作陽陽。「君子陽陽」傳：「陽陽，無所用其心也。」與「思也」相反爲義。又「君子陶陶」箋曰：「陶陶，猶陽陽也。」陶陶即遥遥。此皆以聲爲義。今俗謂人不知緩急每曰悠悠洋洋，或省曰悠洋，或轉曰擾洋。擾洋亦即悠洋。或曰悠洋盡致。

作事輕忽謂之老草。

案：朱子訓學齋規：「寫字未問工拙如何，且要一筆一畫，嚴正分明，不可老草。」今言潦草，乃老之音訛。

物過火曰燒㸊。

案：《廣韻》去聲十四泰：「㸊，火之毒貌。」

火滅曰火汙。

案：《説文》：「點，小黑也。」《廣雅》：「點，汙也。」《爾雅·釋器》：「滅謂之點。」郭注：「以筆滅字爲點。」按點則有汙，故後世有汙滅之稱。今州人因謂火滅爲火汙也。

婦人之拜曰斂衽。

案：《釋名》：「拜，於婦人爲扶〔一〕，自抽扶而上下也。」畢秋帆疏證云：「《禮記·少儀》：『婦人吉事，雖有君賜肅拜，爲尸坐則不手拜，肅拜。』鄭注：『肅拜，低頭也；手拜，手至地也。婦人以肅拜爲正。』按肅拜者，頫首正立，斂兩袌於胸前，而低昂之，故曰『抽扶而上下』。」今俗謂斂衽者，亦是斂兩袌也。

暑天體生熱氣發蛘曰熱沸子。

案：《一切經音義·四分律經》十六卷出「皰沸」二字，注云：「《淮南子》云：『潰，小靤而發癰疽。』〔二〕作靤，同，彭孝反。《説文》：『面生熱氣也。』《通俗文》：『體蛘沸曰癀疽，音扶分、

〔一〕爲扶：原脱，據《釋名》補。

〔二〕《一切經音義·四分律》卷十六無「云潰小靤而發癰疽」八字。

才與反。』江南呼沸子，山東名㿃疸。」今州俗呼熱沸子。

凡物自他物抒取出之謂之揄。土音讀若擾。

案：《生民》詩「或舂或揄」毛傳：「揄，抒臼也。」箋云：「舂而抒出之。」按《倉頡篇》抒，「取出也」；舂，「擣米於臼」，而揄，「自臼取出」。故箋曰「舂而抒出之」。馬瑞辰曰：「揄者，舀之假借。《説文》：『舀，抒臼也。』引《詩》『或簸或舀』。《周官·舂人》注、《儀禮·有司徹》注引《詩》『或舂或抌』，據《説文》舀或作抌，是舀、抌本一字。鄭注《禮》多本《韓詩》，作抌者蓋《韓詩》也。揄、舀一聲之轉，故通用。揄古音如由，故與蹂、叟、浮等字爲韻。」仲和案：由音同憂，故俗讀轉爲擾，凡抒米曰擾米，抒肉曰擾肉，抒湯曰擾湯，皆本揄舀抌字之音之轉變，所以舀物之用曰勺。《説文》：「枓，勺也。」所以挹取之也。此亦方言之足證古音者。

盛謂之裝。

案：俗謂以盌盤盛物曰裝。盛於盌曰盌裝，盛於盤曰盤裝。考《文選·長笛賦》：「蓋滯抗絶，中息更裝。」李善曰：「許慎《淮南子注》曰：『裝，束也。』謂更裝而奏之。」李周翰曰：「此吹笛聲也，而云更裝者，謂中道息聲，更調理而吹之，亦如人之將裝結而出也。」王懷祖曰：「二李説更裝二字，皆不得其解而爲之辭。今案裝讀爲壯，壯，盛也，言笛聲中息而復盛也。壯字，古讀若莊，故與裝通。」仲和案：壯已有盛義，即可借作盛受之盛。凡物在器皆有收束義，亦可爲裝束引申之義。

凡以兩手擦物謂之挼，或謂之蹂。

案：《生民》詩「或簸或蹂」鄭箋：「蹂之言潤也。簸之又潤濕之[一]，將復舂之，趣於鑿也。」馬瑞辰曰：「古者蹂米之法與蹂禾異，蹂禾以足踐之，蹂米蓋以手重擦之。下文『釋之叟叟』，乃言洮米之事耳。蹂之言𢓜。《說文》：『𢓜，復也。』重復治之，謂挼抄之也。阮孝緒《文字集略》：『煩撋，猶挼抄也。』《說文》：『挼，一曰兩手相切磨也。』《葛覃》詩『薄汙我私』毛傳：『汙，煩也。』箋：『煩撋之，用功深。』舂米者用手煩撋，與澣衣者煩撋正同。《說文》撚字注：『一曰蹂也。』《通俗文》：『手捏曰撚。』捏即染也，蹂也。與蹂米用手挼抄義亦相通。」仲和案：今俗澣衣在水中欲去其汙，則曰挼，曰擦，出水則用蹂，或蹂而復擦。此正所謂煩撋也。凡有字之紙蹂爲一團曰挼，謂衣服收藏不妥貼亦謂之挼，或曰蹂縐，因而謂人不爽直者亦曰蹂縐。蹂同揉，矯揉之揉，今皆從手作揉。

折花謂之拗花。

案：《輟耕録》：「南方謂折花曰拗花。元微之詩：『試問酒旗歌板地，今朝誰是拗花人。』」翟灝曰：「古樂府《拗折楊柳枝》已用此拗字。」今俗亦謂拗花，因而凡折物皆謂之拗。

攝衽謂之攝袖。

[一] 潤：原脱，據《毛詩正義》補。

案：《管子·弟子職》篇曰：「攝衽盥漱。」又曰：「振衽埽席。」《趙策》曰：「攝衽抱几。」《列女傳·母儀傳》曰：「文伯引衽攘捲而親饋之。」皆謂袂也。《廣雅》：「袂，袖也。」故今謂攝袖，所謂攝衫袖也。

飲酒謂之食酒。

案：《漢書·于定國傳》：「定國食酒至數石不亂，冬月治請讞，飲酒益精明。」如淳曰：「食酒猶言喜酒也。」師古曰：「食酒者，謂能多飲，費盡其酒，猶云食言焉。今流俗書本輒改食字作飲字，失其真也。」劉攽曰：「《論語》云『沽酒市脯不食』，然則酒自可云食也。然下云『飲酒益精明』，共説一事耳，兩字不同，疑當作飲爲真。」仲和案：食酒即飲酒也，不必如如、顔二家之説。然州俗凡飲酒皆言食酒，亦有言食喜酒者。凡人招飲，或家有喜事，具柬招戚友筵宴，其往者皆言食酒。亦有對面相言食汝喜酒者。亦足證明食酒之説，不必定作飲字爲真也。

足跐曰蹬。

案：《廣雅》：「蹬，履也。」王懷祖疏證云：「《方言》：『躡、跂、踚，登也。』登蹬聲相近。《集韻》登，又音丁鄧切，履也。或作蹬。」今人猶謂足跐爲蹬。

相對舉物謂之㧏。今作扛字。

案：《中阿含經音義》引阮孝緒《字略》云：「相對舉物曰㧏。」《廣雅》：「扛，舉也。」《説文》：「扛，横關對舉也。」《吴子·料敵》篇云：「力輕扛鼎。」今俗呼對舉爲扛，是古之遺語也。

謂孩擔兩頭相稱爲⿰角帝頭。

案：《方言》：「⿰角帝，擔也。」音鄧。郭注：「今江東俗呼擔兩頭有物爲⿰角帝。」州俗凡擔物既得一頭，求加一頭曰添⿰角帝頭，兩頭之物輕重相懸曰不⿰角帝頭。

倦極休息謂之歇息。

案：《説文》：「歇，息也。」「息，休息也。」人倦極則休息。聲轉爲戲泄，故《方言》云：「戲泄，歇也。」又轉爲歇泄，故《廣雅》云：「歇，泄也。」今俗亦謂歇息爲歇泄。

引謂之拏，亦謂之拕。

案：《説文》手部：「拏，牽引也。」《廣雅・釋詁》：「拕，引也。」

五指叉取物曰攎。

案：《廣雅》：「攎，取也。」《方言》：「南楚之間，凡取物溝泥中或謂之攎。」《釋名》：「攎，叉，五指俱往叉取也。」

以手覆藏物曰揞。土音讀擒之上聲。

案：《方言》：「揞、揜、錯、摩，藏也。荆楚曰揞，吴揚曰揜，周秦曰錯，陳之東鄙曰摩。」揞猶揜也。《廣韻》：「揞，手覆也。」俗於物不欲人見者，以兩手揜覆之曰揞，即此字，其義爲藏也。

兩指取物曰拈。

案：《釋名》云：「拈，黏也。兩指翕之黏著不放也。」俗謂兩指取物爲捻，捻與拈同。

取物謂之檢。

案《説文》：「檢，書署也。从木僉聲。」段氏注引申爲檢制、檢校。《廣韻》五十琰檢字注：「書檢，印窠封題也。」又檢校，俗作撿。撿本音斂，撿下引《説文》云「拱也」，斂下云「收也」。檢校即有取物之意。杜工部詩：「檢書燒燭短。」是唐人已以手取書爲檢書矣。收藏物謂之檢起，亦曰檢秋，則檢通作斂，斂與秋皆訓收故也。

伸手遠取曰探。

案：《説文》：「探，遠取之也。」今俗於物之遠者伸手探取之曰探得到，蓋古語也。

懸物曰弔，曰挂。

案：《廣雅》：「佻、絓，縣也。」《方言》：「佻、抗，縣也。燕趙之郊縣物於臺之上謂之佻。」郭璞注云：「了佻，懸物皃。」今俗謂懸爲弔，聲相近也。《玉篇》：「䲵，懸物也。」䲵即弔。此因懸物而特製之諧聲字。郭注所云「了佻」，後人多作「了鳥」，亦是懸物皃也。又謂之挂者，《楚辭·九章》「心絓結而不解兮」王逸注：「絓，懸也。」今俗有所繫結曰絓弔，脱然無所顧慮曰無絓弔，即此《九章》「絓結」之義也。

擊謂之㲉，苦角切。亦謂之考。土音讀誥。

案：《説文》殳部：「㲉，從上擊下也。」斤部：「斫，擊也。」《詩》「弗鼓弗考」傳云：「考，擊也。」《説文》：「考，敂也。」敂亦擊也。今俗讀作誥，又似敲，敲亦擊也。

謂美色曰暉黵。

案：《一切經音義·大方便報恩經》卷一出「暉黵」二字，注云：「又作黵，同，餘瞻反。《方言》：『秦晉之間謂美色爲黵。』」仲和案：《左傳》桓元年：「目逆而送之，曰：『美而黵。』」杜注：「色美曰黵。」今俗稱暉黵，黵字聲稍轉變似餘病反矣。

餽遺謂之做人事。

案：《晉書·武帝紀》：「泰始四年頒五條詔書於郡國。五曰去人事。」按韓退之撰《王用神道碑》：「用男送馬匹鞍銜及白玉腰帶，朝廷令公領受。」集中有《謝許受王用男人事物狀》。後撰《平淮西碑》：「韓宏寄絹五百匹充人事。」又有《奏韓宏人事物狀》。白居易《奏于頔裴均欲入朝事宜狀》云：「上須進奉，下須人事。」杜牧《謝許受江西送撰韋丹碑綵段等狀》亦有所寄人事綵段之語。今俗曰好人事，曰做人事，亦是魏晉以來相傳之古語也。

婦人謂食齋曰食素。

案：《匡謬正俗》云：「《喪服傳記》云〔一〕：既虞疏食水飲，既練，食菜果，飲素食。鄭康成注云：『素猶故也，謂復平生時食也。』案素食謂但食菜果糗餌之屬，無酒肉也。禮家變節，漸爲降殺，既除喪，始食乾肉、飲酒，然後乃復平生時食耳。」又班書《霍光傳》載光奏昌邑王過失

〔一〕傳記：原作「記傳」，據《匡謬正俗》改。

云：「典喪，服斬衰，無悲哀之心，廢禮誼，居道上不素食。」《王莽傳》云：「每有水旱，莽輒素食，左右以白，太后遣使詔莽曰：『聞公菜食，憂民深矣。今秋幸孰，公勤於職，以時食肉。』」〔一〕據此益知素食是無肉之食，非平生食也。今俗謂桑門齋食爲素食，蓋古之遺語焉。州俗婦女謂食齋曰食素，亦古之遺語也。

有才力謂之能幹。

案：《通俗編》云：「《後漢書・循吏傳》：『孟嘗清行出俗，能幹絶羣。』《金史・定奴傳》：『請内外五品以上，舉能幹之士，充河北官。』《曹望之傳》：『世宗謂之曰：汝爲人能幹而心不忠實。』《朱子家禮》：『凡護喪，以子弟知禮能幹者爲之。』」

初生肥嫩曰苿蕁。

黄香鐵云：「本《西京賦》『苿蕁蓬茸』。土音曰苿笋，言植物也。」仲和案：婦人謂小兒肥嫩者亦曰苿笋。

肥謂之肭。

黄香鐵云：「《集韻》：『妠，小兒肥貌。或作肭。』」仲和案：《廣韻》入聲十一没膃，烏没切；肭，内骨切。二字疊韻。查《玉篇》：「膃肭，肥也。」膃，乙八、烏没二切。肭，女滑、奴骨二

〔一〕「以」上原衍「幸」字，據《漢書》删。

切。猶俗言滑肭、膃滑也。今俗謂肥之好者曰肥肭肭。或曰肥朏朏，據《玉篇》：「朏，丑一切。肥滑貌。」今土音讀漬。俗謂肥之不好者曰肥膧膧，據《玉篇》：「膧，徒聾切。肥也。」或曰肥臀臀，據《玉篇》：「臀，肥臀也。魚矜切。」今土音讀如尸。或曰肥胮胮，據《玉篇》胮，普江、普降二切，「脹也」。

婦人分娩謂之輕。

案：黄香鐵云：「輕者，重之對也。婦人懷孕者若負重然，至分娩之後，如釋重負，故曰輕也。」

孕婦過期曰蠻皮。

案：《風俗通》云：「蠻，慢也。」然蠻又爲南蠻不知禮義，故俗謂人强横者又曰使蠻。朱子《語類》作使瞞。或曰强蠻，謂其不講道理，若野蠻也。而婦人於小兒充實者，又或曰麤蠻，則謂其苯壯也。

争論謂之計較。

案：《漢書·賈誼傳》「反脣相稽」集注：「相與計較也。」俗勸勿争論者，往往曰何必多計較。

好事謂之生是非，又謂之多事。

案：《莊子·盜跖》篇：「摇唇鼓舌，擅生是非。」又《通俗編》云：「《家語》金人銘：『毋多事，多事多患。』《淮南子·主術訓》：『上多事，則下多態。』」

忿怒謂之生氣。

案：《國語·晉語》：「子犯曰：未報楚惠而抗宋，我曲楚直，其衆莫不生氣。」

籌度謂之打算。

案：《元史·循吏傳》：「耿宣擅增制語，並打算大小一切衙門等事。」

點頭作答曰頷頭。

案：《廣雅》：「頷，動也。五感切。」《列子》：「頷其頤則歌合律。」今俗與人商量物事答應曰頷頭，不答應曰不頷頭，即點頭也。唐人謂之點頷，郭子儀之點頷是也。

腹脹曰𩪋。

案：《廣雅》：「𩪋，滿也。」《法言·君子》篇「以其𩪋中而彪外也」，李軌注同。或作膨，亦通。

筋骨間痛曰痠痛。

案：《玉篇》：「痠，痛痠也。」《素問·刺熱》篇：「腎熱病者，先腰痛骱痠。」痠，亦通作酸，俗每曰腰骨酸痛。

噴嗑有聲曰䶗。

案：《玉篇》：「䶗，通答切。大食也。」今俗亦作食字用，謂來食或曰來䶗。

謂事無味曰没答颯，謂人作事不當曰尲尬。

案：《南史・鄭鮮之傳》：范泰誚鮮之仕宦不及傅亮，謝晦曰：「今日答颯，去人遼遠。」《説文》尲注：「尲尬，行不正也。从尢兼聲。」江沅曰：「尲尬二字，段氏訂補：『今吴俗謂事乖剌曰尲尬。』」《通俗篇》翟灝曰：「不振曰答颯，俗反曰没答颯；不當曰尲尬，俗反曰不尲尬。」今州俗於世情看破無味，往往曰靡答颯。靡即無也，土音讀無爲靡，謂作事不如人意者，往往曰尲尬，或重言之曰尲尲尬尬，與事乖剌同。土音讀作甘介，無曰不尲尬者。

肉味變曰朽。

黄香鐵云：「按《列子》稱逢氏子有迷罔之疾，視白以爲黑，饗香以爲朽。錢辛楣謂古人香與朽對，取其相反。以臭與香對，蓋始於《廣雅》。則朽字之義爲古也。」仲和案：朽與臭音近，古讀梏如糗，猶考讀如朽，《淮南子》：「夏后氏之璜不能無考。」考即《説文》之玉訓爲朽玉者，俗作珛，音齅。《唐風・山有栲》正義引陸疏云：「許慎正以栲讀爲糗。」今人言考，失其聲耳。知栲、朽、臭，古本同音也。

飯變味曰餿。

案：《釋文》饐字下引葛洪《字苑》云：「饐，餿臭也。」今俗則曰臭餿。

卵謂之春，亦謂之蜑。

案：《禮記・内則》「濡魚卵醬實蓼」鄭注：「卵讀爲鯤。鯤，魚子。或作攔也。」《詩》「其魚魴鰥」箋訓鰥爲魚子。《説文》：「𢇇，從丝卝聲。」卝，古卵字。《鄉射禮》「不貫不釋」，鄭注貫作關。《内則》釋文：「音關。本又作捫，音門。」據此則卝本古卵字，而𢇇從卝聲，關從𢇇聲，擱從關聲，故其聲輾轉相通也。關與鰥聲近，門與鯤聲近，而鰥即鯤，以古昆字作罤。《説文》：「鰥，鰥魚也。从魚眔聲。」李陽冰曰「從罤省」。是古鯤字作鱞省，即鰥字也。故《説文》無鯤字。鯤從昆聲，昆聲近串。《皇矣》「串夷載路」箋云：「串夷即混夷。」以串即毌字，毌，古貫字也。混夷亦即昆夷。故昆與貫通。《禹貢》「揚州貢瑶琨」，《漢・地理志》作「瑶𤩽」，可證貫關卵昆皆同音。昆與春聲又近，故得轉爲春。春在《廣韻》十八諄，昆在《廣韻》二十三魂，而昆得轉爲春者，《詩・王風》：「緜緜葛藟，在河之漘。十八諄。終遠兄弟，謂他人昆。二十三魂。」此昆之所以轉爲春也。轉爲蜑者，以卝即古卵字。《説文》綰字注：「一曰讀若雞卵。」綰卝聲近，而與貫同音，貫慣同聲通用。《孟子》「我不貫與小人乘」是也。《廣韻》二十三旱有蜑字，與但同音。《甫田》詩：「婉兮孌兮，總角卝兮。未幾見兮，突而并兮。」此卵之所以轉爲蜑也。《説文》：「蝦，卵不孚也。从卵段聲。」江沅曰：「此即今蜑字。」案今之皮蜑、鹹蜑，本爲不孚之卵，是蝦爲本字，而蜑乃俗通行假借字也。《氓》詩「總角之宴」釋文〔一〕：「宴，如字，本或作卝者非。」正義：「經有作卝者，因《甫田》『總角卝兮』而誤也。定本作宴。」馬瑞辰曰：「按作卝者是也。卝即卝

〔一〕釋：原誤作「説」。

字之省，爲總角貌。與宴古音正合。箋「宴然」亦當爲「丱然」之訛。」仲和謂丱即古卵字，與宴宴旦旦韻，以此知卵本有鱕音。

雞伏卵謂之部卵。

案：《説文》爪部：「孚，卵即孚也。」此從段氏訂。段氏曰：「《通俗文》：『卵化曰孚。』《廣雅》：『孚，生也。』謂子出於卵也。《方言》：『雞卵伏而未孚。』於此可得孚之解矣。卵因伏而孚，學者因即呼伏爲孚云云。」仲和案：《淮南子》云：「夫鴻鵠之未孚於卵也，一指蔑之，則靡而無形矣。」又《夏小正》「雞桴粥」傳曰：「桴，嫗伏也，育養也。」是桴粥即孚育，孚育即覆育。伏卵謂之孚卵，化亦謂之孚矣。又《一切經音義校》莊炘曰：「《説文》：『孚，卵孚也。』俗又作菢。《廣韻》：『菢，鳥伏子。』音同暴是也。今江東人呼雞之伏卵者曰哺雞，即孚也。」仲和案：孚、哺、部皆聲近，部即剖也。《文選·海賦》：「剖卵成禽。」李善曰：「剖猶破也。」《淮南·原道》篇「羽者嫗伏」高注曰：「嫗伏以氣剖卵也。」孚、剖聲亦相近。

呼雞曰喌祝。

案：《説文》吅部喌云：「呼雞重言之。從州聲，讀若祝。」據《左傳》隱四年《經》「衛州吁」，《穀梁》作「祝吁」，是州、祝相通之證。而祝翁畜雞，即附會此音而起也。又《風俗通》「呼雞朱朱」，《伽藍記》沙門寶公曰：「把粟與雞呼朱朱。」是喌喌可轉爲朱朱也。今俗呼雞，或曰喌喌，或曰祝祝，或曰喌祝，或曰朱晝，在古音皆爲疊韻。《易·雜卦傳》：「《晉》，晝也；《明夷》誅也。」顧亭林譏孫奕改誅爲昧以合韻，而謂其不知古人讀晝爲注，正與誅爲韻。據《西京賦》「徼道外周，千廬内附；衛尉八屯，警夜巡晝」，以爲古人讀晝如注之證。然則吾州俗呼雞州晝之音，可以證晝音之如注，可以證朱音之如州，又可以證州之爲祝，而鬻祝之即同於朱注，此亦古音之存於方音者也。

雞之雛者曰雞健。

案：《爾雅・釋畜》：「雞屬，未成雞，健。」郭注：「今江東呼雞少者曰健。音練。」郝蘭臯云：「健者，《方言》云：『凡人嘼乳而雙産，秦晉之間謂之健子。』郭注『音輦』。然則健爲少小之稱，今登萊人呼小者爲小健。健音若輦，蓋古之遺言也。」仲和案：州俗謂雞之雌而未生卵、將生卵者，曰雞健。健讀若亂，亂與練其音亦近也。

禽之巢曰藪，伏卵曰部藪，蟲之巢亦曰藪。

案：《鄭風・叔于田》傳：「藪，澤也。禽之府也。」釋文引《韓詩》「禽獸居之曰藪」。《周禮・輪人》注：「鄭司農曰：藪，讀爲蜂藪之藪。」是古人亦呼蜂藪，不獨今俗爲然也。今俗鳥巢謂之鳥藪，雞部卵亦謂之部藪。

雞之藪亦曰雞棲。去聲。

案：《説文》：「西，鳥在巢上。象形。日在西方而鳥棲，故因以爲東西之西。棲，西或從木妻。」是西爲正體，而棲爲或體也。本言鳥棲，因而雞亦言棲。《王風》「雞棲于塒」「雞棲于桀」是也。鑿牆曰塒，杙謂之桀，今俗以木柵之，或鑿牆爲之，皆曰鷄棲，讀棲去聲若霽矣。《秦策》：「諸侯之不可一，猶連鷄之不能俱止于棲。」是以鷄所止爲棲也。

使犬曰嗾。穌奏切。

案：《説文》口部：「嗾，使犬聲。從口族聲。《春秋傳》曰：『公嗾夫獒。』」《北史·宋弁傳》：「李沖頗抑宋氏，弁恨沖，而與李彪交結，及彪抗沖，沖曰：『汝如狗耳，爲人所嗾。』」又《廣韻》十虞羊朱切有欨字，注云：「欨欨，呼犬子也。」今土音讀如鬬，呼犬則連言之曰鬬鬬。虞、侯古音本相通，故羊朱切可轉爲鬬音也。

凡鳥皆謂之雕。

案：鴟鴞，陸璣《疏》云：「幽州人謂之鸋鴂，或曰巧婦。」《爾雅》：「桃蟲，鷦，其雌鴱。」郭注：「鷦鷯，桃雀也。俗呼爲巧婦。」《詩》正義引陸璣《疏》云：「今鷦鷯也，微小於黄雀，其鶵化而爲雕，故俗語鷦鷯生雕。」又《焦氏易林》亦曰桃蟲生雕。是則桃蟲生雕，古有此説。故《小毖》詩云：「肇允彼桃蟲，拚飛維鳥。」此鳥即謂桃蟲所化之雕。是鳥可爲雕之證。今俗稱鳥皆曰雕，蓋鳥讀轉平聲即爲雕也。又《漢書·貨殖傳》有「寧雀毋刁」之語〔一〕。今俗曰雀，曰刁，皆爲詈人之語矣。

〔一〕寧雀毋刁：《漢書·貨殖傳》作「寧爵無刀」。

凡畜之牡者皆曰牯，其牝者曰豝。豝，土音讀若麻。

案：《賓之初筵》詩「俾出童羖」，馬瑞辰曰：「按《爾雅・釋畜》『夏羊，牡，羭；牝，羖』當爲『牡，羖；牝，羭』之訛。《説文》宋本、小徐本並曰：『夏羊，牡曰羖。』《廣韻》《集韻》及《類篇》《韻會》引《説文》同。是知今大徐本作牝爲傳寫之訛。其證一也。《説文》：『夏羊，牝曰羭。』《列子・天瑞篇》『老羭之爲猿』，張湛注亦以羭爲牝羊，則知羖必牡羊矣。其證二也。《三倉》：『羖，夏羊，羖攊也，亦羯也。』《説文》：『羯，羊羖犗也。』去勢曰犗〔一〕，必牡羊乃可稱犗。其證三也。戴侗《六書故》、周伯琦《六書正譌》並曰：『羖，牡羊也。』其證四也。《廣雅》：『吴羊，牡一歲曰牯䍮。』〔二〕《玉篇》、《廣韻》並以𦍩爲羖之俗。按今俗稱牛之牡者爲牯與牡，羊之稱羖羊，取義正同。其證五也。《説文》：『羝，牡羊也。』《廣雅》：『吴羊，牡三歲曰羝。』《易》釋文引張璠注『羝羊，羖羊也』。以羖釋羝，羝爲牡，則羖亦牡可知，其證六也。」仲和案：馬氏證《爾雅》之誤，以羖爲牡羊，其説至塙。程瑶田《通藝録》有「《爾雅》轉寫互訛」之記，與馬氏説同。惟馬氏引《廣雅》有誤，然羖爲牡羊，不可易矣。羖本牡羊，今州俗因而謂凡畜之牡者皆曰牯。羊曰羊牯，牛曰牛牯，猪曰猪牯，狗曰狗牯。猪牯又曰猪哥，則以豭與哥雙聲，俗讀即轉爲哥也。按《説文》：「豭，牡豕也。」《左》隱十一年《傳》「鄭伯使卒出豭」，定十四年《傳》「盍歸吾

〔一〕犗：馬瑞辰《毛詩傳箋通釋》作「䍈」，下同。

〔二〕䍮：原脱，據《廣雅》補。

艾豭」，《史記・秦始皇紀》「天爲寄豭」，皆謂牡豕也。豝者，《説文》：「牝豕也。」《廣雅》云：「豱、豰，豕牝也。」《玉篇》：「豱，老母豕也。」「豰，小母猪也。」豱、豰聲亦相轉，《左傳》謂之婁猪，皆豝之異名也。今俗豝讀若嫲。豝本牝豕，俗因而謂凡畜之牝者皆曰嫲。鷄曰鷄嫲，鴨曰鴨嫲，牛曰牛嫲，猪曰猪嫲，狗曰狗嫲。因而謂男女之相姦者曰牛牯、牛嫲，亦《左傳》艾豭、婁猪之意也。其牝而幼者謂之牸，如猪曰猪牸，羊曰羊牸，狗曰狗牸是也。《廣雅》：「牸、牝，雌也。」又：「吴羊，其牝一歲曰牸䍩。」〔一〕今俗所稱曰牸，皆其小者，若大則曰嫲，此亦古之遺語也。

閹鷄謂之潔鷄。案：潔當爲犗。《廣雅》云：「騬、犗、羯、羠、豶、猗、劅、攻，犗也。」

案：黄香鐵曰：「青藤山人《路史》：『漢文始閹潔六畜。』潔猶浄也。又《肘後經》：『騸馬〔二〕、宦牛〔三〕、羯羊、閹猪、镦鷄、善狗、浄猫。』按七字同一義。《猗覺寮雜記》：『物去其勢：豕曰豶，見《易》；牛曰犗，見佛書；馬曰扇，見《五代史》；鷄曰敦，犬曰閹，俗語。』今土語謂已潔之鷄爲綫鷄，當騸與善二字之轉音。閹狗、閹猫、閹鷄皆謂之潔。《側微録》：『去勢一也，豕則曰豶，牛則曰犗，馬則曰扇，人則曰閹。』今閹鷄呼爲綫鷄，當作扇鷄之訛。」仲和案：郭注《爾雅》「未成鷄，僆」云音練，注《方言》云音輦，練與輦，皆與今俗所謂綫鷄之綫聲相近，特今所謂

〔一〕䍩：原脱，據《廣雅》補。
〔二〕騸：原誤作「騙」。
〔三〕宦：原誤作「官」。

綫鷄，是鷄之大者，與㯋小鷄異耳。

牛䏶曰百葉。

案：《説文》：「䏶，牛百葉也。」王貫山《説文釋例》云：「牛羊食草，入胃復吐而嚼之再咽，則由胃而入百葉。百葉生胃之後，短腸連之，其外光滑，其内遍生刺纖，如鍼比，如櫛，其狀摺疊如梵夾，故以百葉名，至今沿之不改也。或即以百葉爲胃之别，亦誣也。胃大於百葉，内亦有刺，但差疏闊耳。」

牛胃曰胘綱。

案：《廣雅》：「胃謂之胘。」《説文》：「胘，牛百葉也。」徐鍇傳曰〔一〕：「今俗言肚胘。」《集韻》引服虔説「有角曰胘，無角曰肚」。《齊民要術》有「牛胘炙」。今俗謂肚之最厚處曰胘綱。

猪圈曰猪欄，亦曰猪廚。

案《孟子》「既入其苙」趙注：「苙，蘭也。」《倉頡篇》：「欄檻亦以宬禽獸也。」《漢書·王莽傳》「與牛馬同蘭」師古注：「蘭謂遮蘭之，若牛馬蘭圈也。」蘭、欄同。今俗亦謂之猪廚，而牛馬所居則曰牛蘭、馬蘭。

鼠謂之老鼠。

〔一〕鍇：原誤作「諧」。

案：《方言》：「蝙蝠，自關以東謂之服翼，或謂之飛鼠，或謂之老鼠。」今俗謂蝙蝠曰別婆，則以蝠字、服字古音皆讀如匐，別與蝠聲最近，而婆則翼之聲轉也，無以蝙蝠爲老鼠者。俗惟於鼠，無論大小異種，皆以老鼠呼之。俗有「猫公見老鼠，老鼠見猫公」之語。

跳蚤曰狗蝨。

案：《太平御覽》引吴普《本草》：「胡麻一名方莖，一名狗蝨。」方莖，以莖形得名。狗蝨，以實形得名也。然則狗蝨之稱亦甚古矣。

夾肉曰脢條。

案：《廣韻》十五灰：「脢，脊側之肉。」脄同。今俗謂之脢條肉，亦古之遺語也。

所以烝物謂之箅子。

案：《淮南子·齊俗訓》：「夫明鏡便於照形，其於以函食不如簞。」〔一〕王懷祖《讀書雜志》曰：「『函食不如簞』，本作『承食不如竹箅』。今本承誤爲函、箅誤爲簞，又脱去竹字耳。《説文》：『箅，蔽也。所以蔽甑底。』承讀爲『烝之浮浮』之烝，謂用以烝食也。《漢書·地理志》：『長沙國承陽』，師古曰：『承音烝。』《續漢書·郡國志》作『烝陽』，是烝與承通。《太平御覽·器物部》引此作『烝食』。今人猶謂甑中蔽爲箅子。《世説》云『客詣陳太邱宿，太邱使元方、季方炊，二人委而竊聽，炊忘著箅，飯落

〔一〕於：原脱，據《淮南子》補。

釜中』是也。」今俗之箅子有兩種，一以木爲之，一以竹爲之，其烝食物，或置甑中，或置釜中，俗均謂之箅子。

飯橾謂之飯匙。

案：《説文》：「匕，相與比叙也。亦所以用比取飯，一名柶。」段茂堂云：「匕，即今之飯匙。《少牢·饋食禮》注所謂飯橾也。」今俗亦曰飯匙。又有所謂飯勺者，或以木若銅爲之。

釜之小而圓者謂之蒲鑹。音羸。

案：《説文》：「鬴，鍑屬也。」隸省作釜。釜與鬴，同聲同義。《廣雅》：「鴞鎢謂之銼鑹。」王懷祖云：「《説文》：『銼鑹，鍑也。』《衆經音義》卷十六引『銼鑹，小釜也』。案物形之小而圓者謂之銼鑹，單言之則曰銼。銼者，族羸之合聲。故銼鑹又謂之族鑹。《急就篇注》云『小釜曰族鑹』是也。族鑹與族蠡同，急言之則爲痤也。」仲和案：鑹羸蠡，古音皆讀如羸如羅，故《廣雅》「其罒謂之欚」，王懷祖云：「欚之言羅也。」是欚有羅音之證。惟銼字今俗讀如蒲，即鬴字之讀轉平聲。鬴轉平聲如蒲，故今俗曰蒲羅。蒲羅如蒲盧，故蒲盧聲轉爲蒲羸。《吴語》「其民必移就蒲羸於東海之濱」是也。蘆菔轉爲羅匐，是盧、羅相轉之證。俗又轉爲沙波，不過聲之侈耳，亦即銼鑹也。

盛飯竹筥謂之箕。

案：《説文》：「籍，飯筥也。受五升。秦謂筥爲籍。」《詩》「不盈頃筐」毛傳云：「頃匡，畚屬，易盈之器。」馬瑞辰曰：「《説文》：『筐，飯器，筥也。』『筥，籍也。』『畚，蒲器也，𦈢屬〔一〕，所以盛種。』頃筐蓋即今籍箕之類。」今州俗亦謂之籍箕，不止盛飯已也。

沸水謂之滾水。

案：《蕩》詩「如沸如羹」箋云：「如湯之沸。」劉向《七諫》曰：「身被疾而不閒兮，心沸熱其如湯。」蓋用此《詩》義也。《説文》作灒，云「涫也」。「涫，灒也。」涫今俗作滾字。今所謂滾水，即涫水也。此亦古之遺語也。

用麻或高粱之稭當燭以照夜行，謂之蒸子。

案：《説文》：「蒸，析麻中榦也。」《弟子職》：「蒸間容蒸。」《毛詩傳》：「蒸盡，搯屋而繼之。」皆古燭用薪、用麻之證。《弟子職》注云：「蒸，細薪也。」言「稍寬其束，使其蒸間可以各容一蒸，以通火氣，又使已然者居下，未然者居上，則火易然也」。蓋今燭以葦爲心，灌以脂膏，古燭只用樵薪，或以麻稭爲之。《周禮·司烜》「共墳燭」，鄭司農説以「墳燭」爲「麻燭」是也。今俗或用麻，或用高粱之稭，或用小竹若竹片，當燭以照夜行，謂之蒸子，蓋古之遺語也。

粉餌謂之粄。

案《玉篇》米部：「粄，蒲滿切。米餅。」《廣韻》上聲二十四緩：「粄，屑米餅也。搏管切。」

〔一〕𦈢：原誤作「𠔼」，據《説文解字》改。

又出粄、餅二字，云：「並上同。」是唐以前已有粄之稱矣。按《荆楚歲時記》：「三月三日，取鼠麴汁蜜和粉〔一〕，謂之龍舌粄，以壓時氣。」今俗以米粉搓如箭舌大，以鹽或糖滾水漉之，名曰鴨舌粄。又搓粉爲圓月形，蒸熟謂之粄錢。取名皆雅。其用油炸者，復有扭棗、笑棗之類。笑棗者，使之中裂如十字，餅因其形若開口笑，故以笑名。棗熟則膚裂，故以棗名也。年餻謂之甜粄，鬆餻謂之發粄，又有猪腰粄、千層粄之名。

孛羅謂之必祿。

案：《月令廣義》：「吳俗以糯穀爆釜中，名曰孛羅。」今俗謂之必祿，蓋孛羅之轉音也。

飯過熟曰打摶。

案：《曲禮》：「毋摶飯。」《爾雅》：「摶者謂之糷。」《玉篇》糷，力旦、落旱二切。《爾雅注》云：「飯相着。」亦作糷，又作𥺌。

米未舂者曰糙米。

案：《玉篇》：「糙，七竃切。粗米未舂。」《類篇》作毇，云「米未舂也」。今俗謂米之未舂者曰糙米，其舂而精擇之者曰精米。《論語》「食不厭精」是也。又俗謂舂米曰做米，做即磋也。《玉篇》：「磋，才何切。舂擣也。」又謂之臿米。《玉篇》：「臿，楚洽切。舂麥也。」字又作喢，以

〔一〕麴：原誤作「麪」，據《荆楚歲時記》改。

簸箕簸揚之去其皮與糲。《玉篇》：「碎米也」。亦曰𦥮米。《玉篇》：「𦥮，初夾切，米去皮也。」俗𦥮字。又案《古微書》引《春秋説題辭》：「孔子言曰：五變入臼，米出甲，謂磑之爲糲米也，舂之則粺米也，師之則鑿米也，𦥮之則毇米也，又簟擇之，暘暛之，則爲晶米。」

黏者謂之稬米。

案：《玉篇》：「稬，乃喚切。黏也。」又：「乃臥切，秫名。」穤、糯皆俗稬字。今俗皆讀乃臥切，通行用糯字。《爾雅・釋草》釋文引《字林》：「稬，黏稻也。」稻有黏不黏之分，其黏者謂之稬。今猶古稱也。

不黏者謂之稴米。今俗皆作秥。《玉篇》：「秥，文古切。禾也。」

案：《玉篇》：「稴，胡兼、胡緘二切。稻不黏。」又作⿰米兼。又：「秈，息延切。秔稻也。」「粳，柯彭切。不黏稻。」亦作秔。是同一不黏稻，而或作秈，或作粳，或作秔，或作稴⿰米兼，所從言之異耳。京師禄米帖或稱秈米，或稱粳米，其實一也。今俗相沿稱秥米〔一〕，因稴聲近而譌。或有作粘米者，粘即黏字，則名實不符矣。

蘆菔謂之蘿蔔。

案：《爾雅》：「葖，蘆萉。」郭注：「萉宜爲菔。蘆菔，蕪菁屬。」案蘆菔音羅匐，猶扶服之爲

〔一〕秥：原誤作「粘」。

匍匐也。《潛夫論・思賢》篇：「治疾當得真人參，反得支羅服。」今州俗皆呼蘿蔔，有紅白大小

數種，俱以蘿蔔呼之。

山藥曰藷。

案：《北山經》云：「景山其上多藷藇。」藷與藷同。郭注：「根似羊蹄，可食。曙、豫二音。今江東單呼爲藷，音儲，語有重輕耳。」《廣韻》：「藷，署魚切。似薯蕷而大。」則後人單呼其大者爲藷。蘇頌《本草圖經》云：「江湖閩中出一種薯蕷，根如薑芋之類，而皮紫，極有大者，彼土人單呼爲藷，音殊，亦曰山藷也。」據此則謂山藥爲藷，不獨吾州爲然也。

稻草曰稈。

案：《說文》：「稈，禾莖也。《春秋傳》曰：『或投一秉稈。』」今本作秆。杜注：「秆，稾也。」《廣雅》：「稻穰謂之稈。」王懷祖云：「今江淮間以稻稈爲席蓐，謂之稾薦。」今州人則呼曰稈薦也。

萍謂之薸。

案：《爾雅》：「苹，蓱。」郭注：「水中浮蓱。江東謂之薸。」《詩・召南》「采蘋」釋文引《韓詩》云「沈者曰蘋，浮者曰薸」。《呂氏春秋・季春紀》「萍始生」高注：「萍，水薸也。」字又作蔈。《淮南・地形訓》云：「容華生蔈，蔈生蘋藻，蘋藻生浮草。」字又作薸。《廣雅》：「薸，萍也。」王懷祖云：「薸之爲言漂也。《說文》云：『漂，浮也。』薸以瓢爲聲。《秦策》『百人輿瓢』，《淮南・說山訓》作『百人抗浮』，則瓢、浮古同聲，蓱、浮故謂之薸矣。蓱、薸一聲之轉，蓱之爲薸，猶洴

之爲漂。《莊子·逍搖遊》篇〔一〕：『世世以洴澼絖爲事。』李頤注云：『漂絮於水上。』是其例也。」今俗凡物之浮於水上者，皆謂之漂，讀如薸平聲。物之漂於水上，若漂布、漂衣服亦曰漂。或作嘌，則讀如票去聲。《玉篇》：「嘌，置風日中令乾也。」蓋在水中則謂之漂，出水之後曝之日中則謂之嘌。此又其分別之字也。

凡陶器爲火所爆，其聲曰薜暴。

案：《考工記·瓬人》：「凡陶瓬之事，髻、墾、薜、暴不入市。」注：「鄭司農云：『髻讀爲刮，薜讀爲藥黄蘗之蘗，暴讀爲剥。』玄謂髻讀䏲；墾，頓傷也；薜，破裂也；暴，墳起不堅致也。」釋文：「薜，卜革反。劉薄駮反。」「暴，音剥，又音雹，或蒲到反。」今俗謂陶器有裂痕者曰薜，聲如璧。謂墳起者曰泡。爲火所爆裂，其聲曰必剥，亦曰辟雹，或單言曰暴，聲如豹。因而事之發露亦曰事暴，聲亦如豹。又有言變豹者，謂其人必發揚也，字似當作豹。故俗有「三虎必有一豹」之語，即《易》之「豹變」倒言之也。

微火烘物曰熥。

案：《説文》：「熥，火熱也。」《内則》「五日則熥湯請浴」釋文：「熥，温也。」《考工記·弓人》：「橋角，欲孰於火而無熥。」注：「熥，炙爛也。」

〔一〕逍：原作「消」。

乾煎曰炒，火乾曰炕。

案：《方言》：「凡有汁而乾謂之煎。」《説文》云：「熬，乾煎也。」《内則》云：「煎醢加於陸稻上，沃之以膏，曰淳熬。」《説文》：「煎，熬也。」又云：「鬻，熬也。」《楚詞·九思》：「我心兮煎熬。」釋文引《三倉》云：「燭，熬也。」《衆經音義》卷一云崔實《四民月令》作「炒」，古文奇字作「槱」。並字異而義同。今俗呼乾煎曰炒，蓋古遺語也。《説文》：「炕，乾也。」《衆經音義》卷三引《倉頡篇》云：「炕，乾極也。」《漢書·五行志》「炕陽而暴虐」顔師古注：「炕陽者，枯涸之意。」今俗謂天氣酷熱而久不雨，亦曰炕陽。或天雨物之濕者，欲其速乾，以火炕之，謂之炕。肉之濡者，以火烘令乾，亦謂之炕乾矣。

柴謂之樵。

案：《廣雅》：「蕉，薪也。」王懷祖曰：「《説文》：『樵，散木也。』《月令》鄭注：『大者可析謂之薪。』《列子·周穆王篇》：『鄭人有薪於野者，遇駭鹿，御而擊之，斃之，藏諸隍中，覆之以蕉。』蕉與樵同。薪謂之樵，因而取薪小謂之樵。《史記·淮陰侯傳》集解引《漢書音義》云：『樵，取薪也。』《小雅·白華》篇：『樵彼桑薪。』」

以竹篭作圈盛穀曰笹。土音讀如純。

案：《詩·魏風》「胡取禾三百囷兮」傳：「圓者爲囷。」《説文》：「囷，廩之圜者，从禾在口中。圜謂之囷，方謂之京。」《釋名》：「囤，屯也。屯聚之也。」《説文》作笹，云「篅也」。「篅，判竹，圜以盛穀也。」今俗以竹簞屯穀，即古之遺製。《説文》所謂竹「圜以盛穀」，尤與今符合。知囷也，𥬠也，篅也，異名而同實。囤則𥬠之俗字也。

屋之高者謂之僂，小兒顛仆頭面傷腫墳起謂之僂，或曰僂句。

案：古人以曲爲傴，以高出爲僂。《問喪》注：「傴，曲也。」背曲，則骨脊必隆起，因名傴僂。《通俗文》謂「曲脊謂之傴僂」是也。傴僂亦名句僂。《説文》：「痀，曲脊也。」《莊子·達生》篇「句僂丈人承蜩」是也。車蓋之中，高而旁下者謂之枸簍。《方言》「車枸簍，秦晉之間，自關而西謂之枸簍，南楚之外謂之篷，謂之隆屈」是也。龜背之中，高而兩旁下者，亦謂之僂句。昭二十五年《左傳》「臧氏竊其寶龜僂句」，朱彬曰：「僂句，即以名龜僂句不吾欺，猶云龜不吾欺也。田高謂之甌窶，淳于髡所謂『甌窶滿溝』是也。」木之尪傴瘻腫者謂之苻婁，《爾雅·釋木》「瘣木，苻婁」是也。頸之腫曰瘻，《説文》「瘻，頸腫也」是也。今俗屋之高者謂之樓屋，《爾雅》「狹而脩曲曰樓」是也。小兒顛仆傷腫墳起亦謂之瘻，或曰瘻句句，皆謂其腫處墳起高也。人之醜惡臃腫，或器物不中用，一見之隨口便曰傴愁，或器不蠲潔，衣服垢膩，又謂之傴藪，疑即窶藪之轉音也。

紙鳶謂之紙鷂。

案：《通鑑·梁紀》：「臺城與援軍信命久絶，有羊車兒獻策，作紙鴟。」胡三省注：「紙鴟，即紙鳶。」今俗謂之紙鷂，是宋時已謂之紙鷂矣。

撈飯器謂之笊籬。

案：王貫山《説文釋例》云：「匱、籅二字下皆曰『淥米籔也』。籔下云：『炊籅也。』炊籅，小淥米籔，大其形則同，今謂之笊籬。與此三字之聲無一同者。又案《廣韻》五支籬下注云『笊籬』。」據《通俗編》：「誰有閒錢補笊籬。《元曲選》石君寶《秋胡戲妻》、高文秀《黑旋風》、鄭廷玉《後庭花》皆用此諺。」翟灝曰：「按笊籬，見《唐書・安禄山傳》，楊萬里詩作罛羅。」仲和案：今州俗亦有「誰有閒錢補笊籬」之語，惟籬讀如樓。蓋古音離讀若羅，牢讀若婁。今俗謂撈曰婁，皆一聲之轉也。

一枚謂之一个。

案：《儀禮・大射儀》「挾一个」鄭注：「个，猶枚也。」《特牲饋食禮》「俎釋三个」注：「个，猶枚也。」今俗言物數有若干個者此讀。然《漢書・刑法志》「負矢五十个」師古曰：「个，讀曰箇。箇，枚也。」《説文》：「箇，竹枚也。」《玉篇》：「枚，箇也。」今俗皆謂若干个，蓋古語也。

褲一條爲一腰，帬亦謂之一腰。

案：《舊唐書・五行志》：「安樂公主造百鳥毛裙兩腰。」《傳燈録》：「藥山示衆曰：『法身還具四大無？道得者，與他一腰裩。』」《老學庵筆記》：「古謂帶一爲一腰〔一〕，周武帝賜李賢御

〔一〕「帶」下原脱「一」，據《老學庵筆記》補。

所服十三環，金帶一腰是也。」是一腰二字本古語。

被一牀曰一歡，席一具亦曰一歡。

案：《癸辛雜識》：「余生長澤國，每聞舟子呼造帆曰歡。」又唐《樂府詩》云：「蒲帆猶未織，争得一歡成。」則被席之爲一歡，亦猶是也。

屋大而空曰宧㝩，衣寬大亦曰宧㝩。

案：《方言》：「漮，空也。」郭注：「漮窞，空貌。漮，或作歑虚字也。」錢繹箋疏曰：「漮、空，聲之轉也。《釋詁》：『漮，虚也。』郭注引《方言》云：『漮之言空也。』《廣韻》引作㾾，云：『本亦作漮。』《説文》：『漮，水虚也。』『歑，飢虚也。』『㝩，屋㝩宧也。宧，㝩也。』『穅，穀皮也』，或省作康。穀皮去米則康，亦空也。《小雅》『酌彼康爵』箋云：『康，虚也。』襄二十四年《穀梁傳》『四穀不升曰康』范注：『康，虚也。』《廣雅》作歑。《淮南·天文訓》『十二歲而一康』，《韓詩外傳》作『荒』。荒亦康也。《泰》九二『包荒』鄭注：『讀爲康。』」仲和案：康訓空，訓虚，故凡以康得聲之字，皆有空虚之義，今土音呼宧㝩者，據《説文》宧亦㝩也。

物之腔子謂之匡烺。

案：《説文》木部：「樌，匡當也。」段氏注：「匡當，物之腔子也。」當字今俗轉讀若烺。

刀劍之匣謂之峭。

案：《説文》：「柗，劒柙也。」《玉篇》引《莊子·刻意》篇「有干越之劒者，柗而藏之」，今本作柙，柙亦柗也。柗亦作榼。《廣雅》劒削、刀削，王懷祖云：「凡刀劒室通謂之削，字或作鞘。《釋名》云：『刀室曰削。削，峭也。其形峭殺裹刀體也。』」今俗正呼刀峭。惡少有肚我刀峭之語，亦有謂刀柗、劒柗者。

履法謂之鞋楦。吁劵切。

案：《說文》木部：「楥，履法也。」段氏注：「今鞋店之楦也。」《玉篇》吁萬切。王懷祖云：「今人削木置履中以爲模範，謂之楥頭是也。」今土俗謂之鞋楥，楥讀若獻。

矩謂之曲尺。

案：《史記·禮書》索隱曰：「矩，曲尺也。」

牛鼻中環謂之牛鼻桊。居倦切。

案：《說文》木部：「桊，牛鼻中環也。」桊，土音讀若健。

棺謂之棺材。

案：《南史·齊宗室傳》：「始安王遥光勸上誅高武諸子孫，令大醫煮椒二斛，並命辦數十具棺材。」又《張敬兒傳》：「嘗爲吴泰家擔水，通其愛婢，事發將被泰殺，逃賣棺材中，以蓋加上乃免。」

插地起土之器謂之钁頭。

案：《說文》：「钁，大鉏也。」《淮南·精神》篇注：「钁，斫也。」郝蘭皋《爾雅·釋器》疏云：「今燕齊間，以插地起土者爲鐵鍬，登萊間謂之钁頭。」今州俗亦曰钁頭。

刈草之器謂之鐮。

案：《釋名·釋用器》：「鐮，廉也。體廉薄也，其所刈稍稍取之，又似廉者也。」

漬菜曰淹，漬肉亦曰腌。

案：《太平御覽》引《通俗文》云：「淹韭曰韲，淹薤曰䪢。」《廣雅》：「醃，葅也。」《玉篇》引《倉頡》云：「腌酢，淹肉也。」淹醃腌聲義並同。今土音以鹽淹菜、淹肉皆讀入聲。《廣韻》入聲三十三業：「腌，鹽漬魚也。於業切。」即今土音也。

伐樹曰倒樹，伐竹曰倒竹。

案：東坡《和子由園中草木》詩：「不如種叢篲，春種秋可倒。」是東坡亦以倒爲伐也。

受惠不能報曰手長衫袖短。

案：俗有手長衫袖短之語，亦古語也。古樂府《善哉行》：「自惜袖短，内手知寒。慚無靈輒，以報趙宣。」

鱅魚頭，鰱魚肚。

案：此州中諺語。謂鱅魚當食其頭，鰱魚當食其腹也。

八月蚊生牙，九月蚊生角。

案：此州中諺語。蚊至秋深，噆人最痛也。

猪來窮，狗來富，野猫來，著麻布。

此亦州中諺語。案婁氏《田家五行》云：「凡六畜自來，可占吉凶。諺云：『猪來窮，狗來富，猫兒來，開質庫。』」明江盈科《雪濤談叢》曰：「余邑諺云：『猪來窮來，狗來富來，猫來孝來。』故猪猫二物爲人所忌。博士張宗聖曰：『諺語正不爾，無足忌。窮家籬穿壁破，故猪來，非猪兆窮也。富家飲饌豐，遺骨多，故狗來，非狗兆富也。貧家多鼠蟲爲耗，故猫來，孝乃耗之訛，非猫能兆孝也。』」今州諺語與婁氏、江氏所録小異而大同，證之「著麻布」一語，則孝家之孝，又非耗之訛矣。

三月三日晴，簑衣笠麻可上棚；三月三日雨，簑衣笠麻壓欲死。

此亦州中田家諺語。按《玉芝堂談薈》述古諺有：「三月三日晴，桑上挂銀瓶；三月三日雨，桑葉無人取。」與此意同。

東睒西矆，湖洋副坼。

此亦州中田家諺語。案顧雲詩：「金蛇飛狀霍閃過，白日倒挂金繩長。」翟灝曰：「按《文選·海賦》『矆睒無度』注引《説文》：『矆，大視也。』『睒，暫視也。』俗狀電光之狀，本無定字，用『霍閃』似不若『矆睒』古雅。」

南睒三日，北睒對時。

諺語以此爲雨候。按楊愼《補占陰晴諺》詩：「電光分南北，陰霽在俄晷。」自注引諺云：

「南閃千年，北閃眼前。」與此不同。

立春落雨到清明，一日落雨一日晴。

未到驚蟄雷響先，四十五日烏暗天。

蚤雨晏晴。

夏至逢端午，賣男又賣女。分龍遇夏至，有秧不用蒔。四月無立夏，新米糶過老米價。

白露雨，有穀做摩即無也，土音讀無如摩米。白露晹，有穀摩倉裝。

冬至赤，禾苗入坑壢。冬至烏，禾苗出大埔。

兩春夾一冬，牛欄九箇空。此條與《月令廣義》同。

雲罩中秋月，雨打上元鐙。此條與《月令廣義》同。

以上俱諺語。

古人用物多取名於音近，如松之言容，柏之言迫，栗之言戰栗，見《公羊》文二年何邵公釋詁。桐之言痛，竹之言蹙，《白虎通》：「竹者，蹙也。」「桐者，痛也。」蓍之言耆，《白虎通》：「蓍之爲言耆也，久長意也。」棘之言急也，《素冠》詩傳：「棘，急也。」桑之言喪也，文二年《公羊傳》：「虞主用桑。」何休云：「用桑者，取其名與其麤觕，所以副孝子之心也。」今案取其名，謂桑木之名，音近乎喪。皆是也。今俗亦然，如嫁娶之用棗子，取其蚤子也。用蓮子，取其連子也。用柏葉，取其百年偕老也。用長命草，取其長命也。又有婦人女子尋常所用者，葱取其聰明也，蒜取其多筭也，芥土音讀如箇。芥菜謂之計菜取其多計也，芹取其勤也，又以采芹爲入學之兆，豆腐取其富也，猪紅取其紅也，鰱取其連捷也，蟹取其得解也，粽取其中也，鴨取其登甲也，今不異於古也。

仲和案：嘉應州及所屬興寧、長樂、平遠、鎮平四縣，并潮州府屬之大埔、豐順二縣，惠州府屬之永安、龍川、河源、連平、長寧、和平、歸善、博羅一州七縣，其土音大致皆可相通。然各因水土之異，聲音高下亦隨之而變，其間稱謂亦多所異同焉。廣州之人謂以上各州縣人爲客家，謂其話爲客話，由以上各州縣人，遷移他州縣者所在多有，大江以南各省皆占籍焉，而兩廣爲最多，土著皆以客稱之，以其皆客話也。

大埔林太僕達泉著《客説》，謂客家多中原衣冠之遺，或避漢末之亂，或隨東晉南宋渡江而來。凡膏腴之地先爲土著占據，故客家所居地多墝瘠，其語言多合中原之音韻。其説皆有所考據。然以余觀南宋王象之所著《輿地紀勝》一書，其所引《圖經》今已無傳，其於梅州引《圖經》有云：「郡土曠民惰，而業農者鮮，悉藉汀贛僑寓者耕焉。故人不患無田，而田每以工力不給廢。」由今言之，嘉應之爲州，山多田少，人不易得田，故多行賈於四方，與《圖經》之言正相反，安有不患無田之事哉？然由其説可以知南宋以前土著之少，而汀贛客民僑寓之多。故《太平寰宇記》載梅州户主一千二百一，客三百六十七；而《元豐九域志》載梅州户主五千八百二十四，客六千五百四十八。則是宋初至元豐不及百年，客户頓增數倍，而較之於主，且浮十之一二矣。據《宋史》言江西之虔州，地連廣南，而福建之汀州亦與虔接，虔鹽弗善，汀故不産鹽，二州民多盜販廣南鹽以射利。每歲秋冬，田事纔畢，恒數十百爲羣，持甲兵旗鼓往來虔、汀、漳、潮、循、梅、惠、廣八州之地。所至劫人穀帛，掠人婦女，與巡捕吏卒格鬭，或至殺傷，則起爲盜，依險阻要，捕不能得；或赦其罪招之，夫虔汀二州之往來廣南劫掠者，每歲如此。其時之民烏能安其生哉？重之以南宋虔賊陳三槍、周十隆等之亂民，愈不聊生。李忠定申督府密院相度措置虔州盜賊狀云：契勘虔賊，舊年止是冬月農隙之時，相率持仗往廣東販鹽圖利，後來暫次於循、梅等州村落間劫掠，巡尉不敢誰何，徒黨漸衆，遂犯州縣。以此觀之，户口之日凋耗自可想見。宜乎其時《圖經》有土曠、人不患無田之説也。至《元史·地理志》載梅州户僅二千四百七十八，口一萬四千八百六十五，主客之數已無可稽，而較之《九域志》所載主客户共一萬二千餘者，所存已不及十之二矣。故今之土著，多來自元末明初。以余耳目所接之人，詢其所自來，大抵多由汀州之寧化，其間亦有由贛州來者，其言語聲音皆與汀贛爲近。其傳次亦相上下，約在二十餘世之間。父老相傳皆云未有梅州，先有楊古卜。楊、卜二姓未知如何，詢之古姓，則在三十餘世、四十世之間。據《輿地紀勝》，古成之，河源人，而《梅州人物》又載古成之端拱改元成進士，今之古姓皆其裔孫。豈其先在河源，後遷梅州歟？然開寶四年，宋平嶺南已，以僞漢敬州犯翼祀諱改梅州，則不應未有梅州，先有古姓。今相傳云云，豈其先世嘗居梅州歟？要之皆在五代南漢之時。然則唐以前之土著，蓋無有存者矣。今所謂土著，既多由汀贛而來，其言語聲音又與相近，主客之名疑始於宋初户口册，故《寰宇記》《九域志》所載户皆分主客，而唐

《元和郡縣志》載開元元和之户，皆無主客之分。其後屢經喪亂，主愈弱，客愈强，至於元初，大抵無慮皆客。《元史》所載亦不分主客，疑其時客家之名已成無主之非客矣。特不知當時所謂主者，其土音有異於客否？而今則皆客話，人亦概視之爲客家，並無所謂主矣。

今所編方言，即客話也。仲和昔侍先師番禺陳京卿嘗謂之曰「嘉應之話多隋唐以前古音」，與林太僕所謂合中原之音韻者，隱相符契。故今編方言，以證明古音爲主，而古語之流傳，古義之相合者，亦一一證明之。昔鄭康成有云：「漢承秦焚書，口相傳授之者非一邦之人，人用其鄉，同言異字，同字異言，於兹遂生。」此可以知諸經之有方音矣。何休注《公羊》多明齊語，高誘注《淮南》亦詳楚言，而見於諸經者，如齊人言殷如衣，《禮記·中庸》注。稱裂爲殈，《樂記注疏》。謂萌爲蒙，《易·序卦傳》鄭注。謂得來爲登來。何休《公羊》注。秦人謂抌爲挑，《少牢饋食禮》注。謂摇爲猶，《禮記·檀弓》注。周人謂顨爲申，《檀弓》注。楚人謂陳爲陵，《檀弓》注。齊魯謂居爲姫，《檀弓》注。陳宋言桓如和，《漢書·傳》六十如淳注，《水經注》引古《尚書》「和夷底績」鄭注。周秦讀至爲實，《禮記·雜記》注。南陽名穿地爲竁，《周禮》鄭注。秦人呼卷爲委，齊人呼卷爲武，《雜記》注。此其文皆見《易》《書》《禮》《春秋傳》，而《詩》之十五《國風》又皆出於勞人思婦之作，不能無方音愈可知也。夫昔之傳經者，既以方音證經，則今考方音，自宜借經相證，其間相通者，蓋十之八九，以此愈足證明客家爲中原衣冠之遺，而其言語皆合中原之音韻。林太僕之説爲不誣，而先師所謂「多隋唐以前之古音」者，實有可徵也。其已見於所編者，今不復贅録，而有不可不證明者，今坿見於此焉。

如庚耕清部中之字，與真諄臻部近，人考古音者，固謂其不相通矣，今土音讀貞之與真、成之與臣、清之與親、苹之與蘋，皆不能別，而庚耕清部中之字多讀入真諄臻部中。據顧亭林所考，則自孔子傳《易》，平正皆從民字讀，成貞皆從人民臣字讀；至屈宋則《離騷》名從均字讀，《卜居》耕名生清楹皆從身字讀，《九辯》清平生聲鳴征成皆從人字讀。又謂天淵二字，古與真諄同韻者也，而《乾・彖傳》形成貞寧皆從天讀，《文言》正精情平皆從天讀，《訟・彖傳》成正皆從淵讀，《大畜・彖傳》正從賢天讀，以謂五方之音，雖聖人有不能改。然以余考之，則不止於此也。《周頌・賚》篇定命爲韻。《左傳》引《詩》「講事不令，集人來定」爲韻。《士冠禮》「以歲之正，以月之令」爲韻。又如《周頌・閔予小子》篇「嬛嬛在疚」〔一〕，《説文》及《匡衡傳》引皆作「煢煢」。《齊風》「子之還兮」，《地理志》引作「營」。《杕杜》「獨行睘睘」，釋文：「睘，本作煢。」《説文》「自營爲私」，《韓非子》作「自環」。《正月》「哀此惸獨」，釋文：「本又作煢。」《説文》「趨，獨行也」，亦云「讀若煢」。《江漢》「來旬來宣」，鄭箋：「旬，當作營。」《周官・均人》注旬讀如「𤲞𤲞原隰」之𤲞。《書・堯典》「平章」，《史記》作「便章」，《大傳》作「辯章」。皆耕清部與諄臻部相通之證。

〔一〕「嬛」後原衍「余」字。

又如兄字，古本讀如荒，如況。故《釋名》云：「兄，荒也。」《白虎通》云：「兄者，況也。」《大雅·柔桑》篇「倉兄填兮」，《召閔》篇「職兄斯引」，皆其證也。今土音讀作胸音，蓋兄與胸同曉母，爲雙聲字，故兄可轉爲胸。《大雅·皇矣》篇「帝謂文王，詢爾仇方，同爾兄弟」，《後漢·伏湛傳》引作「同爾弟兄」。顧亭林、段懋堂諸家皆謂兄與上王方韻，本無可疑，獨魏默深《詩古微》謂兄與下衝墉爲韻，以錢辛楣雙聲亦韻之説例之，未爲不可。如《太史公自序》：「武丁得説，乃稱高宗；帝辛湛湎，諸侯不享。」以享韻宗，疑於不合，不知享之本字當作亯，讀若庸。《説文》固可證太史公正讀享如亯也。《説文》：「亯，用也。从亯从自。自知臭香所食也。讀若庸。」自經典借享爲亯而亯字遂廢，音隨字移，太史公以享韻宗之迹亦晦矣。兄之有胸音，猶享之有庸音也。《淮南·齊俗》篇：「故四夷之禮不同，皆尊其主，而愛其親，敬其兄。」此兄可與同韻，安在不可與衝墉韻耶？此兄有胸音之證也。

又榮字，今土音讀作融。楊慎讀爲庸，以《越絶書》《淮南子》爲證，顧亭林《唐韻正》詆爲土音，然謂其非正韻可也，謂非合韻則不可。蓋榮與融皆喻母，爲雙聲字，故榮可讀爲融。今於楊氏二證外，又得《列子》一證。《湯問篇》云：「及秋而叩角弦以激夾鍾，温風徐迴，草木發榮。」是榮與鍾韻也。考榮之讀爲融，造字時本有此音。《説文》：「榮，桐木也。从木熒省。」「桐，榮也。从木同聲。」案熒从冂焱聲，焱有炎上之義。《書》：「毋若火，始焰焰。」梅福上書引作「庸庸」，庸即融之借字。《説文》：「融，炊气上出也。从鬲，蟲省聲。」炊气上出，正是炎上之義。《爾雅》：「華、荂，榮也。」凡華之立起皆謂榮，而梧桐之華尤叢聚而向上，故曰：「榮，桐木也。」「桐，榮也。」炊气上出爲融，華之上出爲榮，屋四角上出亦爲榮。《禮經》「洗當東榮」是也。同此上出，音隨義轉，故榮可有融音。顧氏泥於一字一音，遇有不同，即以方音言之，未爲通論也。此榮有融音之證也。

又土音讀朱與州周舟同。今案《論語》釋文曰：「朱張，鄭作侏張。」鄭注《周禮·甸祝》云：「禂讀如伏誅之誅，今侏大字也。」《尚書》曰：「辟雍侜張。」《爾雅·釋訓》：「侜張，誑也。」郭注引《書》曰：「無或侜張爲幻。」今本作譸，本訓詶，此假借字，正字作侜。《爾雅》釋文載或本作侜，亦作倜。《孟子》「華周」，《漢書·人表》作「華州」，蓋古音朱讀如州，在段氏第四部。《禮記·檀弓》「公叔木」鄭注：「木當爲朱。」《春秋》作「戍」。古音讀如獸，同在第四部。此土音合於隋唐以前古音之證也。

又如黄王二字，土音不分。據黄香鐵引《猗覺寮雜記》：「黄王不分，江南之音也，嶺外尤甚。柳子厚《黄溪記》神王姓，黄與王聲相邇[一]，以此考之，自唐以來已然。」仲和案：《晉書·五行志》：「太元末京口謡：『黄雌鷄，莫作雄父啼。』」以爲王恭起兵之應。以黄雌鷄比王恭，亦王黄相同之證，則在唐以前已然矣。

[一] 邇：原誤作「通」，據《猗覺寮雜記》改。

又土音讀書如收。案韓昌黎《河南府法曹參軍盧府君夫人苗氏墓志銘》：「伊昔淑哲，或圖或書。嗟咨夫人，孰與爲儔。刻銘置墓，以贊碩休。」書與儔休爲韻。而《左傳》：「唯其儒書，以爲二國憂。」書憂爲韻，已遠在其先矣。

又如承之與誠，音本不同，今土音讀承如誠，此亦唐末五代之音也。《通鑑·後梁紀》胡三省注云：「梁改翰林承旨爲翰林奉旨，以廟諱承，避嫌諱也。」然承與誠字各自翻切不同，則當時讀承如誠可證矣。

又如高字，近城皆讀如臯，松口堡則讀如歌。案曾慥《類記》引《古今詞話》曰：「真宗朝，試『天德清明賦』，有閩士破題云：『天道如何，仰之彌高。』會試官亦閩人，遂中選。」此松口近汀州之上杭，讀高如歌，兼有閩音之證。

舊志無方言，此篇爲特創，前無所因，惟黄香鐵《石窟一徵》有方言一門。鎮平本州地分建，其聲音皆同，然其旨不以古音爲主。今酌擇可用者入之，其他服物、器用、鳥獸、草木、蟲魚之名，多因時因地而異，今皆略之。編已成，爲述所以編之意，俾覽之者知客話源流之所自焉。

〔道光〕石窟一徵

【解題】又題《鎮平縣志》。黄釗纂。道光元年（一八二一）修。鎮平縣，今廣東省梅州市蕉嶺縣。「方言」見卷七、卷八。有同治二年（一八六三）刻本、光緒六年（一八八〇）重刻本、光緒二十五年（一八九九）補版重印本。録文據光緒二十五年重印本《石窟一徵》。

卷七　方言

居住曰㝡。或謂宅字之轉音。按《類篇》：「得實曰㝡。」《釋名》：「室，實也。人物實滿其中也。」以「得實曰㝡」之義參之，則㝡字亦通。又物不能脱亦曰㝡，蓋㝡兼有深入之義，物不能得脱，其深入也可知矣。

正室謂之廳廈。廣廈大室也。房謂之間。以間數得名也。闊而高者謂之樓，狹而矮者謂之棚。四面有廡可通者，曰走馬樓。按宋建隆三年重修東京大内後苑，苑有走馬樓。今市肆所賣走馬燈，亦以其周圍可旋轉也。椽謂之木桁。榱謂之桷。屋頂謂之棟。宗廇謂之梁。檐謂之廁，亦謂簷。亦謂之滴水簷，言水所從滴也。屋上薄謂之笵。廊下謂之廁。

門扇謂之闔，又謂之門扇闔。門閂關謂之閂，亦謂之閈。閂，讀如拴。閈，讀如鼎。

圊曰糞寮。以非止掘坑盛穢，且堆積肥田之糞，故謂之寮。

隄曰坑工。按《爾雅·釋詁》：「阬阬，虚也。」注：「阬，阬塹也。」《史記·秦紀》：「塹河旁。」則阬塹有河旁之義。又《高祖本紀》：「深塹而守。」則阬塹又有隄防之義。阬工，猶言隄工也。以其爲人力所築，故曰阬工也。

書塾曰學堂。《郡國志》：「王屋縣有孔子學堂。」《史記索隱》：「同州河西縣有子夏石室學堂。」《九域志》：「兖州有孔子學堂。」又《唐志》：「益州文翁有《學堂圖》一卷。」

女牆環堞曰棗子眼。當是「垛子眼」之訛。

斷牲體骨曰倫。劈曰剕。細切曰剩。按，《集韻》：「剩，本作牒，薄切肉也。」又《玉篇》仕錯切，解謂「草刀」。

以劈爲剿〔一〕，尚爲近之。剿爲細切本義。至倫字頗無可考。惟《儀禮・少牢饋食》「雍人倫膚九，實于一鼎」鄭注：「倫，擇也。」亦無斫斷之義。或誤解「倫膚九」爲斫斷其膚爲九歟？

物破裂曰偪，亦曰偪坼。或謂即《大雅》「厥初生民」章「不坼不副」注謂「副」「坼」皆裂也。愚謂就副坼而論，應從生民章副坼二字。但似破裂而論，應從《考工記・旊人》「凡陶旊之事，髻墾薜暴不入市」。薜，卜草反。暴，蒲到反。鄭康成注：「薜，破裂也。暴，墳起不堅致也。」則辟裂暴起其爲此二字無疑。俗語亦謂墳起爲暴，其破裂者亦謂之暴。則以《旊人》薜暴二字連讀而誤者也。

以手撚物曰搦，按亦曰搦。按《樂府》有《捉搦歌》，讀挐字入聲。以指按物曰扻。字書音唧，摘也，或作攕。指甲掐物曰抐。手搏物曰抓。音查。爪傷人曰批。兹。手掣物曰捽。撮。手折物曰拗。手搓物曰挪。手腳好動曰耗挫。手捻物曰捏。手磨物曰捘。皺去聲。手護物曰揞。手推物曰挩。《六書故》〔二〕：「擭，或作挩。」以指入物曰掩。以手擘物曰畫。以手擲物曰撆。讀會入聲。以物予人曰拼。以物擊物曰捶。以手捽物曰拼。以手捧物曰綴，相掽曰搕。以手把物曰挌。以物敵擊曰摧。以繩繫物曰絇。《爾雅・釋言》：「絇，絞也。」《豳風》「宵爾索絇」箋：「夜作絞索，以待時用。」則絇字義固當活用也。以繩套物曰緆。《集韻》：「緆，以索罥物也。」緆音榻，土音稍轉。掘發土中之物曰改。按《五經文字》〔三〕：「改，從戊己之己。」戊己，土也。從攴，攴，《唐韻》音撲。《說文》：「小擊也。」則擊土而出，固改字之本義也。

〔一〕剿：原誤作「㯞」。
〔二〕書：原誤作「者」。
〔三〕字：原脱。

食物腐敗曰糜。蓋本《孟子》「糜爛其民」之義。服物朽敗曰黦。黦，讀紆物切。周處《風土記》：「梅雨霑衣服，皆敗黦。」《廣韻》：「黦，色坏也。」《集韻》：「黦，色變也。」今謂草木朽敗曰黦。又物久沾漬于濕處曰黯。黯而敗焉，謂之黯黦。按《顏氏家訓》，黯，重沓，是多饒積厚之意，顧野王《玉篇》誤爲黑旁。

恰好曰及。按胡澹庵《經筵玉音問答》：「上舉所著皂羅鞋謂予曰：朕此鞋，原是皇后做與大上皇著者，覺稍短，朕著得及則。」及字彼時已有，及則者，即俗語謂鞋之及腳者也。

過曰過滘。按屈大均引《蜑語謠》：「清河綰髻春意鬧，三十不嫁隨意樂。江行水宿寄此生，搖櫓唱歌槳過滘。」雙關語，絶似古樂府《竹枝》。然滘字本義究不知何字，大均謂「滘者，覺也」，亦欠分曉。

熱鬧曰攘。

輕賤曰蔑。音如襪。

物到手曰倒。

新異曰別。

物價遠隔曰懸。談論虛闊曰玄。

憐愛曰惜。喜樂曰興。上聲。憂悶曰切。切，戚也。

巡視曰邏。探望遊觀亦曰邏。俗以至田中看溝水及禾苗曰邏田、邏水、邏禾。按陳白沙詩「邏苗遠峙夕，濯足荒溝寒」者即此謂。又姻婭友朋約相過亦曰來邏。女子出嫁，月内母至壻家視親，曰邏滿月，亦曰邏月。又女子年節以酒肉歸寧，亦謂之邏年、邏節。又山水佳勝之處，初探其境亦曰邏。按邏字，《説文》「巡也」，《玉篇》「遊兵也」，《正韻》「遊偵也」。以其有巡之義而爲邏田之邏，有遊之義而爲邏景之邏，有偵之義而爲邏月、邏年、邏節之邏。按之土音似鋝字平聲，然亦近羅字，但羅字卷舌呼，此則張口呼耳。

探刺曰覷，亦曰步。按《猗覺寮雜記》：「京師以探刺者爲覷步。唐有此語：『强梁御史人覷步，安得夜開沽酒户。』」土語覷、步二字多不連用，言覷不言步，言步不言覷。兩字義亦分輕重，覷字只尋常窺看，步字則施之於偵伺姦盜矣。按步亦作伏，扶富切。《左傳》斐豹殺督戎，「踰隱而待之」，注：「隱，伏也。言伏而殺之也。」

捩轉曰佛。《曲禮》「獻鳥者佛其首」注：「捩，轉也。」

相較曰程，亦曰品。《說文》：「程，品也。」

縫紉曰敹。本《費誓》「善敹乃甲胄」。屈大均謂「細者曰縫，粗曰敹。著裡曰縫，著邊曰敹」是也。

無倚藉而敢爲曰僄。《說文》：「僄，俠也。」徐鍇引《史記》「郭解爲俠自喜」，自僄之意也。

作事輭弱曰飴。厚强而不斷截曰餳麻餹。按《急就章注》：「輭弱者爲飴，言其形怡怡然也。厚强者爲餳，餳之爲言洋也，取其洋洋然也。」

肉變味曰朽。按《列子》稱逢氏子有迷罔之疾，視白以爲黑，饗香以爲朽。錢辛楣謂古人香與朽對。取其相反，以臭與香對，蓋始于《廣雅》。則朽字之義爲古也。

肉大切爲塊，細切爲線。按《內則》：「大者爲膾，細者爲軒。」塊，膾之訛。線，軒之訛也。軒音憲，即餡也。

養曰供。讀恭去聲。生子曰供，飼畜産亦曰供。蓋以供、養二字混而爲一也。

附近曰左右。按《梁書・扶南傳》：「左近人剥取樹皮織布。」二字本此。

共爨曰共火。按《唐書・兵志》：「十人爲火，火有長。」

渫水曰戽水。戽音户。《廣韻》：「抒也。」本作滬。又云：「戽斗，舟中渫水器也。」

生醭曰上白。味變而霉曰臭醭。按《廣韻》：「醋生白醭。」《集韻》：「酒上白。」醭，普木切〔一〕，土音讀爲普。

約略曰打莫。讀作貌。按周櫟園《閩小紀》：「閩種荔枝、龍眼家，多不自采，吴越賈人，春時即入貲，估計其園。吴越曰斷，閩人曰模。」今吾鄉曰莫，亦此義。莫，猶言約莫也。亦有作母字音，讀平，猶言摸也。又曰摸約，忖度之詞也。

潦草曰老草。按張端義《貴耳集》：「嵩山峻極，法堂壁上有詩曰：『一團茅草亂蓬蓬，驀地燒天驀地紅。争似滿爐煨榾柮，慢騰騰地煖烘烘。』字畫老草，旁有四字：『勿毁此詩。』」〔二〕則宋人固以潦草爲老草矣。

遇事操心曰勞勑。勞勑二字見《字林》，勑音賴，土音讀如辣。

小兒能事曰岐嶷。岐，音同屐。嶷，本音逆。本《詩》「克岐克嶷」。

貨物不真實曰假沽。按《通雅》：「今京師言行濫物曰假沽。」沽，讀同椵。

内潰曰内訌。讀作貢。《詩》「蟊賊内訌」、《唐書·郭子儀》贊「外阻内訌」，即此。

官府以銀鐺繫人曰墩。按陸次雲《峒溪纖志》：「苗人掠得漢人，藏之峒内，恐其逃逸，以不靴着之而不鎖〔三〕，使之終身莫出。注：不，音墩。」則墩當作不也。又俗字，物之脱者甩，倫粒切。

摇船曰槳。按《韻釋》：「前推曰槳，卻曳曰櫂。」則槳櫂二字，皆可活用也。

茶湯淘飯曰湤。按《集韻》湤，披教切。《清波雜志》：「高宗躬行儉德。舉：向自相州渡大河，荒野中寒甚，燒柴，

〔一〕木：原誤作「本」，據《廣韻》《集韻》改。
〔二〕詩：原作「字」，據《貴耳集》改。
〔三〕不：原誤作「木」。

借半破瓷盂温湯以淬飯，茅檐下與汪伯彦同食。」即此。

事既發不可復收曰落槽。水自上而下曰槽落。按黄徹《䂬溪詩話》：「江漢有滸，以扞制泛濫，大漲則溢于平陸，水退滸見，舟人謂之水落槽。」落槽及槽落二字，皆從此生出。

水底撈物曰氼。氼音魅。見《嶺外代答・俗字》「言没人在水下」。泅字亦有作氽字者，則人浮於水面也。

緩火煮物曰文。蓋即文火、武火之謂。火有文武，水有死活。

以火入水曰焠。《史記・天官書》：「火與水合爲焠。」

滅曰黫〔一〕。亦本《天官書》「黫然黑色」注：「黫，音烏。」

作事大張聲勢曰澎湃。《玉篇》：「澎湃，水勢。」司馬相如《上林賦》：「洶涌澎湃。」又以多人往來不絶爲撈拔。撈拔者，澎湃轉音。

忖度曰脉。猶醫之診脉也。相避曰閃。閃猶躲也。《遼史・西夏傳》所謂閃病即此義。避客亦曰閃客。

作麽事曰作麽箇，亦曰作箇。按李太白《江夏行》「未知行李游何方，作箇音書能斷絶」，作箇，猶言何爲也。

物過火曰⿰火賴。音辣，《廣韻》：「火之毒貌。」

事敗曰黦，人無用亦曰黦。

病相傳侵曰⿺走帶。讀作滯，蓋音之訛也。

〔一〕黫：原作「⿰黑票」，據《天官書》改。本條同。

病有所觸犯曰犸。即犯字讀平。《説文》：「犸，侵也。」〔一〕

事不吉利曰怯。怯，猶衰也。亦曰衰氣，亦曰怯氣。按《古今樂録》：「隋文帝取律吕，實葭灰以候氣，問牛宏，對曰：灰飛半出爲和氣，全出爲猛氣，不出爲衰氣。」衰即怯也，不能振起之謂也。今俗則以不吉利爲衰、爲怯矣。

無曰毛。《後漢・馮衍傳》：「饑者毛食。」謂無食也。《五代史》：「黄幡綽賜緋毛魚袋。」毛謂無也。趙甌北《陔餘叢考》引《佩觿集》「河朔人謂無曰毛」〔二〕。則亦不獨吾鄉爲然也。

男女之有私曰同。按《山海經》「伯陵同吴權之妻阿女緣婦」，注：「同，猶通，言淫之也。」則同字亦古義。

向借曰生，出借曰放。俗書券以生字代借字。按宋永亨《搜採異聞集》：「今富人出本錢以規利入，俗謂之放債，又名生放。」放字，本顔師古《漢書・谷永傳》注。生字，始見於此。

婦人分娩曰輕。輕者，重之對也。婦人懷姙若負重然，至分娩之後如釋重負，故曰輕也。

淫蕩曰姣。《左傳》襄公九年：「穆姜曰：棄位而姣，不可謂貞。」姣即淫也。音肴，從正音讀。

嬉頑曰作劇。按《海黎志》：「春則鞦韆會，鄰峒男女，粧飾來遊，攜手並肩，互歌相答，名曰作劇。」劇字，本《古樂府》「折花門前劇」，亦古。

閉目曰瞸。張口曰呫。傾耳曰覺。仰鼻曰鼿。

以鼻齅物曰鼻。按耳其名，目其人，皆作虚字用。則鼻亦可作活字用也。張衡《西京賦》：「鼻赤象。」鼻字亦作活

〔一〕 侵：原誤作「侯」，據《説文解字》改。

〔二〕 佩：原誤作「風」。

字用，但彼謂穿獸之鼻爲鼻耳。又鼻齈亦曰鼻，涕之轉也。

頤下謂之頦。牙根謂之齦。頸謂之頸莖。《説文》：「頭莖也。」

强項曰硬頸。亦見《廣東筆記》。又按《吴都圖經續記》：「章岵守蘇州，人目爲章硬頸。」則硬頸二字，吴人亦言之。

牙齦之腔謂之牙骹。《周禮・考工》注：「近牙者曰骹。」牙骹二字本此。

臂曰臂，腿亦曰臂。按《廣東筆記》：「腿曰屬，髀也。」則腳臂之臂，當是屬字。

肥曰妠。《集韻》：「妠，小兒肥貌。」或作肭，義通。初生肥嫩曰苿蕁。本《西京賦》「苿蕁蓬茸」。土音曰苿笋，言植物也。

傾側其頭曰奊〔一〕。《説文》：「奊，頭傾也。讀若孑。」

腿麻曰腳痺。《説文》：「痺，足氣不至也。」徐鍇按曰：「今人言久坐則足痺也。《高士傳》曰：『晉侯與亥唐坐，痺，不敢壞坐也。』」

足踐曰跐。音采。《吴都賦》：「抗足以跐之。」

膽大曰石膽。按《玉洞要訣》「石膽，陽石也。形如琴瑟，其性流通，精感入石，能化五金，變化無窮無大」之説，疑石膽之爲大膽，當謂其膽之堅如石而不能破也。

耳曰耳公。鼻曰鼻公。舌曰舌嬤。乳曰乳姑。按一體之中，强分男女，殊不可解。疑現于外者爲陽，故屬男子之稱。隱於内者爲陰，故屬婦人之稱。耳鼻兩物當陽者也，故以公稱之。舌雖在首，然藏于華池之内，且有津液，自應

〔一〕奊：原作「宴」，據《説文解字》改。本條同。

屬婦人之稱，又以其偶爾露，故稱之爲嬷。嬷，中年以上之婦人也。乳雖有突起之勢，然深藏腹室，如小姑之處幽閨，人莫能竊見，此其所爲姑也。至於眼口，乃界于不藏不露之間，難以陰陽專屬。自臍以下無譏焉。

眼淚謂之目汁。汗粒謂之汗卵。頭謂之頭那。那，腦也。背謂之背囊。囊，梁也。

腎曰核。小兒之陰曰朘。子回切，《説文》〔一〕：「赤子陰也。」

手足凍曰僵。音同官音家字，蓋沿官音之僵字而稍轉爲張口呼也。

臀曰矢脜。音吻。

腰際曰膁，亦曰膁腎。《廣韻》膁音嗛，「腰左右虚肉處」。《集韻》音邱咸切，謂「牛馬肋後胯前」。《正字通》：「凡畜腰後窊處曰膁窩。」

開頤擘百頜，言呵欠也。

鬼祟曰拉颯。按《輿地紀勝》：「潮陽縣靈山院有毛拉颯者，身面俱毛，本漳州三平山之神也。凡僧之不律與館于寺而輒擾者，必蒙擊治。」據此，則拉颯並非鬼祟。疑俗所謂拉颯，乃不潔之謂也。

不循理曰蠻，遲緩亦曰蠻。婦人懷妊至十月猶必遲至足月者，皆謂之蠻。按《風俗通》：「蠻，慢也。」則蠻本義故作慢也。

凶横無賴曰爛。爛子曰爛崽。按《水經注》：「孌童丱女，弱年崽子。」土語以婦人最無行曰爛。是爛與崽皆汙穢不齒之稱，非豪横不軌之稱也。

〔一〕文：原脱。

無恥曰有相，猶言靦然，人面也。又曰癩面。疑即懶面之訛。《坤輿外紀》：「蘇木國一獸名懶面，爪如人指，鬃如馬〔一〕，腹垂着地不能行，盡一月不踰百步。喜食樹葉，緣樹取之，亦須兩日，下樹亦然。」按懶面二字，婦人多以詈女子及媳婦，大約好食懶做不愛體面之說。

畏葸曰朒縮。《漢書·五行志》作「縮朒」。按《說文》：「朔而月見東方，謂之縮朒。」徐云：「行太疾也。」愚謂月始生，魄光若畏人，故謂之縮朒，言畏縮也。《明史·秦良玉傳》：「贊：秦良玉一土舍婦人，提兵裹糧，崎嶇轉鬥，其急公赴義有足多者。彼仗鉞臨戎縮朒觀望者，視此能無愧乎！」此以畏葸爲縮朒也。

舒遲曰朐䏰。音如問俊二字。按朐䏰，蟲名。《漢·地理志》有朐䏰縣。楊用修謂夔州地多此蟲，故以爲名。

柔善曰鱔。恃蠻曰鰻。鱔之爲言善也，鰻之爲言蠻也。

心有所疑曰疑狐。當即狐疑二字倒用之也。或曰疑惑之轉音也。

有力曰驍。恃强曰橫。尖利曰峭。無用曰䫉。䫉，爛之匹也。

騙人曰獺人。俗稱騙人曰獺人。按《淮南子·兵略訓》：「畜池魚者，必去猵獺。」《說文》：「獺，如小狗，水居食魚。猵屬也。」然則騙即猵也。獺即猵之類也。獺音撻，俗讀作擦入〔二〕，紿字之轉音也。

偷人曰蛤人。婦人偷漢曰蛤人，蓋紿字之訛。《廣韻》姶，烏合切，猶野合也。烏合二字叶而爲姶字也。

好外飾曰雀，務淫佚亦曰雀。按《埤雅》：「雀，頭如顆蒜，目如擘椒，物之淫者。」土語以此鳥狀此等人，可謂品肖。

〔一〕馬：原誤作「鳥」。

〔二〕擦：光緒《嘉應州志》引作「泰」。

逐臭曰臊。按《説文》：「臊，豕膏臭也。」《韻會》：「一曰犬臊也。」《易林》：「東家殺牛，其臭腥臊。」然則臊，牛臭也。俗以野合者爲牛，故又謂之臊牯也。其無恥者自稱曰臊。

婦孺不畏人曰生豺。按《山堂肆考》：「史云豺見虎睡則繞而溺之。」夫婦孺之當畏人，猶豺之當畏虎也。乃竟不畏，是猶繞而溺之也。狎侮大人，於斯爲甚，故謂之生豺也。

蓬首好笑曰人熊。按《爾雅翼》人熊即魋，屈大均謂即狒狒，「多力好笑」。土語以蓬首好笑者，戲呼爲人熊，蓋取其形似也。

同姓相姦曰牛。按十二肖中牛屬丑，丑與醜同音，當取《牆有茨》中篝之醜爲言〔一〕，不然禽獸行比類多矣，何獨于桃林班特處士被此惡名歟？

閨中簸弄曰鬼蠱。按屈大均《新語》：「粵東諸山縣，人雜猺蠻，亦往往下蠱。有挑生鬼者，能於權量間，出則使輕而少，入則使重而多，以害商旅。亦蠱之屬，蓋鬼而蠱者也。」鬼蠱二字，當是此義。

嬾惰曰嬾豨。蓋以豪猪爲嬾。婦因其嬾，即以嬾豨名之也。或曰嬾尸。此尸位素餐之尸，言其嬾惰尸居，毫無所事也。

駭畏曰驚鹿。按《埤雅》：「麕鹿皆健駭，而麞性膽尤怯，顧水見影輒奔。」《道書》曰：「麞鹿無魂。」又曰麞鹿「白膽善怖」。驚鹿者，謂驚怖如鹿也。

儘撞曰信天。按《丹鉛總録》：「信天翁，鳥名。」李時珍《本草》：「信天緑，一名青莊。」青莊、儘撞音相類。此儘撞

〔一〕有：原脱，據《詩經》補。

之所以爲信天也歟？

嬰兒曰赤蝦。按《香山志》：「壽星塘山水幽勝，疇昔人迹罕到。有物曰赤蝦子，狀如嬰兒而絶小，呼笑之聲亦酷肖嬰兒。自樹杪羣相牽挂而下，甫至地而滅，或疑爲仙。」黄文裕公曰：「是土石之怪，魍魎之類耳。」赤蝦子爲嬰兒，蓋沿此。

往來倏忽曰馬騮精。能迷人婦女亦曰馬騮精。按《潮州志》：「先時有人傳一札云：『有鬼物奔騰，附木而行，曰馬騮精，所到必有大殃，宜爲符咒以禳之。』俄而果有燐火夜飛入人家，變爲人形，或化狐犬之類，迷婦女經宿不甦，有至死者。每日暮，家家婦女向室中坐，婦人環守之，金鼓之聲達旦。遇有火星將生，竹枝及桃枝亂擊之，其火立焠，散作百數千火，久之乃滅。此蓋前明嘉靖及崇禎年間事，國朝再見。故至今以名惡少也。」按《野獲編》所紀正德七年六月黑眚見於河間、順德及涿州事，與此怪相類。

蕩子風騷曰沙柳。按《肇慶志》：「沙柳，蟲名，腹中絲可縫葵扇。」周去非《嶺外代答》：「廣西楓葉初生，上多食葉之蟲，似蠶而赤黑色。四月五月，蟲腹明如蠶之熟，廣州人取之，以釅醋浸而擘取其絲。就醋中引之，一蟲可得絲長六七尺，光明如煮，成弓琴之弦，以之繫弓刀、紈扇，固且佳。」夫絲之爲言思也，情絲不斷，故柔韌善纏物，又含醋意，而其絲益出。然則沙柳，固情蟲也。

帷薄不脩曰紙糊頭。按紙糊頭乃只俯頭之訛。蓋言龜也。《爾雅》「龜俯者靈」疏謂行時低頭。蓋無氣之男子無不低頭，故言只俯頭也。或以爲緑頭巾之説，俟博雅者辨之。

笨伯曰土苞，亦曰屎苞。按《古今注》：「蜣螂，能以土苞屎。」曰土苞，曰屎苞，皆蜣螂之謂也。俗呼蜣螂爲搶屎公。笨與搶同音。

畫狀曰畫蛇。行賕曰行龍，亦曰進水。蛇，螣蛇，能吐霧以蔽天曰者也，亦能齧人，且毒甚，故名。畫者，畫於紙上也。龍，神物，能屈伸變化，人莫能測其所用者也。水，泉也。泉，錢也。白水真人之妙用也。

訟師曰蛇師，操是業者曰食蛇飯。按《蛇譜》：「滇南有王蛇，常隱不見，不害人物，以蛇爲飯。」今之蛇師能若是乎？

細事作狀曰鴨母狀。鴨母狀者，鄉里細事，動煩執筆，以一鴨酬之而已。母，土音讀如嬷。

船户盜鹽曰捉鹽蟲。船户領載篗鹽，至下垻，往往偷盜鹽斤，謂之捉鹽蟲。按《酉陽雜俎》：「有一種大而黑者，聲亦呼唧唧〔一〕，俗呼爲没鹽蟲。」鹽蟲之説，毋亦没鹽之義歟？

騙錢曰打斧頭，亦曰打瓜精。俗以代人市物落錢曰斫錢，又曰打斧頭。斧，斫也。斫錢如之何？非斧不克。故曰打斧頭也。

騙物曰撮。按撮當作最。《説文》：「最，犯而取也，從冃從取。」亦冒取之義也。

局騙曰牽菜牛。局詐曰打社官。菜牛，屠牛也，言置之砧几上也。按《三才圖會》：「食犬，猶今之菜牛也。」謂可以當菜食者也。

人之好諛者曰沙鼻牛。謂稍馴擾之，即毛孔開，張其鼻，可立牽也。

癡曰鶨。按《爾雅·釋鳥》：「鶨，鵙老。」郭注：「鴮鶨也，俗呼爲癡鳥。」今謂癡曰鶨，即此義也。鶨音象。

再醮婦曰馬頭婚。按馬頭婚，當是駕過之義。嫁與駕同音。《學記》：「始駕馬者反之，車在馬前。」疏謂：「馬子始學駕車之時，大馬駕在車前，將馬子繫隨車後而行，故云反之。」馬子是未經駕者，如女子之未曾嫁者也。大馬駕在車前，則已經駕過者也。在車前則當頭，可知馬頭婚言已經駕過，且有駕輕就熟之義。又再醮，離前夫家出着屐上轎，不許着鞋。蓋

〔一〕唧唧：《酉陽雜俎》作「唧聊」。

以其永離此土之義也。

罪惡貫盈曰天倉滿。按《星經》：「天倉六星，在婁南，倉穀所藏也。」此云天者，蓋善不積不足以成名，惡不積不足以滅身。積善積惡，雖人自積，而司之者天也。天司之以待其積之盈，則所以儲其積者倉也。惡盈而後降之罰，故曰天倉滿也。積善不言天倉滿者，善量無窮，恐人自滿而懈于積也。彼受天百禄而俾爾戩穀者，非己之自積，而天即以是貺之歟？《詩》曰：「君子有穀，貽孫子。」《爾雅》訓穀爲善，固亦有倉之義也已。

好漁色曰沙。或曰沙有漁之義焉，余謂騬者牛、沙者獺，皆淫獸也。

諛人曰蠟。言猶蜜蠟，然以言餂之之謂也。蠟非甜，乃甜者之渣滓也。

事發露曰豹，亦曰變豹。豹隱於霧中則不見，發露則見矣，故曰豹，又曰變豹也。或曰暴，謂毁敗坼裂也。

白丁謂之白役。按白役二字見《周禮疏》「漢承周後，皆四時入其數，今時白役簿皆在于冬」，此二字所本。

鉅富謂之萬户。按明洪武初，每縣分人爲哥、畸、郎、官、秀五等。家給户由一紙，哥最下，秀最上。每等又各有等。鉅富者，謂之萬户，曰秀。萬户二字蓋沿此。

富曰發。土音讀作褒字入聲，如官音之讀撥。童子初發身，亦謂之發，音同。

貧曰括。土音讀作平聲，言空諸所有也。

揖曰唱喏。喏，土音讀如也。

和尚曰禾上。按此大有意義。蓋禿字，禾在上也。《説文》：「禿，無髪也。王育説：『倉頡出，見禿人伏禾中，因以製字。』」又徐鍇曰：「言禿人，髮不纖長，若禾稼也。」則和尚之應呼爲禾上，不爲無據。疑當日本名禾上，而禿輩自以爲和尚也。觀陶宗儀《古刻叢抄・唐故鳳光寺俊禪和上之墓銘》稱爲和上可見。

軍功賞給頂帶曰功加。按殷化行《西征紀略》〔一〕：「他若功加，隨征官及掾吏僕役又數百人爲中軍營。」功加二字見此。

擔夫謂之脚子，亦謂之脚。擔炭曰炭脚。擔鹽曰鹽脚。趁墟擔貨曰墟脚。

姪曰孫子。俗老嫗呼姪輩多曰孫子。按《雲溪友議》：「李元將嘗寓江都，李公紳羈旅之年〔二〕，每止元將之館而叔呼焉〔三〕。榮達之後，元將稱弟稱侄皆不悦也，及爲孫子方似相容。時人相爲語曰：李公宗叔，翻爲孫子。」則孫子當是姪孫之稱。

曾孫曰塞子。屈大均謂：「廣州人呼曾孫爲塞，其實係息字。」《尸子》：「棄黎老之言，用姑息之語。」注：「姑，婦也。息，小兒也。」曾孫最小，故以息爲名。又《釋名》：「息，塞也，滿也。」至曾孫，則生齒繁矣，言塞滿門户也。

母曰⿴囗乳子，⿴囗乳讀如哀。按⿴囗乳，嬭字古文。《博雅》：「母也。楚人呼母曰嬭。」音奶。哀，奶之轉音也。亦曰阿乳。呼母曰乳，乳讀能去聲。乳字亦從⿴囗乳字生出。

産婦曰月婆。言一月之内，紅潮不斷也。俗以天癸水到爲行月，故云。《神仙服食經》：「婦人十五已上，下爲月客，有身，月客絶，上爲乳汁。」又《易·説卦》：「坎爲水，爲月。」月，大陰之精也，三十日一周，與此相應故也。

大公曰阿公。大母曰阿婆。按宋何偃呼顔延之爲顔公。延之曰：「非君家阿公，何以見呼？」阿公二字本此。《漢高祖紀》「武負」注：「俗呼老大母爲阿負。」阿婆之轉音也。

媳曰心舅。按連平州人呼爲心鋪，廣州人呼爲心抱，要皆新婦二字之轉音也。仙根鍾氏謂薪臼二字，爲是言其操井

〔一〕西：原誤作「四」。

〔二〕年：原誤作「作」。據《雲溪友議》改。

〔三〕止：原誤作「上」。據《雲溪友議》改。

臼薪水之勞也。

胞伯曰血伯。胞叔曰血叔。按吴曾《能改齋漫録》：「王師下蜀時，護送孟昶血屬輜重之衆，百里不絶。」血屬即親屬也，血字當從此生出。

子女之最小者曰滿子。按何光遠《鑒誡録》：「陳裕詩：『滿子面甜糖脆餅，蕭娘身瘦鬼嫦娥。怪來唤作渾家樂，骨子猫兒盡唱歌。』玩詩意，滿子是謂其子女，蕭娘是謂其妻妾。則以稚子爲滿子，自五代時已然。」

愛子曰吾子。吾，土音讀如厓，又讀爲牙。讀如厓則云吾也，讀爲牙則云我也，亦微有辨，以吾字《廣韻》五加切，《集韻》牛加切，並音牙。按《風詩・騶虞》「騶牙」「騶吾」並同。《漢書・地理志》「金城郡允吾」，應劭曰：「允吾，音鉛牙。」〔一〕今俗婦人愛憐少子曰吾子，音讀如厓。按《管子・海王》篇「吾子食鹽二升少半」注：「吾子謂小男小女也。」音亦從牙。厓牙音亦相近。

自稱曰吾。音同牙。稱人曰若。音同惹。按若字《廣韻》人者切，又人賒切，皆古音也。又稱人亦曰渠。

妾曰阿姆支。俗呼妾爲阿姆支，輕賤之詞也。按陸放翁著《家世舊聞》有云「杜支婆」者，其自注云：「先世以來，於諸庶母皆稱支婆。」蓋謂支庶之支也。今俗詈婦人女子多曰支，亦以支庶非正室，賤之之詞也。

赤子曰𣩉𣦶。見字書「吴人謂赤子爲𣩉𣦶」。

妻曰輔娘。言相輔以成家也。或疑婆娘之轉音。今土語統稱婦人爲輔娘子，當亦婆娘子之謂也，輔讀平。《彙苑》：「夫娘子草，子甚細如刺，善惹人衣，其氣臭惡。南方苗人謂妻曰夫娘。」又謂婦人無行者亦曰夫娘，蓋言其臭穢善惹人耳。按此亦婆娘之轉音。然稱妻不應曰婆娘，自當以輔娘之義爲當。至統稱婦人，尚可以夫娘稱之。緣南宋蕭齊尚佛法，法琳謂：「閣内夫娘，悉令持戒，謂夫人娘子也。」則夫娘二字，尚不爲悮矣。

〔一〕鉛：原誤作「鈆」，據《漢書注》改。

子曰孻子。按《菽園雜記》，廣東謂老人所生幼子曰孻，讀奈平聲。惠州人則謂小廝爲孻子。今俗呼子曰孻子，其最幼者曰滿子，猶言盈數也。又尋常通稱小兒爲細孻子。若止稱孻子，則惟己所生者，不能以之稱他人子也。

夾肉曰脥條。本《内則》注。脥讀如梅。

牛肚，牛百葉。本《周禮》注「脾析，牛百葉」。

猪牝綿桃，綿桃猪牝。按俗有此語，言綿桃，即母猪牝。母猪牝，即綿桃也。綿桃二字，不知何取。按《説嵩》：棉高不過二三尺，《南史》謂之白疊，《越志》謂之古終藤〔一〕，結實如鵝毳，纍纍如桃，嵩人呼爲棉桃。或以其柔軟鬆滑似嵩之棉桃耶？殊不可解也。

猪走風，狗走露。母猪乘牝謂之走風。按《費誓》「馬牛其風」賈逵云：「風，放也，牝牡相誘謂之風。」母狗乘牝謂之走露。按《詩》「厭浥行露」箋：「厭浥然濕，道中始有露，謂二月中始嫁娶時也。」然則走露者，其猶犯行露之禁歟？

牛綱，鴨綱，人結隊行亦曰綱。按周去非《嶺外代答》：「綱馬，一綱五十匹。」此綱字所本。

射山怕老虎，老虎怕射山。諺語，言兩相攖兩相畏也。按射山當是射生之訛。又《漢書》有射聲校尉，聲與生音亦相近。

鴨卵，鴨春。鷄卵，鷄春。按《公羊傳》隱元年：「春者何？歲之始也。」注：「春者，天地開闢之端，養生之首。」卵之名春，取此義也。

閹鷄謂之潔鷄。按青藤山人《路史》：「漢文始閹潔六畜。」潔猶净也。又《肘後經》：「騸馬、宦牛、羯羊、閹猪、鐓

〔一〕古終：原誤作「終古」。

雞、善狗、浄猫。」按七字同一義。《猗覺寮雜記》：「物去其勢：豕曰豶，見《易》；牛曰犗，見佛書；馬曰扇，見《五代史》；雞曰敦，犬曰閹。俗語。」今土語謂已潔之雞爲綫雞，當騸與善二字之轉音。閹狗、閹猫、閹雞皆謂之潔。《側徵録》：「去勢一也，豕則曰豶，牛則曰犗，馬則曰扇，人則曰閹。」今閹雞呼爲綫雞，當作扇雞之訛。

鱅魚頭，鰱魚肚。諺語言「鱅魚當食其頭，鰱魚當食其腹」也。《史記・司馬相如傳》「鰅鱅鰬魠」，郭璞注：「鱅，似鰱而黑。」

八月蚊生牙，九月蚊生角。諺語言「蚊至秋深，噆人最痛」。此即趙主父所謂「日暮途遠，倒行逆施。貪酷之吏，愈老愈辣」也。

禽之窠曰鬬，伏卵曰伏鬬。屈大均引石湖云「雌雄曰一鬬，十雞並種，當得六鬬」是也。然伏鬬伏字與伏卵伏字同，本讀浮去聲。大均以爲哺者，非也。伏讀扶富切。《廣韻》《集韻》《韻會》《正韻》皆同，謂禽伏卵也。

蟲之窠亦曰鬬。如蠶鬬、蜂鬬之類是也。

物之牡者曰牯，牝曰牳。牯讀如古，牳讀如麻。按《玉篇》：「牯，牝牛。」非牡牛。「牳，音母，牛名。」亦非牡牛。

豕腸間脂曰膟油，肝間脂曰網油，腰間脂曰膁油。

馬腳曰鼈腳。俗以隱匿曖昧之事須掩飾者，謂之鼈腳，猶世所謂馬腳也。説破其事曰指出鼈腳，猶言露馬腳也。蓋鼈如龜，當有畏匿時，頭腳皆縮。俗以鼈縮頭罵人，以其畏事。藏頭露尾者，謂之鼈腳，以其匿事也。

鵲，鴉鵲。俗呼鵲爲鴉鵲。按，翡翠、鴛鴦、鶺鴒，今人並呼爲一。翡翠，雄而赤者爲翡，雌而漂青爲翠。鴛鴦，亦雄者爲鴛，雌者爲鴦。鶺鴒，色黑無斑爲鶺，有斑點爲鴒。皆兩物也。今以鴉鵲爲鵲〔一〕，幾與此類。然鴉主凶，鵲主吉。鴉鵲

〔一〕鴉鵲：原作「鵲鴉」。

並稱，毋亦美惡不嫌同辭之類乎？或謂當作阿鵲，阿者幼之之稱，以對老鴉，亦似可通。

鴉，老鴉。或曰老者常爲人憎惡，故謂之老鴉。老鴉之所見憎者，皆謂其鳴多主不祥。余謂不然。《廣雅》：「純黑反哺者謂之烏，小而腹下白，不反哺者謂之鴉。」故烏有慈烏，亦有孝烏，鴉獨無之？又《爾雅・釋鳥》：「鷽斯，鵯鶋。」注：「鴉烏也。」《小弁》之詩，太子宜臼之傅所作，刺幽王之不慈也。其首章曰「弁彼鷽斯」，喻王之不反哺如是鳥也。惟其不慈，是以不孝。惡之者若曰汝亦烏之類也。何甘比于不慈不孝乎？故惡之也。不然禍福之來，惟人所召，於鴉何與焉？

鴿，月鴿。俗呼鴿爲月鴿，謂每月必有卵也。按《周禮・天官・庖人》注：「牲善合，逐月有子。」《山堂肆考》：「鴿伏卵十八日而化，故以月名也。」

鷂，鷂婆，鷂角。俗呼鷂之大者爲鷂婆，小者爲鷂角。鷂婆攫鷄，鷂角攫鳩鴿。其攫也亦曰弔。吴曾《漫録》所謂「必提之而飛」是也。鷂婆之攫也以爪，鷂角之攫也以翼，非其種之不同，乃力之不齊也。

麻雀，禾畢。俗呼麻雀爲禾畢。禾畢者，以刈禾畢多集于隴阪而名之也。按字書：「⿰言鳥⿰畢鳥，雀名。」或亦⿰言鳥之轉音歟？

巧婦謂之青須。青以其色，須以其聲。此鳥小，而其鳴曰須，故謂之青須。按屈大均《禽語》：「相思子，一名巧婦，即《詩》所謂桃蟲也。因桃蟲而變，故其形小，性絶精巧〔一〕，以茅葦羽毳爲房。」相思子，當即青須子之轉音。今俗固呼此鳥爲青須子也。土俗青讀如槍。

鷄小種曰石蓮鷄。俗以鷄之小而老氣無敵者，謂之石蓮鷄子。按《赤城志》：「鄭伯熊爲黄巖尉，人呼爲石蓮尉，以其年少而堅不可磷也。」石蓮鷄子亦此義。

〔一〕精：原脱，據《廣東新語》補。

雛鷄，鷄健。健，讀近論字音。按《爾雅》邢昺疏：「鷄之稍長未成者名健。」

灰鶴，蓑衣鶴。俗呼灰色鶴爲蓑衣鶴。

水翠，瀫翠。瀫音魅，同㸑。

鸚哥，恩哥。恩，鸚之訛也。

八哥，了哥。了哥，烏了。鴝鵒俗呼烏了，亦呼了哥。烏，黑也，以其色名之也。吴震方《嶺南雜記》：「山烏，形如八哥，即烏了也。」按八哥即鴝鵒。《負暄雜録》：「南唐李後主諱煜，改鴝鵒爲八哥。」了哥，即秦吉了，《唐會要》謂出林邑國。

海鴨，番鴨。鴨種自臺灣來者，羽毛兼金翠色，比常鴨大。按《金樓子》：「海鴨，斑白文，大如常鴨，亦謂之文鴨。」與此不同。

鵂鶹，猫頭雕。即《山堂肆考》所謂猫頭鷹也，「身尾俱短，毛羽褐色，眼圓睛黄〔一〕，頭酷似猫，頭兩旁有毛豎起似兩耳〔二〕，足爪似鷹。」《正字通》以此鳥即鵂鶹，謂所至多不祥。《五雜俎》以爲梟，故人亦惡見而惡聞之。

鬼車，天鴨子。天陰月黑時，有鳥聲如水鴨而稍啞，俗呼爲天鴨子。鳴則不祥，近村必有死人。按此疑鬼車。鬼車，一名天血使者。天鴨子，疑天血使之訛。然其不祥亦止於近村中有人死而已，何至如世所云能收人魂氣？及明崇儼《厭勝書》：「鬼車九首，妖怪之魁〔三〕；凡所遭觸，滅身破家。」鳥之不善，不如是之甚也。觀《田家雜占》：「夜聽其聲出入，以卜

〔一〕圓：原脱，據《山堂肆考》補。

〔二〕頭：原脱，據《山堂肆考》補。

〔三〕魁：原誤作「鬼」，據《厭勝書》改。

晴雨。自北而東謂之出窠，主雨；自南而北謂之歸窠，主晴。」可見亦常鳴之鳥。《夷堅志》《續博物志》諸書所傳，當是别一種。即同一種亦無足怪。均是人也，尚有窮凶極暴、滴血萬家者矣。見怪不怪，其怪自敗。賈生鵩鳥之賦，皆不達之甚者也。

鳥謂之鴉。凡鳥皆謂之鴉。按《爾雅·釋蟲》：「鴉鶨，剖葦。」鴉音貂。蓋小鳥也。今報春鳥，俗謂之叫春鴉是也。

卷八 方言

黄牛，嶺牛。俗呼嶺牛即黄牛也。對水牛而言，故曰嶺牛。按《羣書考索》：牛有二種，一曰沈牛，牛之善水者也；一曰沙牛，俗亦謂之黄牛。沙牛，即嶺牛也。

縠，乳頭。俗呼小豚爲乳頭猪。乳讀能去聲，言未離乳也。《説文》：「縠，小豕。」縠猶乳頭之謂也。

豭，猪哥。俗呼牡豕爲猪哥。驅牡豕以乘牝豕者，謂之牽猪哥。《説文》：「豭，牡豕。」牡豕即猪哥。

羺羊，乳羊。乳並讀能去聲，下同。吕氏《字林》：「羺，未晬羊也。」

未成毫狗，乳狗。《爾雅》「未成毫者曰狗」疏謂：「犬子未生毫毛者。」

瘈狗，癲狗。《左傳》杜預注：「瘈，狂犬也。」今之癲狗是也。《羣碎録》：「《宋書》云張收爲猘犬所傷，食蝦蟆膾而愈。」亦謂即瘈狗。

狗厥尾，兀尾。劉攽《詩話》：「今人呼秃尾狗爲厥尾，衣之短後亦曰厥。」按梁天監中竇德詩〔一〕：「兀尾狗子始著狂，欲死不死齧人傷。」侯景，小字狗子。兀尾，蓋亦秃尾之謂。今土語讀爲掘。

家猫曰猫，野猫曰猫狸。按《正字通》：狸有數種，有斑如猫，圓頭大尾者，爲猫狸，善竊鷄鴨，肉臭不可食。斑如貙虎，方口鋭頭者，爲虎猫，食蟲鼠果實。今家猫牡而不閹，久則化爲猫狸，常竊鷄食，不復能馴養之矣。

〔一〕竇德：《梁書》《隋書》《南史》均作「竇志」。

喜鼠，錢鼠。鼠一種，最小，每叫止一聲曰唧而急竄過者，俗謂之喜鼠。言此鼠至，則家必有喜也。亦曰錢鼠，謂此鼠則必有人送錢至也。亦往往有驗，殆如喜鵲然。但身臭，猫所不食。有類于《蟫史》所謂鼶鼮之類。

土輪，芒輪。芒輪，鼠，竹鼴之類。《太平御覽・交州記》：「竹鼠，如小狗子，食竹根。」芒鼠，亦因其食蘆芒根而名之也。芒輪，當是因土輪而連類及之。《韶州志》：「土麐似鼠而大，嘴短，穴居。」按字書無麐字。《泰泉志》：「土麟，鼠類，狀如小豚，肥美可食。」周去非《嶺外代答》：「欽州有鼠，形如猪，黑身白腹，仰生土中，攻土而行，順逆前卻，迅疾難捕。人見土面墳起，即知爲鼠，急以钁斷其前後，夾掘而擒之。不然，一聞钁聲，退而逝矣。」按此即土輪，輪當作輪困之輪解。今土語謂人之短而肥者，戲呼爲土輪。輪字作本字讀，亦作入聲讀。麐字固臆造，麟字亦於義無當。俗呼輪困二字，皆作入聲讀，亦短而肥貌，可知土輪、芒輪，當作輪也。

赤鯉，紅金鯉。俗呼赤鯉爲紅金鯉，金鱗朱尾，味極美。陸渭南：「貴池之産，不得專美于蜀。」按《埤雅》謂之赬鯉，一名鱣鯉。

陵鯉，鯪鯉。俗呼陵鯉爲鯪鯉。《異物志》：「陵鯉吐舌，蟻附之，因吞之。又開鱗甲，使蟻入其中，乃奮迅〔一〕，則舐取之。」即陵鯉也，以其陵居，故曰陵鯉。今呼爲鯪鯉，疑因郭璞《江賦》鯪鯉鰩鯆並舉而悞歟？抑或音之轉也？

田鯉，禾頭鯉。水田蒔禾後，且可畜鯉，俗呼爲禾頭鯉。

鯇，茭塘鯇，烏流鯇。鯇以茭塘所種者最肥美。烏流鯇，黑鯇也。按屈大均《鱗語》：「膾魚生，則當以白鯇爲上。」《爾雅・釋魚》：「鯇，今鯶魚，似鱒而大。」《本草》：「鯇，似鯉，生江湖間，膽至苦。《養魚經》謂之草魚。」

魴魚，鯿。鮒魚，鯽。俗呼鯽魚有扁鯽之説，謂其形扁而近圓也，非。鯿鯽對舉言之也。

鰋魚，鮎。音黏。《埤雅》：「鰋，今鰋額白魚也，一名鮎。」《養魚經》：「鮎魚者，鮧魚也，即鯷魚也。」《彙苑詳注》：

〔一〕迅：原作「迫」，據《太平廣記》改。

「鰋，似鮪而小。」

鯿魚，鰕。音笭。按鯿魚載籍罕見，惟楊畢《膳夫録》：「膾莫先于鯽魚，鯿、魴、鯛、鱸次之，鱭、鯿、黄竹三種爲下。」俗謂之鰕魚，音笭。按字書，鰕，蝦也，非魚名。鯿與鱗同，亦非魚名。鰕魚，俗呼爲甜魚，以其肉甜也。余謂此魚蓋亦鮒之類，長而大者爲鰕，扁而小者爲鯽。鯖有去積之説，鰕當亦有去瘕之説，故因以爲名歟。《嶺表録異》：「鯿魚如白魚而身短，尾不偃，清遠江多此魚，不産於海也。」

鱅似鰱，鰱似鱅。皆鱮之屬。《史記·司馬相如傳》「鰅鱅鰬魠」〔一〕，郭璞注：「鱅，似鰱而黑。」鰱，《博雅》「鱮也」。陸璣《草木蟲魚疏》：「鱮，徐州人謂之鰱。」《山堂肆考》：「青鰱曰鱅，白鰱曰鱮。」

鱔，黄鱔。《山堂肆考》：「鱔，一名鱓，一名䱇。」陶弘景謂「䱇魚，芹根變作」。又曰「人髮所化」。《山堂肆考》亦云「俗呼黄鱔」。

鰍，胡鰍。泥鰍，俗謂之胡鰍，當以其口有鬚而以胡系之歟？

鰖鰼，塘蝨。又一種魚，似鮎而小，鬚如黄頰，色青，聚居泥窟中如鰍，俗謂之塘蝨，亦謂之鰖。《封川志》謂：「塘中不投種而育，若蝨之附衣，故名。」考字書有鰖字，音唐，《博雅》「魠也」。魠，《説文》「哆口魚也」，《玉篇》「黄頬魚」。又字書鰼字音習，《爾雅·釋魚》：「鰼，鰍。」注：「今泥鰍。」或以鰼爲泥鰍，而此魚亦穴於泥中，因其相類，且以其哆口，而稱之爲鰖鰼歟？俗語有胡鍬夾鰖子之説，即此魚也。《埤雅》謂鰍與魚爲牡牝。《澄邁志》：「凡此魚穴處，多聚蛇食涎，捕者防之。」

鱓魟，黄頰。《本草》：黄賴魚，一名鱓魟，無鱗。《埤雅》：「鱓魟魚，其膽春夏近上，秋冬近下。」《正字通》：「身尾似鮎，腹黄背青，腮下二横骨，兩鬚，羣遊，作聲軋軋然，一名黄鱨魚，又名黄顙魚。」黄頰者，黄顙之變名也。

鰻亦曰白鱔。

〔一〕 魠：原作「鮀」，據《史記》改。

蚌，螊蛣。俗稱蚌爲螊蛣，乃江珧之訛。猶《正字通》所載車螯僞爲昌娥也。江珧即江瑶柱，形似蚌，非蚌也。《爾雅》：「蚌，含漿。」注：「即蜃也。」江珧，乃其一種，以蚌之屬，江珧最美，故呼蚌爲螊蛣耳。《爾雅》：「蜃，小者珧。」「蚌，含漿。」注：「蚌即蜃也。」是珧即蚌也。

蝦，蝦公。俗呼蝦爲蝦公。按，《侯鯖録》：「苗蝦狀蜈蚣而擁楯者，曰蝦公。」今並稱之爲蝦公，以其鬚而公之也。

田父，石蜦。讀如亂。《本草》：「田父，一名蛉。」李時珍曰：「大蝦蟆，即田父也。」按石蜦似蝦蟆而背有刺。《本草》謂其「大如履，能食蛇」。今所見石蜦僅如蝦蟆大，或充其量可大如履歟，能食飛鳥，每食先詐死，翻身坦腹，飛鳥過之，以爲死也，俯而啄之，遽齧其吭躍入水中，無有能脱者。《泉南雜志》：「竈，一名石鱗魚，紫斑如纈錦，生溪澗高潔處，其大如鷄。」《游宦紀聞》：「蜀楚之間謂之石撞。」皆指此也。

蟈，康居蟈。其化青蟈，化蠟蟈，化泥蟈，泥蟈，黑蟈。化犂頭蟈，化蝦蟆、蟾蜍，其異者化爲鯰魚。屈大均《介語》：「一種肖田鷄，而無腰股，鳴長聲，俗呼爲蚼，即螻蟈云。」按蚼字，字書所無，當是蟈字轉音。康居蟈，蟈之初生者也，無足有尾，稍大則尾脱而足出矣。化而爲青蟈，色青。青蟈大而爲蝦蟆。化而爲蠟蟈，色黄。化而爲泥蟈，色黑。化而爲犂頭蟈，犂頭蟈吻尖，背有骨隆然墳起。化而爲蟾蜍，皆尾脱而足出。尾不脱，足不出，則化而爲鮎矣。鮎，一種屎肚鮎，腹大如蝦蟆肚者，即此化也。

鬬魚，蓬婆鰊。《彙苑詳注》：「鬥魚，大如指，長二三寸，身有花文，紅緑相間，尾鮮紅有黄點，善鬥。兒童輩多盆養之。俗呼爲花魚。」吾鄉所謂蓬婆鰊即此。

蠃，田螺，石螺。《山堂肆考》：「螺種最多，或生田澤，或生海塗，或生岩石上。」田螺生于田澤者也，石螺生于岩石者也。田螺大，石螺小。

狗印，苟斗，狗母蛇。《瓊州志》：「四腳蛇，即師蛇。俗呼狗母蛇。背褐色，腹下黄白，肱有朱點。齧人冷徹骨髓而死。」按《江湖紀聞》：「狗印出潮州，如蛇有四足。」藏器《拾遺》：「苟印，一名苟斗。」即此，未聞能嚙人也。又《瓊州志》：

「青竹標，綠色，嚙人如飛箭，大毒。其子胎生，嚙母腹而出。」俗呼爲青竹蛇即此。外有名飯杓頭者，頭如飯杓然。又有花鐵柄、燥尾㭉、水鼈蛇、紅蛇等類，皆毒蛇也。

蟦衙，牽線。有蟲如蚓而首稍異，好入人耳，毒甚，能嚙人致死，俗呼之爲牽線。按《爾雅》：「蟦衙，入耳。」當即此物。但《爾雅》注謂蟦衙似蜈蚣，即不甚合。

鼅鼄，絡踦。絡踦二字土音皆讀轉，幾于有音無字。按《本草》：「蜘蛛赤斑者，俗名絡新婦。」又《格物總論》：「蜘蛛大者，身達數寸而踦長數倍。」又蠨蛸，一名長踦，以音義叶之，當是絡踦二字。

蝙蝠，蝠婆。蝠讀轉弼。按《唐韻》，古音蝠，方墨切。曹子建《蝙蝠賦》：「呼何姦氣，生兹蝙蝠。形殊性詭，每變常式。行不由足，飛不假翼。」是蝠本讀爲弼也。

蜥蜴，簷蛇。按吳人呼爲壁虎，竟絶對蜥蜴。有蛇醫、蛇舅、蛇師等名，故謂之蛇。其棲宿常在屋檐，故謂之簷蛇。

蜻蜓，囊尾，亦曰颸尾。皆肖其形似而名之也。按《爾雅疏》：「蜻蜓，淮南人又呼爲蝀蛜。」蝀蛜二字，殊近囊尾。或謂《本草》作沙羊，故又謂之羊尾。

蝴蝶，洋葉，亦曰洋氊。按《莊子·至樂》篇：「陵舄得鬱棲則爲烏足，烏足之根爲蠐螬，其葉爲蝴蝶。」則蝴蝶本葉所化。其謂之洋者，今外夷所貨洋布，斑斕五采，望之如有粉然。蝴蝶粉翅有似洋布，故以洋名之，而又稱之爲洋氊也。

竈馬，竈鷄。《山堂肆考》：「竈蟲穴于竈側，一名竈馬，一名竈鷄。」

螻蛄，土狗。《通雅》：「螻蛄乃土狗，好攻土，夜飛傳火。」

蚯蚓，蟪公。《爾雅·釋蟲》：「蟺蚓，豎蠶。」音腆，蟪字音略轉耳。其稱爲公者，用《爾雅》「輿父」「蚚父」之例〔一〕，

〔一〕《爾雅》中未見「蚚父」。

且以其爲巨擘而公之也。《正韻》：「蚯蚓，吴楚呼爲寒蟺。」

蠦蜰，乾蜰。《爾雅・釋蟲》：「蜚，蠦蜰。」「蜰謂負盤，臭蟲。」疏謂：「越之所生，其爲蟲臭惡，南方濕氣之所生也。」然今北方亦有之。其所謂乾者，此物最能耐饑餓，至三年不死，乾枯如空殼然。然一着人肌體，則齧亦異常，故又謂之餓乾蜰，其飽也則肥，故謂之蜰。其餓也則乾，故謂之乾蜰。然非人血饜之則乾者，其常也。乾蜰者，舉其本體言之也。《山堂肆考》謂之壁蝨，《六書故》謂之薦螕，故俗亦作乾蜰。今吴越人謂之壁蝨，故又有壁騷之名。

蟋蟀曰草蜊。音螰。陸璣《詩疏》：「蟋蟀一名蜻蛪，以其伏于草間，故謂之草蛪。」按字書，蚻，蜻蜊别名，音唧。草蜓、草蜊皆同義也。

蚱蜢，草蜢。即阜螽也。《物類相感志》：「阜螽如蝗蟲，江東人呼爲蚱蜢，與蚯蚓雖異類而爲雌雄，蚯蚓鳴，則阜螽跳躍。」謂之草蜢者，亦以其伏于草間名之也。

蝨，頭上謂之蝨，衣上謂之蝨，榻間謂之狗蝨。吾鄉之人皆好潔，裏衣皆常澣，故不生蝨，頭上、衣上偶然有之，亦殊畏而亟去之。榻間本無蝨，其偶有者，皆狗蝨緣上者也。按頭蝨，見《抱朴子》。衣上蝨，見《晉書》。狗蝨，見《韓詩》。此外有牛蝨、鷄蝨，並見《蟫史》。又俗以牛蝨之大者爲牛蟲，見《集韻》。

跳蝨，跳蚤。《山堂肆考》：「蚤，黑色，善跳。」俗呼爲疙蚤，土語謂之跳蚤，以其善跳名之也。

醯鷄謂之蛢。按《爾雅》：「蛂，蟥蛢。」注：「甲蟲也。」〔一〕《説文》：「以翼鳴者。」醯鷄之蛢當非此。按蚊之細者曰蠛蠓，蛢當是蠓，由蛢、蠓二字連而爲蛢蠓也。

蠅虎，豹虎。俗呼蠅虎爲豹虎。按《山堂肆考》：「蠅虎一名蠅豹。」是亦有豹之名也。

蒼蠅，烏蠅。俗呼蒼蠅爲烏蠅，烏當是汙，其糞足以點汙也。

〔一〕甲：原脱，據《爾雅注疏》補。

蚉，花蚊，烏蚊，花蚊大，烏蚊小，皆蚊之至惡者。烏蚊，林木間最多。花蚊，多溝水間。**大水蚊，**發大水時有蚊絶大，謂之大水蚊。**禾頭蚊。**田間蚊最多，刈稻後畢入室嚙人，謂之禾頭蚊。

水蛭，湖蜞。俗呼水蛭爲湖蜞。按《爾雅疏》：「蛭，水中蟲，善入人肉，江東呼爲蟣。《本草》謂之水蛭，一名馬蜞，亦曰馬蟥。」《事物紺珠》所謂爛黄者即此。性畏石灰。屈大均《新語》：「蜞，有青黄二種，青者生深山樹葉中，名曰飛蜞，聞聲輒飛，剌人取血，專集耳後，使人不知，始如針，血飽則如指，隨手拔去，稍遲則深入膚裡。凡山行以無患，或蒜或薑汁或茶子末塗身，則飛蜞不敢近。黄蜞生地下，吮血如螞蝗，入水則死。螞蝗，一名水蛭，池澤處處有之，入人肌肉咂血，誤吞之，則生子腹中，瞰食臟血，飲黄土水數升可解。或以蠭蜜，則螞蝗化水而死。」蓋以其似蜞，故名湖蜞。湖者，池澤之名，言湖蜞，所以别于山蜞也。湖琪似海參，故俗稱海參，有呼爲海湖蜞也。

蜒蝣，蜒蜞。《山堂肆考》：「蛞蝓，俗呼蜒牛，又名蜒蝣。」《格物總論》：「有二角，身上一段肉而無㱿者，謂之蛞蝓。」《事物原始》：「蛞蝓二角，蝸牛四角，兼背有㱿肉負而行。」〔一〕則蛞蝓、蝸牛是二物矣。其名曰附蝸，又名蠡牛，亦名瓜牛，皆以其似蝸牛之類而名，非謂其即蝸牛也。

孑孓，水跂。按《淮南子》「孑孓爲䖟」注：「倒跂行也。」《五雜俎》：「孑孓，今雨水中小蟲，其形短而屈，羣游水面，見人則沈。其行一曲一直，若無臂然，故名之。孑，無右臂也。孓，無左臂也。孑孓，音吉厥。或作蛣蟩。稍久而浮水上，化爲蚊矣。」吴人謂之打拳蟲。

伊威，拖尾。今俗所謂拖尾蟲，即伊威也。《埤雅》：「伊威，甕器底蟲，形似白魚而大。」《爾雅》曰：「伊威，委黍。」一名鼠婦，亦名鼠姑，因濕化生，故又謂之濕生。

蚳，米蚳，鷄蚳。米中細蟲俗謂之蚳，鷄蟲之最小者亦謂之蚳。按《禮·内則》「腶修蚳醢」注：「蚍蜉子也。」米蚳、

〔一〕有㱿肉負：《本草綱目》作「有肉附㱿」，較通。

鷄蚔不必皆蚳蜉子也，然以其至小而名之耳。

蚻，竈蚻，黄蚻。《集韻》蚻，音蠽，「蠐蚻，蟲名」。似莎鷄。竈蚻，黑色。一種色稍黄者，謂之黄蚻。蚻，亦作蠽，有鬚，故俗謂鬚之黄者爲黄蠽鬚。黄蠽，壁間及櫃槅皆有之，北人謂之蟑螂。

螢，火沿蟲。螢，俗呼火沿蟲，或曰當是火焰蟲，沿音之轉也。《格物總論》：「螢是腐草及爛竹根所化，常在大暑前後飛出，是得大火之氣而化云。」

螳螂，豹虎，亦曰猴哥。

蟢子，豹虎。按俗語稱豹虎者三：蠅虎、螳螂，皆以其捕蠅、捕蟬而名之曰豹虎也。蟢子，有豹虎之名，亦以其能捕蠅而名之也。

蜜母，蜂娘。

藷，藥藷，土語呼山藥爲藥藷。按《本草衍義》，薯蕷，因唐代宗名豫，改藷藥。又因宋英宗諱曙，改爲山藥。今呼爲藥薯。竹篙藷，其長者謂之竹篙藷，即山藥。熊掌藷。大而肥厚如薑芋作歧者，謂之熊掌藷，即《説嵩》所謂佛手山藥也。《嘉應州志》謂來自吕宋。

甘藷，番藷。徐元扈《甘藷疏》：「閩廣藷有二種，一名山藷，彼中故有之。一名番藷，有人自海外得種。海外人亦禁，不令出境。此人取藷，絞入汲水繩中，因得渡海分種。」屈大均謂番藷近自吕宋來，植最易生，葉可肥猪，根可釀酒。今吾鄉更有切成薄片曬乾，拌麪食之，名番藷餅。

倭瓜，番瓜。按番瓜二字見《事物紺珠》。

絲瓜，絮瓜。絮，土音讀轉砌。按《草木記》：絲瓜，一名天羅絮，一名布瓜。今俗語以絲瓜瓤爲絮瓜布，是並天羅絮、布瓜兩名合而爲一也。又絲瓜本名魚際，見《示兒編》。

葖，蘿葍。《爾雅》：「葖，蘆萉。」萉與菔同，即今蘿蔔。《唐韻》：「蘆菔。」魯人名菈遝，秦人名蘿葍，蓋亦隨俗所呼而已。

芋魁，芋頭，芋子。芋葉，芋荷。芋孏，芋卵。按《蔬譜》：「大者謂之芋頭，旁生小者謂之芋孏。」屈大均謂：「芋大者魁，小者奶，奶贅魁上下四方，大小如乳。奶者，乳也。」《續博物志》：「芋以十二子爲衛，應月之數也。」今土語以芋魁爲芋頭，芋爲芋子，芋子之細，所謂芋孏，則爲芋卵，猶薑卵之説也。芋葉曰芋荷，芋葉似荷故也。其梗曰芋荷梗。

薑，嫩而圓者曰薑卵。按《夏小正》「納卵蒜」，謂其圓如卵也。蒜可名卵，薑亦可名卵也。

葱袍謂之葱管。亦取其形似也。

萵苣，萵蕒。苦苣，苦蕒。《格物論》萵苣菜有白苣、紫苣、苦苣。今土語謂萵苣爲萵蕒，苦苣爲苦蕒。蕒音覔，與脉音同。按《爾雅·釋草》：「菥蓂，大薺。」張衡《南都賦》「菥蓂芋瓜」，當即此。然《清異録》「萵苣産咼國，隋時始入中國」，若據《爾雅》及平子賦，則中國早有此種矣。吴人呼苦苣曰蕒。《博雅》：「藚也。」

荷蘭豆，河南豆。《遯齋閒覽》云：「甕菜出東夷古倫國，番船以甕乘歸，故曰甕菜。」賀嘯豆種自荷蘭來，今土語稱爲河南豆，音之訛也。

豇豆，角豆。藊豆，雪豆。豇豆，俗謂之角豆。生于八月者，名八月角。按《庶物異名疏》：「梵文以大小豆爲角果。」然亦無角果之名，疑角即豇之轉音。八月角者，八月豇也。又以藊豆爲雪豆。按海豊有雪豆，一名寒豆，熟于大小雪時。今俗以藊豆爲雪豆，未詳。

踤躞，番豆。《物理小識》：「番豆名落花生。」孫愐曰：「踤躞，番豆也。」疑當日種亦自番舶來，故謂之番豆。落花生，亦作落花參。屈大均贊云：「爰有奇實，自沙中出，以花爲媒，不以花爲胎，花生于蔓，子結于荄，香如松子，一莢數枚，和中暖胃，乃豆之魁。」又有千歲子之名，故吴人呼爲長生果。

番豆蔓，番豆藤。番藷蔓，番藷藤。屈大均所謂粤多藤族。故凡草之蔓，皆以爲藤是也。

粉蕨，蕨冷。 蕨冷，貧民多向山中掘而食之。屈大均謂：「粉蕨性寒，多食患黄腫。」或謂粉蕨歲凶乃出。非也。歲凶民乃取之，稔無事，此亦天之所以憫貧民，比之雨粟之例者也。土語謂之蕨冷，以其性寒也。

食葛，好食葛。 左太沖《吴都賦》「食葛」劉淵林注：「食葛，蔓生，與山葛同，根特大，美于芋。」今俗呼爲好食葛，其味如椰漿而甜。何義門疑食葛即番藷，蓋未到粤中耳。按食葛狀如番藷，但皮較韌，可剥食。《爾雅翼》：「其花藤可醒酒，一名鹿藿，一名黄斤，一名鷄齊。」則《本草》所謂葛根、葛花者是已。

茄，弔菜。 俗呼茄爲弔菜，未詳。按張平子《西京賦》：「蔕倒茄于藻井。」何晏《景福殿賦》：「茄蔤倒植。」然其所謂茄，乃《爾雅·釋草》「荷，芙蕖，其莖茄」，非此茄也。豈因有倒茄之典，謂茄乃倒弔之蔬，因以弔菜名之歟？又按《澠水燕談録》：「錢繆之子跛，繆鍾愛之。諺謂跛爲瘸，杭人爲諱之，乃稱茄爲落蘇。」蓋以瘸爲茄也。今諺語呼瘸子爲跳子，亦曰弔子。跳子者，言其一腳跳也。弔子者，言其弔一腳也。則呼茄爲弔菜，或亦以茄爲瘸歟？

胡荽，園鬚。 《博物志》：「張騫使西域，得胡荽。」俗呼原荽。按《鄴中記》：「石勒改胡荽爲香荽。」今呼爲鹽荽，則鹽荽、原荽，固隨俗呼之，無定名也。今土語呼爲園鬚，則以西方書，謂其莖葉柔細，而根多鬚，綏綏然也。

薙，蒚子。 《本草》：「薙，江南呼爲蒚子，别名莜。」音蒚。莜音掉。今土語讀近蕎字。薙，《爾雅》作䪥，所謂鴻薈者也。

萍，薸子。 俗呼萍爲薸子。《爾雅注》：「萍，江東謂之薸。」《字説》以無定性，隨風漂流，故名薸。

松脂，松仁。楓脂，楓樹仁。楮膠，榖樹仁。 俗呼松香爲松仁。松樹之出仁者曰松光節。楓香曰楓樹仁。楮呼爲榖樹，其膠曰榖樹仁。蓋俗以瘡癬所流膿汁亦謂之仁，松香、楓香、楮膠皆黄而黏，故統以仁名之。按《廣州記》：「蠻夷取榖皮，熟槌，以擬氊。汁能寫金，多用榖樹仁，以其能黏也。」

橼，員子。 按屈大均《木語》：「槌子，一名員子，多生則歲歉。」又謂「橼之别種」。余謂即橼實。蓋土語讀橼音同員。橼字似椽，故悮以橼爲圓耳。否則以其形員而名之曰員子也。

番石榴，那拔子。 番石榴，志載罕見。按《詔安舊志》：「番石榴，一名拔子。其中微紅色，亦有黄色，味甘而氣臭，土人愛食之。遠方至者，啖而輒吐。」蓋以其形似石榴，故謂之番石榴。土語謂之那拔子。

蠶望，番檨。 番檨，皮青厚，肉黄，核大，味甜而微酸。屈大均《木語》：「蠶望，樹高數丈，花開繁盛，蠶䗶望而喜之，故曰蠶望。花以二月，子熟以五月，色黄，味甜酸，能止船暈。」即此。廣州人則謂之芒果。按《惠州志》謂：「閩人亦呼爲番檨，相傳日本移來，樹高多陰，實如猪腰，盛夏大熟。」

松子，松卵。 俗呼松子爲松卵。

羊矢，紫鈴。 有一種樹，結子大如羊矢，紫色，可採食，俗呼爲紫鈴。按屈大均《木語》：「羊矢子，一曰羊矢，如石蓮而小，色青味甘。」疑即此。又按《事物紺珠》：「紫珠樹似黄荆，葉小無椏，子紫員如小珠。」亦類此。但土人以其子爲紫鈴，即呼爲紫鈴子樹，而余則以爲類大均所云羊矢，故亦以羊矢呼之。

五稜，羊桃。 羊桃有五斂者，有三斂者。屈大均謂：「斂，稜也。俗語訛稜爲斂也。能辟嵐瘴之毒，中蠱者，搗自然汁飲，毒即吐出。蘇長公詩：『恣傾白蠶收五稜。』」五稜，即羊桃，謂傾白蠶漬而食之也。按五稜爲羊桃，本周去非《嶺外代答》，亦非翁山創解。《南方草木狀》謂爲五斂子。

宜母，黎朦。 如大梅，復似小橘，可作醬，味酸。《桂海虞衡志》作黎朦子，吴萊詩作宜朦子，山谷《家乘》作棃𧑷子，皆此物也。屈大均謂宜母因味酸，孕婦嗜之，故名，猶艾之名益母也。

都捻，無妒子。 無妒子樹不甚高，子大如葡萄，微有白毛，可採食。蘇子瞻所謂海漆。屈大均謂此都捻子。今俗語呼爲當捻子，又呼爲無妒子，亦呼爲當棃子。按《大業拾遺記》謂之都念子，《嶺表録異》謂之倒捻子，《猗覺寮雜記》謂古捻爲念。今又訛捻爲撚。

猴總，猴辣擦。 猴辣擦，如指頭大，與柿相似。《臨海異物志》「猴總子」，即此。

積椡，吉九子。 《韻學集成》：「積椡之果，其狀詰曲。」今呼爲吉九子，蓋詰曲之訛。《急就章》作稽極，《本草》作枳椇。其木近酒能薄酒味。按《通雅》：「積椡，止酒之程也。」《説文》：「積椡，止也。」《本草綱目》：「滇人之稱鷄橘，廣人之稱結留。方音轉異爾。」

水仙，石蒜。俗呼水仙爲石蒜。按《太平清話》：「賓慶人呼水仙爲雅蒜。」雅蒜又不若石蒜之雅稱也。

棘，竻。竻竹，番竹。按周去非《嶺外代答》：「竻竹，其上生棘，南人謂刺爲竻。亦作簕。種茂極之密〔一〕，久則堅甚。」竻竹，俗謂之番竹。蓋本《異物志》「種爲藩落」〔二〕，訛藩爲番也。《詞林海錯》：「澀勒竹，膚有芒，可以挫瓜。」當即此。

思摩竹，麻竹。《猗覺寮雜記》：「嶺表有竹，俗謂司馬竹，又曰私麻竹。」殆即《南方草木狀》所云思摩竹，轉而爲數名也。今俗謂之麻竹。又按《廣州記》：「石麻之竹，勁而利，削以爲刀可切象皮。」即麻竹也。

魚草，紕。俗呼魚所食水草曰紕，音同毰。按《庶物異名疏》《武夷君傳》：「細紕〔三〕，紫荇也。」又《羣芳譜》：「水藻，俗名鰓草。」即紕也。

佛手，香櫞。俗呼佛手爲香櫞。《藝海洞酌》：「飛穰，一名佛手柑。」《舟車聞見録》：「佛手，香櫞之類。」按佛手柑與香櫞不同〔四〕，香櫞以圓得名，佛手以歧指得名。相傳本地有人傳佛手柑種，至次年變爲香櫞，不復有歧指，遂謂土産不宜。然余嘗於友人處，見其所種佛手，詢之，則已種十餘年，依然佛手也。《本草綱目》謂佛手「植之近水則生，實如人手有指」，然則佛手固宜于近水歟？

烏桕，扶鳩。俗呼烏桕樹爲扶鳩樹，音之轉也。按鄭樵《通志》，烏桕即柜柳。陸龜蒙詩：「行歇每依鴉臼影。」鴉臼即烏臼也。烏鴉喜食其子，故曰烏。木老則根爛如臼，故曰臼。有子有脂，可以爲燭。

〔一〕種茂極之密：《嶺外代答》作「種之極易密」。
〔二〕藩：原誤作「番」。
〔三〕細：《格致鏡原》引《庶物異名疏》《武夷君傳》作「紬」。
〔四〕櫞：原誤作「椽」。

芙蓉，扶桐。俗呼木芙蓉爲扶桐，亦音之轉也。按《漢書·西域傳》「車師國多胡桐」注：「孟康曰：胡桐似桑而多曲。師古曰：胡桐亦似桐，不似桑。」固非木芙蓉矣。

珠蘭，鷄爪蘭。珠蘭有二種，其一即《羣芳譜》所謂真珠蘭，一名魚子蘭；其一則賽蘭也。屈大均謂賽蘭一名鷄爪蘭。白沙詩：「南有賽蘭香，名花人未識。」鈕琇《粤觚》所謂樹蘭綴珠者，此也。《羣芳譜》所謂珍珠蘭，乃藤木，《嶺南雜記》謂其「根有毒，食之殺人，蒸花露者忌之」。此花嶺北皆有之。賽蘭則木本，樹高丈餘，花似魚子蘭，而香烈過之。七葉者貴，其花不落，香且久。五葉者，其花次日即落，俱不能度嶺。《潮州志》謂之伊蘭，《廣州志》謂之暹蘭，以來自暹羅名之也。俗又呼爲魚卵蘭。

苦楝，扶葷。俗呼苦楝樹爲扶葷樹，亦音之轉也。屈大均謂：「苦楝花紫多實，實苦不可口，花可入香。蘇子瞻云：『温成皇后閣中，香用松子膜、荔枝皮、苦楝花，沈檀、龍麝皆不用。』蓋亦見珍于古云。」

烏頼，夜合。王璆之《百一選方》〔一〕：「夜合俗名萌葛，越人謂之烏頼樹。」《金光明經》謂之尸利洒樹。按《六書故》：「夜合即合昏，葉似槐，夜合晝開，故名合昏，俗語轉爲合歡。」按尸利洒樹，可對阿羅漢草，即俗所呼狗尾草也。

菄風，東東。左思《吴都賦》：「東風扶留。」東風，《玉篇》作菄風。今俗呼爲東東菜。扶留亦作浮留，今俗呼爲蔞者是也。蔞亦作蒟。

萬年青，長命草。《農圃六書》：「萬年青，一名千年蒀。」即俗呼長命草也。婚娶取置禮盒中，以其美名也。

鬼針，黏人草。《本草》：「鬼針草，著人衣如針，一名鬼釵。」即俗呼黏人草也。又呼爲鬼茅針。

火河，仙人掌。《番禺雜記》：「草名火河，火不能燒，若河隔火，故名。」按此當即仙人掌。屈大均《草記》：「仙人掌，葉勁而長，若齟齬狀，其花形如鳳子，其仁食之味兼黄粟，可以輕身延年。一名千歲子，可以辟火。」又一種仙人草，屈大均

〔一〕王璆之：原誤作「玉璆」。

所謂「涼粉草也，莖葉秀麗，香猶藿檀，以汁和米粉煮之止飢，一名仙人凍」。郝玉麟《志》：「仙人掌，種於田畔，以止牛踐。種于牆頭，以辟火災。無葉枝，青而扁，有刺，每層杈枒而生。其汁入目，使人失明。」今人多以盆盛種于屋上，以防火也。

菩蠃，夜蘭。菩蠃，木本，有花，氣甚烈，葉可入茶，俗謂之菩蠃茶。能解暑，取其葉搡汁可以去邪穢，又可釀酒。按菩，本香草名，夏爲長蠃，當夏月尤多，一切風寒暑濕之病，皆仗其功禦之，所以謂之菩蠃也。諸志作布荆，已於義無當。屈大均作步驚，謂其「花有幽香，步行遇之往往驚爲惠蘭，故曰步驚」。其説尤爲牽强。吴震方《嶺南雜記》：「粵山中道旁一種小樹，狀如木蘭，亦類紫薇，高一二尺，葉大如指頭，頗帶藍色〔一〕，葉老則有白篆文〔二〕，如蝸涎，名鬼畫符。葉下有小花，如粟米。至晚則香聞數十步，恍若芝蘭，又名夜蘭。山間暑月有蚊，即折此樹逐之，蚊即驚散，故又名蚊驚樹。彼人凡一切風寒諸病，取樹葉煎湯服之，少頃大吐痰涎，立効。或行路，寒暑所侵，吐瀉腹痛，雖危篤者，採摘數葉嚼之，或吐，或不吐，病徐即愈。城市人無知之者，亦異草也。」此説較屈大均步驚之説爲詳。審惟驅蚊，則以其葉用火熏之，如灼艾然。然非折而拂之蚊即散也。則菩蠃之外，名以夜蘭，庶幾近之矣。仙根鐘氏謂即《本草》蔓荆子。

菾，甜菜。性涼，能明目，似蘇葉而大。按《玉篇》：「菾，甜菜名。」《本草注》：「菾通甜，因其味微甜也。」《類篇》：「菾菜，治病熱。」《本草》：「菾，一名莙薘菜。」

同蒿，同科。李時珍《本草綱目》：「茼蒿菜，以其形氣同于蓬蒿而名之也。」今俗呼爲同科菜，音之轉也。

斷腸草，大叉藥。按《閩部疏》：「斷腸草，一枝三葉，葉大如蔞，食之輒死。」解此毒者，先以蜜灌之已，復灌羊血，吐出，可不死。凡中此毒者，若飲熱茶及熱湯，則不可救。緣服熱茶、熱湯，則毒氣已滚入腸胃，斷難爲力。其救之也，亦有和熊胆灌之者，以熊胆味苦，冀其吐出也。此物《永安志》則曰大差葉，《香山志》則曰大茶葉。今亦有呼爲大蛇藥者，以其毒能殺人也。曰大叉藥者，譬諸草中之藥叉也。

〔一〕「色」下原有「者」字，據《本草綱目》引文删。
〔二〕葉老：原脱，據《本草綱目》引文補。

山寬平曰岡，陡峻曰屻，絶高曰崠。山路陡絶曰崎，稍平曰嶄。山灣曰岮角，亦曰灣角。山澗曰坑，亦曰坑空。側嶺曰横排。山居曰畬，亦曰窩。山峇曰崀，亦曰峇。山坳曰凹。石細者米頭，大者鵝卵。按米頭石即《本草》麥飯石。衆團聚成堆，處處山谿有之。《説嵩》：「中岳山有麥飯石。《秘方》『治發背』。」即此石也。

土曰泥，用以黝堊曰子泥。入地寸許曰泥肉。張華《博物志》：地，「草木爲其毛，土爲其肉是也」。磁石，吸石。爲其能引鐵，有呼吸相通之義。

河曰溪。溝曰圳。瀦水曰窟。河地曰壩。坑曰壢。水竇曰涵。沙際曰膈。圳讀如畯。按《字典》〔一〕：「市流切，音酬。江楚間田畔水溝謂之圳。」則同字異音也。垻，《集韻》必駕切，音壩。「蜀人謂平川曰壩。」山谷詩「君家冰茄白銀色，殊勝壩裏紫彭亨」即此。

岸曰嶺。上岸曰上嶺。

玉女沙，麪沙。麪沙，細如麪沙，溪澗河垻水刷處有之。按《名勝志》：「三交水旁有沙，細潤可充澡濯，隋代常進後宮，雜以香草，足當香屑，號玉女沙。」〔二〕今吾鄉麪沙取以礪齒，較牙散尤妙。蓋亦玉女沙同産也。

沙際曰瀊。讀平聲。按屈大均《地語》：「自虎頭門而入爲瀊口，次曰大瀊，又次曰二瀊，至瀊尾則爲波羅之江。」疑所謂瀊者，皆有洲淺處，因以爲名也。

〔一〕字：原誤作「宋」。

〔二〕濯：原誤作「滿」，隋：原誤作「晴」，均據《寰宇記》改。

巖巖井井，深也。離離奇奇，怪也。

比比幫幫，言取則也。狼狼戾戾，讀同賴。無檢點也。

彳彳亍亍，遊過日也。定定宕宕，蕩過日也。

多多⿰多支⿰多支，談不休也。按張衡《西京賦》：「炙炮夥，清酤多。」李善注《文選》改多爲⿰多支，而云：「《廣雅》曰：⿰多支，多也。」考《廣雅・釋詁》有⿰多包、⿰多農、⿰多果、⿰多委、⿰多亥、⿰多吉、⿰多并、⿰多予、⿰多支、⿰多尤等十一字並訓爲多，多多⿰多支⿰多支，皆多言之謂也。

阿阿則則，歎息聲也。《墨莊漫録》：「世俗以阿阿則則爲歎息之聲。李端叔云：『楚令尹子西將死。家老則立子玉爲之後，子玉直則則，於是遂定。昭奚恤過宋，人有饋彘肩者。昭奚恤阿阿以謝〔一〕。爾後，阿阿則則更爲歎息聲。』」

七七八八，行不端也。按《天録識餘》：「女子七七四十九陰絶，男子八八六十四陽絶。過此而婚，謂之野合。時叔梁紇過六十四，娶顔氏小女，故曰野合。」據此，則七七八八亦因野合二字而沿其悮也。

琵琶孑孓，音吉厥。言蠢動也。《山堂肆考》：「宋道君北狩至五國城，衣上見蝨，呼爲琵琶蟲，以其形類也。」孑孓，水豉蟲。今俗以小兒蠢動不休者，謂之琵琶孑孓。

鼇毫絲忽，言算微也。俗以算之至微者曰鼇、毫、絲、忽，不知此外尚有微、纖、沙、塵〔二〕、渺、漠、糊、模也。

急湫湫，緊也。⿰高毛⿰奉鳥⿰奉鳥，鬆也。俗語以甚緊急爲急湫湫。按《青箱雜記》：「劉龑時，有稻田自海中浮來，上魚藻門外〔三〕，民聚觀之，布衣林楚材見而歎曰〔四〕：水急湫湫兮。」〔五〕急湫湫二字見此。⿰奉鳥音埲。字書：「鳥亂飛貌。」今俗以

〔一〕謝：原誤作「則」，據《墨莊漫録》改。
〔二〕塵：原誤作「厘」。
〔三〕上：原脱，據《青箱雜記》補。
〔四〕林：原誤作「杜」，據《青箱雜記》改。
〔五〕兮：原誤作「了」，據《青箱雜記》改。

得意揚眉謂之毴氉氉。蓋狀其遍身鬆快之意也。

四門六親，言戚屬也。按四門，古無其語，當是四隱。《吕氏春秋》：「交友、故舊、邑里、門郭爲四隱。」蓋如《周書》以内姓、外婚、朋友、同里爲四戚也。六親，諸書不同。《老子》注：「父、子、兄、弟、夫、婦。」漢賈誼「以奉六親」注〔一〕：「父、母、兄、弟、妻、子。」《漢・禮樂志》：「《賈誼書》云：父、子、從父昆弟、從祖昆弟、曾祖昆弟、族昆弟。」《左傳》注：「父子、兄弟、姑姊、甥舅、昏媾、姻婭。」

一把蓮，言總挈也。俗以一總提挈謂之一把蓮。按明天啓間，官中每食寢，殿門既闔，内臣散歸直房，所卸衣總挂牀前架上，熏以蘭麝，名曰一把蓮。夜間御前有事，頃刻裝束趨赴，亦一齊收束之謂也。

八番底，言鬧翻也。俗語有鬧得八番底之説，言鬧翻也。按《峒溪纖志》：「八番之蠻，每臨炊始舂稻，謂不得宿舂，宿舂則頭痛。臼深數尺，相杵而下，其聲丁冬，抑揚可聽，名曰椎堂。」疑椎堂之聲甚鬧，故以此名。

注鬼腳，暗記也。梆鬼腳，撇蘭也。俗以暗記爲注鬼腳。蓋鬼者，明而暗者也。堂室屋奥，無不有鬼，人見之仍無所見也。暗記者，人即見之而亦不能知之也，猶鬼之見而無所見也，故以暗記爲注鬼腳也。又嶺外人醵錢作酒食，畫蘭葉于紙上，于蘭根分注出錢多寡，藏其根爲暗記于葉稍，各認一葉，展視葉之根所注錢之多寡出之，謂之撇蘭。俗以爲梆鬼腳也，梆者，拖之之謂也。

毛巴毛鼻，讀如貝。没痛癢也。按此語宋人已有。陳藏一《雪詞》：「讒賈秋壑，没巴没鼻，做出漫天漫地。」

毛答毛颯，猶扯淡也。按答、颯二字見字書。《鄭鮮之傳》范泰誚鮮之仕宦不及傅亮、謝晦，曰：「今日答颯，去人遼遠。」

〔一〕奉：原誤作「來」，據《新書》改。

黄與王皆曰王。土音黄王不分。按《猗覺寮雜記》：「黄王不分，江南之音也，嶺外尤甚。柳子厚《黄溪記》：『神，王姓。』黄與王聲相邇。」〔一〕以此考之，自唐以來已然矣。

高與歌皆曰歌。土音高歌不分。按陳鵠《耆舊續聞》〔二〕：「閩人以高爲歌，文士作歌，亦多不晤。真宗朝試『天德清明賦』，有閩士破題云：『天道如何，仰之彌高。』考官閩人，遂中選。」邑故與閩汀接壤，故以高爲歌。至嘉應則不然矣。

奀，瘦也。冇，膚也。不，架木爲樁也。按《南粤志》載嶺南字「𡇈音扁，套音矮，𡙇音穩」，皆以意爲之。今鎮邑亦有獨創之字：奀，音則平聲，言人瘦小也。冇，音髦，穀不實也。人之虚浮者亦曰冇麸，炭曰冇炭，蓋膚之謂也。不，音頓，與《峒溪纖志》所載稍異。此則以架木爲樁曰不，又燭名不燭，有插如不也。不字、冇字及华字並見王鉞《星餘筆記》，鉞令西縣時所撰也。

挖學亦曰曰學。俗朋友授徒至其館具酒食，謂之謁學。余謂非謁也，謁字爲告請之義，此特來獵食耳，當是挖學。挖者，謂教讀者之財物皆鑽之彌堅，如夫子之牆，非挖不能入也。或謂當是曰學，按許氏《説文》「開口吐舌，謂之爲曰」，獵必須開口吐舌者，言特來此爲朵頤之故也。

獵食亦曰蠟食。俗以無故來人家徒哺啜者，謂之獵食。《天禄識餘》：「古人無籍之士，遊手清談，無故來人家，志必得酒而後去，謂之獵酒。」按獵酒出《五代史・周》〔三〕：「常思性鄙澀，每從事來，輒怒曰必是獵酒。」獵食之義亦猶是也，其曰獵食者，或諛其才，或諛其學，或諛其子弟，以甘言餂之也。又曰邏食。

〔一〕邇：原誤作「通」，據《猗覺寮雜記》改。

〔二〕鵠：原誤作「鵲」。

〔三〕周：原誤作「漢」。

邀人小酌曰嘗酒。按《天禄識餘》：「北人社前一日，親朋相會謂之嘗酒。見宋韓忠獻《安陽詩集》自注。」今京師喜筵宴會，每於未張筵前飣飣小集，亦曰嘗酒。

健飯曰囊飯。俗以善飯曰會囊飯，囊字讀如官音去聲，蓋酒囊飯袋之説也。

試文不中選曰落籮。或以爲不取之卷俱置之籮筐，非也。按唐時以判試選人，遒麗者號爲高等，拙弱者號爲藍羅，説見《大唐新語》。落羅當是藍羅之訛。

醵錢會食曰打鬭四。按此不知所謂，疑是楊衒之《洛陽伽藍記》羊比齊、魯大邦，魚比邾、莒小國之訛，齊、魯、邾、莒四國也。鬥錢會食有似四國皆至，故云四也。仙根鍾氏云：「鬥四當是湊起，打字語助辭。」按宋劉昌詩《蘆浦筆記》：「歐陽公《歸田録》云：世俗言語之訛〔一〕，而君子小人皆同其謬，惟打字耳。如打船、打車、打水、打飯、打衣、打糧〔二〕、打繖……觸事謂之打。《漫録》以《釋文》取偏旁證之〔三〕，謂打字從手從丁，蓋以手當其事者也。此説得之矣。」鎮俗酤酒曰打酒，賭標曰打標，清明上冢曰打清明，又曰打醮墓，結伴曰打火，正月弄獅曰打獅，作事先通信及作詩文傳遞曰打簡，亦悉數之不能終也。

印契曰紅契。言已用官印也。按元時以俘到男女配爲夫婦，名驅口，子孫永奴永婢。又有官賣于人，立券投税者，名紅契。

乩仙曰降筆。按楊瑀《山居新話》：「應中甫，錢塘人，壯年篤志學道，得請仙降筆法，甚驗。」則浙中亦以扶乩爲降筆也。

〔一〕語：原誤作「話」。訛：原誤作「譏」。據《歸田録》改。

〔二〕打：原脱。

〔三〕取：原脱，據《蘆浦筆記》補。

翻書曰援書。或謂當是掀字。按古人引據典故皆曰援，則援字亦通。

别字曰白水字。按白水字當是别體字之訛。

稱錘曰稱鉈。鉈，讀作佗，垂之義也。物之重而下垂者爲佗，錘腹亦曰佗。楊子《方言》：「東齊之間曰鍱，宋魯曰錘。」而不知揚越之間曰鉈也。

編竹爲器曰籭。讀麗去聲。醡酒器曰酒籭，亦曰糟籭。盛箸曰箸籭。盛小魚蝦蜆曰籭公。按所以稱公之故，當是對魚笱而言〔一〕。《爾雅·釋器》：「嫠婦之笱謂之罶。」笱爲婦，故籭爲公也。

笱，婆笱。婆者，寡婦之謂也。今稱爲河笱者，悮也。笱固用之溪圳之間，非用之于河干者也。

釣絲，釣緡。緡，土語讀作賓。按《詩傳》：「緡，釣綸也。」《六韜》：「緡隆餌重，則嘉魚食之。緡條餌芳，則庸魚食之。」

笊籬，笊摟。撈飯器也。宋李璜詩：「此身便是龐居士，也更無人賣笊籬。」亦指此。按《説文》：「摟，曳聚也。」摣取也。音樓。

甖程，甕斗。甖，土語張口呼程。按《韓詩外傳》「後者罰一經程」注：「酒器之大者曰經程。」即此。甕，甏也。周去非《嶺外代答》：「南人謂甕爲甏斗，亦酒器。」

椅，凴椅。凴，土語讀烹去聲。見《周禮·春官·司几筵》賈氏疏文，見《顧命》。

兩槅盛曰匜。俗以木榼有兩槅盛酒饌禮物饋送人，上横穿一木可扛者，謂之盛。讀作鄭。按《左傳》「旨酒一盛」注：「盛，器也。」《禮·喪大記》「食粥于盛不盥」注：「謂今時杯杅也。」雖並訓爲器名，然皆止盛一物，恐非今時所謂盛，當是

〔一〕笱：原作「笥」，據下引《爾雅》改。本條同。

匨字。匨，《説文》謂古文臧字。而木部榧字亦「音贓，謂木版盛物」也〔一〕。土音讀鄭字，與正音讀贓字相近，當即此也。

木羊蹄。羊蹄，木器，有柄，用以捶三和土者也。地多不用磚鋪，以石灰、沙、坭三者和爲土，用羊蹄捶之使堅，所謂打三和土也。

鐵牛角。偷兒所持以穴牆者，形如牛角。牛角能觸牆，故取其形而以名之也。

卓塾謂之卓翣。按《堯山堂外紀》：「大祖嘗微行，入酒坊，遇一監生，與之對席，帝因舉翣几小木，命生賦詩，應曰：『寸木元從斧削成，每於低處立功名。他時若得臺端用，要向人間治不平。』帝喜。翌日召生〔二〕，命爲按察司。」翣字作塾字用見此。

紙鳶，紙鷂。《唐書·田悦傳》：「臨洺將張伾，以紙爲風鳶，高百餘丈，爲書達馬燧營。」此紙鳶之所始。《續博物志》：「今之紙鳶，引絲而上，令小兒張口望視，以洩内熱。」

火籠，火窗。火匡，火斗。俗冬月暖手足具無銅製者，皆用竹木爲之。竹製者圓，其形如籠，名曰火窗。按葱蘢聲相近，窗當是籠字之訛。木製者方，其形如斗，名曰火斗。按《説文》以熨斗爲火斗，此則火匡也。

臂釧，手厄。按《詩·韓奕》「鞗革金厄」注：「金厄，以金爲鐶也。」《説文》：「釧，臂鐶。」則釧亦鐶也。以厄爲釧，以釧爲厄，無不可也。今俗婚禮書釧，而不書厄者，以厄字義不佳故也。

金之上者曰瓜子金。按《格古論》：「南番瓜子金〔三〕、麩皮金，皆生金也。雲南葉子金，西番回回金，皆熟金也。」

〔一〕榧：原誤作「棰」，「音贓，謂木版盛物」實出《字彙》，《字彙》正作「榧」。

〔二〕翌：原誤作「翣」。

〔三〕金：原誤作「果」，據《格古論》改。

米粉，粄錫。字書：「粄，屑米餅。」按《留青日札》：「錫，銀色而鉛質。」古稱鉛爲黑錫。粉，胡粉也。俗亦有以粄錫爲錫粄者，蓋沿胡粉之悮，悮以錫粉爲粄屑也。或曰本名粄屑，訛爲粄錫。

粔籹，米果。俗呼粔籹爲米果。按陸放翁詩：「白白餈筒美，青青米果新。」自注：「蜀人謂粽爲餈筒，吴人名粔籹爲米果。」

帆曰簕。音禮。按《類篇》：「笓簕，織竹爲障也。」疑編竹爲帆與織竹爲障相類，故帆亦以簕名。屈大均謂㠺，按㠺字不見字書。

茶銚曰急簫。潮州土製白泥小茶銚，極工細，俗呼爲急簫子。蓋以其焙茶水最易沸，其聲如簫泠泠然静細，故以急簫名之。此亦從東坡瓶笙化出者也。

辣菜曰酢菜。酢同醋。按顔師古《匡謬正俗》云：「酢菜，酢音倉故切。」蓋古無醋字，字書酢即醋也。以其帶酸，故謂之醋菜。

餳，穀牙糖。按《升庵外集》：《周官》「麷蕡」，《儀禮注》作「逢蕡」。熬麥曰麷，熬麻曰蕡。麷，今之麥芽糖。蕡，今之麻糖。麥亦五穀之種，故俗呼爲穀牙糖。

襖，襖婆，襖子。俗呼綿襖爲襖婆。蓋鎮邑地氣和暖，冬月婦人、孺子衣皆不裝綿。惟老年翁媪有綿襖，故稱之曰襖婆。婆者，老婦之稱也。今則地氣較冷，婦孺亦有裝綿之衣，遂稱之曰襖子矣。又俗衣服自袍套及單衣外，通謂之襖。按《古今注》：「襖子，蓋袍之遺象也。漢文帝以立冬日賜宫侍承恩者及百官披襖子。」始有其名。《中華古今注》：「馬周請於汗衫等，上常以立冬日加服小缺襖子。詔從之，永以爲式。」是變長襖爲短襖自唐始。則俗以不開衩之服皆謂之襖，亦仍古義。諺云：「不食黄芒粽，襖婆不入甕。」言不到端午，綿襖尚不敢藏之箱篋，仍恐有寒故也。與《連州志》諺語「不食黄茅粽，寒衣不敢送」同意。茅，土語作芒。嵇含《南方草木狀》：「黄茅瘴，土人呼爲黄芒瘴。」

表子，駡衙院。衙院二字本宋人語。衙院，駡表子。

〔民國〕新修大埔縣志

【解題】邱星五原輯，温廷敬訂補。大埔縣，今廣東省梅州市大埔縣。「方言」見卷十四《人羣志三》中。録文據民國三十二年（一九四三）鉛印本《新修大埔縣志》。

方言

目録〔一〕

音表　釋天文　釋地理　釋人事　釋親屬　釋形體　釋飲食　釋宫室　釋衣服　釋器物　釋草木　釋蟲魚鳥獸

民族文野，表於語言，覘人文者以之。故章氏太炎所著《新方言》謂嶺外三州客語，察其語柢，出于冠帶，不雜陸梁鄙倍之詞。誠爲知言。蓋言語遺傳，父詔子，子詔孫，以似以續，雖百世無改。冠帶、陸梁宜乎其有别也。唯人爲動物，轉徙無常，求楚求齊，勢所不免。且各人生理搆造或殊，發音偏正難歸一致。年湮代久，聲韻轉變，亦屬必至之事。此各處方言所以不

〔一〕目録爲編者所加。

同。然海内同文歷數千載，一字一音，一音一韻，縱經萬變，不離其宗。吾人不出户庭則已，苟馬足車塵，稍增閱歷，目視耳聽，薄具聰明，一尋語根，加以習熟，則觸類旁通，自能知其，不大逕庭。

吾邑自晉置義招安置流民，篳路藍縷，實肇于此。中原人物，聯翩接踵。洎五胡之亂，來者益衆。蓋中原語音之傳布南邊，其所由來久矣。今考現存民族，雖大抵爲南宋遺民，前民已不可考。然語音留遺，比較南方數省，正而且古，誠有由焉。

余自少讀書，覺唐以前載籍文字與吾客語相符者，往往而見。至于近代，則唯詩詞及白話小説中有之。始尚不知其故，今乃知古今語言之殊，而吾客語之近古誠不可磨没也。據近人調查，謂中國民族除操普通正音者外，以操客語者爲最多，數及七千萬。大抵蟄居山僻交通不便之地，殆亦古語相傳歷久不變之一因歟？雖其中聲韻或變，而踪迹可尋。他如魚模轉麻、歌寒對轉等類，難以更僕。故吾謂客語正而且古，非空言無據也。

近日褊淺之徒，妄事著述，竟有謂客家福老非粤種、亦非漢種者，適自暴其劣而已。

音表

方言宜先別其音韻。兹編現在以通行之注音字母爲標準，唯原有字母於客語尚不敷用，如陽韻、寒韻、皆灰侵覃鹽韻等，雖侵覃咸韻可適用合口音ㄇ字符號，而其他不能。是仍未盡其轉變，故不得不特加閏音五個，于原字母上加一小點以示區別。列表明之。他如古字母及章氏炳麟之韻表間或採用者，並列如左。

注音字母表

聲母

ㄅ ㄆ ㄇ ㄈ ㄪ ㄉ ㄊ ㄋ ㄌ

ㄍ ㄎ ㄫ ㄏ ㄐ ㄑ ㄬ ㄒ

ㄓ ㄔ ㄕ ㄖ ㄗ ㄘ ㄙ

介母

ㄧ ㄨ ㄩ

韻母

ㄚ ㄛ ㄜ ㄝ

ㄞ ㄟ ㄠ ㄡ

ㄢ ㄣ ㄤ ㄥ

ㄦ

特增埔語韻母

ㄢ̇安　ㄤ̇盎

ㄞ̇愛平聲　·ㄞ庵合口音，此音縣城石上兩區可不用。

ㄥ̇音潮語

星按，ㄢ爲正韻寒韻之屬，ㄤ爲陽韻之屬，ㄞ爲皆灰韻之屬，ㄞ爲覃鹽韻之屬，ㄥ爲侵韻之屬。在城石上兩區，ㄢ、ㄥ或可不用，此皆客音與正音之變異者。又字母無合口使餘音出鼻之音，客音則多有之。近雖有以ㄇ字母爲合口音之符號，猶未足盡客語發音之全，故特加閏母，則ㄇ符號可以不用。至ㄨ字，皆謂爲合口音，實則此音是撮唇，而非合口，以其音終從口出。若果合口，當不能成音也。蓋合口音當以ㄞ韻爲正。口已全合，而音尚從鼻出，故昔人所謂合口皆當改爲撮唇，古未有真合口之音也。

章氏《新方言》音表

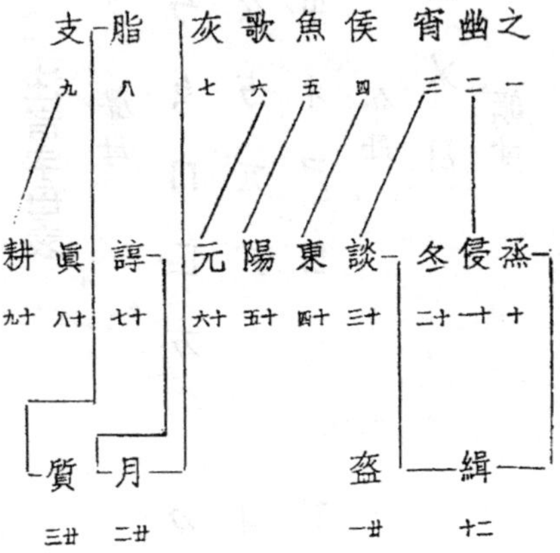

魚＝宵	侯＝之	宵＝之
魚＝幽	侯＝幽	支錫＝宵
支＝歌	陽＝歌麻	東＝幽
東＝烝	魚＝灰偕	侯＝灰偕
冬＝東	談＝侵	冬＝烝
魚＝元	眞＝東	陽＝東
陽＝耕	耕＝元	脂＝元

章氏曰：「凡目，横迤爲旁轉，縱貫爲對轉。惟冬部與侵部同對轉。緝盇近于侵談，月近灰諄，質近脂真，然皆非其入聲，有時亦得相轉。此四部爲奇觚韻。今世方音流轉，亦以是爲準則。脂灰昔本合爲一部，今驗自、回、雷、夔等聲與支部鴻纖有異，三百篇韻亦有分别。别有辯説，不暇悉録。或依舊義通言脂微齊皆灰，或以脂部稱灰，或云脂諄相轉，不悉改也。」

章氏紐目

喉	牙	舌	齒	脣
見	曉	端知	照精	幫非
溪	匣	透徹	穿清	滂敷
郡	影	定澄	牀從	並奉
疑		泥娘	審心	明微
		來	禪邪	

章氏曰：「凡目，凡同紐者爲雙聲音和，凡同音者即同喉、牙等音爲雙聲旁紐。又牙、喉古相通轉，今亦不殊。舌頭端、透、定、泥，錢大昕説：古以知、徹〔一〕、澄、娘分隸，故古無舌上音。齒音亦與舌頭音通。今從其義。重脣幫、滂、並、明，《唐韻》猶與非、敷、奉、微相合。慧琳《新

〔一〕徹：原誤作「微」。

收一切經音義》始更師説〔一〕。景審序之，抨彈古紐，謂武與綿爲雙聲，斯類蓋所不取。不悟舊音閎弇，晚更發舒。古祇重脣，無輕脣也。精、清、從、心、邪本是照、穿、牀、審、禪之副音〔二〕，當時不解分等，釋爲正齒、齒頭二音。若爾，來之與良、見之與貫，亦可分爲數紐。彼既掍成，此何煩碎？古今音既非大異，故亦如律分配。娘紐本非舌上，作字母者憑臆隸屬。尋撿古音，娘日皆歸泥紐。今悉部署〔三〕，不令離局。今音三十六紐，不能所在晐備。稽合方言，數或增益，明其通轉，則凡二十一紐而已。中原疑或近喻，江左匣、喻相猾，日紐大半爲泥，泥紐又與娘合。星按，現長汀客音日與泥近，而京伶稱娘亦常作良音，可爲娘日歸泥紐之證。大河南北，羣皆作見，定皆作端。湖南諸郡，見皆作羣，端皆作定。舌上之知、徹〔四〕、澄，江南、揚、粤與照、穿、牀不殊。齒頭之精、清、從、心、邪，九州舊服與照、穿、牀、審、禪相池。此皆合符執軌，不越音例。若乃音無爲胡，以支爲稽，輕脣入牙，與重脣相失。齒音歸喉，與舌頭異撰。此爲音誤，不得云流變也。字母三十六紐始于唐末五季之間，舊無所禀。今若一切撥除，即又無所準則。顧氏《音學五書》以還，學者浸薄等韻，江、洪諸子，復泰遵守。然則悉信亦非，不信亦非。錢大昕者，可謂

〔一〕新：原誤作「所」。
〔二〕禪：原誤作「彈」。
〔三〕悉：原誤作「釋」。
〔四〕徹：原誤作「徹」。

得其中流矣。戴震者，可謂會其玄極矣。何秋濤等，蓋無譏焉。」

古紐與今字母對勘略表

見ㄐㄧㄢ	曉ㄒㄧㄠ	端ㄉㄨㄢ知ㄓ	照ㄓㄠ精ㄗㄧㄥ	幫ㄅㄤ非ㄈㄟ
溪ㄑㄧ	匣ㄒㄧㄚ	透ㄊㄡ徹ㄔㄜ	穿ㄔㄨㄢ清ㄘㄧㄥ	滂ㄆㄤ敷ㄈㄨ
郡ㄑㄩㄣ	影ㄧㄥ	定ㄉㄧㄥ澄ㄔㄥ	牀ㄔㄨㄤ從ㄘㄨㄥ	並ㄅㄧㄥ奉ㄈㄥ
疑ㄏㄧ		泥ㄋㄧ娘ㄋㄧㄤ	審ㄕㄥ心ㄒㄧㄣ	明ㄇㄧㄥ微ㄪㄟ
		來ㄌㄞ	禪ㄕㄢ邪ㄑㄧㄝ	

星五按，字母爲聲母原素，初發爲音，曳尾爲韻，音韻合而成言，間或不足，乃加紹介。介也者，介乎音韻之間而爲之轉捩者也。古字母以三十六紐，與一百一十二攝切合。今字母以音母、韻母、介母三者諧協繁簡，相差數倍。雖婦孺極易認識發音，又較爲正確，誠可謂後來居上。然方音有南北之殊，語言有古今之變，吾國文化闢于四千年前，版圖所隸，至爲遼闊，中間又同化多數各有語言之民族，歸于大一統。閔寓五先生云：世與世禪，字亦與字禪，不有損益，不足以成其禪。又曰：一代同文，即一代變體，變變相尋，充塞宇宙，正謂此也。故吾國語言變遷增加，不可紀極，實時勢使然。欲究其言，非將聲音原素分析確當至于無可增減，必不能臻美善而得其全。否則穿鑿附會之説，即不免由此出。此必至之勢必也。

昔者音樂始作，人僅知五音，當時未嘗不適于用，厥後又發明變宮、變徵，始演爲七音，音樂乃爛然大備。樂音如此，人聲亦然。古代文化偏于北方，故以平、上、去、入四聲定字。後又分爲上平、下平，則可謂已知五音。以迄于今，猶奉爲圭臬。余以爲樂有六律，字亦皆具六音，不獨平聲有上、下，即入聲亦有上、下。細按之，當改爲陰平、陽平、陰仄、陽仄、陰入、陽入六聲。如通同洞痛怵南音突北音、聲神頳聖室南音實北音之類。通同聲神平聲也，洞痛頳聖仄聲也，怵與突、室與實入聲也。然通同聲神原各屬同音，他若通動頳聖與怵突室實莫不皆然。不外高低之差，陰陽之分而已。音樂家分爲尖平二音。此必有之音階，自然之天籟也。故僅分四聲，雖宜于北，未盡宜于南，非中華大一統之規模，急宜加以改革，以蘄晐備者也。

況人聲之發開口、合口、撮口，以及唇舌齒牙喉顎，縱有變遷，無不各歸其宗。一經探討，其所由來洞若觀火，蘇張之舌不能强辯。蓋字母一出，則萬變之音韻皆可由其駕馭，患在音母或未全備耳。吾國方言雖雜，然一字也或音轉而韻不變，或韻變而音未轉，即其轉也，亦必喉歸喉，舌歸舌，各有一定之歸向。其變也亦然，斷無唇音轉舌，齒韻變喉之理。姑舉一例，如苜蓿一物，豆科植物也，埔人曰鰗鰍豆，驟觀之，其爲變也大矣，然試按之字音，苜爲ㄇㄨ入聲，蓿爲ㄙㄨ入聲。北音入聲轉平，與吾埔之鰗爲ㄈㄨ入聲，鰍爲ㄘㄧㄡ，僅屬一音之轉，而其轉也，ㄇ與ㄈ皆唇音，ㄙ與ㄘ皆齒音，相差曾有幾何？蓋物非素識，必非土生。外至之物，必先詢名稱，此常情也。唯問告兩方，或方言稍差，或聽者偶誤，一轉移間便成舉似，苜蓿之所以爲鰗鰍，固不特其筴之有似乎鰍也。觀乎此同文之國，雖文字已變，猶可借聲音而察知其原，況文同而音僅微差者乎。

近代方言之作，章氏爲最。章氏學古有獲，精通音韻，於各處方言又多有涉獵，宜其精確不移，具見根柢。閲《音表》《韻目》兩按語，于古今音韻通變瞭若指掌。誠研究此道之津梁，故特爲迻録以資參考。

釋天文 案據科學家言，風雲雨露當別爲地文。今姑沿舊習仍併入天文。

日光强曰爉，曰爉煎煎。《集韻》：「爉，即達切，或作㸟，火貌。」《廣韻》：「火之毒貌。」故煮物燒焦亦曰爉。廷敬案，爉即烈之轉音。

彗星曰掃把星。《説文》：「彗，掃竹也。」《廣韻》：「帚也。」《爾雅》：「彗星爲欃槍。」注：「亦謂之孛，其形孛孛如掃彗。」曰掃把，故云。

天陰不雨曰晻曖，或曰晻曖晻曖。《文選·靈光殿賦》：「霄藹藹而晻曖。」《説文》：「晻，不明也。」與暗同。曖，音愛。《玉篇》：「晻曖，暗貌。」埔俗讀愛字音轉爲ㄞ，唯説此則獨未轉也。

爆電曰ㄏㄚ入聲ㄌㄣ去聲。《詩》：「爗爗震電。」爗讀ㄕㄚ入聲，電讀ㄉㄧㄢ去聲，與ㄏㄚ入聲ㄌㄣ去聲均一音之轉。温太史仲和《嘉應州志》「方言」云：以下簡稱《温氏方言》。「電謂之䚷，電亦謂之閃電。按，《衆經音義·大咸德陀羅尼經》十二卷出䚷電二字，注云：『又作睒，同，式冉反。《説文》：暫見也。經文作閃，窺頭也。』」廷敬案，《詩》：「爗爗震電。」爗，于閃反。電，徒震反。與「不寧不令」爲韻，今埔語謂爆電爲爆冷，去聲。蓋即古電音之轉。

虹音呼若共，亦曰天弓。《温氏方言》：「案，《衆經音義・大菩薩藏經》卷一出天弓，注云：亦言帝弓，即天虹。虹，胡幺反。俗云絳，雙出鮮盛者名虹〔一〕，暗昧者名蜺。州俗概謂之天弓。」埔語或稱弓，或作仄聲如共，或亦稱天弓。虹、共、弓皆一音之轉。

驟雨乍晴曰過雲雨。元稹詩：「江喧過雲雨。」《嘉志》多引張方平、趙汝鐩二詩。

雲或曰雲端。葛逸詩：「樓觀倚雲端。」

秋雲稀疏曰魚鱗雲。《吕氏春秋》：「山雲草莽，水雲魚鱗。」又王筠詩：「雲上若魚鱗。」

風起曰颩颩聲，或曰風飄飄、風刮刮、風瀏瀏。颩，《正韻》逢夫切。《玉篇》：「風自上下謂之颩飃。」《廣韻》訓「大風」。《詩》：「飄風發發。」今北方人言風起曰刮風，刮字入聲變平。埔人讀字作入聲，而語音如瓜，與北音同。又《楚辭》：「秋風瀏以蕭蕭。」瀏，風疾貌。

烈風曰風暴。《詩》：「終風且暴。」暴字讀作ㄆㄛ去聲，唯説話則仍正音爲ㄅㄠ去聲。暴裂之暴亦同。

雨或曰水，小風雨曰微風細雨。《説文》：「雨，水從雲下也。」按，在天爲雨，落地爲水，雨水本無分別。故埔語落雨亦曰落水。又微風細雨四字爲詩詞常用語，尋常讀微爲ㄇㄧ陽平，

〔一〕雙：原脱，據《玄應音義》補。

唯言此則音反近古作ㄇㄨㄞ陽平。又微雨不止曰雨微微，或水微微。微字亦然。

狀大雨曰毗劉暴樂。《爾雅》：「毗劉，暴樂也。」俗狀大雨曰ㄅㄧ陽平ㄌㄧ陽平ㄅㄛ陽平ㄌㄛ陽平，即毗劉暴樂四字之總言而音或稍差耳。案，埔語形容槍聲則曰畢栗剥落，均作入聲，又形容作事匆促則均作去聲。又形容長物披拂曰畢栗撥剌。均此四字之轉。

大風雨曰黑風猛雨。蘇東坡詩：「天外黑風吹海立。」杜牧詩：「萬丸跳猛雨。」

大雨曰大雨淋漓，受雨曰涿雨，又曰水淋水涿。《說文》：「淋，以水渫也。」[一]又淋漓，渥貌。涿，流下滴也。

微雨又曰雨毛。《通俗編》云：「蘇軾詩：『毛空暗春澤。』自注云：『蜀人以細雨爲雨毛。』」《温氏方言》謂州俗亦謂之落雨毛。埔人稱微雨曰雨毛子，或水毛子。

自初更至天明曰徹夜。魏文帝書：「通夜不瞑。」漢諱武帝名，徹爲通。此後已成習慣。埔語通夜不瞑曰徹夜無睡。又鎮日亦曰徹日，連日夜曰徹日徹夜。

昨曰昨晡日、昨晡夜，今曰今日、今晡、今暗晡，前日或曰前頭日，前三日曰大前日，明日曰天光日，或晨朝日，又明日曰後日、大後日。《說文》：「餔，日加申時食也。」《吕氏春秋》：「旦至食，食至日昳。日昳至餔，餔至下餔，下餔至晚。」言將夜也。按，餔今作晡。《淮南子》

[一] 渫：原作「沃」。

曰：「至于悲谷，是謂晡時。」埔人言晡多加闇字或夜字，意義更盡，而非複《吕氏春秋》「使民闇行」高注「闇，夜也」。《廣雅》亦訓夜蓋晡爲黄昏時候，所謂申時。所謂日至悲谷，皆未入夜，加以闇字始能及夜也。王建《宫詞》：「大儀前日煖房來。」前日與前頭日同，前三日曰大前日。晨朝二字見《衆經音義》卷一注，云：「《爾雅》：晨，早也。《釋名》云：晨，伸也。言其清旦日光復伸見也。」《温氏方言》：「案《老學庵筆記》云：後三日爲外後日，意其俗耳，讀《唐逸史・裴老傳》乃有此語。」翟灝曰：「按又謂之大後日。」

昧爽曰天甫白、東片白了。《詩》：「東方明矣。」《赤壁賦》：「不知東方之既白。」

釋地理

平地曰坪。《正韻》坪，蒲明切，音平，「平也」。埔俗生草者曰草坪，砌石者曰石坪，填石灰者曰石灰坪。

近水地可種植者曰壩。《集韻》：「壩，堰也。」壅水爲埭曰堰。埔俗常書作埧。查埧音具，訓爲隄塘，並無霸音，實係誤用。

新墾種植地曰畬。《説文》：「畬，三歲治田也。」《詩》「如何新畬」傳：「一歲曰菑，二歲曰新，田三歲曰畬。」《易》「不菑畬」鄭注：「一歲曰菑，二歲曰畬，三歲曰新田。」與《説文》《詩傳》不符。《詩詁》謂：「若二歲曰新田，三歲則爲田矣，何名爲畬？」故《正字通》謂：「據此則《詩傳》《爾雅》《説文》皆不足信，當從鄭注。」埔人以新墾之田可以種植者爲畬，有畬禾、畬番薯等，唯畬字普通音ㄙ陽平，而埔語作ㄘㄧㄚ。查《集韻》或作詩車切，此則埔音所由來也。

地狹曰偪側。《文選·上林賦》：「偪側泌瀄。」司馬彪曰：「偪側，相迫也。」

地裂曰副坼。《詩》：「不坼不副。」副、坼皆裂也。埔語凡物裂縫皆曰副坼，或單言副。副音迫。

地低陷處曰凹下去。《韻會》凹，乙洽切，音浥，「低下也」。凡物低陷皆曰凹。又《集韻》於交切，音吙。今亦讀坳。按埔語物低陷曰凹下去，音ㄖㄚ入聲，與《韻會》乙洽切同。山凹則曰山坳。

平地突起之小培塿曰泥堆。《七發》：「踰岸出追。」李善曰：「追，古堆字。」

地中小窪曰堀。《說文》：「堀，兔堀也。」按堀亦作窟。

階級曰堪、曰斷。《說文》：「堪，地突也。」按，堪相承作墈。《韻會》苦紺切，音戡，「險岸也」。俗謂土突起立者爲墈。埔語均作去聲。又曰斷。《爾雅》《釋名》：「斷，段也。分爲異段也。」〔一〕

小路曰徑，山上小路曰雉鷄路。《說文》：「徑，步道也。」《玉篇》：「小路也。」又鳥道，即雉鷄路之意。

〔一〕 分：原脱。

平路曰平蕩蕩、曰坦平。《書》「王道蕩蕩」「王道平平」。《易》：「履道坦坦。」《説文》：「坦，寬也，平也。」

山脊曰山岡。《説文》：「岡，山脊也。」

山尖曰山頂、曰峯，山之窊下處曰山坳。《説文》：「頂，顛也。」「峯，山耑也。」《正韻》坳，於夭切，音凹，「窊下也」。

山陡峻曰壁，或曰陡。《水經注》：「凡不厓之峭削皆曰壁。」按，陡，本音ㄉㄡ上聲，埔語作ㄉㄥ平聲，是同發音于舌頭，而韻偶變也。

危厓欲傾者曰巖。《詩》：「維石巖巖。」按，埔語山石懸空横出者曰石巖，又曰巖巖裹好得人畏。

山旁曰陂。《説文》：「陂，坂也。」《釋名》：「山旁曰陂。」按，埔音陂字或讀波，或讀毗，唯説話作ㄆㄟ平聲，與波、毗微差。支歌麻相轉。俗作排，亦非本音。

水邊曰漘。《詩》：「在河之漘。」《説文》：「漘，水厓也。」埔語河海池田各邊岸均曰某漘。

水沸曰涫。《説文》：「涫，鬻也。」按，涫滚一音之轉，俗作滚，非。源泉滚滚，係流水貌，非沸也。

水沸溢曰𩰲。《説文》：「炊釜溢。」蒲没切。章大炎《新方言》以下簡稱《新方言》謂今作鋪聲，亦本音。按，埔語言沸溢則作鋪聲，言自滿溢則蒲没切。

狀水之狹流而出曰泌瀄聲。《上林賦》：「偪側泌瀄。」《説文》：「泌，狹流也。」

水盡曰潐。《説文》：「潐，盡也。」或作燋。按，埔語皆平聲。

以水汰物曰淘。《韻會》：「淘，澄汰也。」

凡物清一色，或大小均勻曰一渌水。《韻會》渌音禄，「水清也」。《東京賦》：「渌水澹澹。」

水清曰潔清，曰清潔潔。潔，《正韻》吉屑切，音絜ㄐㄧㄝ入聲。埔語言清潔則作ㄐㄧㄝ入聲，獨形容水清則作ㄐㄧㄤ入聲，與潮語同。清亦作精音。

濁水曰渾水。《道德經》：「渾兮其若濁。」渾，平音，與罵人愚而不明爲渾渾沌沌作溷音者微别。

田間山下之小水流曰甽。《集韻》：「甽，朱閏切，溝也。」《釋名》：「山下根之受霤處曰甽。甽，吮也。吮得山之肥潤也。」

泥水相掍曰泥漿，或泥餬攪漿。按，土和水曰泥。《書》：「厥土惟塗泥。」《説文》漿作𤖣，「酢漿也」。一曰水米汁相將也。《爾雅·釋言》：「餬，饘也。」注：「糜也。」疏：「餬、饘、鬻、糜，相類之物。稠者曰糜，淖者曰鬻，餬、饘是其别名。」《左傳》：「有淖于前。」《字林》謂「濡甚曰淖」。即所謂泥漿曰泥餬攪漿者，言泥水相將如淖鬻耳。

大于𠷔、小于谿者曰阬。《爾雅·釋詁》：「阬阬，虚也。」注：「謂阬壍也。」疏：「坎陷之虚也。」《莊子》：「在阬滿阬，在谷滿谷。」《史記》：「馳阬谷。」按，埔以大于𠷔、小於谿者爲阬。

水自上衝下曰漴。按，漴字有土鋒、仕巷、紐中、紐弓四音，訓水聲者爲紐弓。埔人以水衝物曰漴水，漴成之穴曰水漴窟，洗浴或曰漴涼，借水聲爲名也。

土之最細碎飛起者曰塵，塵多曰塵蓬蓬。《集韻》《韻會》《正韻》：「塵，埃也。」《新方言》謂蓬與墣、坋、坌皆一聲之轉。蓬又作埲。《廣韻》塕、埲：「塵起。」

釋人事 案人事所包甚廣。兹特就人身所發，及對于他人者屬之，其他如飲食、居住等，則别爲一門焉。

凡應人及然許人皆曰欸，聲若噯，或曰諾。《方言》：「欸，然也。」與俞、唉、唯皆一聲之轉。《爾雅》：「俞，然也。」《説文》：「唉，應也。」「唯，諾也。」唯急詞，諾較緩，故古于父命君召無諾。邑語諾與欸同一聲紐，當係古音。

不審人言而應之曰瑕。《小雅》：「遐不謂矣。」《表記》引作瑕，注：「瑕之言胡也。」章氏曰：「凡《詩》言『遐不眉壽』『遐不作人』，皆即何不也。」

凡揚聲以警人者曰噫歆，又謂咳嗽者曰噫歆。章氏據《士虞禮·記》及《曾子問》注謂：噫嘻轉爲噫歆，又《既夕禮》注則爲噫興，《禮》之噫歆以警神。今祭禮尚有「祝噫歆」，即其遺也。今人則以警人，蓋古時亦當以警人。其警神則幽明一理耳。邑轉噫爲入聲，歆爲仄韻。其謂咳嗽爲噫歆，則以所發之音相同耳。

叱人曰叱，或曰咤。《説文》：「叱，訶也。」《一切經音義》口引《蒼頡》云：「大訶爲叱。」《莊子》「叱者」，釋文引司馬注：「叱者，若叱咄聲。」《史記・淮陰傳》索隱：「叱咤，發怒聲。」埔語叱人曰叱，或曰咤，多引長作平聲。

不滿意而鄙棄之曰歔。《説文》：「歔，且唾聲。一曰小笑。」許壁切。蓋唾棄鄙笑之意。

撫小兒痛曰噢咻，撫小兒睡亦曰噢咻。《左傳》：「民人痛疾而或噢咻之。」或作燠休。服虔曰：「痛其痛而念之，若今小兒痛，父母以口就之曰燠休，代其痛也。」章氏謂：「即俗之噯喲、阿育。」廷敬案，小兒痛以口就之曰噢咻者，蓋撫兒使忘其痛也。服虔謂「代其痛」未確。章氏謂「即噯喲、阿育」者尤非。噯喲、阿育乃呼痛之詞，非安撫之詞。埔語撫小兒使睡亦曰噢咻，特咻音爲ㄛ。星五按，古侯幽肴豪相轉，如烋休之烋，音虓，《集韻》或作休，休音字可轉ㄛ，知噢ㄛ亦噢咻之轉也。

如是曰⿰氵那或，亦曰⿰氵那。《方言》：「⿰氵那，或也。沅澧之間言或如此曰⿰氵那如是。」郭璞曰：「亦憨聲之轉。」章氏謂：「今廣州謂何故如是曰⿰氵那音，如憨俗作咁。」廷敬案，今廣州所呼之咁，皆作如是解，並無何故疑難之辭。埔語言⿰氵那者極多，如⿰氵那多、⿰氵那少、⿰氵那好、⿰氵那歪之類，皆與廣州言⿰氵那同。惟⿰氵那字音轉爲甘山切。又有謂⿰氵那樣、憨樣、⿰氵那仔，憨、⿰氵那即如此、如彼之詞。此⿰氵那之作如是解者也。若作或字解者，則讀若敢。如事之片面近是而未決者，則曰敢係，猶言或是也。此即揚氏《方言》所釋如或者，而沅澧之間所謂⿰氵那如是也。二詞雖原因或有關係，然不容混而爲一，章氏所言未審。

適纔曰羌。《廣雅》：「羌，乃也。」亦作慶。《漢書・楊雄傳》：「竢慶雲而將舉。」〔一〕注：「慶讀曰羌。」章氏謂乃有二義，一爲然後，一爲適纔，羌之爲乃、爲適纔之義。他處人言適纔之乃爲剛，埔語多仍爲羌，如云羌羌、好羌、羌來是也。

無曰摩。《漢書》：「飢者毛食。」毛訓無。實則毛是粤湘贛近邊音，古音則爲ㄇㄛ陽平，如佛經南無二字之音，譯者六七種，無字之音或謨、或摩、或慕、或末，音均作ㄇㄛ陽平，不作ㄨ陽平。埔語曰摩，正古音也。

厭足曰⿰飠芻。《説文》：「⿰飠芻，飽也。」食飽爲⿰飠芻，俗作够。凡食飽及各物厭足皆曰⿰飠芻了。⿰飠芻又曰ㄌㄚ去聲，即剌之正音。《西厢》：「顛不剌的見過萬千。」埔語責小孩子頑皮曰顛唔剌、攬唔剌。

將爲未爲曰吂。《方言》：「沅澧間使之而不肯答曰吂。」郭璞注：「音茫。」星五按，埔語ㄤ音多轉ㄤ，茫字讀音爲ㄇㄤ入聲。而説話仍作ㄇㄤ入聲，不失正音。廷敬案，吂即未字之轉，其不肯答亦曰吂者，諉卸之辭，借吂爲言，非其本意，揚氏所釋未瞭。埔語吂前即未曾，吂有即未有，可知吂之爲未也。

〔一〕竢慶：原誤作「慶竢」，據《漢書》改。

太過曰忒過。《廣韻》：「忒，差也。」《詩》：「昊天不忒。」鄭箋：「不差忒也。」史邦卿詞：「天念王昌忒多情。」與埔語之忒大、忒小、忒長、忒短等用法相同，均作過義。

自稱曰厓、曰牙。古吾字讀牙音。《說文》我稱吾，亦音牙。《漢書》「允吾」，應劭：「音鉛牙。」星五按，牙轉爲厓，是韻之變。厓亦作牙音，故涯字入支麻二韻。

稱人曰女、曰若。汝、女、爾、而、若，皆對我之稱。埔音汝、女、爾、而皆作ㄏ陽平，或由舌尾抵塞齒齦出音於鼻，蓋ㄋ未出聲，而以ㄥ音收之，皆汝之轉變。若則作ㄏㄚ，本古音。《史記》：「吾翁即若翁。」佛經「般若波羅蜜」，若音惹，以若爲ㄏㄚ，古語也。百侯、石雲二區稱汝爲亨，當爲卿字之誤。蓋粵語讀卿爲亨，客語隨之而變也。

謂他人曰其。《詩》：「彼其之子。」其相承作渠，埔音作ㄐㄧ，發音稍轉。

我輩曰俺等人，伊們曰渠等人。《集韻》：「俺，我也。北人稱我爲俺。」《海篇》：「等，輩也。」渠見前。埔音俺變爲ㄣ，渠變爲ㄐ，等字作南音上聲，轉近平。

何處曰那子。按嘉應客語曰那裏全作北音，埔人近嘉應者亦同。但大多數那字作ㄋㄟ，與北音作ㄋㄚ，音尾ㄟ、ㄚ微別。但北語多曰那兒，南音始作那裏。嘉語則語句屬南，而語音屬北。埔人則習作南音矣。廷敬案，謂何爲那，實始于《左傳》文公十三年華元答役人謳云「棄甲則那」，唐宋人遂盛用之。埔語那音多呼作奈，奈何猶言如何。緩讀爲奈何，急讀爲那，長爲奈。又有呼作呢者，則奈之轉也。

此處曰裏子、曰此裏。按此本音ㄘ上聲，埔音變ㄗ去聲，皆齒頭音。

彼處、此處曰該子、裏子，或該邊、裏邊。北語助多用兒，南語助多用子。客語大抵近北，而獨多言子者，居處久同化於南也。該字，原訓載、備、咸、兼、皆等義，《正字通》謂：「俗借爲該當之稱。」故當如此曰應該如此，不當曰不應該，是該有當義。當又有對義，今公文常用該處、該人，當即借此。裏，内也。内我而外人，故彼處曰該處，彼人曰該人。近我曰裏邊、裏子。廷敬案，該子又有呼爲計子者，當即其字之轉。《詩・王風》「彼其之子」箋：「其本作記。」記、計音正相近。

問誰人曰嗎人，何物曰嗎箇。嘉應音則爲滿人。《温氏方言》謂滿人即其人之轉。廷敬案，其字，係代名詞，與嗎爲疑問詞不同，則嗎字非其字轉可知。案今國音語尾屬於疑問者爲嗎爲呢，屬於指實者爲哩，埔語則用爲發語，如曰嗎人、嗎箇，曰呢子、呢箇，曰哩子、哩箇。呢爲那之轉，哩爲爾之變。《説文》云：「尒〔一〕，詞之必然也。」正與今哩字合。章氏以爲爾今作呢，則爲疑詞之爾，而非必然之爾矣。嗎字當即末字之轉。末，無也。末與無又爲疑問之詞。《士喪禮》筮宅辭曰「無有後艱」〔二〕，卜葬詞曰「無有近悔」，章氏以爲倒之即是「有後艱無」「有近悔無」，是無爲疑詞。末字亦然。今人問有嗎，即有末也。初猶與有字同用，後遂省去有字

〔一〕尒：原作「爾」，據《説文解字》改。
〔二〕艱：原作「難」，據《儀禮》改。

獨用，而埔語用於發語，與《儀禮》卜筮詞合，所呼音猶近末。章氏謂無古音如模，由模音轉如麼、如嗎，不若謂爲由末轉更合也。

受人所加者曰被，音若篦。《廣雅》：「被，加也。」故凡受人所加謂之被，如被告、被累、被毆、被殺等詞是也。埔語除成文之詞讀如原音外，其尋常語則音轉如篦，在支、加二韻之間。

矜惜人謂之可憐。憐字，埔人讀音爲ㄌㄥ陽平，説話曰可憐則作ㄌㄧㄢ陽平。廷敬案，埔語憐讀若鄰，正合古音。《九辯》憐字與人、新等字韻，漢《邪徑謠》憐字與人字韻，即其證。蓋先韻小半部古時皆入真韻，如先、千、天、堅、賢、田、年、顛、巔、淵，見於《三百篇》者，皆作真韻讀，不與仙同也。且凡以粦之字，如鄰、嶙、璘、磷、麟無不作粦音，其作連音，乃後世轉變，大約起於六朝時，如以「相府蓮」影「想夫憐」是也。

怒曰惱、曰很、曰生氣、曰急。《説文》：「惱，有所恨也。」《温氏方言》：「《曲禮》『很毋求勝』注：『很，鬩也。』釋文胡懇反〔一〕。《爾雅》：『鬩，恨也。』〔二〕正義曰：『很者，忿争之名。』《小雅》：『視我邁邁。』《説文》作怖怖，許云：『很怒也。』」《國語》晉子犯曰：「我曲楚直，其衆莫不生氣。」急，《廣韻》訓疾，《增韻》訓迫。按，埔語讀音，急爲ㄐㄧ入聲，惱爲ㄋㄛ上聲，而説話作ㄋㄠ，上聲變平，不失正音。曰急死人，與普通音急煞人無異也。

〔一〕反：原誤作「友」，據《經典釋文》改。

〔二〕恨：原誤作「很」，據《爾雅》改。

憂心曰切。《匡謬正俗》顔注云：「《甫田》篇『勞心忉忉』。《爾雅》『忉忉』音：『切切，憂也。』」〔一〕

智慧曰精、曰玲瓏。《廣韻》：「精，明也。」玲瓏，《玉篇》據《太玄經注》謂金玉聲。按玲瓏，詩家相承，多用作空明之意。李太白詩「玲瓏望秋月」，即此意。埔人稱人智慧曰精緻、精靈、精明，曰鬼靈精怪，均與嘉應同。《温氏方言》亦詳言之。

痴愚曰惷、曰戇、曰笨。《周禮・司刺》：「三赦曰愚惷。」注：「惷愚，生而痴騃者也。」戇，《説文》訓愚。《温氏方言》謂「土音讀昂之上聲」〔二〕。笨，《集韻》：「一曰粗率。」晉豫章太守史疇以肥大，人目爲笨伯。按，埔語笨亦曰惷笨，人肥大則舉動不靈活，故曰笨。戇，或作昂上聲，或作尢上聲。

心術不正曰鬼黠。《方言》：「虔、儇，慧也。自關而東趙魏之間或謂之鬼，或謂之黠。」按，埔語鬼黠，專指心術不正者而言。或曰當作詭譎，但詭字音轉耳。

小孩可人曰㦤。《方言》：「晉謂之㦤。」丁小雅注云：「㦤音俚，今小兒慧者曰乖，當即㦤之轉音。」

〔一〕《匡謬正俗》作：「《爾雅音》：『切切，憂也。』」
〔二〕上：《嘉應州志》作「去」。

詐曰徼。《論語》：「惡徼以爲智者。」朱注：「徼，伺察也。」《温氏方言》謂：「州俗謂不由正道、掩人不備而以詐取勝者。」按，埔語亦同。或同梟，以惡鳥比之也。

怒罵曰訶詮。《廣雅・釋詁》訶訓怒〔一〕。《説文》：「訶，大言而怒也。」「詮，具也。」〔二〕《廣雅》：「詮者，論之具也。」《温氏方言》云：「訶詮者，言怒而責之具其詞，不稍隱諱也。」按，訶詮俗語音爲阿煎，恐係訶譴，皆一音之轉。

勤曰廞、曰勤廞。　客音勤皆作廞去聲。《温氏方言》博引經傳謂廞有喜、興等義，故曰廞。按，客語廞作仄聲爲ㄑㄧㄥ去聲，勤字讀音爲ㄑㄧㄣ陽平，三字母僅韻尾ㄣㄥ微異，又皆屬喉音，廞當即勤字之變音。其曰勤廞，則爲雙音。國語雙聲疊韻者極多也。

嬾怠曰ㄌㄞ陽平ㄌㄞ陽平，曰ㄌㄞ上聲ㄌㄞ上聲，曰ㄋㄢ陽平ㄊㄢ去聲，曰ㄋㄢ陽平ㄕ。　按嬾字古作賴音，怠字古作苔音。埔語謂作事不勤緊曰ㄌㄞ陽平ㄌㄞ陽平，曰ㄌㄞ上聲ㄌㄞ上聲，謂不肯作事曰ㄋㄢ陽平ㄕ，多是古音。《正字通》云：「六書無懶字，嬾訓同。」《康熙字典》嬾音賴。《唐韻》洛旱切。又作平聲。《匡謬正俗》引《東京賦》怠與栽、裁爲韻，《柏梁》詩與時、來叶，《後漢敬隱後頌》述宋氏之先與基叶〔三〕，故怠字讀ㄌㄞ陽平，讀ㄕ陽平，均屬古音。其讀ㄋㄢ陽平ㄊㄞ去

〔一〕詁：原誤作「話」。
〔二〕具：原誤作「其」。
〔三〕後漢敬隱後頌：原作「後漢故隱後」，據《匡謬正俗》改。

聲則今讀也。

安静曰安恬、安耼、妥帖。《説文》：「恬，安也。从心，甜省聲。」《書》：「引養引恬。」又静也。《莊子》：「以恬養志。」耼，亦安也，丁帖切。埔語曰安耼，亦曰妥帖。妥亦訓安。陸機《文賦》：「或妥帖而易施。」《康熙字典》：「今方言，工穩成就皆曰妥帖。」

心不安静曰牢騷、曰偪側。心不安静曰牢騷。騷作蚤音，爲ㄗㄠ去聲。煩憂曰牢騷，騷作ㄙㄛ。《漢書・楊雄傳》注：「牢騷，抑鬱不平也。」《上林賦》：「偪側泌瀄。」司馬彪曰：「偪側，相迫也。」埔人稱地方狹隘亦曰偪側。心之煎迫，與狹隘相迫同也。

絞緊曰緪，又曰緪掤掤。《楚辭》：「緪瑟兮張鼓。」注：「緪，急張弦也。」一作絙。《説文》手部亦有搄字，「急張也」，與此義同。又掤弓貌。埔語緪掤掤、硬掤掤皆此掤字。余謂繩索之屬曰絞緪下子，當從系旁；其他曰牮搄下子，當從手旁。

相助曰相倗。《説文》：「倗，輔也。」步崩切。按，倗今作幫或帮。

乞取曰討。《類篇》：「討，求也。」《藝文類聚》：「《秦子》曰：有母病瘥，思食麥。盜鄰熟麥而進之。孔文舉聞之，特賞曰：『無有，來討，勿復盜也。』」以求爲討，正是漢語之遺。《温氏方言》以討爲導、爲禱，似未免附會。

以掌擊物曰挻。《老子》：「挻埴以爲器。」如諄曰：「挻，擊也。」埔以掌擊人曰挻。又溲米屑做粢、做粄，及和泥作器，掌擊成形均曰挻。

以物擊物曰考。《詩》「弗鼓弗考」傳：「考，擊也。」俗作拷。或曰敲。

以兩手旋物于掌曰挼。《曲禮》「共飯不澤手」注：「澤謂挼挲也。」《説文》：「挼，兩手相切摩也。」《晉書・劉毅傳》東府聚摴蒱，劉裕挼五木久之，即成盧焉。

以拳擊人曰搥、曰搒、曰摑。《正韻》搥，直椎切，「擊也」。《廣雅》：「拍、搒、摧，擊也。」《唐韻》：「摑，批也，打也。」埔以重爲搒，或曰摑、曰搥。

以物擊人，大曰拍，小曰摧。拍、摧出《廣雅》。拍，《廣韻》莫白切〔一〕，埔音作麥，與摧、與殸同音〔二〕。《説文》：「殸，敲擊也。」

以一指抹物曰蔑。《淮南子》云：「夫鴻鵠之未孚于卵也〔三〕，一指蔑之，則靡於無形矣。」按蔑、抹同音，今抹代之。

以指夾物曰拈。《釋名》：「拈，粘也。兩指翕之粘着不放也。」

伸手從遠取物曰探。《説文》：「探，遠取之也。」《温氏方言》云：「俗于物之遠者伸手探取曰探得到。蓋古語也。」

以手歷取曰捋。《詩》「薄言捋之」朱傳：「取其子也。」《詩詁》：「以指歷取也。」埔俗對

〔一〕白：原誤作「曰」。
〔二〕「摧」上原衍「同」字，今刪。
〔三〕未：原誤作「丰」，據《淮南子》改。

於長物手握之，自此端歷彼端曰捋。

用力抑物使下曰撳。　近出《學生字彙》有此字，音ㄑㄧㄣ去聲，注：「用力按之也。」查《説文》《玉篇》等字書均無此字，《康熙字典》亦未收，或係新出字。

後推曰送，前牽曰拖。　《左傳》：「或輓之，或推之。」注：「後送曰推。」《西都賦》：「扶虎豹，拖熊螭。」注：「拖，曳也。」按，埔語言送作南音，轉上聲。

用物相距曰撐。　槍、棖、撐均同音義。今作撐，古爲槍。《説文》：「距也。」如撐船、撐牆之類。埔語轉仄。

互相牽掣曰甹夆掣曳。　《易》：「見輿曳，其牛掣。」注：「滯隔不進也。」《爾雅·釋訓》：「甹夆，掣曳也。」埔語牽掣不清曰甹夆掣曳，音作ㄅㄥ ㄅㄤ ㄔ去聲 ㄔㄚ上聲微差。

直者使曲，曲者使直，曰揉。　《玉篇》：「揉，汝又切，屈申木也。」《易》：「揉木爲耒。」埔俗譏人假僞造作亦曰矯揉。《易》「坎爲矯輮」注：「使曲者直爲矯，使直者曲爲輮。」《增韻》：「矯輮，曲直之也。」又軟者曰矯轉來，硬者曰揉轉來。矯與揉混用。

分裂曰擠開。　《廣韻》：「擠，開也。」按俗多用拉扯之扯。

舉手曰擎。　擎，舉也，抓也，持高也。埔人高舉其手曰手擎擎裏。又用肩承物曰擎，音轉ㄑㄧㄚ陽平，與ㄑㄧㄣ陽平爲韻變。

以指捏物曰捻。　《説文》：「捻，指捻也。」唐楊貴妃手印口脂于牡丹，明歲花開，瓣有指甲，曰一捻紅。本讀捏，埔音作念。

兩手捧物曰掇、曰捧、曰端。《易》：「自下訟上，患至掇也。」疏：「謂若手拾掇物然。」捧，《集韻》豐上聲，「兩手承也」，又「掬也」。埔語或作端。《石頭記》亦用此字，掇音之轉也。

用力自下舉起曰掀起來。《說文》：「掀，舉起也。」《左傳》：「掀公出于淖。」

以手撕物曰斯。《爾雅》：「斯，離也。」《廣雅》：「分也。」埔俗稱斯音變爲西，與撦同義。

用鏟削物曰劙。《漢書・叙傳》：「革劙五等，制立縣郡。」又曰除。

用鉋光物曰刨。《集韻》：「刨，削也。」

以刀刮物曰刮。《考工記》：「刮摩之工。」

以五指叉物曰摣。《廣雅》：「摣，取也。」《方言》：「南楚之間，凡取物溝泥中或謂之摣。」《釋名》：「摣，叉。五指俱往叉取也。」見《温氏方言》。

以兩手掩物曰揞。按，揞字有平仄二聲，埔人以兩手掩物曰揞，音近恩。《唐韻》《集韻》《韻會》均訓掩及手覆。

揮棄曰拌。《方言》：「拌，棄也。楚凡揮物謂之拌。」音ㄆㄢ。

以棍抵物曰牮。《字彙》牮音薦。埔俗以棍力抵他物曰牮，或曰牮拒一下子。

滑腳跌下曰踼。班孟堅《吴都賦》：「魂褫氣懾，而自踼跌者。」注：「踼，跌也。」諺曰：東瓜皮，踼跌人。

頓腳曰蹬腳。《説文》：「蹬，贈蹬也。」按蹬與頓音相似，蹬爲ㄉㄥ，頓爲ㄉㄨㄣ上聲，同發音于ㄉ。故偶不提防自高失足踏下亦曰頓著。

箕踞曰蹲。《説文》：「蹲，踞也。」《漢書・魯恭傳》：「蹲夷踞肆。」

正立曰企。《方言》：「企，立也。」

舉足曰蹺腳。《玉篇》：「蹺，舉足也。」埔語曰腳子蹺起來。

仰曰昂。《説文》：「昂，舉也。」《集韻》通作卬仰。

伏曰趺。《匡謬正俗》：「山東謂伏地爲趺，何也？曰：趺者，俯也。」按，埔語趺作ㄅㄨ，與俯音ㄈㄨ微別。然古包犧氏或作庖犧，又作伏羲。《春秋》：「公及莒人盟於包來。」左氏作孚。故《通雅》謂古呼包如莩，脬與胞、莩與苞、桴與抱之類，同原相因，然則包庖伏匏莩脬胞苞捊抱等字均通。又匏瓜之匏，埔古音作ㄆㄨ陽平，潮音亦同，實皆古音之遺。所謂ㄅㄨ者，即伏字之古音而已。

俯趺或曰踣。《説文》：「踣，僵也。」按，物僵必仆，故《廣韻》《集韻》與仆同。《莊子》：「申徒狄因以踣河。」

走或曰麃。《説文》：「麃，行貌。」《詩》：「行人儦儦。」與麃同。

漫步而行曰彳亍。《説文》：「彳，小步也。」潘岳《射雉賦》「彳亍中輟」注徐爰曰「止貌」，張銑曰「行貌，中少留也」。或謂左步爲彳，右步爲亍，合則爲行。彳亍與踟躇同。

不平正曰蹊蹺。　蹊蹺二字爲虔矯之倒語。《書》：「攘奪矯虔。」鄭注矯虔爲撓擾。《漢書·孝武紀》注引韋昭曰：「稱詐爲矯，强取曰虔。」撓擾，即今蹺蹊。

以足撥去地上物曰趵。　《玉篇》：「趵，足擊聲。」

以物予人曰賁。　《易·賁卦》賁，徐邈音奔。傅氏云：賁，古班字。按賁、班、頒音義均同。徐讀爲奔，與埔音適合。《温氏方言》考據甚當。廷敬案，賁與貱通，《説文》「多予也」。埔語則轉爲賁，亦由賁之音轉爲蔽也。

擔或曰孩。　《廣雅》：「攍、孩、何、⿰扌希，擔也。」埔人或曰擔，或曰孩ㄎㄞ。

兩人共舁曰扛、曰擡。　扛同掆。《廣雅》：「舉也。」《説文》：「横関對舉也。」阮孝緒《字略》：「相對舉物曰掆。」《集韻》：「擡舉也。」《温氏方言》考據甚詳。

擔僅一頭，另取一物相⿰扌希曰⿰扌希頭，或曰⿰扌希擔。謂人度量相等亦曰好⿰扌希擔。　⿰扌希字出《廣雅》，説見上。

背負曰背。　背，《正韻》音輩。《韻補》叶音必。《釋名》：「倍也。」《正韻》：「孤負也，反面也。」埔人言負曰ㄅㄧ，與《韻補》叶音同。　故小兒襁褓曰背帶。　廷敬案，古負字正讀比音。《詩·小雅·采菽》負、力、采、似韻，即其一證。

呼小輩曰阿某。　漢毅阮碑陰其間四十人，其名有繫以阿字者，如劉興阿興、潘京阿京之類。顧氏《日知録》謂：「必編户民未嘗表其德，以書石者。」又《抱朴子》：「禰衡游許下，自公卿國士以下，衡初不稱其字，皆名之云阿某。」吴魯肅拊吕蒙背曰：「非復吴下阿蒙。」阮籍謂王戎曰「阿戎」。可見阿某是漢已前語。參看顧氏《日知録》。

作事勤勉曰猛。《玉篇》：「猛，健也。」《廣韻》訓勇猛。《温氏方言》謂：「勤勉曰蘉。蘉〔一〕、明、孟，古並同聲。明字，古讀若芒。芒與孟，古同聲通用〔二〕。《國策》『芒卯』，即孟卯。《大戴禮·誥志》篇曰：『明，孟也。』明、孟同聲。《禹貢》『孟猪』，《史記》作『明都』可證。《爾雅》：『孟，勉也。』」詞長不備録。按猛與孟亦同音通用。《幽通賦》：「盍孟晉以迨羣兮。」孟晉，訓勉進，今人借爲猛進，埔音讀如⿱宀黽仄聲，説話則作⿱宀黽平聲，與蘉有高低之别。又草木盛長曰莽莽，亦作平聲，與猛音同。猛比蘉更着力。

以貲僱人曰故。《説文》：「故，使爲之也。」《新方言》謂：「相承以雇及顧爲之。」

時有之物曰不時有。《詩》：「帝命不時。」不時猶言豈不時也。埔人以物之常有者曰不時有，人之常來者曰不時來，即豈不時之意。其由來古矣。或云不常，亦與《詩》「不顯不時」同。

作事遲緩曰游游衍衍。《詩》：「及爾游衍。」游衍，即游樂、不作事之意。或謂是悠悠延延、悠忽遲緩之意，亦通。《温氏方言》作悠悠洋洋，引《爾雅·釋訓》「悠悠，洋洋，思也。」説甚詳。但埔音不作洋洋。

〔一〕蘉：原脱，據《嘉應州志》補。

〔二〕用：原誤作「同」。

等一下或曰等一瞬。《篇海》：「等候，待也。」陸機《文賦》：「觀古今於須臾，撫四海於一瞬。」一瞬與須臾同。埔語請人等候曰等一刻、等一下、等一瞬。瞬音稍轉若陣。

奮力趕往曰趕、曰追、曰趜。《論語》：「往者不追。」《字彙》：「趕，追也。」同赶。《説文》：「赶，舉尾走也。」《類篇》：「馬走。」走，急追如馬走也。趜，《集韻》渠竹、丘六二切，音鞠，「趜趚也」〔一〕。埔語小孩戲相逐曰相趜子。

謂人倉皇急遽曰龍鍾。《温氏方言》：「案《玉篇》：『儱偅，行不正也。』『躘蹱，小兒行貌。』《廣韻》亦云。《集韻》平聲：『𨁾𨄠，行遽也。』仲和謂：小兒初行，其足無力，往往行遽，老人亦如之，故亦謂之龍鍾。因而人之行遽而不正者，亦謂之儱偅、躘蹱、𨁾𨄠，字異義同〔二〕。躘蹱，亦謂之籠東、東籠。《荀子》：『東籠而退。』東籠即𨁾𨄠也。《北史》宇文泰與侯景戰，馬驚隤地，景兵追及，李穆以杖擊泰曰：『籠東軍士，爾曹主何在？而獨留此？』追者不疑，因得逸去。《後漢書·皇后紀》『輕薄謥詷』注〔三〕：『謥詷，言急遽也。』因言加言，因行加足，皆後出之字。州俗于小兒、老人及倉皇急遽者，皆謂之籠鍾，或重言之曰籠籠鍾鍾，其聲亦同也。」按，埔語亦同。

〔一〕 趚：原脱，據《集韻》補。
〔二〕 義：原誤作「又」，據《嘉應州志》改。
〔三〕 注：原誤作「主」。

作事不認真曰老草。《温氏方言》引朱子訓學齋規「寫字要一筆一畫，嚴正分明，不可老草」。今言潦草，乃老音之訛。按，潦草有老、遼二音，俗言潦草作平聲，乃其訛也。

不謹曰邋遢，不潔浄曰拉颯。《温氏方言》：「案《玉篇》傝，他盍切〔一〕。偛，先盍切。傝偛，惡也。傝儑，儜劣。傝偛，不謹貌。傝儑，不著事也。邋遢，不謹事。音義均同。今俗謂不謹者或曰邋遢〔二〕，或曰邋邋遢遢，此一義也。中略。人不謹即不潔浄，因而物之不潔浄者亦同此稱。《廣韻》：『擸搕，和雜也。』『搕搕，糞也。』《集韻》：『䏲𦢊，肉雜也。』『擸搕，和攪也。』《廣韻》十二末作刺㓹，云『不浄也』。今土音讀如辣、撈二音。黃山谷：『傝偛，物不蠲也。』」下略。按，埔語稱不謹飾者爲邋邋遢遢，含有隨便、汙穢二義。不潔浄曰擸搕，糞除傾棄之物亦云。

衣冠不整曰䙇䙇襶襶。《類篇》：「䙇襶，不曉事。」《篇海》謂當暑人樂袒裸而肉，盛服請見也。埔人謂衣冠不整爲䙇襶，亦有不曉事意。

言多曰訽，小兒學言亦曰訽。《説文》：「訽，往來言也。一曰小兒未能正言也。」按埔人以言多爲訽訽道道，道作正音，往來言也。小兒學言曰諦諦訽訽，未能正言也。

斥人大聲曰諣諣聲。《説文》諣，古卦切，「疾言也」。

〔一〕他：原誤作「地」，據《玉篇》改。

〔二〕謂不：原脱，據《嘉應州志》補。

多言曰讘讘遝遝。《説文》：「讘，疾言也。」《正韻》：「遝，雜遝也。」《洛神賦》：「衆靈雜遝。」

畏葸曰肭縮。《漢書·五行志》：「侯王肭縮，不任事。」《温氏方言》引黄香鐵《石窟一徵》言之綦詳。或重言之曰肭肭縮縮。

鬼神示夢曰託夢。王仲宣詩：「迴身入空房，託夢通精誠。」

有能幹曰强，物之堅耐者亦曰强。《中庸》：「子路問强。」按，强字埔人讀音ㄤ韻轉爲ㄤ，故ㄑㄧㄤ陽平亦轉爲ㄑㄧㄤ陽平，唯説話不轉，只變爲去聲，與湘南音同。自北至南，由湘南入，同化于湘也。

物之細碎者曰葳葳蕤蕤。《説文》：「蕤，草木華垂皃。」按，埔語葳蕤有二義，一爲細碎垂下之貌，一爲人神氣頽喪、頭垂不舉之貌。皆取垂下之意。

祭祀或大宴會奔走之人曰走使。《文選》：「走雖不敏」注：「公子自稱走使之人。」

忙于行路曰奔波。仲長子《昌言》曰：「救患赴急，跋涉奔波者，憂樂之至也。」

富曰發財。《大學》：「仁者以身發財。」發，《温氏方言》謂土音無相當之字，舉其近似，故香鐵以發字當之，而謂當讀褒之入聲。按，客語褒之入聲爲ㄅ，發，方伐切，音髮，又北末切，音撥。如《詩》「鱣鮪發發」。撥與發切爲ㄅ音，故發瘡、發酵之發均曰ㄅ。發財曰ㄅ，亦發舒之意，與《易·乾卦》「六爻發揮」、《坤卦》「發于事業」疏爲發越、宣發之義同也。

貧曰窮、曰匱。《論語》：「君子固窮。」窮，盡也。《詩》：「孝子不匱。」匱，竭也。按，埔語匱字轉平音ㄎㄨㄟ，與匱音微異。

奢侈曰爽、曰浪費、曰浪蕩。《爾雅・釋言》：「爽，差也。」《温氏方言》謂：「爽，過也。事失其常度而用費過差，故曰爽。」《詩》「謔浪笑傲」注：「浪，意萌也。」《羽獵賦》：「聊浪乎宇内。」聊浪，浪蕩貌。按，爽應作喪失也，俗謂坐食莫坐喪，故當以喪失之喪爲當。又責人遊手無業曰浪蕩子，用費不當曰浪費，雖曰俗話，實屬文言。

并合曰龖總。《説文》：「龖，兼有也。」龖總，并言之，亦雙聲也。

會合曰團聚。《詩》「有敦瓜苦」傳：「敦，猶專也。」又：「敦彼行葦。」敦，《傳》：「團聚貌。」

可不可曰肯不肯。《書》：「厥子乃弗肯堂，矧肯構。」《爾雅・釋言》：「肯，可也。」

作揖或曰唱喏。《温氏方言》：「喏，讀如若。土音如也。《通俗編》：『《宋書・恩倖傳》前廢帝言：「奚顯度刻虐，比當除之。」左右唱喏，即日宣旨殺焉。』」下略。按，埔語亦同。

吐曰歐。《温氏方言》：「案《説文》欠部、《廣雅・釋詁》《漢書・丙吉傳》集注並云『歐，吐也』，今作嘔。」

輕視或曰藐視、曰眇視。《孟子》曰：「説大人則藐之。」《史記》：「寡人以眇眇之身。」眇，小也。

回曰轉。《温氏方言》：「按俗謂自某處回來曰轉來，此亦古語也。《説文》：『回，轉也。』」

卷曰衮。《禮記·王制》鄭注：「卷，俗讀也，其通則曰衮。」《温氏方言》：「謂禮記時俗讀衮爲卷〔一〕，故記作卷字，而其通則曰衮也。今俗謂卷簾曰綑簾，亦古語也。」

束物曰捆、曰縳、曰綳、曰綁。捆與綑同，織也。亦作縳。《儀禮·大射》：「既拾取矢，捆之。」縳，《説文》：「束也。」《左傳》：「許男面縳銜璧。」《説文》：「綳，束也。」綁，《字彙》補曠切，榜上聲。古無此字。按《温氏方言》謂「卷簾曰綑簾」。埔語綑與衮音義均異，綑音ㄎㄨㄣ上聲，衮音ㄍㄨㄣ上聲。薄柔如簾之物可卷者，曰衮起來。

以繩緊束物曰摎。摎，古無此字。埔語緊束曰摎。

以手挾物于脅曰挾。《孟子》：「挾泰山以超北海。」

騙物曰撮、曰綹。《温氏方言》引黄氏《石窟一徵》云：「按撮當作最。《説文》：『最，犯而取也。从冃从取。』亦冒取之義也。俗謂翦綹爲撮子。」按埔人亦曰綹子。

美曰艶、曰竫、曰産。《左傳》：「目逆而送之〔二〕，曰：『美而艶。』」《詩》：「静女其姝。」馬端辰謂：「凡經傳静字皆竫字之借。《廣雅》：『竫，善也。』」《左傳》：「子美入，數俘而出。」

〔一〕禮記：《嘉應州志》作「記禮」。
〔二〕逆：原作「一迎」，據《左傳》改。

杜注：「子美，子産也。」《温氏方言》謂美與産又通竫，土音讀井之平聲。按産音ㄔㄢ上聲，俗音作ㄗㄢ上聲；竫音ㄗㄧㄥ去聲，俗音作ㄗㄧㄤ，皆音之轉。

以皮布緊覆物曰鞔。　《説文》：「鞔，覆空也。」母官切。《廣韻》：「補也。」《蒼頡篇》云：「覆也。」埔人以布蒙人物面曰鞔，以皮釘鼓曰鞔鼓，但有ㄇㄢ陽平、ㄇㄧㄤ二音。

覆曰蓋。　蓋，掩也，覆也。《孟子》：「謨蓋都君咸我績。」

婦人與人私通曰甲人，又曰浪人。　私生子曰浪人子。　《詩》：「能不我甲。」《韓詩》甲作狎。《釋言》：「甲，狎也。」甲古通狎，媟也。又「謔浪笑傲」注：「浪，意萌也。」按普通語以淫爲浪，故放浪、浪蕩皆有淫義，不守繩墨也。　埔語浪音皆作仄聲。

婦人甲人又曰姘人。　《説文》：「姘，《漢律》：『齊民與妻婢姦曰姘。』」蘇人謂苟合夫婦曰姘頭。　埔語亦同。

婦人之無賴者曰潑婦，曰潑賴婦。　《元典章》：「有新附軍人結連惡少潑皮，爲害尤甚。」按，潑與剌潑、潑賴均近，今通語剌、賴音同。　辛幼安詞「錦鱗潑剌滿籃魚」，此潑剌是形容魚之活躍，其聲潑剌，義與此異。

保謂之包。　《温氏方言》：「案，俗此事我敢保曰我敢包，保管曰包管，此古音也。《説文》：『保，從人，𤓽省聲。　古文孚從𤓽。　𠈃，古文𥝌。』𥝌亦聲，是孚、保聲同也。　而從孚聲之桴，或從包作枹。　從包聲之飽，古文從𤓽聲作餜。　罦之或體亦從孚。　是𠈃、保、包三字其聲皆互相通。足證古音也。」按，保與包音母皆爲ㄅㄠ，唯平上稍差。埔音保或爲ㄅㄛ上聲，讀音變而説話未變耳。温氏之説固自不謬，但於孚者似未盡然，古音爲夫，或如婆，非包音。上「伏地曰趺」條可參看。

隨人曰滕人。《温氏方言》：「案，《方言》：『䫄、鑠、盱、揚、滕[一]，雙也。』錢繹曰：『《燕禮》「媵觚于賓」鄭注：「媵，或讀爲揚。」《檀弓》「洗而揚觶」注：「舉爵于君也。」《禮》揚作媵，是揚與媵古字同。《廣雅》：「賸，二也。」《廣韻》：「賸，雙也。」《月令》「乃合累牛騰馬」鄭注：「累、騰，皆乘匹之名。」《廣雅》：「匹，乘也。」《説文》：「賸，物相增加也。一曰送也，副也。」鍇曰：「媵之言送也，副式也。」騰、賸、媵、滕並同。』仲和案：雙也，二也，副式也，乘匹也，所謂相人偶也。人偶便有相隨從、同行止之義[二]。今俗謂人到處行止相隨從曰滕。蓋古語也。」按古騰、媵、賸、滕，與《急就》之㩳音均相通，且皆有相副式之義，故曰滕滕也者，猶擔物之㩳頭，蓋古語之遺云耳。

慫慂曰唆聳，或曰唆使。　唆，《廣韻》蘇禾切，音梭。《玉篇》：「噕唆，小兒相應也。」《正字通》：「俗云使唆。」《漢書·衡山王傳》曰：「夜縱臾王謀反事。」注：「縱臾，猶奬勸也。」《史記》作從容。《汲黯傳》：「從諛承意。」並與慫慂同。按慫慂疊韻，單言之則謂之慫。昭陸年

[一] 滕：《方言》作「賸」。
[二] 人偶：據《嘉應州志》補。

《左傳》「聳之以行」杜注：「聳，懼也。」《漢書·刑法志》聳作㧐，注云：「㧐，謂奬也。」按，俗稱慫慂，即縱臾、從諛無别。曰唆聳者，爲巧言以懼也，使之必行也。唆使者，唆而使之也。又小兒使狗相嚙亦謂之唆。

以罪誣人曰賴，以己罪加誣人曰圖賴。《温氏方言》：「按，《漢書·文三王傳》：『抵讕置辭。』顔注：『抵，拒也。讕，誣諱。』《谷永傳》：『滿讕誣天。』蕭該音義：『滿，或音謾。』《史記·孝友紀》索隱引韋昭云：『謾，相抵闌也。』闌與讕同。王懷祖云：『今人謂以罪誣人曰賴，以己罪加於他人曰抵賴。』州俗亦有此語，但語轉爲堵賴〔一〕，書曰誣賴，其意相同。此亦古語也。」賴與讕音近。埔語堵賴實作圖賴，圖謀以罪誣賴他人也，較堵賴意更明。

一概取消曰一末殺。《漢書·谷永傳》「末殺災異」顔注：「末殺，掃滅也。」《温氏方言》引《釋名》「摩挲，猶末殺」之義，謂：「末殺似恐物點汙，以手上下摩挲而掃滅之。州俗言一抹殺，是都凡之詞，概不要説之意。」按，埔語抹殺作爲一概掃滅。又人被人輕視，事不與謀，亦曰末殺吾。

截獲曰攩著。《集韻》攩，坦朗切，並音帑，「擊也」。今俗以爲抵攩字，遮過也。按搪字或作唐，有搪抵之意，余謂攩著當即爲當著、當對也。

〔一〕轉：原誤作「傳」，據《嘉應州志》改。

恐嚇人曰嚇。《詩》：「反予來嚇。」《莊子》：「鴟得腐鼠，鵷雛過之，仰而視之曰：『嚇。』」司馬注：「嚇，怒其聲，恐其來奪己也。」《衆經音義》恐嚇注：「嚇，乎嫁反。」按，恐嚇或言恐喝，同是一義。《温氏方言》謂：「或從呼嫁反，讀平聲，曰嚇人，亦古語也。」按，埔語嚇人，嚇字平仄並用。出人不意而驚之曰嚇人，嚇爲仄聲。用大言震人亦曰嚇人，嚇爲平聲。又事猝至而驚，則銜口而出曰嚇，與《莊子》義同。或作嗄，取其聲也。

愧怍難容曰想鑽入地下。《温氏方言》謂州俗曰入地坼，引《顔氏家訓》「公私宴集，談古賦詩。塞默低頭，久伸而已。有識旁觀，代其入地」數語，謂是古語。按，埔語與州語語句稍異，由來則同。

彎彎曲曲或曰趌趌趫趫〔一〕。《温氏方言》謂：「略。《廣雅・釋訓》：『趌趌、趫趫，行也。』趫通作喬。《説文》：『高而曲也。』必言曲者，喬從夭，夭，屈也。屈、曲義同。州俗詈人不爽直而多紆曲者，曰趌趌趫趫。於路不砥平而多欹衺者，亦曰趌趌趫趫。土音似跂翹。」按古喬音之字多帶曲義，埔語跂跂蹻蹻全係紆迴彎曲之義。謂人不直、路不直，或作草書等，均以此四字形容之。

呼曰喊。《温氏方言》：「按，《法言・問神》篇：『瞽曠能默，瞽曠不能齊不齊之耳；狄

〔一〕趌：原作「趈」，據《説文解字注》改。本條同。

牙能喊，狄牙不能齊不齊之口。』是喊字古時已有。」

人多曰壤。　《温氏方言》引《詩・執競》傳、《文選・東京賦》注〔一〕，穰，皆訓衆多。《貨殖傳》：「天下壤壤，皆爲利往。」壤壤，即穰穰。《一切經音義》引《算經》「億兆京垓穰秭溝澗正載」。則穰穰爲衆多可知。《漢書》：「長安中浩穰。」師古曰：「穰，盛也。」此亦古語也。埔語同。

人惡曰凶，小兒過蠻亦曰凶。　《説文》：「凶，象地交陷其中。」徐曰：「惡不可居。象地之塹也，惡可陷人也。」又與兇、匈、恟均同，均擾恐之義。

不圓通曰板。　《温氏方言》謂之怲，引疢、怲二字音義同爲惡心、性急者爲證，而自謂其説似不相同。按俗語方板、古板、死板、板滯，均固執不通之義，通常書作板。余謂客人以枋爲板，板多方，不易轉，或即借用此義。

人材出衆曰翹楚。　《詩》：「翹翹錯薪，言刈其楚。」疏：「荆屬。薪皆高，楚尤翹翹而高也。」故以喻出羣之人。　按，翹楚二語，實由潮州語傳入，交通既繁，今亦成爲埔語矣。

以勢力脅人曰翕人。　《温氏方言》引《詩》「潝潝訿訿」、劉向《封事》「歙歙相是而背君子」、《荀子》「潝訿」作「噏呰」，謂：「凡此皆與翕人之義合。而字或作翕、作潝、作歙、作噏，聲

〔一〕「注」上原衍「傳」字，今删。

義並同。俗又謂爲人所翕曰翕气、曰歙气。《説文》：『欱，翕气也。從欠脅聲。』《廣韻》作歙气。《高唐賦》：『股戰脅息。』注『脅息，猶翕息』是也。《淮南子》：『開閉張歛。』高注：『歛讀脅。』又《本經》篇：『性命之情，淫而相脅。』高注：『脅，迫。』《郊特牲》：『大夫强，諸侯脅。』《衆經音義》引《公羊》『愶于齊』，劉兆注：『愶，畏迫也。』《玉篇》：『愶，以威力相恐愶也。』然則翕人即愶人。」按翕、愶等字古音均同，埔音微異。翕人即愶人，確無疑義。唯埔語言愶人者，多屬於以威力相恐愶之義。翕人者，則人已被愶气無所出。又向空欲气亦曰噏气，即吸之意。

碌碌因人曰倚恃。《説文》：「恃，賴也。」《詩》：「無母何恃？」《道經》：「福兮禍所倚。」倚，因也。埔人以不能自立自謀者，曰倚恃人。

倦而休息曰歇。《左傳》：「未獲所歸，難未歇也。」《説文》：「歇，息也。」

牽絓曰絓佻。《左傳》：「駗絓于木而止。」《廣雅》：「佻、絓，縣也。」《方言》：「佻抗，縣也。燕趙之郊懸物于台之上謂之佻。」郭璞注：「了佻，懸物貌。」《温氏方言》：「今俗謂懸爲弔，聲相近也。」按佻、銚等兆聲之字多有讀爲弔者。現吴語銅銚曰弔子，潮語兆亦音弔，疑是古音。《楚辭》：「心絓結而不解兮。」今俗謂心無牽絓曰無絓佻，否則曰絓絓佻佻。

饋遺曰做人事。《温氏方言》：「《晉書・武帝紀》：『泰始四年頒五條詔書于郡國〔一〕。

〔一〕泰：原誤作「秦」。

五曰禁人事。』按韓退之撰《王用神道碑》：『用男送馬匹鞍銜及白玉腰帶，朝廷令公領受。』集中有《謝許受王用男人事物狀》。後撰《平淮西碑》：『韓宏寄絹五百匹充人事。』又有《奏受韓宏人事物狀》。中略。今俗曰好人事，曰做人事，亦是魏晉以來相傳之古語也。」

恕曰饒、曰容。按，饒原訓多、飽、豐、厚、餘、賸、益等義，皆富饒之義。《書》「告君乃猷」注：「我今告君，爾當謀寬饒之道以治下民。」又漢有蓋寬饒，以寬饒成詞，自是遂沿用爲寬恕之義。杜工部詩：「日月不相饒。」今俗求人寬饒，曰求爾饒我；寬恕人則曰饒爾。或作歇後語「饒我下次」「饒爾下次」，不敢再犯之意。或亦稱「下次不敢」。饒，亦言容受包涵之意，亦寬容也。

責後生之尚粧飾者曰雀，責人之狡猾好謀者曰刁。《漢書·貨殖傳》：「寧雀毋刁。」〔一〕按此刁字，本與雕音同。毋刁，即毋雕。又《詩》：「肇允彼桃蟲，翻飛維鳥。」《焦氏易林》曰：「桃蟲生雕。」《温氏方言》據此爲客語。

弄或曰舞。《漢書·汲黯傳》「興事舞文」注：「舞，猶弄也。」埔人取物或曰同渠舞到來。

狀物軟垂曰厲。《詩》「垂帶而厲」傳：「帶之垂也。」古厲、賴同音通用。《春秋》「滅賴」，《公羊》作「滅厲」。埔音作賴平聲，物之軟而垂者曰厲厲裹，或厲下去。

〔一〕「書」上原脱「漢」字。寧雀毋刁：《漢書·貨殖傳》作「寧爵無刀」。

多事曰茫。《方言》：「茫，遽也。」古未有忙字，埔語或曰恩忙。杜甫詩：「無乃大恩忙。」

得利曰儹錢。《説文》：儹、僔，聚也。今俗作賗。

玩耍曰攪。《説文》：「攪，亂也。」埔人以耍爲攪，謂小孩子頑皮過甚曰作反、作亂。《漢書》高帝謂蒯通曰：「若教韓信反，何冤？」[一]即作亂之意。

能曰魏。《方言》：「魏，能也。」章氏謂今變如會。埔語稱魏音作ㄨㄞ，與ㄨㄟ微異，比會更近，當是魏字變韻，非會字也。

語音衆多曰咠咠詘詘。《新方言》：「《詩》：『咠咠幡幡。』咠，七入切。今人狀私小語曰咠咠錯錯。」按埔語咠詘音爲ㄗㄧ陽平ㄗㄛ陽平，與翕翕詘詘、咠咠幡幡、戢戢沓沓均相近。

作事有把握曰有把柄。《詩》「彼有遺秉」傳：「秉，把也。」或謂把柄，音同，實雙音也。亦曰有把握。

家産曰家當。《新方言》：《説文》：「帑，金幣所藏也。」《周禮・地官》「英蕩」，杜子春云：「蕩，當爲帑。」《周成雜字》云：「帑，音蕩。」北音蕩如當，家財爲家當。埔語同，當，去聲。

走匿曰𠥩[二]。《説文》：「側逃也。」嘉應屬以藏爲𠥩，埔語則以走匿爲𠥩，曰𠥩那子去。

[一] 冤：原誤作「也」，據《漢書》改。
[二] 𠥩：原誤作「⿷匚酉」，據下引《説文》改，本條同。

或曰㔸當作拚。

續完未清之數曰爪。《釋名》：「爪，紹也。」今俗作找。

亂曰亂東東，或曰東亂。《説文》：「東，動也。」亂東東者，亂事紛動也。

事不順曰坎磑。《廣韻》：「轗軻不遇也。」車行不利曰轗軻，故人不得志亦曰轗軻。與坎軻同。埔人謂行事不利及一切不順手者曰坎坎磑磑，均平聲。磑磑音ㄎㄟ，與軻音ㄎㄛ同音變韻。又磑亦作磨，音所變也。

窾曰空。《説文》：「空，窾也。」「堀，兔堀也。」章氏曰：「堀，亦作窟。或曰窟籠，合則爲空。」

巡行曰邏。《温氏方言》：「案，黄香鐵云：俗以至田中看溝水或禾苗曰邏田、邏水、邏禾。案陳白沙詩『邏苗遠峙夕，濯足荒溝寒』者即此謂。又戚友約相過亦曰來邏。《説文》：『邏，巡也。』《玉篇》：『遊兵也。』《正韻》：『遊偵也。』按土音似鏍字平聲，然亦近羅字。」温説甚長，不能盡録。吾埔讀邏字爲ㄌㄛ，而説話則或作ㄌㄚ，或作ㄌㄠ，言ㄌㄠ者更多，正音未失也。

駡人或曰辟人，或曰辟削。《方言》：「凡駡庸賤曰辟。」《史記》：「孔子作《春秋》，筆則筆，削則削。」削也者，削去其國邑職名等，皆不滿意之所爲。埔俗婦女多以駡爲辟，或曰辟削。並用兩義，文而古矣。

不好曰陂。《方言》：「陂、傜，袤也。」《廣雅》：「邪也。」《孟子》「詖詞」同，古文用頗，支歌對轉。陂音ㄅㄧ。而埔語好陂之陂則作ㄅㄟ上聲，只此微之變。今廣州音皮字之類亦如此也。

釋親屬

父曰阿爺，又曰阿爹、阿爸。母曰阿㜷，俗作姆。又曰哀。統稱曰爺孃，又曰爺哀。汪榮寶《歌戈魚虞模古讀考》謂人生最初之發聲爲阿，世界各國字母多以阿爲建首，中國古音亦當如此。廷敬案，嬰兒學語，其最先喚者爲父母，故呼父爲爸、呼母爲媽，幾爲世界之通語。而爺之稱則見于六朝，本作邪，通作耶，後又加父作爺。《玉篇》爺，以遮切。邪本語詞，嬰兒以呼父，其後遂爲定稱也。爹〔一〕，《玉篇》屠可切，「父也」。又涉斜切。爸，《玉篇》蒲可切，「父也」。《集韻》部可切，又必駕切，「吴人呼父也」。爺、爹、爸，邑語皆讀麻韻，與古音合。爸，古即父字，後以父音已轉，遂别作爸字。母，古音當讀馬，其後音轉如米。《葛覃》詩「歸寧父母」，與氏、歸、衣、私協韻是也。又轉爲今讀音。《螮蝀》詩「遠兄弟父母」〔二〕，與「崇朝其雨」韻是也。因母字已轉音，故呼馬音米音者，遂更作媽字。㜷字，《廣韻》五支㜷，武移切，「齊人呼母」〔三〕。㜷音即《葛覃》母音也。邑語呼㜷，音近齊、皆兩韻間，故俗作姆。然姆乃古女師乳母之稱，當以㜷字爲正也。哀字，先師柳介先生云：哀愛聲義同。又云：哀即乃字，讀平聲稍變。愚謂

〔一〕爹：原誤作「爺」。
〔二〕螮：原誤作「䗖」。
〔三〕齊：原誤作「晉」，據《廣韻》改。

哀字，亦嬰兒之發音以呼其母，與耶字呼其父同。《史記·屈原傳》：「人疾痛則呼父母。」所謂呼父母，即今人之痛呼嗳耶嗳耶耳。嗳即哀，耶即爺。古人以母先父，故稱哀耶。父母之於嬰兒疾痛，則噢咻之嬰兒。即以呼痛之聲呼其父母，此初民構爲語言之始，爺哀之稱，蓋爲最古。哀愛之聲義即由此生。其始二字聲義同，而後稍别。若爺孃之稱，見于六朝，當爲較後矣。星按，客人遇奇異事物多呼阿爺，于哀懼事物多呼阿孃。呼父欲求解釋，呼母欲求慰藉。蓋自幼而然，至老不改也。

祖父曰阿爹，讀多他切。或曰阿公。祖母曰嫲，俗作娓。或曰阿婆。曾祖父母曰老爹、多他切。老嫲，或曰公太、婆太。曾祖母簡稱曰阿太。廷敬案，語言之初大抵由渾而别，初民之呼父母，本自無異，後欲稍示分别，故于其音略分輕重。如父與祖父，古皆呼爲爹，讀重音，後欲稍示别，遂以呼父者轉爲輕音。母與祖母，古皆呼爲嫲，後欲稍示别，遂以呼祖母者轉爲輕音，且作仄聲矣。而其實則一也。公婆之稱，則見于漢六朝以後，《史記索隱》曰：「公亦祖也。」翁聲義同。漢人亦以呼父。高祖曰：「乃公天下以馬上得之。」又曰：「而翁即若翁。」是公亦爲祖與父所可共稱也。婆即古媪字之轉，亦古母字之轉。今潮人讀婆字入麻韻，當即古音。邑清遠人則呼祖父母爲爹嫲。章氏《新方言》：「今多謂祖母爲嫲嫲。」是他處亦有此稱矣。灤洲人則呼爲阿公、阿婆〔一〕，與梅屬語同。其于曾祖父母，則加老字或太字以示别。此又各處所同耳。

〔一〕灤：原作「灓」。

兄曰阿哥，弟曰阿弟，讀若梯。《説文》𦉪，古魂切。「周人謂兄曰𦉪。」經典相承作昆。《晉書·吐谷渾傳》：「鮮卑謂兄爲阿干。」昆、干、哥，一音之轉。廷敬案，若依汪氏唐宋以上歌戈韻字皆讀阿音，則干、哥音尤相近，亦猶和之與桓、何之與韓、婆娑之與媻姗也。弟讀若梯，柳介先生謂爲古音，誠然。惟梅語音入皆部，而邑語則在齊，皆一韻間耳。

妻曰婦娘。廷敬案，《嶺外代答》謂爲夫娘。《嘉應新志》則謂爲姑娘。愚謂俱不類，當作婦娘。婦，古讀重脣，故其音如埔耳。

子之男者曰賴子，女曰妹子。廷敬案，賴即隸之轉，欲其易養，故賤之呼爲隸子，亦猶古云妻孥，謂子爲孥，即奴子。今潮語猶呼子爲阿奴也。妹爲少女之稱，見《易·歸妹》注及釋文。案歸妹猶言嫁妹，《爻辭》「帝乙歸妹」，即言殷帝乙之嫁女。可知女之稱妹，遠在殷周之際矣。邑語稱婢亦曰妹子，則呼女爲妹子，又與呼男爲隸子同意耳。

子之婦曰新婦，音曰生批，或曰心臼。廷敬案，生、新一韻之轉，批即婦之轉，古讀婦若妣，詳顧氏《詩本音》及《唐韻正》。生妣實即新婦音轉。婦字轉由古音，可知其語之古。心亦新字轉。臼即婦字轉，六朝吳音讀婦輕脣爲阜，故由阜而轉爲臼也。清遠人呼爲生批，灤洲人則謂爲心臼〔一〕，與梅屬同。雖語之今古轉變或殊，其義則一也。

〔一〕灤：原作「灓」。

婦人稱夫之父曰家官，夫之母曰家婆，或曰家娘。　廷敬案，古謂夫之父母爲舅姑，然舅與舅甥之舅混，姑與姑姪之姑混，其後欲稍示別，遂轉爲翁姑，又轉爲公姑，又轉爲公婆。而單辭不便于稱，故或複詞而稱爲公公、婆婆，如通語。或屬詞而稱爲大官、大家如潮語，家官、家婆如客語。官即公之轉。而娘又爲母之稱，故復轉爲家娘。蓋語言之遞嬗如此。邑語婦人呼翁姑亦隨其夫之稱，其稱家官、家婆、家娘者，不過爲特別之語。

親家母曰且嬭，婚姻時之供役者曰且郎。　梅屬親家翁曰且公，親家兄弟曰且伯、且叔。埔語則無此稱，唯呼親家母爲且嬭，則與梅語同。且，讀平聲入麻部，黄香鐵謂爲親家二字急讀，誠然。且郎之稱亦以來自親家，故稱之耳。

妻父謂之丈嬭老，妻母謂之丈嬭哀。　謂妻父爲丈人，見于《唐書・杜黄裳傳》。蓋本長老之稱，遂取以呼之耳。章氏《新方言》斥爲無稽，未免大泥。梅語呼爲丈人老，而邑語則轉爲丈嬭老，蓋由人而轉儀，由儀復轉爲嬭耳。

外祖父謂之外公，或曰公爹。多他切。外祖母謂之外姐，或曰哀姐。　廷敬案，《方言》：「南楚瀑洭之間謂婦妣曰母姼，稱婦考曰父姼。」姼，郭璞音多，曹憲又音多可反。姼與古爹音同，《説文》訓「美女」，音尺氏切，則與古姐、社音同。故章氏謂其與爹、奢、姐、社同字。《廣雅》爹、奢並訓父。曹憲音：「奢，止奢反。」《説文》：「蜀人謂母曰姐，淮南謂之社。」高誘注《淮南・説山訓》云：「江淮謂母爲社，雒家謂公爲阿社。」蓋初民之稱祖父母、父母，原無甚別，及後因欲示別，而隨地不同遂形歧異耳。邑語清遠人謂外祖父母爲外公、外姐，灤洲人則爲公爹、哀姐〔一〕。外公、外姐亦猶通語稱外公、外婆。其易婆爲姐者，蓋姐亦母稱，猶夫婦之稱公婆，又稱公姐耳。公爹即《方言》之父爹，哀姐即《方言》之母爹。爹原有二音，其音多與多可切者，即與爹同；其音尺氏切者，即與姐、社同。然則公爹、哀姐之稱，即源于南楚，不過易父爲公、易母爲哀以稱外父母者，稱外祖父母耳〔二〕。然今人稱外父母，往往從其子稱，古俗亦諒不異，安知非南楚人以其子稱外祖父母者稱其外父母，而揚子雲遂誤爲其本稱也？

釋形體

頭曰頭腦。腦在頭部，居重要位置。埔人言腦，單言則音ㄋㄜ上聲，與正音ㄋㄠ上聲略變其韻。若言頭腦，則又變爲ㄋㄚ陽平，皆音之略變。

頭微俯者曰頭鎮鎮，捽人使頭伏者曰鎮人。《説文》：「鎮，低頭也。」廷敬案，《玉篇》引《蒼頡》作煩煩，「垂頭貌」。煩、鎮蓋一音之轉。

點頭曰頷頭。《温氏方言》：「《廣雅》：『頷，動也。五感切。』《列子》：『頷其頤則歌合律。』今俗與人商量物事，答應則曰頷頭，不答應曰不頷頭。唐人謂之點頭。郭子儀之點頷是也。」

〔一〕灤：原作「灤」。

〔二〕父：原脱，據文意補。

囟曰囟門、腦囟。《説文》:「囟,頭會,腦蓋也。」息進切。埔人以小兒初生腦蓋未合處曰囟門,或曰腦囟。

頭髮曰頭毛。凡身上之毛,除鬚外皆曰毛。《説文》:「毛,眉髮之屬及獸毛也。」《釋名》:「毛,貌也,冒也。在表所以別形貌自覆冒也。」可見被體之毛,除鳥或稱羽外,皆統稱毛。吾埔人與外江人言以髮爲毛,常致被笑,蓋他省人多專以頭髮爲髮、陰毛爲毛之故。實則遍身所生,皆以毛稱,即鬚眉亦無不可稱毛。外省人之笑,亦猶吾客人以鬚爲毛則色然而駭,習慣使然也。

眉曰眉毛,睫毛曰目汁毛。《説文》:「眉,目上毛也。」「睫,目旁毛也。」《釋名》:「睫,插接也。插于眼眶而相接也。」汁與睫,因音轉而誤。

耳曰耳公,鼻曰鼻公。《温氏方言》謂:「公與容,古同聲通用。耳公、鼻公者,猶耳容、鼻容耳。」章氏《新方言》:「客籍謂耳鼻爲根,根,公聲。」鄙意公爲空之轉,曰孔音義較近。

眼曰目珠,瞳曰瞳仁,曰目珠仁。《温氏方言》:「案《中庸》:『仁者,人也。』《魯論》:『井有仁焉。』劉聘君曰:『仁當作人。』仁、人古字通。又字書:『目,人眼也。象形。重瞳子也。』按漢儒釋仁字以爲相人偶〔一〕,然則于重字更有關會矣。今俗稱眼珠仁。」按州俗稱眼,埔

〔一〕按:原作「接」。儒:原作「書」。相人:原作「人相」。均據温氏《嘉應州志》改。

人稱目。

目久視曰目睺睺。《新方言》：「覦，欲也。吴越謂渴欲爲覦，音如侯，古韻俞本如侯。《廣韻》：『睺，貪財皃。』睺字即覦之變。」按埔語目睺睺是渴望之意。

目外周曰目眶。《説文》：「眥，目匡也。」《玉篇》：「眶，眼眶也。」

目上下皮曰上瞼、下瞼。《温氏方言》：「案釋玄應《月燈三昧經音義》引阮孝緒《字略》云：『瞼，眼外皮也。』」

目汁凝結之物曰目眵。《説文》：「眵，目傷眥也。」《廣韻》：「目汁凝也。」

口曰喙。《温氏方言》：「案《説文》口部、《廣雅·釋親》、昭四年《左傳》釋文皆曰『喙，口也』。土音讀如運載之載。《爾雅·釋詁》：『載，言也。』《釋名》：『頤，養也。』『或曰牙車，牙所載也。或曰頰車，亦所以載物也。』凡繫于車皆取在下載上物也。據此則真以爲能載物矣。仲和謂運載之載，《廣韻》收入去聲十九代，喙入二十廢，兩韻聲最近，故《大雅·緜》詩借喙爲困極之瘃瘃，而與兑杜外切駾他外切韻。今土音困極之瘃瘃與口喙之喙、犬吠之吠、運載之載，皆疊韻，蓋讀喙如載。此古字音存于方音者也。」按埔音喙爲ㄓㄨㄎ去聲，州音爲ㄗㄨㄎ去聲，與正音嘴爲ㄗㄨㄟ上聲皆一音之轉。星按，埔語困極即曰困極或疲極，不言瘃。

牙曰牙齒。《説文》：「齒，口齗骨也。」「牙，牡齒也。」《急就章注》：「牡齒曰牙。」《字彙》：「上曰齒，下曰牙。」今人以主嚼之曰齒爲齒，咬囓之牡齒爲牙，與《説文》及顔注均合。蓋牙爲牡齒，則齒爲牝齒可知。形尖出者爲牡，形凹入者爲牝可知。埔人統稱牙齒，當中曰當門牙，兩旁尖形的曰狗牙，大齒曰牙牀，齒下肉曰牙齦肉。《急就章注》：「齗，齒根肉也。」或作齦。

喉嚨曰喉嚨管。《説文》：「喉，咽也。」「嚨，喉也。」嚨音籠，埔音轉爲玲，與潮音同。玲瓏，古雙聲字。喉嚨管與喉嚨有别，喉嚨屬喉部，管則下部食道之管也。

牙腔上下相繫處曰牙較。《温氏方言》：「案黄香鐵云：《周禮·考工記》：『參分其股圍，去其一以爲骹圍。』先鄭注曰：『骹，近牙者也。』」是古即有牙骹之稱。按埔俗凡聯接活動之物均謂之骹，蓋本《周禮》。

顴曰面顴骨，或曰面橄欖。《集韻》：「輔骨曰顴。」音權。埔音變如擎。曰面橄欖者，象形也。

乳曰嬭奴等切姑。廷敬案，古無日紐，乳音亦入泥紐，故《廣韻》嬭字亦訓爲乳，後嬭字又轉奴蟹切爲奶，今通語皆呼奶，惟潮語尚呼嬭，入支部，邑語呼寧，蓋由「嬭，奶音」而變，猶能字古讀耐，而今轉爲奴寧切也。姑，語助詞，又形容詞，凡物之圓而突出者曰姑，如螻姑、僕姑、骷髏、括蔞，皆取此爲義。

臀曰屎吻，又曰屎吻涿。《説文》：「吻，口邊也。」臀爲食道下口，故曰屎吻。涿〔一〕，《廣

〔一〕《廣雅》涿不訓臀，豚乃訓臀。章氏《新方言》引《廣雅》作「豚」。

雅》訓臀。《三國志・周羣傳》先主嘲張裕多鬚曰「諸毛繞涿」，蓋涿爲竅稱，前後竅皆可稱涿。章氏必辨涿爲本前竅，未免太泥。

男陰曰屗，又曰𡳞。　《類篇》屗，祖回切，「赤子陰」。《集韻》或從肉。《正字通》與峻同。又曰𡳞。《字彙》良慎切，音吝，「閩人謂陰也」。客語亦有此稱。廷敬案，屗本作峻，屗爲後造字。《老子》：「未知牝牡之合而峻作。」釋文：「峻，赤子陰也。」體老子言童子情竇未開而陽具勃起，蓋生理作用而非心理作用，峻即泛指男陰，未必專指赤子陰。爲釋文者時已不通行此語，以其言赤子，遂指爲赤子陰耳。埔語男陰俱稱峻，此爲周代語之遺，足正釋文之誤。又峻與隹音義相近，古稱鳥爲隹，男陰稱隹，亦猶後人稱爲鳥而錐之，音義亦取于此，此又可由聲音而象形會意也。

女陰曰知ㄓ。　章士釗《五常解》曰：「《說文》知，矢部云：『識詞也，識字依段氏補。從口矢。』口矢二字，甚形突特[一]。《爾雅・釋詁》：『仇、讎、敵、妃、知、儀，匹也。』以知雜廁仇讎妃儀之內，合詁曰匹。此誠先民之流風餘韻，最宜諦認。郝懿行引《墨子》諸文疏之，頗復精當。其說云：『《墨子・經上》篇云：「知，接也。」《莊子・庚桑楚》篇云：「知者，接也。」蓋接以交會對偶爲義，故曰匹也。《詩》「樂子之無知」鄭箋：「知，匹也。樂其無妃匹之意。」』夫《墨子》之

[一] 形：原脱，據《章士釗全集》（第七卷）補。

接〔一〕，意存貌物若見，固是引伸已遠。惟莊子亦是名理之談。然抹殺他字，而獨有取於接，必其故訓如是，艱於捐舍可知。由是以思，矢口當作何解〔二〕，不難一語破的。蓋矢者男子之符，口者女子之象，以矢入口，象形而兼會意，其於交會對偶之理，尤稱貼切。」廷敬按，章氏説似創而確。知，已爲交會對偶之稱，故即以名交接之具。古知字本讀重濁聲，因欲稍示别，遂以輕清聲呼之。雌鷄之雌，亦取于此。而其音又稍變如牝牛之牝，取于匕，匕亦女陰之稱。而牝與匕音亦稍别也。此即聲音遞變相生之道，亦即文字孳乳日繁之理也。又知，爲男女交接之稱。女陰名已取之，而男陰曰峻，與今潮語呼知音爲哉相近。疑當日呼男陰亦爲知，音轉若哉，後其音稍變且欲示别，故又創一峻字。大約聲音先於文字。《説文》：「也，女陰形。」實則也爲初民見女陰而驚喜之詞，遂以此呼之。而作字者，乃象其形。匕與彼音同，與雌所從之此，亦初民見女陰而目爲彼、或爲此。亦猶後人之稱爲那話兒及者個、那個也。象其形而爲也字，且以形聲象所用刀匕之匕，又借用其字。及後音變若卑，後人遂踵爲毴屄字，而不知其原字爲匕也。

手足腰膝疲曰瘦，瘦極曰痛。《博雅》：「瘦，痛也。」按，瘦，從疒，酸省聲。疲則先瘦，瘦

〔一〕子：原脱，據《章士釗全集》（第七卷）補。
〔二〕矢口：原脱，據《章士釗全集》（第七卷）補。

極則痛，筋肉使然。

婦女月事曰月經，或曰洗月。　月經出醫書。王建《宫詞》：「報道君王知入月，唤人相伴洗裙裾。」

分娩曰輕身。　《温氏方言》引黄氏《石窟一徵》云：「輕者，重之對也。婦人懷孕若負重，分娩之後如釋重負，故曰輕也。」按埔語曰輕身，不單言輕。或曰做月日，或省稱做月。蓋埔俗于分娩後産母須静養一月故云。

懷孕曰有身妊。　《詩》：「大任有身。」《説文》：「妊身，懷孕也。」按，妊與孕、身與娠，音均相同。身妊與娠孕無别也。

釋飲食

茶酒厚曰釅，薄曰淡。淡轉平聲。　《廣韻》：「釅，酒醋味厚。」《增韻》：「濃也。」《説文》：「淡，薄味也。」按埔語茶酒均稱釅。釅字從酉，本屬酒醋，釅茶係借用。然《增韻》訓濃，可見古人既借用之。埔語亦稱濃茶。

食物糟魄曰苴，酒糟亦曰糟魄。　章氏《新方言》〔一〕：「《莊子·讓玉》篇『其土苴以治天下』釋文：苴，側雅反。李頤云：『土苴，糟魄也。』苴亦借沮爲之。《説文》：『揟，取水沮也。』」

〔一〕新：原脱。

按苴今作渣。埔語凡食物之不可下咽者皆曰苴，音ㄗㄚ。酒糟可供人食者曰糟釀，酒之殘糟曰糟魄。

食飯曰一餐，或曰一頓。　《國策》：「中山君曰：以一杯羹而亡國，以一餐而獲二死士。」《世説新語》：「羅友曰：聞卿祠，欲得一頓食耳。」按埔語多言餐，唯婦女茹素有曰食早頓。又責人飲食不時曰無餐無頓。　頓字見《煬帝紀》：「每之一所，輒數道置頓。」

時食亦曰時新，吃時新曰嘗新。　《論語》：「不時不食。」王建《宫詞》：「御廚不食索時新。」《左傳》：「醫緩謂晉侯曰：不食新矣。」

飽亦曰餇。　《説文》：「餇，飽也。」並説見上。

盛飯曰載飯。　《温氏方言》：「按《儀禮》：『凡牲在鼎謂之升，在俎謂之載。』今俗于牲醴不曰載，而獨于飯曰載飯。按《説文》：『䵧，設飪也。從丮食，才聲。讀若載。』是䵧爲載飯之本字，載爲假借字。《詩》：『清酒既載。』謂已在尊中也。《士昏禮》：『匕俎從設〔一〕，北面載。』載亦設也。是古語之遺也。」按載，乘也，承也，古文作䵧。載飯，即承飯之義耳。

食齋或曰食素。　《漢書・霍光傳》載光奏昌邑王過失：「典喪〔二〕，服斬衰，無悲哀之心，廢禮誼，居道上不素食。」又《王莽傳》：「每有水旱，莽輒素食。左右以白，太后遣使詔莽曰：

〔一〕　匕：原作「禮」，據《儀禮》改。
〔二〕　喪：原誤作「袠」，據《漢書》改。

『聞公素食，憂民深矣。今秋幸熟，公勤于職，幸以時食肉。』」按，佛家以不茹葷酒爲吃素。埔俗但以不肉食爲素，謂酒非肉類，竟以祀佛。

埔語音轉ㄋㄟ去聲〔一〕。《温氏方言》作肭。

肥肉曰肥貮，又曰貮人。《説文》：「貮，上肥也。」《玉篇》：「垢貮也。」《廣韻》：「肥貮。」

歠或曰欱。《説文》：「欱，歠也。」埔語歠一口或曰欱到一口。

以臼齒嚼曰噍，以門齒齧曰咬。《玉篇》：「噍，嚼也。」《漢書》：「襄城無噍類。」如淳曰：「噍，祚笑反。無復有活而噍食者也。」《説文》：「齩，齧骨也。」《廣韻》：「齧也。」

飢或曰饞。《集韻》：「饞，饕也。」《廣韻》：「不廉。」埔語饑或言饞。又謂人貪亦曰饞，音轉ㄙㄞ陽平，如饞錢、饞食、莫滙饞之類。饞食又曰貪食。《家語》：「大雀善驚而難得，小雀貪食而易得。」

稷米糕曰粢。《左傳》「潔粢豐盛」注：「黍稷曰粢。」通作齊。《儀禮》：「明齊溲酒。」《説文》：「稻餅。」

粳米糕曰粄。《玉篇》粄，蒲滿切，「米餅」。《廣韻》：「粄，屑米餅也。博管切。」或作餅、料。《温氏方言》引《荊楚歲時記》：「三月三日，取鼠麴汁蜜和粉〔二〕，謂之龍舌料。」

〔一〕「埔」上原衍一「埔」字。

〔二〕麴：原誤作「麵」，據《荊楚歲時記》改。

炒穀成花曰必禄。《温氏方言》：「按《月令廣義》：『吴俗以糯穀爆釜中，名曰孛羅。』今俗謂之必禄，蓋孛羅之轉音。」

脱粟米曰糙米。《玉篇》糙，七竈切，「粗米未舂」。《類篇》作𥻆。《温氏方言》援引甚詳。秫曰糯。《玉篇》糯，乃唤切，「黏也」。又乃臥切，秫名。糯，《字林》：「糯，黏稻也。」《温氏方言》謂客語言糯，今猶古稱。

粳曰穛。《温氏方言》謂今俗皆作秥。《玉篇》秥，女占切，「禾也」。按《玉篇》穛，胡兼、胡緘二切。稻不粘又作穛。今俗相沿稱粘米，因穛聲近而譌〔一〕。或誤作粘米即黏字，名實不符矣。

飯粒曰飯糂。《説文》：「糂，以米和羹也。一曰粒也。」

釋宫室

帝王神祇之居曰宫。帝王居及神廟均謂之宫。

住室曰屋，曰屋宇。大屋曰大夏。《説文》：「屋，居也。」「宇，屋邊也。」《玉篇》：「屋，居也，舍也。」《詩》：「於我乎，夏屋渠渠。」夏，大也。大屋亦曰夏。俗作廈，非。廈，旁屋也。《易》：「上棟下宇。」

門限曰門檢或户檢。語云「蕩檢踰閑」，檢，制也。閑，限也。檢即限制之義，故門限曰

〔一〕譌：原作「僞」。

檢，俗轉作檢平聲。《六書精藴》：「一扉曰户，兩扉曰門。」

築壘防守曰砦。《正韻》：「藩落也。山居以木柵。」又壘也，與寨同。

中堂治事處曰廳，兩旁曰兩廊。《集韻》：「古者治官處謂之聽事，後語省直曰聽，故加广。」《説文》：「廊，東西序也。」《漢書·竇嬰傳》：「賜金，陳廊廡下也。」

兩廊後之屋曰横屋，横屋之後爲副屋。《後漢·鮑德傳》：「修起横舍。」注作學舍，與黌通。按言修，則先有正舍可知，又言起，則必于正舍之旁再加建築，如今之横屋，故謂之横舍也。副，《唐韻》《集韻》《韻會》《正韻》皆訓貳〔一〕。《孟子》：「帝館甥于貳室。」即今所謂副屋。

重屋曰樓。《説文》：「樓，重屋也。」

四方而高曰台。《爾雅·釋宫》：「四方而高曰台。」

四面透風曰亭。《釋名》：「亭，停也。」道路所舍人、所安定也。埔俗路上相距十里，最疏至二十里必有茶亭、涼亭，資行人憩息。

客舍曰館。《孟子》：「舍館未定。」埔俗離鄉税居之處曰館。舊時書塾亦曰書館，以四方來學者所居也。

鬻賣貨物之屋曰店，曰鋪。崔豹《古今注》：「店，置也。所以置物鬻物也。」《韻會》鋪，

〔一〕唐：原誤作「舍」。

普故切,「賈肆也」。俗作舖。

室曰房,曰房間、房子。《説文》:「房,室在旁也。」按房必在正廳之旁,審其容積,間隔以牆,分别門户,故曰間。間,間容也,隔也。埔語或單言間。

屋霤曰屋簷。《釋名》:「簷,檐也。接簷屋前後也。」

屋最高處曰棟,下承之梁曰棟梁,餘曰屋梁。《易》:「上棟下宇。」《説文》:「棟,極也。」《逸雅》:「中也,居屋之中也。」《爾雅注》:「屋脊也。」《南齊書》袁粲謂王儉曰〔一〕:「松柏豫章雖小,已有棟梁氣矣。」《晉書·虞潭傳》潭起義軍,「有野鷹飛集屋梁」。

門樞曰門斡。《玉篇》:「斡,轉也,柄也。」《增韻》:「旋也,運也。」埔語門樞轉旋之處曰門斡。

門串曰門櫰。章氏《新方言》:「《爾雅》:『植謂之傳,傳謂之突。』〔二〕郭璞曰:『户持鎖植也。見《埤蒼》。』音變作弗〔三〕、串、櫰。《通俗文》曰:門鍵曰弗。串,門串也。櫰,關門機。」按埔語門閂是閉門横木,即植與傳。櫰,《集韻》:「關門機也。」《韻會小補》同栓。今象形作閂。

〔一〕袁:原誤作「哀」。
〔二〕傳:原作「詩謂之傳詩」,據《爾雅》《新方言》改。
〔三〕弗:原作「串」,據《新方言》改。下同。

釋衣服

短衣曰衫，曰袿子。《篇海》：「衫，小襦也。一曰單襦。」《釋名》：「衫，芟也。芟末無袖端也。」〔一〕《釋名》：「婦人上服曰袿。」今爲男服通稱。

裏衫曰汗衫。束皙《近游賦》：「脅汗衫以當熱。」

短綿衣曰綿襖。《玉篇》：「襖，袍襖也。」《鶴林玉露》：「何斯舉云：雨雪連旬，忽爾開霽，閭里翁媪相賀曰：黄綿襖子出矣。」蓋以襖喻冬日也。

長襖或曰袍。《論語》：「衣敝緼袍。」《廣韻》：「袍，長襦也。」

長夾衣曰袷衫，短曰夾襖。《廣韻》：「袷，複衣也。」《急就》注：「衣裳施裏曰袷。」袷與裌同。

褻服曰衩衣。唐僖宗時，王凝、崔彦昭同舉進士〔二〕，凝先及第，常著衩衣見彦昭。埔音衩如洒。

衣之下端邊角曰綼，布幅不足闊者曰紕綼。《新方言》：「《禮記》『縓綼錫』注：『在幅曰綼，在下曰錫。』釋文：『綼，劉音卑。』今人謂衣裳邊角純緣曰綼〔三〕，音如擺。」

〔一〕芟末：原作「衫末」，據《釋名疏證》改。
〔二〕崔：原誤作「雀」。
〔三〕純：原作「紕」，據《新方言》改。

編絲爲條曰絣子。《新方言》説：「𢆶，絣也。同字。布耕反。《燕策》：『王身自削甲札，妻自組甲絣。』」埔人以絲組成條曰打絣子。

衣開叉處曰褑〔一〕。《新方言》：「《聲類》：『褑，開衣領也。』今人謂開裳下齊爲開褑〔二〕，充夜切，書作開叉，非本字。或應作哆訓張〔三〕，音敕加切。」

束袴腳者曰袴襬。《説文》：「襬，袴踦也。」又袴之套兩脛處亦曰袴襬。

鑿孔而中墊以他布曰鑲。《説文》：「鑲，作型中腸也。」《正字通》：「或曰型者，鑄器之法。凡作形，先以繩爲胚胎，型固，則從竅抽繩緒端，繩窮而型存，有類於腸也。」按此鑲字是假借字，取其以他物填入孔内也。

袴之中央曰袴襠。《玉篇》：「襠，袴襠也。」埔音轉作ㄋ九去聲。

官服曰公服。北魏《孝文帝紀》泰和四年始制五等公服。高適詩：「公服貴貂蟬。」

織垂結絲曰絲紽子。《詩》：「素絲五紽。」紽，絲數也。埔語曰絲紽子、雙紽子、三紽子。

絲線成結曰綹。《説文》：「緯十縷爲綹。」《類篇》：「絲十爲綸，綸倍爲綹。」埔俗聚多絲打成結曰綹。

〔一〕褑：原作「傪」，據《新方言》改。下同。
〔二〕上一「開」字原脱，據《新方言》補。
〔三〕訓：原脱，據《新方言》補。

包衣之包曰包𤥭。《説文》：「車笭間皮篋。讀與服同。」章氏《新方言》謂：「今人謂布囊爲包伏。包伏同聲，如包犧亦稱伏犧也。」

以草織墊曰薦。《爾雅・釋草》：「薦，黍蓬。」疏：「蒿也。」獸食曰薦。《漢書・終軍傳》：「隨畜薦居。」言窮無被褥，隨畜藉草而居也。埔人以草木梗葉織作茵墊，稻草曰稈薦，葵葉曰葵薦，棕絲曰棕薦。

臥具曰鋪蓋、鋪陳、被包。臥具打成一包曰被包，曰鋪陳。在小牀中鋪設曰鋪蓋。《左傳》：「被苫蓋。」注：「白茅，苫也。今江東呼爲蓋。」〔一〕按蓋有掩、覆二義。《書》：「爾尚蓋前人之愆。」《關尹子》〔二〕：「其高無蓋。」故蓋與被同義。鋪，《説文》：「著門鋪首也。」《廣韻》：「陳也，布也。」《詩》「乃安斯寢」箋：「乃鋪席與羣臣安寢以樂之。」《方言》：「揄鋪，毳也。荊揚江湖之間曰揄鋪。」注：「謂物之行蔽也。」蓋古者鋪席于地，供人坐寢，或不備牀榻，故吾埔唯特製之大牀曰眠牀、炕牀，其支板挂帳從簡便者曰牀鋪，或曰打鋪。鋪陳云者，鋪陳于牀之物也。鋪蓋者，鋪牀中蓋用之物也。被包，則包裹被褥之包耳。

以針連結曰紩，粗縫曰絎，密縫曰納。《玉篇》：「絎，縫紩也。」《廣雅》：「紩，納也。」《新方言》謂：「今直隸謂粗縫曰納，淮南、吳越曰絎，音如行列之行。」按埔語于縫長衺，恐裹綿下

〔一〕該注出郭璞《爾雅注》。
〔二〕「子」字上原衍「與」字。

墜，以線疏縫之曰絎，異于直隸，而同於淮南、吴越。又從前婦人做鞋面，於近底處密縫針線曰

納。以針相連結曰紩，略縫一二針亦曰紩一二下，音如吉。

布幅不足，旁綴他布曰紕。《爾雅》：「紕，飾也。」郭璞曰：「謂緣飾。」《雜記》：「紕以爵韋。」注：「在旁曰紕。」埔音轉平ㄆㄧ。

緣邊曰緄。《説文》：「緄，織帶也。」古本切。《新方言》謂：「凡織帶皆可爲緣邊。」故俗稱緣邊曰緄。

釋器物

刀匣曰刀削。《説文》：「削，鞞也。從刀肖聲。一曰析也。」徐曰：「今人音笑，刀之匣也。」埔語藏刀之物曰刀削，音笑，作正北音，與讀音殊。

小秤曰厘等。等爲宋代權器，取相等之義，俗作戥。曰厘等者，大秤觔兩以上，厘等則小及分厘也。

横木曰桄。《廣韻》：「桄，織機桄。」《類篇》：「舟前木也。」《博雅》：「艄謂之桄。」艄，舟前木也。大抵横木爲桄。埔語梯桄、桌桄，及一切横桄皆謂之桄。桄字純作正音，不變尢韻。

木塞曰櫼，曰塞。《説文》：「櫼，楔也。」徐曰：「即今尖字。」埔俗于鑿枘接筍處，削尖鋭之木櫼之使緊曰櫼子，於瓶口或各鑿口削方圓而鈍之木塞之使滿曰塞子。塞，填也，隔也，充也，滿也。

釘門似箭頭之金屬物曰僕姑，或曰僕姑頭。《左傳》：「公以僕姑射南宫長萬。」注：「僕姑，矢名。」《瑯環記》謂「魯之良矢」。皆名此。埔語以門旁釘環受鎖，及釘于門環之下以受繫之物，形似箭頭，故謂之僕姑，或謂僕姑頭，可謂典雅極矣。

熨衣之斗曰熨斗。《説文》：「尉，從上按下也。」章氏《新方言》謂〔一〕：「今音轉如蘊，猶君姑、威姑聲相轉也。」按，尉今作熨。埔語身倒臥或曰尉下去，亦從上按下之義。亦作蘊。可見亦是古語。

有屏之几曰較几。《考工記·輿人》注：「較，兩輢上出式者。」章氏《新方言》謂〔二〕：「今人通謂胡牀兩輢爲較。」按，埔語有屏之几曰較。几音轉平爲交，其貼背之物曰後較。

織布用以扣經者曰筘。金仁山《論麻冕》：「三十升布則爲筘一千二百目。」按，埔語數筘目多寡曰幾齒，不曰目。

網之空處曰目。《家語》：「得鳥者，羅之一目也。」爲一目之羅，則不可以得爵。

箱有腳開頂門者曰匱。《書》：「納册于金滕之匱中。」按，匱今作櫃。

和合木器曰落牙不落牙。《考工記》：「牙得無槷而固。」鄭云：「槷，掇也。」埔語以鑿爲孔柄爲牙。

〔一〕〔二〕　新：原脱。

棺之前後木曰和。《吕氏春秋》:「欒水嚙季歷墓,見棺之前和。」高誘曰:「棺題爲和。」

盂曰盋。《漢書·東方朔傳》:「置守宫盂。」注:「盂,食器也。似盋而大。盋,音拔。」

障蔽各物口之物曰箄。《説文》:「箄,蔽。」埔語蔽鷄籠者曰鷄籠箄,其他竹器之塞口者皆曰箄。

無孔曰簸箕,有孔稍疏者曰簁稍,密曰籮。《急就篇》箕注:「可以簸揚及去糞者。」簁注:「所以籮去疏細也。」按,埔語竹器用以簸揚者曰簸箕,去糞者曰糞箕,孔稍疏者曰米簁,或作篩,稍密者曰米籮子。籮,去聲,古作羅。

疏目之筐曰簍。《急就篇注》:「簍,疏目之籠。亦言其孔樓樓然也。」〔一〕埔語簍作平聲。

薰籠曰蒸籠。《急就篇》篝注:「一名笿。」《方言》:「篝,陳楚宋魏間曰牆居。」郭注:「今薰籠。」埔語曰蒸籠。薰、蒸同義。

梜食之物曰箸,盛箸之器曰箸筩。《急就篇注》:「箸,一名梜。所以梜食也。」埔語以箸夾取食物曰梜。梜,見《曲禮》。又《急就篇》王氏補注:「《方言》箸筩,盛箸之器也。」

鍑曰煲。《新方言》:「鍑,釜大口者。」古無輕唇音,轉爲煲。按,埔語亦稱煲平聲,亦古音之遺。

〔一〕樓樓:原作「縷縷」,據《急就篇注》改。

粘曰黐。兒童取蜘蛛網或各種樹膠，做成粘質，用以黐蟬雀等物，名之曰黐。《玉篇》：「粘也。」《廣韻》〔一〕：「黐，膠。所以粘鳥。」

祭器酒杯亦曰爵。《詩》：「酌彼康爵。」《説文》：「爵，禮器也。象爵之形，中有鬯酒，又持之也。取其鳴節節足足也。」

釋草木

樹枝曰椏杈。《玉篇》：「椏，木椏杈。」《方言》：「江東謂樹歧曰椏杈。」埔語亦同。

草木茂盛均曰莽。《説文》：「茻，衆草也。」相承作莽。《楚詞》：「草木莽莽。」

草木濃密曰穠，曰穢。《韻會》：「穠，花木稠多貌。」《説文》：「穢，蕪也。」揚惲《與孫會宗書》曰：「田彼南山，蕪穢不治。」

植物内層肉曰瓤。《三蒼》：「瓤，瓜中子也。」郭注曰：「莖中有瓤。」《正字通》：「按瓤爲瓜中實，與犀相包連，白虚如絮，有汁。《本草》謂之瓜練，《字彙》謂瓜中犀，非。」按埔語凡植物中空者，其内肉皆曰瓤，如瓜瓤、竹瓤之類。

萍曰薸。《爾雅》：「苹，蓱。」郭注：「水中浮蓱。江東謂之薸。」《詩》「采蘋」，《韓》云「沈者曰蘋，浮者曰薸」。或作薸，《温氏方言》援引甚詳。廷敬案，萍薸亦一音之轉。

〔一〕韻：原誤作「雅」。

稻草曰稈。《説文》：「稈，禾莖也。」

松木之松，音若從。《新方言》：「松，《唐韻》及宋《廣韻》皆祥容切，今所在皆作相容切，惟廣東廣州、湖北蘄州獨得正音。」廷敬案，邑語正讀祥容切，與唐宋音合。

釋蟲魚鳥獸

蟲曰蟲豸。《爾雅》：「有足謂之蟲，無足謂之豸。」埔語小蟲統曰蟲豸，與浙西語同，惟音轉平聲，呼若尸。

蜻蛉曰羊泥子，蝴蝶曰羊葉子。廷敬案，蜻蛉、蝴蝶，皆有觸鬚似羊角，故被以羊號。《本草》：「蜻蛉，一名紗芊。」潮語亦呼蜻蛉爲紗芊。芊爲羊角，其義正同。泥即蛉之轉，與山東人呼蜻蛉爲胡棃子，棃亦蛉轉者同。葉即蝶之轉，與潮語呼蝶爲蝻葉者同。疑蝶古音當讀葉也。

臭蟲曰蠜蜚。《説文》：「蜚，臭蟲，負蠜也。」章氏云：「今淮南謂之蠜，山西謂之蜚蝨。蜚讀如比，古無輕唇音，蜚本音卑。」〔一〕埔語則合稱爲蠜蜚，音轉如官卑。廷敬案，《爾雅》：「蜚，蠦蜰。」郭注：「蜰即負盤，臭蟲。」此與噉人血之蟲，同名異物。蠦蜰，形略似飛蠊，五六月間在樹上，其氣甚惡，閩人呼爲蠊蜰，星按，埔語亦同。即《爾雅》之蠦蜰。諸家以蠦蜰爲即飛蠊者，非。若噉人血之臭蟲，形亦略似蠦蜰、飛蠊，故其名亦同。負字古讀若背，埔語音爲卑，負

〔一〕卑：《新方言》作「比」。

與蜚雙聲，官卑亦爲負蠜倒文。

飛蠊謂之黄蟅。《廣雅》：「飛蟅，飛蠊也。」《本草》作蜚蠊，陶注：「形似蟅蟲而輕小能飛，南人亦噉之。」郝疏：「其大如錢，輕薄如黄葉色，解飛。」廷敬案，諸家解飛蠊多混入蠦蜰，所言形狀亦不甚似。今驗黄蟅幼時色黄，老而色漸赤黑，且有蜕换者，兒童多炙噉之，云味甚美，且可入藥，可知其非蠦蜰也。《説文》：「蜚，臭蟲，負蠜也。」「蜰，蠦蜰也。」明言蜚與蠦蜰爲二物。《廣雅》：「蛩蠙，蜰也。」「飛蟅，飛蠊也。」亦明言蠦蜰與飛蠊爲二物。何注家之混而爲一也？蟅，埔語轉入聲。

蠼螋謂之蛩蠷。廷敬案，蠷螋，《廣雅》之「蛷螋，蟱求也」。《衆經音義》九引《通俗文》：「務求謂之蚑蛷，關西呼𧊅螋爲蚑求。」《周官·赤茇氏》：「凡隙屋，除其貍蟲。」鄭注云：「貍蟲，䗪、肌求之屬。」蠷與蛷聲轉，蚑與肌亦聲轉。蠷螋即𧊅螋，蚑求亦即肌求。三書皆不言其形狀，惟《説文》：「多足蟲也。」《博物志》云：「蠷螋蟲，溺人影，隨所著處生瘡。」陶注《本草》云：「蟲如小蜈蚣，色青黑，長足。」郝《爾雅疏》、王《廣雅疏證》遂謂即「揚州人所謂蓑衣蟲，順天人所謂錢龍」。案，蓑衣蟲未聞有溺人成瘡者，錢龍，潮人以呼蝘蜓，恐未必即是。蠷螋，今閩粤所謂溺人成瘡者名喇瞿，實蜘蛛之一種，身較大，圓如球，其名球者或以此。又多刺毛，所以有蠷螋之名。蠷音讀入麻韻，或即古音。喇、蠷疊韻，或爲古名歟？

蝘蜓謂之簷蛇。《爾雅》：「蝘蜓，守宫也。」郭注：「在壁曰蝘蜓，在草曰蜥蜴。」埔語呼蝘蜓爲簷蛇。簷字即蝘字之轉，又或以常棲簷下如壁虎之稱歟？其在草者則呼爲草龍，大者爲狗㺃蛇，即蠑螈。

蛙之小而善鳴者謂之拐子。廷敬案，拐即蟈之轉，亦即蛙之轉。《大戴記·夏小正》「鳴蟈」傳：「齊魯之間謂鼃爲蟈。」《周禮》「蟈氏掌去鼃黽」注：「今御所食蛙也。」字從蟲，國聲也。是古有呼蛙爲蟈者。實則蛙與蟈亦一聲之轉。鼃從圭，古音當讀如瓜，蓋狀其所鳴之聲。蟈與拐，皆其轉音也。

魚呼若吴。廷敬案，古音魚與吾同。《詩》「有驔有魚」傳：「魚當作吾。」《史記·河渠書》「吾山」，《漢書·溝洫志》作「魚山」。《淮南·修務》篇注：「魚山，即吾山也。」《韓詩外傳》「梁魚」，《説苑》作「丘吾子」。是魚、吾古通。邑語清遠、百侯一帶呼魚作吴音，與吾不過有高下之别耳。

鳥謂之雕。廷敬案，鳥，《唐韻》及宋《廣韻》皆都了切。埔語如石雲、大産一帶尚仍其音，餘則轉爲平聲，呼若雕，與字音讀女皎切者不同。

羽毛之細軟者曰褎。章氏《新方言》：「《説文》引《書》『鳥獸褎毛』，褎，而朧切，今《書》作『氄毛』。徐先民音而充〔一〕、如充二切。俗作絨，别名爲𩋟。」按，埔語凡毛之細軟者曰褎，如

〔一〕先：《新方言》作「仙」。

烏鷄曰褎毛鷄，獺皮去箭毛者曰獺褎之類。

瓦雀曰禾鵯子。《爾雅》：「譽斯，鵯鶋。」〔一〕注：「鴉烏也。小而多羣，腹下白，江東亦呼爲鵯烏。」按，埔語卑、必同音，爲輕重唇之分。俗曰禾鴓子，鴓當是卑之轉。廷敬案，據郭注則鵯爲鴉烏，埔語以稱雀，蓋取其卑小之稱。鴉之小者稱鵯，則雀亦可稱鵯也。禾鵯者，則以其食禾啄粟而被名，猶廣州之稱爲禾花雀也。

鷄之雄者曰雄鷄、鷄公，雌者曰鷄乸。《史記》：「子路冠雄鷄。」俗凡雄者多稱公，爲父之義也。雌者曰乸，音ㄇㄚ陽平，實爲母牙之合音，即乸。廷敬案，古音呼母如媽，鷄母之母音義亦同，因稍欲示別，故作陰平聲而爲ㄇㄚ陽平音。後以母字音遞變而讀如米、如畝，與原音日遠，俗遂以母也合音創爲乸字矣。

小而未孚者曰鷄僆。《温氏方言》鷄僆條云：「《爾雅》：『未成鷄，僆。』郭注：『今江東呼鷄少者曰僆。音練。』郝蘭皋云：『僆者，《方言》三云：「凡人嘼乳而雙産，秦晉之間謂之僆子。」郭注「音輦」，然則輦爲少小之稱。今登萊人呼小者爲小僆，僆音若輦，蓋古之遺言也。』」仲和案：「州俗謂鷄之雌而未生卵、將生卵者，曰鷄僆。僆讀若亂，亂與練其音亦近也。」又潔鷄條云：「按黄香鐵曰：『按青藤山人《路史》：「漢文始閹潔六畜。」潔猶浄也。下略。』」按，僆之義言雙生者，本與孿同。客人言鷄僆子，實專指雌而未生卵者而言，與郭注鷄少者合。

〔一〕鶋：原誤作「雕」，據《爾雅》改。

閹者曰閹鷄、犗鷄。　章氏《新方言》謂：「《方言》：『虔，殺也。』引伸爲去陰。《通俗文》『以刀去陰曰虔』，字變作犍。《廣雅》犍作犗。淮西南皆謂去畜陰曰犍。」埔俗去陰爲閹、爲潔，無論人物皆同。

鷄伏卵曰部。　《温氏方言》：「案，《説文》爪部：『孚，卵即孚也。』段氏曰：『《通俗文》：「卵化曰孚。」《廣雅》：「孚，生也。」謂子出于卵也。《方言》：「鷄卵伏而未孚。」于此可得孚之解矣。卵因伏而孚，學者因即呼伏爲孚云云。』仲和案，《淮南子》云：『夫鴻鵠之未孚于卵也，一指蔑之，則靡而無形矣。』又《夏小正》『鷄桴粥』傳曰：『桴，嫗伏也，育養也。』是孚粥即孚育，即覆育。伏卵謂之孚，化亦謂之孚矣。又《一切經音義校》莊炘曰：『《説文》：「孚，卵孚也。」俗又作菢，鳥伏子，音同暴是也。今東江人呼鷄之伏卵者曰哺鷄，即孚也。』仲和案，孚、哺、部，皆聲近，部即剖也。《文選・海賦》：『剖卵成雛。』李善曰：『剖，猶破也。』《淮南・原道》篇：『羽者嫗伏。』高注曰：『嫗伏以氣剖卵也。』孚、剖聲亦相近。」按孚今作孵。埔人謂伏爲趺，音同。埔謂伏卵爲剖，則爲ㄆㄨ去聲。上伏地爲趺條可參看。

呼鷄曰喌，曰祝。　《温氏方言》：「按，《説文》吅部喌云：『呼鷄重言之聲。讀若祝。』《左傳》『衛州吁』，《穀梁》作『祝吁』，是州、祝相通之證。而祝翁畜鷄，即附會此音而起也。又《風俗通》『呼鷄朱朱』，《伽藍記》沙門寶公曰〔二〕：『把粟與鷄呼朱朱。』是喌喌可轉爲朱朱也。今

〔二〕伽藍：原作「加籃」。寶：原誤作「室」。

俗呼鷄，或曰朙朙，或曰祝祝，或曰朙祝〔一〕，或曰朱晝，在古音皆爲疊韻。中略。然則吾州俗呼鷄州晝之音，可以證晝音之如注，可以證朱音之如州，又可以證州之爲鬻〔二〕，而朙祝之即同于朱注，此亦古音之存于方音者也。」按，北音入聲均轉平，故朙祝朱晝姝粥舟咮等字均可通用，古書常見。今北平楊梅竹斜街，本地人或曰羊尾猪猪，與竹音亦同。

凡畜牡者曰羖，曰公，牝者曰牸，曰乸。　按，公爲父義，乸爲母呀之合音，已見上條。《詩》：「俾出童羖。」《説文》：「夏羊牡曰羖。」《史記·平準書》：「乘字牝者儐而不得聚會。」字變作牸。《廣雅》：「雌也。」埔雌稱猪牸、牛牸、羊牸、狗牸，與鷄稱健同。　蓋既生育者曰乸，幼小將生育者曰牸也。《温氏方言》謂「此亦古之遺語」。　廷敬案，公羖雙聲，因羊之牡爲羖，遂推而凡畜獸之牡者亦稱羖，俗人不知，乃別創一牯字。　字，育也，係後起之義。《廣雅》解牸爲雌，極精。　蓋牸字實踵雌字而起，皆就其陰性着想。　説見前。

牡猪不閹者曰猪豭。　按，《左傳》：「已定爾婁猪，盍歸吾艾豭。」豭，牡豕也。　豭，埔音轉爲哥，蓋猪哥音近，由舌根與軟顎間發音，而韻略變也。　廷敬案，六朝人如家嘉加皆入歌韻，則豭音轉哥，正六朝語之遺。

牡猪之犍者曰羖，牝曰籠仄。　廷敬案，猪除留種以外，大抵皆閹而飼之，取其易肥且肉

〔一〕祝：原脱，據《嘉應州志》補。

〔二〕鬻：《嘉應州志》作「祝」。

美。而牝牡又自有別，未犍之牡已稱豭，則已犍者即別稱爲羖，不嫌與牛羊之稱同也。未犍之牝已別稱爲𧒒，則已犍者不妨仍稱爲婁。婁豬，古牝豬之稱。籠與婁一音之轉，江浙人之稱豬玀，疑玀亦從婁音轉也。

〔嘉靖〕興寧縣志

【解題】黄國奎修，盛繼等纂。興寧縣，今廣東省梅州市興寧市。「方言」見卷四《人事部》中。録文據嘉靖三十一年（一五五二）刻本《興寧縣志》。

方言

其聲大率齊韻作灰，庚韻作陽，如黎爲來，聲爲商，石爲鑠之類，與江南同，乃出自然，益信昔人製韻釋經之不繆。亦有楊、王不辨之陋，如天王寺爲天洋之類，至有姓王者自呼楊，問之，云：「王，乃吾上避，不敢犯。」此尤可笑爾。

祝志：謂父曰阿爸。閩人呼父爲郎罷。顧況詩：「囝別郎罷心摧血。」〔一〕爸即郎罷。母曰阿姐。呼哥嫂，輒以亞先之。如兄則曰亞哥，嫂曰亞嫂。呼小廝曰𥢶。音賴。呼兒曰泰。遊樂曰料。問何物曰罵介。問何人曰罵鄞。無曰冒。移近曰埋。其不檢者曰散子。其呼溪曰開，嶺曰兩。用

〔一〕郎：原誤作「即」。

《通志·廣州志》參修。

〔乾隆〕興寧縣志

【解題】施念曾纂修。興寧縣，今廣東省梅州市興寧市。「方音」見卷八《風土志》中。録文據乾隆四年（一七三九）刻本《興寧縣志》。

方音

大率音高而濁，故平聲多近上聲。祝允明《志》謂以齊韻作灰、以庚韻作陽，未盡然也。但江、陽二韻開口而帶喉音，終不可以切反形容耳。若太、大則不辨讀聲，黎爲來，聲爲商，石爲鑠，青爲搶，國爲革。又若黄與王，吴與魚，肥與培，居與基，鈎與鳩，高與交，本不同音而皆同音。姜與江，馮與縫，謝與卸，兼與堅，金與巾，弓與公，本同音而皆不同音。稱父爲阿爸，兄爲阿哥，謂媳婦爲心舅，謂小廝爲孻子，謂何事爲麽徙，午食曰宴晝，遊樂曰料，戲耍曰稿，無曰冒，嶺曰兩，溪曰開，華采曰散，醜惡曰歪之類，難以悉述也。與長樂、永安、嘉應、平遠之語同，與歸善、博羅之語稍異，亦可以鄉談相通，若東莞、揭陽則大相懸遠矣。

〔嘉慶〕興寧縣志

【解題】仲振履纂修。興寧縣，今廣東省梅州市興寧市。「方言」見卷十《風俗志》中。録文據嘉慶十六年（一八一一）刻本《興寧縣志》。

方言

興邑語較中州正音雖殊，而猶爲近正。故縉紳士大夫及作客江湖者，稍一漸染，語者與中州似，惟字音時有混錯。如黄王、吴魚、居基、鈎鳩之類，本不同音而皆同音。又如姜江、謝卸、兼堅、金巾之類，本同音而不同音。此則反切之學，夙少師承，故譌謬沿爲風氣，非一方水土之咎也。若夫楚羌吴那，齊得魯居，稱名而南北頓殊，號物而東西已異，風氣囿人，不獨興邑爲然矣。

〔咸豐〕興寧縣志

【解題】仲振履原本，張鶴齡續修，曾士梅續纂。興寧縣，今廣東省梅州市興寧市。「方言」見卷十《風俗志》中。有咸豐六年（一八五六）刻本。録文據民國十八年（一九二九）鉛印本《咸豐興寧縣志》。

方言

興邑語較中州正音雖殊，而猶爲近正。故縉紳士大夫及作客江湖者，稍一漸染，語者與中州似〔一〕，惟字音時有混錯。

〔一〕者：似爲「即」之誤。

如黄王、吴魚、居基、鈎鳩之類，本不同音而皆同音。又如姜江、謝卸、兼堅、金巾之類，本同音而不同音。此則反切之學，夙少師承，故譌謬沿爲風氣，非一方水土之咎也。若夫楚羌吴那，齊得魯居，稱名而南北頓殊，號物而東西已異，風氣囿人，不獨興邑爲然矣。

〔乾隆〕豐順縣志

【解題】葛曙纂修。豐順縣，今廣東省梅州市豐順縣。「風俗」見卷七《風土志》中。録文據乾隆十一年（一七四六）刻本《豐順縣志》。

風俗

父母、翁姑俱稱阿爹、阿姆。伯叔稱阿伯、阿叔。姆嬸稱伯姆、叔姆。翁稱壻阿郎。壻稱翁亦係阿爹、阿姆。翁之兄弟亦稱阿伯、阿叔。壻之兄稱且大，壻之弟稱且郎。其餘舅甥姑表稱謂與通俗同。

〔光緒〕豐順縣志

【解題】葛曙原修，許普濟續修，吴鵬續纂。豐順縣，今廣東省梅州市豐順縣。「風俗」見卷七《風土志》中。録文據光緒十年（一八八四）刻本《豐順縣志》。

風俗

父母、翁姑俱稱阿爹、阿姆。伯叔稱阿伯、阿叔。姆嬸稱伯姆、叔姆。翁稱壻阿郎。壻稱翁亦係阿爹、阿姆。翁之兄弟亦稱阿伯、阿叔。壻之兄稱且大，壻之弟稱且郎。其餘舅甥姑表稱謂與通俗同。

〔民國〕新修豐順縣志

【解題】劉禹輪修，李唐纂。豐順縣，今廣東省梅州市豐順縣。「方言」見卷十六《風俗》中。録文據民國三十二年（一九四三）鉛印本《新修豐順縣志》。

方言

父稱阿爺、阿爸，亦曰阿爹。母稱阿姆。温廷敬曰：「亦有稱哀者，統稱曰爺哀。」邑俗亦同。汪榮寶言人生最初發聲爲阿，世界各國字母多以阿爲建首，中國古音亦常如此。案，爺爸爹，邑語俱讀六麻韻。《温公書儀》：「古稱父爲阿爺。」《木蘭詩》「軍書十二帖，帖帖有爺名」是也。吴人稱父曰爹。爸即父，同爹，與古音合。母，古音讀父，轉音米。邑語呼母爲姆，讀平聲，音稍變矣。姆，本古女師、保姆之稱，殆嬰兒呼姆既慣而然。哀，邑語亦讀平音，即愛字變音，嬰兒出生墮地，其發聲皆曰嗳呀嗳呀。哀本嗳呀二字之轉音。嗳即哀，呀即爺，故曰哀爺。初民以母先父，故女生爲姓。哀爺實爲語言之始。今稱爺哀雖古，亦必始于女系轉爲男系時代。就爺孃之始于六朝，蓋視稱哀爸爲後矣。

祖父稱阿公，亦曰阿爹，邑語讀多他切。祖母曰阿婆，亦有稱阿姐、阿妮者。曾祖父母稱公太〔一〕、婆太。案，稱祖曰公，始于《史記·外戚世家》。婆本老媪之稱。《吴越備史》：「錢鏐誕生，皇考欲棄于井，祖妣不許，曰婆留。」婆即祖母，古已有此稱矣。温廷敬謂：「如父與祖父，古皆呼爲爹，讀重音，後欲稍示區别，遂以呼父者轉爲輕音。」邑語呼父與祖父爲爹，讀音因有重濁與輕清之異。蓋呼父爲舌上音，呼祖父則舌頭音也。祖母呼妮，邑語讀仄聲，亦舌頭音，與潮語呼母爲□者異〔二〕。姐，子野切。《説文》：「蜀人呼母曰姐。」邑語讀馬韻。稽康《幽憤詩》「恃愛肆姐，不訓不師」，是祖母。祖稱姐亦古矣。曾祖父母稱公太、婆太，其義至明，凡客族皆同，惟潮語則曰太公、太婆。

兄稱阿哥，弟稱阿弟。邑語弟讀平聲如梯皆。趙德麟《侯鯖録》：「惠之方言呼弟曰阿泰。」温仲和曰：「弟讀若梯，爲古音。」今邑屬語讀梯皆，在齊佳二韻之間。

父之姊妹稱阿姑，祖之姊妹稱姑婆，母之姊妹、妻之姊妹均稱阿姨。《爾雅》：「父之姊妹爲姑，妻之姊妹曰姨。」《釋名》：「母之姊妹爲姨。」亦稱姨母，以别于妻之姊妹也。案，祖母之姊妹稱姨婆，亦以别於母之姊妹也。

〔一〕父：原脱。

〔二〕□：原文此字爲空格。

母之兄弟稱阿舅，亦稱舅父。妻之兄弟亦稱阿舅。《史記·孝文帝紀》：「封淮南王舅父爲周陽侯。」索隱：「舅父即舅，猶姨曰姨母也。」《新唐書》楊行密謂其妻弟朱延壽曰：「得舅代，我無憂矣。」此母舅與妻舅之别也。

子之婦曰心臼。温廷敬曰：「心即新字轉音，臼即婦字轉，即新婦之稱。」引六朝吴音讀婦輕脣爲臯，由臯而轉爲臼云。初猶疑之。案《爾雅》女子既曰娣婦〔一〕，潮語稱心埔，或曰即新婦之轉，廣州呼語爲心婆，亦曰生婆，音義均易解。邑語稱心臼，與梅、埔各縣同，於義何取？考《韻補》臼，叶敞吕切，音處。韓昌黎《元和聖德詩》：「遂自顛倒，若杵投臼。」叶下渚。此可証臼爲婦人之轉音矣。或曰心臼即薪臼，因負薪井臼故，所未詳也。

夫曰老公，妻曰老婆，又曰埔娘。蓋本君子偕老之義。寒山詩：「東家一老婆。」侯景曰：「吴下老公。」是古有所此稱也。《嶺外代答》稱爲夫娘。《嘉應州志》則謂爲姑娘。温廷敬謂俱不類，當做婦娘，婦古讀重脣，故其音如埔。其釋最爲確當。

母之父母曰姐公、姐婆，亦猶祖母呼姐。言母之姐加以公婆，而别於父之公婆也。

妻之父曰丈人老，母曰丈人哀，亦曰岳父、岳母。歐陽修曰：「泰山有丈人峯，故稱妻父爲泰山。若稱妻之母爲泰水，不知何義？」邑語之稱本此。泰山爲五嶽之一，岳同嶽，故曰岳父、

〔一〕《爾雅》無此條。

岳母。或曰晉樂廣爲衛玠妻父，皆有重名，岳丈即樂丈之訛。總之不離乎古者，近是。

婦人稱夫之父曰家官，亦曰家公。夫之母曰家娘，亦曰家婆。案，《顔氏家訓》：「昔黄霸之子孫稱其祖父曰家公。」唐代宗曰：「不痴不聾，不作阿姑阿翁。」古稱夫之父母爲舅姑，後轉爲公婆。《温公書儀》：「古稱母爲娘子。」官即公之轉。然家官、家娘皆邑屬婦人對人自稱與他人相稱之通詞。若婦人呼其翁姑，則隨其夫之稱爲多。

自稱曰吾，讀如涯。稱人曰渠。人我兼稱曰俺。北人稱我曰俺。邑語讀俺如恩，而義爲廣。

妾曰小婆，亦曰細姐，因此謂妻曰大婆、大姐。《龍川雜志》仁宗謂劉氏爲大娘娘、楊氏爲小娘娘，是大小之稱，由來久矣。

愛子曰吾子。子女之最後出者曰滿子、滿女，亦曰滿妹。《粤遊小志》：「滿子，嘉應呼子女之最小者。」邑語亦同。陳裕詩：「滿子面甜糖脆餅。」〔一〕是五代時已有滿子之稱矣〔二〕。

曾孫曰塞子。《釋名》：「息，塞也，滿也。」《石窟一徵》言至曾孫〔三〕，則生齒繁〔四〕，塞滿門

〔一〕脆餅：原誤作「餅餌」。
〔二〕五：原誤作「正」。
〔三〕至：原誤作「致」。
〔四〕齒：原誤作「子」。

户也。

鄉旌紳耆曰老成，亦稱老大。《詩》：「雖無老成人，尚有典型。」《禮》：「七十曰老。」凡執業久經事多者皆曰老，大者，尊人之稱。邑語本此。

少年曰後生，亦曰後輩。《論語》：「後生可畏。」《唐・劉禹錫傳》〔一〕：「王叔父于東宫用事〔二〕，後輩務進多附之。」此亦語言與文字合一之徵也。

居住曰覈。邑語讀陌韻如核。案即宅字之轉音〔三〕。

椽曰桁。《爾雅注疏》〔四〕：「屋椽。齊魯名桷，周人名椽。」《玉篇》：「桁，屋横木也。」古樂府《東門行》：「還視桁上無懸衣。」《集韻》桁，何庚切，音衡。椽音傳，邑語桁讀庚韻如行，蓋椽之轉音也。

渠曰溪，亦曰溝、曰圳。《説文》：「渠者，水所居也。」邑語呼渠之大者曰溪，小而深者曰溝。《傳》曰「深溝高壘」是也。淺曰圳，讀如畯。《字典》〔五〕：「市流切，音酬。江楚間田畔水

〔一〕錫：原脱。
〔二〕宫：原誤作「官」。
〔三〕字：原誤作「宇」。
〔四〕注疏：據後引文補。
〔五〕字：原誤作「宋」。

溝謂之圳。」案，渠讀魚韻，溝讀尤韻，魚韻古通虞，柴氏作通虞尤，據古詞「日出東南隅」，有樓字、不字也。溪，俗語齊韻，語音同渠。今溝、酬同尤韻，尤魚同齊，古通韻。邑語讀畯，則同字異音也。

簞曰簞。俗以竹織成方丈，用以晒穀之器。《説文》：「簞，竹蓆也。」《小雅》「下莞上簞」箋：「竹葦曰簞。」邑語讀儉韻音義，而物用異。案，廣西邊關鄉民今有以晒穀之竹簞爲蓆者，惟面積較小，如牀而已。

揚米去糠之具曰簸箕。其器周而圓，用竹織成。《詩》：「惟南有箕，不可以簸揚。」傳：「箕星也。」索隱：「箕以簸揚調弄爲象。」箕又受物，有去去來來之象是也。又形橢圓一面開口，用以搬米穀者，曰插箕，《史記》所謂「頭會箕斂」者是。用以收受塵土及糞壤者曰糞箕，《曲禮》曰「凡爲長者糞之禮，必加帚於箕上」者是。同爲竹織之器，而大小有别，爲用亦殊。邑語稱簸箕、插箕、糞箕，証之古音義均同。

採野生小竹，搥破浸水，晒乾而代明者曰蒸子。《詩》「以薪以蒸」箋：「麤曰薪，細曰蒸。」陶詩：「荊薪代明燭。」《廣雅》：「蒸，炬也。」凡用葭葦竹木爲炬皆曰蒸。邑語讀蒸韻如真〔二〕。

箸曰箸。《集韻》遲據切。邑語讀御韻如住。《曲禮》：「飯黍毋以箸。」與潮語筷筷條、粤

〔二〕 韻：原誤作「韶」。

語曰筷子者異。

茶曰茶，邑語讀麻韻。酒曰酒，讀宥韻。菜讀倉代切，菜菜與潮話曰鹼者異。

螻蛄曰土狗，與《爾雅》同。蟬曰蟬，龜曰龜，蠦曰蠦，蛇曰蛇，百勞曰百勞，俱與古音義同。

案，邑屬通俗語言，大率類此。異舉其要，在今爲俗，若考古証之，則爲雅。雖俗語有仿雅者，推此較粤語、潮語，則皆有字典、韻書、古籍可資考証，此亦古音存於方言者也。客族來自中原，雖展轉贛閩，而語言不改其舊，故邑語與梅、埔語皆同。其鄰近潮、揭各鄉，在家庭雖多操潮語〔一〕，惟出與客俗交際，仍操客語〔二〕。《清稗類鈔》謂客語「節湊句度，較之内地不甚相遠，與六朝音相合」〔三〕。章火炎《新方言》謂客族語言敦古，或稱爲老官話，誠之言也。

〔康熙〕和平縣志

【解題】唐開先纂修，韓師愈續修，龔以時續纂。康熙二十六年（一六八七）修。和平縣，今廣東省河源市和平縣。「風俗」見卷二《學校志》中。録文據康熙鈔本《和平縣志》。

風俗

語音平易，多合字樣。

〔一〕〔二〕 操：原作「抄」。
〔三〕 鈔：原誤作「針」。湊：原誤作「奉」。朝：原誤作「潮」。

〔民國〕和平縣志

【解題】曾樞修，凌開蔚纂。和平縣，今廣東省河源市和平縣。「語言」見卷二《人民志》中。録文據民國三十二年（一九四三）鉛印本《和平縣志》。

語言

和平土語平仄錯亂，皆緣啓蒙讀書時字音不正所致。應請塾師考究反切，查照相傳。牙音，見京堅清溪輕牽高郡檠乾下疑迎言濁。喉音，曉興軒高匣形賢下影因煙高喻盈延下。舌頭音，端丁顛清透汀天高定亭田下泥寧年濁。舌上音，知貞邅清澄呈纏下徹檉脡高娘獰黏濁。重唇音，邦兵鞭清滂砰篇高並平便下明名眠濁。輕唇音，非分蕃清敷豐皤高奉焚煩下微文槾濁。齒頭音，精津箋清清親千高從情前下心星先高邪餳涎下。正齒音，照真旃清穿稱穿高狀繩船下審升羶高禪承禪下〔一〕。半舌半齒音，來靈連下日仍然下等字。三十六句，合之反切，調定聲音，讀去自然脗合。讀書一正，則出言應對，作文賦詩，用無不正矣。舊志。

本邑俗語，謂父曰亞爺、亞爸。《惠州府志》載：「和平謂父爲亞公，風氣與贛州近，語稍類贛。」按，語稍類贛，誠然。但今和人稱父爲亞公者極少。母曰亞娘、亞姥、亞媪，亦曰姐、曰奶。祖父曰亞公、亞爹。祖母

〔一〕穿稱穿、禪承禪：原文如此。

曰亞婆、亞嬸。兄曰亞哥。子曰崽。音宰。早食曰食朝，午食曰食晝，晚食曰食夜。無曰冇。立曰企。看曰睇。雨曰落水。與附近各鄰縣頗多相同。

至於文字，字義多有相習而不可解者，恒出於《通韻》《海篇》之外，不特如奞璶音賴圳𢃇不之類。即如以謏爲誕、奕爲兹、乭爲飛、毛爲毫、暨爲概、仔爲子、谷爲穀、䩭爲鞵、坭爲泥、瞖爲擊，皆土字也。又如惟爲莫辨，於以不分，買賣混用，嘗常互施，振展不明，至致相淆，弗勿莫辨；猶與尤，再與暫，最與漸，已與既之不别，恒常、忙忘之各謬，季桂之互呼，皆土音也。並字義亦失矣。

按，《太平寰宇記》載循梅民户，土若干千百，客若干千百。《元豐九域志》亦云今和平居民皆操客話，各姓落居多在宋末至明初之間。其以前土人之話如何，已無可考，而客話之中，不無小異。如青州聲與連平近，大湖、宋烈、水溪聲與相鄰連平、河源屬人近，東水、嵛崙聲與龍川之四都、義都近，貝墩聲與龍川之車田近，下車、岑岡聲與江西之定南近。又九棑聲與六方略異，四約聲與九棑、六方略異。即棑與棑、方與方、約與約，亦間有小異。蓋語音之變，每因地而不同，苟非有峻嶺大川相隔，則地近者聲近，稍遠則見異。率夫自然，非有矯强也。但一邑語言，皆小異大同，不甚隔閡，且與中州正音雖殊而猶爲近正。故仕宦商學作客遠方，稍一漸染正音，即與中州相似。今後若以國音爲宗，逐漸矯正，效用之大，固難盡言，而致力尤事半功倍，邦人君子可不加之意乎。

〔嘉慶〕龍川縣志

【解題】胡瑃修，勒殷山纂。龍川縣，今廣東省河源市龍川縣。「方言」見第三八册《風俗》中。録文據嘉慶二十三年（一八一八）刻本《龍川縣志》。

方言

我曰哎，他曰渠，二曰遇，四曰細，邊曰色，破曰圻，冒曰毛，交曰高之類是也。叫父曰亞爸，祖父曰亞爹，祖母曰亞嬭。音哉。叫母曰亞姐。作揖曰唱喏。什麽曰没惹。不知道曰五的。問這個字曰没仔字。問貨物曰厷仔遐惹。凡此囿于方隅，固不能易，唯僞字俗字，業儒者斷不可髣髴也。

如坐爲坙。音穩。通水之溝爲圳。屯去聲。瀦水之處爲堀。即窟也。路之險隘爲卡。音汊。截木作墪曰不。敦上聲。門上横木曰閂。音拴。貯酒之甕曰埕。晒物之墩曰㙂。水深之處曰滘。凡此皆僞作者也。

若夫以華爲華，以坭爲泥，以誔爲誕，以循爲循，以敎爲教，以玆爲兹，以僯爲隣，以張爲帳，以脫爲睨，以鞋爲鞋，以激爲激，以輂爲輦，此斷不可入于詩文者也。讀書者宜留心自惕，毋隨筆貽誤。

〔乾隆〕河源縣志

【解題】陳張翼修，尹報逵纂。河源縣，今廣東省河源市河源區。「方言」「文字」見卷十一《風俗志》中。録文據乾隆十一年（一七四六）刻本《河源縣志》。

方言

大率齊韻作灰，庚韻作陽。如以黎爲來，以溪爲開，以聲爲商，以石爲鑠，以國爲革，以嶺爲兩之類。

其稱謂之殊，如謂父爲爸，或呼亞爹。謂母爲閫，或呼亞姐。呼子爲宰。呼弟爲泰。呼姪爲孫。呼至小爲穉。謂何事曰麼徙。午食曰晏晝。無曰冒。

夫民間方言俗語，所在多有，不可枚舉，而粵東士子奉命設官教習以來，一切鄉音尤須改正，然後可以通仕籍而當廷對也。

文字

有土字，出乎《正韻》，越乎《海篇》，如峯、穉、圳、涌、帽、墩、禤、不之類。

又有俗字，增減筆畫，改易偏傍。又有字義混淆莫辨。凡爲治者，宜遵同文，先嚴家塾，俾小子就傅之日，師長即正其字以教之，庶不致以訛傳訛，令先入以爲主也。即如以僯爲隣、以誷爲誕、以茟爲華、以苆爲兹、以担爲擔、以玌爲飛、以毛爲毫、以曁爲概、以蒤爲蘇、以仔爲子、以谷爲穀、以収爲收、以隌爲當、以鞋爲鞋、以坭爲泥、以瞽爲擊，增減相習，不可悉數。

至于字義之失，姑舉數條尤爲悖謬，即如惟爲莫辨，於以不分，大太互施，買賣混用，常嘗忽悮，振展未明，致至相淆，弗勿莫解，犹尤不審，再最成訛，暫漸錯書，已既莫別，恒常、忙忘之各謬，義二、季桂之互呼，凡士子臨文筆誤，不能自檢點者亦往往有之。蓋粤東各州縣多有土字，通志載之詳矣，其俗字錯字，不可不戒。

〔同治〕河源縣志

【解題】彭君穀修，賴以平等纂。河源縣，今廣東省河源市河源區。「方言」「文字」見卷十一《風俗志》中。録文據同治十三年（一八七四）刻本《河源縣志》。

方言

大率齊韻作灰，庚韻作陽。如以黎爲來，以溪爲開，以聲爲商，以石爲鑠，以國爲革，以嶺爲兩之類。

其稱謂之殊，如謂父爲爸，或呼亞爹。謂母爲閣，或呼亞姐。呼子爲宰。呼弟爲泰。呼姪爲孫。呼至小爲穡。謂何事曰麽徙。午食曰晏晝。無曰冐。

夫民間方言俗語，所在多有，不可枚舉，而粤東士子奉命設官教習以來，一切鄉音尤須改正，然後可以通仕籍而當廷對也。

文字

有土字，出乎《正韻》，越乎《海篇》，如輦、⿰石盡、圳、涌、⿰巾里、墩、禓、不之類。又有俗字，增減筆畫，改易偏傍。又有字義混淆莫辨。凡爲治者，宜遵同文，先嚴家塾，俾小子就傅之日，師長即正其字以教之，庶不致以訛傳訛，令先入以爲主也。即如以僯爲隣、以誔爲誕、以苹爲華、以玆爲兹、以担爲擔、以⿱飞去爲飛、以毛爲毫、以曁爲概、以⿱艹⿰禾木爲蘇、以仔爲子、以谷爲穀、以収爲收、以噹爲當、以鞋爲鞋、以坭爲泥、以瞖爲擊，增減相習，不可悉數。

至于字義之失，姑舉數條尤爲悖謬，即如惟爲莫辨，於以不分，大太互施，買賣混用，常嘗忽悞，振展未明，致至相淆，弗勿莫解，犹尤不審，再最成訛，暫漸錯書，已既莫別，恒常、忙忘之各謬，義一、季桂之互呼，凡士子臨文筆誤，不能自檢點者亦往往有之。蓋粵東各州縣多有土字，通志載之詳矣，其俗字錯字，不可不戒。

〔康熙〕連陽八排風土記

【解題】李來章撰。連陽八排，在今廣東省清遠市連山壯族瑤族自治縣。「言語」見卷四。録文據康熙四十七年（一七〇八）刻本《連陽八排風土記》。

言語

山川阻隔，語言亦殊，非經翻譯，意卒難明。公治長知鳥語，介葛盧解牛鳴，古人博物，能通異類。彼諸猺官骸知識，亦猶人耳，何可聽斷之下，茫然莫解也。予宰連既久，頗能辨識。今集諸猺語，譯以華言，聊欲資採訪之異聞云爾。記言語第四。

言語目録

天地類　歲時類　山川類　人倫類　身體類　宫室類　婚姻類　生死類　飲食類
衣服類　五穀類　畜物類　果品類　器用類　雜物類　農具類　器械類　樂器類
教化類　雜言類　訟獄類

猺人言語侏㒧，今譯以華言。

天地類

天，猺曰横。地，猺曰汝。日，猺曰乃。月，猺曰羅角。星，猺曰闊嶺。風，猺曰調。雲，猺曰渾。雷，猺曰表公。下雨，猺曰本并。天開，猺曰横蓋了。旱，猺曰横送蒙。夜，猺曰横夢了。雲霧，猺曰渾母。虹霓，猺曰旱蛟。雷聲，猺曰表公凹。地動，猺曰訾那動。月光，猺曰羅養。黑夜，猺曰磕罷了。半夜，猺曰道晚了。

歲時類

元旦，猺曰大年符。年，猺曰亞閏寮。月，猺曰亞羅乃。初一，猺曰慶吉。初二，猺曰慶議。初三，猺曰慶吹。初四，猺曰慶蝦。初五，猺曰慶吾。初六，猺曰慶涼。初七，猺曰慶闊。

初八，猺曰慶并。初九，猺曰慶拱。初十，猺曰慶濕。正月，猺曰悵呵羅。二月，猺曰議呵羅。三月，猺曰坎呵羅。四月，猺曰慶呵羅。五月，猺曰吾呵羅。六月，猺曰涼呵羅。七月，猺曰闊呵羅。八月，猺曰并呵羅。九月，猺曰拱呵羅。十月，猺曰濕呵羅。十一月，猺曰濕吉呵羅。十二月，猺曰濕議呵羅。子時，猺曰紫祥。丑時，猺曰兆祥。寅時，猺曰筵祥。卯時，猺曰謀祥。辰時，猺曰身祥。巳時，猺曰四祥。午時，猺曰互祥。未時，猺曰妹祥。申時，猺曰口祥。酉時，猺曰遥祥。戌時，猺曰闊祥。亥時，猺曰海祥。閏月，猺曰卯羅。明日，猺曰鰢浸不嗟。晏，猺曰乃兩了。熱，猺曰斬賴寮。冷，猺曰共賴寮。

山川類

山，猺曰踵。水，猺曰悞。石，猺曰旭丕。田，猺曰糧。塘，猺曰窮。柴，猺曰鳥空。竹，猺曰漏。草，猺曰密。花，猺曰餅。茅，猺曰幹。

人倫類

皇帝，猺曰老老丹見。老爺，猺曰必下。官，猺曰潭劍，又曰擔肩。秀才，猺曰開曉。相公，猺曰上公。父，猺曰必。母，猺曰爾益。子，猺曰胆。父子，猺曰必胆。女子，猺曰動農。兄，猺曰歌益。弟，猺曰簣。兄弟，猺曰淡戈。孫，猺曰款。夫婦，猺曰卑姑。姐，猺曰弟益。岳父，猺曰多。岳母，猺曰笛。大舅，猺曰潭儂。大舅母，猺曰潭娘。小舅，猺曰弩益。老女人，猺曰姑益。中年女人，猺曰也益。老婆，猺曰沙眠。人，猺曰眠。同年，猺曰同共。朋友，猺曰伙記。道士，猺曰曉面。差，猺曰洒。百姓，猺曰巴興。房族，猺曰方素。親戚，猺曰慶星嗟。姪，猺曰款蝦。好女子，猺曰用動弩。做官，猺曰矮謹。後生，猺曰坟慶。書吏，猺曰四方。里長，猺曰鼇争。頭人，猺曰調眠。地方，猺曰子紡。千長，猺曰顯張。老人，猺曰古眠。門子，猺曰瞞紫。兄嫂，猺曰袛。叔母，猺曰宿婆。孩童，猺曰梟跟。乞丐，猺曰告化。縣官，猺曰潭劍。太爺，猺曰老姐。州官，猺曰古堅。醫生，猺曰依夏老。媳婦，猺曰膿袛。總爺，猺曰峒爺。

身體類

頭，猺曰丕。髮，猺曰歸同丕。眼，猺曰米晴。耳，猺曰表洗。鼻，猺曰比蕫。口，猺曰比岐。牙，猺曰禠。舌，猺曰畢。鬚，猺曰禁。項，猺曰亘。肩，猺曰見圖。手，猺曰布。身，猺曰趲。肚，猺曰五。腿，猺曰值線。脚，猺曰擎。洗面，猺曰島冕。洗身，猺曰倒臘。肝，猺曰空。肺，猺曰字。臟，猺曰蕫。血，猺曰孕。氣，猺曰不起。無氣，猺曰吾臘起了。面，猺曰冕。腰，猺曰懶。膝，猺曰京。有胎，猺曰開胆。大便，猺曰英介。小便，猺曰英華。心，猺曰冰。

宮室類

屋，猺曰瓢。廳，猺曰向。大堂，猺曰譚公。門，猺曰淡文。牆，猺曰火山。廟，猺曰渺。樓，猺曰五凌。州，猺曰照。縣，猺曰萬杜。城，猺曰大。營盤，猺曰營杜。瓦，猺曰迓。起屋，猺曰矮豹。上樑，猺曰起零。柱頭，猺曰担亂。椽皮，猺曰胥皮。衙門，猺曰惹聞。房間，猺曰瓦堅。天井，猺曰淺精。磚，猺曰展壁。大屋，猺曰担豹。小屋，猺曰担允。香火堂，猺曰冕安。

婚姻類

娶親，猺曰蒙袛。定茶，猺曰漿茶。媒人，猺曰美眠。生女，猺曰畢動弩。生子，猺曰畢胆。生孫，猺曰畢款。姨丈，猺曰担把益勾。

生死類

生，猺曰安。死，猺曰低了。埋人，猺曰同眠。棺材，猺曰官告。墳慶，猺曰搬。有孝，猺曰題湖。錢紙，猺曰顯曉打治。香，猺曰旺。涕哭，猺曰任。

疾病類

病，猺曰汶。傷寒，猺曰腥寒。咳嗽，猺曰勞蝦。

飲食類

吃，猺曰忍。飯，猺曰膿。食早飯，猺曰稔租膿。食午飯，猺曰泥亮膿。食夜飯，猺曰横象膿。鴨蛋，猺曰押圖。鷄蛋，猺曰盔圖。魚，猺曰表。吃飯，猺曰忍膿。飲酒，猺曰磕調。吃肉，猺曰忍歸。豆豉，猺曰杜士。菜，猺曰益。火，猺曰做。鹽，猺曰陰。鹽魚，猺曰畝微。茶葉，猺曰打介。醋，猺曰□〔一〕。薑，猺曰忍。烟，猺曰燕。食茶，猺曰磕咱。

〔一〕□：原文爲空格。

衣服類

衫，猺曰倚。褲，猺曰邪。襪，猺曰幕。鞋，猺曰偕。屐，猺曰窮加。布，猺曰的。線，猺曰絲。棉花，猺曰免亞。腳纏，猺曰庚。衣領，猺曰衣工領。被，猺曰松。帶，猺曰輛。靴，猺曰茄。蓆，猺曰射。

五穀類

禾，猺曰補。穀，猺曰少。米，猺曰覓。粟，猺曰米仔。地禾，猺曰龍斧。豆，猺曰土麥。麥，猺曰古豆仔。芋，猺曰護。薯，猺曰低。芝麻，猺曰吒。秧，猺曰標。粳禾，猺曰嫡。粘米，猺曰針罵。糯米，猺曰鉢。

畜物類

鷄，猺曰盔。鴨，猺曰押倍。鵝，猺曰凝。牛，猺曰吾。猪，猺曰亭。馬，猺曰麻。犬，猺曰顧。羊，猺曰盈。山猪，猺曰野亭。虎，猺曰堅。鳥，猺曰鬧。雉鷄，猺曰益功。猪兒，猺曰精痕。猴，猺曰柄。蝦，猺曰罄。熊，猺曰吸。老鴉，猺曰矮羅婆。鼠，猺曰羊薑。白鶴，猺曰白好。鷓鴣，猺曰補古。水牛，猺曰歲吾。黄牛，猺曰涼吾。鯉魚，猺曰了里。蚯蚓，猺曰甲英。蛇，猺曰農。龜，猺曰旺。蜂，猺曰每。蝶，猺曰昔公陂。蠅，猺曰猛門。

果品類

梅子，猺曰也象豹。李子，猺曰包用。柑子，猺曰把甘。梨子，猺曰罟離。

器用類

碗,猺曰現。杸子,猺曰奏。杯,猺曰旦。印,猺曰寅。秤,猺曰陽。尺,猺曰亦。戥,猺曰樣。銀,猺曰人。錫,猺曰吃。瓶,猺曰兵。銅,猺曰通。墨,猺曰馬。筆,猺曰别。硯,猺曰墨邊。紙,猺曰治。書,猺曰素。針,猺曰衆。桌,猺曰得慶。椅,猺曰異。櫈,猺曰登。眼鏡,猺曰米睛。鐵,猺曰兩。碓,猺曰對。盤,猺曰鞭。烟桶,猺曰燕同。鐺,猺曰坑。斧,猺曰捕。水桶,猺曰佟。扇,猺曰把。埕,猺曰厄吾。籮,猺曰鑼。水碓,猺曰瀉。舟,猺曰涷。轎,猺曰翹。傘,猺曰寒。播米箕,猺曰覔擎。糞箕,猺曰分擎。牛欄,猺曰吾油。羊欄,猺曰盈油。鷄栖,猺曰盔哾。猪稠,猺曰丁油。禾倉,猺曰禾冗。酒壺,猺曰賓瓶。茶壺,猺曰咱瓶。竹篙,猺曰縷好。水缸,猺曰五壁。大鉢,猺曰胆壁。磨,猺曰尾下。

雜貨類

椒椒,猺曰胡調。紅絨,猺曰嗄米。燈心,猺曰燈坎。硫磺,猺曰了王。珍珠,猺曰人主。九程銀,猺曰古牆。八程銀,猺曰壁牆。紋銀,猺曰細絲。耳環,猺曰了堆。青,猺曰琶皿。紅,猺曰社。黄,猺曰營。白,猺曰琶。藍,猺曰空。

農具類

犂,猺曰哈。鈀,猺曰葩。鋤,猺曰叫烏。鍬,猺曰必竅。簑衣,猺曰宗倚。帽,猺曰毓。耘田,猺曰答良。收禾,猺曰肖和。插田,猺曰丈兩。田租,猺曰良慶。放水,猺曰卜悟姐良。

耕田，猺曰矮糧。耕地，猺曰矮汝。

器械類

刀，猺曰耀。鎗，猺曰慶。鳥鎗，猺曰鳥種嗟。大銃，猺曰潭種。弓，猺曰拱糯。

樂器類

鑼，猺曰㔶。鼓，猺曰堵。吹笛，猺曰水郎。琴，猺曰脛。

教化類

讀書，猺曰度數亞。太爺教儂猺人讀書，猺曰潭劍空遥眠度數。寫字，猺曰瀉素。行禮，猺曰榮里。跪，猺曰吠。叩頭，猺曰監霸。唱喏，猺曰醒下。行善，猺曰笑扇。守本分，猺曰笑搬分。太爺教儂猺人勿去做賊，猺曰潭劍空遥眠免隘嗄。官有王法，猺曰潭劍押嶺。勤力，猺曰衆隘忍。無懶，猺曰吾紐子里。吩咐，猺曰每母。納糧，猺曰碌陵。無事，猺曰吾那峒。

雜言類

真好官，猺曰用劍。真正好，猺曰真正容。太平世界，猺曰仰動兵將。高興，猺曰了賴。小心，猺曰屯咳。㔶心，猺曰醉㵾梭線。老實，猺曰㔶十。歸，猺曰妻。去，猺曰武了。過路，猺曰加住武。行路，猺曰人逐。上，猺曰懵。下，猺曰嗄。路遠，猺曰逐告。路近，猺曰逐近。對面，猺曰對皿。長，猺曰杜。短，猺曰䆓。冤家，猺曰寅加。無奈何，猺曰吾奈了何。債主，猺曰堪嗟兆。恢悔，猺曰覓旛總。經手，猺曰絞咖每補。借約，猺曰文素。未曾見，猺曰吾不里。使用，猺曰堪冗。有，猺曰不。無，猺曰吾紐子。設法，猺曰宿髮。送下程，猺曰興禮。中間人，猺曰丁馬郎。交明白，猺曰交釘畢媒。探消息，猺曰吃人免。寄聲來，猺曰歸起嗟。有是非，猺曰不是灰。有緣故，猺曰甲媒布。唱歌，猺曰矮征。算命，猺曰久皿公。占卦，猺曰慶寧公。好，猺曰冗。醜，猺曰斷犂眠。聰明，猺曰空皿。乖巧，猺曰怪來。精緻，猺曰容來。有本事，猺曰牛本己。無本事，猺曰吾紐本己。要極，猺曰美矮孟。講話，猺曰拱動。收拾，猺曰小茄。收成，猺曰少符。橋，猺曰孤。板，猺曰辮。花紅，猺曰抵搶。窮苦，猺曰廣賴艱難。火煙，猺曰祖益。無銀使，猺曰吾那人空。無飯吃，猺曰吾那儂忍。肚饑，猺曰吾瀉。可憐，猺曰都茄。衣衫爛，猺曰衣護。苦，猺曰款付。容易，猺曰里轉，又曰大移。大財主，猺曰父者澇。富貴，猺曰夫歸不忍。貧窮，猺曰工。慳吝，猺曰罕界。罵爾，猺曰法媒。酒醉，猺曰調尹。欺瞯，猺曰吾希看媒。胆大，猺曰屯勞。拼命，猺曰對皿甲媒隘。白話，猺曰扛貫。不好人，猺曰吾冗眠。做賊，猺曰隘嗄。偷牛，猺曰壬吾。偷羊，猺曰壬盈。偷鷄，猺曰壬盔。偷鴨，猺曰壬押。偷禾，猺曰壬蒲。偷塘，猺曰壬窮。夜間挖屋，猺曰壬豹。路上搶衣服，猺曰壬倚。與你去做賊，猺曰高每隘嗄。下平地做賊，猺曰亞峒隘嗄。勿要殺人，猺曰免帶眠。要殺人，猺曰愛帶眠。做賊使了銀，猺曰隘嗄甕了人。捉女人，猺曰那老殺眠。放火燒屋，猺曰王祖簿瓢。偷黃豆，猺曰壬祖罵。偷開大門，猺曰壬該淡文。官鎖住，猺曰潭劍賀澇。去做賊殺人，猺曰隘嗄帶勞。偷禾倉，猺曰壬冗。帶米去做賊，猺曰愛米隘嗄。包飯去，猺曰煲膿。捉了人去，猺曰那眠乃毋。殺人，猺曰帶眠。

訟獄類

打板子，猺曰骨鷄洗。問罪，猺曰婆悔吾那。坐監，猺曰勞允。手肘，猺曰蘇羅布。椮子，猺曰蒲圖補豆。竹板，猺曰樓辨。索，猺曰寮。出票，猺曰膝豹。递結，猺曰仔結。告狀，猺曰高剪。對審，猺曰堆瘇。有理，猺曰搬桃里。相争，猺曰死幻。相鬭，猺曰矮死悔。

〔民國〕陽山縣志

【解題】黄瓚修，朱汝珍纂。陽山縣，今廣東省清遠市陽山縣。「風俗」見卷二《輿地下》中。録文據民國二十七年（一九三八）鉛印本《陽山縣志》。

風俗

陽邑地兼楚越，雜以蠻猺，故其言較他邑尤爲哤雜。每對簿時，語若連鎖，不可卒解。《通志》謂：「韶南連州地連楚豫，言語大略相通，其聲重以急。」昌黎詩所云「夷言聽未慣，越俗循猶詐」者此也。

案，陽邑近時方言可分二種。一爲土語，與廣州語略同；一爲客語，是由嘉、惠、英、德等屬遷來者。均無舊志所指諸弊，蓋文明斯啓，大異昔日之鳥言矣。

〔道光〕佛岡廳志

【解題】龔耿光纂修。道光二十二年（一八四二）修。佛岡廳，即佛岡直隸軍民廳，轄境與今廣東省清遠市佛岡縣相當。「土俗」見卷三《風土志》中。録文據咸豐元年（一八五一）刻本《佛岡廳志》。

土俗

其方言有土著、有客家。

自唐宋時立籍者爲土著，謂父曰亞叔，母曰亞嫂，叔曰亞怙。婦人謂夫之父母曰老爺、曰安人，夫之祖父母則加太以別之。

國初自韶、惠、嘉及閩之上杭來占籍者爲客家，謂父曰亞爸，母曰亞嬭，祖父曰亞公，祖母曰亞婆，伯叔曰亞伯、亞叔，伯叔母曰亞姆、亞嬸。婦人謂夫之父母曰亞爺、曰亞媽，夫之祖父母亦稱太。凡言日曰日頭，月曰月奶，晴曰好天，雨曰落水，日三餐曰吃早、吃晏晝、吃夜。或有謂吃曰呷者。子曰仔，幼則曰細人仔、曰細仔。女曰細妹。其音各近所鄰之廣、惠、韶，大同而小異焉。節廳人黄邦傑《土俗記》。

〔民國〕清遠縣志

【解題】吴鳳聲等修，朱汝珍纂。清遠縣，今廣東省清遠市清城區和清新區部分地區。「方言」見卷四

《輿地》中。録文據民國二十六年（一九三七）鉛印本《清遠縣志》。

方言

謹按朱文公云：「方言多有自來，亦有暗合古語者。」《朱子語類》。故章炳麟謂：「鄉土志書所急者，在比輯里語以見古字、古音。」《太炎文録》。

近來通志館條目宗之，見《説明書》。特立「方言」一目。查志載方言者，莫如《嘉應州志》、温仲和撰。《東莞新志》、陳伯陶撰。《番禺續志》，丁仁長撰。皆詳考地方之俗語，謂聲韻多出於漢唐，音義每同於許鄭。其搜録之勤，發明之夥，洵爲粤中諸志之冠。今從其例，特立此門。

夫人之聲音，出於脣齒喉牙舌之五部，而音韻之歧異，隨夫東西南北中之五方。開口合口，酋夷聲之即殊；《禮記·考工記》注云：「酋夷，皆發語聲。夷爲長，故開口引聲而言；酋爲短，故合口促聲而語。」舌腹舌頭，顯坦之音亦別。劉熙《釋名》云：「以舌腹言之，天，顯也；以舌頭言之，天，坦也。」況地方俗異，邱里名殊，故其語言更爲不一。如《公羊》多齊言，《淮南》多楚語，《荀子》每言案，《楚詞》每言羌。《史通》。陸德明吴人，多是吴音；鄭康成齊人，多用東音。沈括《補筆談》。此因風土之變，劉知幾所謂居荆則言皆成楚，《史通》。治圖義所謂荆揚之泉酸苦，則人聲急促者也。《圖書集成》。吾國音韻之學，始於漢魏，反切之學，創於六朝。章太炎云漢末應劭《漢書注》已有音，不始孫叔然。魏了翁云漢時許鄭祇云「讀如某字之字」，至杜預注《左》始云「音如寧」「音近烟」，王輔嗣注《易》云「音臧否之臧」「相過之過」，始名爲音，至六朝始有反切。惟反切之法，世謂始自胡僧，而楊慎則謂開合口、長短聲，即後世反切之法，中國元自有之，非始胡僧。《丹鉛總録》。沈括云：「古有二聲合爲一字者，如何不爲盍，不可爲叵。」《夢溪筆談》。鄭樵云：「慢聲爲二，急聲爲一，如者焉爲旃，者歟爲諸。」《通志》。顧炎武云：「如是爲爾，而已爲耳，之乎爲諸，邾婁爲鄒，明旌爲銘，菰蘆爲壺，丁寧爲鉦，奈何爲那，勾瀆爲穀，疾藜爲茨，不律爲筆，此爲反切之語，漢上已有之。」《音學五書》。程易田云：「宓不齊爲卑，楚得臣爲敦，寺人提爲披。」《經説》。魏了翁云：「今西羌以忽劣平聲爲靴，䇫陀爲科，狖兜爲鉤，突欒爲團，窟籠爲孔；南蠻人以不闌爲斑，不乃爲擺。則反切之來遠矣。」〔一〕《經外雜鈔》。由此觀之，快慢之聲，即爲反切之祖。反切之韻，實即天籟之音。第六朝傳以聲執、體文，其切法乃詳耳。慧琳《一切經音義》云梵文阿等十二字爲聲執，迦等三十五字爲體文。然韻紐標箭，仍因地方聲氣而不同。北魏李沖云：「四方之語，竟知誰是，帝者言之，則爲正矣。」〔二〕但此實非的論。近儒章太炎云：「廣東辨韻，眇合於法言，而紐多淆混。」太炎《檢論》。惟陳澧則云：「廣州方音，合於隋唐韻書，平上去入四聲，各有一清一濁，而上合於《切韻》《唐韻》。朱子謂：『四方聲音多訛，卻是廣人説得聲音尚好。』此論自朱子發之，非余創論也。蓋千餘年來，中原之人徙居廣中，今廣音實隋唐時中原之音，故與隋唐切語密合如此。」《東塾集》。所以《新方言》亦謂：「今語音合唐韻者莫如廣州，其次惟有武昌云。」《章氏叢書》。苟能除去俗字土謡，粵人聲音尚近正韻。茲略舉其傳

〔一〕䇫：原誤作「筶」。孔：原誤作「吼」。據《經外雜鈔》改。
〔二〕語：原作「説」，據《魏書》《北史》改。矣：據《魏書》《北史》補。

自古語者，別於省會者酌録之，有同音者用直音，不能直音者用反切，其無可假借者，則從《東莞志》例以土音取之，或以意會焉。

中國言語之雜，以粤爲最。《三國志》所謂「南海言語，重譯乃通」者是也。吾邑聲音與省會雖非大殊，然而三肴、四豪、十九效、十八巧、十九皓、二十號各韻之字，與省稍別。《廣東新語》云：「廣州語多與吳越相近，如鬚同蘇，逃同徒，豪同涂，酒同走，毛同無，早同祖。」而吾邑則祇鬚蘇、酒走稍混耳，餘則絶然不同。若以正音較之，似稍勝於省會。蓋吾邑先民皆自中原遷來，尚存祖宗之聲氣。惟有蠻夷大長，建都廣州，久與椎髻雜處，濡染蠻俗，每雜鴂舌之言，當時勢力正强。正李沖所謂「帝者之言謂之正」，其下臣民，勢必久習成風。迨後南越雖亡，然附城者仍爲政界人士，音仍不改也。何以證之？觀《隋書》謂：「有銅鼓者號爲『都老』，本之舊事，尉佗自稱『老夫臣』，故俚人猶稱所尊爲『倒老』〔一〕，言訛又稱『都老』云。」是都、倒同音矣。今日省會讀刀爲都、讀倒爲堵，正其遺傳，故讀豪肴各韻別於吾邑。

吾邑百里之區，本當車書同軌，但先民由各省遷來，故語言亦多紛雜。陳白沙《迴岐道中》詩云「兩耳如聞重譯語」，其哤雜也可知。計附城各鄉與省會相同者，俗稱白話，又謂土話，又謂平話。客家人稱之爲平話，讀如坪。黄《通志》云：「廣音柔而直，頗近吳越，出於脣舌，不清不濁，

〔一〕尊：原誤作「專」，據《隋書》改。

當爲羽音。」阮《通志》。蓋指土話也。全邑計之，約佔六成以上。其次則有客家話，阮《通志》云：自福建來者爲客家音，自江右來者爲水源音，今俗稱硬話。硬讀上聲。而客家之中，又有稍別，如城幗黄氏、長洞江氏、黄沙水羅氏，此謂舊客家，其話稍白，蓋日久變遷也。至新客家，則以龍川、長寧、興寧、英德遷來者爲多，各區皆有之。他如龍塘有鶴話，又名荻話，八區有連灘話，横石有四會話，潖江有從化話，石潭有陽山話。又有些少省話，然亦無多。若夫字音，各鄉不一，如浸潭讀水爲史，潖江讀得爲的，水、史皆爲四紙韻，而得、的則分十二錫、十三職韻矣，且音亦異，各區鄉中間有讀平聲爲仄聲者。

清遠地處南楚之外，古屬荆州，故風俗語音多由荆楚流入。閱時既久，今亦稍爲變遷矣。揚雄云：「南楚瀑洭之間母謂之媓。」〔一〕揚雄《方言》。郭璞注云〔二〕：「洭即洭水。」而瀑無注，以愚考之，洭即中宿縣之洭浦關一帶，正吾邑地方。瀑者，即《周府君功德碑》所謂自瀑亭至曲江之瀑，實今樂昌。見《隸釋》。而皆楚南之疆域也。今邑人稱母曰嬢，《玉篇》云：「女良切，母也。」蓋即媓音之轉，然可通爲娘。《玉篇》云娘爲少女，女良切。《東莞縣志》云：「同音通借字。」〔三〕或稱曰嬭，《玉篇》云：「嬭，母也。乃弟切。楚人呼母。」近人俗造奶。《東莞縣志》云：「俗不知嬭字，别造奶字，非。」又稱曰姐，《説文》云：

〔一〕瀑洭：原作「洭瀑」，據《方言》改。
〔二〕璞：原作「樸」。下徑改。
〔三〕字：原作「用」，據民國《東莞縣志》改。

「蜀謂母曰姐。」《廣雅》云：「姐，母。」或稱曰毑。郝《通志》云：「廣人謂母曰毑，凡雌者皆曰毑。」姐、毑之稱，邑中甚少，惟庶母稱曰細姐，契母稱曰契毑耳。廣州人謂母曰媽。媽者，母之轉聲。郝《通志》。古來雖以媽爲母之稱，《玉篇》：「媽，母也。」莊綽《鷄肋篇》云：「今人呼母爲媽。」但邑人則多稱祖母爲媽，而用平聲，鄭珍《親屬記》云：「今俗讀如馬平聲。」或呼爲麻音，《東莞縣志》云：「今讀媽爲馬，或爲麻。」已不如淮瀑稱媓之元音矣。亦有故疏之視如伯、叔母而稱母爲姆、爲嬸者。《明道雜志》云：「經傳無此稱，此乃世母二字合音。」至凡尊長之人稱曰父老，《方言》云：「東齊魯謂凡尊老謂之艾，南楚謂之父老。」此則尚存南楚之俗也。

謂如此曰漻。《方言》云：「漻，或也。沅澧之間，凡言或如此者曰漻如是。」郭注云：「憨聲之轉。」沅，在湖南。俗書作咁。章太炎云：「今廣州謂何故如是曰漻，音如憨，俗作咁。」《番禺續志》云：「廣州言如此曰恁，讀若紺音之轉也，俗作咁誤。《方言》之恁，言或如此也；廣州之恁，言如此也。一爲疑詞，一爲決詞，截然不同。」今邑人之咁，實即恁之通借也。指謫人過者曰䘑背後。俗有「手指䘑穿背」之諺。《方言》云：「謫〔一〕，過也。南楚以南凡相非議人謂之謫，或謂之䘑。」此猶醫者䘑知疾病之意也。劉熙《釋名》。相推曰攩，或曰攩塞。《方言》云：「㧙，推也。南楚凡相推搏也曰㧙〔二〕，沅涌澆幽或曰攩。」郭注云：「澆，在桂陽。」此正中宿縣之鄰境。謂大曰⿰多農。俗有笑⿰多農鼻之諺。《方言》云：「南楚凡大而多謂之⿰多農。」聲轉又訛爲稔。俗謂多得財利曰⿰貝悤到稔，歲大熟曰豐稔，此亦⿰多農音之轉也。謂持物曰揸。《方言》云：「抯，取也。南楚之間

〔一〕謫：《方言》作「讁」。下同。

〔二〕搏：原脱，據《方言》補。

凡取物泥中謂之抯。」郭注：「側加切。」《東莞縣志》云：「以手掘物曰抯。」即古之抯字也。謂人醜曰衰儓。謂人衰曰真正田。《方言》云：「儓，醜稱也。南楚凡罵庸賤謂之田儓。」郭注云：「儓，駑鈍貌。」謂人不整曰⿰歹畏⿰歹妥。阮《通志》云：「廣州謂人愚曰⿰歹畏⿰歹妥。」謂人不謹曰邋遢。上音立，下音祖入聲。皆狎⿱羽女之轉也。《方言》云：「南楚凡衣被醜弊謂之須捷。」郭注云：「須捷，狎⿱羽女也。」謂看物曰睇。《方言》云：「睇，眄也。南楚之外曰睇。」《東莞縣志》謂：「今惟莞有此語，他邑不然，蓋古語之僅存者云。」不知吾邑凡看皆曰睇，如睇戲、睇症皆是，不僅莞語如此。謂人謇曰軋舌。《方言》云：「謇、極，吃也。楚語謂之軋，或謂之歰。」郭注云：「江南名吃爲喋。」謂人誣曰派賴。《方言》云：「予、賴，讎也。南楚之外曰賴。」吴越曰誣。《東莞縣志》云：「今俗謂久賬不還曰賴賬，又曰奸賴。以罪捏人謂之派賴。蓋自漢以來相傳之古語也。凡此皆楚之遺音而稍變者。至謂會食曰飵。《方言》云：「南楚之外相謁而食，或謂之飵。」此雖非普通之言，然邑中客家尚有此語，知爲楚俗所傳。

粵東古爲百越之地，故邑人又有揚越之名詞。如謂欺騙人曰眲。《方言》云：「揚越之郊，凡人相侮以爲無知謂之眲。眲者，耳目不相信也。」郭注云：「眲，諸革反。」此中原所無而漢語之僅存者。至謂欺人而毆之曰喀。《一切經音義》云：「江南謂毆人謂之喀。」此則江南語，亦即《説文》所謂訑也。《説文》云：「浇州謂欺曰訑。」〔一〕《一切經音義》引《纂文》云：「浇州人以相欺人爲詑人。」詑與喀音義略同。讀如蝦。蓋暗欺爲眲，而詑則明欺矣。謂牛拘曰桊。《一切經音義》引《字林》云：「江南呼牛拘曰桊。」謂零星之物曰什物，《後漢書

〔一〕浇：《説文解字》作「沇」。訑：《説文解字》作「詑」。

注》：「二伍爲什。」即雜物也。《華嚴經音義》引《三蒼》云：「吴楚間資生雜物爲什物。」難人曰點樣。俗有你想點之諺。《方言》云：「蹇、展，難也。荆吴之人相難謂之展，若秦晉之相憚矣。」點即蹇之轉音。凡此皆江南吴越之語。吾邑地屬百越，所以尚存其俗。

稱自己曰我。此廣州之白話也。郝《通志》云：「廣人謂我曰㝵。」不知此乃客家之語。至説白話者，惟石潭鄉間有自稱爲㝵者耳。客話亦有自稱曰艾者。《方言》云：「艾，長老也。」此蓋老夫之義。然皆非廣人之通稱也。

稱他人曰你。《廣韻》〔一〕：「乃里切，秦呼傍人之稱。」《東莞縣志》謂爾、尔同字，與你音近，此古音也。今廣人讀你作乃里切，而讀爾爲正音云。按，《北齊書》文襄謂陳元康曰：「我教你好長史處。」〔二〕《隋書·李密傳》云〔三〕：「共你論相殺事。」則稱你亦非俗音矣。

稱平人曰佬。《廣東新語》。《隋書》云趙佗「自稱老夫臣，故俚人猶呼其所尊爲倒老」。《東莞縣志》謂倒老二字急讀之則成佬，即倒老之合音。晉宋以來中原士夫與土人雜居，稱土人曰佬，蓋尊稱之云。昔洪氏謂東坡詩用人名每以老爲助語，非真謂其年老。《容齋三筆》。今俗稱兄曰大佬，婦稱夫於他人亦曰佬，凡平人皆以佬呼之，猶中原之稱老。《東莞縣志》。吾邑二區地方

〔一〕廣韻：原誤作「説文」。
〔二〕你：《北齊書》作「君」。
〔三〕隋：原作「隨」。下徑改。

其稱人於名字之下每加佬字，呼曰某某佬，亦即某某兄之義也。稱那人曰個。昔煬帝謂宇文述曰：「個小兒瞻視非常。」《唐書・李密傳》。今邑中謂你個佬，即言那人也。

稱子曰仔。惟其音各鄉不同。有讀如齋音者，債上聲。有讀如躋音者，濟上聲。亦有讀如姊音者。讀上聲。《方言》云：「沅湘之會凡言是子謂之崽，若東齊之言子矣。」聲如宰。《廣東新語》云：「凡小者謂之仔。《水經注》『弱年崽子』是也。」《番禺續志》云：「或寫崽爲仔，誤也。《詩傳》：『仔，任也。』音茲。經籍無訓仔爲小兒者。」章炳麟云：「今通謂子爲崽。成都、安慶罵人冠以崽字。」《新方言》。而《東莞縣志》則謂：「仔從人子，凡小者皆稱曰仔。粵之仔字，其音義由來已久，不得以俗字概之。以崽爲仔字，核之亦不甚合云。」故吾邑皆書作仔。

稱人曰先生。音腥。即先生二字之急呼也。《史記・晁錯傳》：「學於張恢先所」。《漢書》作「學於張恢生所」。師古注云：「皆先生也。」省字呼之耳。《廿二史劄記》云：「古人先生二字，或稱先，或稱生。」《韓詩外傳》曰：「先生，猶如先醒也。」陳伯陶謂讀如土音星〔一〕，《風俗通》云「先生當如醒」，此其証也。《東莞縣志》。今邑人於尊長或斯文及藝術者，急猝呼之曰星。音近腥。《周禮》注云「牲當讀如腥」是也。今俗又有呼牲者，與畜牲之牲並讀爲所庚切者，此亦古音。《廣韻》生、牲，皆所庚切。全粵皆然，不僅吾邑已也。

稱父曰爺，《玉篇》云以遮切。又曰爸，《集韻》云部可切、必駕切，「吳人呼父也」。《東莞縣志》云或作必加切，聲

〔一〕土：原誤作「士」。

轉爲平。又曰爹。《廣韻》云：「羌人呼父也。」《嘉應州志》云：「此晉宋間羌語轉入中國者。」《東莞縣志》云：「今讀的斜切，蓋《玉篇》陟斜切之音變。」今邑人爸讀平聲，而爹音則的斜、陟斜兩切皆有之，或則故疏之而呼父曰伯、曰叔。

稱祖父曰亞公，祖母曰亞婆。《史記》注云：「公亦祖也。」呼兄嫂亦以亞先之。亞亦曰阿。兒女安排亦先以亞。皆方音也。阮引黄《通志》。陳伯陶云：亞者，阿之轉音也。《漢書·東方朔傳》注云：「烏加反，辭未定也。」是亞爲發語未定之辭。《東莞縣志》。古時稱人，每以阿先之。如阮籍謂王渾曰：「與卿語，不如與阿戎語。」見《世説》。《漢殺坑碑》劉興阿興、潘京阿京等四十人皆有阿字〔一〕。見《隸釋》。而《唐書·世系表》中歷世以阿爲名。《宗室世系表》紀王房六世有阿神、阿蕩，七世有阿叔、阿老。此皆助語詞也。吾邑今祇呼亞，如亞二、亞三，而無以阿先之者，蓋變遷久矣。

稱曾祖曰白公，曾祖母曰白婆。《廣東新語》。又曰太公、太婆。《東莞縣志》云：「他邑皆稱曾祖爲太公。《南史·儒林王傳》稱太翁。」宋時已有此稱矣。宋沈從言《澉山寺捨田碑》稱曾祖母爲太婆。至稱伯叔祖母及普通老婦皆呼曰婆。《説文》：「婆，老母稱。」《韻會》婆音皤。或曰皤。讀如頗平聲。四川人訛之爲波。范成大《吴船録》云：「蜀中凡稱尊老者皆曰波。如天波、月波及日波等是也。」宋景文云：「波即皤字。」黄魯直自號涪翁，或從其俗。毛澤民知嘉興郡，建一月波樓。何薳《春渚紀聞》。王禹偁詠此樓詩自謂不知月波出處。

〔一〕劉興阿興潘京：原誤作「風劉阿興潘」。

袁枚謂漢時《樂府》「月穆穆以金波」，昔人已用之。《隨園詩話》。不知月波即月老之意，非因《樂府》，枚實强解耳。今吾邑稱婦之尊老者曰嬏，尚存古義。

婦人稱舅曰家公。《列子》云：「舍者迎將，家公執席。」《隋書》長孫平云「不癡不聾，不作家翁」，即家公也。昔侯霸子孫稱其祖父曰家公。顔之推《家訓》。今婦稱舅爲家公者，蓋從其子之稱謂也。亦曰大人公。《漢書》高祖云：「始大人以臣無賴。」《後漢書》范滂謂母曰：「惟大人割不可忍之恩。」陳伯陶云：蓋因其子之稱大人而然。《東莞縣志》。袁枚謂大人爲家庭之尊稱是也。《隨園隨筆》〔一〕。然覿面則呼舅曰老爺，舅之父曰太老爺。稱姑曰家婆，覿面則呼曰夫人，或曰安人。《東莞縣志》云：「姑稱大人婆。姑之貴者雖無誥命亦尊稱夫人。」不知無爵者稱夫人，朱文公謂漢時已有之，《朱子語類》。實非僭也。至稱大人婆，吾邑絕無此語，但邑中讀夫爲烏音，凡老婦皆呼曰夫人，亦皆音烏，蓋夫、烏音近而訛也。

稱母之父母曰外公、外婆。《東莞縣志》。此本《爾雅》之外也。《爾雅》云：「母之考爲外王父，母之妣爲外王母。」但邑人呼外祖，竟訛外爲平聲，讀如土音帶平聲。因帶之平聲與外字平聲相近，故訛之也。又有稱爲公低、婆低者，郝《通志》云：「稱母之父母曰公低、婆低。」此即父姼、母姼之遺。《集韻》云姼音提。揚雄《方言》云：「南楚瀑洭之間〔二〕，謂婦之妣曰母姼，《康熙字典》引此段訛婦爲父字。稱婦

〔一〕隨園隨筆：原誤作「隨筆隨園」。
〔二〕瀑洭：原誤作「洭瀑」，據《方言》改。

考曰父姼。」〔一〕郭璞注云：「古時通以考妣爲生存之稱。」《康熙字典》云：「考妣，古通稱，非死後稱也。」此低、提一聲之轉也。《方言》之洍，正吾邑地方。蓋初本爲壻稱婦父母之詞，追所生子女因而從之，故轉爲公低、婆低也。今邑中僅八區地方尚有些少倒呼公低、婆低耳，然用帶之平聲，其餘則皆公字在下矣。稱娣姒、妯娌曰大人，俗讀人上聲。查《漢書·高祖紀》稱父爲大人，《後漢·范滂傳》稱母爲大人，《齊悼惠王世家》稱家長爲大人，失火之家，豈暇先言大人而後救火乎？袁枚謂大人爲家庭之尊稱，吾邑娣姒、妯娌平輩互呼皆曰大人，蓋由家庭尊長而引伸之也。惟人字讀作上聲，此因急促呼之，驟變仄聲。稱行二者曰二人，行三者曰三人，爲妾者曰細人，皆減去大字而逕稱二人、三人，蓋原稱某大人，日久則急猝呼，但求之簡便〔二〕，遂致省卻大字，而不求甚解也。廣州市有大少奶、讀平聲。大相娘等稱，邑中惟宦家有之，餘則絶少。

稱乳母曰嬭婆。見《舊唐書·哀帝紀》。稱拜契者曰干娘。《北齊書·穆提婆傳》云：「後主在襁褓，令其鞠養，謂之干阿嬭。」稱女壻曰半子。《唐書·回紇傳》可汗云：「今爲半子。」稱某人曰張甲王乙，范縝《神滅論》。或曰張三李四，此本《左傳》夫已氏之類。

稱小兒曰細民仔，讀如土音蚊，拉平聲。亦有讀若氓者，《東莞縣志》云：「細民仔，讀若氓。」《番禺縣

〔一〕曰：原作「稱」，據《方言》改。
〔二〕求之：原作「之求」。

志》云：「細氓崽，謂幼小之民也。或寫崽爲仔，誤矣。」而湛江則稱曰人仔。稱曾孫曰塞，玄孫曰黴。《廣東新語》云：「息，訛爲塞也。」猶有漢時之遺義。劉熙《釋名》云：「息，塞也。言滋息塞滿也。」《爾雅注》云：「玄者，言親屬微昧也。」《説文》：「黴，久雨青黑也。」即微昧之義。不過邑人讀黴入聲，取與塞字協韻，讀如俗字音嘜。致與《廣雅》武悲、莫背二切不同矣。凡此皆有所本，惟稱末生子女曰孻，《觚賸》云：「孻字不見他書，閩粵謂末子謂孻，讀如來。」或曰屘，《廣東新語》云：「子女末生者曰孻，或曰屘。」言其最尾而盡也。屘讀尾平聲。此爲生造之俗字。

稱下流劣人曰俙。讀如分上聲。《番禺續志》云：「《集韻》：『俙，困劣也。』廣謂人物之劣者曰俙，俗讀若曳。」稱不端壞人曰壞鑊。讀如汪之入聲。此即壞五之轉音也。田汝成《委巷叢談》云：「杭州人以醜人爲壞五。」稱靈敏小兒曰精𢤦。《方言注》：「𢤦，莫佳切。」《廣東新語》云：「聰明曰乖。」《番禺續志》云：「廣謂慧敏曰精𢤦，俗作乖，誤。」是邑中俗語率多古人所遺，但世人不知原有其字，每每率筆强造以代之，即如乖字乃乖舛之乖，乃竟以稱聰敏者，殊謬。

謂要曰取，不要曰唔取。即娶妻之娶，亦讀曰取。其音讀如粗上聲。曹安謂南人不知此音者，非也。曹安《讕言長語》云：「山東俗語呼拿物來曰取得來。取，讀此苟切。《孟子》：『可以無取。』杜甫詩取與否字協音，故《韻府》收入二十五有。南人多不知此音。」

謂不曰吾。《東莞縣志》云當作吾，不音，古近無。《東京賦》注：「無猶不也。」王引之引諸説爲無與不相通之証。今粵俗謂不曰吾者，吾與無音義相近，淺人不知，因造唔字耳。吾爲不之本音，然則俗語之吾爲最古。俗造作唔，讀用鼻音、去聲、合口、頂腭言之，與吾音之開口讀者稍殊，全邑皆然。

謂無曰無，音卯。讀如毛去聲。讀如土音卯。劉熙《釋名》云：「毛，冒也。」「眸，音無。冒也。」是毛、無音近通轉漢代已然矣。《漢書・功臣表》：「靡有孑遺，秏矣。」孟康注云：「秏，音毛。」師古注云：「今俗猶謂無爲秏。」《馮衍傳》：「饑者毛食。」注云：「衍集作旡，今俗猶然，或古亦通乎。」《困學紀聞》。《文選注》引《蒼頡篇》：「秏，消也。」越人多謂無曰秏。」《紀聞注》。《五代史》黄旛綽賜緋毛魚袋，即謂無魚袋也。則不祇今世爲然矣。《新方言》云：「湖南、閩、廣謂無爲毛。」趙翼云：「天津河間凡無作毛音，《佩觿集》所謂河朔人謂無曰毛，蓋聲之轉也。」《甌北詩話》。章炳麟云：「無古音如模，今閩廣言毛近之。通語言末，末即無之音轉，如《論語》『末之也』矣，則今語所本。」太炎《新方言》。是各處讀無爲毛者亦夥。吾邑日常問答全用去聲如卯，爲稍異耳，然讀書則仍用平聲。廣州省會讀無爲母。陳伯陶云：「《禮器》『詔侑武方』注云：「當爲無聲之誤也。」《周禮》卿大夫「五曰興舞」，故書舞爲無，杜子春讀無爲舞。今東莞問有無及答曰無，皆讀如武，蓋古音也。《東莞縣志》。按王莽時，志在反漢，改漢之母棳縣爲有棳縣，見《水經注》。以示反正之義，則當時無字已讀母音，故莽反之爲有也。今廣州皆讀無爲母，武、母、無同音。而吾邑雖同仄聲，然讀去聲如卯音，惟石潭鄉有讀爲母音者耳。

謂淫佚曰姣。《廣東新語》云：「謂淫曰姣，音豪。」《左傳》云：「棄位而姣，不可謂貞。」杜注云：「姣，淫之別名。」

《東莞志》云：「其音義最古。」謂截路曰□〔一〕。見《章太炎叢書》。謂疾走曰趯。郝《通志》云：「謂走曰趯。《詩經》：『趯趯阜螽。』毛傳云〔二〕：『躍也。』孔疏云：『跳疾也。』」《東莞志》謂：「土音讀與笛糴相近。」〔三〕謂尿溲曰涿。《說文》：「涿，流下滴也。」章太炎云：「今人言水湛汁爲一滴〔四〕，其凝液者爲一涿。」此四字尚有古時音義，猶未變遷。

謂雄物曰羖。《說文》云：「牡曰羖。」俗誤作牯。《玉篇》云：「牯，牝牛也。」故《東莞縣志》云：「俗不知牯爲羖之借字，實則牡當作羖。」今邑人尚多誤書爲牯。

謂雌物曰豝。郝《通志》云：「𤘽，拿上聲。」《廣東新語》云：「凡雌物皆曰𤘽。」俗轉作𤘽。《詩經》：「一發五豝。」毛傳云〔五〕：「豕牝曰豝。」《說文》云：「豝，牝豕也。」《東莞縣志》云：「豝字俗轉作上聲〔六〕，音變爲𤘽。」〔七〕而邑人再誤書爲乸，又爲生造之字矣。

謂去陰曰劇。《一切經音義》云：「以刀去陰曰劇。」〔八〕劇、犍皆豶之轉音也。《爾雅疏》云：「豶，犍猪也。」

〔一〕原書作空格。
〔二〕傳：原誤作「詩」。
〔三〕與：原作「如」，據《東莞縣志》改。
〔四〕湛：原脱，據《新方言》補。
〔五〕傳：原誤作「詩」。
〔六〕豝：原作「𤘽」，據《東莞縣志》改。
〔七〕𤘽：原作空格，據《東莞縣志》補。
〔八〕刀：原誤作「多」，據《一切經音義》改。

《易》釋文云：「家去勢曰犍。」章太炎云：「劇變作犍，淮西南謂去畜陰曰犍。」古時騸馬、宦牛、閹猪皆劇義，而物各不同。《肘後經》云：「騸馬、宦牛、羯羊、閹猪、鐓鷄、善狗、浄猫。」今則太監稱天閹，稱宦者，而邑人且以牛爲善羖，鷄爲扇鷄。《東莞縣志》云：「今俗謂扇鷄，借騸馬之名言之。」至是而各物多混爲閹矣。

謂作事曰做事，租去聲。《莊子音義》做，在路反。《荀子》做與蠹協韻。《漢書·景帝紀》做與度協韻。《後漢·廉范傳》做與度暮協韻。《正字通》做乃俗作字，始於宋元間，殊非。《東莞縣志》云：「謂作事曰做事，其音最古。」謂始事曰創造，讀近竈。《周禮·大祝》六祈「二曰造」注：「故書造爲竈。杜讀爲造次之造。」〔一〕《東莞縣志》謂：「凡起造皆曰竈，此古語云。」而吾邑則讀竈之去聲。今省會讀造爲在路反，致造做不分，與吾邑異。謂敗事曰攪軭。《番禺續志》云：「《廣雅》：『軭，戾也。』《考工記》注云：『匡，枉也。』枉亦戾也。廣謂將事攪壞與本旨乖戾曰攪軭，讀若桂林之言汪。」而吾邑則讀如土音横之清音。謂何事曰乜事。《番禺續志》云：「什麽轉爲什没，二字其音如乜。什没之爲乜，猶不可之爲叵也。廣之所謂乜作何字用，如云乜事謂何事也，乜人謂何人也，皆借乜字之音，非乜字本義。」謂何物曰底物。《匡謬正俗》云：「俗言何等物，因訛傳爲底耳。」《北史·徐之傳》云：「個人底諱？」此等俗語其來耳久，今邑人讀底如顛之入聲。

謂擊物曰抌，讀如土音砧之上聲。讀合脣音。《説文》：「抌，深擊也。」《列子注》：「擊背也。」《東莞縣志》謂：「用力擊人曰抌，即此字。他邑無是語云。」非也。今邑中凡用力擊者皆謂抌，如打椿曰抌

〔一〕杜：原誤作「鄭」，據《周禮注疏》改。

椿是也。謂擊上曰㱾。《說文》：「㱾，下擊上也。」《番禺續志》云：「凡擊物曰㱾，引申之，被物所擊亦曰㱾，以頭撞物亦曰㱾，俗讀若坎。」謂微敲曰摼。《說文》：「摼，擣頭也。」《番禺續志》云：「旁敲謂之摼，音鏗。」謂擊敲曰毃。《說文》：「毃，擊頭也。」《番禺續志》云：「廣言毃頭殼，音搉。」《東莞縣志》謂：「《說文》：『㱿，從上擊下也。』後因借㱿爲皮甲，而別造毃字。莞俗謂打頭曰㱿，其字當從《說文》云。」邑中凡敲擊皆謂毃，讀迫角切。謂椎擊曰𣪊。《說文》：「𣪊，椎擊物也。」《番禺續志》云：「以竹木直擊曰𣪊，音篤。」按魏明帝詔云：「凡婦人應答者督之。」此即同音通借也，但婦人豈可以竹木直𣪊？且《說文》亦無直義，《番禺續志》直字疑衍。謂探物曰㸒，摸他人者亦曰㸒。《說文》：「㸒，近求也。從爪壬。徼幸也。」段注云：「挺其爪〔一〕，妄有所取，徼幸之意。」《番禺續志》云：「廣謂探取囊物曰㸒，此用近求之意。摸竊人囊中物曰㸒何包，用徼幸之意也。」謂取物曰舀，以壳取者亦曰舀。《說文》舀，弋紹、於沼切，以爪抒取也。《東莞志》云：「引申之，凡以勺挹取亦謂舀。」邑中音義尚有《說文》之遺。

謂藏匿人物曰㔷。《說文》：「㔷，側逃也。」《嘉應州志》云：「考《說文》：『匸，衺徯有所夾藏也。』『區，藏匿也。』〔二〕『匿，亡也。』『㔷，側逃也。』『匽，匿也。』數字相連，皆是逃亡、藏匿之義。今吾州方言，凡物恐人知見而藏匿之者曰㔷。此《說文》古音一綫僅存者。」《東莞縣志》云：「所論甚精，㔷當讀如土音柄。」謂覆藏什物曰揞。戴東原《方言疏証》云：「藏也。荆楚曰揞。《廣雅》《玉篇》音藏也。」《東莞縣志》云：「庵上聲，合脣音。」此漢世音義今邑中尚未變遷。

〔一〕挺：原作「提取」，據《說文解字注》改。

〔二〕匿：《說文解字》作「隱」。

謂平物之擔曰䚦。《方言》云：「䚦，擔也。」《嘉應州志》云：「俗凡擔物，既得一頭，求加一頭曰添䚦頭。」《東莞縣志》云：「擔物兩頭稱曰䚦。」今邑人讀爲定，尚爲古音之遺。

謂市物之場曰欄。《漢書・王莽傳》：「置奴婢之市，與牛馬同蘭。」師古注云：「遮蘭之，若牛馬蘭圈也。」〔一〕吾粤市場有菜欄、槳欄、竹欄、牛欄等名，皆是市物場所，猶如平碼舘。然今師古釋爲遮欄，殊失《漢書》本義。王莽原意蓋謂貨賣奴婢之市，與買賣牛馬之欄相同也，師古未至廣州，故不知欄爲市集之名也。

謂物之堆積曰罧。《説文》：「罧，積柴水中以聚魚也。」《東莞縣志》云：「讀林去聲，凡柴草磚石堆積之皆謂罧，蓋引伸言之。」吾邑山多，俗呼林叢爲樹罧，本此罧。謂物之退失曰电，郝《通志》云：「倫粒切。」讀入聲，讀如土音卯入聲。字形音義皆是俗造，閩人寫作甪形，惟讀與粤字电同音。林紓《畏廬筆記》云：「閩人讀甪爲退失之義，音作卯之入聲。如某人訟詞原爲用斧傷人者，乃加一詞改爲甪斧傷人，竟得勝訴云。」蓋任意生造，故雖鄰省，其字形亦不同也。按古角字原有禄音，《廣韻》觮字注云：「東方音。」此即角徵羽之角字，而字形從录，其音義可想。且《詩經》角與獄、鹿、屋、族協韻，尤爲明証。唐李濟翁云：「角字音禄。漢初角里先生，輒改爲甪，則謬矣。」《資暇録》。吾粤以角爲退失，純是俗造，與閩人讀俗造禄音之甪字爲退失義之卯字入聲不同。

〔一〕「牛馬」下原脱「蘭」字。

謂物之低窐曰窅。《類篇》云：「窅，低下也。」《番禺續志》云：「廣謂銅錫物撞而微窐者曰窅〔一〕，音凹凸之凹，謂若粒，烏治切。」《嘉應州志》云：「《玉篇》腽肭，俗言滑肭，吾州謂之肥肭肭。」《東莞縣志》云：「肭膩是也，其清音則作女浥切，讀如凹。莞謂肥人曰大肭佬云。」今邑中各鄉讀肭與窅同，惟肥人則稱大粒佬，猶言大個也，與陳氏作大肭佬異。

謂肉之極熟曰腍。《說文》云：「腍，大熟也。」《番禺續志》云：「廣人謂肉大熟而柔軟曰腍。」詮詁極確。至腩字，《廣韻》爲上聲奴感切，有讀爲乃林切者。見《東莞縣志》。吾邑人謂大熟曰腍，至腩字仍讀上聲，如肚腩、五花腩皆然。

謂圍爐煮食曰打邊爐。《廣東新語》云：「冬日圍爐而食曰打邊爐。」陳白沙詩云「邊爐煮蟹餞君回」是也。《白沙子集》。《番禺續志》云：「《方言注》甂，音邊。蓋小盆可以煮食物者，古謂之甂。廣州所謂打邊爐，置瓦器於爐上煮生物食之也。俗寫作邊，與煮食不相涉，殆不知甂爲本字耳。」黃保康云：「粵之扁煲，當是甂字。《家語》謂瓦甂，陋器也，煮食薄膳也。是此物周時已有矣，粵音近古。此即朱子所謂『粵音尚好』者。」《始令堂雜俎》。今邑人呼爲熨煲，而甂爐則書邊字，蓋習而不察也。

謂田地一區曰一邱，俗寫作坵。章炳麟云：「《禮記注》：『嫌名，謂邱與區也。』《匡謬正

〔一〕 窅：《番禺續志》作「㧎」。

俗》曰：『晉宮閣銘所載某舍若干區者，列爲邱字，則邱、區不別矣。』今南方土田契籍皆謂一區田爲一邱田。」《新方言》。亦謂一⿰田令。《廣東新語》云：「謂田多少曰幾⿰田令。」陳伯陶則謂田畝分區分邱者爲⿰田令，讀如土音領之清聲。俗不知町有仄音，《一切經音義》：「町，田區也。」《龍龕手鏡》：「町，他頂反〔一〕，田邱畝也。」故造⿰田令字，非。《東莞縣志》。而吾邑皆寫⿰田令字，其所從來久矣。

謂奸狡曰鬼馬，此鬼脉之訛也。《方言》謂黠曰鬼，注云：「鬼，脉也。」《番禺續志》云：「今廣謂黠慧者曰鬼馬，蓋脉之轉音也。」謂危險曰兒嬉，此傒醯之誤也。《番禺續志》云：「《方言》：『傒醯。危也。』俗作兒嬉，誤。」謂中狹曰揸腰，此⿰亻瓜字之失也。《周禮注疏》云：「兩頭寬中間狹者曰⿰亻瓜。」謂道士曰喃嚒，此男巫之誤也。《周禮》：「男曰覡，女曰巫。」《東莞縣志》云：「俗作喃嚒，誤。」謂代替曰頂替，此侹字之譌也。《方言》：「侹，代也。」《番禺續志》云：「俗作頂替，誤。」凡此古皆原有正字，後人不知而誤以音近者代之，非僅吾邑爲然矣。

邑人子女自孩而有乳名，迨讀書始有書名，俗謂大名。讀土音上聲，近青韻。其命名或以蝦以狗，或以二以三，又多以屎爲乳名，賤之即所以貴之也。《廣東新語》。至稱婦人，必冠以其子女之小名，如其子名二，則呼曰亞二孋，其子名三，則曰亞三孋。此例見於宋時。吴處厚《青箱雜記》云：「嶺南風俗，婦人相呼不以行第，惟以各人所生男女小名呼其父母。」〔二〕

〔一〕他：原誤作「往」，據《手鏡》改。

〔二〕男：原作「子」，據《青箱雜記》改。父：原脱，據《青箱雜記》補。

謂泅泳曰𩓷水。《番禺續志》云「俗讀若味」。此本之《說文》〔一〕。《說文》云：「𩓷，内頭水中也。」謂謝人曰多謝，此本之《漢書》。《趙尹傳》云：「多謝問趙君。」謂錢包曰利市，此本之《易經》。《說卦·巽》：「爲利市三倍。」謂廢物曰不中用，此本之《史記》。《秦本紀》云：「收天下書之不中用者。」謂薄行曰没前程，此本之唐語。陸深《春風堂隨筆》云：「世目薄行人爲没前程，本柳子厚作《非國語》，當時謂子厚没前程。」謂太多曰無萬數，此本之秦時。二世刻石云：「自太古始世無萬數。」謂即時曰登時，此本之《宋書》。盧循走，劉裕登遣援荊州。謂第三日曰大後日，此本之唐人語，陸放翁云：「今人謂後三日爲外後日，意其俗語耳。《唐逸史·裴老傳》亦有此語。」惟訛外爲大，此一聲之轉也。凡此雖皆俗語，然亦各有所本。

清遠方言與廣州稍異。如來字，廣州讀鼇。《廣東新語》云：「謂來曰鼇。」《中吳紀聞》云：「《詩》釋文：來音鼇。」《番禺續志》云：「廣州言行來讀若行鼇。」《東莞縣志》謂：「《儀禮注》來讀曰鼇。《詩經》之來辫，《漢書》引作鼇。《公羊》之鬱鼇，《史記》引作來云。」雖則古可通轉，但吾邑則仍讀來爲賚之平聲，無鼇音〔二〕。

知讀如土音地之平聲。《東莞縣志》云謂實隋唐舊音，必當以莞音讀之。吾邑各鄉，其問答多後〔三〕。《廣韻》讀陟離切，尚有古音之遺，而文字則仍從正音。

〔一〕「之」原誤在「說」下。
〔二〕「無」上原衍「之」字。
〔三〕後：此字疑誤。

菩薩，普通多讀蒲殺。邑人有讀扶薛者。玄應《一切經音義》云：「菩薩，本作扶薛。」宋張有《復古編》云：「作薩字非，唐人猶作立下主，後乃改從産形云。」尚存古義。退後，普通讀胎去聲，邑人有讀作呑去聲者。《東莞縣志》云：「據《儀禮》，則退有䙞音。據《説文》，當與囟協韻。作䙞後，其音甚古。」亦尚存古音。

凡相語必有語助詞，惟邑中則各鄉不同。如滘江語末有射字，濱江語末有也字，讀上聲。附城語末有爹字，讀如土音爹之上聲。迴岐語末有者字，又讀如平聲。此其最著者矣。至如嘍字，乃驚怪之詞，《史記》武帝云：「嘍！大姊何藏之深也。」〔一〕而今俗則讀如禍音。此則日久稍爲變遷也。

邑中有輕薄子，動輙加人以渾號，俗稱曰花名。謂毫無實際、大言欺人者曰大炮。言其祇有聲響以壓人也。謂跟隨紈袴從中漁利者曰板欖。天九牌有長衫，次曰板欖，次曰斧頭，又名黑十一，言其隨長衫之後。而所打者，惟斧頭耳。且黑暗中瞞取十一之利，故稱之謂板欖。謂人極堅勁不能呑噬者曰鐵沙梨。言其堅硬不能食也。謂專隨紈袴冀沾餘潤者曰遮柄泥。俗稱雨遮爲傘，而紈袴子之敗家者稱之爲散脚，言其沾染飲食，猶如傘柄之黏泥也。謂徒有外觀好出風頭者曰瓦燒猪。凡奉神大典必用燒猪。言人絶無材學，一逢機會即攞駕子，有似燒猪，不知止有外觀，如瓦之不可食。凡此雖爲俗語，然貼切事實，義皆雙關，混號一加，則遐邇流傳，永不能改，可謂謔而虐矣。《吕氏春秋》云夏桀號曰「移大犧」，言其多力，能推牛倒也。又宋吴淑有《謔名録》一卷，知此俗由來已久矣。

〔一〕姊：原作「姐」，據《史記》改。

〔乾隆〕潮州府志

【解題】周碩勳纂修。潮州府，轄境包括海陽縣、潮陽縣、揭陽縣、惠來縣、普寧縣、澄海縣、饒平縣、豐順縣、大埔縣九縣，府治在今潮州市潮安區。「方言」「文義」見卷十二《風俗》中。有乾隆二十七年（一七六二）刻本、乾隆四十年（一七七五）康基田增刻本。録文據光緒十九年（一八九三）重刻乾隆四十年本《潮州府志》。

方言

潮人言語侏㒧，多與閩同，故有其音而無其字，與諸郡之語每不相通。如髻曰莊，鬚曰秋，鼻曰鄙，耳曰繫，鴨曰啞，牛曰悟之類。其屬於山者，語又不同，謂無曰冒，我曰𠊎，溪曰階，嶺曰諒。

其蜑人則謂飯曰邁，筯碗曰愛，瓦盆曰把浪，拿網曰今網。

雚人謂火曰桃花溜溜，謂飯曰拐爔。

海陽人謂飯曰畚，煙曰芬，茶曰爹。

潮陽、普寧人謂風曰荒，田曰殘，船曰尊，石曰爵，水曰嘴，瓦曰下，書曰資，硯曰意，帽曰磨，鞋曰哀，靴曰蝦，腳曰卡，頭曰桃，我曰瓦，一曰即，二曰糯，三曰沙，四曰細，五曰耦，六曰落，八曰撥，九曰槁，十曰雜，皆字與音全相反者。

揭陽、大埔、豐順諸邑，稱父母翁姑俱曰阿爹、阿姆，翁稱壻曰郎，壻稱翁亦曰阿爹，壻之兄稱曰且大，壻之弟稱曰且郎。

潮陽、普寧稱宦家子曰某舍，稱故家子弟曰某爹，稱媳曰心布，叔伯稱姪曰孫。《池北偶談》：「宋人謂漢唐人多以『阿』字爲發語，如阿嬌、阿誰、阿家、阿房宮之類。」今潮人呼名輒用「阿」字，九邑皆然，此又稱謂之可異者。

有創爲意義者，如謂婢女曰竈鬼，謂房屋曰厝，謂粥曰糜，謂灰曰火膚，謂室女曰某娘之類是也。

有字不同而音同者，如天、添、啼皆讀作梯，扇、四、世皆讀作細，燭、叔、責皆讀作則〔一〕，交、侯皆讀作高之類是也。

有同一韻而音各別者，如陳、臣一韻，而陳讀作丹，臣又讀作新；錢、前一韻，而錢讀作賫，前又讀作哉；樓、幽一韻，而樓讀作撈，幽讀作休；西、啼一韻，而西讀腮，啼讀梯之類是也。狗字古后切，九字舉有切，今狗與九同聲，故潮陽之先有仙曰狗姨，或又以爲九姨，訛以傳訛，遂使千載莫辨。雖文人學士其誦讀簡編，講論文藝，亦與嶺北人迥别。或延他省人爲師，往往不能口授，必重譯乃通，或書其字於粉版，令其識認。而其稱嶺北人，則輒名之曰外江。至於

〔一〕讀：原脱，據文例補。

訓課童蒙，尤須本郡人爲師，而授以土音始能成誦，如四讀細，五讀耦之類是也，倘四竟訓四，五竟訓五，即聰穎童穉，俱不能脱口而出。

文義

尺牘詩文中字體之變，殊難悉數。如坐爲㘴，音穩。短爲⿱不高，音矮。瘦爲奀，音芒。山之巖洞爲⿱石山，音勘。水之磯激爲泵，音聘。藏水之地爲氹，圖錦切。通水之道爲圳，屯去聲。水之曲折爲⿺乙田，音瀼。豬水之處爲堀，即窟也。路之險隘爲卡，音汊。隱身忽出爲閄，音閃。截木作墊曰不，敦上聲。門上横木曰閂，音拴。物之脱者曰甩，倫粒切。子之晚生曰屘。此皆隨俗撰出者也。又多僞字，如華爲芲，泥爲坭，誕爲誔，循爲猸，教爲敎，兹爲玆，鄰爲僯，悵爲猖，覨爲脫，曷爲曷，聞爲耷，徊爲狥，激爲𤃩，鞋爲鞵之類，皆承訛襲陋，而不知其非者也。至於礀作硇，蜑作蛋，則幾成慣用矣。

〔民國〕潮州府志略

【解題】潘載和纂修。不分卷。潮州府，轄境包括海陽縣、潮陽縣、揭陽縣、惠來縣、普寧縣、澄海縣、饒平縣、豐順縣、大埔縣九縣，府治在今潮州市潮安區。「方言」見《風俗》中。録文據民國二十二年（一九三三）鉛印本《潮州府志略》。

方言

潮人言語，甚近閩音，名曰福老話，惟近嘉應一帶，如大埔、饒平、豐順諸邑，亦有操客音者，然爲數甚少。

〔光緒〕海陽縣志

【解題】盧蔚猷修，吴道鎔纂。海陽縣，今廣東省潮州市潮安區。「方言」見卷七《輿地略・風俗》中。録文據光緒二十六年（一九〇〇）刻本《海陽縣志》。

方言

謂奢靡曰旁派。謂房屋曰厝。灰曰火膚。茶葉曰茶米。謂婦女曰姿娘。謂男子曰擔褒。女子曰查畝。游玩曰踼拖。約略曰含散。因事取利曰俾接。將就去得曰挫哩略。事尚懸遠曰加哩囉。戲謔曰省。此類無字義可通者。

謂瓦縫曰吉。短曰矞。音矮。瘦曰奀。音産。近旁之處爲墘。瀦水之處爲堀。路險隘曰卡子。晚生曰屘。人愚曰憨。攲斜不正曰歪。物得其半曰𡭐。此類隨俗撰出者。

謂鬚曰秋。風曰荒。水曰嘴。四與世皆稱爲細。叔與燭皆稱爲則。珍、陳一韻，稱珍曰顛，稱陳又曰丹。年、田一韻，年之讀從尼，田之讀又從殘。此類字異音同并韻同音異者。

謂知曰曉事。穩曰妥帖。習氣曰毛病。扶持曰擡舉。虚而少實曰騙。營生曰經紀。小食曰點心。受人請託曰作人情。謂人不慧曰獃。戇蠢曰笨。心不適曰鏖糟。作事不分明曰胡塗，又曰含胡。稱人名皆冠曰阿。此類有所本而與正音通者。

〔乾隆〕澄海縣志

【解題】金廷烈纂修。澄海縣，今廣東省汕頭市澄海區。「語音」見卷十九《風俗》中。録文據乾隆三十年（一七六五）刻本《澄海縣志》。

語音

潮屬海、潮、揭三邑，故家右族多來自閩漳、泉二郡，饒平半之。澄邑從海、揭、饒分設，故其言語侏㒧，與漳、泉同，多有音無字。風土所囿，迥殊嶺北，即有字可舉似者，亦與本義相反。如天文之類，天曰梯，風曰荒，雲曰溷，雨曰后，露曰漏。地理之類，江曰岡，水曰嘴。人倫之類，父曰爹，母曰姆，叔曰則，兄曰哥，姊曰者，媳婦曰心布。身體之類，頭曰桃，髻曰莊，鼻曰鄙，耳曰繫，鬚曰秋，手曰醜，胸曰興，腳曰卡。飲食之類，飯曰畚，粥曰糜，肉曰溺，醋曰湊，煙曰芬，茶曰爹。衣服之類，帽曰磨，袍曰襖，套曰挂，衫曰沙，褲曰寇，鞋曰哀，靴曰蝦。宮室之類，屋曰厝，樓曰勞，瓦曰下，窓曰廳。農桑之類，田曰殘，禾曰宙。書器雜用類，書曰資，硯曰意。經商雜貨類，麻曰瞞，棉曰縻，綢曰紂，紗曰些。以至人曰狼，我曰瓦，富曰布，貧曰敬。一曰即，二曰糯，三曰沙，四曰細，五曰耦，六曰落，八曰撥，九曰槁，十曰雜。皆其義不同，而字相髣髴者。其餘有音無字，不勝枚舉。亦有字音本同而土音不同者，如工、公一音，而工讀作岡，公讀如字；陳、臣一音，陳讀作丹，而臣讀如字之類是也。有各因其義而稱之者，謂朝曰眠起，夕曰夜昏，竈灰曰火膚，幼婢曰竈鬼之類是也。其稱謂亦有相沿不改者，如稱宦家子曰某舍，稱故家子弟曰某爹之類是也。又翁稱壻曰阿郎，壻稱翁曰阿爹，稱妻之兄弟曰阿具，往往用阿字發端。《府志》引《池北偶談》云：「宋人謂漢唐人多以阿字爲發語，如阿嬌、阿誰、阿房宫之類。」澄豈其遺俗歟？姑約採之以爲觀風問俗者之一助云。

〔嘉慶〕澄海縣志

【解題】李書吉等纂修。澄海縣，今廣東省汕頭市澄海區。「語音」見卷六《風俗》中。録文據嘉慶二十年（一八一五）刻本《澄海縣志》。

語音

潮屬海、潮、揭三邑，故家右族多來自閩漳、泉二郡，饒平半之，澄邑從海、揚、饒分設，故其言語侏㒧，與漳、泉同，多有音無字。風土所囿，迴殊嶺北，即有字可舉似者，亦與本義相反。

如天文之類，天曰梯，風曰荒，雲曰溷，雨曰后，露曰漏。地理之類，江曰岡，水曰嘴。人倫之類，父曰爹，母曰姆，叔曰則，兄曰哥，姊曰者，媳婦曰心布。身體之類，頭曰桃，髻曰莊，鼻曰鄙，耳曰繫，鬚曰秋，手曰醜，胸曰興，腳曰卡。飲食之類，飯曰畚，粥曰糜，肉曰溺，醋曰湊，煙曰芬，茶曰爹。衣服之類，帽曰磨，袍曰襖，套曰挂，衫曰沙，褲曰寇，鞋曰哀，靴曰蝦。宮室之類，屋曰厝，樓曰勞，瓦曰下，窗曰廳。農桑之類，田曰殘，禾曰宙。書器雜用類，書曰資，硯曰意。經商雜貨類，麻曰瞞，棉曰縻，綢曰紂，紗曰些。以至人曰狼，我曰瓦，富曰布，貧曰敬。一曰即，二曰糯，三曰沙，四曰細，五曰耦，六曰落，八曰撥，九曰槁，十曰雜。皆其義不同而字相髣髴者。其餘有音無字不勝枚舉。亦有字音本同，而土音不同者。如工、公一音，而工讀作岡，公讀如字。陳、臣一音，陳讀作丹，而臣讀如字之類是也。有各因其義而稱之者，謂朝曰眠起，夕曰夜昏，竈灰曰火膚，幼婢曰竈鬼之類是也。其稱謂亦有相沿不改者，如稱宦家子曰某舍，稱故家子弟曰某爹之類是也。又翁稱壻曰阿郎，壻稱翁曰阿爹，稱妻之兄弟曰阿具，往往用阿字發端。《府志》引《池北偶談》云：「宋人謂漢唐人多以阿字爲發語，如阿嬌、阿誰、阿房宮之類。」澄豈其遺俗歟？姑約採之以爲觀風問俗者之一助云。

〔乾隆〕南澳志

【解題】齊翀纂修。南澳，今廣東省汕頭市南澳縣。「方言」見卷十二《雜記》中。有乾隆四十八年（一七八三）刻本。録文據道光二十一年（一八四一）補刻本《南澳志》。

方言

父曰阿巴。母曰阿嫫。兄曰阿興。弟曰阿的。叔曰阿撮。夫曰阿俺。妻曰阿畝。男曰答包籠。女曰撮嫫籠。婢曰撮嫫鬼。奴曰阿籠。小兒曰阿儂囝。音研上聲。女娘曰阿八。民曰格。人曰浪。書辨曰阿本。耳曰繫外。鬚曰出秋。眼曰墨珠。木曰槎。石曰雀高。穀曰席。白紙曰撇抓。書曰册。烟曰嚼芬。飯曰嚼捧。田曰串。樹曰抽。窻曰聽。瓦曰蝦。柱曰倉船。樑曰中脊燕。鳥鎗曰沈。木屐曰腳窩。眼鏡曰目加。茶曰嚼滴。粥曰嚼幔。鍋曰點鹽。帳曰網當。堦曰臨轆。盆曰面盪。風曰荒。船曰尊。壺曰灌。茶壺曰滴灌。茶甌曰滴斟。牛曰吾。猪曰兜。鷄曰該。魚曰去。蟹曰侈。肉曰兜活。厲房曰木外〔一〕。蚊曰網。蝙蝠曰含。蝴蝶曰活翼。蜻蜓曰山媚。寒曰管。睡曰兀。多曰追。少曰醮。我曰瓦。你曰耳。一曰即。二曰糯。三曰沙。四曰細。五曰甌。六曰落。八曰撥。九曰稿。十曰雜。數目之中，惟七字與中原音同。

五方之剛柔燥濕不齊，言亦隨之而異。其氣剛，其土燥，則其聲清以疾。其氣柔，其土濕，則其聲濁以緩。由是而唇吻有弇侈，聲音有轉紐，展轉多變而衆音具焉。然音雖萬變，而切而指之，實止七音。喉牙齒舌唇半舌半齒。通於音者入其地，聽其一兩字之不同，而以七音等而審之，其他字以此類推，而方音可得而辨矣。釋玄奘能知西域諸國語〔二〕，非其神異，其辨於字與音者審耳。

〔一〕厲：民國《南澳縣志》作「蠣」。
〔二〕奘：原作「裝」。

南澳居閩粤之交，而尤近於閩，故其言閩音爲多。七閩之人多鼻音，如陳第《詩經古音考》音天爲汀，音年爲寧，音賢爲刑，後人哂其不能辨真青，而不知其所音者鼻音也。宋時《洞仙歌》一曲，作者不系其姓名，當時或疑爲仙，而高宗斷其爲福州秀才之詩，久而知爲閩士林朴所作，亦以其歌之韻叶以鼻音耳。夫侈弇異呼，鴻殺異等，清濁異位，開發收閉異類。凡音之成，莫不囿於其地之水土風氣而無能移易。顧亭林所謂「孔子傳《易》亦不改方音」者此也。但七音之中無鼻音，唯何義門《讀書記》識工部《桃竹杖》詩爲以鼻音叶。愚按鼻音者，舌音上紐而入於鼻，即所謂聲音有轉紐者，非七音之外又有一音也。明其音之出於舌而紐於鼻，即澳中方言亦可得其大概矣。

〔民國〕南澳縣志

【解題】陳梅湖總纂。民國三十四年（一九四五）撰。南澳縣，今廣東省汕頭市南澳縣。「方言」見卷一《輿地》中。録文據二〇〇七年韻古樓叢書第五種《南澳縣志》（原稿影印）。

方言

父曰阿巴。母曰阿嫫。兄曰阿興。弟曰阿的。叔曰阿撮。夫曰阿俺。妻曰阿畝。男曰答包籠。女曰撮嫫籠。婢曰撮嫫鬼。奴曰阿籠。小兒曰阿儂囝。音研上聲。女娘曰阿八。民曰格。人曰浪。

書辦曰阿本。耳曰繫外。鬚曰出秋。眼曰墨珠。木曰槎。石曰雀高。榖曰席。白紙曰撖抓。書曰册。烟曰嚼芬。飯曰嚼捧。田曰串。樹曰抽。窗曰聽。瓦曰蝦。柱曰倉船。梁曰中脊燕。鳥鎗曰沈。木屐曰腳窩。眼鏡曰目加。茶曰嚼滴。粥曰嚼幔。鍋曰點鹽。帳曰網當。堦曰臨轥。盆曰面盜。風曰荒。船曰尊。壺曰灌。茶壺曰滴灌。茶甌曰滴斟。牛曰吾。猪曰兜。鷄曰該。魚曰去。蟹曰侈。肉曰兜活。蠣房曰木外。蚊曰網。蝙蝠曰含。蝴蝶曰活翼。蜻蜓曰山媚。寒曰管。睡曰兀。多曰追。少曰醮。我曰瓦。你曰耳。

一曰即。二曰糯。三曰沙。四曰細。五曰甌。六曰落。八曰撥。九曰稿。十曰雜。數目之中，惟七字與中原音同。《齊志》。

〔乾隆〕揭陽縣志

【解題】劉業勤修，凌魚纂。揭陽縣，今廣東省揭陽市揭東市和揭西區部分地區。「方言」「文義」見卷七《風俗志》中。録文據乾隆四十九年（一七八四）刻本《揭陽縣志》。

方言

粵東各府，聲音大約相近，惟潮郡與閩之漳、泉同。揭，潮屬邑也，亦囿於俗，往往有其音而無其字，與諸郡之語每不相通。如：

天曰梯。風曰荒。雲曰溷。雨曰后。露曰漏。江曰岡。水曰嘴。田曰殘。禾曰宙。頭曰桃。髻曰莊。鬚曰秋。鼻曰鄙。耳曰繫。手曰醜。胸曰興。腳曰卡。鴨曰啞。牛曰悟。船曰尊。石曰爵。飯曰畚。煙曰芬。茶曰爹。粥曰糜。肉曰溺。醋曰湊。麻曰瞞。棉曰縻。綢曰紂。紗曰些。書曰資。硯曰意。帽曰磨。袍曰襖。衫曰沙。褲曰寇。鞋曰哀。靴曰蝦。樓曰勞。瓦曰下。窗曰廳。人曰狼。我曰瓦。富曰布。貧曰敬。一曰即，二曰糯，三曰沙，四曰細，五曰耦，六曰落，八曰撥，九曰槁，十曰雜。皆字與音全相反者。

稱父母翁姑俱曰亞爹、亞姆。叔曰則。姊曰者。稱姪曰孫。稱媳曰心布。翁稱壻曰亞郎。壻稱翁亦曰亞爹。壻之兄稱曰且大。壻之弟稱曰且郎。稱妻之兄弟曰亞具。往往用亞字發端。稱宦家子曰某舍。稱故家子弟曰某爹。

稱謂相沿不改，有創爲意義者。如謂婢女曰竈鬼。謂房屋曰厝。謂灰曰火膚。謂室女曰某娘。謂朝曰眠起，夕曰夜昏之類是也。

有字不同而音同者。如天添啼皆讀作梯。扇四世皆讀作細。燭叔責皆讀作則。交侯皆讀作高之類是也。

有同一韻而音各別者。如陳臣一韻，而陳讀作丹，臣又讀作新。錢前一韻，而錢讀作賫，前又讀作哉。樓幽一韻，而樓讀作撈，幽讀作休。西啼一韻，而西讀作腮，啼讀作梯之類是也。

有顛倒互易者。如鄭讀作鄧，鄧讀作鄭之類是也。

其屬於山者，語又不同。謂無曰冒。我曰礙。溪曰揩。嶺曰諒。其蜑人則謂飯曰邁。飭碗曰愛。瓦盆曰把浪。拿網曰含網。畬人謂火曰桃花溜溜。謂飯曰拐爔。

文義

尺牘詩文中字體之變，殊難悉數。如坐爲坔。音穩。短爲⿱不高。音矮。瘦爲奀。音芒。山之巖洞爲⿱石山。音勘。水之磯激爲泵。音聘。蓄水之地爲氹。圖錦切。通水之道爲圳。屯去聲。水之曲折爲⿺乚田。音瀼。瀦水之處爲堀。即窟也。路之險隘爲卡。音汊。隱身忽出爲閄。音閃。截木作墊曰不。敦上聲。門上橫木曰門。音拴。物之脱者曰乇。倫粒切。子之晚生曰屘。此皆隨俗撰出者也。按，此文郡志所録。然方言俗字，大江南北亦同之，不獨潮中爲然。大抵音本有古字，因音略異，遂别撰字以實之，雖中土皆然。自宋以來小學廢，文人學士俱沿俗説，不獨邊方也。如版本音通，後譌奏版爲奏本，手版爲手本。路一程爲一棧，譌爲一站，宋元史俱隨俗書之，迨今竟成故實。如此等類，不可勝舉。

亞本爲阿，「阿子汝聞」，見之古樂府，不自於今。今吴越中於父母兄嫂之稱亦加阿字，何以云潮爲異。至於僞字，如華爲蕐，泥爲坭，誕爲誔，循爲⿰犭盾，教爲敎，兹爲茲，鄰爲隣，悵爲⿰犭長，睨爲⿰月兒，曷爲曷，聞爲耷，徊爲⿰犭回，激爲激，鞋爲⿰革隹，庵爲窀，般爲⿰舟犬，碙作硇，蜑作蛋之類，皆承訛襲陋而不知其非者也。至於墘塭𥁕畬等字，則惟潮人獨撰，已成習用矣。

〔乾隆〕普寧縣志

【解題】蕭麟趾修，陳元德纂。普寧縣，今廣東省揭陽市普寧市。「方音」見卷八《風土志》中。有乾隆十年（一七四五）刻本。録文據民國二十三年（一九三四）鉛印乾隆本《普寧縣志》。

方音

五方之音，不能相同。如楚言齊語、吴歈越吟，皆各囿於地而别爲一方之音。故同文之治，正字書以定官韻，合官韻者爲官話，外此則爲鄉談。然于思、於菟見於經傳，正自不能没也。觀風問俗，不知其音可乎？普於潮郡諸邑，大約與三陽、澄海同，與惠來、饒平大同而小異，至大埔、豐順則懸遠不相通矣。

有與古語相合者。如稱人之有儀度者曰金玉，彼此相愛曰相惜，讀若削。稱弟子員曰秀才，稱士人曰君子人，亦曰斯文人，人讀若囊。書籍曰書册，稱事之快意曰妙，稱物之秀潔曰雅，稱茶碗曰茶甌，器用潔浄曰清氣，鄙吝曰嗇，輕狂曰浮燥，浮讀若蒲。事不濟曰無益，零落彫散曰闌珊，與人争論曰激氣之類。

有與官韻相近者。如土地、金帛、布疋、師弟、左右、文武、君子、詩歌、曲、舞、巾、筆、蠟、劍戟、箱、燈火、酒、米、菜、府、州、道路、來往、炭、索、罐、會、嘆息、椅、幫、手、骨、邦國、宫觀、庵、蕉、李、梅、柑、橘、柚、蔗、戲、考妣、童、婦、分寸、脂粉之類。

有創爲意義者。如謂奢靡者曰旁派，謂人之平常者曰公道，謂人之困倦者曰罷，讀若批。謂欲睡曰目瞓，讀若閉口呼雪字。謂不循規矩曰野，讀若〔一〕。謂婢女曰竈鬼，謂房屋曰厝，謂粥曰糜，讀若撮口呼梅字。謂灰曰火膚，謂紀綱之僕曰幹子，子讀若假。勞而無功曰幹無實，無讀若麽。謂婦女總曰姿娘，娘讀若搦之平聲。一物不存曰卒光，光讀若羹。茶葉曰茶米，謊語曰白賊之類。

有字同而音兩用者。如焚香之香，讀若歇之平聲，花香之香，讀若旁之上平。丈夫、夫子、夫婦、工夫之夫，俱讀若孚，傭夫之夫，讀若不之平聲之類。

有同一韻而音各別者。如陳臣一韻，而陳讀若丹，臣讀若新。錢前一韻，而錢讀若齊，前讀若撮口呼哉字。樓幽一韻，而樓讀若撈，幽讀若休。西啼一韻，而西讀若腮，啼讀若梯之類。

有字不同而音同者。如天、添、啼皆讀若梯，扇、四、世、是皆讀若細，燭、叔、責皆讀若齊齒呼則字，交、侯皆讀若高之類。

有字是而音異者。如風讀若荒，田讀若殘，帽讀若磨之去聲，船讀若尊，一讀若即，二讀若糯，三讀若沙，四讀若細，五讀若耦之去聲，六讀若開口呼樂之上聲，八讀若撥，九讀若稿，十讀若合口呼雜字，姓讀若謝，頭讀若桃，腳讀若卡之平聲，雨讀若后，我讀若瓦，石讀若爵，瓦讀若下，桃讀若陀，書讀若資，硯讀若意，有讀若烏，芬讀若昏，冷讀若清之去聲，水讀若嘴，鞋讀若

〔一〕原文如此，下有脱字。

撮口呼哀字，靴讀若蝦之類。

有別一稱謂者。如稱前輩曰大老人，貢監以上皆稱曰某老，小民稱鄉紳皆曰某爺，鄉紳之子皆曰某舍，故家子弟皆曰某爹，稱壻曰某郎，稱媳曰心布，伯叔稱姪皆曰孫之類。

有絶不可解者。如謂男子曰擔褒，擔讀若大之平聲。謂女子曰楂畝，游玩曰踢拖，約略曰含散，俱閉口呼。資助於人曰耙沙，因事取利曰俾接，將就去得曰挫哩略，略讀上聲。事尚懸遠曰加哩囉，加讀若揚州土音之稱家。戲謔曰省之類。

〔崇禎〕惠州府志

【解題】梁招孟修，鄭伯升纂。崇禎十五年（一六四二）修。惠州府，轄境包括歸善、博羅、紫金、龍川、長樂、興寧、長寧、海豐八縣以及連平州屬河源、和平二縣，府治在今惠州市惠陽區。「都里」見卷七。録文據舊鈔崇禎本《惠州府志》。

都里

惠之方言，大率齊韻作灰、庚韻作陽，如黎爲來、聲爲商、石爲鑠之類，與江南同，乃出自然，益信昔人制韻釋經之不謬。亦有陽、王不辨之陋，如天王寺爲天洋之類。

謂父爲亞爸，母曰亞姐，或呼爲爹、爲奶。兄曰亞哥。弟曰阿泰。小廝曰㿔。音賴。謂午食曰晏晝。無曰冐。溪曰開。嶺曰兩。

大都歸善、河源、龍川其音輕以柔，博羅重以急。海豐謂粥爲糜、屋爲厝，近潮，多潮音，與閩漳、泉語相通。長樂、興寧、和平謂母爲哀、謂父爲亞公。三縣山川風氣與贛州近，語稍類贛。

〔康熙〕惠州府志

【解題】呂應奎等修，黄挺華等纂。惠州府，轄境包括歸善、博羅、紫金、龍川、長樂、興寧、長寧、海豐八縣以及連平州屬河源、和平二縣，府治在今惠州市惠陽區。「都里」見卷四。録文據康熙二十七年（一六八八）刻本《惠州府志》。

都里

惠之方言，大率齊韻作灰、庚韻作陽，如黎爲來、聲爲商、石爲鑠之類，與江南同，乃出自然，益信昔人制韻釋經之不謬。亦有陽、王不辨之陋，如天王寺爲天洋之類。

謂父爲亞爸，母曰亞姐，或呼爲爹、爲奶。兄曰亞哥。弟曰阿泰。小廝曰𤢄。音賴。

謂午食曰晏晝。無曰冐。溪曰開。嶺曰兩。

大都歸善、河源、龍川其音輕以柔，博羅重以急。海豐謂粥爲糜、屋爲厝，近潮，多潮音，與閩漳、泉語相通。長樂、興寧、和平謂母爲哀、謂父爲亞公。三縣山川風氣與贛州近，語稍類贛。

〔光緒〕惠州府志

【解題】劉溎年修，鄧掄斌纂。光緒三年（一八七七）修。惠州府，轄境包括歸善、博羅、紫金、長寧、永安、海豐、龍川、陸豐、河源、和平九縣及連平州，府治在今惠州市惠陽區。「方言」見卷四五《雜識・風俗》中。録文據光緒七年（一八八一）刻本《惠州府志》。

方言

惠之方言，大率齊韻作灰、庚韻作陽，如黎爲來、聲爲商、石爲鑠之類，與江南同，乃出自然，益信昔人制韻釋經之不謬。亦有陽、王不辨之陋，如天王寺爲天洋之類。

謂父爲亞爸，亦曰爹。母曰亞媽，亦曰姐，亦曰奶。兄曰亞哥。弟曰阿泰。小廝曰𤢄。音賴。子曰崽，音宰。亦曰仔。稱媳婦曰新婆。子初生曰翁哇子。

粉餜曰粄。謂午食曰晏晝，早食曰食朝，晚曰食晚。無曰冒，亦曰模。溪曰開。嶺曰兩。下雨曰落水。走曰行。讀若杭。走攏曰走埋，立住曰企住。看曰睇。遊玩曰料料。君曰肱，讀曰昆。兄讀曰馨。英讀若恩。恩讀若庵〔一〕。且曰拉。睡曰困，讀若混。

大都歸善、河源、龍川其音輕以柔，博羅重以急。海豐謂粥爲糜、屋爲厝，近潮，多潮音，與閩漳、泉語相近。和平謂父爲亞公，風氣與贛州近，語稍類贛。

〔一〕「讀」下原衍「曰」字。

至於文字字義，各處多有相習而不可解者，恒出於《通韻》《海篇》之外。不特如奞、䃣、圳、涌、㟶、墩、禓、不之類，即如以僯爲鄰、以誔爲誕、華爲華、茲爲兹、玐爲飛、毛爲毫、曁爲概、仔爲子、谷爲穀、隮爲當、鞞爲鞵、坭爲泥、䀹爲擊，皆土字也。又如惟爲莫辨，於以不分，買賣混用，嘗常互施，振展不明，至致相淆，弗勿莫辨；猶同尤，再同最，暫同漸，已同既，恒常、忙忘之各謬，義[一]、季桂之互呼[二]，皆土音也，并字義亦失之矣。

〔民國〕龍門縣志

【解題】招念慈修，鄔慶時纂。龍門縣，今廣東省惠州市龍門縣。「語言」見卷五《縣民志》中。録文據民國二十五年（一九三六）鉛印本《龍門縣志》。

語言

縣屬語言，或用省話，或用客話，各區各鄉尚未一致，惟第一區純用省話耳。採訪册。

〔康熙〕歸善縣志

【解題】連國柱修，龔章纂。歸善縣，今廣東省惠州市惠陽區。「都里」見卷七中。録文據康熙十四年（一六七五）刻本《歸善縣志》。

[一] 義：原脱，據乾隆《歸善縣志》補。

都里

方言大率齊韻作灰，庚韻作陽，如黎爲來，聲爲商，石爲鑠之類，與江南同，乃出自然，益信昔人製韻釋經之不謬。亦有陽、王不辨之陋〔一〕，如天王寺爲天洋之類。謂父爲亞爸，母曰亞姐。或呼爲爹、爲奶。兄曰亞哥，弟曰亞泰。呼小廝曰𡥧。音賴。謂午食曰晏晝。無曰冒。溪曰開。嶺曰兩〔二〕。大都歸善音輕以柔。

〔雍正〕歸善縣志

【解題】孫能寬等修，葉適等纂。歸善縣，今廣東省惠州市惠陽區。「都里」見卷七。録據雍正二年（一七二四）刻本《歸善縣志》。

都里

方言大率齊韻作灰，庚韻作陽，如黎爲來，聲爲商，石爲鑠之類，與江南同，乃出自然，益信昔人製韻釋經之不謬。亦有陽、王不辨之陋〔三〕，如天王寺爲天洋之類。

〔一〕「方言」至「之陋」數字殘缺，只有「昔人製」三字可見。據雍正《歸善縣志》補。
〔二〕兩：原誤作「雨」，據崇禎《惠州府志》改。
〔三〕陽：原誤作「傷」，據崇禎《惠州府志》改。

謂父爲亞爸，母曰亞姐。或呼爲爹、爲奶。兄曰亞哥，弟曰亞泰。呼小廝曰穤。音賴。謂午食曰晏晝。無曰冒。溪曰開。嶺曰兩〔一〕。大都歸善音輕以柔。

〔乾隆〕歸善縣志

【解題】章壽彭等修，陸飛纂。歸善縣，今廣東省惠州市惠陽區。「方言」見卷十五《風俗》。録文據乾隆四十八年（一七八三）刻本《歸善縣志》。

方言

惠之方言，大率齊韻作灰、庚韻作陽，如黎爲來、聲爲商、石爲磔之類，與江南同，乃出自然，益信昔人制韻釋經之不謬。亦有陽、王不辨之陋，如天王寺爲天洋之類。

謂父爲亞爸，亦曰爹。母曰亞媽，亦曰姐，亦曰奶。兄曰亞哥。弟曰阿泰。小廝曰穤。音賴。子曰崽，音宰。亦曰仔。稱媳婦曰新婆。子初生曰翁哇仔。

粉餜曰粩。謂午食曰晏晝，早食曰食朝，晚曰食晚。無曰冒，亦曰模。溪曰開。嶺曰兩。下雨曰落水。走曰行。讀若杭。走攏曰走埋，立住曰企住。看曰睇。遊玩曰料料。君曰肱，讀曰昆。兄讀曰馨。英讀若恩。恩讀若庵。且曰拉。睡曰困，讀若混。

〔一〕兩：原誤作「雨」，據崇禎《惠州府志》改。

大都歸善、河源、龍川其音輕以柔，博羅重以急。海豐謂粥爲糜、屋爲厝，近潮，多潮音，與閩漳、泉語相近。和平謂母爲哀，謂父爲亞公，風氣與贛州近，語稍類贛。

至於文字字義，各處多有相習而不可解者，恒出於《通韻》《海篇》之外。不特如奞、⿰石盡、圳、涌、⿰巾里、⿰土敢、褟、不之類，即如以僯爲鄰、以認爲誕、草爲華、⿱亠尒爲茲、⿱王乙爲飛、毛爲毫、曁爲概、仔爲子、谷爲穀、隌爲當、⿰革隹爲鞵、坭爲泥、⿱毄目爲擊，皆土字也。又如惟爲莫辨，於以不分，買賣混用，嘗常互施，振展不明，至致相淆，弗勿莫辨，猶同尤，再同最，暫同漸，已同既，恒常、忙忘之各謬，義二、季桂之互呼，皆土音也，并字義亦失之矣。

〔康熙〕新修廣州府志

【解題】汪永瑞修，余雲祚等纂。廣州府，轄境包括今廣州市、佛山市、中山市、珠海市、東莞市、深圳市、江門市、香港、澳門等地十四縣。「風俗」見卷七。録文據康熙十二年（一六七三）鈔本《新修廣州府志》。

風俗

有方言，有方音，有俗字。

廣人謂父曰爹、《南史》：「湘東王，人之爹。」爹音躲，廣人音益奢反，是與湘、韶不同。曰爸。韻書無此字，蓋俗字也。母曰媽、曰阿姐。呼哥嫂輒以亞先之，亦曰阿。如兄則曰亞哥，嫂曰亞嫂之類〔一〕。叔、舅亦然。兒

〔一〕之：原作「又」。

女排行亦先以亞。如行二曰亞二、行三曰亞三之類。遊樂曰則劇。按《朱子語類》亦言「則劇，閩廣有此語。」問何如曰點樣。詰人曰蔑地。無曰毛。毛音耄。《事文類聚》：毳飯，故事三件俱無，故謂三毛。移近曰埋。呼兒曰仔，音濟。其不儉者曰散仔。斥男女之賤者，男曰獠，《五代史·南漢世家》所謂「憨獠」者可証。女曰夫娘。見《輟耕録》。甚至以物形狀，如子弟汰而不曉事者曰大頭蝦。陳獻章《大頭蝦説》：客問：「鄉譏不能儉以取貧者曰大頭蝦。父兄憂子弟之奢靡而戒之，亦曰大頭蝦，何謂也？」予告之曰：「蝦有挺須瞪目，首大於身，集數百尾烹之而未能供一啜之羹者，名曰大頭蝦。甘美不足，豐乎外，餒乎中，如人之不務實者然。鄉人借是以明譏戒，義取此歟？言雖鄙俗，明理甚當。然予觀今之取貧者，亦非一端。或原於博塞，或起於鬥訟，或荒於沈湎，或奪於異好，與大頭蝦皆足以致貧。然考其用心與其行事之善惡，而科其罪之輕重，大頭蝦宜從末減。譏取貧者，反舍彼摘此，何耶？恒人之情，刑之則懼，不近刑則忽。博塞鬥訟，禁在法典。沈湎異好，則人之性。有嗜不嗜者，不可一概論也。大頭蝦之患，在於輕財而忘分。才子弟類有之，蓋其才高意廣，恥居人下而雅不勝俗。專事已勝，則自畋馳騁，賓客支酬，輿馬服食之用，侈爲美觀，以取快於目前，而不知窮之在是也。如是致貧亦十四五，孔子所謂『難乎有恒』者是也。以爲不近刑而忽之，故譏其不能自反以進於禮義教誨之道也。孳孳於貧富之消長，錙銖較之而病其不能者，曰大痞蝦。此田野細民過於爲吝，而以繩人之驕，非大人之治人也。夫人之生，陰陽具焉。陽有餘而陰不足，有餘生驕，不足生吝。受氣之始，偏則爲害。有生之後，習氣乘之，驕益驕，吝益吝。驕固可罪，吝亦可鄙，驕與吝一也。不驕不吝，庶矣乎！」

至於外縣，每十里不同。如游樂，南海曰儸欣，順德曰儸，東莞曰料；新會指何處曰蓬蓬，此類皆方言也。

廣城四聲皆無訛者，如來近黎、久近苟，皆不甚相遠。惟東莞謂東曰凍，是以平爲去也；莞曰官，是以上爲平也。香山城内，大近正音而差濁，谷字都、黃旗角，則皆閩語，殊侏儒。如謂人曰能，是以真入蒸也。增城有東話，語尤奇俏，謂屋曰㝫，是以入爲上也。新會、下海、東莞、南頭謂刀曰多，是以豪入歌也。此類皆方音也。

范成大《虞衡志》記臨桂數字，雖甚鄙野，而偏旁亦有依附。𡘯音穩，大坐穩也。𡬶音矮，不高故矮也。𡗨音勒，不大謂瘦也。𥑮音磡，山石之巖窟也。閂音擴，横関也。氽音猶，人在水上也。氼音魅，人没水下也。𨈆，和馘反，言隱身忽出以驚人之聲也。毜音鬍，毛口也。𠀾，東敢反，以石擊水之聲也。今廣亦有之。又無曰冇，音耄，謂與有相反也。季子曰孻，力求反，子之盡也。新會曰屘，極命反，子之至尾者也。兩廣謂巖峒曰峀，亦龍反，兩山之間也。順德謂石梗曰石掯，蓋取諧聲。番禺、從化謂地之寬平者曰㙟，音胤，則又無所取義。此俗字也。

〔乾隆〕新修廣州府志

【解題】金烈等修，沈廷芳等纂。廣州府，轄境包括今廣州市、佛山市、中山市、珠海市、東莞市、深圳市、江門市、香港、澳門等地十四縣。「方言」「俗字」見卷十《風俗》中。録文據乾隆二十四年（一七五九）刻本《新修廣州府志》。

方言

廣州音柔而直，歌聲清婉可聽。惟東、新各邑，平韻多作去聲。

謂父曰爸，音巴。亦曰爹。母曰媽，音馬。亦曰奶。音拿上聲。凡雌物皆曰奶，謂西北風亦曰𣫭，即颶風之説也。謂子曰崽，音宰。亦曰仔。凡物之小者亦曰仔。良家子曰亞官仔。多用亞字發語。奴僕曰弟仔。謂平人曰獠，嶺北人曰外江獠。指外省人言語曰蠻聲。呵橫恣者曰蠻澄鋹。劉鋹、龔澄樞，古粤人之橫逆者也。謂新婦曰心抱。謂婦人娠曰有歡喜。婦謂舅姑曰大人公、大人婆。子女謂其祖父曰亞公，祖母曰亞婆。子初生者曰大孫頭。子女末生者多名曰孻，賴平聲。或曰屘。音米。新會則曰長子。東莞女子，未字者稱曰大娘，已字稱小娘。姻婭之使役曰親家郎。稱無賴曰打子，東莞曰趲子。貴而故賤其名使易育曰狗仔。美人之貌曰艷。呼顛者曰廢。遊戲曰則劇，順德曰仙，新會曰了。謂來曰黎。走曰趯。取物曰邏。謂欺曰到。《史記》：「張儀曰：不如出兵以到之。」索隱：「到，欺也。」謂卵曰春。食飽曰飼。音救。縫衣曰敹。音聊。東莞謂光曰皎。美好曰灑。持物曰的。肥曰凹。肉熟曰腍。數物之束者曰一子二子。家曰一主，穀曰一造。烹物曰熠，亦曰炠。港曰涌。謂多曰夠，少曰不夠。音遘。謂無尾曰屈，音掘。人無情義者亦曰屈。謂腿曰屭。音彼。以手搓物曰挪。以手按物曰捺。以拳加物曰搋。音叙。以手覆物曰揞。庵上聲。以指爬物曰搲。烏寡切。搬運曰摙。連上聲。積腐穢曰擸捶。謂人愚曰猥殍。怒目視人曰睩。謂田多少曰幾畛。以足移物曰蹬。裸體曰軀軅。音赤瀝。不謹事曰邋遢。鼻塞曰齆。音甕。露大齒曰齙牙。新婦入門，使親屬老婦迎之曰擡步，是夕夫婦同牢曰煖房飯，次早見舅姑親屬，獻幣帛帨履，曰荷惠。冬至圍爐而食曰打邊爐。元夕粘詩藏謎以示博物曰打燈。以鴿翎貫皮錢踢之曰踢毽毽。謂雲腳疏直曰風路，不知人之來歷曰不知風路。龍門謂娶婦時置酒延賓以迎之曰接路。凡此之類，不勝備載，皆必重譯而通者也。

俗字

穩坐之爲堊。音穩。人物之短者爲𡗗。音矮。人物之瘦者爲奀。音芒。山之巖洞爲⿱石山。音勘。水之磯激爲泵。音聘。畜水之地爲氹。圖錦切。通水之道爲圳。屯去聲。水之曲折爲乪。音瀼。路之險隘爲卡。音汊。隱身忽出爲閄。音閃。截木作墊曰不〔一〕。敦上聲。門上橫木曰閂。音拴。物之脱者曰甩。倫粒切。此粵字之隨俗撰出者也。

又多訛字，如華爲萆，泥爲坭，誕爲誔，循爲𤞠，教爲敎，玆爲亦，隣爲僯，悵爲猑，閲爲閱，䏓爲脫，曷爲曷，聞爲𨳝，徊爲狪，激爲𣿅之類，皆承訛襲陋而不知其非者也，闔郡皆然。

〔光緒〕廣州府志

【解題】戴肇辰等修，史澄等纂。廣州府，轄境包括今廣州市、佛山市、中山市、珠海市、東莞市、深圳市、江門市、香港、澳門等地十四縣。「風俗」見卷十五《輿地志》中。録文據光緒五年（一八七九）刻本《廣州府志》。

風俗

省會聲柔而直，歌聲清婉可聽。惟東、新各邑，平韻多作去聲。

〔一〕作：原脱，據光緒《廣州府志》補。

廣州呼人曰個。畜曰隻。謂父曰爸，音巴。亦曰爹。母曰媽，音馬。亦曰毑。音拿上聲。謂風亦曰毑，即颶風之説也。謂子曰崽，音宰。亦曰仔。凡物之小者亦曰仔。良家子曰阿官仔。廣州多用亞字發語。奴僕曰弟仔。謂嶺北人曰外江獠。指外省人言語曰蠻聲。呵橫恣者曰蠻澄鋹。劉鋹、龔澄樞，古粵人之橫逆者也。子女晚生者多名曰孻，音賴平聲。或曰屘。音尾。貴而故賤其名使易育曰狗仔。美人之貌曰艷。呼顛曰癈。遊戲曰則劇，順德曰仙，新會曰了。廣州謂來曰黎。走曰趯。取物曰邏。謂欺曰到。謂卵曰春。食飽曰䬪。音救。數物之束者曰一子二子，家曰一主，穀曰一造。此須重譯乃通者也。

如俗字，穩坐之爲𡎺。音穩。人物之短者爲𥢧。音矮。人物之瘦者爲奀。音芒。山之巖洞爲𥐝。音勘。水之磯激爲砅。音聘。畜水之地爲氹。圖錦切。通水之道爲圳。屯去聲。水之曲折爲𠃨。音瀼。路之險隘爲卡。音汊。隱身忽出爲閄。音閃。截木作墊曰不。敦上聲。門上橫木曰閂。音拴。物之脱者曰甩。倫粒切。此粵字之隨俗撰出者也。

又多訛字，如華爲蕐，泥爲坭，誕爲誕，循爲揗，教爲敎，隣爲僯，悵爲猑，閱爲閲，脱爲脫，曷爲曷，聞爲朢，徊爲𢓜，激爲㴩之類，皆承訛襲陋而不知其非。

邇者學習正音，户誦家絃，悉依字典，同文之治，聿昭海宇矣。至硇作磠，蜑作蛋，今通用。

郝《通志》。

廣音頗近吳越，大抵出於脣舌，不清不濁當爲羽音。歌則清婉瀏亮，紆徐有情。成化中巡撫都御史朱英見廣人歌白沙詩，輒欲效之，曰：「吴越不能及也。」舊俗民家嫁女，集羣婦共席唱歌以道别，謂之歌堂。今雖漸廢，然村落尚或有之。田野蹋歌者，往往引物連類，委曲取譬。如《子夜竹枝》，其尾腔曰「娘來裏」、曰「媽來裏」、曰「水盪弟」、曰「娘十幾」，皆男女互相問荅儆動之詞也。農莊女子蕩恣者相呼曰縮髻，每耕種時鬭歌爲樂，南海、順德、新會、增城最盛。

謡俗之中又有三者，有方言，有方音，有俗字。廣人謂母曰媽，亦曰姐。呼兄嫂輒以亞字先之，亦曰阿。兒女安排行亦先以亞。此皆方音也。順德謂石硬曰硝，蓋取諸諧聲。番禺、從化謂地之寬平者曰㚄。音允。則又無所取義。此俗字也。黄《通志》。

廣州謂平人曰狫，亦曰獠，賤稱也。《北史》：「周文帝討諸獠，以其生口爲賤隷，謂之壓獠，威壓之也。」謂平人之妻曰夫娘。夫娘之稱頗古，劉宋蕭齊崇尚佛法，閣内夫娘令持戒，謂夫人、娘子也。廣州則以爲有夫之娘也。東莞女子，未字稱曰大娘，已字者稱小娘。衆中有已字未字，則合稱大小娘。廣州謂新婦曰心抱。謂婦人娠者曰有歡喜。免身而未彌月曰坐月，亦曰受月。謂子曰崽，《水經注》「弱年崽子」是也。謂雲孫曰黴，元孫曰塞，息訛爲塞也。謂父曰爸、曰爹，《南史》「湘東王〔一〕，人之爹」是也。東莞謂曾祖曰白公，曾祖母曰白婆，或止稱曰阿白。廣州謂母曰嬭，亦曰媽。媽者，母之轉聲，即母也。亦曰毑，凡雌物皆曰毑。婦謂舅姑

〔一〕王：原誤作「主」。

曰大人公、大人婆，亦曰家公、家婆，《列子》曰「家公執席」是也。子女謂其祖父曰亞公，祖母曰亞婆。母之兄弟妻曰妗母。母之叔伯父母曰叔公、曰叔婆。孫謂祖母之兄弟及妻曰舅公、曰妗婆。謂從嫁老婦曰大妗。醮子之夕，其親戚送花於新郎房中，男曰花公，女曰花婆。子初生者曰大孫頭，新會則曰長仔，或曰巵仔。僕曰種仔。奴僕曰弟仔。廣州凡物小者皆曰仔。耕傭曰耕仔。小販曰販仔。游手曰散仔。船中司爨曰火仔。亡賴曰打仔。大奴曰大獠，小奴曰細仔。小婢曰妹仔。奴之子曰家生仔。螟蛉子曰養仔。盟好之子曰契仔。姻婭之使曰親家郎。東莞稱無賴曰躝仔。又多以屎爲兒女乳名，賤之所以貴之。男曰屎哥。女曰屎妹。謂賃田者佃丁曰田客。賃地者地丁曰地客。僦屋曰房客。巫曰師公、師婆。香山謂佃而服役者曰人倩，謂田主曰使頭，其後反以田户之首爲使頭。廣州謂鯁直者曰鯁頸。迂腐曰古氣。壯健曰筋節。輕捷曰轆力，言其力如車之轆也。角勝曰鬭。轉曰翻。謂淫曰姣，音豪。又曰嫪毐。謂不曰吾。問何如曰點樣。來曰釐。溺人曰碇。駡人曰鬧。挈曰扱起。東莞謂事訖曰効。遊戲曰暸，曰欣，新會曰流，指何處曰蓬蓬。順德謂欺曰到。《史記》：「張儀曰：『不如出兵以到之。』」索隱曰：「到，欺也。」猶俗云張到謂張網得禽獸也。到，得也。張儀善欺，故謂欺人者曰張到也。謂猥猿者曰魁摧，出賈誼《哀時命》篇，即《詩》之「虺隤」也。縫衣曰敹。《書》曰：「敹乃甲胄。」凡細者縫，粗者敹。著裏曰縫。著邊曰敹。東莞謂光曰皎。音効。美好曰灑。持物曰的。肥曰腍。肉熟曰肸。《禮記》：「腥、肆、爓、腍、祭。」注曰：「腍，熟也。」爓，或爲腤也。

廣州謂烹物爲熠，亦曰炠也。謂港曰涌。音沖。涌，衝也。凡池沼皆曰塘，其在江中亦曰塘，若白蜆塘、蠕塘、菱角塘是也。廣州謂帆曰㡛，挽索曰纏，旁出者曰纜枝。小舟曰艇。芟草曰薅草，亦曰撈。諺曰：「耕而不撈，不如作暴。」廣州數食籮曰幾頭，晉元帝「謝賜功德浄饌一頭」是也。數檳榔曰幾口，陸倕謝安成王賜檳榔一千口是也。亦曰幾子，陳少主嘗敕施僧智顗檳榔二千子是也。數蕉子曰幾梳。蘇軾詩：「西鄰蕉子熟，時致一梳黃。」謂衣一套曰一沓。沓，襲也，訛襲爲沓。楮錢一斤曰一佰〔一〕。線縷一綹曰一子。擲骰子者曰一擲，曰一手。禽之窠曰鬭，范石湖云「雌雄曰一鬭，十鷄並種，當得六鬭」是也。香山中秋夕劇飲月下曰餖中秋，發引夫蹋路歌以娛尸曰踏鷓鴣。廣州語多與吳趨相近，如鬚同蘇，逃同徒，豪同塗，酒同走，毛同無，早同祖，皆有字有音。新會多以平仄相易，如通作痛，痛作通。東莞則謂東爲涷，以平爲去；謂莞爲官，以上爲平。香山以人爲能。番禺謂人曰寅。東莞之南頭謂刀曰多。增城謂産曰竄。謂視不正曰乜音咩斜。射覆曰估。以刀削物曰剸。音批。細切物曰剩。音速。削去物曰弊。音撤。謂多曰夠，音遘。少曰不夠。謂無尾曰㞊，音掘。謂人無情義亦曰㞊。謂腿曰屭，音彼。髀也。以手搓物曰挪。以手按物曰捺。以拳加物曰搋。音敘，同扠。以手覆物曰揞。庵上聲。以指爬物曰搲。搬運曰揵。連上聲。漱口曰敕。音朔。謂人愚曰殨殀。怒目視人曰睩。音利。謂田

〔一〕佰：原誤作「伯」，據《廣東新語》改。

多少曰幾昑。以足移物曰蹳。肉動曰脷[一]。音徹。瘡腫起曰臂。興去聲。裸體曰軀軆。音赤歷。積腐穢曰攋搋。不謹事曰邋遢。鼻塞曰齆。音甕。露大齒曰齙牙。新婦入門，使親屬老婦迎之曰攞步。是夕夫婦同牢食曰煖房飯。次早見舅姑親屬，獻幣帛帨履，曰荷惠。娶之先一日行醮禮，選年幼者二人爲伴郎，女家亦然，謂之伴娘。親家與席，名曰坐歌堂。冬至圍爐而食曰打邊爐。元夕黏詩藏謎以示博通曰打燈謎。以鴿翎貫皮踢之曰踢毽。謂雲腳疏直曰風路，不知人之來歷曰不知風路。龍門娶婦時置酒延賓以迎之曰接路。據《廣東新語》《粵東筆記》《順德志》參修。

〔民國〕花縣志

【解題】孔昭度等修，利璋纂。花縣，今廣東省廣州市花都區。「方言」見卷二《輿地志》中。録文據民國十三年（一九二四）鉛印本《花縣志》。

方言

方言俗字，各處不同，不獨花邑爲然。大抵音本有古字，因音略異，遂別撰字以實之。如版本音通，後譌奏版爲奏本、手版爲手本；路一程爲一棧，譌爲一站；宋元史俱隨俗書之。又

[一] 脷：原作「㑩」，據《廣東新語》改。

亞本爲阿，見古樂府，今於父母伯叔之稱亦加阿字。崽字本爲子字，古音亦讀宰，見《離騷》，後人不知即子字，因妄撰崽字及仔字耳〔一〕。又禡本音罵，《詩經》「是類是禡」，謂軍人隨所至之地而祭也，今讀禡字爲牙，於工人初一、十五之酒菜謂之禡酒，於司事頭人謂之禡首，字寫禡字，讀爲牙。承訛襲陋，不知其非。又稱工匠曰司務，謂各司其務也。因司務與師傅語本相近，今俗稱匠人爲師傅，甚即見於筆墨，亦隨口音寫爲師傅。實即積久相沿，不知其方言之誤也。

廣州謂平人曰狫，亦曰獠，賤稱也〔二〕。《北史》：「周文帝討諸獠，以其生口爲賤隸〔三〕，謂之壓獠，威壓之也。」謂平人之妻曰夫娘。夫娘之稱頗古，劉宋、蕭齊崇尚佛法，閣内夫娘持戒。夫娘，謂夫人娘子也。廣州則以爲有夫之娘也。廣州謂新婦曰心抱。謂婦人娠者曰有歡喜。免身而未彌月曰坐月，亦曰受月。謂子曰崽，《水經注》「弱年崽子」是也。謂雲孫曰黴，玄孫曰塞，息訛爲塞也〔四〕。謂父曰爸、曰爹，《南史》「湘東王〔五〕，人之爹」是也。謂母曰嬭，亦曰嫣。

〔一〕妄：原誤作「忘」。
〔二〕賤：原誤作「賊」，據光緒《廣州府志》改。
〔三〕賤：原誤作「賊」，據《北史》改。
〔四〕塞：原誤作「息」。
〔五〕王：原誤作「主」。

媽者，母之轉音，即母也。亦曰毑，凡雌物皆曰毑。謂西北風亦曰毑，颶與瘴皆名母，故西北風亦曰毑也。婦謂舅姑曰大人公、大人婆，亦曰家公、婆婆。子女謂其祖父曰亞公，祖母曰亞婆。母之父曰外公，母之母曰外婆。母之兄弟曰舅父，母之兄弟妻曰妗母。母之叔伯父母曰叔公、曰叔婆。孫謂祖母之兄弟及妻曰舅公、曰妗婆。謂從嫁老婦曰大妗。醮子之夕，其親戚送花於新郎房中者，男曰花公，女曰花婆。子初生者曰大孫頭。子女末生者多名曰䞍〔一〕。凡物小者皆曰仔，良家子曰亞官仔，耕庸曰耕仔〔二〕，小販曰販仔，游手者曰散仔，船中司爨者曰火仔，亡賴曰打仔。大奴曰大獠。嶺北人曰外江獠。小曰奴細仔，小婢媵曰妹仔，奴之子曰家生仔，螟蛉子曰養仔，盟好之子曰契仔。姻婭之使役曰親家郎。謂横恣者曰蠻，又曰蠻澄鋹。鋹，劉鋹；澄，龔澄樞也，言其不循法度，若此二人也。謂海外諸夷曰番鬼。司柁者柁公、梢公，在船頭者曰頭公，二人爲舟司命，故公之，即三老也。摇櫓者曰事頭。《宋書》：「蕭惠開有舫十餘，事力二三百人。」事頭者，事力之首也。立桅斗曰班首，司篙者曰篙長，打牽曰牽夫。謂美曰靚。顛者曰廢。鯁直曰硬頸。迂腐曰古氣。壯健曰筋節。輕捷曰轆力，言其力如車之轆也。角勝曰門。轉曰翻。飲食曰喫。遊戲曰則劇，雜劇也，訛雜爲則也。謂淫曰姣，姣音豪，又曰

〔一〕 末：原誤作「未」。

〔二〕 耕：原作「亞」，據《廣東新語》改。

嫪毐〔一〕。謂聰明曰乖。謂不曰唔。問何如曰點様。來曰鼇。溺人曰碇。走曰趯，取《詩》「趯趯阜螽」之義〔二〕。攻治之金銀器曰打。爲醮事曰打醮。取事物曰邏。駡人曰鬧。挈曰扱起。謂烹物曰𦚾，亦曰炠也。謂港曰涌，涌，衝也，音沖。凡池沼皆曰塘，在其江中者亦曰塘〔三〕，若白蜆塘、蠕塘、菱角塘是也，猶合浦海中之珠池也。凡水皆曰海，所見無非海也，出洋謂之下海，入江謂之上海也。出洋曰開洋，亦曰飄洋。謂潮曰水，潮起則曰水大，潮落則曰水乾。謂門横闗曰閂。謂帆曰㡆。纜索曰繵。旁出者纜枝。小舟曰艇。泅水曰游，《南州異物志》贊：「合浦之人，習水善游。」芟草曰薅草，亦曰勞。諺曰：「耕而不勞，不如作暴。」樹椮水中以挂罾曰罾罭，亦曰罾門。謂卵曰春，曰魚春、蝦春，曰鵝春，曰鷄春，曰鴨春。數食籮曰幾頭，晉文帝「謝賜功德浄饌一頭」是也〔四〕。數檳榔曰幾口，陸倕謝安成王賜檳榔一千口是也，亦曰子，陳少主嘗敕施僧智顗檳榔二千子是也。數蕉子曰幾梳，蘇軾詩：「西鄰蕉子熟，時致一梳黄。」謂衣一套曰一沓，沓，襲也，訛襲爲沓也。楮錢一版曰一佰〔五〕。綫縷一綹曰一子。一家曰一主。

〔一〕毐：原作「聲毒」，據《廣東新語》改。

〔二〕阜螽：原作「蟲」，據《廣東新語》改。

〔三〕江：原脱，據《廣東新語》補。

〔四〕文：原誤作「先」，據《廣東新語》改。

〔五〕佰：原誤作「伯」。

一熟曰一造。擲骰子者，一擲曰一手。禽之窠曰門，雌鷄伏卵曰哺門，石湖云「雌雄曰一門，十鷄併種，當得六門」是也。

廣州謂父又曰爸，母曰嬭，或以阿先之，亦曰亞。兒女排行亦先之以亞。謂視之不正曰乜斜〔一〕，乜音咩。射覆曰估。以刀削物曰㓖，音批。細切物曰剽〔二〕，音速。削去物曰𠠶〔三〕，音撇。食飽曰飼〔四〕，音救。以鼻審物曰嗅，許用切。謂多曰夠，少曰不夠，音遘。謂無尾曰屘，音掘，謂人無情義者亦曰屘。謂腿曰髀〔五〕，音彼，髀也。以手搓物曰挪，音儺。以手按物曰捺〔六〕，難入聲。以拳加物曰搋，音釵。以手覆物曰揞，庵上聲。以指爬物曰搲，烏寡切。搬運曰摙，連上聲。積腐穢曰攋撻。漱口曰敕口，敕音朔。謂人愚曰猥㾢。怒目視人曰睩，音利。謂田多少曰幾畛。肉動曰𦙶，音徹。瘡腫起曰𤺋，興去聲。以足移物曰蹬。裸體曰𩪨𩪠，音赤歷。不謹事曰邋遢。鼻塞曰鼻齆，音甕。露齒曰齙牙。

新婦入門使親屬老婦迎之曰抬步，是夕夫婦同牢食曰煖房飯，次早見舅姑親屬獻幣帛帨

〔一〕不：原脱。
〔二〕剽：原誤作「剽」，據《廣東新語》改。
〔三〕削：原誤作「則」，據《廣東新語》改。
〔四〕飼：原誤作「飼」，據《廣東新語》改。
〔五〕髀：原脱，據《廣東新語》補。
〔六〕按：原誤作「接」，據《廣東新語》改。

履曰荷惠〔一〕。冬至圍爐而食曰打邊爐。元夕黏詩藏謎以示博物通微曰打燈〔二〕。以鴿翎貫皮錢踢之曰踢毽，毽亦曰燕。謂雲腳疏直曰風路。不知人之來歷曰不知風路。

近日廣州呼無賴子曰硬口崽，遊食者曰邏邏崽。謂事不實曰半。與己意相違曰唔著。其兒童自踢毬、擲三萬而外，又有轆牛之戲，以半磚翹置地上，手執一錢離尺許轆下，視所止之處，復以一錢擲之〔三〕，所擲之錢與所置之錢相當爲勝，不則負。據《粤小記》修。

〔乾隆〕增城縣志

【解題】管一清修，湯億等纂。增城縣，今廣東省廣州市增城區。「習尚」見卷二《風土》中。録文據乾隆十九年（一七五四）刻本《增城縣志》。

習尚

語音與番禺無甚異。近山者剛而直，近水者清而婉。士大夫習見外客多不屑爲方言，接談之頃，靡靡可聽。其餘則侏儷漸染，且以土字相雜。陳訴公庭，輒假吏胥達之。至若客民隸增者，雖世閲數傳，鄉音無改，入耳嘈嘈，不問而知爲異籍，亦一異也。

〔一〕帨：原誤作「脱」，據《廣東新語》改。
〔二〕夕：原作「旦」，據《廣東新語》改。
〔三〕以一：原作「一以」。

〔嘉慶〕增城縣志

【解題】趙俊等修，李寶中等纂。增城縣，今廣東省廣州市增城區。「風俗」見卷一《輿地》中。録文據嘉慶二十五年（一八二〇）刻本《增城縣志》。

風俗

語音與番禺無甚異。近山者剛而直，近水者清而婉。士大夫見客不屑方言，多以正音。惟山僻之民，侏㒧漸染，且以土字相雜，陳訴公庭，輒假吏胥達之。至若客民隸增者，雖世閲數傳，鄉音無改，入耳嘈嘈，不問而知爲異籍也。

〔民國〕增城縣志

【解題】王思章修，賴際熙纂。增城縣，今廣東省廣州市增城區。「風俗」見卷一《輿地》中。録文據民國十年（一九二一）刻本《增城縣志》。

風俗

語音與鄰近之東莞、番禺、龍門、從化互有同異。大抵近此縣，則與此縣之音多合，亦習使然也。至論本音，則近山者剛而直，近水者清而婉。士大夫多解正音，見客不屑方言。惟山僻之民，侏㒧成習，且以土字相雜，陳訴公庭，輒假吏胥通之。

〔康熙〕番禺縣志

【解題】孔興璉修，彭演等纂。番禺縣，今廣東省廣州市越秀區。「方言」見卷十五《氣候・風俗》中。錄文據康熙二十五年（一六八六）刻本《番禺縣志》。

方言

自稱曰我。稱人曰你。稱父曰爹、曰爺、曰爸。稱母曰媽、曰嬭。音乃。乳母如之。或以子女難育，改稱父母爲叔嬸、哥嫂者。稱祖父母爲公婆，兄爲哥，子爲仔，女爲妹，各加一亞字。稱壻多從其子，稱曰姐夫。謂師曰先生，道流亦曰先生。稱僧侶曰師傅，工匠亦曰師傅。

以目視爲不正貌曰乜斜。乜音咩。射覆曰估。以刀削物曰剃。音批。細切物曰剽。音速。削去物曰𠢕。音撇。遊戲曰則劇。食飽曰餉。音救。以鼻審物曰嗅。許用切，胸去聲。謂多曰够，少曰不够。音遘。謂無尾曰屘。音掘。呼腿曰屬。音彼。以手搓物曰挪。音儺。以手按物曰捺。難入聲。以拳加物曰搋。音敍。以手覆物曰揞。庵上聲。摩擦曰揩。丘皆切。以指爬物曰搲。烏寡切，蛙上聲。般運曰摙。連上聲。積腐穢曰擸擡。擸音臘，擡，衫入聲。漱口曰敕口。音朔。謂人愚曰𣩢㱊。音委腿。怒目視人曰睩。音利。謂田多少曰幾畛。去聲，魯鄭切。肉動曰胍。音徹。瘡腫起曰臀。興去聲。以足移物曰蹳。音鉢。謂裸體曰躷𨈈。音赤歷。不謹事曰邋遢。音臘塔。鼻塞曰鼻齆。音甕。露齒曰齙牙。音包去聲。

〔乾隆〕番禺縣志

【解題】任果等修，檀萃等纂。番禺縣，今廣東省廣州市越秀區。「粤語」見卷十七《風俗》中。録文據乾隆三十九年（一七七四）刻本《番禺縣志》。

粤語

稱父曰爹、曰爺，又曰爸。稱母曰媽、曰嬭。及乳母如之。凡稱祖父母兄妹子女各加一亞字。稱壻多從其子曰姐夫。謂子曰崽，又曰仔。凡物之小者亦曰仔。良家子曰亞官仔，奴僕曰弟仔。謂平人曰獠，嶺北人曰外江獠。謂新婦曰心抱。婦父曰舅姑公、曰大人公、大人婆〔一〕。子初生者曰大孫頭。子女末生者多名曰孻，賴平聲，或曰尾。目視不正曰乜斜。乜音咩。以刀削物曰剸〔二〕。音批。細切物曰剰。音速。削去物曰剺。音撇。遊戲曰則劇。食飽曰餉。音救。謂多曰夠。音遘。呼無尾曰屘。腿曰膕。音彼。以手搓物曰挪。音攤。以手按物曰捺。以拳加物曰搋。音叙。以手覆物曰揞。庵上聲。般運曰摙。連上聲。謂人愚曰猥㾓。音委腿。怒目視人曰睺。謂田多少曰幾畛。魯鄭切。謂雲脚疏直曰風路，不知人之來

〔一〕此句不明，疑當作「婦謂舅姑曰大人公、大人婆」。
〔二〕剸：原作「剸」，據康熙《番禺縣志》改。

歷曰不知風路。瘖腫起曰臀。興去聲。謂裸體曰軀軅。音赤歷。若其俗字，則以穩坐爲奀。音穩。人物之短者爲矮。瘦者爲奀。音芒。山之巖洞爲岃。水之磯激爲泵。音聘。蓄水之地爲氹。圖錦切。通水之道爲圳。屯去聲。水之曲折爲囲。音瀼。路之險隘爲卡。音汉。隱身忽出爲閃。音閃。截木作墊曰不。敦上聲。門上橫木曰閂。音拴。物之脱者曰甩。隨俗撰出，通邑皆然，即闔郡亦大略相同。

按此文郡志所録，然方言俗字大江南北亦同之，不獨粤中爲然。大抵音本有古字，因音略異，遂别撰字以實之。雖中土皆然，自宋以來小學廢，文人學士俱沿俗説，不獨邊方也。如版本音通，後譌奏版爲奏本，手版爲手本；路一程爲一棧，譌爲一站。宋元史俱隨俗書之，迨今竟成故實。如此等類，不可勝數。爹爺爸娘嬭之稱，其名滿宇内，來歷亦久，豈專在粤。亞本爲阿，「阿子汝聞」見之古樂府，不自於今。今吴越中於父母兄嫂之稱亦加阿字，何以云粤爲異？崽字自唐已然，本爲子字，古音亦讀宰，見《離騷》中，後人不知即子字，因妄撰崽字及仔字耳，餘多類此。到處俗皆然，不獨此方也。

〔同治〕番禺縣志

【解題】李福泰修，史澄等纂。番禺縣，今廣東省廣州市越秀區。「風俗」見卷六《輿地志》，「雜記」見卷五四。録文據同治十年（一八七一）刻本《番禺縣志》。

風俗

粵語稱父曰爹、曰爺，又曰爸。稱母曰媽曰嬭。乳母如之。凡稱祖父母兄妹子女各加一亞字。稱壻多從其子曰姐夫。謂子曰崽，又曰仔。凡物之小者亦曰仔。良家子曰亞官仔，奴僕曰弟仔。謂平人曰獠，嶺北人曰外江獠。謂新婦曰心抱。婦父曰舅姑公、曰大人公、大人婆〔一〕。子初生者曰大孫頭。子女末生者多名曰⿰犭盡，賴平聲。或曰屘。目視不正曰乜斜。乜音咩。以刀削物曰⿰卑刂〔二〕。音批。細切物曰剩。音速。削去物曰弊。音撇。遊戲曰則劇。食飽曰飼。音救。謂多曰夠。音遘。呼無尾曰⿸尸歪。腿曰⿸尸畐。音彼。以手搓物曰挪。音攤。以手按物曰捺。以拳加物曰搋。音敘。以手覆物曰揞。庵上聲。般運曰摙。連上聲。謂人愚曰猥㺑。音委腿。怒目視人曰睩。謂田多少曰幾呤。魯鄭切。謂雲腳疏直曰風路，不知人之來歷曰不知風路。瘡腫起曰⿱辟目。興去聲。謂裸體曰⿰身國⿰身歷。音赤歷。

若其俗字，則以穩坐為⿱不坐。音穩。人物之短者為⿱不高。瘦者為奀。音芒。山之巖洞為⿱石山。水之磯激為泵。音聘。蓄水之地為氹。圖錦切。通水之道為圳。屯去聲。水之曲折為乪。音灢。路之險隘為卡。音汲。隱身忽出為閄。音閃。截木作墊曰不。敦上聲。門上横木曰閂。音拴。物之脱

〔一〕此句不明，疑當作「婦謂舅姑曰大人公、大人婆」。
〔二〕⿰卑刂：原作「魁」，據康熙《番禺縣志》改。

者曰毛。隨俗撰出，通邑皆然，即闔郡亦大略相同。

謹按此文郡志所録，然方言俗字大江南北亦同之，不獨粵東爲然。大抵音本有古字，因音略異，遂别撰字以實之。如版本音通，後譌奏版爲奏本，手版爲手本；路一程爲一棧，譌爲一站。宋元史俱隨俗書之，迨今竟成故實。如此等類，不可勝數。爹爺爸娘嬭之稱，遍于宇内，其來亦久。亞本爲阿，「阿子汝聞」見之古樂府，今吴越中於父母兄嫂之稱亦加阿字。崽字自唐已然，本爲子字，古音亦讀宰，見《離騷》，後人不知即子字，因妄撰崽字及仔字耳，餘多類此。

雜記

廣州謂平人曰獠，亦曰獠，賤稱也。《北史》：「周文帝討諸獠，以其生口爲賤隸，謂之壓獠。威壓之也。」謂平人之妻曰夫娘。夫娘之稱頗古，劉宋、蕭齊崇尚佛法，閣内夫娘令持戒。夫娘，謂夫人娘子也。廣州則以爲有夫之娘也。廣州謂新婦曰心抱。謂婦人娠者曰有歡喜。免身而未彌月曰坐月，亦曰受月。謂子曰崽，《水經注》「弱年崽子」是也。謂雲孫曰黴，玄孫曰塞，息訛爲塞也。謂父曰爸，曰爹，《南史》「湘東王〔一〕，人之爹」是也。謂母曰嬭，亦曰嫣。嫣者，母之轉聲，即母也。亦曰毑，凡雌物皆曰毑。謂西北風亦曰毑，蓋颶與瘴皆名母，故西北風亦曰毑也。婦謂舅姑曰大人公、大人婆，亦曰家公、家婆。子女謂其祖父曰亞公，祖母曰亞婆。

〔一〕王：原誤作「主」。

母之父曰外公，母之母曰外婆，母之兄弟曰舅父，母之兄弟妻曰妗母。母之叔伯父母曰叔公，曰叔婆。孫謂祖母之兄弟及妻曰舅公，曰妗婆。謂從嫁老婦曰大妗。

醮子之夕，其親戚送花于新郎房中者，男曰花公，女曰花婆。子初生者曰大孫頭。子女末生者，多名曰𢹂。凡物小者皆曰仔。良家子曰亞官仔，耕庸曰耕仔，小販曰販仔，遊手者曰散仔，船中司爨者曰火仔，亡賴曰打仔。大奴曰大獠。嶺北人曰外江獠。小奴曰細仔。小婢媵曰妹仔。奴之子曰家生仔。螟蛉子曰養仔。盟好之子曰契仔。姻婭之使役曰親家郎。謂横恣者曰蠻，又曰蠻澄鋹。鋹，劉鋹；澄，龔澄樞也。言其不循法度，若此二人也。謂海外諸夷曰番鬼。司柁者曰柁公、梢公，在船頭者曰頭公。二人爲舟司命，故公之，即三老也。摇櫓者曰事頭。《宋書》：「蕭惠開有舫十餘，事力二三百人。」事頭者，事力之首也。立桅斗曰班首。司篙者曰駕長。打牽曰牽夫。

謂美曰靚。顛者曰廢。鯁直曰硬頸。迂腐曰古氣。壯健曰筋節。輕捷曰轆力，言其力如車之轆也。角勝曰鬭。轉曰翻。飲食曰喫。遊戲曰則劇，雜劇也，訛雜爲則也。謂淫曰姣。姣音豪，又曰嫪毐。謂聰明曰乖。謂不曰唔。問何如曰點樣。來曰釐。溺人曰碇。走曰趯，取《詩》「趯趯阜螽」之義。攻治金鐵之器曰打。爲醮事曰打醮。取事物曰攞。駡人曰鬧。挈曰报起。謂烹物曰熠，亦曰炠也。謂港曰涌。涌，衝也，音沖。凡池沼皆曰塘。其在江中者亦曰塘，若白蜆塘、蠝塘、菱角塘是也，猶合浦海中之珠池也。凡水皆曰海，所見無非海也。出洋謂之下海，入江謂之上海也。出洋曰開洋，亦曰飄洋。謂潮曰水。潮起則曰水大，潮落則曰水乾。謂門橫關曰閂。謂帆曰幝。綄索曰纏。旁出者曰纜枝。小舟曰艇。泅水曰遊。《南州異物志》贊：「合浦之人，習水善遊。」

芟草曰薅草，亦曰勞。諺曰：「耕而不勞，不如作暴。」樹槮水中以挂罾曰罾罭，亦曰罾門。謂卵曰春，曰魚春，曰蝦春，曰鵝春，曰鷄春、鴨春。數食籮曰幾頭，晉元帝「謝賜功德淨饌一頭」是也。數檳榔曰幾口，陸倕謝安成王賜檳榔一千口是也。亦曰幾子，陳少主嘗敕施僧智顗檳榔二千子是也。數蕉子曰幾梳。蘇軾詩：「西鄰蕉子熟，時致一梳黄。」謂衣一套曰一沓。沓，襲也，訛襲爲沓也。楮錢一片曰一佰。線縷一綹曰一子。一家曰一主。一熟曰一造。擲骰子者一擲曰一手。禽之窠曰竇。雌鷄伏卵曰哺竇。石湖云「雌雄曰一竇，十鷄並種，當得六竇」是也。

廣州謂父，又曰爸，母曰彌，或以阿先之，亦曰亞，兒女排行亦先之以亞。謂視不正曰乜斜，乜音咩。射覆曰估。以刀削物曰剌，音批。細切物曰剶，音速。削去物曰嫳，音撇。食飽曰飼，音救。以鼻審物曰嗅，許用切。謂多曰夠，少曰不夠，音遘。謂無尾曰屈，音掘。謂人無情義者亦曰屈。謂腿曰髀，音彼，髀也。以手搓物曰挪，音儺。以手按物曰捺，難入聲。以拳加物曰搋，音釵。以手覆物曰揞，庵上聲。以指爬物曰搲，烏寡切。般運曰揵，連上聲。積腐穢曰攋摿。漱口曰敕口，敕音朔。謂人愚曰𤟧豬。怒目視人曰睞，音利。謂田多少曰幾畛。

肉動曰胍，音徹。瘡腫起曰礐，興去聲。以足移物曰蹬。裸體曰軀軆，音赤歷。不謹事曰邋遢。鼻塞曰鼻齆，音甕。露大齒曰齙牙。新婦入門使親屬老婦迎之曰擡步。是夕夫婦同牢食曰煖房飯。次早見舅姑親屬，獻幣帛帨履巾，曰荷惠。冬至圍爐而食曰打邊爐。元夕黏詩藏謎以示博物通微曰打燈。以鴿翎貫皮錢踢之曰踢毽，毽亦曰燕。謂雲腳疏直曰風路，不知人之來歷曰不知風路。據《廣東新語》修。

近日廣州呼無賴子曰硬口崽，遊食者曰邏邏崽。謂事不實曰半，與己意相違曰唔著。據《粵小記》修。

〔宣統〕番禺縣續志

【解題】梁鼎芬等修，丁仁長等纂。番禺縣，今廣東省廣州市越秀區。「方言」見卷二《輿地·風俗》中。初刻於宣統三年（一九一一）。民國二十年（一九三一）重刻時摘録詹憲慈《廣州語本字》（撰於民國十三年）補爲「方言」部分。録文據民國二十年（一九三一）重刻本《番禺縣續志》。

方言

陳澧《廣州音説》云：廣州方音合於隋唐韻書切語，爲他方所不及者約有數端。余廣州人也，請略言之。平、上、去、入四聲各有一清一濁，他方之音多不能分上、去、入之清濁。如平聲「邕」《廣韻》於容切「容」餘封切，一清一濁，處處能分。上聲「擁」於隴切「勇」余隴切，去聲「雍」此雍州之雍，於用切「用」余頌切，入聲「郁」於六切「育」余六切，亦皆一清一濁，則多不能分者。福建人能分去入清濁，而上聲清濁則似不分。而廣音四聲皆分清濁，截然不溷。其善一也。上聲之濁音，他方多誤讀爲去聲，惟廣音不誤。如棒三講、似、市、恃六止、佇、墅、拒八語、柱九麌、倍、殆、怠十五海、旱二十三旱、踐二十八獮、抱三十二晧、婦、舅四十四有、斂五十琰等字是也。又如孝弟之「弟」去聲十二霽，兄弟之「弟」上聲濁音十二薺，鄭重之「重」去聲三用，輕重之「重」上聲濁音二腫，他方則兄弟之「弟」、輕重之「重」亦皆去聲，無所分別，惟廣音不溷。其善二也。李登《書文音義便考私編》云：「弟子之『弟』上聲，孝弟之『弟』去聲，輕重之『重』上聲，鄭重之『重』去聲。愚積疑有年，遇四方之人亦甚夥矣，曾有呼『弟』『重』等字爲上聲者乎？未有也。」案李登蓋未遇廣州之人而審其音耳。侵、覃、談、鹽、添、咸、銜、嚴、凡九韻，皆合脣音，上去入聲倣此。他方多誤讀與真、諄、臻、文、殷、元、魂、痕、寒、桓、刪、山、先、仙十四韻無別。如侵讀若親，覃、談讀若壇，鹽讀若延，添讀若天，咸、銜讀若閑，嚴讀若妍。禦定《曲譜》於侵、覃諸韻之字皆加圈於字旁以識之，正以此諸韻字人皆誤讀也。廣音則此諸韻皆合脣，與真、諄諸韻不溷。其善三也。廣音亦有數字誤讀者，如凡、范、梵、乏等字亦不合脣，然但數字耳，不似他方字字皆誤也。庚、耕、清、青諸韻合口呼之字，他方多誤讀爲東、冬韻。如觥讀若公，瓊讀若窮，榮縈熒並讀若容，兄讀若凶，轟讀若烘，廣音則皆庚、青韻。其善四也。《廣韻》每卷後有新添類隔，今更音和切，如眉，武悲切，改爲目悲切；緜，武延切，改爲名延切。此因字母有明、微二母之不同，而陸法言《切韻》、孫愐《唐韻》則不分，故改之耳。然字母出於唐季，而盛行於宋代，不合隋及唐初之音也。廣音則明、微二母不分，「武悲」正切「眉」字，「武延」正切「緜」字，此直超越乎唐季宋代之音，而上合乎《切韻》《唐韻》。其善五也。五者之中，又以四聲皆分清濁爲最善。蓋能分四聲清濁，然後能讀古書切語而識其音也。切語古法，上一字定清濁而不論四聲，下一字定四聲而不論清濁。若不能分上、去、入之清濁，則遇切語上一字上、去、入聲者，不知其爲清音爲濁音矣。如「東，德紅切」，不知「德」字清音，必疑「德紅切」未善矣。「魚，語居切」，不知「語」字濁音，必疑「語居切」未善矣。自明以來，韻書改古切語者，以此故也。廣音四聲皆分清濁，故讀古書切語瞭然無疑也。余考古韻書切語有年，而知廣州方音之善，故特舉而論之，非自私其鄉也。他方之人宦遊廣州者甚多，能爲廣州語者亦不少，試取古韻書切語核之，則知余言之不謬也。朱子云：「四方聲音多訛，卻是廣中人説得聲音尚好。」《語類》一百三十八。此論自朱子發之，又非余今日之創論也。至廣中人聲音之所以善者，蓋千餘年來，中原之人徙居廣中，今之廣音，實隋唐時中原之音，故以隋唐韻書切語核之而密合如此也。請以質之海内審音者。據《東塾集》卷一。

初不律《方言》：「律，始也。」初不律者，言此爲最先，莫有爲之始者也。猶云首不先也。首不先，或作首唔先。唔，即不也。《正字通》北方讀不如幫鋪切。幫鋪切之音，與唔字相近。廣州讀不若唔，凡唔皆不字也。律，俗讀若甩色之甩。

俶手《廣雅》：「俶，動也。」俶手，即動手也。俗讀俶若毓。

埋《爾雅》：「埋，塞也。」《禮記》：「孔子閒居，志氣塞乎天地。」注：「塞，滿也。」埋訓塞，而塞又訓滿，故廣州謂其事完滿了結曰埋。

澌　《方言》：「澌，索。」郭注：「澌，盡也。」《曲禮》正義：「今俗呼盡爲澌。」舊語之猶存者也。廣州言盡曰澌，讀若隆殺之殺。

睇委委　《廣雅》：「睇，視也。」廣州言視皆曰睇。《爾雅》：「委委，美也。」廣州謂物之華美者曰委，讀若威。誘小兒視華美之物曰「睇委委」是也。

委祖祖　《廣雅》：「祖，好也。」廣州謂華美曰委祖祖，音如柤棃之柤，俗讀曰揸。

精慓　《呂覽・簡選》「欲其精也」注：「精，猶鋭利也。」利之反爲鈍。精，不鈍也。《方言》：「虔、儇，慧也。晉謂之慓。」郭注：「慓，莫佳反。」廣州謂人敏慧曰精慓，俗寫作精乖，誤也。

鬼脈　《方言》：「關以東趙魏之間謂黠，或曰鬼。」郭注謂：「鬼脈也。」廣州謂黠慧者曰鬼馬，蓋脈之轉音也。

㒼　《說文》：「㒼，平也。」讀曰蠻。《廣韻》：「㒼，無穿孔狀。」廣州謂物之平滿無孔曰㒼，讀若萌。

阿丁　《周書・謚法解》：「迷而不弟曰丁。」廣州謂人愚迷曰阿丁以此。

摩　《禮記・禮器》「不摩蚤」釋文：「齊人謂快爲摩。」「不摩蚤，言不以先時爲快也。」摩之訓爲快，言快樂。快又有速義。《左傳》「今民餒而君逞欲」杜注：「逞，快也。」《方言》：「逞，疾也。楚曰逞。」是快有疾速之義。快之反爲遲。廣州謂遲曰摩，蓋反言之。《方言》：「苦，快也。」注：「苦而爲快，猶以臭爲香，治爲亂。」以摩爲遲即此例也。

後頄　《説文》：「頄，玉枕也。」段玉裁注：「沈彤《釋骨》曰：顛之後，横起者曰頭横骨，曰枕骨，其兩旁尤起者，曰玉枕骨，即偃卧著枕之處。」《集韻》：「頄，章荏切。」〔一〕俗讀頄若枕。

酒庴　《類篇》：「庴，低下也。音浥。」《淮南子》：「奇牙出，靨輔摇。」注：「靨輔者，頰上窐也。」頰上窐，口輔微渦也。廣州謂物之有微窐者曰庴。故口輔之窐，謂之酒庴。又銅錫器受掽撞而成凹形者，亦曰庴。俗讀庴若米粒之粒。

耳聹〔二〕　《説文》：「梁益之閒謂聾爲聹。」廣州謂聽不聰曰耳聹。《唐韻》：「聹，作亥切。」俗讀若焙火之焙。

眨眼　《一切經音義》十一：「眨，目數開閉也。莊狹反。」俗讀眨若斬。

開口齝著舌　《玉篇》：「齝，食也。」《廣韻》：「齝，他合切。」廣州謂齩曰齝著。諺語「開口齝著利」，言啓口齝著舌也。舌蝕同音。《史記》韋昭傳注：「虧毁曰蝕。」〔三〕商業謂虧本爲蝕本，故俗諱言舌而言利。利者，蝕之反也。

〔一〕荏：原作「袵」，據《集韻》改。
〔二〕聹：原作「醉」，據文義改。
〔三〕史記：原誤作「漢書」。毁：原誤作「敗」。

心不分《文選・上責躬應詔詩表》〔一〕：「自分黄耇，永無執珪之望。」注：「分，謂甘愜也。」心不分，謂不甘愜也。分讀若安分之分。寫作忿，誤也。

𥇖《説文》：「𥇖，臥也。」《集韻》：「𥇖，伊刃切。」音印。廣州謂睡眠曰𥇖。俗讀𥇖若訓。

鈔《説文》：「鈔，叉取也。」〔二〕段注：「叉者，手指相遣也。」廣州謂徧翻檢取衣物曰鈔。《唐韻》鈔，是交切。俗讀若錢鈔之鈔。

𡈼《説文》：「𡈼，近求也，從爪壬。徼幸也。」段注：「爪壬言提取其爪〔三〕，妄有所取。徼幸之意。」廣州謂探取囊中物曰𡈼，用近求之意也；謂摸竊囊中物曰𡈼荷包，用徼幸之意也。

《集韻》：「𡈼，餘箴切。」

檇《説文》：「檇，以木有所擣也。」擣，椎擊也。廣州謂以竹木直擊曰檇。《集韻》：「檇，將遂切。」俗讀若對聯之對。

豛《説文》：「豛，椎擊物也。」讀如篤。廣州謂以竹木直擊曰豛。

㱿《説文》：「㱿，下擊上也。」凡擊物皆曰㱿，引申之，被物所擊亦曰㱿，以頭撞物亦曰㱿。《唐韻》：「㱿，知朕切。」俗讀若坎。

〔一〕上：原脱，據《文選》補。
〔二〕取：原脱，據《説文解字》補。
〔三〕提取：段注作「挺」。

敲《説文》：「敲，擊頭也。」《唐韻》：「敲，口卓切。」音榷。廣州言敲頭殼。

摼《説文》：「摼，擣頭也。」《集韻》：「摼，丘耕切。」音鏗。旁敲亦謂之摼。

行來《詩》：「貽我來牟。」《漢書·劉向傳》作「貽我釐麰」，是來可讀若釐也。廣州言行來若行釐以此。

攢交　攢交本角力之游戲，宋時謂之相撲。《大清會典》：「置善撲營，額二百名。」用兩人相撲爲戲，以傾跌其敵爲優，謂之攢交。廣州謂傾跌爲攢交，或者稱曰攢。蓋但取傾跌之義。《唐韻》：「攢，古貫切。」俗讀若慣習之慣。

晗痏　晗痏或寫作晗鷄，不可解。《文選·西京賦》注：「晗，眉睫之閒也。」《説文》：「痏，痏也。」瘡痏，謂瘢痕也。晗痏者，眉睫間生瘡之瘢痕也。《玉篇》：「晗，迷盈切。」俗讀晗若盟上聲。《韻會》：「痏，羽軌切。」音洧。洧、鷄音近，故譌作鷄。

蟰眼　蟰眼或寫作鷄眼，不可解。《廣韻》：「蟰，側持切。」音緇，手足生堅皮也。緇、鷄音近，故譌作鷄。

細氓崽《説文》：「氓，民也。」廣州謂小兒曰細氓崽，謂幼小之民。《方言》：「崽，子也。」郭注：「崽，音宰。」或寫崽爲仔，誤也。《詩》「佛時仔肩」傳：「仔，任也。」《集韻》：「仔，祖似切。」經籍無訓仔爲小兒者。

蘇豞崽《集韻》：「豞，赤子也。於家切。」音鴉。廣州呼小兒曰蘇豞崽。蘇，生也，言新生者也。俗讀蘇莁若蘇蝦，音之轉也。

阿婆纙 《類篇》：「纙，小兒帽也。」粵俗，小兒彌月，外祖母饋以帽，曰阿婆纙。《集韻》：「纙，驅園切。」俗讀纙若經傳之傳。

口水褔 《廣雅》：「褔，次衣也。」王念孫曰：「次，即今之涎字。」《集韻》：「褔，烏侯切。」

打風舊 《三國志·吴志》：「蒼梧歲有舊風、障氣之害，風則折木飛砂轉石。」廣州所謂打風舊，蓋折木飛砂轉石者也。即《吴志》之言「舊風」也。風舊二字甚古，俗寫風舊爲風颶，不知舊爲本字耳。

日頭晟 《集韻》：「晟，時正切。」音盛。《正字通》：「晟，日光充盛也。」廣州謂日光赫盛曰日頭晟。俗讀晟若證。

今物 《左傳》：「是其生也，與吾同物。」注：「物，日也。」今物，今日也。

散晌 《周禮注》：「《司馬法》：『旦明，鼓五通爲發晌。』」晌，音煦，日出也。廣州人於昧爽時擂鼓曰散晌。散即發也。俗讀散晌若散累，音之轉也。

通書 坊刻麻書，廣州人曰通書。書、輸音近，廣州賭風盛，人諱言輸，故改稱通書爲通勝。

角落頭 《禮記》「公室視豐碑」疏：「角落相望，故云四角。」廣州謂室隅曰角落頭本此。

高設 《周禮》：「桃氏爲劍，中其莖，設其後。」設，大也。廣州謂屋宇高大曰高設。

迒《廣雅》：「迒，道也。」廣州謂小巷曰迒。《集韻》：「迒，胡郎切。」俗讀迒若冷。

廌《廣雅》：「廌，庵也。」王念孫曰：「廌，亦幕也。音之轉耳。」曹憲《博雅音》〔一〕：「廌，音罵。」廣州所謂一葉廌，蓋鋪瓦約數尺以覆下，爲一葉之幕也。廌，俗讀若灑。

甂爐《方言》：「甂，陳魏宋楚之間謂之瓺。」郭注：「甂，音邊。河北人呼小盆爲瓺。」《廣韻》：「盆，瓦器。」《漢書・食貨志》：「募民煮鹽，官與牢盆。」注：「盆，煮鹽器。」蓋小盆可以煮物者，古謂之甂。廣州所謂打甂爐，置瓦器於爐上煮生物食之也。俗寫甂作邊。邊與煮食不相涉，殆不知甂爲本字耳。

炭墼《急就章注》：「墼者，抑泥土爲之，令其堅激也。」南方有炭墼。廣州以炭末擣堅成塊曰炭墼。俗讀墼若基。

涫水《說文》：「涫，鬻也。」段注：「今江蘇俗語鬻水曰滾水〔二〕。滾即涫之轉。」廣州呼涫水爲滾水，東莞人仍呼涫水。其漢人言之猶存者歟？

鬻《說文》：「鬻内肉及菜湯中薄出之也。」〔三〕薄者，迫也。迫者，急也。謂以湯略熟肉菜而急出之也。廣州謂鬻熟，即此義。《廣韻》：「鬻，弋灼切。」俗讀若倬。

〔一〕音：原脱。
〔二〕鬻：原作「沸」，據《説文解字》改。
〔三〕内肉及：原作「納肉入」，據《説文解字》改。

�

胜《説文》:「胜,大熟也。」廣州謂肉大熟而柔軟曰胜。

烝《詩·韓奕》箋:「炰,以火熟之也。」疏引《字書》:「烝,蒸也。」又曰:「燴煮曰烝。」《一切經音義》十七引《字書》:「少汁煮曰烝。」廣州食品所謂烝鷄,蓋少汁煮之者也。烝,俗讀若蹲踩之踩。

煹《廣韻》:「煹,舉火也。古候切。」廣州言煹火若透火。煹、透音近也。

稌《字彙》:「稌,香也。音涂。」廣州謂氣息曰稌。香曰稌,臭亦曰稌。猶香氣曰臭,惡氣亦曰臭也。俗讀稌曰徐,蓋涂又有除音。《集韻》:「除,陳魚切。」廣州讀除若徐,故亦讀稌若除也。

蹔《集韻》:「蹔,臭不可近也。」廣州言臭蹔蹔。丘耕切,音鏗。

蔫《韻會》:「不鮮也。」《增韻》:「蔫,食物餲也。」《唐韻》:「蔫,於乾切。」俗讀若煙。

葾《廣雅》:「矮,葾敗也。」《集韻》:「葾,於袁切。」俗讀若深淵之淵。

膱《周禮·考工記·弓人》注〔一〕:「樴,讀爲脂膏膱敗之膱。」釋文引吕忱云:「膱,膏敗也。」廣州言油膱,讀若益。

豚《集韻》:「豚,都木切,臀也。」《周禮·考工記》:「栗氏爲量,其臀一寸。」注:「臀,底

〔一〕弓:原作「工」。

也。」廣州有「打爛沙盤問到㞘」之語。沙盤，碾物瓦器，言窮問到底也。《詢芻録》：「當聞人言『打破沙鍋問到底』，不知其説。後知秦晉方言。」廣州言義亦如此。

𣪠 廣州言𣪠盅，俗作冚盅。冚，字書所無。《類篇》：「𣪠，物相值合也。」凡言𣪠，有恰當不差之意。𣪠盅，蓋淺而盅深，以蓋覆盅，適相合而不差，故曰𣪠盅。𣪠，口陷切。

爪續 《釋名》：「爪，紹也。筋極爲爪，紹續指端也。」廣州以錢與人不足而續與之，謂之爪續。或單言爪，或單言續。又與人之錢有餘，人反之於我，亦名曰爪。引申之，凡換易錢銀皆曰爪。俗寫作找，誤也。《集韻》：「找，胡瓜切。」音華。與劃同。

除鞔 《説文》：「鞔，量物之鞔也。」廣州稱物，以器載之，名其器曰鞔。除其鞔之重量不計曰除鞔。《集韻》：「鞔，於袁切。」俗讀曰遠。古以革爲鞔，故從革。今則銅器、竹器亦名鞔矣。

稱䙴 《説文》：「䙴，升高也。」稱物而稱梢升高，廣州謂之稱䙴。俗寫作稱先，誤也。

組 《儀禮》「著組繫」注：「組繫，可爲結也。」《集韻》：「組，總古切。」音祖。今縫衣於衣衩處爲小結，名之曰打組。

敀 《集韻》：「敀，繒欲壞也。篇夷切。」廣州謂綢緞之起毛將壞者曰敀。俗讀曰批。

㔍厚 《廣雅》：「㔍，勳也。」王念孫曰：「凡相恩勤謂之㔍。」廣州所謂㔍厚，恩勤而相厚者也。俗讀㔍若酹酒之酹。

大邁　《詩》「視我邁邁」傳：「邁邁，不顧也。」廣州謂高傲而不理人曰大邁以此。

祅　《爾雅·釋詁》注「世以祅言」爲「訛」。訛，僞也。廣州謂言語及事之僞者皆曰祅。《唐韻》：「祅，於喬切。」俗讀祅若幺。

冤戾　《説文》：「戾，曲也。」《廣雅》：「冤，曲也。」廣州謂誣枉人曰冤戾人。蓋誣人者必曲造事實，故曰冤戾也。又俗有「戾横折曲」之語。《正韻》：「戾，音麗。」

誁　《字彙》：「誁，助言。補梗切。」廣州謂在旁助言曰誁，謂助人歡樂曰誁人歡喜。俗讀誁曰鄧。

侹　《方言》：「侹，代也。江淮陳楚之間曰侹。」廣州人謂代替曰侹。俗寫作頂，誤也。

傒醯　《方言》：「傒醯，危也。」郭注：「醯，居枝反。」廣州謂置物而危曰傒醯，屋之不堅固而危者亦曰傒醯。俗讀若兒嬉。或寫作兒戲，誤也。

攬軭　《廣雅》：「軭，戾也。」《考工記·輪人》「輪雖敝而不匡」鄭衆注：「匡，枉也。」枉亦戾也。廣州謂將事攬壞與本旨相乖戾曰攬軭。俗讀軭若桂林之言汪。

鉎　《一切經音義》十六引《埤蒼》：「鉎，鐵衣也。」鉎即繡也。廣州言刀生鉎。鉎，讀音近問覨之覨。

鍘　《正韻》：「鍘，切草器也。查鎋切，音氹。」廣州謂切檳榔曰鍘檳榔。斷檳榔之器如切草之鍘也。俗讀鍘若閘。

盌　《集韻》：「盌，器不平也。於散切。」音勒。俗讀若熬。

局　《詩》「子髮曲局」注：「局，卷貌。」廣州謂物之縐而卷者曰局起。俗讀局若菊。

觔　《玉篇》：「觔，仰也。」《集韻》：「觔，弋灼切。」音藥。廣州謂物之仰起曰觔起。俗讀觔若喁。

敀矗企　《説文》：「敀，直項貌。」廣州謂豎立曰敀，取直豎之意。《正韻》：「矗，高起也。」《增韻》：「矗，聳上貌。」廣州謂物之高聳者曰矗。《廣雅》：「企，立也。」《漢書·五行志》：「上林苑中，大柳樹斷仆地，一朝起立。」注：「立，直起也。」廣州謂立曰企，如云樓梯企，言梯之直起聳上而不斜也。合「敀矗企」三字爲一語，形容物直起高聳之詞。敀，在董韻，俗讀若棟。《廣韻》：「矗，丑六切。」俗讀若篤。

乜　乜，什没也。常語以甚麽爲問詞，由甚麽轉爲什麽，由什麽轉爲什没，二字其音如乜。什没之爲乜，猶不可之爲叵也。廣州之所謂乜作何字用，如云乜事謂何事也，乜人謂何人也。皆借用乜字之音，非乜字本義也。《廣韻》：「乜，采野切。」廣州語有曰係乜者，即是勿也。《因話録》〔一〕：「元宗問黄繙綽：『是勿兒得人憐？』對曰：『自家兒得人憐。』」注：「是勿兒，猶何兒也。」蓋古音勿讀如没，是勿即什没。又廣州語問何事曰乜野，問食何物曰食乜野。所謂乜

〔一〕話：原誤作「語」。

野即米野也。米野者，乜之切音。俗不言乜而言米野，用其切音也。

恁　《正韻》：「恁，忍甚切。」徐鍇曰：「恁，俗言如此也。」廣州言如此曰恁，讀若紺音之轉也。俗寫恁作咁，誤也。《集韻》咁與嗛同音擔，口有所銜也。無如此之義。《方言》：「沅澧之間，凡言或如此曰㴔。」《方言》之㴔，言或如此也。廣州之恁，言如此也。一爲疑詞，一爲決詞，截然不同。

䖪　《字彙》：「䖪，往也。音祚。」凡言䖪者，謂其事已完也。廣州言造完事曰造䖪事。讀䖪如俎。

偙　《集韻》：「偙，困劣也。丁計切。」廣州謂人物之劣皆曰偙。俗讀偙若曳。

嗆哼　《集韻》：「嗆哼，愚怯貌。嗆，鋤庚切。哼，虚庚切。」廣州謂愚怯曰嗆哼。俗讀嗆鋤上聲，哼若打更之更。

頻鄰　《詩》「國步斯頻」傳：「頻，急也。」《管子・五行》「五穀鄰熟」注：「鄰，緊也。」廣州謂緊急曰頻鄰以此。

儹　《說文》：「儹，最也。」段注：「最，聚也。」廣州謂積蓄資財曰儹錢。俗讀儹若趲步之趲〔一〕。

〔一〕　上「趲」字原誤作「儹」。

掘　《老子》「虛而不掘」釋文引顧注：「掘，竭也。」廣州謂貧極曰窮掘。

㼌　《周禮·形方氏》注：「正之使不㼌邪。」疏：「㼌者，兩頭寬，中間狹也。」廣州謂兩頭寬中間狹者曰㼌腰。《集韻》：「㼌，枯瓜切。」俗讀㼌若揸。

嚤　《易·賁卦》釋文：「嚤，荀作波，是嚤波通。」元曲科白中常用波字爲助詞。廣州語之嚤，即元曲之波也。俗讀嚤若播。

只　《左傳》襄二十七年「諸侯歸晉之德只」注：「只，辭也。」凡言只者，有祇如此之意。廣州語多於語末用只字。俗寫作啫，誤。

涊　涊，汙垢也。俗讀涊若紙撚之撚。《廣雅》：「淟涊，垢濁也。」廣州謂物受垢曰整涊。

磢　郭璞《江賦》「奔溜之所磢錯」注：「磢，瓦石洗物也。」《廣韻》：「磢，楚兩切。」廣州謂以瓦石擦物曰磢，以鹼洗手亦曰磢手。讀磢若節省之省。

徑水　徑水，行水中也。俗讀若桂林語之絳。《漢書·高帝紀》「夜徑澤中」注：「徑，行也。」

頸水　頸水，納頭於水中也。俗讀頸若味。《説文》：「頸，内頭水中也。」《廣韻》：「頸，烏没切。」

縮水　《禮記·郊特牲》「縮酌用茅」鄭注：「泲之以茅，縮去滓也。」廣州謂以布就水而受之曰縮。又物受水曰縮水，不受水曰不縮水。皆讀縮若朋友數之數。

沙潬　潬者，水旁之有沙者也。俗讀潬若坦。《爾雅·釋水》注：「今河中呼水中沙堆爲潬。」《廣韻》：「潬，徒旱切。」《正韻》：「潬，沙渚也。」

沈底　浮沈之沈，本平聲。廣州謂墜於水下曰沈底，沈讀若朕。《周禮·大宗伯》「以貍沈祭山林川澤」注：祭山林曰貍，祭川澤曰沈。貍者，埋玉以祭也。沈者，沈玉以祭也。劉注：「沈，直蔭反。」此沈可讀若朕之證。

以上邑人詹憲慈撰《廣州語本字》，足爲陳澧説「廣州方音合於隋唐韻書切語」之證，特摘録之。

〔民國〕續番禺縣志稿

【解題】梁鼎芬修，凌鶴書纂。未分卷。番禺縣，今廣東省廣州市越秀區。「方言」見《輿地》中。録文據民國七年（一九一八）稿本《續番禺縣志稿》。

方言

廣州方音合於隋唐韻書切語，爲他方所不及者約有數端。余廣州人也，請略言之。平、上、去、入四聲各有一清一濁，他方之音多不能分上、去、入之清濁。如平聲「邕」《廣韻》於容切「容」餘封切，一清一濁，處處能分。上聲「擁」於隴切「勇」余隴切，去聲「雍」此雍州之雍，於用切「用」，入聲「郁」「育」，亦皆一清一濁，則多不能分者。福建人能分去入清濁，而上聲清濁則似不分。而廣音四聲皆分清濁，截然不溷。其善一也。上聲之濁音，他方多誤讀爲去聲，惟廣音不悮。如棒三講、似、市、恃六止、佇、墅、拒八語、柱九麌、倍、殆、怠十五海、旱二十三旱、踐二十八獮、抱三十二晧、婦、舅四十四有、斂五十琰等字是也。又如孝弟之「弟」去聲十二霽，兄弟之「弟」上聲濁音十二薺，鄭重之「重」去聲三用〔一〕，輕重之「重」上聲濁音二腫，他方則兄弟之「弟」、輕重之「重」亦皆去聲，無所分別，惟廣音不溷。其善二也。李登《書文音義便考私編》云：「弟子之『弟』上聲，孝弟之『弟』去聲，輕重之『重』上聲，鄭重之『重』去聲。愚積疑有年，遇四方之人亦甚夥矣，曾有呼『弟』『重』等字爲上聲者乎〔二〕？無有也。」案李登蓋未遇廣州之人而審其音耳。侵、覃、談、鹽、添、咸、銜、嚴、凡九韻，皆合脣音，上去入聲倣此。他方多誤讀與真、諄、臻、文、殷、元、魂、痕、寒、桓、删、山、先、仙十四韻無別〔三〕。如侵讀若親，覃、談讀若壇，鹽讀若延，添讀若天，咸、銜讀若閑，嚴讀若賢。欽定《曲譜》於侵、覃諸韻之字皆加圈於字旁以識之，正以此諸韻字人皆誤讀也。廣音則此諸韻皆合脣，與真、諄諸韻不溷。其善三也。廣音亦有數字誤讀者，如凡、范、梵、乏等字亦不合脣，然但數字耳，不似他方字字皆誤也。庚、耕、清、青諸韻合口呼之字，他方多誤讀爲東、冬韻。如觥讀若公，瓊讀若窮，榮縈熒並讀若容，兄讀若凶，轟讀若烘，廣音則皆庚、青韻。其善四也。《廣韻》每卷後有新添類隔，今更音和切，如眉，武悲切，改爲目悲切；緜，武延切，改爲名延切。

〔一〕 下「重」字原誤作「鄭」。
〔二〕 乎：原誤作「字」。
〔三〕 「山」後原衍「天」字。

此因字母有明、微二母之不同，而陸法言《切韻》、孫愐《唐韻》則不分，故改之耳。然字母出於唐季，而盛行於宋代，不合隋及唐初之音也。廣音則明、微二母不分，「武悲」正切「眉」字，「武延」正切「緜」字，此直超越乎唐季宋代之音，而上合乎《切韻》《唐韻》。其善五也。五者之中，又以四聲皆分清濁爲最善。蓋能分四聲清濁，然後能讀古書切語而識其音也。切語古法，上一字定清濁而不論四聲，下一字定四聲而不論清濁。若不能分上、去、入之清濁，則遇切語上一字上、去、入聲者，不知其爲清音爲濁音矣。如「東，德紅切」，不知「德」字清音，必疑「德紅切」未善矣。「魚，語居切」，不知「語」字濁音，必疑「語居切」未善矣。自明以來，韻書改古切語者，以此故也。廣音四聲皆分清濁，故讀古書切語瞭然無疑也。余考古韻書切語有年，而知廣州方音之善，故特舉而論之，非自私其鄉也。他方之人宦遊廣州者甚多，能爲廣州語者亦不少，試取古韻書切語核之，則知余言之不謬也。朱子云：「四方聲音多訛，卻是廣中人説得聲音尚好。」《語類》一百三十八。此論自朱子發之，又非余今日之創論也。至廣中人聲音之所以善者，蓋千餘年來，中原之人徙居廣中〔一〕，今之廣音，實隋唐時中原之音，故以隋唐韻書切語核之而密合如此。請以質之海内審音者。據《東塾集》修。

汪玉琭曰：「唐曹唐詩：『坐對玉山空甸線，細聽金石怕低迷。』今廣州土語尚有曰甸練

〔一〕廣：原脱。

者，猶云妥帖也，兩粵語多相類，曹或用方言耶？曹唐嶺南桂林人。然今方言與詩意亦不合，究不可解。吾鄉商寶意太守盤詩集中屢用此二字。」據《旅譚》。

廣州方音，陳東塾《廣州音説》已發明其合於隋唐韻書切語爲他方所不及者數端，余亦嘗考出數條，不忍棄置，僅録坿其後。

《禮記》「虚坐盡後」「食坐盡前」，兩盡字上聲濁音，他方人言盡字止作去聲，而廣音則有上聲，且直作正音讀若真上聲也。俗語盡上、盡落、盡前、盡後、盡來、盡去是也。

凡物自轉之轉上聲，以力轉物之轉去聲。他方止有上聲，廣音則有去聲，且分清濁。清音或爲以力轉，或爲行走幾轉。濁音或爲毛髮成轉，或爲鴿飛打轉也。

養大馬之養，上聲，子養父母之養，去聲。他方止上聲，俱就俗語言。廣音則謂祭祖先爲拜養，此據我茭塘司一隅爲言，他處不知盡同否。作去聲。蓋事死如事生，亦即供養之養也。

輕重之輕，平聲，小而輕之輕，去聲。他方止有平聲，廣音則常有輕輕之名詞，或上輕字作濁去聲，下輕字作平聲；或上輕字作濁去聲，下輕字作濁去聲轉濁上聲也。

棱角之棱，平聲，而廣音數田曰幾棱，合於楊升庵之説也。

言車亦曰幾輛，正音。合於古也。織布機亦曰輛也。

來之讀釐，則古音也。

殺之讀爲曬，如云多謝殺、多煩殺、惱殺、愁殺、魚死殺、女嫁殺，皆合於去聲之義也。殺、煞皆極也、盡也。

坐字亦有上、去二聲，他方止言去聲，廣音則坐位、坐獄、坐堂之坐皆上聲。

枕、抌，一虚一實，亦分去聲、上聲。

飲酒、飲水之飲上聲，以水浸塼言以水飲塼，水浸入牆亦曰水飲入牆，則作去聲，亦於飲曠、飲調之義也。

論音學者言古止有重唇，無輕唇音。廣謂婦爲抱，謂扶爲蒲，謂浮亦爲蒲，敷爲鋪，謂甫爲圃，止重唇音也。餘多類此。據《漣漪閣劄記》修。

廣州人呼釧爲鈪。音扼。《南唐近事》記李徵古事云，潘長史妻言於夫曰：「此客非常人，以金扼腕贈之。」金扼腕當即釧也，或輾轉語訛，遂呼釧爲鈪耶？據《旅譚》。

〔乾隆〕佛山忠義鄉志

【解題】毛維錡等修 陳炎宗等纂。佛山，今廣東省佛山市。忠義鄉，指佛山。「語音」見卷六《鄉俗》中。録文據乾隆十七年（一七五二）刻本《佛山忠義鄉志》。

語音

鄉去會城僅五十里，語相若而音乃頓殊。城清以急，鄉重而遲。土籍操鄉音，僑籍多操城音，或仍其故土音，久之亦習鄉音。土籍亦有嫌鄉音之近濁，變而從城音者。

〔道光〕佛山忠義鄉志

【解題】吴榮光纂。佛山，今廣東省佛山市。忠義鄉，指佛山。「語音」見卷五《鄉俗》中。録文據道光十一年（一八三一）刻本《佛山忠義鄉志》。

語音

鄉去會城僅五十里，語相若而音乃頓殊。城清以急，鄉重而遲。土籍操鄉音，僑籍多操城音，或仍其故土音，久之亦習鄉音。土籍亦有嫌鄉音之近濁變而從城音者。節陳《志》。

〔民國〕佛山忠義鄉志

【解題】汪宗準修，冼寶幹纂。佛山，今廣東省佛山市。忠義鄉，指佛山。「語音」見卷十《風土志》中。録文據民國十五年（一九二六）刻本《佛山忠義鄉志》。

語音

鄉去會城僅五十里，語相若而音乃頓殊。城清以急，鄉重而遲。土籍操鄉音，僑籍多操城音，或仍其故土音，久之亦習鄉音。土籍亦有嫌鄉音之近濁變而從城音者。節陳《志》、吴《志》。

〔康熙〕南海縣志

【解題】郭爾戺修，胡雲客等纂。南海縣，今廣東省佛山市南海區。「語音」見卷六《風俗志》中。録文據康熙三十年（一六九一）刻本《南海縣志》。

語音

語音柔而直，大抵出於唇舌，不清不濁〔一〕，當爲羽音。歌則清婉溜亮，紆徐有情，聽者感動。成化中巡撫都御史朱英見廣人歌白沙詩，輒欲效之，曰：「吴越不能及也。」各鄉聲音互異，鮮諧正韻。又有方言、有俗字，鄉城各别，不具載。

〔乾隆〕南海縣志

【解題】魏綰修，陳張翼纂。南海縣，今廣東省佛山市南海區。「語音」「文字」見卷十二《風俗志》中。録文據乾隆六年（一七四一）刻本《南海縣志》。

語音

語音柔而直，大抵出於唇舌，不清不濁〔二〕，當爲羽音。歌則清婉溜亮，紆徐有情，聽者感

〔一〕〔二〕　不：原作「以」，據同治《南海縣志》改。

動。成化中巡撫都御史朱英見廣人歌白沙詩，輒欲效之，曰：「吴越不能及也。」各鄉聲音互異，鮮諧正韻。又有方言、有俗字，鄉城各别，不具載。

文字

有土字，出乎《正韻》，越乎《海篇》。有俗字，增減筆畫，改易偏旁。宜遵同文，先嚴家塾。

〔道光〕南海縣志

【解題】潘尚楫修，鄧士憲纂。南海縣，今廣東省佛山市南海區。「風俗」見卷八《輿地略》中。有道光十五年（一八三五）刻本。録文據同治八年（一八六九）重刻本《南海縣志》。

風俗

大抵粵音柔而直，頗近吴越，出於唇舌，不清不濁，當爲羽音。歌則清婉溜亮，紆徐有情，聽者亦多感動。成化中巡撫都御史朱英見廣人歌白沙詩，輒欲效之，曰：「吴越不能及也。」每耕種時鬬歌爲樂。各鄉聲音互異，鮮諧正韻。又有方言、有俗字，鄉城各别。

〔康熙〕高明縣志

【解題】魯傑修，羅守昌纂。高明縣，今廣東省佛山市高明區。「語音」見卷五《地理志·方言》中。録文據康熙八年（一六六九）刻本《高明縣志》。

語音

高明山川峭直，音亦類之。邑人相交，無問貴賤，悉以鄉語，然皆明白易曉，與官語相近。游宦行旅，不踰月皆能以意逆之。

凡自稱則曰我。稱人則曰你。稱父爲爹，或爲爸。母爲嫣，或爲娘、爲姐。或以子女難育改稱父母叔嬸哥嫂者。祖父母爲公婆，兄爲哥，子爲仔，女爲妹，各加一亞字。姪亦爲孫。婦爲幾嫂，從其夫之行。外祖父母曰公底、婆底。壻從其子稱曰姐夫。凡稱宗祖及神祇俱曰亞公。稱教讀曰先生。道流亦曰先生。巫曰師公，師訛音戶。女巫曰鬼猑。男子好吟咏，婦女亦或能歌，察其語音，自朱塘以上類新興，范州以下類高要，清溪以下類南海，而上下倉、楊梅、大幕自爲一音，無所類。雖不盡同，然亦遠邇稍别耳。

〔嘉慶〕龍山鄉志

【解題】温汝能纂。龍山鄉，今廣東省佛山市順德區龍山鄉。「語音」見卷三《鄉俗志》中。録文據嘉慶十年（一八〇五）刻本《龍山鄉志》。

語音

邑之語言大約相同，而聲音則鄉自爲别。吾鄉别而爲四，居鄉中者清而直；隣甘竹者稍變於甘竹，重而遲；隣龍江者稍變於龍江，柔而曼；唯隣於九江沙頭者不變，則剛而急。或曰習染使然，而何以有變有不變也？或曰水土爲之，其信然耶。雖曰鮮諧正韻，要其方言俗字皆有字有音，無字而有音者，語助辭也。有一字而兼平、上者，銀、听、田、殄、錢、踐是也。有一字而兼上、去者，我、䶵是也。有以仄爲平者，涌、沖同音是也。有以平爲仄者，鄱、播、箭同音是也。

謂人曰渠、曰佢。謂不曰唔。謂是曰係。謂無曰冇〔一〕。謀事曰斟酌。睡曰困。睡着曰嗑着眼。起曰起身。謂卵曰春、曰旦。謂殺曰菜、曰送。衣服曰衫。帽曰紅纓帽。小帽曰瓜信。呼人先必以亞。祖曰亞公、曰亞爺。父曰亞爹。祖母曰亞婆、曰亞人。母曰亞娘、亞媽。姊曰亞家、二家。兄曰大哥、二哥。皆以次稱之。弟曰細獠。同輩相呼曰老，亦曰獠。謂外省人曰外江獠。說官語曰講官話。居鄉者每畏見外省人，以其憚于官語也。按《新語》所載廣州土言，類多大同小異，唯吾鄉則爲明白易曉，平仄多諧，以視新、香諸邑，相去不過百里，而言語不通者，則又有齊楚之別云。餘方音不一，不具載。若夫歌謡，則以羊城爲準，其清婉溜湸、紆徐有情者曰廣調、曰羊城調，聽者無不感動焉。

〔民國〕龍山鄉志

【解題】周廷幹修，温肅等纂。龍山鄉，今廣東省佛山市順德區龍山鄉。「方言」見卷三《輿地略》中。

〔一〕 冇：原誤作「有」。

錄文據民國十九年（一九三〇）刻本《龍山鄉志》。

方言

邑之語言大略相同，而聲音則鄉自爲別。微特鄉與鄉別也，即同屬一鄉如龍山者，而亦別而爲四。居鄉中者清而直；鄰甘竹者稍變於甘竹，重而遲；鄰龍江者稍變於龍江，柔而曼；惟鄰於九江沙頭者不變，則剛而急。若以爲習染使然，而何以有變有不變也？或曰水土爲之。據舊志修。

謂太陽曰熱頭。颶風曰風舊。天晴暴雨曰白撞。秋夜下雨曰偷淋。謂地曰地底。深泥曰湴。薄鑑切。凡水皆曰海。蓄水之地曰氹。圖錦切。遏水之堤曰圍。種桑之田曰基。養魚之池曰塘。謂樓之後座曰斗底。廚曰下間。

謂遠祖曰太公、曰太婆。祖父曰亞公、多用亞字發聲。曰亞爺。祖母曰亞婆、曰亞人。安人之省文。父曰亞爹。《南史·梁始興王憺傳》：「始興王，人之爹。」母曰亞媽。母之轉聲。兄曰大獠。或作猪。弟曰細獠。姊曰亞家。家姊之省文。子曰崽。音宰。《水經注》：「弱年崽子。」子女孿生者曰孖。末生者曰⿰扌盡。奈平聲。曾孫曰塞。息字之訛。新婦曰心抱。舅姑曰家公、《列子》：「家公執席。」家婆。夫曰老公。妻曰老婆。妾曰亞娘，姨娘之省文。亦曰亞姐。妾謂家主曰主人公。家僮曰後生。使婢曰妹仔。凡物小者皆曰仔。良家子曰亞官仔。商家曰生意仔。耕傭曰耕仔。盟好之子曰契仔。游民曰散仔。無賴曰爛仔。東家曰事頭。同本合謀曰夥計。店肆司事曰掌櫃。姻婭之使役曰親家郎。從嫁老婦曰大妗。從嫁小鬟曰轎腳妹。梳傭曰近身。謂爾曰伲。俗作你。平人曰獠。嶺北人曰外江獠。夷人曰番鬼。偷兒曰鼠魔。翦綹者曰小手。謂婦人娠者曰有歡喜。免身而未彌月曰住月。謂食飽曰飼。音救。午餐曰過午。夜餐曰消夜。睡曰困。睡着曰瞌着眼。謂來曰釐。走曰趯。取《詩經》「趯趯阜螽」之義。游曰瞭。轉曰翻。泅水曰涌水。出洋曰飄洋。射覆曰估。搬運曰揵。連上聲。《南史·何遠傳》：「爲武昌太守，以錢買水，不受錢者揵水還之。」取物曰邏。細切物曰剽。音速。削去物曰斃。音撇。以刀削物曰剕。音批。以手搓物曰挪。音儺。以手覆物曰揞。庵上聲。以手析物曰撕。即《詩經》「斧以斯之」之義。以指爬物曰搲。烏瓦切。以足蹴物曰踢。以鼻審物曰嗅。香仲切。批人之頰曰摑。怒目視人曰瞵。音利。與人鬬曰打交。與人遇曰拡頭。以言託人曰呹。寫春聯曰揮春。送筆資曰謝教。謂臀曰启。音篤。無尾曰屘。音掘。露齒曰鮑牙。裸體曰軀䠞。音赤歷。聰明曰乖。美好曰靚。邪曰鬼鼠。醜曰鬼馬。淫曰姣。音豪。顛曰癈。謂横恣者曰鑾澄鋹。龔澄樞、劉鋹，古粵人之横逆者。鯁直曰鯁頸。即强項之意。迂腐曰古氣。不知人曰殨殩。音猥餒。不謹事曰邋遢。音臘榻。憂勞曰贔屭。音備器。大龜名，好負重。寬博曰褦襶。音耐戴。歇業曰倒竈。誤事曰撞板。謂多曰夠。無曰冇。不曰唔。是曰係。何如曰點樣。謂人曰箇。物曰隻。一家曰一主。一熟曰一造。截木作墊曰不。敦上聲。門上横木曰門。音淘。樹長木於地曰戙。樹短木於地曰杙。舟曰艇。帆曰䡟。棺木曰長生。斗篷曰大褸。小帽曰瓜信。物之脱者曰甩。倫粒切。物之雌者曰乸。烹物曰膶。肉熟曰腍。《禮·郊特牲》：「腥肆爓腍祭。」

貨之肆曰欄。禽之窠曰闘。范成大云：「雌雄曰一闘，十鷄併種，當得六闘。」卵曰春、曰蛋。殺曰菜、曰送。一枝曰一根。百斤曰一擔。線縷一綹曰一子。衣裳一套曰一沓。襲字之訛。數檳榔曰幾口。陸倕謝安成王賜檳榔一千口。數蕉子曰幾梳。蘇軾詩：「西鄰蕉子熟，時致一梳黄。」積腐穢曰擸𢹂。諸如此類。有甚雅者，亦有甚俗者；有有其字者，亦有無其字者。而究之平仄多諧，明白易曉，以視新、香諸邑，相去不過百里，而言語不通者，則又有齊楚之别云。據郝《通志》、《廣東新語》、郭《縣志》、舊《鄉志採訪册》參修。

〔咸豐〕順德縣志

【解題】郭汝誠修，馮奉初纂。咸豐三年（一八五三）修。順德縣，今廣東省佛山市順德區。「方言」見卷三《輿地略・風俗》中。録文據咸豐六年（一八五六）刻本《順德縣志》。

方言

謂父曰爸，音巴。亦曰爹。母曰媽，亦曰乸。音拿上聲。凡雌物皆曰乸。謂西北風亦曰乸，即颶風之説也。謂子曰崽，音宰。亦曰仔。凡物之小者亦曰仔。良家子曰亞官仔。多用亞字發聲。奴僕曰弟仔。謂平人曰獠，嶺北人曰外江獠。指外省人言語曰蠻聲。呵横恣者曰蠻澄鋠。劉鋠、龔澄樞，古粵人之横逆者也。謂新婦曰心抱。謂婦人娠曰有歡喜。婦謂舅姑曰家公家婆。子女謂其祖父曰亞公，祖母曰亞婆。子女末生者多名曰孻，賴平聲。或曰尾。音米。姻婭之使役曰親家郎。稱無賴曰打仔、曰爛仔。貴而故賤其名使易育曰狗仔。美人之貌曰靘。呼顛者曰癈。遊戲曰則劇，曰仙。謂來曰黎。走曰趯。取物曰邏。謂卵曰春。食飽曰飼。音救。縫衣曰敹。音聊。數物之束者一子二子。家曰一主。穀曰一造。烹物曰膶，亦曰炠。港曰涌。謂多曰够，少曰不够。音遣。謂無尾曰屘。音掘。人無情義者亦曰屘。腿曰髀。音彼。以手搓物曰挪。以手按物曰捺。以拳加物曰搋。音釵。以手覆物曰揞。庵上聲。以指爬物曰搲。烏寡切。搬運曰揵。連上聲。積腐穢曰攞搑。謂人愚曰猥㾓。怒目視人曰睩。謂田多少曰幾畛。以足移物曰蹬。裸體曰躶躒。音赤瀝。不謹事曰邋遢。鼻塞曰齆。音甕。露大齒曰齙牙。新婦入門使親屬老婦迎之曰擡步，是夕夫婦同牢曰食煖房飯，次早見舅姑親屬獻幣帛帨履曰荷惠。冬至圍爐而食曰打邊爐。以鴿翎貫皮錢踢之曰踢毽。

〔民國〕順德縣志

【解題】周之貞修，周朝槐纂。順德縣，今廣東省佛山市順德區。「方言」見卷一《輿地略·風俗》中。錄文據民國十八年（一九二九）刻本《順德縣志》。

方言

謂太陽曰熱頭。颶風曰風舊。天晴暴雨曰白撞。秋夜下雨曰偷淋。謂地曰地底。深泥曰湴。薄鑑切。凡水皆曰海。蓄水之地曰氹。圖錦切。遏水之堤曰圍。種桑之田曰基。養魚之池曰塘。謂樓之後座曰斗底。廚曰下間。謂遠祖曰太公、曰太婆。兄曰大獠。或作狫。今《辭源》作佬。弟曰細獠。曾孫曰塞。息字之訛。夫曰老公。妻曰老婆。妾曰亞姐。妾謂家主曰主人公。家童曰後生。使婢曰妹仔。凡物小者皆曰仔。商家曰生意仔。耕傭曰耕仔。義兒曰契仔。游民曰散仔。東家曰事頭。同本合謀曰夥計。店肆司事曰掌櫃。從嫁老婦曰大妗。從嫁小鬟曰轎腳妹。梳傭曰近身。謂爾曰伲。俗作你。夷人曰番鬼。偷兒曰鼠魔。剪綹者曰小手。婦人既免身而未彌月者曰住月。午餐曰過午。夜餐曰消夜。睡曰困。游曰瞭。泅水曰涌水。出洋曰飄洋。射覆曰估。細切物曰剶。音速。削去物曰弊。音撇。以刀削物曰剌。音批。以手析物曰撕。即《詩經》「斧以斯之」之義。以足蹴物曰踢。以鼻審物曰嗅。香仲切。批人之頰曰摑。與人鬬曰打交。與人遇曰撻頭。以言託人曰央。謂臀曰启。音篤。聰明曰乖。邪曰鬼鼠。醜曰鬼馬。淫曰姣。音豪。鯁直曰鯁頸。即强項之意。迂腐曰古氣。憂勞曰贔屭。音備器。大龜名，能負重。寬博曰褦襶。音耐戴。歇業曰倒竈。誤事曰撞板。無曰冇。不曰唔。是曰係。何如曰點樣。謂人曰箇，物曰隻。截木作墊曰不。墩上聲。門上橫木曰門。音洵。樹長木於地曰戙。樹短木於地曰杙。舟曰艇。帆曰幔。棺木曰長生。斗篷曰大褸。小帽曰瓜信。物之脱者曰甩。倫粒切。禽之窠曰鬭。范成大云：「雌雄曰一鬭，十鷄併種，當得六鬭。」卵曰春、曰蛋。殽曰菜、曰餸。線縷一綹曰一子。衣裳一套曰一沓。襲字之訛。數檳榔曰幾口。陸倕謝安成王賜檳榔一千口。數蕉子曰幾梳。蘇軾詩：「西鄰蕉子熟，時致一梳黃。」諸如此類，悉數難終，兹特舉其概云。

〔崇禎〕肇慶府志

【解題】陸鏊等纂修。肇慶府，轄境包括今肇慶市、佛山市、陽江市等部分地區，府治在今肇慶市端州區。「語音」見卷九《地理志·方言》中。録文據崇禎六年（一六三三）刻本《肇慶府志》。

語音

肇高山大川，風氣峭直，音亦類之。語有三，有官語，有鄉語，有猺語。官語惟城郭之人及鄉人有識者能之。農氓與鄉人交，無問貴賤，悉以鄉語，十里之外即稍異。猺語，近山之人亦喻焉。衛所及達官男婦則兼官語。闔郡鄉語以高要爲宗，猶諸郡之宗會城也。大率粤音之相類者，廣郡則番禺、南海、順德、三水，肇郡則高要、高明，蓋順德分自南海，高明分自高要，而三水則南海、高要之所分也。

廣音稍輕而揚，肇音稍重以急，亦有有音無字、有字而轉其音者，然皆明白易曉，與官語亦近。游宦行旅，不踰月皆能以意逆之，談不離口，而易辨其爲廣肇者。廣多帶委與這字，肇多帶物與羅字，又如求金九醉師使垂恩之類，則廣較正。偉科化域揮詠賜麟之類，則肇較正。若訓責屈及永榮雄級之類，則二郡胥失其正。

肇發詞指事多曰那箇，猶廣之點様也。自稱則曰儂云，稱人爲若。僕婢稱其主父、主母曰治頭公、治頭婆，治訛音癡。稱父爲爹或爲爸，母爲媽或爲娘爲姐，或以子女難育，改稱父母爲叔嬸、哥嫂者。祖父母爲公婆，兄爲哥，子爲仔，女爲妹，各加一亞字。姪亦爲孫。婦爲幾嫂，從其夫之行。外祖父母曰公底、婆底。外父母曰老官、亞媽。壻曰郎家。凡稱宗祖及神祇俱曰亞公。稱教官曰師傅。稱工商亦曰師傅。稱教讀曰先生。道流亦曰先生。吏胥曰提控。軍曰長官。皂隸曰大繩。巫曰鬼公，亦曰師公，師訛音尸。女巫曰聖婆，亦曰鬼婢。

〔道光〕肇慶府志

【解題】屠英等修，江藩等纂。肇慶府，轄境包括今肇慶市、佛山市、陽江市等部分地區，府治在今肇慶市端州區。「土音」見卷三《輿地・風俗》中。有道光十三年（一八三三）刻本。録文據光緒二年（一八七六）重刻本《肇慶府志》。

土音

謂父曰爸，音巴。亦曰爹。母曰媽，亦曰𣬶。拿上聲。謂祖父曰亞公，祖母曰亞婆。謂曾祖父曰太公，曾祖母曰太婆。婦人謂舅曰大人公，亦曰家公，姑曰家婆，亦曰婆奶。稱外祖曰公低，外祖母曰婆低。按，低者爹之轉音，亦有稱公爹、婆爹。謂父母兄弟之妻曰妗母。母之叔父母曰叔公、叔婆。祖母之兄弟及妻曰舅公、妗婆。

自稱曰儂。稱平人曰獠，平人之妻曰夫娘。子曰崽，音宰。亦曰仔。謂玄孫曰塞。息字之訛也。壻曰郎家。送嫁老婦曰大妗。女巫曰鬼䰰。子女晚生多名孻，盡子也，賴平聲。或曰屘。尾子也，音米。貴而故賤其名使易育曰狗子。賃田者曰佃丁、曰田客。巫曰師公。司柁者曰柁公、梢公，在船頭曰頭公，二人爲舟司命，即三老也。凡雌物皆曰𤘅。小物皆曰仔。良家子曰亞官仔。奴僕仔曰家生仔。無賴子曰爛仔。司爨曰火仔。螟蛉之子曰養仔。負販者曰販仔。美人之貌曰艷。呼顛者曰廢。

謂婦人有娠曰有歡喜，免身而未彌月曰坐月。謂淫曰姣。音豪。謂卵曰春。謂帆曰𢃇。數蕉子曰幾梳。線縷一綹曰一子。數檳榔曰幾口，亦曰幾子。禽之窠曰竇。鷄伏子曰菢。音暴。芟草曰𦽰草。裸體曰𨈇𨋕。音赤歷。山之巖洞爲𥐿。音勘。蓄水之地曰氹。圖綿切。通水之道爲圳。屯去聲。門之橫關曰閂。音拴。物之脱曰甩。倫粒切。謂不曰唔。問何如曰點樣。謂無尾曰屈。音掘。人無情義亦曰屈。搬物曰揵。以手按物曰捺。以手覆物曰揞。庵上聲。勾物曰挖。以刀削物曰批。細切曰剽。音粟。削去物曰撇。轉曰翻。謂蜑人曰蜑家。搆茆以居曰艼。

又鬚同蘇、逃同徒、酒同走、毛同無、早同祖，皆有字音，與吳趨相近。《廣東新語》

按，《新語》土音往往有所本。如謂父曰爹，《南史》「湘東王〔一〕，人之爹」是也。謂子曰崽，《水經注》「弱年崽子」是也。稱平人曰獠，「周文帝討諸獠，以其生口爲賤隸，謂之壓獠，威壓之也」。謂平人之妻曰夫娘，劉宋蕭齊崇尚佛法，閣內夫娘令持戒，謂夫人、娘子也。謂舅曰家

〔一〕王：原誤作「主」。

公，《列子》曰「家公執席」是也。數蕉子曰幾梳，蘇軾詩「西鄰蕉子熟，時致一梳黄」是也。檳榔曰幾口、曰幾子，陸倕謝安成王賜檳榔一千口、陳少主敕施僧智顗檳榔二千子是也〔一〕。禽之窠曰䦨，石湖云「雌雄一䦨，十鷄并種，得六䦨」是也。鷄伏子曰菢，揚子《方言》「北燕朝鮮洌水之間謂伏鷄曰菢」是也。除草曰薅草，《詩經》「以薅荼蓼」是也。載土音甚夥，兹略採其行於肇慶者。至十三州縣語音各别，按之古韻皆可通。高要我與阻同韻，即古韻魚虞通於歌麻。四會京讀作姜、精讀作將，即陽庚之通。新興讀文爲門，即文元之通；讀九爲古，即尤與魚虞之通。陽春謂書爲詩、魚爲宜，即魚虞、支微之通。此類頗多，略舉其概，知土音亦天籟也。所論通韻，本李文貞。

〔光緒〕四會縣志

【解題】陳志喆等修，吴大猷纂。四會縣，今廣東省肇慶市四會市。「風俗」見編一《輿地志》中。録文據光緒二十二年（一八九六）刻本《四會縣志》。

風俗

鄉音惟下路綏江之右各鋪與省話通，附城及上路各鋪則否，然無不習省話者。河西柑欖

〔一〕二：原誤作「一」。

兩鋪兼習高要話，以壤地相接故。上路各鋪兼習客家話，以土客雜居故。若官話，則習者罕矣。安得童蒙入塾俱教讀正音書乎？

案，《省志》《府志》皆有方言一則，與吾邑多同，其不同者亦屬無多，且無關典要，故不載。

〔康熙〕德慶州志

【解題】譚桓修，梁宗典纂。德慶州，轄境包括今廣東省肇慶市德慶縣、封開縣地，州治在今德慶縣。「言語」見卷二《風俗》中。録文據康熙十二年（一六七三）刻本《德慶州志》。

言語

德慶高山大川，風氣峭直，音亦類之。語有三：有官語，有鄉語，有猺語〔一〕，其官語惟城郭之人及鄉人有識者能之，十里之外即鄉語，亦稍異。亦有有音無字、有字無音。發詞指事則曰那箇，自稱則曰儂，稱父爲爹、爲爸，母爲娘、爲媽，稱祖父曰亞爹，祖母曰亞媽，稱外祖父曰翁爹，外祖母曰婆爹。大概如此。

〔乾隆〕德慶州志

【解題】宋錦、李麟洲纂修。德慶州，轄境包括今廣東省肇慶市德慶縣、封開縣地，州治在今德慶縣。

〔一〕有：據文例補。

「方音」見卷十一《風土》中。録文據乾隆十八年（一七五三）刻本《德慶州志》。

方音

德慶高山大川，風氣峭直，音亦類之。語有三：有官語，有鄉語，有猺語。其官語惟城郭之人及鄉人有識者能之，十里之外即鄉語，亦稍異。

〔光緒〕德慶州志

【解題】楊文駿修，朱一新纂。德慶州，轄境包括今廣東省肇慶市德慶縣、封開縣地，州治在今德慶縣。「方言」見卷六《地理志・風俗》中。録文據光緒二十五年（一八九九）刻本《德慶州志》。

方言

潮州或無字有音，德慶亦然。屈大均《廣東新語》。高山大川，風氣峭直，音亦類之。語有三：有官語，有鄉語，有猺語。其語多有音無字。官語惟城郭中人及鄉人有識者能之，十里外即鄉語，亦稍異。譚志、舊志同。呼上四聲與廣州同，下四聲則稍亢。廣州人言，州人輒解；州人言，廣州或不解也。發語急滑，二三字連呼，則上一二字多變去聲，如東西爲凍西、子女爲智女、城隍廟爲盛旺廟之類。惟入聲字不變。下平聲字多呼作上上聲，如人讀若忍、同讀若董之類。陽韻之字，皆讀如麻韻之耶，平仄皆然。如羊讀如野、上上聲。香讀若賒、長讀若者、張讀若遮、塘讀若躲、上讀若射、卻讀若劇、著讀若炙之類。金林、晉康音略如三廂，悦城稍異，讀三字多作捲舌音；而水口以東，全類高要；榕塘以西，又近封川。其大較也。采訪册。

謂日曰日頭。日讀若熱。謂月曰月亮，清聲。婦孺謂之亞亮光。謂旋風曰風漩，水渦曰水漩。讀若兹願切。謂久雨曰漚雨。謂晴曰好天，陰曰不好天。謂電曰熠令。謂晨曰大早朝。謂今日曰今物，《春秋傳》「與吾同物」是也。俟少頃曰亞閒。呼村曰寨。地高平曰埌，倮降切。字亦作蒴，或作塱。山曲曰𡵍。温卦切。小曲曰峇。尼蛤切。山腰曰逕。山路狹長亦曰逕。加諍切。《爾雅·釋山》：「山絶，陘。」陘，古定反，聲之轉也。連山狹腰有路曰遼，紐要切。悦城謂之岀。近夜切。踰山有路低平曰坳。阿教切。山顛曰腦。林木環田曰榊，讀若砧下平聲。亦書作楷。謂澗曰坑。謂溪曰埇。謂河堧地曰潬，《爾雅·釋水》「潬，沙出」是也。田閒水道曰圳。讀若鎮。謂潦田曰低水，亢田曰高埌。草木叢密曰勃林。讀去聲。山路崎嶇曰屶碌厄切岕邱厄切。屋裏曰户頭。屋外曰户低。采訪册，參《廣東新語》。

自稱曰儂。稱父爲爹、爲爸。祖父曰亞爹。祖母曰亞嫣。外祖父曰翁爹。外祖母曰婆爹。譚志。案采訪册云此二爹字俗書作㚈，又或作𡛞，讀打平聲，餘丁耶切。曾祖父曰翁太。曾祖母曰亞太。母曰娘、曰嫣、曰嫂。稱伯曰亞父。伯母曰亞姆。父之姊曰大姑。父之妹曰姑姐。兄曰哥、曰大。弟之妻曰弟嬸。舅之妻曰妗，即舅母二字之急呼也。母之姊妹曰姨。讀若伊。妻兄弟之子，鄉間謂爲舅哥。女壻曰郎家。女子將嫁，處女作伴曰伴娘。媵嫁老婦曰茶婆娘，婢曰茶牙。婦謂翁曰君翁，謂姑曰家婆，面稱則曰亞官、亞娘。姒曰大姆。娣曰亞嬸。夫之姊曰大娘。夫之妹曰亞姑。謂妾曰亞細，紐計切。面呼則以名。妾謂其夫曰事頭公，其嫡曰事頭婆。子曰崽，《水經注》「弱年崽子」是也。曾孫曰塞息，訛爲塞也。謂男子曰佬。謂平人老者曰大爺。耶上平聲。平人婦曰某婆、某嫂，老則稱大娘。清聲。客曰官待。女客曰娘待。兒婢曰妹仔。妹，繆開切。謂前妻之子曰前頭子，後妻曰後底婆。小子曰兒。讀若伊。赤子曰出世兒。詈頑者曰馬留兒。詈兒曰鬼兒。凡謂人物之小者皆曰兒。山兒、人兒、蟲兒，皆呼兒也。美少年曰亞官仔。惡少年曰爛崽。稱僧曰大師。道曰喃嚒先生。覡曰問鬼婆。異方婦來以龜卜者曰排龜婆。蛋爲娼舟居者曰水鷄，陸居者曰山柴。髮際曰額挹。腦曰暈精。腮曰面皮墩。肋曰肋側。脛曰行去聲青，青者，脛之訛也，又曰脛青。脛之腹曰脗脸。紐禁切。看曰睇。讀若體。窺曰裝。視曰惱。商量曰斟。走曰跳。斥逐曰滚。戲謔曰欣。得意曰沁，金林謂之沁勢。罵人曰喊。惱曰燥。悦城謂打曰撅，愁曰噎，不好曰甚，自矜曰亟，傾入聲。吝嗇曰酸汁，飲濕切。瑣屑曰騷毛，清聲。事太過曰狼，物不及亦曰狼。悦城謂愚曰崇，和平曰稔，甚之曰應。謂癡贅人曰陰，混稱之多曰亞陰某。如何曰生堵、曰羌去聲堵，悦城則曰生幾。如此曰羌去聲馨，又曰紺濁聲馨，如彼曰那馨。怎麽曰乜底。此處曰箇粒，又曰亞粒。何處曰邊粒，一事一物亦曰箇粒。悦城謂物大曰箇林，樓禁切。金林謂物一節曰一爽。濁聲。相引曰馱。不解事曰没搭霎。爾我相偕曰湊，保抱嬰孩亦曰湊。醵飲曰合饌。睡曰盹。很去聲。婦女探親曰去人屋。游曰蕩。講曰傾偈。謂卵曰春，曰鵝春、曰鷄春、曰鰕春、曰魚春。謂禽之窩曰鬭。以手玩物亦曰鬭。心事曰心水。相求曰摟。相强曰壓。據采訪册，參《廣東新語》。

〔康熙〕高要縣志

【解題】譚桓修，梁登胤纂。高要縣，今廣東省肇慶市高要區。「語音」見卷四《地理志》中。録文據康熙十二年（一六七三）刻本《高要縣志》。

語音

要邑高山大川，風氣峭直，音亦類之。語有三，有官語，有鄉語，有猺語。官語，惟城郭之人及鄉人有識者能之。農氓與鄉人交，無問貴賤，悉以鄉語，十里之外即稍異。猺語，近山之人亦喻焉。闔郡鄉語以要邑爲宗，猶諸郡之宗會城也。大率粵音之相類者，廣郡則番禺、南海、順德、三水，肇郡則高要、高明。蓋順德分自南海，高明分自高要，而三水則南海、高要之所分也。廣音稍輕而揚，要音稍重而急。亦有有音無字、有字而轉其音者。然皆明白易曉，與官語相近，遊宦行旅不踰月，皆能以意逆之，談不離口，而易辨其爲廣、肇者。

廣多帶委與這字，肇多帶物與羅字。又如求金九醉師使垂因之類，則廣較正。偉科化域揮詠賜麟之類，則肇較正。若訓責屈及永榮雄級之類，則二郡胥失其正。

肇發詞指事多曰那箇。自稱則曰儂云。稱人爲若。僕婢稱其主父、主母曰治頭公、治頭婆。治，訛音癡。稱父爲爹，或爲爸。母爲嫣，或爲娘。或以子女難育，改稱父母爲叔嬸、哥嫂者。祖父母爲公婆。兄爲哥。子爲仔，女爲妹，各加一亞字。姪亦爲孫。婦爲幾嫂，從其夫之行。外祖父母曰公底、婆底。外父母曰老官、亞媽。婿曰郎家。凡稱宗祖及神祇俱曰亞公。稱教官曰師傅。稱工商亦曰師傅。稱教讀曰先生。道流亦曰先生。

〔道光〕高要縣志

【解題】韓際飛、葉承基修，何元等纂。高要縣，今廣東省肇慶市高要區。方言見卷四《輿地略·風俗》中。録文據道光六年（一八二六）刻本《高要縣志》。

風俗

縣境高山大川，風氣峭直，音亦類之。語有三，曰官語，曰鄉語，曰猺語。官語，惟城郭之人及鄉人有識者能之。猺語，近山之人亦喻焉，其餘悉以鄉語，十里之外即稍異。其音重以急，亦有有音無字、有字而轉其音者，然皆明白易曉，與官語相近，遊宦行旅皆能以意逆之。舊志。

人自稱則曰儂，與吴近。稱外祖父曰公底，外祖母曰婆底。子女晚生者多名曰䆃，盡子也，賴平聲。或曰屘。尾子也，音米。貴而故賤其名使易育曰狗仔。美人之貌曰艶。呼顛者曰癈。郝氏《通志》。謂壻曰郎家。女巫曰鬼𩲡。《廣東新語》。

案，《廣東新語》載土言多有所本，其可通于高要者并録于此：

謂平人曰獠。《北史》：「周文帝討諸獠，以其生口爲賤隷，謂之壓獠。威壓之也。」

謂平人之妻曰夫娘。夫娘之稱頗古，劉宋蕭齊崇尚佛法，閣内夫娘令持戒是也。

謂父曰爹。《南史》「始興王，民之爹」是也。

謂子曰崽。《水經注》「弱年崽子」是也。

謂舅曰家公。賈誼曰「與公併倨」，《列子》曰「家公執席」是也。

縫衣曰紩。《書》曰「善紩乃甲胄」是也。

謂欺曰到。《史記》：「張儀曰：不如出兵以到之。」索隱曰「到，欺也」是也。

謂横恣曰蠻，又曰蠻澄鋠。鋠，劉鋠；澄，龔澄樞也。言其不循法度，若此二人也。

摇櫓者曰事頭。《宋書》：「蕭惠開有舫十餘，事力二三百人。」〔一〕事頭者，事力之首也。

走曰趯。取《詩》「趯趯阜螽」之義。

謂猥猿者曰魁摧。出賈誼《哀時命》篇，即《詩》之「虺隤」也。

泅水曰游。《南州異物志》贊「合浦之人，習水善游」是也。

數食籮曰幾頭。晉元帝謝「賜功德凈饌一頭」是也。

數檳榔曰幾口，亦曰幾子。陸倕謝安成王賜檳榔一千口，陳少主嘗敕施僧智顗檳榔二千子是也。

〔一〕二：原脱，據《宋書》補。

數蕉子曰幾梳。蘇軾詩「西鄰蕉子熟，時致一梳黃」是也。

禽之窠曰鬪。范石湖云「雌雄曰一鬪，十鷄併種，當得六鬪」是也。

〔民國〕高要縣志

【解題】馬炳乾等修，鄔慶時等纂。舊題宣統《高要縣志》，不確。該志民國十年（一九二一）始修。高要縣，今廣東省肇慶市高要區。「方言」見卷五《地理篇・風俗》中。録文據民國二十七年（一九三八）鉛印本《高要縣志》。

方言

縣境高山大川，風氣峭直，音亦類之。語有三，曰官語，曰鄉語，曰猺語。官語，惟城郭之人及鄉人有識者能之。猺語，近山之人亦喻焉。其餘悉以鄉語，十里之外即稍異。其音重以急，亦有有音無字、有字而轉其音者，然皆明白易曉，與官語相近，遊宦行旅皆能以意逆之。

人自稱曰儂，與吴近。稱外祖父曰公低，外祖母曰婆低。子女晚生者多名曰孻，盡子也，賴平聲。或曰屘。尾子也，音米。貴而故賤其名使易育曰狗仔。美人之貌曰艶。呼顛者曰癈。謂壻曰郎家。女巫曰鬼䰰〔一〕。並舊志。

〔一〕䰰：原作「⿺由母」，據《廣東新語》、道光《高要縣志》改。

舊志：按《廣東新語》載土言多有所本，其可通于高要者并録于此：

謂平人曰獠。《北史》：「周文帝討諸獠，以其生口爲賤隸，謂之壓獠。威壓之也。」

謂平人之妻曰夫娘。夫娘之稱頗古，劉宋蕭齊崇尚佛法，閣内夫娘令持戒是也。

謂父曰爹。《南史》「始興王，民之爹」是也。

謂子曰崽。《水經注》「弱年崽子」是也。

謂舅曰家公。賈誼曰「與公併倨」，《列子》曰「家公執席」是也。

縫衣曰敹。《書》曰「善敹乃甲胄」是也。

謂欺曰到。《史記》：「張儀曰：不如出兵以到之。」索隱曰「到，欺也」是也。

謂横恣曰蠻，又曰蠻澄鋠。鋠，劉鋹；澄，龔澄樞也。言其不循法度，若此二人也。

摇櫓者曰事頭。《宋書》：「蕭惠開有舫十餘，事力二三百人。」〔一〕事頭者，事力之首也。

走曰趯。取《詩》「趯趯阜螽」之義。

謂猥猿者曰魁擢。出賈誼《哀時命》篇，即《詩》之「虺隤」也。

泅水曰游。《南州異物志》贊「合浦之人，習水善游」是也。

數食籠曰幾頭。晉元帝謝「賜功德净饌一頭」是也。

〔一〕二：原脱，據《宋書》補。

數檳榔曰幾口，亦曰幾子。陸倕謝安成王賜檳榔一千口，陳少主嘗敕施僧智顗檳榔二千子是也。數蕉子曰幾梳。蘇軾詩「西鄰蕉子熟，時致一梳黄」是也。禽之窠曰鬬。范石湖云「雌雄曰一鬬，十鷄併種，當得六鬬」是也。發詞指事多曰那箇。自稱則曰儂云。稱人爲若。謂壻曰郎家。壻稱妻父曰外老。夫婦無稱呼，彼此皆呼以喂。採訪册。

俗多忌諱，如姓黄者改稱黄牛爲沙牛，姓羅者改稱蘿蔔爲白瓜。採訪册。又謂猪肝爲猪潤，以肝與乾同音也。謂竹槓爲竹升，以槓與降同音也。謂通書爲通勝，謂讀書爲讀赢，以書與輸同音也。虧蝕之蝕，俗讀若舌，遂謂舌爲利，如猪利、牛利是也。其他忌諱多類此。《南村草堂筆記》。

〔民國〕東莞縣志

【解題】葉覺邁修，陳伯陶纂。民國四年（一九一五）始修，民國十年成書。東莞縣，今廣東省東莞市。「方言」分上中下三卷，見卷十、十一、十二《輿地志》。録文據民國十六年（一九二七）鉛印本《東莞縣志》。

方言上

陳蘭甫師《東塾集》有《廣州音説》，云：廣州方音合於隋唐韻書切語，爲他方所不及者約有數端。余廣州人也，請略言之。平、上、去、入四聲各有一清一濁，他方之音多不能分上、去、入之清濁。如平聲邕、《廣韻》於容切。容，餘封切。一清一濁，處處能分。上聲擁、於隴切。勇，余隴切。去聲雍、此雍州之雍，於用切。用，余頌切。入聲郁、於六切。育，余六切。亦皆一清一濁，則多不能分者。福建人能分去入清濁，而上聲清濁則似不分。而廣音四聲皆分清濁，截然不溷，其善一也。上聲之濁音，他方多誤讀爲去聲，惟廣音不誤。如棒三講、似、市、恃六止、佇、墅、拒八語、柱九麌、倍、殆、怠十五海、旱二十三旱、踐二十八獮、抱三十二晧、婦、舅四十四有、斂五十琰等字是也。又如孝弟之弟去聲十二霽，兄弟之弟上聲濁音十二薺；鄭重之重去聲三用，輕重之重上聲濁音二腫，他方則兄弟之弟、輕重之重亦皆去聲，無所分別，惟廣音不溷，其善二也。李登《書文音義便考私編》云：「弟子之弟上聲，孝弟之弟去聲，輕重之重上聲，鄭重之重去聲。愚積疑有年，遇四方之人亦甚夥矣，曾有呼弟、重等字爲上聲者乎？未有也。」案李登蓋未遇廣州之人而審其音耳。侵、覃、談、鹽、添、咸、銜、嚴、凡九韻，皆合脣音，上去入聲倣此。他方多誤讀與真、諄、臻、文、殷、元、魂、痕、寒、桓、删、山、先、仙十四韻無別。如侵讀若親，覃談讀若壇，鹽讀若延，添讀若天，咸銜讀若閑，嚴讀若妍。御定《曲譜》於侵覃諸韻之字皆加圈於字旁以識之，正以此諸韻字人皆誤讀也。廣音則此諸韻皆合脣，與真、諄諸韻不溷，其善三也。廣音亦有數字誤讀者，如凡范梵乏等字亦不合脣，然但數字耳，不似他方字字皆誤也。庚、耕、清、青諸韻合口呼之字，他方多誤讀爲東、冬韻。如觥讀若公，瓊讀若窮，榮縈熒並讀若容，兄讀若凶，轟讀若烘，廣音則皆庚、青韻，其善四也。《廣韻》每卷後有新添類隔，今更音和切，如眉，武悲切，改爲目悲切；緜，武延切，改爲名延切，此因字母有明、微二母之不同，而陸法言《切韻》、孫愐《唐韻》則不分，故改之耳。然字母出於唐季，而盛行於宋代，不合隋及唐初之音也。廣音則明、微二母不分，武悲正切眉字，武延正切緜字，此直超越乎唐季宋代之音，而上合乎《切韻》《唐韻》，其善五也。五者之中，又以四聲皆分清濁爲最善。蓋能分四聲清濁，然後能讀古書切語而識其音也。切語古法，上一字定清濁而不論四聲，下一字定四聲而不論清濁。若不能分上、去、入之清濁，則遇切語上一字上、去、入聲者，不知其爲清音、爲濁音矣。如「東，德紅切」，不知德字清音，必疑德紅切未善矣。「魚，語居切」，不知語字濁音，必疑語居切未善矣。自明以來，韻書多改古切語者，以此故也。廣音四聲皆分清濁，故讀古書切語瞭然無疑也。余考古韻書切語有年，而知廣州方音之善，故特舉而論之，非自私其鄉也。他方之人宦遊廣州者甚多，能爲廣州語者亦不少，試取古韻書切語核之，則知余言之不謬也。朱子云：「四方聲音多訛，卻是廣中人説得聲音尚好。」《語類》一百三十八。此論自朱子發之，又非余今日之創論也。至廣中人聲音之所以善者，蓋千餘年來，中原之人徙居廣中，今之廣音實隋唐時中原之音，故以隋唐韻書切語核之而密合如此也。請以質之海内審音者。以上並夾注俱原文。

余昔侍師，問今日中原所用正音何以不善。師言五代而後，遼金元迭主中國，攙以方音，故不能善。考莞舊志稱東晉時中原士大夫徙居於此，今邑中舊族溯其先，無不來自嶺外，五代南宋間至者尤多，而又僻在東南，無廣州四方雜處語音淆混之嫌，其方音似更勝也。茲用温仲和《嘉應州志》例創立方言一門，而録《東塾集》文冠於端，俾知方音之所自，音在斯義在，因並考其於古有合者，略注下方。昔仁和翟灝撰《通俗編》、曲阜桂馥撰《鄉言正字》，斯編蓋仿其意，而於音切加詳。惜師已歸道山，末由就正。然一邑方音之善粗具於兹，覽者博取而精研焉可也。

父母統稱曰爺孃，又曰阿爺、阿孃，又曰亞爺、亞孃。按梁顧野王《玉篇》：「爺，以遮切，俗爲父爺字。《古木蘭詩》：『卷卷有爺名。』」唐王維詩：「渠爺未學詩。」盧仝詩：「憑仗添丁莫惱爺。」白居易詩：「慎勿頑愚似汝爺。」李商隱詩：「請爺書春勝。」爺又作邪。《宋書·王彧傳》：「子絢讀鬱鬱乎文哉，外祖何尚之戲曰：『可改邪邪乎文哉。』」以郁是其父嫌名也。」亦作耶。杜甫詩：「見耶背面啼。」邪耶，《唐韻》並以遮切，蓋同音通借字。《玉篇》：「孃，女良切，母也。」通作娘。《南史·竟陵王子良傳》：「子良曰：『娘今何處？何用讀書？』」〔一〕《北史·韋世康傳》：「世康與子弟書曰：娘春秋已高，温清宜奉。」又《古木蘭詩》：「不聞爺娘喚女聲。」杜甫詩：「耶娘妻子走相送。」白居易詩：「兒別爺娘夫別妻。」字皆作娘。《玉篇》雖訓娘爲少女之號，與孃異，然同爲女良切，亦同音通借字也。《南史》：「侯景曰：前世吾不復憶〔二〕，惟阿爺名標。」《古木蘭詩》：「阿爺無大兒。」《隋書》：「太子勇語衛王曰：阿娘不與我好婦。」明方日升《韻會小補》以《古木蘭詩》阿爺、阿妹之阿音屋，考《玉篇》《廣韻》阿字無屋音，則古讀阿爺阿妹仍當作於何切，音婀。今莞人正讀於何切。或作亞者，亞音鴉，阿之音轉也。《漢書·東方朔傳》：「伊優亞者，辭未定也。」師古曰：「亞音烏加反。」今莞人稱亞爺亞孃即此義，蓋亞者發語而未定之辭。

〔一〕下「何」字原脱，據《南史》補。
〔二〕憶：原作「記」，據《南史》改。

父又曰阿爸、阿爹，又曰亞爸、亞爹。按《玉篇》：「爸，蒲可切，父也。」宋丁度《集韻》：「爸，部可切。」又：「必駕切，吴人呼父也。」今莞人讀爸作必駕切，或作必加切，聲轉爲平。《玉篇》：「爹，屠可切，父也，又陟斜切。」《南史·梁始興王憺傳》：「始興王，人之爹。」與火我爲韻，則讀屠可切。《廣韻》：「爹，陟斜切，羌人呼父也。」今莞人讀的斜切，蓋陟斜切之音變。嘉應温仲和以爲晉宋間羌語轉入中國，理或然也。

稱父於他人曰老子，又曰老脰。按陸游《老學庵筆記》：「南鄭俚俗謂父曰老子，雖年十七八有子亦稱老子。乃悟西人所謂大范老子，蓋尊之爲父也。」莞稱老子本此。《儀禮·士相見禮》「左頭奉之」注〔一〕：「今文頭爲脰。」俗稱老脰，猶老頭也。老頭之稱，外省多有之。讀頭如脰，此古音之僅存者。

母又曰阿姐、阿媽、阿嬭，又曰亞姐、亞媽、亞嬭。按《説文》：「蜀謂母曰姐，淮南謂之社。從女，且聲。」《玉篇》：「姐，兹也切。她，古文姐。」亦作毑。《廣雅》：「姐，母也。」《玉篇》：「媽，莫補切，母也。」《廣雅》：「媽，母也。」與姥同，莫補切。莊綽《鷄助篇》：「今人呼父爲爹，母爲媽，兄爲哥，舉世皆然，問其義則無説。」遵義鄭珍《親屬記》曰：「今俗讀馬平聲，以莊綽不知其義推之，宋時呼媽與今同。」今莞人讀媽爲馬，又或讀爲麻。《玉篇》：「嬭，乃弟切，母也。」又：「女蟹切，乳也。」《廣韻》：「嬭，奴禮切，楚人呼母。」又：「奴蟹切，乳也。」今莞人嬭讀如禰，謂母，則奴禮切。又讀如乃，謂乳又謂母，則奴蟹切。其謂母者，因乳而母之也。俗不知嬭，別造奶字，非。又按陳第《毛詩古音考》云：「《詩》之母必讀米，非韻杞韻止，則韻祉韻喜。」顧炎武《詩本音》：「母古音滿以反，《詩》凡十七見，其十六並同。」宗陳氏説也。今莞人讀嬭如禰，又或讀如米，與滿以反合。

乳母曰嬭婆。按《舊唐書·哀帝紀》：「内出宣旨：嬭婆楊氏可賜號昭儀，嬭婆王氏可封郡夫人。中書奏議：乳母

〔一〕 左頭奉之：原作「右頭章之」，據《儀禮》改。

古無封夫人、賜內職之例。」

祖父曰阿公，祖母曰阿婆，又曰亞公、亞婆。按《吕氏春秋・孟冬紀》：「孔子之弟子從遠方來者，孔子倚杖問之曰：『子之公不有恙乎？』」《史記・外戚世家》：「封公昆弟，家於長安。」索隱曰：「公亦祖也。」《南史》：「何偃呼顔延之爲顔公，延之曰：『非君家阿公，何以呼爲公？』」《南齊書・鬱林王紀》：「昭業謂豫章王妃庾氏曰：『阿婆，佛法言有福德生帝王家。』」《朝野僉載》：「咸亨後，人皆云『莫浪語，阿婆嗔』。後果則天即位。」

祖之兄弟曰伯公、叔公，其妻曰伯婆、叔婆。按韓愈《祭李氏二十九娘子文》：「維年月日，十八叔翁及十八叔婆盧氏。」樊注：「公之姪孫女也。」

曾祖曰白公，曾祖母曰白婆。按《廣東新語》謂此爲莞語，以他邑皆稱曾祖爲太公也。考《韓昌黎集・元和聖德詩》有「黄童白叟」句，白公即白叟，謂髮白也。《南史・鬱林王紀》：「高帝方令左右拔白髮，問之曰：『兒言我誰耶？』答曰：『太翁。』高帝笑謂左右曰：『豈有爲人曾祖而拔白髮者乎？』即擲鏡鑷。」他邑稱曾祖曰太公，莞稱白公，蓋皆本此。莞俗舊不諱白，見《風俗》所引陳靖吉序。今莞人又自曾祖而止，皆稱白公，即已故亦然。故祀祖先謂之拜白公，蓋稱謂至此而盡也。又旁推之於同族，凡族長皆稱白公，族中年老與曾祖同輩者亦曰白公，他邑稱太公亦同。

父之兄弟曰阿伯、阿叔，又曰亞伯、亞叔，其妻曰伯孃、嬸孃。按《集韻》：「嬸，式荏切。俗謂叔母曰嬸。」王令詩：「閱女當求嬸。」《明道雜志》：「經傳無嬸字，嬸乃世母二字合呼。」

母之父曰外公，母之母曰外婆。按《爾雅》：「母之考爲外王父，母之妣爲外王母。」郭注：「異姓故言外。」

母之兄弟曰舅父，其妻曰妗母。按《爾雅》：「母之舅弟爲舅。」《史記・建元以來侯年表》：「平昌侯王長君，宣帝舅父也。樂昌侯王稚君，以宣帝舅父外家封爲侯。」《集韻》：「妗，巨禁切。俗謂舅母曰妗。」《明道雜志》：「妗，乃舅母二字合呼。」

妻之父曰丈人公，母曰丈人婆。按《通俗編》云〔一〕：「王弼《易》注：『丈人，莊嚴之稱。』《通鑑》：『唐韋執誼係杜黄裳壻，杜勸執誼請太子監國，執誼驚曰：「丈人甫得一官，奈何啓口議禁中事乎？」』《鷄肋編》云〔二〕：『獨稱妻父丈人，自柳宗元呼楊詹事爲丈人始。』」錢塘袁枚《隨園隨筆》：「外舅，古無呼丈人之禮。」裴松之注《三國志》「董太后之姪〔三〕，於獻帝爲丈人」一語，極稱其非。然單于稱漢天子「我丈人行」，其時漢以女妻單于，故有此稱。即是外舅稱丈人之始。俗説泰山有丈人峯，故以岳丈稱婦翁，非也。今莞俗稱丈人加公者，尊之之辭。《猗覺寮雜記》：「今專稱外姑曰丈母。柳子厚有《祭楊詹事丈人》《獨姑氏丈母》文，則知唐已如此。」《論衡・氣壽》篇：「人形一丈，正形也。尊公嫗爲丈人。」是嫗亦可稱丈人也。莞以丈人施之妻母，蓋亦古義。

婦人稱舅姑曰家公、家婆，亦曰大人公、大人婆。按《通俗編》：「舅姑稱公婆，古有之。《漢書》賈誼策：『抱哺其子，與公併倨。』《古焦仲卿妻詩》：『便可白公姥，及時相遣歸。』乃謂舅爲公也。晉樂府：『後來新婦今爲婆。』干寶《搜神記》：『李信妻走告姑曰：阿婆夜來不知何故變相。』乃謂姑爲婆也。明《孝慈録》：『舅姑即公婆。』」《列子》：「舍者迎將，家公執席，妻執巾櫛。」今莞人稱舅曰家公本此。又《隋書》：「長孫平曰：諺云『不癡不聾，不堪作大家翁。』」《通鑑》：「唐代宗曰：『不癡不聾，不作家翁。』」家翁亦即家公也。《漢書・高祖紀》：「上奉玉巵，爲太上皇壽，曰：『始大人嘗以臣不能治産業。』」《霍光傳》：「去病壯大，乃知父爲霍中孺。因跪曰：『去病不早自知爲大人遺體也。』」《隨園隨筆》：「子稱父曰大人，是家庭之尊稱。」今莞中婦稱舅曰大人公，蓋因子稱大人而然，舅之尊稱也。其稱大人婆者，《後漢書・黨錮傳》：「范滂謂母曰：『惟大人割不可忍之恩。』」子稱母亦曰大人，故曰大人婆，亦姑之尊稱也。今俗又稱姑之貴者爲夫人、宜人，雖無誥

〔一〕編：原誤作「篇」，下統改。
〔二〕編：原誤作「篇」。
〔三〕「姪」下原衍「卞」字，據《三國志》删。

命亦然，并尊稱之。

夫之兄曰大伯，夫之弟曰小叔。按《通俗編》引《五代史補》：「李濤弟澣娶婦竇氏，出參濤，濤荅拜。澣曰：『新婦參阿伯，豈有拜禮？』」婦人呼夫之兄爲伯，唐有之矣。今莞中稱大伯，蓋對小叔而言。《爾雅》：「夫之弟爲叔。」《禮》曰：「嫂不撫叔，叔不撫嫂。」《北夢瑣言》引諺曰：「小舅小叔，相追相逐。」

夫之姊曰大姑，夫之女弟曰小姑。按大姑之姑字當作家。《集韻》家，古胡切，音姑。又與姑同。大家，女之尊稱。曹世叔之妻班昭稱大家。今莞人夫之姊稱大姑，即大家也。胡三省《通鑑注》：「曹大家，今人相傳讀曰姑。」何孟春曰：「家與姑同音。曹大家之稱，蓋尊之如母姑云爾。」莞俗此稱亦有尊爲母姑意。《古焦仲卿妻詩》：「小姑始扶牀。」王維詩：「先遣小姑嘗。」顧況詩：「回頭語小姑。」樂府有《清溪小姑曲》。《異苑》：「小姑，蔣侯第三妹也。」

夫之兄妻曰伯姆，夫之弟婦曰阿嬸。按《廣韻》：「姥，莫補切，或作姆，女師也。」吕祖謙《紫微雜記》：「今俗弟妻呼兄嫂爲姆姆，兄婦呼弟妻爲嬸嬸。」莞人稱伯姆者，婦人呼夫之兄曰阿伯，故呼其妻曰伯姆，亦取女師之義。姆，土音變爲伍，故俗書或作伯伍。《廣韻》伍，疑古切。與姆音異。以字母核之，莫爲明母字，疑爲疑母字，然姆伍同在十姥，蓋歲久音變，因成類隔也。

夫謂妻曰老婆，妻謂夫曰老公，亦曰夫主。按《傳燈録》：「大愚曰：『黄蘗恁麽老婆心切。』」寒山詩：「東家一老婆，富來三五年。」《南史·侯景傳》：「景謂左右曰：『我知吴兒老公薄心腸。』」老婆老公，古有此稱。温仲和以爲老者偕老之義，公婆者有子孫之稱，則稱老婆老公者，乃頌禱之辭。《後漢書》班昭《女誡》：「正色端操，以事夫主。」又云：「婦人之得意於夫主，由舅姑之愛己也。」

妾曰小，妻妾並稱曰兩大小。按《詩》「愠於羣小」集傳：「小，衆妾也。」《漢書·元后傳》：「鳳知其小婦弟張美人已嘗適人。」師古曰：「小婦，妾也。」《後漢書·趙孝王良傳》：「趙相奏乾居父喪私聘小妻。」李注：「小妻，妾也。」《通俗編》

云：「《水經・河水注》引佛經：『有國王小夫人生肉胎，大夫人妬之。』亦分妻妾爲大小。」今莞人又稱大婆、細婆，蓋大夫人、小夫人之義。

妾又曰姐媽。 按《文選》嵇康《幽憤》詩：「恃愛肆姐，不訓不師。」注引《說文》：「姐，嬌也。子豫切。」《通俗編》謂《選》注所引少欠分晰，蓋其訓嬌者乃屬嫭字，而姐字別見，訓云「蜀人謂母」。今考《玉篇》：「姐，茲也切。」《說文》曰：「蜀人呼母曰姐。」又詳預切，姐嬻也。詳豫切與子豫切雖類隔而音近，姐嬻當時語，疑即嬌也之義。是嫭省爲姐，顧野王時已然。《廣韻》九御無嫭姐二字，而三十五馬：「姐，羌人呼母。一曰慢也。茲野切。」慢也一義當與姐嬻同，是唐時並無詳預切一音。考繁欽《與魏文帝牋》有「史妠謇姐」，注謂當時樂人。《開元遺事》：「寧王有樂妓寵姐。」據此則嬌也之姐，當時並音茲也切矣。今粵俗女之長者稱姐，亦曰大姐。《粵東筆記》引諺云：「大姐姐，分明大姐大三年。擔凳井頭共姐坐，分明大姐坐頭邊。」此大姐之姐，皆當作嫭，與姐謂母不同，而音則讀爲茲也切。莞人稱妾曰姐媽，姐即嫭，有嬌與姐嬻義。《說文》：「嬻，白好也。」媽訓母，言嬌而白好之大姐，今爲母也，語近輕薄，然字義卻有所本。

平人之妻曰夫娘。 按《楊升庵外集》云：「南宋蕭齊崇尚佛法，法琳《辨正論》云：『閤内夫娘，悉令持戒。』夫娘之稱本此。謂夫人娘子，蓋美稱也。」陶宗儀《輟耕録》直謂罵語，言南人謂婦之無行者曰夫娘，蓋未見六朝小説耳。據此則夫娘之稱甚古。《廣東新語》則以此爲有夫之娘之稱。今莞俗凡已嫁者皆曰夫娘，含有夫人娘子意。又《廣東新語》：「東莞女子，已字者稱曰大娘，未字者稱曰小娘，衆中有已字、未字者，則合稱大小娘。」今莞俗未聞此稱，疑明季有之。

老婦之從嫁者曰大妗。 妗讀若衿。 按《廣韻》二十四鹽：「妗，妗𡟯，善笑貌。處占切。」「𡟯，𡟯妗，喜貌，丑廉切。」考鹽韻古讀合脣音，莞呼鐵鉆、木枮音如針，是占古讀若針，處占切即處針切，故切之成衿音也。妗𡟯，善喜笑貌，於從嫁尤宜。莞中此稱，其音義最古。此與舅母之妗音巨禁切不同。妗母之稱蓋始宋時，《廣韻》妗無仄音。

老婦之無行而騙惑者曰老姏婆。 按《晉書・武十三王傳》：「姏姆尼僧，尤爲親暱。」又《五行志》：「會稽王道子寵幸尼及姏母。」《通俗編》：「女之老者，能以甘言悦人，故字從甘，其音讀若箝。或謂老倡曰虔婆，誤。」今莞音正同箝。

老人無子曰獨頭公，老婦無子曰獨頭婆。按《孟子》：「老而無子曰獨。」《釋名》：「頭，獨也。於體高而獨也。」獨頭之義甚古，李時珍《本草》言附烏頭而生者爲附子，天雄、烏喙、側子，皆是生子多者，因象命名，若獨頭即無此數物也。此無子呼獨頭之義。莞語當取諸此。

子曰仔。按《説文》：「仔，克也。從人子聲。」徐鍇曰：「《詩》：『佛時仔肩。』」《經典釋文》：「仔，音兹。」《廣韻》：「仔，即里切，克也。又音兹。」考仔祗《詩》一見，以諧聲言本音子。《廣韻》有平上二音，而即里正切爲子，與《説文》合。《説文》諧聲字多兼會意，仔亦當有人子之義。毛傳：「仔肩，克也。」鄭箋：「仔肩，任也。」釋文以爲二字共訓，是克與任係仔肩二字之義，非仔與肩二字之本義。肩本義爲人肩，則仔本義爲人子可知。今粤人讀仔如濟水之濟，蓋本音即里切，音轉成濟，故其字仍作仔。仔之義係指小子，故從人子，然引申之凡小者皆稱曰仔，《廣東新語》云「耕傭曰耕仔，小販曰販仔，遊手者曰散仔，司爨者曰火仔，亡賴者曰打仔，小奴曰細仔，小婢曰妹仔，奴之子曰家生仔，螟蛉子曰養仔，盟好之子曰契仔」是也。又推之於物，如牛仔、羊仔、豬仔、鷄仔、鴨仔、魚仔、蝦仔、樹仔、菜仔之類，不一而足。然本義則謂人之小子，餘特其引申義耳。據《説文》《廣韻》，粤之仔字其音義由來已久，不得以俗字概之。〇又按《方言》：「崽者，子也。湘沅之會，凡言是子者謂之崽，若東齊言子矣。」郭璞注：「崽音枲，聲之轉也。」下又注云「聲如宰」。《玉篇》崽，子改、山皆二切，引《方言》「江湘之間凡言是子曰崽」。考《廣韻》枲，胥里切，與子仔即里切雖音成類隔，然字同在六止。《玉篇》以郭有「聲如宰」之語，因作子改切，則崽當入十五海，與仔枲二字不同韻。《廣韻》崽，衹山皆、山佳二切，乃並無仄音，疑崽自湘沅間語其音初近仔，後轉爲宰，又轉爲山皆切音簁，去仔音甚遠矣。《廣東新語》云：「廣州謂子曰崽。《水經注》『弱年崽子』是也。」則直以崽爲仔，核之舊音，蓋不甚合，且土俗相傳字皆作仔，不作崽，説似未安，兹不從。

小子曰細民。民讀若氓。按《説文》：「民，衆氓也。」《廣雅》：「民，氓也。」古民氓通。《周禮・内宰》「分其人民以居之」注：「人民，吏子弟。」又《質人》：「掌成市之貨賄：人民、牛馬。」注：「人民，奴婢也。」則民兼子弟、奴婢而言。今莞俗稱小子於他人曰細民，人呼之曰細民仔，又推之於家奴亦曰細民，即此義。《漢書·田蚡傳》：「蚡言灌夫通姦猾，侵細民。」《廣韻》氓入十三耕，與甿萌同莫耕切。《史記·三王世家》：「加以姦巧邊萌。」索隱：「萌，一作甿。韋昭云：『甿，民也。』」古民氓萌甿音亦相通。莞讀民如氓，其音蓋甚古也。

子婦初來曰新抱。按《方言》：「抱，耦也。荆吴江湖之間曰抱嬎。」郭璞注：「耦亦匹，互見其義耳。」今莞人稱新抱，即新耦之謂也。《廣東新語》：「廣州謂新婦曰心抱。」新心雙聲，蓋一音之轉。〇又按《説文》：「嬎，生子齊均也。从女，从生，免聲。」芳萬切。《廣韻》：「嬎，息也。」據此則嬎有子息義。《方言》抱嬎二字連言，蓋猶今人言媳婦。婦亦兼有匹耦、均齊之義。

女子未嫁者曰娘仔。按《玉篇》《廣韻》並云：「娘，少女之貌。」與孃訓母不同。《韓昌黎集·祭女挐文》稱「小娘子」。《通俗編》云《夢粱録》載杭人議親帖子開寫第幾位娘子。蓋當時女子在母家即稱娘子。故《北齊書》有「耳順尚稱娘子」之誚。今莞人稱娘仔，即娘子也。

曾孫曰塞。按《釋名》：「息，塞也。言物滋息塞滿也。」息塞疊韻。《廣東新語》：「廣州呼玄孫爲塞。息訛爲塞也。」今莞人祇謂曾孫，不謂玄孫。〇又按《廣東新語》云：「廣州謂雲孫曰黴。」考《廣韻》〔一〕，黴，武悲切，又莫背切，音與微昧同。《爾雅》：「曾孫之子爲玄孫。」郭注：「玄者，言親屬微昧也。」黴當作微，取微昧之義，此亦當謂玄孫。云謂雲孫者，疑推言之，然莞人今無此語。

婦人懷孕曰有身，亦曰身重，人稱之曰有歡喜。按《詩》「大任有身」傳：「身，重也。」《素問》問岐伯曰：

〔一〕韻：原誤作「雅」。

「婦人重身，毒之奈何？」《通俗編》：「今江以南謂婦人娠曰有喜。」

免身而未彌月曰坐月。按《貴耳集》：「鶴山母夫人方坐蓐時，其先公夢陳了翁，覺而鶴山生。」孫思邈《千金方》論婦人在蓐、出蓐、蓐中證治甚詳，云坐月者疑本作坐蓐，音轉爲月也。然産後必彌月方能出蓐。《廣東新語》作坐月，義或取此。又云坐月，亦曰受月。今莞中無此語。

子女而賤名之多曰屎，男曰屎哥，女曰屎妹。按陸龜蒙《小名録》：「司馬相如，母少字之曰犬子。」「張敬兒母夢犬舐之而娠，故字狗兒。」「郗恢小字阿乞。」「劉裕小字寄奴。」皆賤名之。《莊子・知北遊》：「道惡乎在？在螻蟻，在稊稗，在瓦甓，在屎溺。」其每下愈況，至屎溺而止，此賤之至者。《廣東新語》言莞有屎哥、屎妹之名，今俗男亦多名屎妹，不特女也。

小婢曰妹，妹讀上聲清音。妹，假借字，當作侮，侮讀每上聲。按《方言》：「臧、甬、侮、獲，奴婢賤稱也。秦晉之間罵奴婢曰侮。」《廣雅》：「侮、獲，婢也。」郭璞、曹憲於侮字皆無音。《説文》侮，从人，每聲。考《廣韻》上聲十四賄每與浼同武罪切，又去聲十八隊每與妹同莫佩切〔一〕，則每有上去二音，凡從每得聲，如賄悔梅痗䍙誨晦⿰每斗等字，《廣韻》亦入賄隊兩韻。而侮字入九麌與武同文甫切，云慢也，侵也，輕也，音與每殊。疑輕慢之侮音轉爲武，而侮獲之侮仍音浼，讀每上聲也。《廣東新語》云：「廣州謂小婢曰妹仔。」今莞讀妹作上聲清音，音與浼近。竊以爲字當作侮。侮本爲婢，以其爲人所賤，故引伸之爲輕慢。《玉篇》《廣韻》侮字皆不云一曰婢也，蓋六朝以後，音義既殊，因漸忘其本義矣。然則莞中此語，乃漢代相傳，其音義爲最古也。〇又按侮妹每浼武諸字，俱屬明微二母字，東塾《切韻考外篇》謂明微之清無字，莞讀妹字作上聲清音，此則無字可以假借，閲者以意會焉可也，餘倣此。

〔一〕佩：原作「昧」，據《廣韻》改。

稱先生曰生，平輩相呼及稱藝術者亦曰生。生皆讀若土音星。按《漢書・儒林列傳》：「言《禮》自高堂生。」〔一〕索隱云生者，「自漢以來，儒者皆號生，亦先生省字呼之耳」。考漢初經師如杜田生、項生、伏生、歐陽生、轅固生、韓生、高堂生、徐生、胡母生等，無不稱生者，皆先生之謂也。然生亦可爲泛稱。《史記・酈生傳》：「縣中皆謂之狂生。」又：「若見沛公，謂曰：『臣里中有酈生。』」《陸賈傳》：「於是尉佗迺蹶然起坐，謝陸生。」又：「陳平曰：『生揣我何念？』」皆尋常稱謂之詞。《漢書・高帝紀》：「轅生說漢王文穎曰：『轅姓，生謂諸生。』」如此實皆不作先生解。至唐宋以後，凡百工技藝之人多稱以生。如《唐書・百官志》太醫署有藥園生、針生。《宋史・選舉志》有算學生、書學生、畫學生、醫學生等，又統謂之局生是也。今廣州稱先生曰生，平輩中相呼亦曰生，稱藝術者亦曰生，生皆讀如土音星。《說文》星从晶，生聲，則生古音如星。《韓詩外傳》：「先生，猶言先醒也。」《意林》引《風俗通》「先生當如醒」，此其證。俗人不知生即先生，而以生爲先生二字之合音，因別造甡字，非也。莞音與廣州同。〇又案《周禮・掌客》：「牲，三十有六。」注：「牲，當爲腥，聲之誤也。」又：「不受饗食受牲禮。」注：「牲亦當爲腥，聲之誤也。」《廣韻》牲與生同音，所庚切，入庚韻。腥與星同音，桑經切，入青韻。本分二音，鄭以爲聲誤者，當時牲與腥音實同也。此亦足爲廣州讀生如土音星之一證。〇《廣州音說》謂庚耕清青諸韻合口呼之字〔二〕，他方誤讀爲東冬韻，因舉觥瓊縈熒榮兄轟爲證。莞俗無之。然今所謂正音，除誤讀爲東冬韻數字外，庚耕清青及蒸登六韻，皆讀爲一音，若以土音讀之，庚耕爲一類，清青爲一類，蒸又爲一類，登又爲一類，音自分別，此疑漢魏時音，陸法言因之爲《切韻》者。今試略數之。如庚韻之庚賡更羹梗盲橫彭亨烹脝撑鐺生笙牲甥等字，耕韻之耕罌爭崢箏絣橙棚等字，讀與上平之刪山二韻音近。顧炎武《唐韻正》引趙宧光說謂庚阬盲橫彭撑烹等字，以吴下方音爲正，當與十陽十一唐通爲一韻。然土音讀之與陽唐不合，而與刪山近，推之上去二聲亦然。考《三國志注》：「簡雍本姓耿，幽州人語謂耿爲簡，故隨音變之。」《大學》：

〔一〕自：《漢書》作「則」。
〔二〕州：原誤作「東」。

「舉而不能先〔一〕，命也。」鄭注：「命讀爲慢，聲之誤也。」《廣韻》耿爲三十九耿，簡在二十六産，命在四十三映，慢在三十諫，耕韻上聲爲耿，山韻上聲爲産，庚韻去聲爲映，删韻去聲爲諫，耿音如簡，命音如慢，是耿映韻字音近，産諫與庚耕字音近，删山同。然則土音雖非三代，而實漢魏時音，此固其證也。至清青二韻，如清韻之清晴情精睛嬴成城輕名等字，青韻之星腥丁釘叮靈零鈴魿羚寧聽廳瓶等字，土音別爲一類，與庚耕韻字、與删山近者亦不同。此音他方所無，蓋開口呼三四等之音轉而爲開口呼一等者。考《士喪禮》「不綪」鄭注：「綪讀爲䋫。古文綪皆爲精。」《廣韻》䋫，側莖切，在耕韻，而精則在清韻，綪從青得聲，當與争本不同音，故鄭有讀爲之訓，其曰古文綪皆爲精者，謂綪精本一音，而争則別一音也。《春秋》「肆大眚」，《公羊》作大省，孔疏眚讀如減省之省。《周禮》「省牲鑊」釋文：「省，本又作眚。」《廣韻》眚，所景切，在三十八梗。渻，少減也，息並切，在四十静。眚與省本不同音，故孔有讀如之釋。庚韻上聲爲梗，清韻上聲爲静，孔謂梗與静韻音各不同，則亦謂庚與清韻音各不同。然則如鄭孔二説，土音所讀亦當爲漢魏時音，此亦其證。惟先生之生，土音讀如星，而《廣韻》入庚不入清青，然死生之生，土音仍讀與删山韻近，疑當時本有二音，《廣韻》未分入清青韻耳。至蒸韻之蒸承澂陵膺冰蠅繩升仍徵興稱等字，土音讀與正音同，無一字與土音之庚耕韻與删山近清青韻之別爲一音者相合。至登韻之登崩曾瞢層弘肱薨能騰恒等字，土音又別爲一類，與蒸韻不同，而與真臻諄文欣魂痕諸韻相近。其是否爲漢魏時音，未能引證。然必有所本，記之以待知者。〇又按《通鑑》後梁紀胡三省注云：「梁改翰林承旨爲奉旨，以廟諱誠，避嫌諱也。」考《廣韻》，誠在清韻，與城成同是征切，承在蒸韻，與丞同署陵切。今以土音成城讀之，與承丞迥別，而唐末已不能分。然則庚耕清青蒸登六韻，當時已混爲一音歟？《廣州音説》於此諸韻異同未之及，因附録於此。〇又按戴震《聲韻考》論聲類異同，言庚耕清青一類，蒸登一類。段玉裁本之，爲《六書音均表》，以庚耕清青四韻爲第十一部，蒸登二韻爲第六部，謂古獨用無異辭。此論古音則然，若陸法言據當時音分爲六韻，似庚耕一類，清青一類，蒸一類，登又一類也。《廣韻》庚下注「耕青同用」，青下注「獨用」，蒸下注「登同用」。考封演《聞

〔一〕舉：原誤作「退」，據《大學》改。

見記》云：「隋陸法言撰爲《切韻》，屬文之士苦其苛細，許敬宗等詳議，以其韻窄，奏合而用之。」段氏皆據此以爲同用、獨用之注係唐初功令。段氏又著論極言其未允。然則庚耕青同用，蒸登同用，似亦失陸法言要旨也。

平人曰佬，本稱倒老，急讀之則成佬。 按《玉篇》：「佬，力彫切，侾佬也，大皃。」侾，火交切。二字皆無仄音。考《隋書・地理志》云：「尉佗于漢，自稱蠻夷大酋長老夫臣，故俚人猶呼其所尊爲倒老也。音訛，故又稱都老云。」而宋沈括謂古語有二聲合爲一字者，如不可爲叵，何不爲盍之類。鄭樵謂慢聲爲二，急聲爲一，如慢聲爲者焉，急聲爲旃，慢聲爲者與，急聲爲諸之類。顧炎武《音論》復舉蒺藜爲茨，瓠蘆爲壺，丁寧爲鉦，奈何爲那，句瀆爲穀，邾婁爲鄒，明旌爲銘，不律爲筆，以此爲反切之語自漢以上即已有之之證。倒老二字，急讀之則成佬，二字切之則亦成佬。然則佬者即倒老之合音。莞自晉以來，中原士大夫南徙，與土人雜居，其稱土人曰佬，蓋尊稱之。莞俗壻稱妻父曰丈人佬，弟稱兄曰大佬，婦稱夫於他人亦曰佬是也。然施之平人者爲多，如讀書佬、耕田佬之類。凡平人皆以佬呼之，此猶中原人之稱老。洪容齋《三筆》謂：「東坡詩用人名每以老爲助語，非真謂其老。」今俗稱佬亦此意也。佬讀仄音，字書所無，故借用《玉篇》侾佬之佬。侾佬，大皃。音雖不同，意亦相似。《廣東新語》云：「廣州謂平人曰狫，亦曰獠，賤稱也。《北史》：『周文帝討諸獠，以其生口爲賤隸，謂之壓獠，威壓之也。』」然今粵俗字皆作佬，無書作狫、獠者。狫字始見於《正字通》，云「犵狫，蠻也」。狫、獠皆賤稱，何以施之妻父兄夫？且又泛稱之於讀書耕田者耶？翁山此言蓋未考也。〇又按《北史》之獠，亦都老二字急讀之而成，其加犬旁者，俗以諸蠻祖盤瓠爲犬種，加犬以賤之也。佬之變爲狫，當亦此意。然以釋平人曰佬則非。

木匠曰鬬木佬。 按《說文》：「鬬，遇也。从木，斲聲。」段注：「凡今人云鬬接者，是遇之理也。《周語》〔一〕：『穀洛鬬，將毀王宮。』」謂二水本異道而忽相接合爲一也。古凡鬬接用鬬字，鬥争用鬥字，俗皆用鬬爲争競，而鬥廢矣。」今莞謂攻木曰鬬木，固以接木爲言，然諧聲之字多兼會意，鬬從斲聲，則亦謂斲而接之也。莞又謂兩木接合曰鬬筍，亦斲使相接之義。此

〔一〕語：原誤作「禮」。

古義之僅存者。佬見前。

相墓者曰風水生。按《賓退録》：「朱文公嘗與客談世俗風水之説，因曰：『冀州好一風水。雲中諸山，來龍也。岱嶽，青龍也。華山，白虎也，嵩山，案也。』」《輟耕録》：「李成畫坡腳，須要數層，取其濕厚。米元章論李光丞有『後代兒孫昌盛』，果出爲官者最多。畫亦有風水存焉。」風水之名，蓋起宋時。生見前。

賃田者曰田客。按《宋史·劉師道傳》：「川陝豪民多旁户，以小民役屬者爲佃客。」田客即佃客也。《廣東新語》：「東莞謂賃田者曰佃丁，曰田客，賃地者曰地丁，曰地客，僦屋曰房客。」今地客、房客未聞。

司柁者曰柁工，又曰梢工。按《江表傳》：「孫權裝大船試泛之，時風盛，谷利令柁工取樊口。」《廣東新語》：「司柁者曰柁公、梢公，在船頭者曰頭公。二人爲舟司命，故公之，即三老也。」工作公，説近附會。《釋名》：「舟尾曰柁。」《玉篇》：「尾末後梢也。」〔一〕今莞人多稱梢工，其云頭工，頭蓋對梢言之。

醫之善者曰名工。按《周禮·考工記·輪人》「謂之國工」注：「國之名工。」又《北史·崔季舒傳》：「季舒好醫術，鋭意研精，遂爲名手。」名工即名手之意。

司爨者曰火頭。按《南史·何承天傳》：「東方曼倩發憤於侏儒，遂與火頭食子稟賜不殊。」

巫曰男巫，女巫曰鬼婆。按《國語》：「在男曰覡，在女曰巫。」然《周禮·春官》：「男巫掌望祀望衍。」《書序》「伊陟贊于巫咸」馬注：「巫，男巫也。」《玉篇》：「神降男爲巫。」今莞稱男巫以别於女，土音讀巫如麼，俗書作喃嚒，誤。《漢書·郊祀志》：「上郡有巫，病而鬼下之。」〔二〕又云：「粤人俗鬼，其祠皆見鬼，數有效。乃命粤巫立粤祝祠。」莞稱鬼婆以此。《廣

〔一〕《玉篇》作「船尾小梢也」。

〔二〕病：原脱，據《漢書》補。

東新語》謂東莞謂巫曰師公、師婆，今無此語。

罵僧人曰禿奴。按《説文》：「禿，無髮也。」《太平廣記》引《河東記》：「夜叉罵僧行蘊曰：『賊禿奴，何起妄想之心！』」

罵貧人曰窮鬼。按《山海經》：「恒山四成，有窮鬼居之。」《韓昌黎集・送窮文》：「三揖窮鬼而告之。」蘇軾詩：「腴田未可買，窮鬼卻須呼。」〇又按莞俗好以鬼罵人，如好酒曰酒鬼，好跳擲者曰山鬼，好浴於水者曰水鬼，衰落者曰衰鬼，懵懂者曰懵鬼，恨之深而欲其死曰死鬼，如此之類，不一而足，然亦多有所本。楊維楨詩：「金榼墮地非酒鬼。」《楚詞》有《山鬼》篇。李咸用詩：「水鬼欺不得。」杜荀鶴詩：「時衰鬼弄人。」《後漢書・朱浮傳》：「死爲愚鬼。」《晉書・李壽載記》：「古人所作，死鬼之常辭耳。」〔一〕觀此可見到一班。

罵婦女無行者曰鬼媌。按《方言》：「自關而東趙魏之間謂之黠，或謂之鬼。秦晉之間凡好而輕者謂之娥，自關以東河濟之間謂之媌。」郭璞注：「媌，許交切。」《列子・周穆王篇》：「簡鄭衛之處子娥媌靡曼者。」張湛注：「娥媌，妖好也。」曰輕曰妖，則好而不正。莞稱鬼媌，謂其黠而輕且妖好也。其音義蓋甚古。《康熙字典》引《方言注》「閩人謂妓曰媌」，則直以爲娼婦之稱，考郭璞注無此文。

罵小兒跳梁者曰山蠻，又曰馬留。按《齊書・高帝紀》：「蕭思話鎮襄陽，討樊鄧諸山蠻。」〔二〕《通典》：「太清鎮，吳置以備蜀，居三峽要衝，塞山蠻之路。」《唐書・南蠻傳》：「西屠夷，蓋馬援還，留不去者，故號馬留人，與林邑分唐南境。」《西陽雜俎》：「馬伏波有餘兵十家不返，居壽洽縣，自相婚姻，有二百户，以其流寓，號爲馬流。」亦曰馬留。莞自晉以來

〔一〕辭：原脱，據《晉書》補。

〔二〕「討」上原衍「北」字，據《南齊書》刪。

皆士大夫南徙與土人雜居，故罵小兒跳樑者曰山蠻，曰馬留，此亦古語也。○又按郝《通志》：「訶橫恣者曰蠻澄鋹。劉鋹、龔澄樞，古粵人之橫逆者也。」今莞亦有此語，與罵山蠻、馬留同意。

方言中

頂門謂之囟。按《説文》：「囟，頭會。腦蓋也。象形。」《玉篇》：「囟，先進切，或作顖。」《廣韻》囟，息晉切。音同信。莞俗言腦殼。囟又言囟門，又言小兒頂門留髮曰囟髻，皆此字。

口謂之喙。按《説文》：「喙，口也。从口，彖聲。」《玉篇》喙下引《左氏傳》曰：「深目而豭喙。」《廣韻》喙，許穢切，又昌芮切。今莞音讀若載運之載，與許穢切、昌芮切皆爲類隔，蓋歲久而音變也。然猪嘴必曰猪喙，其語蓋出春秋時。

頷骨謂之牙骹。按《説文》：「骹，脛也。从骨，交聲。」骹本謂脛，然聲亦兼義。骹有交骨之義，牙骹者，牙與骨相交也。嘉應黄釗云：「《周禮·考工記》：『參分其股圍，去一以爲骹圍。』先鄭注：『骹，近牙者也。』此牙骹所本。」

髆謂之肩甲。按《説文》：「髆，肩甲也。」《釋名》：「肩，堅也。」「甲，闔也。與胸脅背相會闔也。」甲又作胛。《後漢·張宗傳》：「中矛貫胛。」

指端文謂之腡。按《廣韻》：「腡，指文也。落戈切。」通作蠃。《士喪禮》「蠃醢」鄭注：「今文蠃爲蝸。」《説文》：「蝸，蠃也。」蝸古音亦讀如蠃，音螺。桂馥《札樸》云：「山東謂指文曰蝸。」牛蝸亦當音螺。今莞俗讀如螺，即腡字。

胃謂之肚，又謂之屎肚。肚讀若覩。按《釋名》：「胃，圍也。圍受物也。」「肚之言都也，食所都聚也。」胃與肚本一物。《博雅》「胃謂之肚」是也。然物之胃可見，人之胃不可見。《玉篇》《廣韻》俱云：「肚，腹肚。」兼腹者，則指人之肚而言。《廣韻》肚有當古、徒古二切。韓愈詩：「腸肚鎮煎燭。」注云：「肚音覩。」用當古切也。今莞俗稱肚腹之肚音覩，稱猪羊之胃亦皆曰覩，音甚古。廣州人則讀徒古切，音近吐，與莞不同。○又按《説文》：「胃，穀府也。从肉，圂，象形。」「菌，糞也。从草，胃省。」𦳊即屎字。胃𦳊皆从図，象所食穀，亦象屎也。《白虎通》：「胃者，穀之委也。《素問》：『脾胃者，倉廩之官，五味出焉。』」皆此意。莞稱屎肚，義最精。屎字不見《説文》，然《莊子》《韓非子》俱有之，亦周秦閒字也。

腋下謂之胳肋下。按《説文》：「胳，腋下也。从肉，各聲。」徐鍇曰：「《禮》或作骼。」《廣韻》胳與格同古落切。今莞音正讀如格。《説文》：「肋，脅骨也。」莞云胳肋下者，脅骨之末亦在腋下，故兼言之。

背謂之背脢。按《説文》：「脢，背肉也。从肉，每聲。《易》曰：『咸其脢。』」《玉篇》脢，莫回切。脢者，心之上，口之下。《廣韻》：「脢，脊側之肉。」〔一〕音同梅。今莞音正讀如梅。

脊骨盡處謂之脽。按小徐《説文》：「脽，尻也。从肉，隹聲。」《廣韻》隹，職追切。脽，視隹切。職爲照母字，視爲禪母字，分兩音。今莞讀脽職追切，音如錐，與《説文》隹聲合。《廣雅》：「臀謂之脽。」《漢書・東方朔傳》：「尻脽。」師古曰：「脽，臀也。」段玉裁依大徐作尻，以小徐作尻爲非。考《東方朔傳》：「尻益高者，鶴俛啄也。」尻當謂脊骨盡處，不謂臀。《楚詞》：「崑崙縣圃，其尻安在？」注：「尻，脊骨盡處，以山至高，其下必有託根之所也。」凡脊骨盡處皆尖，故又作脽。脽與錐同義，有末見意。渾言之則脽尻皆臀，析言之則脽尻爲脊骨盡處也。今莞俗或連言之曰臀臀脽，又曰屎朏脽，又引申之於物曰鴨尾脽、鷄尾脽，皆有錐之末見意。

臀謂之朏臀，又謂之屎朏。按《廣韻》：「朏，朏臀。」俗又作腒，苦骨切，音同窟。今莞讀朏臀之朏則作渠骨切，濁音。讀屎朏之朏則作呼骨切，音忽，清音。與苦骨切皆成類隔，蓋歲久而音變也。

溺謂之小便，屎謂之大便。按《漢書・張安世傳》：「郎有醉，小便殿上，主事白行法，安世曰：『何以知其不反水槳耶？』」張仲景《傷寒論》：「傷寒，不大便六七日，頭痛有熱者與承氣湯。」

〔一〕側：原誤作「骨」，據《廣韻》改。

溺之滿器者謂之便。讀若便便言之便。按《説文》糞字从釆，徐鍇曰釆音辨，即用《説文》釆字下云讀若辨也。辨，古讀便便之便，又作平平之平。《爾雅》：「便便，辨也。」《詩》：「平平左右。」毛傳：「平平，辨治也。」《書》：「平章百姓。」《史記》作便章。集解云《古文尚書》作平，今文作辨章。古平字亦作便，音婢緣反，便則訓辨，遂爲辨章。據此是辨便平三字本通，古稱大小便，便當有仄平二音。莞謂溺之滿器者曰便，讀如便便言之便本此。

股謂之大髀。按《説文》：「髀，股也。」髀比脛爲大，故曰大髀。

膝蓋謂之髑髁蓋。按《廣韻》：「髑，膝骨。苦何切。」「髁，膝骨。苦禾切。」二字本音與珂科同。今莞俗讀如波羅，音稍變。

毛短小者謂之寒毛。按《晉書·夏統傳》：「聞君之言，不覺寒毛盡戴。」《唐書·鄭從讜傳》：「捕反賊，誅其首惡，皆寒毛惕伏。」

乳汁謂之淰。按《説文》：「淰，濁也。从水，念聲。」乃忝切。《廣韻》五十一忝：「淰，乃玷切。水流貌。」莞謂乳汁曰淰，與乃忝、乃玷切合。乳汁濁而流，故借淰字名之，猶津本訓渡，液本訓盡，而借爲人身津液之名也。莞又謂擠乳出汁曰捻，亦借義之一端。又按《禮記》：「龍以爲畜，故魚鮪不淰。」注：「淰之言閃也。」《廣韻》：「淰，水動貌。失冉切。」杜甫詩：「溪雲淰淰寒。」即閃閃也，此別一義，音亦不同。莞語借義不因此。

身謂之身己。按《玉篇》：「己，己身也。」《廣韻》：「己，身己。」莞稱身己，此亦古語。

皮癢謂之痕。按《釋名·釋疾病》：「痕，根也。急相根引也。」《廣雅》作𤸁，云「腫也」。《廣韻》作根，云「急引」。皆痕之通借也。《説文》：「痕，胝瘢也。」瘢初結則必癢，故引伸爲痕，癢瘢既結則有迹，故又引伸爲痕迹。今莞俗皮癢或謂之痕，即此字。

皮腫而熱謂之𦟛。按《玉篇》：「𦟛，許證切，腫痛。」《廣韻》去聲四十七證：「𦟛，許應切，腫起。」今莞俗謂腫熱爲臂，以腫起而必發熱也。俗又謂身熱曰發興，蓋引伸言之。

仆而額腫謂之瘤。按《説文》：「瘤，腫也。从疒，留聲。」《釋名》：「瘤，流也。血流聚所生腫也。」此仆傷暫腫之謂。今世借名肉瘤，不知古謂肉瘤爲贅肬，又謂之瘻，不名瘤也。莞俗以仆而額腫謂之瘤，其義最古。温仲和作僂，又作瘻。考《莊子》痀僂訓爲曲背。又瘻，古皆讀仄音，無平聲。

强項謂之硬頸。按《吴郡圖經續記》：「章岵守蘇州，人目爲章硬頸。」

錯誤謂之失手。按方干詩：「名埸失手一年年。」

不聽教誨謂之頑皮。《太平廣記》：皮日休作《龜》詩嘲歸仁紹，有「頑皮死後鑽須徧」之句。

布衣謂之白身。按《宋史・婁機傳》：「堂吏寄資未仕，而例以升朝官賞陳乞封贈，機曰：『進士非通籍不能及親〔一〕，汝輩乃以白身得之耶？』」高適詩：「白身謁明主。」顧況詩：「九族無白身。」徐凝詩：「白頭遊子白身歸。」

無尾謂之屈，人無情義亦謂之屈。按《説文》：「屈，無尾也。从尾，出聲。」《廣韻》：「屈，短尾鳥。衢勿切。」考書籍多省屈作屈。《韓非子》：「鳥有翢翢者，重首而屈尾。」《淮南・原道》「用不屈兮」高注：「屈讀若秋鷄無尾屈之屈也。」其字皆當作屈。《通俗編》云：「屈，通掘。《梁書》有掘尾狗之謡。亦通厥，《劉貢父詩話》：『今人呼秃尾狗爲厥。』」段玉裁云：「今人謂鈍筆曰掘筆，短頭船曰撅頭，皆屈之假借。」《廣東新語》：「無尾曰屈，人無情義亦曰屈。」《廣韻》：「屈，短尾狗。」亦假借。字當依《説文》爲正。《吕覽》「智巧窮屈」高注：「窮，極。屈，盡。」此屈字亦當音衢勿切，即屈引伸義也。莞謂貧之極者曰窮窮屈屈，屈讀若掘，窮屈則自無情義，故俗又稱掘路，言生路窮盡也。

袒裼謂之赤髆，又謂之打拍肋赤。按《説文》：「髆，肩甲也。」甲又作胛。《水經注》：「如人袒胛，故謂之赤胛山。」赤胛即赤髆也。《漢書》「赤地千里」注：「空盡無物曰赤。」《通俗編》：「流俗有赤腳、赤手、赤髆等言，皆此義。」髆又通作

〔一〕親：原誤作「觀」，據《宋史》改。

膊。《北齊書·文宣帝紀》：「帝露頭袒膊。」李賀詩：「袒膊過冬天。」《周禮·醢人》「豚拍」注云：「鄭大夫、杜子春皆以拍爲膊，謂脅也。或曰肩也。」《說文》拍，从手，白聲。《集韻》拍〔一〕，莫白切，音同佰。《周禮》借拍爲膊，則膊當有拍音。今莞俗又長言之曰打拍肋赤，拍字音義最古。言拍肋者，蓋兼脅言之。《廣韻》：「肋，脅肋。盧則切。」音同勒，故莞又省言之曰打赤肋。《廣東新語》：「裸體曰𨉖𨊹，音赤歷。」考《集韻》𩨨𩩲訓裸〔二〕，裸則并去下衣，與赤膊、赤肋之義不同，說似未確。又莞人謂去下衣曰打髀洞。《素問》：「心氣内洞。」注：「洞謂中空也。」髀洞即兩髀中間空盡無物之意。《項氏家說》云：「俗助語每與本辭相反，其於打字用之尤多，凡打疊、打聽、打量、打睡，無非打者。」莞以打爲助語，亦中原舊音也。

美謂之傻。按《廣韻》：「傻，沙瓦切。傻俏，不仁。」《集韻》：「傻，輕慧貌。」《通俗編》云：「此即俗言要公子、要孩兒之要也。」要字初見《篇海》，宋以前人少言之，當正用傻字。《廣東新語》謂美曰灑，借灑爲傻，蓋未得其本字也。

肥謂之肭。肭當讀奴入、女涊二切，皆以合脣音取之。按《玉篇》：「膃肭，肥也。」《廣韻》十一没：「膃，烏没切。膃肭，肥也。」「肭，内骨切。膃肭。」考肭字，以六書言當從肉内聲。《說文》從内得聲之字有納軜，《廣韻》皆入二十七合，而與納軜音切者，又有衲靹魶𣗲蒳等字，《廣韻》肭與訥同音切，並入十一没。然莞謂語之遲滯曰訥，作事遲鈍亦曰訥，皆合脣讀之轉入緝韻。《詩·小戎》：「龍盾之合，鋈以觼軜。言念君子，温其在邑。」合軜與邑爲韻。江永《古韻標準》因是分合韻字入二十六緝，蓋以合脣取其音，二韻本相近也。莞俗合韻字如蛤鴿盒合多讀入緝韻，故肥肭之肭亦讀入緝韻。然有清濁二音，其濁音則作奴入切，屬泥母字，讀如遲訥之訥。温仲和謂《玉篇》膃肭猶俗言滑肭，膃滑也，嘉應州人謂之肥肭肭，莞謂肥之黏手者曰肭膩是也。其清音則作女涊切，屬孃母字，讀如凹凸之凹。黃釗《石窟一徵》引《集韻》：「妠，小兒肥貌。或作肭。」莞謂人之肥而多肉者曰大肭佬是也。俗不知二字作何寫法，今以音義求之定爲肭字，蓋亦古語也。

耎弱謂之腩。腩當讀乃林切，亦合脣音。按《廣韻》四十八感：「腩，煑肉。奴感切。」字作上聲。然以六

〔一〕〔二〕集：原誤作「廣」。

書而言，腩當從肉南聲，則本有平音。《詩・燕燕》南與音心韻，《子衿》南與衿心韻，《株林》南與林韻，《鼓鐘》南與欽琴音僭韻。「遠送于南」，陸氏釋文云：「南，如字。沈云協句，宜乃林反。」乃林二字切之爲廩平聲，即今俗謂耎弱曰腩之音也。南本有弱義。《中庸》：「寬柔以教，不報無道，南方之强。」此以弱爲强之謂。《白虎通》：「南方者，陽在上，萬物垂枝。」其意亦謂耎弱也。腩從南得聲，實兼會意。《廣韻》雖無平音，以此求之，則腩當有二音，其一爲奴感切，其一當爲乃林切。可知奴與乃俱泥母字，雙聲自通轉也。今莞人謂肉熟曰腩，與《廣韻》「腩，煮肉」義同。俗又引伸之凡身體耎弱亦謂之腩，耎弱甘受欺罵者亦謂之腩，且謂人之耎弱者曰熟肉，即用肉腩義也。俗不知本字作何寫法，以音義求之，蓋即腩字。《廣東新語》：「肥曰腍，肉熟曰肣。《禮記》『腥肆爓腍祭』注曰：『肣，熟也。』」肣腍俱從今聲，與俗音不合，似作腩爲長。〇又按合唇一音，外省人多不悟，如肭腩之類，求其同音之字，無可假借。閲者當以土音取之，餘倣此。

智謂之精。按《説文》：「精，擇也。」《廣韻》：「精，明也。」《華嚴經音義》引《易》劉瓛注：「精，靈也。」《管子》：「凡物之精，此則爲生。」注：「精，謂神之至靈也。」莞俗謂智曰精，以其明於審擇，其神至靈也，故俗又合稱之曰精靈。《越絶書》：「寫精露愚，俟告後人。」以愚與精對言，即此義。

愚謂之懵。按《廣韻》：「懵，心乳貌。」考懵古作懜，《説文》：「懜，不明也。」或從人作儚。《爾雅》：「儚儚，惛也。」愚則心不明而惛亂，故謂之懵，又謂之懵懂。

癡謂之騃，讀若厓。按《廣雅》：「騃，癡也。」《廣韻》騃與娾䫞二字同音，五駭切。娾䫞從厓得音，則騃輕讀之亦當作厓音也。《通俗編》：「世俗以獃騃通用。騃未有平聲讀者，其義雖同訓癡，實爲兩字。」考《廣韻》獃，五來切，與莞音讀厓異，莞讀騃如厓，蓋方言緩急不同。《説文》：「佁，癡皃。从人，台聲。讀若騃。」據此，則漢時讀騃正作平聲。

豪奢謂之爽。按《説文》：「爽，明也。从㸚大。」段玉裁注：「其孔㸚㸚，明之露者〔一〕，盛也。爽本訓明，明之至而

〔一〕明：原脱，據段注補。

差生焉，故引伸訓差。」考《書·仲虺之誥》《牧誓》爽皆訓明，《詩·氓》《蓼蕭》爽皆訓差。明引伸爲差者。《夏小正》「爽死」傳：「爽也者，猶疏也。」凡叕大則疏闊不細密，故訓爲差。今俗稱豪爽，又謂之闊闊〔一〕，與爽實一義也。又稱爲鬆爽，皆含有過差意。

淫佚謂之姣〔二〕。按《左傳》：「棄位而姣，不可謂貞。」杜注：「姣，淫之別名。」釋文：「姣，户交切。服氏同。嵇叔夜音效。」今莞語讀姣平聲，與户交切合，其音義爲最古也。

黠謂之鬼。按《方言》：「自關而東趙魏之間謂之黠，或謂之鬼。」郭注：「言鬼脈也。」《文選》潘岳《射雉賦》徐爰注：「俗謂黠爲鬼脈。」今莞俗謂黠爲鬼，又謂之鬼馬，馬脈雙聲字，鬼馬即鬼脈之音轉。又謂之鬼鼠。《漢書·五行志》注：「鼠性盜竊，夜出晝匿。」蓋黠莫如鼠，故以鬼鼠並稱。蘇東坡集有《黠鼠賦》。

陰險謂之陰毒。按《北史·高隆之傳》〔三〕：「隆之性陰毒。」《楞嚴經》：「如陰毒人，懷抱蓄惡。」

小兒慧謂之乖。按朱子《語録》：「張良少年也，任俠殺人，後來因黄石公教得來較細，此其所以乖也。」莞俗又稱譽小兒曰聰明乖角。羅隱《詠焚書坑》詩：「祖龍算事渾乖角〔四〕，將謂詩書活得人。」《通俗編》云：「乖之本義爲戾、爲睽、爲背異，而世以慧爲乖。《方言》：『凡小兒多詐而獪，或謂之姡。』注云：『言黠姡也。』姡字長言之，則轉爲乖。謂小兒黠獪曰乖，本指未泯没也。」今莞俗又謂精乖靈利，兼含有黠獪意。靈利，當作剞利。《廣韻》剞字下云：「剞利，快性人。」或又作伶俐，朱淑真詩：「始知伶俐不如癡。」

〔一〕謂：原作「爲」。
〔二〕佚：原誤作「佚」。
〔三〕之：原誤作「三」，據《北史》改，下同。
〔四〕事：原誤作「書」，據《全唐詩》改。

欺謂之到。按《史記・韓世家》「不如出兵以到之」索隱：「到，欺也。猶俗云張到。」《廣東新語》引此以爲欺謂之到之證。今莞謂被人欺曰被人盜，即到也。《廣韻》到，莫導切；盜，徒到切。莫，明母字，徒，定母字，雖同韻而類隔，蓋音稍變。

誣謂之賴。按《左傳》：「靈王曰：今鄭人貪賴其田，而不我與。」考賴本訓利，謂貪取其利而不與也。《方言》：「賴，取也。」此賴之本義。然貪取其利而不與，則必以罪與人。《方言》：「予、賴，讎也。南楚之外曰賴。」郭璞注：「賴，亦惡名。」予即與，讎即售，賴則以罪售與於人，故郭云惡名。《方言》又云：「誣，誺与也。吴越曰誣，荆齊曰誺与。」与，古與字。《玉篇》：「誺，匿也。」匿其罪而以與人，故誣謂之誺与，其義與賴讎同。此賴之引伸義。今莞俗謂欠帳目不還曰賴帳，又曰奸賴，此貪取之義。其以罪揑人則謂之賴，又謂之派賴，此誣与之義。《方言》謂南楚之外曰賴，蓋自漢以來相傳之古語也。

昵謂之黏。按《周禮・弓人》：「凡昵之類，不能方。」注引鄭司農云：「故書昵或作樴。」杜子春云：「樴，讀爲不義不昵之昵。或爲䵒，䵒，黏也。」《爾雅》：「䵒，膠也。」郭璞注：「膠黏䵒。」《廣韻》：「䵒，尼質切，音同暱。」「黏，女廉切。」䵒黏雙聲，皆孃母字，故音自通轉。莞謂相親昵曰黏，謂婦人私奔者曰黏婆，即膠黏䵒之義。惟讀黏如年，屬泥母字，音稍變。

猜謂之估。按《唐書・食貨志》：「貴則下價而出之，賤則加估而收之。」〔一〕《宋史・食貨志》：「兩池積鹽爲阜，宜聽平估以售，可以寬民力。」估謂猜論物價也。莞俗凡猜物皆謂之估，蓋出估價之估而引伸之。

保謂之包。按《説文》：「保，養也。从人，从采省。」「孚，孚卵。从爪，从子。采，古文孚从禾，禾，古文保。」蓋禾孚二字古本通。又從孚聲之字多從包，故孚卵之孚或作菢，桴鼓之桴或作枹，罦網之罦或作𦊂，是保孚包三字，其聲皆互相通。温仲和言：「俗謂此事我敢保曰我敢包，保管曰包管，此古音也。」今莞俗亦然。

慫慂謂之聳。按《方言》：「自關而西秦晉之間相勸曰聳。中心不悦，而出旁人之勸語，亦曰聳。」《通俗編》云：「慫

〔一〕賤則加估而收之：原作「賤其高估而出之」，據《新唐書・食貨志》改。

聳二字古通用。」今莞俗又言唆聳，謂唆使而聳動之也。

行不謹謂之邋遢。 按《廣韻》：「邋，邋遢，行貌。盧盍切。」「遢，邋遢，不謹事。吐盍切。」莞稱邋遢，又重言之曰邋邋遢遢，本此。

體不伸謂之趜趚。 按《廣韻》：「趜趚，體不伸也。」趜，渠六切。趚，所六切。桂馥《鄉言正字》引此。今莞讀如局縮，音與趜趚同，即趜趚也。此與《孟子》「觳觫」、《漢書・灌夫傳》「局促」音義各殊。莞又謂病人瑟縮不安曰僕速，又重言之曰僕僕速速，音與《詩》「林有樸樕」同。考《廣韻》蹼蝀云蟲名，蹼，蒲木切，蝀，桑谷切，與莞讀合。疑即借蹼蝀蟲爲言，亦古音義也。

急猝謂之逼迫。 按《廣韻》：「逼，迫也。彼側切。」「迫，逼也，急也。博陌切。」《文選》李密《陳情表》：「郡縣逼迫。」庾信《哀江南賦》：「逼迫危慮。」韓愈詩：「逼迫走巴蠻。」今俗或讀迫如逼，非。

謹慎謂之子細。 按楊慎《藝林伐山》云：「《北史・源思禮傳》：『爲政當舉大綱，何必太子細也。』」杜詩：「野橋分子細。」俗語本此。

遊戲曰瞭。瞭當作婬，土音轉爲瞭。 按《廣東新語》謂莞語遊戲曰瞭，謂瞭望也。考瞭當作婬，《方言》：「婬、愓，遊也。江沅之間謂戲爲婬，或謂之愓。」郭璞注：「愓，音羊。」《廣雅》：「婬、愓、遨、游，戲也。」王念孫疏證：「婬之言逍遥，愓之言放蕩也。」《莊子・大宗師》篇：「女將何以遊夫遥蕩恣睢轉徙之塗乎？」遥蕩與婬愓通。今莞語謂遊戲曰瞭，即婬之音轉。莞又謂遊戲曰蕩，亦即愓之音轉。婬轉爲瞭，猶愓轉爲蕩，皆平聲轉爲仄聲。蓋由土音緩急不同。〇又按《廣韻》瞭，落蕭切，又盧鳥切。有平上二音。遥婬並餘昭切，落盧來母字，餘喻母字，音屬類隔，蓋歲久而變也。

顧視曰睇。睇讀若體。 按《方言》：「睇，眄也。南楚之外曰睇。」《廣雅》：「睇，視也。」《一切經音義》引《纂文》「顧視曰睇」。考睇從弟得聲，弟有上去二音，《廣韻》「弟，特計切，又音上聲」是也。又涕從弟得聲，而一入十二薺與體同他禮切，一入十二霽與替同他計切，則亦有上去二聲。莞讀睇若體，雖韻書所無，然土音輕重清濁不同，以弟涕例之，亦當有此音也。《方言》謂南楚之外曰睇，今粵中惟莞有此語，他邑不然，蓋古語之僅存者。

喚曰喊，哭亦曰喊。按《方言》：「喊，聲也。」《玉篇》《廣韻》同。惟喊爲何聲，字書未詳。盧肇詩：「衝波突出人齊喊。」此有呼喚義。莞謂喚人曰喊人本此。《陳龍川集·答朱元晦書》：「亮未當干與外事，只是口唠噪，見人説得一切事情，便喊一餉，一似曾干與耳。」喊即哭也。莞語謂哭蓋亦本此。

作曰做。按《莊子》：「行修於内者無位而不作。」音義云：「作，在路反。」《荀子》：「肉腐出蟲，魚枯生蠹。貪利忘身，烖禍乃作。」《漢書·景帝紀》注：「民語曰：『金可作，世可度。』」《後漢書·廉范傳》：「民歌曰：『廉叔度，來何暮？不禁火，民安作？昔無襦，今五袴。』」古詩：「微物雖輕，拙手所作。餘帛三丈，爲郎别厝。」作與蠹度暮袴厝韻，則當讀如做。《詩》作字皆讀入聲，至秦漢間則音轉爲去聲也。莞俗謂作事曰做事，其音最古。《正字通》：「做，俗作字。」《通俗編》：「做字，僅釋氏語録及元雜劇曾偶見之。」則其字蓋始於宋元間。

知曰曉。按《方言》：「曉，知也。楚謂之黨，或曰曉。」郭璞注：「黨，朗也。解寤貌。」今莞俗問人知不知曰曉不曉，知則答曰曉得。曉即解寤之謂。

可曰肯。按《説文》：「可，肯也。」《爾雅》：「肯，可也。」今莞語皆謂肯，不謂可。

不曰唔。唔，俗字，當作吾。按不古音如柎。《詩》：「鄂不韡韡。」鄭箋：「不當作柎。」《左傳》「華不注」釋文：「不，無音。」伏琛《三齊記》云：「不，音跗，讀若《詩》『鄂不韡韡』之不。謂花蒂也。」古詩《日出東南隅行》：「使君謝羅敷，還可共載不？羅敷前致辭，使君一何愚，使君自有婦，羅敷自有夫。」又《隴西行》：「好婦出迎客，顔色正敷愉。伸腰再拜跪，問客平安不。請客北堂上，坐客氈氍毹。」不皆讀若跗，入十虞。無與跗同韻，則不音古近無。薛琮《東京賦注》：「無猶不也。」王引之《經傳釋詞》謂《書·洪範》「無偏無黨」，《墨子·兼愛》篇、《漢書·谷永傳》注引作「不偏不黨」〔一〕。《吕刑》「鰥寡無蓋」，

〔一〕《經傳釋詞》無「墨子兼愛篇」五字。又，「漢書谷永傳注」六字，《經傳釋詞》作「《史記·張釋之馮唐傳》贊」，當出《史記》。

《墨子・尚賢》篇引作「鰥寡不蓋」。《論語》「食無求飽，居無求安」，《漢書・谷永傳》引作「居不求安，食不求飽」〔一〕。《老子》下篇「聖人不積」，《魏策》引作「聖人無積」。《詩・皇矣》「不大聲以色，不長夏以革」，《墨子・天志》篇引作「毋大聲以色，毋長夏以革」。《禮記・月令》「五穀無實」，《呂氏春秋・孟秋紀》作「五穀不實」。《三年問》「無易之道也」，鄭注曰：「無易，猶不易也。」《荀子・禮論篇》作「不易之術」。以此爲無與不相通之證，蓋不與無古音亦相近，故彼此互用。今粵俗謂不曰吾者，吾與無音亦相近，淺人不知無轉爲吾，因別造唔字耳。吾本有毋義，毋者，禁止之辭，而《漢書・百官公卿表》「執金吾」注引應劭曰：「吾者禦也，掌執金革，以禦非常。」《史記・項羽本紀》：「莫敢枝梧。」集解引如淳曰：「枝梧，猶枝捍也。」枝梧或作支吾，是吾有捍禦之義。捍禦，即禁止也。又從吾聲之字，如《周禮・田僕》注：「逆，衙還之使不出圍。」衙本又作御，《釋名》：「敔，衙也。衙，止也。所以止樂也。」據此則吾與毋義本相通。王引之云：「毋與無通。」是吾又可與無通也。蓋不弗勿三字同義，亦同韻，無毋吾三字同義，亦同韻。今以正音讀之，六字音皆相近。然則古音互相通轉可知。莞俗凡當作不者，土音皆呼爲吾，其義與無同，即無之音變也。〇又按顧炎武《音論》謂：「不字見於經者止有不、趺二音，晉以下則轉而爲府鳩反，又轉而爲方九反。」引《詩》「不顯不承」爲「丕顯丕承」，《常棣》鄂不作跗，及陶潛詩「知有來歲不」，鮑照詩「父子知來不」，讀府鳩反爲證。然音丕者，自是丕字，經典省借爲不耳。不，古衹跗一音。《説文》：「不，鳥飛上翔不下來也。」鳥振翼上翔，其聲必吾吾然。《國語・晉語》：「優施歌曰：暇豫之吾吾，不如鳥烏，人皆集於苑，我獨集於枯。」韋注：「吾吾，不敢自親之貌。」此歌蓋以鳥爲比，云暇豫時吾吾飛翔，不敢自親，不如鳥之高翔不下來也。不字本義爲鳥上翔，以此證之，其音則當爲吾。音跗者，又吾之音變。吾爲不之本音，其轉而爲跗，通而爲無，乃秦漢以後之音義。然則俗語之吾，蓋爲最古矣。〇又按《廣韻》跗，甫無切，屬非母字；無毋，並武夫切，屬微母字；吾，五乎切，屬疑母字。四字今讀之，三成類隔，然古音則相通。蓋《切韻》字母皆後出，非所以論古音也。

〔一〕出《漢書・蓋寬饒傳》。

多曰够。按《文選・魏都賦》：「繁富夥够，不可殫究。」〔一〕《五臣注》够，苦侯切。李善注引《廣雅》：「够，多也。」古侯切。《廣韻》够入十九侯，而去聲五十候無够字，是唐詩均讀平聲。《集韻》够，居候切，則讀仄聲似始宋時。明楊慎《丹鉛雜録》云：「够音遘。今人謂多曰够、少曰不够是也。《魏都賦》五臣注誤音作平聲，不知够、究本文自協韻也。」據此則六朝時亦有仄音。莞俗以物與人問曰够不够，讀若遘，蓋亦六朝以後相沿之音也。

罷曰休。按《爾雅》：「休，息也。」《說文》：「休，止息也。」事罷則因而止息，故引伸爲罷。《史記・孫子傳》「將軍罷休就舍」是也。《廣東新語》：「東莞謂事訖曰効。」効即休，但音稍濁似効耳。

怒罵曰鬧。按《說文新附》：「鬧，不静。从市門。」〔二〕《廣韻》：「鬧，不静也。又猥也，優也。」《說文》：「猥，犬吠聲。」鬧本訓喧，然人之鬥犬之猥則有怒罵意。柳宗元《答韋中立書》：「度今天下不吠者幾人，而誰敢衒怪於羣目，以召鬧取怒乎？」鬧怒並言，即謂罵也。

舉責曰數。按《左傳》鄭公孫將爲亂，子産使吏數之曰：「而有死罪三。」杜注：「責數其罪。」《史記》：「漢高帝數項羽。」「范雎數須賈。」皆舉責其罪也。

與曰畀。按《書》：「不畀。」《洪範・九疇》傳：「畀，與也。」《詩》「秉畀炎火」釋文：「畀，與也。」凡經傳之畀皆訓與，或訓予，予亦與也。《方言》：「埤，予也。」郭璞注：「埤，音畀。予猶與。」蓋埤即畀之假借。今莞語皆謂畀，不謂與。

待曰等。按唐路德延《小兒》詩：「等鵲潛籬畔。」宋范成大詩：「父老年年等駕迴。」史彌寧詩：「錦囊開口等詩來。」唐宋人俱以等爲待，莞語本此。

〔一〕殫：原誤作「彈」。
〔二〕市：原誤作「人」。

立曰企。按《廣雅·釋詁》：「定，立也。」曹憲云即古文企字。王念孫疏證云：「《説文》：『企，舉踵也。』定，古文企从足。」」《詩》：「跂予望之。」企定跂並同字。今莞語皆謂企，不謂立。

疾走曰趯。按《詩·草蟲》「趯趯阜螽」毛傳〔一〕：「趯趯，躍也。」《詩·巧言》「躍躍毚兔」，《史記·春申君傳》引作「趯趯毚兔」。《爾雅·釋訓》：「躍躍，迅也。」《詩》孔疏：「趯趯，跳疾也。」莞謂疾走爲趯，蓋借兔之趯言之。郝《通志》：「廣州謂走曰趯。」〇又按司馬光《切韻指掌圖》以《廣韻》二十二昔、二十三錫爲清青二韻之入聲。清青韻諸字開口呼三四等者，廣音多轉爲開口呼一等，入聲亦然。如昔韻之脊借尺赤石炙隻席諸字、錫韻之錫劈霹靂荻笛糴踢壁諸字，須以開口呼一等取其音乃能得之。趯字《廣韻》在二十三錫，云他歷切，今土音讀與笛糴相近，亦開口呼一等音也。此音他方所無，説見前生讀如土音星一條下。

藏匿曰匧。匧讀若土音柄。按温仲和謂：「《説文》匸部匧注云：『側逃也。从匸，丙聲。』徐鉉曰：『丙非聲，義當从内，會意，疑傳寫之誤，盧候切。』大徐意蓋以匧爲側陋之陋也。《玉篇》：『匧，力候切。側陋也，亦作陋。』大徐蓋據此。段氏《説文解字注》、江氏《音均表》附和之。然大徐所見本爲丙聲，固甚明也。今考《説文》同部之字，『匸，衺徯，有所俠藏也。』『區，踦區，藏匿也。』『匿，亡也。』『匧，側逃也。』『匽，匿也。』數字相連，皆是亡逃、藏匿之義。今吾州方言凡物恐人知之藏匿之曰匧人，恐人見之藏匿之亦曰匧，讀如柄，正是丙聲。此許君《説文》古音一綫僅存者。」所論最精。莞語謂藏爲匧，與嘉應同。

以手覆物曰揞。按《方言》：「揞，滅也。荆楚曰揞。」戴震疏證以《廣雅》《玉篇》「揞，藏也」，《廣韻》「揞，手覆」，謂滅爲藏之訛，其論甚確。郭璞《方言注》：「揞，烏感反。」《玉篇》於感切，《廣韻》烏感切，皆讀爲庵上聲。《康熙字典》云：「又於

〔一〕傳：原誤作「詩」。

咸切，黯平聲。」庵黯等字皆讀作合脣音。莞中以兩手覆物不令人見曰揞，有平上二聲，皆以合脣讀之，其音義爲最古。盧仝《月蝕歌》：「恐是眶睫間，揞塞所化成。」今莞中小兒有揞使鷄盲之戲，謂揞其眼使若鷄盲也。鷄至夜則盲，以盧仝詩證之，則其戲在唐時已有。

以手折物曰拗。按《説文新附》：「拗，手拉也。从手〔一〕，幼聲。」於絞切。《廣韻》拗入上聲三十一巧。《尉繚子》〔二〕：「拗矢折矛。」《古樂府》：「拗折楊柳枝。」元稹詩：「今朝誰是拗花人。」拗皆當作於絞切，讀上聲。《朱子語類》謂：「王臨川亦有執拗處。」拗讀去聲蓋起宋時。今莞中俗語拗折讀上聲，係傳自唐以前，至士人讀書執拗作去聲，其音讀當多宋後也。

以手握物曰摣。按《方言》：「抯、摣，取也。南楚之間凡取物溝泥中謂之抯，或謂之摣。」郭璞注：「摣，仄加反。」《釋名》：「摣，叉也。五指俱往也。」《説文》：「抯，挹也。讀若樝棃之樝。」段注謂摣抯實一字。《文選・西京賦》：「樝狒蝟。」

以手裂物曰斯。按《説文》：「斯，析也。从斤，其聲。」引《詩》「斧以斯之」。斯本爲以斧斤析物之名，引伸之凡裂析亦曰斯。《爾雅》：「斯，離也。」即其證。考《吕氏春秋・報更》篇：「趙宣孟見骫桑下餓人，與之脯一朐，曰：『斯食之。』」今人皆謂以手析物曰斯本此。《集韻》或加手作撕，此後出之字。《通俗編》：「《史記・河渠書》『廝二渠』注：『廝，分也。』《漢書・陳餘傳》『廝養卒』注：『析薪爲廝。』則廝亦可通用。」

以手持物曰搦，搦音匿。反手按物曰揙。按《廣東新語》：「持物曰的。」此廣州語，莞語作搦。《玉篇》：「搦，女卓、女革二切。正也，持也。」女革正切匿字。《洪武正韻》：「搦，女力切。」音匿是也。又按《説文》：「丮，持也。象手

〔一〕从：原誤作「以」。
〔二〕繚：原誤作「纖」。

有所丮據也，讀若戟。」「厈，亦持也。从反丮。」居玉切。又手部挶下云：「橶持也。」《广韻》二十陌：「橶，持也。凡劇切。」又三燭：「挶，持也。居玉切。」橶挶當即丮厈，蓋古今字，其義皆爲持。《詩·鴟鴞》傳：「拮据，橶挶也。」毛用今字，故不作丮厈耳。戟屬見母字，挶屬孃母字，本類隔，疑古音自通轉也。《玉篇》無橶字，而挶有正、持二義，當謂挶即橶字。今莞俗謂以手持物曰挶，凡持物既挶起則必仰手。又謂反手按物曰挶，按則緊持之義，其音義與丮厈同。

以兩手擦物曰挼。按《説文》：「捼，推也。从手，委聲。一曰兩手相切摩也。」奴禾切。徐鉉曰：「今俗作挼，非是。」段氏《説文注》改捼作挼，謂推爲摧之誤。又云徐鉉因《説文》無妥故云俗作挼。阮孝緒《字略》云：「煩撋猶挼莏。」觀挼莏一解，則當從妥聲。今人多用此義，而字作挪。其論最確。考《晉書·劉毅傳》：「東府聚摴蒱大擲，劉裕挼五木，久之即成盧焉。」字正作挼。今莞音正讀如挪，其字則當從段氏説也。

用力重按曰捺。捺讀難入聲。按《廣韻》：「捺，奴曷切。手按也。」《康熙字典》捺，難入聲。捺從手，故《廣韻》云「手按」。然引伸之凡用力重按皆可謂之捺。莞謂以指重按曰捺，又以足重按亦曰捺，又寫字有點畫撇捺之名。捺亦謂用力也。

用力支物曰牚。按《玉篇》：「撐，尹庚切。撐柱。」又尹孟切。《廣韻》四十三映：「牚，池孟切。邪柱也。」撐有平上二聲，牚則讀上聲。《通俗篇》：「世言勉力支持當用牚字。」考《説文》：「樘，衺柱也。」徐鉉曰：「今俗別作撐，非。」又《説文》足部：「𣥺，歫也。」王廷壽《魯靈光殿賦》：「枝𣥺杈枒而斜據。」樘𣥺皆讀平聲。《玉篇》之撐，《廣韻》之牚，皆《説文》樘𣥺之俗，其音轉爲上聲當在六朝時，故《玉篇》撐有平上二音，而《廣韻》別出牚字讀作上聲也。莞謂用力支持曰牚，又以木支柱欹斜亦曰牚，皆讀上聲。

拾曰檢。按《五經文字》云：「檢，檢察之檢，居儉反。從手者，撿手之撿，音斂。」考《説文》，檢撿俱從僉聲，古音相同，字亦通借。《孟子》：「狗彘食人食而不知檢。」《漢書·食貨志》引作「不知斂」。《隸釋·任伯嗣碑》「姦軌檢手」，亦借檢爲斂。

莞謂收拾曰檢，其義爲斂，而字則作檢，亦古通借字也。

盛曰裝。按《玉篇》：「裝，裹也。」《漢書·陸賈傳》：「尉佗賜賈橐中裝，直千金。」《晉書·戴若思傳》：「陸機赴洛，船裝甚盛。」裝本爲裹，引伸之凡置於橐、置於船者亦曰裝。莞謂盛物曰裝，凡盛以盤盌等亦皆曰裝，即此義。

懸曰弔。弔即佻與䲵之音轉。按《方言》：「佻，縣也。趙魏之間曰佻，燕趙之郊縣物於臺之上謂之佻。」郭璞注：「了佻，縣物貌。丁小反。」《玉篇》：「䲵，丁了切。懸物也。」溫仲和謂：「郭注所云了佻，後人多作了鳥，亦是懸物貌。《玉篇》之䲵，此因懸物而特製之諧聲字。」據此則佻䲵乃古今字。《通俗編》云：「世俗借䲵爲弔字用之，其來已久。《武林舊事》諸小經紀有賣『弔挂』。」〇又案《廣雅》：「佻、絓，懸也。」莞俗亦謂懸爲挂，挂當作絓。《楚詞·九章》：「心絓結而不解兮。」王逸注：「絓，懸也。」溫仲和謂：「俗言心有所繫結曰絓弔，脱然無所顧慮曰無絓弔。即《九章》絓結之義。」今莞中亦有此語，或倒言之曰弔絓，皆當依《廣雅》作佻絓爲正。

搬曰摙。按《玉篇》：「摙，力翦切。運也。」《南史·何遠傳》：「爲武昌太守，以錢買井水，不受錢者以水摙還之。」

高聳曰趬。按《廣韻》：「趬，丘召切。高趬。」《通俗編》：「凡言聳起者，當用此字。明人小説用趫字，非。」今莞俗有「臀臂趬到半天高」之謔，即此字。

深擊曰抌。抌讀合脣音。按《説文》：「抌，深擊也。」《方言》：「抌，推也。」郭注：「抌，都感反。」《列子·黃帝篇》：「既而狎侮欺詒，擋扡挨抌，亡所不爲。」張湛注：「抌，《方言》：『擊背也。』」今《方言》無此文，蓋佚。《廣韻》四十八感：「抌，刺也，擊也。」與眈同爲都感切，眈下云「虎視」。又丁含切，以合脣音讀之，則抌音如《易》「虎視眈眈」之上聲也。今莞俗云用力擊人曰抌，即此字，他邑無是語。

從上擊下曰㱿。按《説文》：「㱿，從上擊下也。」《廣韻》四覺：「㱿，克角切。皮甲。」又《説文》以上擊下別有敲，亦克角切，云敲打頭。此因借㱿爲皮甲，而別造敲字也。今莞俗謂打頭曰㱿，其字當從《説文》。又按《玉篇》：「㱿，物皮空也。」

莞俗謂皮甲中空者敲之則作㱿㱿聲，亦此字。惟俗謂皮甲曰殼，讀如鶴之濁聲，蓋㱿之音變。殼，俗字，亦當依《玉篇》《廣韻》作㱿爲正。

批打曰摑。 按《廣韻》二十一麥：「摑，古獲切。打也。」盧仝《示添丁》詩：「父憐母惜摑不得。」《避暑録話》：「崔慎爲瓦棺寺僧後身，七歲猶未食肉，忽有僧見之，摑其口，自是乃食葷。」今莞俗以掌批頰曰摑，即此字。又按《廣韻》摑與嘓同音切，嘓字下云：「口嘓嘓煩也。」今莞俗嗔人煩擾亦曰口嘓嘓，此亦古語。

投物於水曰碇。 按韓文《孔戣墓志》：「蕃舶之至泊步，有下碇之稅。」注：「碇，丁定切，錘舟石。」宋傅烈有《浮碇岡》詩，謂浮山浮來而碇定之。碇字活用，蓋引伸之義。莞謂投物於水曰碇本此。《廣東新語》：「溺人曰碇。」此縛人於石而投之水之名。近世碇舟用鐵錨，不用石，不知何始。以韓文考之，當在唐後。自錨製行，而碇之義遂隱。莞中此語，蓋傳自唐以前也。碇字土音，亦用開口呼一等取之，與清青韻平聲字同，説見前。

擔物兩頭稱曰⿰角帝。 按《方言》：「⿰角帝，儋也。」郭璞注：「今江東呼儋兩頭有物曰⿰角帝。音鄧。」戴震疏證：「儋亦作擔。」温仲和言：「州俗凡擔物既得一頭求加一頭曰添⿰角帝頭。兩頭之物輕重相懸曰不⿰角帝頭。」莞語與嘉應同。

以布蒙器曰繃。 按《説文》：「繃，束也。」《墨子》曰：「禹葬會稽，桐棺三寸，葛以繃之。」《廣韻》十三耕：「繃，北萌切。」今莞俗以器載物蒙其口曰繃。諺曰：「罌口唔，繃繃口。」即此字。

以勺挹取曰舀。 按《説文》：「舀，抒臼也。从爪臼。」段注：「《詩》『或舂或揄』毛傳：『揄，抒臼也。』揄者，舀之假借字。抒，挹也。既舂之，乃於臼中挹出之。今人凡挹彼注此皆曰舀，其引伸之語也。舀，於沼切，今語，古音讀如由。然釋文引《説文》弋紹切，音已如此。」今莞讀與弋紹切合。舀本以爪抒取，引伸之凡以勺挹取亦謂之舀。《傳燈録》「高沙彌就桶舀一勺飯」是也。莞俗凡米肉菜湯及飯以勺挹之皆曰舀，即以勺挹水亦曰舀，其音義蓋出於唐以前。

以刀削物曰⿰卑刂，細切曰剽，碎剔曰剮。 按《玉篇》：「⿰卑刂，匹迷切。削也。」《韻會》通作批。杜詩：「竹批雙耳峻。」《玉篇》：「剸，思録切，細切也。」《玉篇》：「剐，剔肉置骨也。」《説文》作冎。《廣韻》以剐爲冎之俗。然冎剐古今字。《説文》：「冎，剔人肉置其骨。」《玉篇》剐不云人肉，蓋以爲剔他肉之詞。《廣韻》剐，古瓦切。音寡。莞讀蛙上聲，音稍變。

縫衣曰敹。按《通俗編》云：「《書・費誓》：『善敹乃甲冑。』疏引鄭氏云：『敹，穿徹之也。』謂繩有斷絶，當使敹理穿治之。』釋文敹，力彫反。今俗謂粗略治衣曰敹一針。」《廣東新語》：「凡細者縫，粗者敹。著裏曰縫，著邊曰敹。」

關門曰閂。按《廣韻》：「櫦，數還切。關門機也。」閂即或櫦之俗。《通俗編》：「閂，乃桂林土書。范成大帥靖江時已有之，載《桂海虞衡志》。」莞俗謂閂，蓋起宋時。

伐樹曰倒。按《説文新附》：「倒，仆也。」引伸之凡物之仆者皆可謂倒。蘇軾詩：「不如種叢篁，春種秋可倒。」莞謂伐樹曰倒本此。

拔艸曰薅。按《説文》：「薅，拔去田艸也。从蓐，好省聲。」呼毛切。「茠，薅或從休。《詩》曰：『既茠荼蓼。』」考《廣韻》薅茠皆讀平聲，《集韻》作許候切始有仄音，然《説文》云好省聲，則本有仄音。又茠亦當從休聲，故薅亦通耨。《國語》「冀缺耨」注：「耨，茠也。」《史記・龜策傳》「鉏之耨之」集解引徐廣曰：「耨，除草也。」莞俗以手拔草作平音，讀若蒿，與呼毛切合。拔去田草作仄音讀若蹂，蓋許候切之音變。

屯穀曰𥫱。按《説文》：「𥫱，篅也。」徒損切。「篅，以判竹圜以盛穀者。」《廣韻》篅與囤同徒損切，云「囤，小廩也」。則囤即𥫱字。《釋名》：「囤，屯也。屯聚之也。」莞俗謂屯穀曰𥫱穀，即此字。惟𥫱囤，《廣韻》與混沌之沌同音切，莞則讀沌之清聲。

淹魚肉曰腌，淹菜亦曰腌。腌讀淹入聲。按《玉篇》：「腌，於瞻、於劫二切。漬肉。《蒼頡篇》云：『酢淹肉也。』」《廣韻》三十三業：「腌，於業切。鹽漬魚也。」莞俗淹菜亦以鹽，故亦曰腌。

火熱曰燂。按《説文》：「燂，火熱也。」《廣雅》：「燂，煗也。」《内則》「五日則燂湯請浴」釋文：「燂，温也。」今莞俗有燂熱水，爲沐浴語。

微火熟之曰酷。按《方言》：「爛、糦、酋、酷，熟也。火熟曰爛，氣熟曰糦，久熟曰酋，穀熟曰酷。熟，其通語也。」穀與久對，穀當訓善。《吕覽》：「酋，釀米麴使之化熟。」故方言曰久。《國語》韋昭注：「精熟曰酋。」故方言云善熟曰酷也。莞俗於飯將成時微火熟之曰酷，或作爐懸肉於中微火熟之亦曰酷，當即此字。俗别造焗字，非。

火起曰著。按《國語》「底著滯淫」注：「著，附也。」火附於薪而起，故曰著。韓愈《鄖城夜會聯句》：「峨峨雲梯翔，赫赫火箭著。」即此義。

水沸曰滚。按《詩》「如沸如羹」箋云：「如湯之沸。」《説文》作瀥，云「涫也」。《廣韻》：「涫，沸也。古玩切。」《集韻》：「滚，古本切。」涫滚雙聲，並見母字。段氏《説文注》：「俗呼沸水爲滚水。」即涫之音轉。

飯變味曰餒。按《玉篇》：「餒，飯壞也。」《六書考》引《字林》：「飯傷濕熱也。」《釋文》饐字下引葛洪《字苑》：「饐，餒臭也。」今莞俗則云飯臭餒。

服物朽變曰黴，又曰起黷，又曰生醭。按《説文》：「黴，物中久雨青黑。从黑，微省聲。」《楚詞·九歎》：「顔黴黧以沮敗。」《淮南·修務訓》：「堯瘦臞，舜黴黑。」《古雋略》云：「黄梅雨之梅當爲黴，因雨當梅熟之時，遂訛爲梅。《臞仙肘後經》：『芒種逢丙入黴，小暑逢未出黴。』用此字。」《通俗編》云：「俗用霉字，《正字通》始收載。」《説文》：「黷，黑有文也。」《廣雅》：「黷，黑也。」《廣韻》八物：「黷，紆物切。黄黑色也。」莞俗讀問入聲，音稍變。陸疏《廣要》云：「四五月之間，梅雨沾衣服皆敗黷。」[一]莞謂衣服起黑點曰黷，即此字。謂面中黑痣曰黷，面中生黄黑點曰麻黷，蓋引伸言之。韋莊詞：「淚沾紅袖黷。」段玉裁曰：「唐宋人詩詞多用此字。」《廣韻》一屋：「醭，醋生白醭。普木切。」劉禹錫詩：「廩米陳生醭。」顧況詩：「新茶

[一] 本條出明代牛衷《增修埤雅廣要》。「陸疏廣要」四字承《佩文韻府》誤。

已上焙，舊架憂生醭。」劉克莊詩：「梅醭朝衣塵滿靴。」莞凡服物朽變生白黴、白醭，醭讀夢入聲，音稍變。

黑曰烏。按《詩》：「莫黑匪烏。」《小爾雅》〔一〕：「純黑色而反哺者謂之烏。」烏本鳥名，假借爲黑色。蘇軾詩：「窮年弄筆衫袖烏。」又：「面臉照人原自赤，眉毛覆眼照來烏。」據此則借烏爲黑蓋起宋朝。

光曰晧。晧讀若厚。按《爾雅・釋詁》：「晧，光也。」《説文》：「晧，日出皃。从日，告聲。」考《楚詞・天問》：「受賜茲醢，西伯上告。何親就上帝罰，殷之命以不救。」又《抽思》：「道思作頌聊以自救兮，憂心不遂斯言誰告兮。」告與救韻，是告救音相近。晧從告得聲，《詩・揚之水》：「白石晧晧。」與繡鵠憂韻，鵠亦從告聲，當叶久。又《詩》「月出晧兮」，與懰受慅韻。又《大戴禮・衛將軍文子》篇〔二〕：「常以晧晧，是以眉壽。」晧與壽韻，則晧古音如厚可知。江永《古韻標準》謂告居候切，又分三十二晧入四十五厚，甚確。蓋晧厚雙聲，並匣母字，音固通轉也。莞謂天明曰天厚，月光曰月厚，又凡光皆曰厚，字皆當作晧。此周秦以來相傳之音義。昔昆山顧炎武宿傅山家，晨未起，傅呼曰：「汀芒矣。」顧怪而問之，笑曰：「子平日好談古音，汀芒即天明，今何忽自昧耶？」顧嘗謂古音必當復世，以此笑其迂然。莞謂天明爲天晧，讀如厚，俗無不喻者，此亦足爲顧氏解嘲也。《廣東新語》：「東莞謂光曰皎，音效。」此肊度之詞，玆不從。〇又莞語謂光而平曰光躺躺，即蕩蕩也。蕩從湯得聲，湯之去聲爲躺，則蕩蕩古音亦當爲躺躺。《史記》：「秦二世欲漆其城，優旃曰：『佳哉！漆城光蕩蕩，寇來不得上。』」莞中此語亦當傳自秦時。

物不平曰凹凸。凹讀女浥切，凸讀若特。按《一切經音義》引《抱朴子》：「凹，陷也；凸，起也。」《廣韻》三十一洽：「凹，下也。」與浥同音，烏洽切。此二字當以合脣音讀入緝韻。又十一没：「凸，凸出貌。」與突同音，陀骨切。莞讀凹作女浥切，凸讀若特，蓋浥突聲之稍變。凹，或借作坳字，讀於交、於教二切，則後人所改。莞語與《廣韻》合，乃古音也。楊

〔一〕小：原脱。
〔二〕衛：原脱，據《大戴禮》補。

慎《譚苑醍醐》云：「土窪曰凹，土高曰凸，古之象形字也。周伯温乃曰：『凹當作坳，凸當作垤，俗作凹凸。』非是，反以古字爲俗字也。東方朔《神異經》云：『大荒石湖，千里無凸凹，平滿無高下。』《畫記》云：『張僧繇畫一乘寺壁，遠望如凹凸，近視則平，名曰凹凸花。』俗呼一乘寺爲凹凸寺。江淹《青苔賦》：『悲凹險兮惟流水而馳騖。』《高僧傳》：『鏡之鑑像形曲而影凹。』皆名人文士所用，其來舊矣，豈至伯温始貶爲俗字乎？」其論最確。考白居易詩：「石凹仙藥臼，峯峭佛香爐。」陸龜蒙詩：「北洞樹形如曲蓋，東凹山色似熏爐。」〔一〕則唐中葉後已讀凹平聲。歐陽修詩：「敗皮弊網各有用〔二〕，誰使鑴鑱成凸凹。」陸游詩：「古硯微凹聚墨多。」又：「活眼硯凹宜墨色。」王逢詩：「滴露春聲落枕凹。」楊維楨詩：「玉郎渴甚故相嘲，可忍食殘團月凹。」是宋元間俱作平聲讀。周伯温謂凹當作坳，則明代又改於教切作仄音讀，其去古逾遠矣。莞中此讀，實出唐以前，真古音之僅存者。○又案《廣韻》浥訓「波下」，則浥與凹義亦略同。莞謂瘡凸起漸平曰浥，或曰凹，惟凹凸不讀浥突，然單呼凹字，則仍作浥，此真古音矣。

方言下

日謂之日頭。按《七修類稿》云：「真箇有天没日頭。宋《神童詩》也。」日頭之稱當始宋時。今莞中亦有此語。《通俗編》：「今諺云初出日頭暴出世。」

月謂之月亮。按《文選》嵇叔夜《雜詩》：「皎皎亮月。」注：「亮，明也。」李益詩：「庭木已衰空月亮。」

電謂之覢電。按《説文》：「覢，暫見也。」「閃，闚頭門中也。」《廣韻》覢閃並失冉切，二字音同。俗謂覢電當作覢。《一切經音義·大威德陀羅尼經》十二卷出覢電二字，注云「又作睒」。段氏《説文注》覢與目部之睒音義皆同。又案郝《通志》

〔一〕熏：原誤作「重」，據《全唐詩》改。
〔二〕弊網：原誤作「散網」，據《歐陽文忠集》改。

謂廣州俗字「隱身忽出爲閄，音閃」。今莞中無此字，其閃避則仍作閃，與《説文》合。

小雨謂之雨溦。按《説文》：「溦，小雨也。从水，微省聲。」無非切。莞謂雨溦本此。

颶風謂之風舊。按《三國志・陸胤傳》：「南海歲有舊風障氣之害。」風舊之語始此。

山腰謂之坳。按《莊子》：「覆杯水于坳堂之上。」釋文引支遁注：坳，「謂有坳垤形也」。《玉篇》：「坳，烏交切。不平也。」《廣韻》：「坳，於交切。地不平也。」唐以前俱讀平聲。《集韻》：「坳，又於交切。」莞讀爲拗，與《集韻》合，當宋以後音也。或作凹，見前凹凸下楊慎説。

兩山之間有路謂之逕，逕即陘與徑之通借。按《爾雅》：「山絶陘。」郭注：「連山中斷絶。」〔一〕邢疏：「謂山形連延中忽斷絶者名陘。」《説文》：「陘，山絶坎也。从阜，巠聲。」「坎，窞也。」兩山之間中忽低窞故名。陘窞處多有路，故又通作逕。《玉篇》：「逕，路徑也。」《孟子》「山徑之蹊間」趙注：「山徑，山之領。」徑，即陘之借。陘有平仄兩音。《左傳》：「孟孺子速遂塞海陘而還。」杜注：「海陘，魯隘道。」《釋文》陘音刑，徐音「古定反」是也。《廣韻》四十六徑，徑與逕同古定切。則陘徑逕三字古同一音。

崖謂之磡。按《廣韻》：「磡，苦紺切。巖崖之下。」莞謂山崖曰磡，又引申之凡岸之險者亦曰磡。

津謂之步。按楊慎《譚苑醍醐》云：「韓文『步有新船』，不知者改爲埗，朱子《考異》已著其謬。蓋南方謂水際曰步，音義與浦通。《孔戣墓志》『蕃舶至步，有下碇稅』，即以韓文證韓文，可也。柳子厚《鐵鑪步志》：『江之滸，凡舟可縻而上下曰步。』《青箱雜記》：『嶺南謂村市曰墟，水津曰步。罾步即漁人施罾處也。』」莞謂津爲步，俗別造埗字，非。今石步、增步村仍作步。增步，亦以施罾處得名。〇又案《通俗編》：「俗謂問津處曰埠頭。據諸書當作步字，而《宋史》從俗作埠。《度宗紀》有

〔一〕山：原脱，據《爾雅注》補。

武陽埠，《熊本傳》有銅佛埠，《劉錡傳》有黄連埠，《趙淮傳》有銀樹埠。宋以前未見用之。」然則今俗謂埠頭即步頭，以韓文證之蓋信。

沙未成田謂之坦。坦，假借字，當作潬。按《譚苑醍醐》云：「《管子》書有五沙之土。劉勳曰：『吴人謂水中可爲田者曰沙。』」此沙田之名所由始。其沙未成田者俗呼曰坦，官中文書亦作坦。《廣韻》〔一〕：「坦，寬也。平也。」故用之，爲通借。考《爾雅·釋水》：「潬，沙出。」郭注：「今江東呼水中沙堆爲潬。」潬即坦之本字。《廣韻》二十三旱：「潬，徒旱切。」「坦，他但切。」潬屬定母字，坦屬透母字。坦清而潬濁，二音不同，並上聲。今莞讀坦去聲，音稍變。

通水之道謂之圳。圳，讀若進。圳，俗字，當作甽，甽音轉爲圳。按郝《通志》：「通水之道爲圳。」俗讀迍去聲。此粤字之隨俗撰出者。考甽古作甽。《荀子·成相》「舉舜甽畝」注：「甽，與畎同。」《説文》：「畎，水小流也。」俗謂水之通流者爲圳，其義同甽。甽亦音旬。《類篇》：「甽，松倫切〔二〕。山下受雷處。」《轉注古音略》甽音旬，引《吕氏春秋》「上田棄畝，下田棄甽」。今俗讀圳如進，即旬之平聲轉爲去聲也。特旬屬邪母字，進屬精母字，音稍變耳。俗以甽姑泫切，與圳音異，又不知甽有旬音，因别造圳字，非。

蓄水之處謂之氹，讀徒錦切。氹，俗字，當作潭。俗不知潭有仄音讀如氹，因别造氹。按《廣雅》：「潭，淵也。」《管子》「潭根之毋伐」注：「潭，深也。」《楚詞·九章》：「長瀨湍流，泝江潭兮；狂顧南行，聊以娱心兮。」《韓詩外傳》：「逢天之暑，思心潭潭〔三〕；願乞一飲，以表我心。」潭兩與心韻。江永《古韻標準》分潭字入侵韻是也。《廣韻》下平二十二覃：「潭，徒含切。」而上聲四十七寝亦有潭，下注云：「潭，潭濼，水動摇貌。以荏切。又徒南切。」云潭濼者，《玉篇》：「濼，音粕。陂濼也。」是濼即泊字，義與淀同，皆謂蓄水處。《廣韻》潭濼二字一義，水動摇貌又一義。猶之潭本深淵，而

〔一〕廣韻：原誤作「説文」。
〔二〕松：原誤作「從」，據《類篇》改。
〔三〕思心：原誤作「思思」，據《韓語外傳》改。

《文選・江賦》「與波潭沲」、《海賦》「枝岐潭淪」注又以爲隨波動摇之貌也。惟潭在覃韻作徒含、徒南二切，若轉入侵韻，則當作徒林切。若由下平之侵轉而入上聲之寑，則當作徒錦切。徒爲定母字，蓋雙聲通轉，理當如此。若以爲喻母字，作以荏切，則不甚合。疑潭瀋一義，本作徒錦切，其水動摇貌一義，則作以荏切也。郝《通志》舉粤字之隨俗撰出者，云：「蓄水之處曰氹，徒錦切。」以潭字雙聲轉入寑韻作徒錦切核之，正與氹合。俗不知寑韻之潭有氹音，因别造氹耳。〇又按《廣韻》四十八感：「窞，坎旁入也。徒感切。」如以合脣音讀窞字，入寑韻，亦切爲氹音。謂氹爲窞之音轉亦通。〇江永《古韻標準》謂《廣韻》侵至凡共九韻，詞家謂之閉口音，即陳東塾師所謂合脣音也。侵韻莞俗皆合脣讀之，覃韻如諳鵪庵含蜬龕堪甘柑泔蚶等字，皆合脣讀若潭，男南湛耽等則否。然以詩之用韻考之，南男湛耽皆與侵韻字叶，古亦合脣音也。潭古音亦然，故俗語轉爲氹。若士人讀書，則不知潭有上聲，與氹音近矣。至談鹽添咸銜嚴六韻俗用合脣讀者，間亦有之，推之上去二聲亦然，兹不具載。

雨水相通謂之滘。滘，俗字，當作溝。俗以溝無仄音，因别造滘。按《廣東新語》：「二水相通處曰滘。」考《説文》：「溝，水瀆。廣四尺，深四尺。从水，冓聲。」《釋名》：「溝，搆也。縱横相交搆也。」凡諧聲之字多兼會意，「冓，交積材也」。故從冓之字如婚媾、覯見、遘遇、構合、購贖等皆有交義，亦皆作仄音。溝從冓得聲，《釋名》以「搆也」釋之，則其初本讀搆音。溝以搆爲訓，雖爲廣深四尺之瀆，然引申之凡水之相通亦可謂溝。《周禮・司險》「設國之五溝」注：五溝，「遂溝洫澮川」是也。今俗所呼之滘，其初當本謂溝，而音讀如構，後人不得其字，因别造滘耳。以此推之，亦可見此語爲秦漢相傳之古音也。

小水謂之潀。按《説文》云：「小水入大水曰潀。」引《詩》曰「鳧鷖在潀」。今俗别借涌字。《廣東新語》：「港曰涌，音沖。涌，衝也。」衝則有小水入大水之義，惟涌無平音，當以潀爲正。《廣韻》潀，職戎切，又徂紅、在冬二切。沖，直弓切。職屬照母字，徂在並屬從母字，直屬澄母字，讀潀爲沖，與職戎、徂紅、在冬三切俱成類隔，蓋音稍變。

禽窠謂之鬬。按《廣東新語》：「禽之窠曰鬬。」引范石湖云「雌雄曰一鬬，十鷄並種，當得六鬬」是也〔一〕。考鬬，當

〔一〕六：原誤作「十」，據道光《廣東通志》改。

藪之音變。《周禮・輪人》注：「鄭司農曰：藪讀爲蜂藪之藪。」疏：「蜂窠有孔藪然。」今莞謂蜂窠曰黄蜂鬬，是藪即鬬也。其言禽窠曰鬬者，蓋引伸言之。《廣韻》藪，蘇后切，屬心母字；鬬，都豆切，屬端母字。雖類隔，音則相近。

禽之伏卵者謂之菢。按《方言》：「北燕朝鮮洌水之間謂伏鷄曰抱。」郭注：「房奥反。」《廣韻》作菢，云：「鳥伏卵也。薄報切。」音與暴同。今莞俗正讀如暴，謂鷄之伏卵則曰落菢。

禽卵謂之春，又謂之蛋。春、蛋即鯤、㲉之音轉。按《禮・内則》「濡魚卵醬實蓼」鄭注：「卵，讀爲鯤。鯤，魚子。」《國語》韋昭注亦云：「鯤，魚子也。」《匡謬正俗》云：「卵者，魚卵，即是魚子。」考《説文》卵爲象形字，卵即象魚子之形。其初本以名魚卵，引申之則無乳而生皆謂之卵，故禽卵亦曰卵。鄭云卵讀爲鯤，鯤從昆聲，鯤與春音相近。《廣韻》春在十八諄，昌脣切，屬穿母字；鯤在二十三魂，古渾切，屬見母字。然古音通轉，非《切韻》字母所能拘。温仲和謂《詩》「在河之漘」與「謂他人昆」韻，漘在十八諄，昆在二十三魂，此春之所以得轉爲鯤也。其説甚確。莞謂魚子曰魚春，即蝦子亦曰蝦春，又凡鳥雀鷄鴨之卵皆曰春，皆鯤之音轉也。〇又案《説文》：「㲉，卵不孚也。从卵，段聲。」江沅曰此即今蛋字。温仲和謂今之皮蛋、鹹蛋本爲不孚之卵，㲉爲本字，蛋乃通借字。其説亦確。蛋，土音讀如旦。《廣韻》旦在二十八翰，㲉在二十九换，二韻本同用，蓋蛋即㲉之音轉，今俗别造疍字，非。

鳥之腹下白者謂之畢，畢即鵯之音變。按《爾雅》：「鸒斯，鵯鶋。」郭注：「鴉烏也。小而多羣，腹下白，江東亦呼爲鵯烏。音匹。」邢疏引《小爾雅》云：「小而腹下白，不反哺者謂之鴉烏。」《説文》《字林》皆云「楚烏」是也。考《詩》毛傳、《説文》卑居二字不從鳥，謂卑棲也。《廣韻》五質鵯與匹同音，譬吉切。莞謂鳥之腹下白者曰猪屎畢，以羣飛啄猪屎中故名，即鵯也。鵯屬滂母字，畢屬幫母字，雖類隔而同韻，故鵯音變爲畢。又麻雀亦謂之麻畢，麻雀多棲屋檐，其居甚卑，蓋借鵯之義而名之。

鷄已閹者謂之扇鷄。按《肘後經》「騸馬、宦牛、羯羊、閹猪、鐓鷄、善狗、浄猫」，七字本同義，莞謂扇鷄，借騸馬之名言之。《五代史》：「郭崇韜素嫉宦官，嘗謂繼岌曰：『主上千秋後，當盡去之，至於扇馬亦不可騎。』」扇字不用馬旁。

牡羊謂之羊羖。　按《説文》：「羖，夏羊，牡曰羖。」《廣韻》《集韻》及《類篇》《韻會》引《説文》同，程瑶田、段玉裁、馬瑞辰皆從《説文》謂《爾雅》「牡羭，牝羖」爲互易之訛。莞俗謂牡羊曰羊羖，又嘲人之老而有鬚者曰羊羖，即此字。《爾雅》「牝羖」之誤，此亦其一證也。○又按俗凡畜之牡者皆謂之牯，牯亦當作羖，蓋引伸言之。《玉篇》：「牯，牝牛也。」《廣韻》：「牯，牯牛。」《集韻》：「牯，牛名。」皆不謂牡，俗不知爲羖之借，誤作牯耳。

牝猪謂之猪乸。　乸讀拿上聲。　乸，俗字，當作豝。　豝音變爲乸。　按《廣東新語》：「凡雌物皆曰乸。」郝《通志》：「乸，拿上聲。」考《詩》：「壹發五豝。」毛傳：「豕牝曰豝。」《説文》：「豝，牝豕也。」豝本謂牝猪，讀平聲，俗轉爲上聲，又音變爲乸，呼曰猪乸。　又引伸之凡畜之牝者皆謂之乸，即鷄鴨之雌者亦曰乸，皆借豝而言。

牝畜小者謂之牸。　按《廣雅》：「吴羊，其牝一歲曰牸。」《玉篇》：「牸，牝牛也。」《孔叢子》：「子欲速富，當畜五牸。」《齊民要術》：「牛馬猪羊驢五畜之牸，畜牸則速富之術也。」莞俗又引伸之，狗亦曰牸，即鷄亦曰牸，皆以小者爲言。

猪牛之圈謂之闌。　按《孟子》「既入其苙」趙注：「苙，蘭也。」《方言》：「苙，圂也。」郭注謂：「蘭，圂也。」《漢書・王莽傳》：「與牛馬同蘭。」顔師古注：「蘭謂遮蘭之，若牛馬蘭圈也。」戴震云：「蘭闌古通用。」

積柴木水中以聚魚謂之罧。　按《爾雅》「槮謂之涔」郭注：「今之作槮者，聚積柴木於水中，魚得寒，入其裏藏隱，因以薄圍捕取之。」《説文》：「罧，積柴水中以聚魚也。」所今切。《廣韻》：「罧，所禁切〔一〕。積柴取魚所。」審母字。　所今、所禁二切〔二〕，皆從槮取音，蓋槮從參得聲，參亦所今切，同審母字也。　然罧從林得聲，則當有林音。　莞讀林去聲，屬來母字，此非音變，緣讀罧與槮不同？又莞俗，凡柴草磚石之類堆積之，皆謂之罧，蓋引伸言之。

〔一〕〔二〕　禁：原誤作「蔭」，據《廣韻》改。

蟹謂之旁蟹。按《周禮・梓人》疏：「蟹，謂之螃蟹，以其側行者也。」《通俗編》云：「語義當正作旁，今字從虫，是後人率加。《埤雅》云：『蟹旁行。』」莞讀旁如彭。彭旁雙聲，一音之轉。

螺謂之拳螺。按《文選・江賦》「鸚螺蝊蝸」注：「舊説，蝊蝸，小螺也。」《廣韻》：「蝊蝊蝸蝸，螺也。」《駢雅》云：「蝊音旋，亦作蜁，同。」莞讀蝊爲拳。蝊屬邪母字，拳屬羣母字，雖類隔而同韻，拳即蝊之音變也。

蝪蜥謂之菴宫魚。按《爾雅・釋魚》：「蠑螈，蜥蝪。蜥蝪，蝘蜓。蝘蜓，守宫也。」郭注：「轉相解，博異語，別四名也。」《老子》：「揣而鋭之，不可長保。金玉滿堂，莫之能守。」《易林・屯》之《同人》：「城弱不守，邦君受討。」〔一〕又：「恒之大有，篤心自守，與喜相抱。」守，古音與保討抱相近。莞謂菴宫，亦古音也。加魚者，《爾雅》《廣雅》蜥蝪俱入魚類，故名。

蜻蜓謂之蠊蚦。蠊讀如囊，蚦讀如呢之清聲。按《方言》：「蜻蛉，謂之蝍蛉。」郭注：「江東名狐黎。淮南人呼蠊蚦，音康伊。」莞讀蠊如囊，讀蚦如呢之清聲，雖屬類隔，然蠊囊同韻，蚦呢亦同韻，蓋蠊蚦音變爲囊呢也。呢，女夷切，濁音，屬孃母字。孃之清聲無字，詳《切韻考外編》。

蚯蚓謂之哦蟺。蟺讀爲犬。按《玉篇》：「蟺，市衍切。蚯蚓也。」《廣韻》：「蟺，蛩蟺，蚯蚓。常演切。」《古今注》：「蚯蚓，一名曲蟺。善長吟於地中，江東謂之歌女，亦呼爲蹇蚓。」莞稱哦犬，犬即蟺之音變。蟺屬蟬母字，犬屬溪母字，而一在二十八獮，一在二十七銑，二韻通用，音相近。云哦蟺者，當以蚓善長吟而名，或哦即歌之音變。

跳蚤謂之狗蝨。按《説文》：「蝨，齧人蟲也。」《一切經音義》引云：「今牛馬鷄狗皆有。」《通俗文》又云：「狗蝨曰螕。」《太平御覽》引《吴普本草》：「胡麻，一名狗蝨。」以實形得名。韓愈孟郊聯句：「靈麻撮狗蝨。」俗謂跳蚤爲狗蝨，亦古語。

稻草謂之稈。按《説文》：「稈，禾莖也。」《左傳》：『或投一秉稈。』」今本作秆。杜注：「秆，藁也。」《廣雅》：「稻穰

〔一〕邦：原誤作「郭」，據《易林》改。

謂之稈。」今莞俗稱禾稈，或呼之曰禾稈草。

蘆菔謂之蘿白。按《爾雅》：「葖，蘆萉。」郭注：「萉宜爲菔，蕪菁屬。」邢疏：「今謂之蘿蔔是也。」《説文》：「菔，蘆菔。」徐鍇曰：「即今之蘿蔔也。」郝懿行謂：「《後漢書》：『更始亂，宫人食蘿菔根。』是蘆讀爲蘿。」錢大昕《聲類》：「《詩》『匍匐救之』，《禮・檀弓》引作『扶服』。」又五服，古音蒲墨切。蘆菔之菔從服得聲，今人讀蒲墨切，此古音之僅存者。今莞稱蘿菔曰蘿白。服與復同音，《孟子》「有復于王者」注：「復，白也。」《吕覽》「公上過往復于子墨子」注：「復，白也。」復聲如白，故服又可轉爲白，蓋音自通轉。

山藥謂之藷。按《山海經》「景山其上多藷藇」郭注：「根似羊蹄，可食。曙豫二音，今江東單呼爲藷，音儲，語有輕重耳。」《廣韻》：「藷，薯蕷，别名。」蘇頌《本草圖經》：「江湖中出一種薯蕷，根如薑芋之類，而皮紫，極有大者，彼土人單呼爲藷，音殊，亦曰山藷也。」莞稱山藥曰藷，其名甚古，或作薯，以薯蕷即藷藇，核之古字亦相通。

肉謂之肴。按《廣雅》：「肴，肉也。」《文選・典引》蔡邕注：「肉曰肴，骨曰胾。」莞謂買肉曰買肴本此。又《楚詞・招魂》「肴羞未通」注：「魚肉爲肴。」《文選・西京賦》「膳夫馳騎」注：「肴，膳也。」莞問膳之佳否曰「好肴不好肴」，并魚肉等言之，亦本此。

膳謂之送。按蘇軾詩：「香粳飽送如填塹。」莞謂以膳將飯送之入口曰送飯，因借言之謂膳亦曰送。據蘇詩語，當始宋時，俗别造餸，非。

餈食謂之糖不甩。甩，俗字。不甩，當作畢羅，羅音轉爲甩。按郝《通志》：「物之脱者曰甩，倫粒切。」此粤字之隨俗撰出者。《玉篇》：「饆，饆饠，餅屬。」餅，麪餈也。《酉陽雜俎》〔一〕：「有人夢入畢羅店，及醒，店子曰：『郎君與客食畢羅二斤，何不計值而去？』」《資暇録》：「畢羅者，蕃中畢氏羅氏好食此味。今字從食，非也。」朱子詩：「霞觴正自

〔一〕陽：原誤作「隅」。

詩真一，香鉢何須問畢羅。」據此則飧餌謂之畢羅，自古有之。《廣韻》羅，魯何切，屬來母字，濁音，屯作倫粒切，亦來母字，濁音，二字雙聲，故可通轉。莞俗又讀羅乇二字爲清音，清則亦同母雙聲，惟來母之清無字，詳《切韻考外篇》。郝《通志》窮於翻切，故以倫之濁音切之，其實畢字清音讀羅，爲清語，乃諧羅乇二字。俗蓋由清音通轉也。方以智《通雅》云〔一〕：「畢羅，飧食也。《南史》虞悰作扁米糲，即今饊子，一曰寒具，一曰粔籹，一曰饆饠。升庵以粔籹則紐形者，饆饠則有餡者，古所謂飧餌也。」今莞以糖爲之，名曰糖不乇，中亦有餡。又莞中於歲杪以糯米粉和糖爲圓形蒸之，有大徑尺者名如龍。考《廣韻》：「龖，龖餅。盧紅切。」世不知龖餅何物，疑即莞所作如龍也。龍龖同音，云如者，或以其製法似龖餅，故以爲名。

粔籹謂之糖環。按《楚詞》「粔籹蜜餌」洪興祖補注：「粔籹，密餌也。吳謂之膏環。」莞俗以糖爲之，故曰糖環。然亦炸以膏油，即古之粔籹也。粔籹，其吕、尼吕二切。

釜謂之鑊。按《周禮·大宗伯》「省牲鑊」注：「鑊，烹牲器也。」又：「亨人掌共鼎鑊。」注：「鑊，所以煮肉及魚腊之器。」今莞俗飯器亦曰鑊，蓋引伸言之。

釜小者謂之鍋。按《廣韻》：「鍋，温器。古禾切。」莞俗謂火鍋即此。《正字通》：「俗謂釜爲鍋。」據《廣韻》則唐時已有此名。

撈菜器謂之笊籬。按《唐書·安禄山傳》：「帝爲禄山起第，金銀爲篣筐笊籬。」楊萬里詩：「風爐蟹眼候松聲〔二〕，罛羅親撈微帶生。」考笊籬二字見《廣韻》，籬讀平聲，楊詩則二字從网，羅讀仄聲。今俗用罛羅，以鐵絲結爲網，讀羅，亦近仄音，蓋起宋時。

盛飯器謂之筲箕。按《說文》：「筥，筲也。」徐鉉曰：「今言筲箕。」《一切經音義》引《字林》：「筥，飯器。」今俗盛米

〔一〕通：原誤作「騁」。
〔二〕松：原誤作「蟲」，據《誠齋集》改。

及飯俱用筲箕。

盌之口弛者謂之凵。按《説文》：「凵，張口也，象形。」《集韻》：「凵，苦紺切，音勘。」《正字通》引魏校曰：「凵，受物之器，象地體承載形，虚中者，當其旡，有器之用也。」莞謂盌之口弛者曰凵，即此字。

凵小者謂之楪。按《演繁露》云：「《酉陽雜俎》：『劉録事食鱠數疊。』今俗書楪字，誤以其可疊，故名爲疊也。然楪乃疊札爲之，則以疊爲楪，亦有理也。」《通俗編》：「楪字，唐人已用。白居易詩：『三杯籃尾酒，一楪膠牙餳。』」今俗作碟，非。

竹器載食物者謂之食籮。按《癸辛雜識》〔一〕：「尹梅津無子，螟蛉，石羅二姓，人爲語曰：『梅津一生辛勤，只辦得食籮一擔。』」

衣無袂謂之背心。按《儀禮・鄉射禮》「韋當」鄭注：「直心背之衣曰當。」《釋名》：「裲襠，其一當胸，其一當背也。」王念孫曰：「裲襠，蓋本作兩當。」今莞謂衣無袂曰背心本此，即古裲襠也。

衣領謂之袥肩。按《説文》：「袥，衣衸也。」《廣韻》：「袥，開衣領也。」《楊升庵外集》：「今云袥肩。」

袴之當前後陰者謂之袴襠。襠讀若囊去聲。按顔師古注《急就篇》云：「袴合襠謂之褌。」《玉篇》：「襠，裲襠。」〔二〕又：「袴襠也。」裲襠以當心背名，袴襠想亦同此義。《北齊書・陸法和傳》：「蛇頭齘袴襠而不落。」《北史・于什門傳》：「披袴後襠以辱之。」皆謂袴當前後陰處。襠與當通，當有平去二音。惟襠當俱端母字，莞讀襠爲囊去聲，屬泥母字，音稍變。

衣系謂之紐襻。按《説文》：「紐，系也。」《荀子・正名》：「交喻異物，名實玄紐。」注：「紐，結也。」俗稱紐扣。《廣

〔一〕識：原誤作「志」。
〔二〕「襠，裲襠」出《類篇》。

雅》：「扣，持也。」謂系結之與襻相持。《玉篇》：「襻，普患切。帥下系。」《廣韻》：「襻，衣襻。」庾信《鏡賦》：「裙斜假襻。」王筠《詠征婦裁衣》詩：「襻帶雖安不忍縫。」

婦女袙服謂之袜胸。袜讀若抲。按《廣韻》：「袜，莫撥切。袜肚。」隋煬帝詩：「寶袜楚宫腰。」是袜者，束腰肚之名。莞謂袜胸，蓋在腰肚上。楊慎《丹鉛總録》：「袜，女人脅衣也。」胸脅相連，即袜胸之名所本。袜抲俱明母字，雙聲，故土音轉爲抲。

婦女首飾謂之頭面。按《東京夢華録》，相國寺兩旁，「賣繡作、領袜、花朵、珠翠、頭面之類」。《乾淳起居注》：「太上、太后幸聚景園，皇后先到宫中起居，入幕次换頭面。」《通俗編》云：「據此則首飾曰頭面，自宋已然。」

梳箱謂之匳妝。按《廣韻》：「匳，《方言》：『箱類。』古禫切。音同感。」《通俗編》云：「今有篋類曰匳妝。焦竑《俗書刊誤》、李詡《俗呼小録》皆作匳，非。」

抒水器謂之戽斗。按《博雅》：「戽，抒也。」《廣韻》：「戽斗，舟中渫水器也。」《太平御覽》引《纂文》云：「𣸣斗，抒水斗也。」王念孫曰：「戽與𣸣同。」莞俗謂不惜財物亂用之曰亂戽。蓋由戽水之義而引伸之。

杙謂之戕，又謂之戙。按《廣雅》：「戕、戕、戙、栅，杙也。」《玉篇》：「戕戕，繫船大杙也。」「戙，船左右大木也。」《廣韻》：「戙，船纜所繫也。」王念孫曰：「戕戕，本作牂柯。牂者，杙長大牂牂然也。柯亦長大之名。《漢書·地理志》：『牂柯郡。』顔師古注云：『牂柯，繫船杙也。』戙之言侗也，亦長大之名。《説文》：『侗，大貌。』《論衡》云：『上世之人，侗長佼好。』」今莞俗凡撞木入土爲牆址曰打戕。又戕之大者曰戙，又凡木之大者曰大戙，謂人之長大而無用亦曰大戙，即侗長之義。戕音臧，戙音洞。

矩謂之曲尺。按《史記·禮書》：「《索隱》曰：『矩，曲尺也。』」

棺謂之棺材。按《南史·齊宗室傳》：「命辦數十具棺材。」又《張敬兒傳》：「逃賣棺材中，以蓋加上，乃免。」《通俗編》：「棺材本謂中爲棺之材木，而世呼已成之棺。據二事，則齊梁時已然。」

一枚曰一个。个又作個、箇。按《儀禮・士虞禮》「俎釋三个」注云：「个，猶枚也。今俗或名枚曰個，音相近。」疏云：「名枚曰個者，人旁著固，字雖不同，音聲相近，同是一个之義。」《方言》：「箇，枚也。」《漢書・刑法志》注：「个，讀曰箇。」《玉篇》：「箇，數之一枚。」戴震曰：「箇，古作个，亦作個。」郝《通志》「廣州呼人曰個」，以此爲俗，非。白居易詩「四個老人三百歲」，正用個字。

一半曰一邊。按《詩》「在水一方」鄭箋：「乃在大水之一邊。」《後漢書・五行志》：「墮馬髻者，作一邊。」《水經注》：「圓水廣可二百步，一邊暖，一邊冷。」

衣一襲曰一沓。按《廣東新語》云：「沓，襲也，訛襲爲沓。」考《顔氏家訓・書證》：「重沓是多饒積厚之意。」《廣韻》二十七合：「沓，重也，合也。」又二十六緝：「襲，重也，合也。」《漢書・蒯通傳》：「魚鱗雜襲。」師古曰：「雜襲，猶雜沓。言相雜而累積。」蓋沓襲義同，韻亦相近，音故通轉也。屈説甚通。俗隨意書之，因作沓字耳。

綫一綹曰一子。子當作紕，紕音變爲子。按《廣韻》：「紕，昌里切。績苧一紕。出《新字林》。」莞俗數績麻曰子，數綫綹亦曰子。子皆當作紕。《詩》「素絲紕之」毛傳：「紕，所以織組也。總紕於此，成文於彼。」紕與四畀爲韻，當讀仄音。莞俗綫與麻皆總紕之，故曰一紕。紕屬穿母字，子屬精母字，本類隔，而同在六止，故紕音變爲子也。《廣東新語》：「綫一綹曰一子。」未究此義。

菜一盌曰一味。按《史記》《漢書》屢言「食不重味」，莞言一味者，即不重味之謂。杜甫詩：「勑廚惟一味，求飽或三鱣。」

戲一齣曰一出。按《傳燈録》：「藥山問雲巖：『聞汝解弄師子，弄得幾出？』曰：『弄得六出。』藥山曰：『我亦弄得。』雲巖曰：『和尚弄得幾出？』曰：『我弄得一出。』」莞語謂戲本此。

骰子一擲曰一手。按《廣東新語》有此語，義未詳。考《小爾雅》：「一手之盛謂之溢，兩手謂之掬。」骰子以一手持擲之，故以手名其義，與溢同。

數禽獸曰隻，物雙而稱其一曰一隻。按《説文》：「隻，鳥一枚也。从又持隹，持一隹曰隻，持二隹曰雙。」莞數諸禽鳥皆曰隻。又引伸之數諸獸畜亦曰隻。《後漢書・徐穉傳》：「炙鷄一隻。」《唐書・竇静傳》：「羊千隻。」蓋古語如此。郝《通志》：「廣州呼畜曰隻。」以《説文》證之，稱禽獸曰隻尤宜。〇又按《漢書・王喬傳》：「得一隻舄。」《齊書・張敬兒傳》：「劉攘兵寄敬兒馬鐙一隻。」《唐書・五行志》：「一隻筯，兩頭朱。」皆物本雙而稱其一曰隻。莞凡眼、耳、手、腳、臂、髀、眉、乳、及鳥之翼爪，獸之角，物之靴、鞋、屐、襪、衫、袖、袴腳、門筯、蠟燭、旗杆等，凡雙而稱其一必曰一隻，他則否。此本《説文》雙隻之義而引伸之，亦古語也。〇又按白居易詩：「歲要衣三對，年支穀一囷。」〔一〕《金史・輿服志》：「華蟲、火各十二對，虎、蜼各六對。」〔二〕對之稱在唐以後。莞謂一雙，又作一對本此。

數針曰口。按古數刀劍皆曰口。《晉書・劉曜載記》「獻劍一口」，《齊書・祥瑞志》「得五尺刀一十口」是也。刀劍之鋒刺處則傷成口，故以口名。莞數針以口，由刀劍之義而引伸之。

數檳榔亦曰口。按《廣東新語》引「陸倕謝安成王賜檳榔一千口」是也。考《雲笈七籤》云：「青精玉芝，食之一口，壽九萬年。」數檳榔以口，蓋以食言，與數針曰口不同。莞數食菸亦曰口，與檳榔同義。

數蕉子曰梳。按《廣東新語》引蘇軾詩「西鄰蕉子熟，時致一梳黃」是也。然二句係唐庚《立冬後作》詩，翁山蓋誤記。

〔一〕囷：原誤作「圍」，據《全唐詩》改。

〔二〕六：原誤作「一」，據《金史》改。

數田曰畛。畛，俗字，當作町。俗不知町有仄音，因別造畛。按《廣東新語》：「數田曰畛。」字書無畛字，蓋俗造也。《廣韻》十五青：「町，田處。他丁切。」四十二迥：「町，田塸。徒頂切。」《一切經音義》引《蒼頡》亦云：「町，田區。」《龍龕手鑑》町，他丁、他頂、徒頂三反，「田邱畝也」。莞謂田之分區分邱者爲畛，讀如土音領之清聲。畛與町音本類隔，然聲韻相近，故町變爲畛也。俗不知町有仄音，別造畛字，非。○又按《廣韻》：「領，良郢切。」屬來母字，來之清聲無字，詳《切韻考外篇》。

數無奇零曰整。按《蜀志・諸葛亮傳》：「亮以建興五年抗表北伐，自傾覆至此整二十年。」

數無盡曰無萬，又曰無數。按《漢書・成帝紀》：「建始元年六月，有青蠅無萬數，集未央殿中。」注：「言其極多。」《詩》「萬億及秭」疏云：「言其多無數也。」劉長卿詩：「木葉脱洞庭，紛紛落無數。」

虹讀如汞。按郭璞《鯨魚贊》：「壯士挺劍，氣激白虹。鯨魚潛淵，出而色悚。」虹與悚韻，虹讀仄音。《爾雅》釋文引《字林》：「虹，工弄翻。音貢。」楊慎《轉注古音略》：「虹，户孔切。音汞。」莞音與楊同。

雙讀如鬆。按《詩》「冠緌雙止」，與庸、從韻。《史記・龜策傳》：「禍與福同，刑與德雙。聖人察之，以知吉凶。」《説苑》〔一〕：「兩高不可重，兩大不可容，兩勢不可同，兩貴不可傷。」《後漢書》：「荀氏八龍，慈明無雙。」又：「天下無雙，江夏黄童。」《晉書》：「卞氏六龍〔二〕，玄仁無雙。」又：「石仲容，姣無雙。」《隋書・于仲文傳》：「明斷無雙有于公。」江永《古韻標準》謂雙，古音所工切，屬審母字。莞凡一雙手、一雙筯皆讀若鬆，屬心母字，疑鬆係古音，江氏所工切似本之吴棫，未爲精審也。

陂讀如碑。按周春《十三經音略》云：「《禹貢》既陂之陂，《泰誓》陂池之陂，並音碑，《禮記・月令》、《左傳》成四年、

〔一〕苑：原誤作「范」。
〔二〕六：原誤作「八」，據《晉書》改。

昭十年同，與《洪範》無陂、《易・泰卦》不陂、《周禮・典同》陂聲之陂音賁，《爾雅》陂者之陂音坡者不同。《釋文》三音迥別，義亦各異，今人多不分也。《説文》：『陂，池也。』《後漢書・黄憲傳》：『汪汪若千頃陂。』叔度，慎陽人，縣有南北兩陂，流爲七池，汝水之支流也，大抵汝潁間呼水積處爲陂。《史記・灌夫傳》《漢書・翟方進傳》並有此字。與汝潁兩水相通者，亦多名陂，見於《水經注》中約有五十餘。後世訛陂爲波，顧亭林謂陂波同音假借，非也。」其説甚確。今莞謂山間流潴之水皆曰陂，讀如碑，與古義合。

知讀如土音地平聲。按《詩・芄蘭》知與支觿韻，《墓門》知與斯韻，《小弁》知與伎雌枝韻，《何人斯》知與篪斯韻，《老子道德經》以知與兒疵雌谿韻，《莊子》兩以知與離韻，《楚詞・九歌・少司命》知與離韻，又《九章・涉江》知與螭韻，知字古音，當讀與斯伎疵離螭等相近。今韻四支，《廣韻》分五支六脂七之三韻，而支韻字多斯疵離等音。竊以爲支字古亦當音歧。《説文》支，从手持半竹，上象竹分葉歧出之形。支借爲枝肢，亦取歧出之義。故从支之字，如歧岐跂伎忮芰妓等字多作歧音。此雖以土音讀之，必當不誤。《廣韻》知，陟離切。摛，丑知切。離摛與知爲疊韻。若以土音切之，必讀如地平聲乃諧。今世正音讀知音與脂之同，廣音亦然，此必當以莞音讀之，使相分別，不然《廣韻》何必分支與脂之爲三韻乎？廣人於斯疵離等字，不從正音，而於莞讀知作土音地平聲則相嘲笑，此未究古音耳。○又按唐景審作釋慧琳《一切經音義序》云：「武與綿爲雙聲，企以智爲疊韻，如斯之類，竊所不取。」武綿雙聲係隋及唐初之音，《廣州音説》已詳辨之，且謂廣音超越乎唐季宋代之音而上合乎《切韻》《唐韻》矣。云企以智爲疊韻者，《廣韻》企，去智切，此必隋及唐初智讀如土音地，故與企疊韻作切，猶之知讀如地平聲，《廣韻》以離與知疊韻作切也。景審唐元和間人，疑其時智音已讀之去聲，與企疊韻作切則不諧，故以《廣韻》企智疊韻作切爲非。以此例之，亦可證莞讀知如土音地平聲，實隋及唐初舊音也。○又按段氏《六書音均表》以之咍爲第一部，脂微齊皆灰爲第十五部，支佳爲第十六部。東塾《切韻考》謂：「隋以前之音細密，唐以後之音漸混，古音支脂之三部《三百篇》分用，段氏考之甚明，而不能讀爲三種音。晚年以書問江晉三云：『足下能知其所以分爲三乎？僕老耄，倘得聞而死，豈非大幸。』此亦古人能分，今人不能分，時代所限，無可如何。」今以正音讀支脂之三韻字，音同一律，即微齊二韻亦讀與支脂之同，實不能分。然以廣音讀支韻諸字，如支聲字，竊以爲古當讀如土音歧，其如皮聲、离聲、奇聲、義聲、麋聲、卑聲、斯聲、祇聲、麗聲、此聲、弭聲諸字，廣音亦讀與歧近。若知，莞讀如土音地平聲，爾，莞音讀如你，亦與歧音近。此外爲聲、委聲、隓聲、規聲、危聲、提聲、巂聲諸字，廣音別爲一類。又吹聲、垂聲、羸聲、垂聲〔一〕、隋聲諸字，廣音又别爲一類。然皆與正音之韻諸字異。其與之韻字音近者，祇宜施移義諸字耳。廣音讀支韻諸字，計十之七八與之韻不同，此當亦隋及唐初舊音。惜段氏不知廣音，當時亦無有以廣音告之者。若脂之二韻，其所以分，不知若何？然支韻，廣音則固大有别也。此論亦《廣州音説》所未及，記之以待知者。

魚讀如吾。按《列子·黄帝篇》「姬魚語女」注：「魚當作吾。」《史記·河渠書》「功無已時兮吾山平」徐廣曰：「東郡東阿有魚山，或者是乎？」據此則古音魚如吾。《國語》：「暇豫之吾吾。」韋昭注吾音魚。此其證。今莞中山鄉多呼魚爲吾。

無讀如武。按《禮器》「詔侑武方」注：「武當爲無，聲之誤也。」又《周禮·鄉大夫》「五曰興舞」注：「故書舞爲無。杜子春讀無爲舞。」《廣韻》武與舞同文甫切。莞凡問有無及答曰無，皆讀如武，蓋古音也。

來讀如釐。按《儀禮》「來汝孝孫」注：「來讀曰釐。」《詩》「貽我來牟」，《漢書·劉向傳》引作「貽我釐麰」。《公羊傳》：「杞伯鬱釐。」《史記·杞世家》索隱注引譙周云：「名鬱來。」來古音如釐，以《詩》與《易》韻核之自見。《廣東新語》謂廣州來曰釐，而未能引證，今莞語與廣州同。

親家之親讀如襯。按《釋名》：「親，襯也。言相隱襯也。」《廣韻》二十一震：「親，七遴切。親家。」《轉注古音略》引劉鑑云：「親，姻也，平聲。婚姻相謂曰親，去聲。唐詩：『人主人臣是親家。』」〔二〕莞俗此稱，亦唐以前語也。

〔一〕上已見「垂聲」。

〔二〕人主：原作「天子」，據《全唐詩》改。

門讀如蒙。按《孟子》「逢蒙」，《荀子・王伯篇》《史記・龜策傳》作蠭門，《漢書・藝文志》《王褒傳》作逢門，而《莊子・山木》篇則作蓬蒙。門，古音蓋如蒙也。今莞俗缺口諸鄉多讀門如蒙。

猫讀如茅。按《儀禮・士相見禮》「在野則曰草茅之臣」注：「古文茅爲苗。」苗，古音蓋如茅也。猫從苗得聲，故莞呼猫如茅。

摩讀如磨上聲。按《孟子》「折枝」趙注：「折枝，按摩，折手節解罷枝也。」《廣韻》去聲三十九過〔一〕：「摩，按磨。摸臥切。」按磨，即按摩。莞俗凡以手摩肌膚，摩作仄聲，即趙注按摩之解罷枝也。罷疲、枝肢古通借，惟《廣韻》摩讀去聲，莞作上聲，音稍變。

浮讀如袍。按《詩》浮字多韻十八尤，亦間有韻六豪者，如《角弓》之浮流髦憂，《江漢》之浮滔游求。流憂游求，尤韻字；髦滔，豪韻字也。漢魏而下，浮字多讀入豪韻，如司馬相如《大人賦》：「乘絳幡之素蜺兮，感雲氣而上浮。建格澤之修竿兮，總光耀之采旄。」邯鄲淳《曹蛾碑》：「或泊洲渚，或在中流，或趨湍瀨，或逐波濤。」又《素問》言：「死肺脈來，如物之浮，如風吹毛。」亦浮與毛韻。莞讀浮如袍，浮頭則曰袍頭，浮藻則曰袍藻，此亦漢魏時古音。

三牲之三讀如參商之參。按《詩》「其實三兮」與今韻。江永曰：「古三參相通。參之本音如森。」莞俗謂三牲必曰參牲，此古音之僅存者。

檐讀如壬。按《說文》：「檐，从木，詹聲。」詹入《廣韻》二十四鹽，古亦合脣音。江永謂潛古音昨林切，綅古音息林切是也。楊慎《古音餘》引《晉志》：「升平末，俗間忽作廉謌曰：『白門廉，宮廷廉。』內外悉臨。有扈謙者聞之，曰：『廉者，臨也。國其有大諱乎？』俄而穆帝崩。」據此是廉音如臨，亦合脣音。莞俗凡屋檐、帳檐，檐皆讀如壬，此以合脣讀之而得其音，

〔一〕九過：原誤作「八箇」。

蓋古音也。○又按《漢書·文帝紀》「或阽於死亡」注引孟康曰：「阽音屋檐之檐。」考從占得聲之字，如擣衣石之砧，斫木質之枮，權安厝之坫，《廣韻》皆知林切，收入侵韻，阽亦從占聲，疑孟康此音亦讀如壬也。《廣韻》鐵鉆之鉆則巨淹切，入鹽韻，莞仍讀知林切，與石砧、木枮音同。

蟾蜍讀如禽蠩。 按蟾蜍，《爾雅》作蟾諸，莞俗讀爲禽蠩者。此以合唇讀蟾，故音如禽，猶之以合唇讀檐音如壬也。諸蠩，《廣韻》並章魚切，蓋同音字。俗別造蠄蜍字，非。

帆讀如篷。 按《説文》無帆字，以六書言當从巾凡聲。《玉篇》帆，扶嚴、扶汜二切。《廣韻》帆，符咸切，又扶汎切。考《説文》從凡聲之字，如芃、如風、如鳳，古入東送韻。帆字又作颿，颿亦當從風得聲。江永《古韻標準》謂：「風古音孚金切，故《詩》以風韻心林欽。」又謂：「風从凡聲，《廣韻》二十九凡與侵韻近，故古音孚金切，後世方音轉乃入東韻，猶風颿之颿，本音凡，而今人皆以輕唇轉重唇呼之如篷，亦是凡韻轉東韻也。」莞讀帆如篷，收帆謂之收篷，開帆謂之放篷，横風使帆謂之敲篷，蓋凡之音轉。○又按《廣東新語》云「帆曰⿰巾里」者，以土人謂帆曰篷，又曰⿰巾里也。字書無⿰巾里字，此當帔之音變。《一切經音義》引《三蒼》：「帆，船上張布帊也。」又引《聲類》：「帆，船上幔也。」《文選·吳都賦》劉注：「颿者，船帳也。」帆從風得聲，從巾取義，布帊、幔帳皆可名帆，故帔亦可名帆。《玉篇》：「帔，披也。」《廣韻》五寘：「帔，衣帔。披義切。」《晉書·桓靈寶傳》：「貫油帔登山。」蓋帔亦布帊、幔帳之類。謂帆爲帔，義當如此。帔音變爲里，俗不得其解，因別造⿰巾里耳。

爾讀如土音你。 按《説文》：「爾，麗爾，猶靡麗也。」《廣韻》：「尒，義與爾同。」引《説文》曰：「詞之必然也。」又有你字，云：「乃里切。秦人呼傍人之稱。」考《説文》以靡訓爾，則爾古音近靡。《廣韻》尒加人傍爲你，則尒古音亦近你。又凡從爾得聲之字，如彌獮瀰璽等字，以廣音讀之皆與你音相近，此亦古音也。今廣州人讀你我之你作乃里切，而讀爾則用正音，每以莞俗讀爾如你爲嘲笑，此未究其義耳。○又按《廣韻》四紙諸字，以莞音讀之，與五旨六止不同，爾入紙韻讀如土音你，猶之支與脂之別，知入支韻，故讀如地上聲也。説見前。

弟讀如地。按《漢書・丙吉傳》「西曹地忍之」注引李奇曰：「地，猶第也。」第古有地音，則兄弟之弟古亦有地音。莞山鄉人多呼弟爲地，亦古語也。

跛讀如彼平聲。按《廣韻》三十四果：「跛，跛足。布火切。」其音與莞讀異。考《説文》：「跛，行不正也。从足，皮聲。一曰足排之。讀若彼。」莞語讀彼平聲者。徐蕆《詩協韻補音叙》謂：「皮爲蒲糜切，波坡頗跛皆以皮得聲，則當爲蒲禾切。」此論古協音，故以爲當切蒲禾，然據此則跛有平聲。皮，《廣韻》符羈切，《集韻》蒲糜切，徐依《集韻》讀皮字，其音與莞讀跛平聲尤近。

退讀如吞去聲之褪。按《儀禮・聘禮》「退負右房而立」注「退」謂「大夫降逡遁」。又《鄉射禮》「賓少退」注：「少退，少逡遁也。」鄭屢以逡遁訓退，則退本有褪音。《説文》：「丨，上下通也，引而上行讀若囟，引而下行讀若退。」〔一〕此退字亦當讀褪，與囟爲韻。楊慎《古音餘》云：「退與褪同。《檀弓》『退然如不勝衣』，又唐世染色名退紅，又卸衣曰退，又花謝也。」今莞俗凡退後皆云褪後，蓋逡遁之義。其音甚古，不但始於唐時。○又莞俗以力引物使出曰抆抆，訓拭，義不可通，疑亦《説文》「引而上行曰囟」之音變也。

造讀如竈。按《周禮・大祝》六祈「二曰造」注：「故書造爲竈。杜子春讀竈爲造次之造。」〔二〕《釋名》：「竈，造也。創造食物也。」是造古音讀如竈。俗不知竈，別作做字，非也。莞俗凡造作、起造皆讀曰竈，此蓋古語。○又按《詩》「尚無造」與罦憂覺韻，「遭家不造」與疚考孝韻，「蹻蹻王之造」與受韻，造古音當讀居候切，其讀如竈者，蓋起漢時。造與作古通用，漢時作亦讀如竈，後人因造做字，見前「作曰做」下注。

〔一〕讀：原誤作「謂」，據《説文解字》改。
〔二〕杜子春：原誤作「鄭司農」，據《周禮注疏》改。

毒冒讀如代昧。按《漢書·地理志》：「處近海，多犀象、毒冒、珠璣。」師古曰：「毒音代，冒，音莫内反。」考毒冒或作瑇瑁，或作玳瑁，今俗皆讀爲代昧，昧亦略轉爲平聲清音。

覺讀如較。按《詩》「尚寐無覺」與罦造憂韻。罦古音如浮，造古音如逅，是覺古音讀如較也。《廣韻》三十六效：「覺，睡覺。」與較同，古孝切。莞俗言睡覺本此。《轉注古音略》覺音較，夢醒曰覺。此依《詩》「無覺」爲言。

日讀如熱。按《詩》「何多日也」與葛節韻，「有如皎日」與穴韻，《黄帝巾几銘》：「日慎一日，人莫躓於山而躓於垤。」〔一〕《楚詞·九歌》：「應律兮合節，靈之來兮蔽日。」楊慎《古音附録》云：「日景方中，熱如探湯，故日亦音熱，楚及南中猶有此音。」莞俗稱日頭皆讀爲熱頭，亦古音也。

楫讀如咠。按《詩》「烝徒楫之」與及韻。《説文》：「楫，从木，咠聲。」《廣韻》咠，七入切。《古韻標準》云楫古音即入切。周春《詩叶音辨正》：「楫當叶即入翻音湒，不當叶籍入翻音集。」蓋本江説也。今莞讀如《説文》咠聲，似較確。廣州人讀如接，依《廣韻》，然與莞不同。

右所舉多俗語，云讀若、讀如者，乃古讀之辭。若今士人讀書，則多不爾。蓋從學於外，隨其師讀也。然其合於古音義者，則俗語爲多，所謂「禮失而求諸野」歟？篇中粗著大略，未能該備，舉一反三，是所望於後之通小學者。

按《廣東新語》、郝《通志》所記方言中有未喻者。《廣東新語》云莞謂東爲凍，以平爲去，謂莞爲官，以上爲平。郝《通志》云東、新各邑平聲多作去聲。今莞俗無之。考《聘禮》「管人」注

〔一〕躓：原作「躋」，據《淮南子》改。

「古文管作官」，周春《爾雅音略》云莞有桓、官、緩、關四音，東莞即古東官郡，謂莞爲官，此係古音，不得爲誤云。謂東爲凍者，豈以莞音讀東稍重濁，因疑其以平爲去耶？郝《通志》合東、新二邑言，然未詳所讀何字，疑亦附和屈説也。《廣東新語》又云廣州語多與吴趨相近，如鬚同蘇，逃同徒，豪同塗，酒同走，毛同無，早同祖。今莞讀豪、塗分兩音，餘則不分，然既同吴音，蓋相亂已久。如王、黄不分，世以爲廣音病，然《晉書·五行志》：「京口謡：黄雌鷄，莫作雄父啼。」以爲王恭起兵之證。柳完元《黄溪記》神王姓黄，與王聲相通。則黄、王不分，自晉至唐吴粤已然，不但今日也。郝《通志》又謂粤中俗字：「穩坐之爲奀，音穩。人物之短者爲奀，音矮。人物之瘦者爲奀，音芒。水之磯激爲砅，音聘。水之曲折爲氹，音瀼。路之險隘爲卡，音汉。截木作墪曰不，敦上聲。此隨俗撰出者。」考砅即「深則厲」之厲字，見《説文》。《正字通》云：「水擊石聲爲砅。音聘。」從氺不從水，與砅異。卡字見《字彙補》，云從納切，音雜。楚屬關隘地方設兵立塘，謂之守卡。二字前代有之，非粤人所造。不字見《説文》，云：「古文櫱。从木無頭。」櫱，五葛切，「伐木餘也」。段玉裁説不「謂木秃其上，而僅餘根株也」。粤謂截木作墪曰不，其義同《説文》，而音則不同，未可盡謂爲妄造。至奀奀，莞自作穩矮，又奀氹，莞俗無之。此四字或出他縣，非莞所有也。阮《通志》採此二書，故並爲辨之。其他非莞方言，則不悉及。

阮《通志》引《廣東新語》作《粤東筆記》，考《筆記》係全鈔《新語》之文。

〔道光〕西寧縣志

【解題】諸豫宗修，周中孚纂。西寧縣，今廣東省雲浮市郁南縣。「方言」見卷三《輿地·風俗》中。録文據道光十年（一八三〇）刻本《西寧縣志》。

方言

謂平人曰狫，亦曰獠，賤稱也。呼嶺北人謂外江獠。謂平人之妻曰大嫂、曰夫娘毑。音拿上聲。謂父曰爸，八轉聲，音巴。曰爹、曰亞叔。謂母曰媽、曰毑。謂祖父曰亞公，祖母曰亞婆，亦曰阿公、阿婆。謂曾祖已上曰太公、太婆。謂子曰仔，讀如宰。亦曰崽。音宰。玄孫曰塞。雲孫曰黴。音讀如則。女子未字者曰大姑娘、曰姐，已字者曰官娘；其長幼次第則繫其夫之行次而稱也。謂新婦曰心抱，又曰家嫂。謂孫媳曰孫嫂。謂外祖父曰姐公，外祖母曰姐婆，亦曰外公、外婆。婦稱舅姑曰大人公，或稱姑曰安人，又曰家公、家婆。母之兄弟妻曰妗母。母之叔伯父母曰叔公、叔婆。孫謂祖母之兄弟妻曰舅公、曰妗婆。謂女壻曰郎家。謂從嫁老婦曰大妗，亦曰送嫁婆。醮子之日讌客曰花燭酒。其親戚送花於新郎房中者，男曰花公，女曰花婆。夫婦同牢食曰煖房飯。次早拜舅姑親屬曰拜堂。獻幣帛帨履曰荷惠。謂婦人娠者曰有歡喜，免身未彌月曰坐月，亦曰住月。湯餅筵曰做薑酒。凡物小者皆曰仔，良家子曰亞官仔，傭工曰工仔，小販曰販仔，司爨曰火仔，亡賴曰爛仔，又曰打仔，言其好鬬也，奴曰娣仔，婢曰妹仔，螟蛉子曰養仔，盟好之子曰契仔，晚生之子曰㣍盡子也，音賴平聲仔，貴而賤名之使易育曰狗仔，撐船者曰撐仔，唱歌者曰歌仔。奴婢稱家長曰主人公、曰爺。商賈主人曰事頭。謂人鯁直者曰硬頸。謂輕捷者曰轆力，言其力如車之轆也。鬭毆者曰打交。謂轉曰翻。謂來曰離。謂走曰趯。謂淫曰姣。音豪。美人之貌曰艷。于定切。呼顛狂者曰廢。謂遊戲曰仙、曰灑樂、曰散蕩。取物曰邏。挈曰拈起。謂卵曰春。謂魚種曰魚口。小鷄曰鷄口。小鴨曰鴨口。小豬曰豬口。謂食飽曰飼。音救。謂不肯曰吾，不肯做曰吾做。問如何曰點樣。看物曰體。溺人曰碇。相罵曰隘。問何處曰邊的。縫物之粗而近邊者曰敹。烹物曰炠。以掌擊人曰括。以木石擊物使碎曰掐。以繩束物曰扎。山谷曰埇、曰坑。種山者作茅房於山上以避風雨者曰山艼，音寮。於田間者曰田艼，冬月作以榨蔗者曰蔗艼。芟草曰薅草。數食籮曰幾頭，數檳榔曰幾口，數蕉子曰幾梳。謂衣一套曰一沓，沓，襲也，訛襲爲沓。一綹曰一子，亦曰一結。禽之窠曰雀子竇。雀哺子曰竇。謂不正曰乜音咩斜。覆射曰估。以刀削物曰捭。音批。切細物曰剩。音速。削去物曰勢。音撇。謂多曰够，少曰不够。音救。謂無尾曰屈。音掘。謂人無情義者亦曰屈。謂腿曰肶，音比。髀也。以手按物曰捺。以拳加物曰搋。音扠。以手覆物曰揞。庵上聲。以指爬物曰摝。焉寡切。搬運曰摙。連上聲。怒目視人曰𥌓。音厲。裸體曰軀軅。音赤力。謂熱曰舋。興去聲。以手搓物曰挪。音如搓。露齒曰齙牙。冬至圍爐而食曰打邊爐。積腐穢曰擸音獵摿才盒切。以足移物曰蹬。土音與廣州相同，有字有音者多，有音無字者鮮。

按，此條多郝《通志》及《廣東新語》所已著，然皆得之採訪，故不復分注。

〔民國〕西寧縣志

【解題】何天瑞修，桂坫纂。西寧縣，今廣東省雲浮市郁南縣。「方言」見卷四《輿地志》中，由黃翰元、張炳瑚合纂。録文據民國二十六年（一九三七）鉛印本《西寧縣志》。

方言

謂父曰爸、曰爹，稱父於他人曰老子、曰老脰。俗稱老脰曰老頭也。

謂母曰媽、曰毑〔一〕，音拿上聲。亦作毑。毑，古文姐字，同姊。蜀人呼母曰姐，見《説文》。又北齊太子稱生母爲姐姐，至宋則呼嫡母爲大姊姊。

謂祖父曰亞公，祖母曰亞婆，又曰亞媽，又曰阿公、阿婆。《古木蘭詩》阿爺、阿妹之阿音屋。考《玉篇》《廣韻》阿字無屋音〔二〕，則古讀阿爺、阿妹仍當作於何切，音婀。亞音鵶，阿之音轉也。《東方朔傳》：「伊優亞者，辭未定也。」蓋亞者，發語而未定之辭。俗亞讀去聲。

謂曾祖以上曰太公、太婆。祖之兄弟曰伯公、叔公，其妻曰伯婆、叔婆。父之兄弟曰亞伯、亞叔，其妻曰亞姆、亞嬸，或以其行次稱之如大伯姆、二伯姆，大嬸、二嬸之類。《明道雜志》：「經傳

〔一〕毑：原誤作「馳」。

〔二〕篇：原誤作「編」。

無嬸字，嬸乃世母二字合呼。」注參《東莞志》。

母之父曰姐公，母之母曰姐婆，亦曰外公、外婆。

母之兄弟曰舅父，其妻曰妗母〔一〕。按《爾雅》：「母之昆弟曰舅。」俗謂舅母曰妗，乃舅母二字合呼。見《東莞志》注。

婦稱翁姑曰家公、家婆，亦曰老爺、安人。翁亦曰大人公。

夫之兄曰大伯，其妻曰伯姆。父之弟曰小叔，其妻曰亞嬸。按吾俗口呼稱大伯爺、二伯爺，或省稱大爺、二爺，其妻稱大娘、二娘。爺、娘字均清聲。叔則稱二叔、三叔，其妻稱二嬸、三嬸之類。姥，莫補切，或作姆，女師也。呼曰伯姆，亦取女師之義。

夫之姊曰大姑，夫之女弟曰小姑。

母之伯叔父母曰伯公、伯婆、叔公、叔婆。

孫謂祖母之兄弟曰舅公，其妻曰妗婆。

女子未字者曰姑娘、曰姊，已字者曰官娘。其長幼次第，則繫其夫之行次而稱也。

夫謂妻曰老婆，妻謂夫曰老公，亦曰夫主。嘉應温仲和以爲老者，偕老之義；公婆者，有子孫之稱。則稱老公、老婆者，乃頌禱之詞。《後漢書》班昭《女誡》：「正色端操，以事夫主。」

妻之父曰外父、曰外舅，亦曰外老，妻之母曰外母。《東莞志》丈人公、丈人婆，而以俗稱婦翁曰岳丈爲

〔一〕妻：原誤作「母」。

非也。蓋俗沿泰山有丈人峯之誤耳。外父、外母則邑俗通稱，語甚老實。

妾曰小妻。妻、妾並稱曰兩大小。按《詩》「慍於羣小」集傳：「小，衆妾也。」古人稱小婦、小妻，皆妾也。今人分妻、妾爲大小，亦稱大婆、細婆，謂妾曰亞細。

子婦初來曰心抱，亦曰新抱。按《方言》：「抱，耦也。」今人稱新抱即新耦之謂。《廣東新語》謂新婦曰心抱，新、心雙聲，蓋一音之轉。

謂媳曰家嫂，謂孫媳曰孫嫂。

子曰仔。按《説文》：「仔，克也。」有兹、子二音。諧聲字多兼會意，亦當有人子之義。今粵人讀仔如濟水之濟，蓋子轉成濟，其字仍作仔。仔之義係指小子，故從人子，然引申之，凡小者皆稱仔。《廣東新語》云「耕傭曰耕仔，小販曰小販仔，游手者曰散仔，司爨者曰火仔，婢曰妹仔，螟蛉子曰養仔，盟好之子曰契仔」是也。又推之於物，如牛仔、羊仔、猪仔、鷄仔、鴨仔、魚仔、蝦仔、樹仔、菜仔之類，不一而足。然本義則謂人之小子，餘特其引申義耳。仔亦曰崽，音宰，又爲仔之轉音，但土俗相傳，字皆作仔，不作崽。

小子曰細民仔、曰細民兒，此南漢古語也。

曾孫曰塞。按《釋名》：「息，塞也。言物滋息塞滿也。」《東莞志》衹謂曾孫，而舊志稱玄孫曰塞、雲孫曰黴，音讀如則，考《廣雅》有黴、昧二音，言親屬微昧也，當謂玄孫云。謂雲孫者，疑推言之。

謂平人曰狫，亦曰獠，賤稱也。呼嶺北人曰外江獠。狫音勞上聲，獠音老。西南夷謂之獠。按吾俗衹識佬字，不識狫獠字。佬字，尊卑似可通稱，如外父佬、大舅佬、大佬、細佬、財主佬、乞米佬、針衫佬、八音佬、劏猪佬之類，不一而足，大抵施之平人爲多耳。

稱先生曰生。平輩相呼，稱藝術者亦曰生。生皆讀若土音星。按先生俗呼曰生，有二説，一據《漢書》列傳，自漢以來儒者皆號生，亦先生省字呼之耳。考漢初經師，如杜田生、項生、伏生、歐陽生、轅固生、高堂生、徐生、胡毋生等，無不稱生者，皆先生之謂也。然生亦可泛稱，據《史記・酈生傳》「縣中皆謂之狂生」，又「若見沛公，謂曰：臣里中有酈生」。《陸賈傳》「於是尉佗迺蹶然起坐，謝陸生」，又「陳平曰：生揣我何念？」皆尋常稱謂之詞。一據《説文》，星，從晶生聲，則生古音如星。《韓詩外傳》：「先生，猶言先醒也。」《意林》引《風俗通》：「先生當如醒。」此其證。今廣州稱先生曰生，生皆讀如土音星，蓋以生即先生，其音義與後説相符，邑土音亦與廣州同。

謂女壻曰郎家，新壻曰新客，普通稱之新姑爺。

從嫁老婦曰大妗，亦曰送嫁婆，俗多稱茶婆。

婦人懷孕曰有身，亦曰身重，人稱曰有歡喜。

免身而未彌月者曰坐月，亦曰住月。湯餅筵曰做薑酒。

平人之妻曰夫娘。夫人、娘子，蓋美稱也。《廣東新語》則以此爲有夫之娘之稱。

老婦之無行而騙惑者曰老姏婆。《通俗編》：「女之老者，能以甘言悦人，故字從甘，音讀若箝。」

老人無子者曰獨頭公，老婦無子曰獨頭婆。

木匠曰鬬木佬。《説文》：「鬥，遇也。」古凡鬬接用鬬字[一]，鬥争用鬥字，俗皆用鬬字爲争競[二]，而鬥廢矣。鬬從斲[三]，謂斲而接之也，故兩木接合曰鬬笋[四]，亦斲使相接之義。

司柁曰柁工，又曰梢工。

醫之善者曰名工。即名手之意。

司爨者曰火頭。

[一][二][三][四] 鬬：原誤作「鬥」，據《説文解字》「鬬」字注改。

巫曰男巫，女曰鬼婆。土音讀巫曰麼，俗書作喃嚒，誤。

罵貧人曰窮鬼。韓昌黎《送窮文》：「三揖窮鬼而告之。」俗好以鬼罵人，如衰落者曰衰鬼，吹洋煙者曰鴉片鬼，好賭者曰爛賭鬼，懶惰者曰懶鬼。

罵小兒跳梁者曰山蠻，又曰馬留。《酉陽雜俎》〔一〕：「馬伏波有餘兵十家不返，居壽洽縣，以其流寓，號爲馬流，亦曰馬留。」

晚生之子曰䃶仔。䃶音賴平聲，盡子也。

貴而賤名之使易育曰狗仔、曰妹仔。妹讀平聲。俗多呼婢曰妹仔，義亦同。

奴婢稱家長曰主人公。

商賈主人曰事頭，或曰老板。

謂人鯁直者曰硬頸。按《吴郡圖經續記》〔二〕：「章岵守蘇州，人目爲章硬頸。」

謂輕捷者曰轆力。言其力如車之轆也。

鬥毆者曰打交。相罵者曰嗌交，又曰争交。

謂轉曰翻。謂來曰離。謂走曰趯。

呼顛狂者曰癈。謂遊戲者曰灑樂、曰散蕩。

〔一〕酉陽：原誤作「西洋」。

〔二〕續：原誤作「讀」。

取物曰邏。挈曰拈起。

頂門謂之囟。《說文》：「囟，頭會，腦蓋也，象形。」音信。又言囟門，小兒頂門留髮曰囟髻。

腮曰面珠墩。《德慶志》作面皮墩，吾俗則稱面珠墩。

頷骨謂之牙骹。音交，俗讀爲教。牙骹者，牙與骨相交也。

指端謂之膶。膶音螺，指文也。

腋下謂之胳肋下。胳，《禮》或作骼，與格相同，古落切，腋下也。肋，脅骨也。胳肋下者，脅骨之末，亦在腋下，故兼言之。

背謂之背脢。脢音梅，背肉也，脊骨之間。

脊骨盡處謂之脽。脽音錐，尻也，當脊骨盡處，其形尖，與錐同。又曰屎朏脽。又引申之，於物曰鴨尾脽、鷄尾脽，皆有錐之末見意。

臀謂之朏，又謂屎朏。俗又作䐃，音同窟，亦音忽。

溺謂之小便。屎謂之大便。

股謂之大髀。《說文》：「髀，股也。」髀比脛爲大，故曰大髀。

脛曰行青。脛之腹曰脗腍。青者，脛之訛也。腍，紐禁切。

膝蓋謂骬髁蓋。骬髁，膝骨也，本音與珂科同，今俗讀如波羅，音稍變。

毛短小者謂之寒毛。《晉書·夏統傳》：「聞君之言，不覺寒毛盡戴。」

皮癢謂之痕。痕，根也，急相根引也。《説文》：「痕，胝瘢也。」瘵初結則必癢，故引申爲痕癢。瘢既結則有迹，故又引申爲痕迹。俗皮癢謂之痕即此字。

皮腫而熱謂之譬。譬，許證切，俗謂腫熱爲譬，以腫起而痛必發熱也。又曰身熱曰發譬，蓋引申言之。

仆而額腫謂之瘤。《説文》：「瘤，腫也。」《釋名》：「瘤，流也。血流聚所生腫也。」今世借名肉瘤，不知古謂肉瘤爲贅肬，又謂之瘦，不名瘤也。

錯誤謂之失手。

不聽教誨謂之頑皮。

布衣謂之白衣。高適詩：「白衣謁明主。」徐凝詩：「白頭遊子白身歸。」俗謂無科名者曰白衣。劉禹錫《陋室銘》：「往來無白丁。」白丁，即白衣之意。

袒裼謂之赤髆，又謂之打赤肋。舊志「裸體曰軀軅」，本《廣東新語》。軀軅，音赤歷。考《廣韻》軀軅訓裸，裸則并去下衣。謂之打髀洞，即兩髀中間空洞無物之意。與赤髆、赤肋之義不同，説似未確。打作語助詞，如打聽、打疊、打睡，皆以打爲語助詞。

肥謂之肭，有奴入、女浥二切，皆以合唇音取之。濁音則作奴入切，故語之遲滯曰訥，作事遲鈍亦曰訥，肥之黏手者曰肭膩是也。其清音則作女浥切，讀如凹凸之凹，小兒肥貌〔一〕，俗謂人之肥而多肉者曰大肭佬是也。

耎弱謂之腩。腩讀女林切，亦合唇音。腩，《廣韻》作上聲，然以六書而言，腩當從肉南聲，則本有平音，乃

〔一〕 肥貌：原作「貌肥」，據《石窟一徵》改。

林二字切之爲稟平聲，即今俗謂耎弱曰腩之音也。謂肉熟曰腩，又引申之。又身體耎弱亦謂之腩，耎弱甘受欺罵者亦謂之腩，且謂人之耎弱者曰熟肉，即用肉腩義也。

智謂之精。精，擇也，明也，謂神之至靈也。俗謂曰精，以其明於審擇而神至靈也。

愚謂之懵。古作懵，心亂貌，不明也，惛也。愚則心不明而惛亂，故謂之懵，又謂之懵懂。

豪奢謂之爽。爽，明也。今俗稱豪爽，又謂之闊，闊與爽實一義也。

美人之貌曰艷。于定切。

淫佚謂之姣。舊志姣音豪，是土音之異。《字典》何交切，音肴，淫也。《左傳》：「棄位而姣，不可謂貞。」杜注：「姣，淫之别名。」亦有音姣者。今俗語讀姣平聲，其音義爲最古也。

黠謂之鬼。趙魏之間謂之黠，或謂之鬼。又謂黠爲鬼脈。今俗謂之鬼馬，鬼馬即鬼脈之音轉。又謂之鬼鼠，蓋黠莫如鼠，故以鬼鼠並稱。

陰險謂之陰毒。

小兒慧謂之乖。俗稱譽小兒曰聰明乖角，又謂小兒黠獪曰乖。今俗謂精乖靈利，並含有黠獪意。靈利作伶利，又作怜悧。

誣謂之賴。《左傳》：「靈王曰：今鄭人貪賴其田而不我與。」考賴本訓利，謂貪取其利而不與也。然貪取其利而不與，則必以罪與人。俗謂欠賬目不還曰賴賬，又曰奸賴，此貪取之義。其以罪捏人，則謂之賴，又謂之派賴，此誣與之義。

猜謂之估。估謂猜論物價也。俗凡猜物皆謂之估，蓋由估價而引申之。

保謂之包。俗謂此事我敢保曰我敢包，保管曰包管，此古音也。

慫慂謂之聳。相勸曰聳，中心不悦而由旁人之勸語亦曰聳。《通俗編》云：「慫、聳二字古通用。」今俗又言唆聳，謂唆使而聳動之也。

體不伸謂之趜逡。讀如局縮，此與《孟子》觳觫、《漢書·灌夫傳》局促，音義各殊。又謂病人瑟縮不安曰僕速，又重言之曰僕僕速速，音與《詩》「林有樸樕」同。考《廣韻》蹼蝀云蟲名，蹼，蒲木切，蝀，桑谷切，與俗音同。疑即借蹼蝀蟲爲言，亦古音義也。

急猝謂之逼迫。李密《陳情表》：「郡縣逼迫。」

謹慎謂之子細。《北史·源思禮傳》：「爲政當舉大綱，何必太子細也。」杜詩：「野橋分子細。」俗語本此。

顧視曰睇，讀若體。舊志「看物曰體」，不若作睇字爲安。

作曰做。《詩》作字皆讀入聲，至秦漢則音轉爲去聲，今俗謂作事曰做事，其音最古。

不曰唔。唔，俗字，當作吾。不音古近無。今粤俗謂不曰吾者，吾與無音亦相近，淺人不知無轉爲吾，因别造唔字耳。

舉責曰數。按《左傳》：「鄭公孫將爲亂，子産使吏數之曰：『而有死罪三。』」杜注：「責數其罪。」

與曰畀。畀，與也。經傳之畀皆訓與，或訓予，予亦與也。

待曰等。史彌寧詩：「錦囊開口等詩來。」唐宋人俱以等爲待，俗語本此。

立曰企。《説文》：「企，舉踵也。」古文企從足作定。《詩》：「跂予望之。」企、定、跂並同字。

以手覆物曰揞。庵上聲。

以手折物曰拗。拗，於絞切，讀上聲，唐以前皆然，至士人讀書執拗作去聲，其音讀當多宋後也。

以手握物曰摣。摣，仄加反，叉也，五指俱往也。摣、担同，取也。

以手裂物曰斯。斯，析也，離也。《詩》：「斧以斯之。」本爲以斧斤析物之名，引伸之以手析物亦曰斯。或加手作撕，此後出之字。

以手持物曰搦，搦音匿。反手按物曰揭。

以手擦物曰挼。挼，讀如挪，兩手相切摩也。舊志：「以手搓物曰挪，音如瑳。」

盛曰裝。裝，裹也。《陸賈傳》：「尉佗賜賈槖中裝直千金。」裝本爲裹，引伸之凡置於槖、置於船者亦曰裝。俗謂盛物曰裝，凡盛以盤、碗者亦皆曰裝。

懸曰弔。俗謂懸爲挂，挂當作絓。心有所繫結曰絓弔。脱然無所顧慮曰無絓弔，或倒言之曰弔絓。

搬曰撻。刀剪切，運也，讀連上聲。

以指爬物曰摦。烏瓦切，蛙上聲。

深擊曰抌。抌讀合脣音。音如耽上聲。俗謂用力擊人曰枕。

從上擊下曰殼。克角切，俗謂打頭曰殼。

批打曰摑。摑，古獲切，打也。俗謂以掌批頰曰摑。

嗔人煩擾曰口嘓嘓。嘓與摑同音切。罵多言者曰喇叭。多言而聲洪，如軍中喇叭。

怒目視人曰睩。音厲。

謂不正曰乜斜。乜音咩，莫者切。

投物於水曰碇。碇，丁定切。

以足移物曰蹬。

以刀削物曰剕，細切曰剰，碎剔曰剮。剕，《韻會》通作批。剰，思録切，細切也。剮，古瓦切，音寡，俗音蛙上聲，音稍變。

縫衣曰敹。敹，力彫切。今俗謂粗略治衣縠一針。《廣東新語》：「凡細者縫，粗者縠。著裏曰縫，著邊曰縠。」

以木石擊物使碎曰拍，以繩束物曰扎，削去物曰弊。

謂無尾曰屘，謂人無情義亦曰屘。

謂腿曰肶，音比。髀也。露齒曰齙牙。

謂食飽曰餉。音救。冬至圍爐而食曰打邊爐。

問何處曰邊處。

關門曰閂。

伐樹曰倒。倒，仆也。引申之凡物之仆者皆可謂倒。

拔草曰薅。薅讀若蒿〔一〕，拔去田草也。

淹魚曰腌，淹菜亦曰腌。腌讀入聲。

〔一〕讀：原作「謂」。

火熱曰燂。燂，温也。《内則》：「五日則燂湯請浴。」俗言燂熱水洗浴，又言燂煖。

微火熟之曰酷。俗於飯將成時微火熟之曰酷，或作爈。懸肉於中微火熟之亦曰酷。當即此字。俗别造焗字，非。

火起曰著。著，附也。火附於薪而起，故曰著。

烹物曰炟。

水沸曰滚。

飯變味曰餿。餿，飯壞也。俗云飯臭餿。

黑曰烏。按《詩》：「莫黑匪烏。」純黑色而反哺者謂之烏。烏本鳥名，假借爲黑色。

物不平曰凹凸。凹讀女浥切，凸讀若特。凹，陷也。凸，起也。土窪曰凹，土高曰凸。古之象形字也。凹與浥同音，烏洽切。凸與突同音，陀骨切。或借作坳字，讀於交、於教二切，則後所改也。陸游詩：「古硯微凹聚墨多。」唐中葉後已讀平聲，明代又改於教切，作仄音讀，去古逾遠。

擔物兩頭稱曰觪。觪音鄧，凡擔物既得一頭，求加一頭，曰添觪。兩頭之物輕重相懸曰不觪。

屯穀曰笹。笹與囤同。小廩也，徒損切。俗讀屯穀曰笹，以竹圈盛穀，俗讀沌之清音。

以勺挹取曰舀。舀，弋紹切。凡米肉菜湯及飯以勺挹之，皆曰舀。

日謂之日頭。「真箇有天没日頭。」宋神童詩也。日頭之稱當始宋時。

月謂之月亮。亮，明也。李益詩：「庭草已衰空月亮。」

電謂之䁨電。䁨，暫見也。䁨、閃並失冉切。䁨電當作䁨。隱身忽出爲之閄，音閃。閃避則作閃。

小雨謂之雨溦。溦，小雨也。

山腰謂之坳。坳，烏交切，地不平也。又於教切，讀爲拗，當宋以後音也。或作凹，見前。

兩山之間有路謂之逕。逕即陘，亦與徑通。兩山之間中忽低窅，故名陘。窅處多有路，故又通作逕。

崖謂之磡。山崖曰磡，凡岸之險者亦曰磡。

津謂之步。南方謂水際曰步頭，音義與浦通。村市曰墟，水津曰步，别造埗字，非。

沙未成田謂之坦。假借，當作潬。潬，徒旱切。

通水之道謂之圳。圳讀若進。圳，俗字，當作甽。甽音轉爲圳。

蓄水之處謂之氹。讀徒錦切。氹，俗字，當作潭。俗不知潭有仄音讀如氹，因别造氹。

兩水相通謂之滘。滘，俗字，當作溝。俗以溝無仄音，因别造滘。溝，搆也，縱横相交構也。凡諧聲之字多兼會意，如婚媾、搆合、遘遇等，皆有交義，亦皆作仄音。溝從冓得音，其初本讀構，後人不得其字，因别造滘耳。

山谷曰埇，曰坑。

種山者作茅房於山上以避風雨者曰山艼，於田者曰田艼，冬月作以榨蔗者曰蔗艼。舊志「艼音寮」，查《字典》艼同芌，苦蟹切，音楷，戾也。無寮音，不若借寮字似更通用。榨蔗者，多稱糖寮。

市貿易處，北人曰集，從其聚而言。南人曰虚，指其散而言。嶺南村市，滿時少，虚時多，故以市爲虚。柳子厚詩所謂「緑荷包飯趁虚人」是也。加土爲墟，不知何仿？反與墟墓字相混〔一〕。《説文》：「墟，大邱也。」又市，古謂

〔一〕與：原作「以」。

之務。

三分路口曰岔。《字彙補》亦作差，唐詩「枯木巖前差路多」是也。俗作叉者誤。

凡物之肝，俗曰濕、曰潤。如猪肝曰猪濕、猪潤，擔竿曰擔潤。俗謂貧爲乾，故諱言之。

韭菜曰快菜。韭、久同音，亦以相反爲義。通書曰通勝。書與輸同音，故反言之曰勝。

駡人曰王八。前蜀王建，史稱其少無賴，屠牛盜驢，販鹽爲姦，里人呼爲王八。則此語由來久矣，改王爲亡，似屬臆造。

禽窠謂之鬬。按《廣東新語》：「禽之窠曰鬬。」引范石湖云「雌雄曰一鬬，十鷄並種，當得六鬬」是也〔一〕。考鬬當藪之音變。《周禮·輪人》注：「鄭司農曰：藪，讀爲蜂藪之藪。」疏：「蜂窠有孔藪。」今俗謂蜂窠曰黄蜂鬬，是藪即鬬也。其言禽窠曰鬬者，蓋引申言之。

禽之伏卵者謂之菢。亦作抱。菢音與暴同。

禽卵謂之春，又謂之蛋。春、蛋即鯤、毈之音轉。按《禮·内則》：「濡魚卵醬實蓼。」卵讀爲鯤。鯤，魚子也。俗謂魚子曰魚春，即蝦子亦曰蝦春。又凡鳥雀鷄鴨之卵皆曰春，皆鯤之轉音也。毈，從卵段聲，即今蛋字。毈，卵不孚也。今之皮蛋、鹹蛋，本爲不孚之卵。毈爲本字，蛋乃通借字。蛋土音讀如旦。毈〔二〕，蛋之音轉。今俗别造蛋字，非。

鷄已閹者謂之扇鷄。按《肘後經》：「騸馬，宦牛，羯羊，閹猪，鐓鷄，善狗，淨猫。」七字本同義，俗謂扇鷄，借騸馬之名言之。

〔一〕 六：原誤作「十」，據道光《廣東通志》改。

〔二〕 毈：原誤作「卵」，據民國《東莞縣志》改。

牡羊謂之羊羖。俗凡畜之牡者，皆謂之牯。牯亦當作羖。

牝猪謂之猪㸒。㸒讀拿上聲。㸒，俗字，當作豝。豝音變爲㸒。豝，本謂牝猪，讀平聲，俗轉爲上聲，又音變爲㸒，呼曰猪㸒。凡雌物皆曰㸒。

猪牛之圈謂之闌。《漢書》作蘭，謂遮蘭也。蘭、闌古通用。

魚種曰魚口，小鷄曰鷄口，小鴨曰鴨口，小猪曰猪口。

跳蚤謂之狗蝨，臭蟲謂之木蝨。

稻草謂之稈，亦曰禾藁。

蘆菔謂之蘿白。亦作蘿蔔。

肉謂之肴。

膳謂之送。以膳將飯送之入口曰送飯。俗别造餸。

粔籹謂之糖環。

釜小者謂之鍋。

釜謂之鑊。

撈菜器謂之笊籬。

盛飯器謂之筲箕。

衣無袂謂之背心。

袴之當前後陰者謂之袴襠。襠讀若囊去聲。

婦人首飾謂之頭面。

梳箱謂之匲妝。匲，箱類，古禪切，音同感。

抒水器謂之戽斗。戽斗，舟中渫水器也。俗謂不惜財物亂用之曰亂戽，蓋由戽水之義而引申之。

杙謂之𣏕，又謂之𣏕。杙音弋，𣏕音臧，𣏕音洞。凡撞木入土爲牆址曰打𣏕。又𣏕之大者曰𣏕，人之長大而無用亦曰大𣏕。

一枚曰一个。个又作個、箇。

一半曰一邊。

衣一套曰一沓。沓，襲也，訛襲爲沓。

線一綹曰一子。子當作紕，紕音變爲子。紕，昌里切。《詩》「素絲紕之」毛傳：「紕，所以組織也。」俗又作一結。

菜一盌曰一味。《史記》《漢書》屢言食不重味，俗言一味者，即不重味之謂。杜詩：「勑廚惟一味，求飽或三鱣。」

戲一齣曰一出。

骰子一擲曰一手。

數禽獸曰隻，物雙而稱其一曰一隻。

數針曰口，數檳榔亦曰口。

數蕉子曰梳。蘇軾詩「西鄰蕉子熟，時致一梳黄」是也。

數無盡曰無萬，又曰無數。

陂讀如碑。《禹貢》既陂之陂，《泰誓》陂池之陂，並音碑。山間流瀦之水皆曰陂。與音賁、音坡者義別。

無讀如武。亦是古音。

浮讀如袍。

蟾蜍讀如禽蠩。

退讀如吞去聲之褪。俗凡退後皆云褪後，其音甚古。

日讀如熱。俗稱日頭多讀熱頭，亦古音也。

今日謂之今物。《左傳》：「是其生也，與吾同物。」同物，謂同日也。

睡曰盹。很去聲。

閒講曰傾偈。商量曰斟。

案右録方言，原本舊志十分之三四，新增及注釋則十之六七。多本《東莞志》，兼采德慶、容縣等志與本邑音同者録之，注釋太多者節録，條引破碎，故不復分注書名。

附録

番禺陳蘭甫澧《東塾集》有《廣州音説》，云：「廣州方音合於隋唐韻書切語，爲他方所不及者約有數端。余廣州人也，請略言之。上、平、去、入四聲各有一清一濁，他方之音多不能分上、去、入之清濁。如平聲邕、《廣韻》於容切。容，餘封切。一清一濁，處處能分。上聲擁、於隴切。勇，余隴切。去聲雍、此雍州之雍。於用切。用，余頌切。入聲郁、於六切。育，余六切。亦皆一清一濁，則多不能分者。福建人能分去入清濁，而上聲清濁則似不分。而廣音四聲皆分清濁，截然不溷，其善一也。上聲之濁音，他方多誤讀爲去聲，惟廣音不誤。如棒三講、似、市、恃六止、佇、墅〔一〕、拒八語、柱九麌、倍、殆、怠十五海、旱二十三旱、踐二十八獮、抱三十二晧、婦、舅四十四有、斂五十琰等字是也。又如孝弟之弟去聲十二霽，兄弟之弟上聲濁音十二薺；鄭重之重去聲三用，輕重之重上聲濁音二腫，他方則兄弟之弟、輕重之重亦皆去聲，無所分別，惟廣音不溷，其善二也。李登《書文音義便考私編》云：「弟子之弟上聲，孝弟之弟去聲，輕重之重上聲，鄭重之重去聲。愚積疑有年，遇四方之人亦甚夥矣，曾有呼弟、重等字爲上聲者乎？未有也。」案李登蓋未遇廣州之人而審其音耳。侵、覃、談、鹽、添、咸、銜、嚴、凡九韻，皆合脣音，上去入聲倣此。他方多誤讀與真、諄、臻、文、殷、元、魂、痕、寒、桓、删、山、先、仙十四韻無別。如侵讀若親，覃談讀若壇，鹽讀若延，添讀若天，咸銜讀若閑，嚴讀若妍。御定《曲譜》於侵覃諸韻之字皆加圈於字旁以識之，正以此諸韻字人皆誤讀也。廣音則此諸韻皆合脣，與真、諄諸韻不溷，其善三也。廣音亦有數字誤讀者，如凡范梵乏等字亦不合脣，然但數字耳，不似他方字字皆誤也。庚、耕、清、青諸韻合口呼之字，他方多誤讀爲東、冬韻，如觥讀若公，瓊讀若窮，榮縈熒並讀若容，兄讀若凶，轟讀若烘，廣音則皆

〔一〕墅：原作「野」，據《東塾集》改。

庚、青韻，其善四也。《廣韻》每卷後有新添類隔，今更音和切，如眉，武悲切，改爲目悲切；緜，武延切〔一〕，改爲名延切，此因字母有明、微二母之不同，而陸法言《切韻》、孫愐《唐韻》則不分，故改之耳。然字母出於唐季，而盛行於宋代，不合隋及唐初之音也。廣音則明、微二母不分，武悲正切眉字，武延正切緜字，此直超越乎唐季宋代之音〔二〕，而上合乎《切韻》《唐韻》，其善五也。五者之中，又以四聲皆分清濁爲最善。蓋能分四聲清濁〔三〕，然後能讀古書切語而識其音也。切語古法，上一字定清濁而不論四聲，下一字定四聲而不論清濁。若不能分上、去、入之清濁，則遇切語上一字上、去、入聲者，不知其爲清音、爲濁音矣。如「東，德紅切」，不知德字清音，必疑德紅切未善矣。「魚，語居切」，不知語字濁音，必疑語居切未善矣。自明以來，韻書多改古切語者，以此故也。廣音四聲皆分清濁，故讀古書切語瞭然無疑也。余考古韻書切語有年，而知廣州方音之善，故特舉而論之，非自私其鄉也。他方之人宦遊廣州者甚多，能爲廣州語者亦不少，試取古韻書切語核之，則知余言之不謬也。朱子云：『四方聲音多訛，卻是廣中人説得聲音尚好。』《語類》一百三十八。此論自朱子發之，又非余今日之創論也。至廣中人聲音之所以善者，蓋千餘年來，中原之人徙居廣中，今之廣音實隋唐時中原之音，故以隋唐韻書切語核之而密合如此也。請以質之海内

〔一〕緜武延切：原脱，據《東塾集》補。
〔二〕乎：原誤作「字」，據《東塾集》改。
〔三〕聲：原誤作「音」，據《東塾集》改。

審音者。以上並夾注俱原文。」載《東莞志》。按吾邑語音，與廣州大同，故詳附録於此，以備參考。

〔民國〕羅定縣志

【解題】周學仕等修，馬呈圖等纂。羅定縣，今廣東省雲浮市羅定市。「方言」見卷一《地理志·風俗》中。録文據民國二十四年（一九三五）鉛印本《羅定縣志》。

方言

萬曆未開州以前，其土著與猺獞雜處，自開州以後，四方來占籍者日衆。據王《州志》，三都雙脉、石步二村爲新興人，路話、新塘等九村爲翁源英德人，今城市商場多廣州人，各操鄉音。初甚龐雜，日久相化，成爲方言，其土著語言謂之地話，不無稍異，其他則與珠江流域大率相同。

謂日曰熱頭，月曰月光。久雨曰漚，雨晴曰好天。謂村曰寨。近水地高平者曰㙟。音朗。山曲曰埇，小曲曰峇。尼蛤切。踰山有路低平者曰坳。阿教切。謂谷曰坑，河堧地曰潬。灘去聲。《爾雅》：「潬，沙出。」林木環田曰嶆，亦作𣘻。音譚。田間水道曰圳。高田曰高埌。草木叢密曰㪍林。山路崎嶇曰岃碌厄切岃邱厄切。

稱父曰爹、曰爸。案，《玉篇》：「爹，屠可切，父也。又陟斜切。」《集韻》：「爸，部可切，又必駕切，吴人呼父也。」今土音爹陟駕切，爸必駕切。母曰孃、曰嬸。祖父曰公、曰爺。祖母曰嫲，面稱曰嫲。按爺、嫲本父母之稱，古詩「不聞爺孃喚女聲」、杜甫詩「耶孃妻子走相送」是也。《廣韻》：「媽，母也。」今粵俗，謂父曰爺則讀平聲，謂祖父曰爺則轉上聲；謂母曰媽則讀平聲，謂祖母曰媽則讀上聲。此爲別耳。《廣雅》：「嬭，母也。」《玉篇》：「嬭，乳也。」《廣韻》十二蟹：「嬭，奴蟹切，乳也。」今土音謂乳曰嬭，奴蟹切，俗作奶。曾祖父曰公太，曾祖母曰亞太。伯父曰亞父，伯母曰亞姆。外祖父曰公爹〔一〕，亦曰且公，外祖母曰亞婆，亦曰且婆。按《說文》祖，且聲。《檀弓》云：「祖者，且也。」曰且公、且婆以別於祖父、祖母耳。土音且讀若姊。謂女壻曰郎家，新婦曰新娘。謂妾曰亞細。其細嫂、細嬸、細太，因其尊卑爲稱。謂曾孫曰塞，玄孫曰黴。蚊入聲。婢曰妹仔。店主曰事頭。謂平人曰狫。呼嶺北人曰外江狫。謂婦人曰夫靶。拿上聲。

生子未彌月曰坐月。呼顛狂曰瘈。《通志》：「顛者曰廢。」而此云瘈。按瘈爲狂犬，猶存古義。謂淫曰姣。巧平聲。愚曰崇。按崇即惷之轉音。《禮記・哀公問》：「惷愚冥頑。」字從惷，與惷、蠢二字從春者音義并殊，今多誤讀。凡物乾曰䕘。靈上聲。貌美曰艷。閒遊曰蕩。少俟曰等等，又曰聽聽。看曰睇。思曰諗。愁悶曰噎。問如何曰點樣。相罵曰隘。謂來曰黎。古音讀來爲釐，釐轉爲黎，與廣州語同。米湯曰米庚。羹音之轉。謂糕曰餈。《周禮・籩人》：「糗餌粉餈。」其字古於糕。卵曰䊢。音春。禽巢曰鬭。以手拈物亦曰鬭。遺漏器物曰賴。誣人不休亦曰賴。物無毛曰屘。音掘。人無情義亦曰屘。以繩束物曰扎。以刀削物曰捭。音批。細切曰剩。以手覆物曰揞。庵上聲。以指爬物曰摦。焉寡切。裸體曰軀䠊。讀若赤力。露齒曰齙牙。堆積碎物曰攏搇。或延古音而展轉遞變，或無其字而隨俗

〔一〕父：原誤作「母」。

撰出，皆此類也。

〔康熙十一年〕新興縣志

【解題】李超等纂修。新興縣，今廣東省雲浮市新興縣。「語音」見卷十三《風俗》中。録文據康熙十一年（一六七二）刻本《新興縣志》。

語音

新興土坦而民善，發爲語音，輕清平順。《郡志》謂新興之音，柔婉類廣，信矣。邑人對語用鄉談，見官及接四方賓客用官語，亦唯有識者能之，餘不盡諳也。村落離城一十里許，又已稍異。猺語與彼鄰近鄉村音無差別，今且能爲城語矣。

〔康熙二十六年〕新興縣志

【解題】徐煌、康善述纂修。新興縣，今廣東省雲浮市新興縣。「語音」見卷十四《風俗》中。録文據康熙二十六年（一六八七）刻本《新興縣志》。

語音

新興土坦而民善，發爲語音，輕清平順。《郡志》謂新興之音，柔婉類廣，信矣。邑人對語用鄉談，見官及接四方賓客用官語，亦唯有識者能之，餘不盡諳也。村落離城一十里許，又已稍異。猺語與彼鄰近鄉村音無差别，今且能爲城語矣。

〔康熙〕新會縣志

【解題】賈雒英修，薛起蛟等纂。新會縣，今廣東省江門市蓬江區、江海區和新會區部分地區。「語音」見卷五《地理志·風俗》中。録文據康熙二十九年（一六九〇）刻本《新會縣志》。

語音

語音鄉城迥異，東西南北各不同音。大抵邑聲多仄，於四聲中平中之陰與去聲頗同。

〔乾隆〕鶴山縣志

【解題】劉繼纂修。鶴山縣，今廣東省江門市鶴山市。「語音」見卷一《輿地志·風俗》中。録文據乾隆十九年（一七五四）刻本《鶴山縣志》。

語音

語音東西南北各不同，大抵其聲多仄，平聲皆類去聲，與客民語音迥異。

〔道光〕鶴山縣志

【解題】徐香祖修，吴應逵纂。鶴山縣，今廣東省江門市鶴山市。「語音」見卷二《地理志·風俗》中。

録文據道光六年（一八二六）刻本《鶴山縣志》。

語音

語音東西南北各不同，大抵平聲皆類仄聲，客民語音更各異。

土音，必有遮字讀入聲爲語助詞。謂事宜如此曰仍，又曰拱。問何如曰幾仍。甜、鹹二字同音。謂知爲諦，于事已知曰諦踪，言知其踪迹也；又曰諦頭，言知其頭緒也。做事便捷曰轆轣。小兒憨跳曰鴳唧。老人康健曰能踭。謂人欺曰笠，又曰坎。探親戚曰邏。遊蕩曰撩。背負小兒曰翳。謂物件曰閒惹。成人曰獠㸃。小兒曰㦬仔。此其大略也。

他如天讀若憲，頭讀若侯，肚讀若斗，腳讀若郭，塘讀若杭，路讀若漏，此則字同而音稍異，亦如楚人名轉曰邅，名圜曰摶，謂牢爲霤，東齊呼息爲泗，青徐謂兄爲荒，常山人謂伯爲穴，江東呼獵爲獠之類耳。採訪册。

〔道光〕開平縣志

【解題】王文驤修，李科等纂。開平縣，今廣東省江門市開平市。「方言」見卷三《風俗志》中。録文據道光三年（一八二三）刻本《開平縣志》。

方言

開平方言與新會、新寧爲近，聲音與省會間有不同。省會柔以直，開平重以急，然即本邑而論，登名、三都視古博、長浄已有差别。

謂曾祖曰白公，曾祖母曰白婆。

謂祖父曰亞公，祖母曰亞婆。謂父曰亞爸，音巴。亦曰亞爹，母曰亞媽，亦曰亞娘。婦謂翁曰大人公，姑曰家婆。謂母之父曰外公，母之母曰外婆，母之叔伯父母曰叔公、伯公、叔婆、伯婆。兄謂弟曰亞泰。父母謂子曰仔。凡物之小者亦曰仔，良家之子曰亞官仔，耕傭曰耕仔，小販曰販仔，游手曰散仔，小奴曰細仔，小婢曰妹仔，奴之子曰家生仔，螟蛉之子曰養仔，盟好之子曰契仔。

謂婦人娠曰有歡喜，分娩未彌月曰坐月，姻家迎送之使曰擔郎。

角勝曰鬭。轉曰翻。飲食曰呷。謂不曰唔，無曰冇，我曰碍，你曰乃，罵曰鬧，遊戲曰撩。指何處曰邊，美好曰艷，又曰好妮。

池沼皆曰塘。江河皆曰海。謂潮曰水，潮起曰水大，潮落曰水乾。

來曰黎。走曰趯。取物曰邏。謂卵曰春，曰鵝春、曰鷄春、曰鴨春。禽之巢曰兜。雌鷄伏卵曰抱兜。以刀削物曰捭。音批。細切物曰剽。音速。以鼻審物曰嗅。許由切。謂無尾曰屘。音掘。謂人無情義者亦曰屘。以手搓物曰挪。音那。以手覆物曰揞。庵上聲。食飽曰飼。音勾。

數物之束者曰一子二子。數穀曰幾籮。數蕉子曰幾梳。數梹榔曰幾口。

他如俗字，人物之短爲𥘀。音矮。人物之瘦爲奀。音恩。通水作道爲圳。截木作墊曰不。

音短。門上横木曰閂。音拴。物之脱者爲乇。論粒切。此字之隨俗撰出者也。

又多僞字，如華爲崋，泥爲坭，誕爲誕，教爲敎，兹爲玆，鄰爲𠑊之類。

至於花字、陰字皆讀爲仄，幼字、化字皆讀爲平，此平仄之悮者。黄王同聲、臧莊同聲、程陳同聲，此開閉之異者。近日家研字學，點畫聲音，悉依字典，土音之操，洗滌殆盡矣。

〔民國〕開平縣志

【解題】余棨謀等修，張啓煌纂。開平縣，今廣東省江門市開平市。「方言」見卷五《輿地略·風俗》中。録文據民國二十二年（一九三三）鉛印本《開平縣志》。

方言

曾祖曰白公，曾祖母曰白婆。

《廣東新語》謂此爲東莞語，其實本邑亦然。考《韓昌黎集·元和聖德詩》有「黄童白叟」句，白公即白叟，謂髮白也。祀祖先謂之拜，白公則又自祖以上同是稱也。又旁推之於通族，凡族之長老與曾祖同輩及同輩以上者，皆稱白公，他邑有稱曾祖父母爲太公太婆者，此最爲雅稱。曾祖曰白公，因之謂高祖爲赤公則成戲語矣。

祖父稱阿爺，祖母稱阿婆，阿又作亞。

按，爺是父稱，《古木蘭詩》：「卷卷有爺名。」唐王維詩：「渠爺未學時。」盧仝詩：「憑仗添丁莫惱爺。」白居易詩：「慎勿愚頑似汝爺。」李商隱詩：「請爺書春勝。」爺又作邪。《宋書·王彧傳》：「子絢讀『郁郁乎文哉』，外祖何尚之戲曰：『可改「邪邪乎文哉」。』以郁是其父嫌名也。」亦作耶。杜甫詩：「見耶背面啼。」邪耶唐音，並以遮切，蓋同音假借字，然並無以爺當祖父稱者。公及婆之稱則有徵矣。《呂氏春秋·孟冬紀》：「孔子之弟子從遠方來者，孔子倚仗問之曰〔一〕：『子之公不有恙乎？』」《史記·外戚世家》「封公昆弟家于長安」索隱曰：「公亦祖也。」《南史》：「何偃呼顔延之爲顔公，延之曰：『非君家阿公，何以呼爲公。』」《南齊書·鬱林王紀》：「昭業謂豫章王妃庾氏曰：阿婆。」阿本音屋。考《玉篇》《廣韻》，阿字無屋音。今讀於何反，音婀，或作亞者，亞音鵶，阿之音轉也。《漢書·東方朔傳》：「伊優亞者，詞未定也。」師古曰：「亞，烏加反。」

父曰亞爸、亞爹，亦有曰亞爺者，惟將爺字讀去聲不讀平聲，其讀平聲者，則專以稱祖父也。

按，《玉篇》：「爸，蒲可反，父也。」宋丁度《集韻》：「爸，部可反，又必駕反，吴人呼父也。」今邑人讀爸作必駕反，或作必加反，聲轉爲平。《玉篇》：「爹，屠可反，父也。又陟斜反。」《南史·梁始興王憺傳》：「始興王，人之爹。」與火、我爲韻，則讀屠可切。《廣韻》：「爹，陟斜反，

〔一〕倚：《呂氏春秋》作「荷」。

羌人呼父也。」今讀的斜反，蓋陟斜反之音變。嘉應温仲和以爲晉宋間羌語轉入中國，理或然也。

稱父於他人曰老子，曰老脰，亦曰老豆。

按，陸游《老學庵筆記》：「南鄭俚俗謂父曰老子，雖年十七八，有子，亦稱老子。」《儀禮·士相見禮》「左頭奉之」注：「今文頭爲脰。」俗稱老脰，猶老頭也。老頭之稱，外省多有之，讀頭如脰，此古音之僅存者。或又云老豆是豆腐之豆，腐讀父音，故直謂老父爲老豆。或又云實是老竇，竇燕山義方教子，故以稱父。對於尊親，乃多弄花斧，成何體例？

母曰亞媽、亞孃。

《玉篇》：「媽，莫白切，母也。」《廣韻》：「媽，母也。」與姥同，莫補切。莊綽《鷄肋編》〔一〕：「今日呼父爲爹，母爲媽，兄爲哥，舉世皆然，問其義則無説。」遵義鄭珍《親屬記》曰：「今俗讀馬平聲，以莊綽不知其義推之，宋時呼媽與今同。」今人讀媽爲馬，又或讀爲麻。孃，《玉篇》：「女良反，母也。」通作娘。《南史·竟陵王子良傳》：「子良曰：『娘今何處？何用讀書。』」〔二〕《北史·韋世康傳》：「世康與子弟書曰：『娘春秋已高，温凊宜奉。』」又《古木蘭詩》：「不聞爺娘喚女聲。」杜甫詩：「耶娘妻子走相送。」白居易詩：「兒別爺娘夫別妻。」字皆作娘。《玉篇》

〔一〕編：原作「篇」，下「通俗篇」之「篇」同，徑改。
〔二〕何：原脱，據《南史》補。

雖訓娘爲少女之號，與孃異，然爲女良反，亦同音假借也。爸媽之稱，外國與牛馬皆然，此稱呼之關乎天性者，凡有血氣莫不尊親，信然。

庶母曰姐。

按，《説文》：「蜀謂母曰姐。」《廣雅》：「姐，母也。」是姐不獨庶母之稱。以稱庶母，聊以分別於嫡母爾。《東莞志》云莞稱母曰媽，亦曰姐，適得姐之本義也〔一〕。

乳母曰奶媽。

奶媽本稱嬭婆。按《舊唐書・哀帝紀》：「内出宣旨：嬭婆楊氏，可賜號昭儀；嬭婆王氏，可封郡夫人。中書奏議：乳母古無封夫人、賜内職之例。」東莞稱母多曰亞嬭，本邑則搢紳之家然。後稱祖母曰嬭。莞稱合古義也。《玉篇》：「嬭，乃弟反，母也。又女蟹反，乳也。」《廣韻》：「嬭，奴禮反，楚人呼母。又奴蟹反，乳也。」其謂母者，因其乳而母之也。俗不知嬭，别造奶字，非。

父之兄弟曰亞伯、亞叔，其妻曰亞母、亞嬸。

伯仲叔季，原來兄弟之次序，今稱父之兄弟，應曰伯父、叔父，或曰伯爺、叔爺。稱其妻，應曰伯母、叔母，或曰伯孃、叔孃。今直曰伯曰叔，其妻直曰母曰嬸，省字以取便耳。他邑稱伯

〔一〕姐：原誤作「祖」。

孃、叔孃者不少，至近如恩平已然也。嬸，式荏反。王令詩：「閱女當求嬸。」《明道雜志》：「經傳無嬸字，嬸乃世母二字合呼。」然則以嬸當叔母，亦非碻典。

母之父曰外公，母之母曰外婆。或省去外字，但曰公曰婆。

按，《爾雅》：「母之考爲外王父，母之妣爲外王母。」郭注：「異姓，故言外。」

母之伯叔父母曰舅公舅婆，舅婆亦有云妗婆者。妗已屬女，云妗婆，似複贅矣，不如舅婆爲順。

母之兄弟曰舅父，其妻曰妗母，或省去父母字，但曰舅曰妗。

按，《爾雅》：「母之㫁弟爲舅。」《史記·建元以來侯者年表》：平昌侯王長君，宣帝舅父也；樂昌侯王稚君，以宣帝舅父外家封爲侯。《集韻》：「妗，巨禁切，俗謂舅母曰妗。」《明道雜志》：「妗，乃舅母二字合呼。」

妻之父母曰公曰婆〔一〕，通函稱岳父岳母。

按，《爾雅》：「妻之父爲外舅，妻之母爲外姑。」今稱公稱婆，用其子女所稱稱之，猶有説也，未有子女而用是稱，則無説矣。他邑有稱妻父曰丈人公，妻母曰丈人婆者。《通俗編》云：「王弼《易》注：『丈人，莊嚴之稱。』《通鑑》：『唐韋執誼係杜黄裳壻，杜勸執誼請太子監國〔二〕，

〔一〕母：原脱，據文義補。
〔二〕勸：原誤作「勳」。

執誼驚曰：「丈人甫得一官，奈何啓口議禁中事乎！」』《鷄肋編》云：『獨稱妻父丈人，自柳宗元呼楊詹事爲丈人始。』」錢塘袁枚《隨園隨筆》：「外舅古無呼丈人之禮。」裴松之注《三國志》「董太后之侄〔一〕，於獻帝爲丈人」一語，極稱其非。然單于稱「漢天子，我丈人行」，其時漢以女妻單于，故有此稱，即是外舅稱丈人之始。俗説泰山有丈人峯，形似老父傴僂也。泰山爲五岳之尊，於妻父母稱丈人公、丈人婆，故亦稱岳父、岳母。岳字已牽扯不典，甚有妻父自稱劣岳、愚岳，既自居岳之至尊，何愚何劣之可言！或又云岳是樂字之嬀，《晉書》衛玠妻父樂廣，皆有重名，人以翁爲冰清，壻爲玉潤云。

婦人稱舅姑曰家公、家婆，亦曰大人公、大人婆。

《爾雅》：夫之父爲君舅，母爲君姑。家公、家婆，只可對人稱之，如家父、家母之類。今自稱於舅姑，家字不浹也。至舅姑稱公稱婆，自古有之。《漢書》賈誼疏：「抱哺其子，與公倂倨。」《古焦仲卿妻詩》：「便可白公姥，及時相遣歸。」乃謂舅爲公也。晉樂府：「後來新婦今爲婆。」明《孝慈録》：「舅姑即公婆。」乾爲君爲父，乾稱大人，故父亦應有大人之稱。《漢書・高祖紀》：「上奉玉巵爲太上皇壽曰：『始大人嘗以臣不能治産業。』」《霍光傳》：「去病壯大乃知父爲霍中孺，因跪曰：『去病不早自知爲大人遺體也。』」今婦之稱大人公，亦因子稱大人而然。

〔一〕侄下原衍「卞」字，據裴注删。

其稱大人婆，《後漢書·黨錮傳》：「范滂謂母曰：惟大人割不可忍之恩。」子稱母亦曰大人，故曰大人婆。

下户及蛋户稱翁姑曰爸媽。

婦人内夫家爲婦者，善事翁姑，與爲子者善事父母，同謂之孝。以爸媽稱翁姑，於禮意未爲不合。

夫之兄曰大伯，夫之弟曰小叔。

《爾雅》：「夫兄曰兄公，弟曰叔。」今稱夫兄曰大伯或曰大伯爺者，唐有之矣。按《風俗通》引《五代史補》：「李濤弟澣娶婦竇氏，出參濤，濤荅拜，澣曰：『新婦參阿伯，豈有拜禮？』」是婦人呼夫兄爲伯也。今稱大伯，蓋對小叔而言。

夫之姊曰大姑娘，夫之女弟曰二姑娘、三姑娘。

他邑多不用娘字，只云大姑、小姑。本來夫之姊爲女兄，夫之女弟爲女妹，今稱大姑、小姑，姑當作家。《集韻》家，古胡反，音姑。又與姑同。大家，女之尊稱。曹世叔之妻昭稱大家。胡三省《通鑑注》：「曹大家，今人相傳讀曰姑。」何孟春曰：「家與姑同音。曹大家之稱，蓋尊之如母姑云耳。」《古仲卿妻詩》：「小姑始扶牀。」王維詩：「先遣小姑嘗。」顧況詩：「回頭語小姑。」樂府有「清溪小姑曲」。《異苑》：「小姑，蔣侯第三妹也。」

夫之兄妻曰姆，夫之弟婦曰嬸。

按，《廣韻》姥，莫補切。或作姆，女帥也。吕祖謙《紫微雜記》：「今俗弟妻呼兄嫂爲姆姆，兄婦呼弟妻爲嬸嬸。」

夫謂妻曰老婆，妻謂夫曰老公。

按，《傳燈録》：「大愚曰：『黄蘗恁麽老婆心切。』」《寒山詩》：「東家一老婆，富來三五年。」《南史・侯景傳》：「景謂左右曰：『我知吴兒老公薄心腸。』」是老婆、老公，古有此稱。

妾曰小婆，因此謂妻曰大婆。

《詩》「愠於羣小」集傳：「小，衆妾也。」《漢書・元后傳》：「鳳知其小婦弟張美人已嘗適人。」師古曰：「小婦，妾也。」謂妾爲小婆，不如謂爲小婦。蓋婦包老少言之，婆則女子中之老成者，以少妾當之，不相肖也。大婆無論老少，皆當得起婆字。

老婦之送嫁留伴新娘者曰大妗。妗讀若衿。

按，《廣韻》二十四鹽：「妗，妗㛤，善笑貌。處占反。」「㛤，㛤妗，喜貌。醜廉反。」以善喜笑，故於從嫁尤宜。與舅母之妗音巨禁切不同。妗母之稱，蓋始宋時，《廣韻》妗無反音。

謂弟曰娣。

《集韻》《韻會》《正韻》：「娣，音第，女弟也。」《六書故》：「古之嫁女者，以姪娣從，自適而下，凡謂之娣。」又：「娣姒〔一〕，妯娌也。兄之妻曰姒婦，弟之妻曰娣婦。」從無娣稱男弟者，故娣與姪皆從女言，姪爲兄弟之女，而娣爲女弟，非男弟也。唯兄弟之男子稱姪，自宋有之。宋

〔一〕姒：原誤作「似」。

真宗過洛幸呂蒙正第，問諸子孰可用，對曰：「諸子皆豚犬，有姪夷簡，宰相才也。」咸以此爲兄弟男子稱姪之始。然范武子《穀梁傳序》明云「我兄弟子姪」，則自晉時有此稱矣。《困學紀聞》卷八論兄弟之子一段，閻注則謂秦已有稱兄弟之子爲姪者。謂弟爲娣，則從古未之聞也。

子曰仔。

按，《説文》：「仔，克也。從人，子聲。」徐鍇曰：「《詩》：『佛時仔肩。』《經典釋文》：『仔，音兹。』」《廣韻》：「仔，即里反，克也。又音兹。」考仔，祇《詩》一見，以諧聲言音子。《廣韻》有平上二音，而即里正反爲子，與《説文》合。《説文》諧聲字多兼會意，仔亦當有人子之義。毛傳〔一〕：「仔肩，克也。」鄭箋：「仔肩〔二〕，任也。」釋文以爲二字共訓，是克與任係仔肩二字之義，非仔與肩一字之本義。肩本義爲人肩，則仔本義爲人子，可知仔之義係指小子，故從人子。然引申之，凡小者皆稱曰仔。《廣東新語》云「耕傭曰耕仔，小販曰販仔，游手曰散仔，司爨曰火仔，亡賴者曰打仔，小奴曰細仔，小婢曰妹仔，奴之子曰家生仔，螟蛉子曰養仔，盟好之子曰契仔」是也。又推之於物，如牛仔、羊仔、猪仔、鴨仔、魚仔、蝦仔、樹仔、菜仔之類，不一而足。然本義則謂人之小子，餘特其引申義耳。據《説文》《廣韻》，粤之仔字，其音義由來已久，不得以俗字概之。

〔一〕傳：原誤作「詩」。

〔二〕仔：原誤作「子」，據《毛詩正義》改。

平人曰佬，外省人曰外江佬。

按，《玉篇》：「佬，力凋切。僗佬也，大貌。」佬讀仄音，字書所無。今則讀仄，與佬音同矣。既是大貌，則佬是尊稱，如兄曰大佬，婦稱夫於他人亦曰佬是也。然施之平人者爲多，如讀書佬、耕田佬、鬬木佬之類。若謂佬爲尊稱，則兄曰大佬，何以弟又曰細佬？外江佬之稱，亦是以平人待之。洪容齋《三筆》謂東坡詩用人名，每以老爲助語，非真謂其老也。今俗稱佬，亦此意。

子婦新來曰新婦，日久子女成羣爲翁姑者，仍以新婦稱之，人之稱之者，均曰某人新婦。此新舊之不分也。廣州幾大縣則子婦初來曰新抱。《方言》：「抱，耦也。」新抱即新耦之謂，非新婦之轉音，詳《東莞志》。

曾孫曰塞。

按，《釋名》：「息，塞也。言物滋息塞滿也。」息塞疊韻。《廣東新語》：「廣州呼玄孫爲塞。」據《東莞志》，莞亦以塞呼曾孫，不以呼玄孫。

婦人懷孕曰有身己。人稱之曰有歡喜。

《詩》「太任有身」傳：「身，重也。」《玉篇》：「己，己身也。」《廣韻》：「己，身己。」然則孕者借身己作《詩》之「有身」，亦甚雅也。《通俗編》：「今江以南謂婦人娠曰有喜。」

免身而未彌月曰坐月。

按，《貴耳集》：「鶴山母夫人方坐蓐時，其先公夢陳了翁，覺而鶴山生。」孫思邈《千金方》論婦人在蓐、出蓐、蓐中證治甚詳。云坐月者，疑本作坐蓐，音轉爲月也。然産後必彌月方能出蓐。《廣東新語》作坐月，義或取此。

相陰陽地宅者謂風水先生。

按，《賓退録》：「朱文公嘗與客言世俗風水之説，因曰：『冀州好一風水，雲中諸山來龍也。岱嶽，青龍也。華山，白虎也。嵩山，案也。』」《輟耕録》〔一〕：「李成畫坡腳〔二〕，須要數層，取其濕厚。米元章論李光丞，有『後代兒孫昌盛』，果出爲官者多。畫亦有風水存焉。」風水名稱蓋起宋時，而風水事實不自宋起，無論《漢志》五行有《堪輿金匱》十四卷，術數有《宫宅地形》二十卷，而《書·洛誥》之相土，《詩·定中》之升虚，《篤公劉》之景迺岡、相陰陽、觀流泉，於風水之事爲近，特非如後人之穿鑿耳。

船上司柁者曰梢公。

梢公原是梢工，或以其爲舟司命，故公之。説近附會。《釋名》：「舟尾曰柁。」《玉篇》：「尾，末後梢也。」

司爨曰火頭。

〔一〕耕：原誤作「官」。

〔二〕坡：原誤作「城」，據《輟耕録》改。

按，《南史・何承天傳》：「東方曼倩發憤於侏儒，遂與火頭蒼子稟賜不殊。」食飯曰喫飯，飲酒有時亦謂之喫酒。

喫飯，似比之食飯，其詞氣稍爲粗鹵。然《説文》：「喫，食也。」既是通訓，有何不可通用。杜甫詩〔一〕：「梅熟許同朱老喫。」無人譏其喫字之粗鹵也。其《送李白》詩「對酒不能喫」，則飲酒謂之喫酒，亦出自雅人之口矣。

分物曰八物。

《説文》八與分皆云别也。用刀八之爲分，故分從刀；不用刀八之爲八。則分物之爲八物，適得本義。而數目之八，仍是引申字耳。據段玉裁注《説文》，江浙語以物與人亦謂之八。

罵小兒好動者曰馬留猴子，亦曰馬留，惟讀馬爲媽，留讀爲褸之仄聲。

《唐書・南蠻傳》〔二〕：「西屠夷，蓋馬援還留不去者。故號馬留人，與林邑分唐南境。」〔三〕《酉陽雜俎》：「馬伏波十家不返〔三〕，居壽洽縣，自相婚姻，有二百户，以其流寓，號爲馬流，亦曰馬留。」想是馬留好跳㯪也。

乳謂之滄，乳汁謂之滄汁。

〔一〕 書：原誤作「詩」。
〔二〕 唐：原誤作「塘」，據《新唐書》改。
〔三〕 《酉陽雜俎》作「馬伏波有餘兵十家不返」。

淰，乃忝反。《説文》：「淰，濁也。从水，念聲。水流貌。」乳汁濁，故借淰名之。又擠乳出汁曰捻，亦借義之一端也。

衣物及行步太任性、不潔浄謂之邋遢。

按，《廣韻》：「邋，行貌。盧合反。」「遢，邋遢不謹事。吐盍反。」今稱邋遢，又重言之曰邋遢遢，本此。

不曰吾，俗生出唔字。

按不古音如柎。《詩》「鄂不韡韡」鄭箋：「不當作柎。」《左傳》「華不注」釋文：「不，無音。」伏琛《三齊記》：「不，音跗，讀若《詩》『鄂不韡韡』之不。謂花蒂也。」古詩《日出東南隅行》：「使君謝羅敷，還可共載不？羅敷前致辭，使君一何愚，使君自有婦，羅敷自有夫。」又《隴西行》：「好婦出迎客，顔色正敷愉。伸腰再拜跪，問客平安不〔一〕。請客北堂上，坐客氈氍毹。」不皆讀若跗，入十虞。無與跗同韻，則不音古近無。薛琮《東京賦注》：「無猶不也。」王引之《經傳釋詞》謂《書・洪範》「無偏無黨」，《墨子・兼愛》篇、《漢書・谷永傳》注引作「不偏不党」〔二〕；《吕刑》「鰥寡無蓋」，《墨子・尚賢》篇引作「鰥寡不蓋」；《論語》「食無求飽，居無求

〔一〕不：原誤作「否」，據《樂府詩集》改。
〔二〕《經傳釋詞》無「墨子兼愛篇」五字。又，「漢書谷永傳注」六字，《經傳釋詞》作「《史記・張釋之馮唐傳》贊」，當出《史記》。

安」，《漢書・谷永傳》引作「居不求安，食不求飽」〔一〕；《老子》下篇「聖人不積」，《魏策》引作「聖人無積」；《詩・皇矣》「不大聲以色，不長夏以革」，《墨子・天志》篇引作「無大聲以色，無長夏以革」；《禮記・月令》「五穀無實」，《呂氏春秋》作「五穀不實」；《三年問》「無易之道也」鄭注曰：「無易，猶不易也。」《荀子・禮論篇》作「不易之術」。以此爲無與不相通之證。蓋不與無音亦相近，故彼此互用。今粵俗謂不曰吾者，吾與無音亦相近，淺人不知無轉爲吾，因別造唔字耳。吾本有毋義，毋者，禁止之辭，而《漢書・百官公卿表》「執金吾」注引應劭曰：「吾本禦也，掌執金革，以禦非常。」《史記・項羽本紀》：「莫敢枝梧。」集解引如淳曰：「枝梧，猶枝捍也。」〔二〕枝梧或作支吾，是吾有捍禦之義。捍禦，即禁止也。又從吾聲之字，如《周禮・田僕》注〔三〕：「逆，衙還之使不出圍。」衙本又作禦，《釋名》：「敔，衙也。衙，止也。所以止樂也。」據此則吾與毋義本相通。王引之云：「毋與無通。」是吾又可與無通也。蓋不弗勿三字同義，亦同韻，無毋吾三字同義，亦同韻。今以正音讀之，六字音皆相近。然則古音之相通轉可知。

無曰武，俗生出冇字。

〔一〕實出《漢書・蓋寬饒傳》。
〔二〕捍：原誤作「悍」，據《史記集解》改。下同。
〔三〕田：原誤作「曰」。

按，《禮器》「詔侑武方」注：「武當爲無，聲之誤也。」又《周禮·鄉大夫》「五曰興舞」注：「故書舞爲無。杜子春讀無如舞。」《廣韻》武與無同文甫反。今凡問有無及答曰無，皆讀如武，蓋古音也。

知讀如土音地平聲。

按，《詩·芄蘭》知與支觿韻〔一〕，《墓門》知與斯韻，《小弁》知與伎雌枝韻，《何人斯》知與篪斯韻，《老子道德經》以知與兒斯雌谿韻，《莊子》兩以知與離韻，《楚詞·九歌·少司命》知與離韻，又《九章·涉江》知與摛韻。知字古音，當讀與斯伎疵離摛等相近。今韻四支，《廣韻》分五支六脂七之三韻，而支韻字多斯疵離等音。竊以爲支字古亦當音歧。《說文》：「支，從手持半竹。」上象竹分葉歧出之形。支借爲枝肢，亦取歧出之義。故從支之字，如歧跂伎忮芰妓等字，多作歧音。此雖以土音讀之，必當不誤。《廣韻》知，陟離切。摛，丑知切。離摛與知爲疊韻，若以土音切之，必讀如地平聲乃諧也。

待曰等。

按，唐路德延《小兒》詩：「等鵲潛籬畔。」宋范成大詩：「父老年年等駕回。」史彌寧詩：「錦囊開口等詩來。」是唐宋人俱以等爲待也。

〔一〕 支：原誤作「知」。

立曰企。

按，《廣雅·釋詁》：「企，立也。」曹憲云：「即古文企字。」王念孫疏證云：「《説文》：『企，舉踵也。』㡳，古文企從足。」《詩》：『跂予望之。』企㡳跂並同字。」

以手裂物曰斯。

按，《説文》：「斯，析也。从斤，其聲。」引《詩》「斧以斯之」。斯本爲以斧斤斯物之名，引申之凡裂析亦曰斯。《爾雅》：「斯，離也。」即其證。考《吕氏春秋·報更》篇：「趙宣孟見骪桑下餓人，與之脯一朐。曰：『斯食之。』」今人謂以手析物曰斯本此。《集韻》或加手作撕，此後出之字也〔一〕。

縣曰弔。弔即佻與鴭之音轉。

按，《方言》：「佻，縣也。趙魏之間曰佻，燕趙之郊縣物於臺之上謂之佻。」郭璞注：「了佻，縣物貌。丁小反。」《玉篇》：「鴭，丁了切。懸物也。」

關門曰閂。

按，《廣韻》：「櫰，數還切，關門機也。」閂即櫰之俗。《通俗編》：「閂，乃桂林土書。范成大帥靖江時已有之，載《桂海虞衡志》。」

〔一〕後：原誤作「復」。

日謂之日頭。

按，《七修類稿》云：「真個有天没日頭。宋《神童詩》也。」日頭之稱當始宋時。

落雨謂之落水。

雨爲天所落，水爲地所蓄。謂雨爲水，幾同於謂冰爲雪。南方少見雪，故謂冰爲雪。南方多見雨，何以亦誤雨爲水？但雨既著地之後統謂之水，亦無怪也。

蓄水之處謂之氹。

氹，讀徒錦反，是俗字，字當作潭。俗不知潭有仄音讀如氹，因别造氹。潭之仄音古韻入四十七寢。

肴曰送。

按，《廣韻》：「肴，肉也。」《文選·典引》蔡邕注：「肉曰肴，骨曰覈。」今則勿論買魚買肉買菜統謂之買肴，或曰買餸。肴曰送者，以肴送飯入口也。蘇軾詩：「香粳飽送如填塹。」倘别造餸字，非。

來讀如釐。

按，《儀禮》「來汝孝孫」注：「來讀曰釐。」《詩》「貽我來牟」，《漢書·劉向傳》引作「貽我釐麰」。《公羊傳》：「杞伯鬱釐。」《史記·杞世家》索隱注引譙周云：「名鬱來。」來古音釐，以《詩》與《易》韻核之自見。

誣謂之賴。

按，《左傳》：「靈王曰：今鄭人貪賴其田，而不我與。」考賴本訓利，謂貪取其利而不與也。《方言》：「賴，取也。」此賴之本義。然貪取其利不與人，則必以罪與人。《方言》：「予、賴，讎也〔一〕。南楚之外曰賴。」郭璞注：「賴，亦惡名。」予即與，讎即售，賴則以罪售與於人，故郭云惡名。

肉熟透謂之腩，人軟弱亦謂之腩。

按，《廣韻》四十八感：「腩，煮肉。奴感反。」字作上聲。然以六書而言，腩當从肉南聲，則本有平音。肉熟透之腩，从南諧聲，卻亦會意。觀孔子言寬柔爲南方之强，則南是輭弱之方。熟透必輭弱也，人輭弱爲腩，是肉熟透爲腩之假借。

雀巢謂之雀鬬。一屋人謂之一鬬人。

《説文》：「鬬，遇也。」是鬬有相接合之義。所以木匠謂之鬬木佬。木之湊筍者，謂之鬬筍。鬬，斵聲兼會意，則亦謂斵而接之也。雀鬬及一鬬人，此古義之僅存者。至於争鬥之鬥，不从斵。俗用鬬爲争鬥，而鬥廢矣。

方言多從《東莞志》，摘其與本邑相同者酌修之。

以上所録邑中方言，多是於今爲俗，考之古反爲雅者。其餘俗而傷雅，則不可一一數也。

〔一〕予賴讎也：原誤作「賴取也」。

世界各國語音之雜，莫甚於我國，我國尤莫甚於閩粤。如吾邑第十區水口鄉譚兩族比鄰，異音別區，人有不解所謂者。同處五里内而同族不同音，如同是羅族，而石版與今居異。同是梁族，而博健與沖渡異。同是余族，而横岡與金村異。更有同族同村而老少異音者，如沖渡梁族，老者與博健同音，而少者則與譚姓土音相近矣。想是梁姓多娶譚姓，所生子女先作母音。其爲全邑普通之習慣，則紅與同兩音而讀爲一音，昭與超一音而讀爲兩音，鈔寫之寫竟讀生死之死。有時對於鈔寫之人速其快寫，聽者幾如速其快死，何不祥也。太太、老太太，太字竟叫成俗語女陰之字，舌音作喉音，何不雅也。大抵邑中喉音多舌音少，去聲多入聲少。至讀書曰讀贏、讀殺、讀勝，嫌書之音類輸，故避書字不稱。通書亦稱通勝矣，並將通字讀作凶，而稱吉勝矣。俗多忌諱，賭風之盛，亦徵於此，此方言之萬不容殉俗者。嫌猪肝之肝類乾濕之乾，改稱猪潤。猪舌之舌類失本之失，改稱猪利。凡肝舌皆然。利且加口作脷，則始於省垣，而諸邑應之。本邑少以潤代肝，祇以脷代舌而已。

〔民國〕赤溪縣志

【解題】王大魯修，賴際熙纂。赤溪縣，今併入廣東省江門市臺山市。「方言」見卷二《輿地志》中。録文據民國十五年（一九二六）刻本《赤溪縣志》。

方言

父母統稱曰爺孃，亦曰爺哀。

案《古木蘭詩》：「不聞爺孃喚女聲。」杜甫詩：「耶孃妻子走相送。」黄釗《石窟一徵》曰：「母曰孲子，讀如哀。」案《朱子家禮》：「母死，稱哀子。」今縣人生以稱其母，何耶？蓋哀與愛通。《樂記》「肆直而慈愛者宜歌商」鄭注：「愛，或爲哀。」《吕覽·報更》篇「人主胡可以不務哀士」高注：「哀，愛也。」《釋名》：「哀，愛也。」是哀、愛聲義同。母主慈愛，故有此稱。參《嘉應州志》。

父曰阿爸、阿爹。

案《集韻》：「爸，部可切，又必駕切。吴人呼父也。」鄭珍曰：「按古讀巴如逋，即父之重脣音，遂作巴加父。今俗呼父，或爲巴巴，或爲耙耙，或爲八八，並此字。」韓退之《祭女拏文》曰阿爹、亞八。《廣韻》：「爹，屠可切，北方人呼父。」「陟斜切，羌人呼父也。」今縣人多呼陟斜切，蓋由晉宋間羌語轉入中國也。

母曰阿姆、阿嬭。

案姆，女師也。《禮記·内則》：「姆教婉娩聽從。」《公羊》何注：「禮，后夫人必有傅母。」字或作姆，或作母。知阿姆即是阿母。今縣人呼母字與每聲及從每聲之晦字最近，尚作米音，與羊鳴聲相似，此是古音。古晦與母通。《廣雅》：「嬭，母也。」《廣韻》：「奴禮切。楚人呼母。」按今讀奴蟹切，曰嬭嬭。或曰乳乳者，即嬭嬭也。《玉篇》曰：「嬭，乳也。」《廣韻》十二蟹：「嬭，奴蟹切。乳也。」又五支：「㜷，武移切。齊人呼母。」李商隱撰《李賀小傳》言「阿㜷老且病」是也。

祖父曰阿公，祖母曰阿婆，曾祖父曰公太，曾祖母曰婆太，祖之兄弟曰伯公、叔公，其妻曰伯婆、叔婆。

案《吕氏春秋·孟冬紀》：「孔子之弟子從遠方來者，孔子倚杖問之曰：『子之公不有恙乎？』」《史記·外戚世家》「封公昆弟家於長安」索隱曰：「公亦祖也，謂皇后同祖之昆弟。」《南史》何偃呼顔延之爲顔公，延之以其輕脱，乃曰：「非君家阿公，何以呼爲公？」《南齊書·鬱林王紀》：「昭業謂豫章王妃庾氏曰：『阿婆。』」《昌黎集·祭周氏姪女文》云：「維年月日，十八叔、叔母具時羞清酌之奠。」又《祭滂》云：「維年月日，十八翁及十八婆盧氏。」又《祭李氏二十九娘子文》：「維年月日，十八叔翁及十八叔婆盧氏。」

婦人稱君舅曰家官，君姑曰家娘。

案婦人外父母家而内夫家，故稱家官猶公也。《周禮》「牛人掌公牛」「巾車掌公車」鄭注並云：「公猶官也。」《史記·孝文紀》索隱曰：「官猶公也。」然則官公一聲之轉，家官猶家公矣。《釋名》引里語曰：「不瘖不聾，不成姑公。」姑公即家孃、家官也。

夫之兄曰阿伯，夫之弟曰阿叔。

案《通俗編》：「《五代史補》：『李濤弟瀚娶新婦竇氏，出參濤，濤答拜，瀚曰：「新婦參阿伯，豈有答禮？」』」是阿伯之稱，五代時已有矣。《爾雅》：「夫之兄爲兄公，夫之弟爲叔。」今通稱阿叔也。

夫之姊曰姊，夫之女弟曰小姑。

案《爾雅》：「夫之姊爲女公，夫之女弟爲女妹。」今縣人於夫之姊仍稱曰姊，獨於夫之妹稱曰姑。案《焦仲卿妻詩》：「新婦初來時，小姑始扶牀。」則小姑之稱甚古，不獨唐人詩之「未諳舅姑性，先遣小姑嘗」已也。

子之妻曰新婦，亦曰心舅。

案新婦土音似心舅。黄香鐵《石窟一徵》云：「按連平州人呼爲心鋪，廣州人呼爲心抱。」或謂即薪舅二字，言其操井臼薪水之勞。「要皆新婦之轉音是也。」

兄曰阿哥，弟曰老睇，姊曰阿姊，妹曰老妹。

案弟土音如廣州城人之讀睇，睇古音讀如題。《詩·小雅》「題彼脊令」箋：「題之爲言睇視也。」

子女統曰子息。

案《通俗編》云：「《戰國策》：『老臣賤息舒祺，最少。』《東觀漢記》有『此我子息』之語。」李密《陳情表》：「門衰祚薄，晚有兒息。」兒息猶子息，統子女言之。息者，生也。

親家翁曰且公，親家母曰且姆。

案且土音讀入麻部。黄香鐵云：「是親家二字，葉爲一字。蓋緩讀之則爲親家，急讀之則爲且。如不可二音合作叵之例。」此説是也。案且與借聲相近。《檀弓》云：「夫祖者，且也，且胡爲其不可以反宿也。」凡言且者，皆謂姑且如此，即假借之意也。今縣人稱外祖父母亦言且公且婆，此且字又讀作姐，皆假借之義。

男子曰賴子，女子曰妹子。

案賴子猶男子，妹子猶女子也。俗謂人無恥者曰無賴子，反是則爲賴子矣。《易・歸妹》注及釋文並云：「妹者，少女之稱。」不必定爲女弟也。

妻父謂之丈人老，又曰阿爺。妻母謂之丈人婆，又曰阿孃。

案《通鑑》：「韋執誼係杜黄裳壻，杜勸執誼請太子監國，執誼驚曰：『丈人甫得一官，奈何啓口議禁中事乎？』」此稱妻父爲丈人也。今縣人稱妻父母特加一老字一婆字，稍異。

子女之最小者謂滿子，愛憐少子曰惜滿子。

案黄香鐵《石窟一徵》引何遠《鑑誡録》：「陳裕詩：『滿子面甜糖脆餠，蕭娘身瘦鬼嫦娥。怪來唤作渾家樂，骨子猫兒盡唱歌。』玩詩意，滿子是謂其子女，蕭娘是謂其妻妾，則以五代時已然。」《戰國策》：「趙威后曰：丈夫亦愛憐少子乎？」袁文《甕牖閑評》云：「世有孃惜細兒之語。」縣俗讀惜如鵲。惜，《唐韻正》云：「古音鵲。」俗讀正合古音。

曾孫曰塞子。

案屈大均謂廣州人呼曾孫爲塞，其實係息字。《尸子》：「棄黎老之言，用姑息之語。」注：

「姑，婦也。息，小兒也。」曾孫最小，故以息爲名。又《釋名》：「息，塞也。言物滋息塞滿也。」至曾孫則生齒日繁矣，言塞滿門户也。

夫謂妻曰老婆，妻謂夫曰老公，亦曰丈夫。

案老者，偕老之義。公婆者，有子孫之稱。

妾謂之小婆。

案《漢書·元后傳》：「鳳知其小婦弟張美人已嘗適人。」顏注云：「小婦，妾也。」《後漢書·趙孝王良傳》：「趙相奏乾居父喪私聘小妻。」李注云〔一〕：「小妻，妾也。」《通鑑·漢紀》：「永元五年，梁王暢上疏曰：臣暢小妻三十七人。」胡注云：「凡非正室者皆小妻。」《詩·柏舟》：「慍於羣小。」集傳云：「羣小，衆妾也。」是皆以妾爲小也。

平人之妻曰夫娘。

案阮《通志》：「夫娘之稱最古，劉宋蕭齊崇尚佛法，閣内夫娘令持戒。謂夫人、娘子也。」今縣人或加一嬤字，謂爲夫娘嬤，讀如麻。《博雅》：「嬤，母也。」

婦人娠者曰有身。

案《國語·晉語》「昔者大任娠文王」注：「娠，有身也。」《詩·大明》「大任有身」傳曰：

〔一〕李：原誤作「季」。

「身，重也。」《月令》注「有娠」釋文：「音身。」是娠與身聲同互通之證。今俗曰有身，亦可作有娠，以娠音身故也。

智謂之精。

案《說文》：「精，擇也。」《廣韻》：「精，明也。」《荀子·智賦》：「血氣之精也。」縣俗謂人有心計者，或曰精明，或曰精細，或稱精靈，而單稱之曰精。

愚謂之惷〔一〕，亦謂之戇。

案《周禮·司刺》：「三赦曰惷愚。」注云：「惷愚，生而癡騃童昏者。」《士昏》記：「某之子惷愚。」《禮記·哀公問》：「寡人惷愚冥煩。」〔二〕《表記》：「其民之敝，惷而愚。」《廣韻》收於三鍾四江三用中。《唐韻正》云：「古音丑工反。」今土音讀同春蠢之蠢。《說文》：「戇，愚也。」《衆經音義》引《三蒼》云：「戇，愚無所知也。」今土音讀如昂之去聲。

黠謂之鬼黠。

案《方言》云：「慧，自關而東趙魏之間謂之黠，或謂之鬼。」縣俗則謂之鬼黠。

毒謂之澆漓。

案澆，土音讀如梟。《說文》：「澆，薄也。」今縣人或單謂澆，或謂澆漓，刻薄、毒，均此意。

〔一〕惷：原誤作「惷」，本條同。據《唐韻正》改。

〔二〕煩：原作「頑」，據《禮記注疏》改。

歡喜謂之嬹。土音讀同釁。

案《廣雅》：「嬹，悦也。」王懷祖云：「嬹者，《説文》：『嬹，説也。』《學記》『不興其藝』注云：『興之言喜也，歆也。』正義引《爾雅》云：『歆，喜，興也。』興與嬹通。」《文王世子》：「既興器。」注云：「興當爲釁字誤也。」今縣俗讀嬹字正作釁，音如興之上聲。

啼哭謂之噭。

案《説文》：「楚謂兒泣不止曰噭咷。」噭咷與《易》號咷同義。《曲禮》：「上毋噭應。」鄭注：「噭，號呼之聲也。」昭二十五年《公羊傳》云：「昭公於是噭然而哭。」《説文》引作噭，則噭與噭通。又作叫，《宋史略》：「仁宗生，晝夜啼不止，有道人能止兒啼，召入，則曰：『莫叫莫叫，何似當初莫笑。』乃止。」

吐謂之嘔。

案《左傳》：「吾伏弢嘔血。」《説文》口部：「嘔，吐也。」

回謂之轉。

案俗謂自某處回來曰轉來，此亦古語也。《説文》口部：「回，轉也。从口，中象回轉之形。」

立謂之企。

案《廣雅》：「立，立也。」《方言》：「立，立也。」《説文》：「企，舉踵也。」《衛風・河廣》：「跂子望之。」跂企跂並同。

藏匿謂之㔬。土音讀如柄。

案《説文》匸部㔬注云：「側逃也。从匸，丙聲。」考《説文》同部之字：「匸，衺徯，有所俠藏也。」「踦區，藏匿也。」匿者，「亡也」。「㔬，側逃也。」「匽，匿也。」數字相連，皆是亡逃、藏匿之義。今吾縣方言，凡物恐人知之藏匿之曰㔬人，恐人見之藏匿之亦曰㔬，讀如柄，正是丙聲。此方音亦足證古音也。

呼人曰喊人。

案《法言·問神》篇：「瞽曠能默，瞽曠不能齊不齊之耳。狄牙能喊，狄牙不能齊不齊之口。」是喊字漢時已有。

明日曰晨朝日。後三日曰大後日。昨日曰前奔日，或曰秋奔日。

案《衆經音義》卷二至「晨朝」二字注云〔一〕：「《爾雅》：晨，早也。《釋名》云：晨，伸也，言其清旦日光復伸見也。」又案《老學庵筆記》云：「後三日爲外後日，意其俗耳，偶讀《唐逸史·裴老傳》乃有此語。裴，大曆中人也。」翟灝曰：「案今又謂之大後日。」今縣人謂昨日曰前奔日者，言日之易過，如奔駟之過隙然，此在前已奔之日也。又曰秋者，秋收也，俗言物之收藏者曰

〔一〕二：原誤作「一」。「至」似爲衍文。

收秋，言此已奔之日如物之收秋然也，有光陰當愛惜之意。

夜謂之闇。

案《祭義》「夏后氏祭其闇」鄭注：「闇，昏時也。」又《禮器》「逮闇而祭」，謂「未明時也」。《呂氏春秋》：「使民闇行，若有嚴刑於旁。」高注：「闇，夜也。」故《廣韻》云：「闇，夜也。」縣俗日入之後謂之闇晡，即《神女賦》所謂「晡夕之後」也〔一〕。此亦古語也。

天陰謂之天闇。

案《論語》：「高宗諒陰。」鄭訓陰爲闇。《無逸》：「乃或諒陰。」《喪服四制》作「諒闇」。陰、闇古同聲通用，此亦古語也。

不知緩急曰悠悠洋洋。

案《爾雅·釋訓》：「悠悠、洋洋，思也。」案悠悠通作遥遥。悠遥音相近通用。《説苑》引《詩》「悠悠我思」作「遥遥我思」，是其證也。洋洋通作陽陽。《君子陽陽》傳：「陽陽，無所用其心也。」與「思也」相反爲義。又《君子陶陶》箋曰：「陶陶，猶陽陽也。」陶陶即遥遥，此皆以聲爲義。今俗謂人不知緩急每曰悠悠洋洋，或省曰悠洋。

謂事輕忽謂之老草。

〔一〕後：原誤作「夜」，據《神女賦》改。

案朱子《訓學齋規》：「寫字，未問工拙如何，且要一筆一畫，嚴正分明，不可老草。」今言潦草，乃老字音訛。

火滅曰火汙。

案《説文》：「點，小黑也。」《廣雅》：「點，汙也。」《爾雅·釋器》：「滅謂之點。」郭注：「以筆滅字爲點。」按點則有汙，故後世有汙滅之稱。今縣人因謂火滅火汙也。

飲酒謂之食酒。

案《漢書·于定國傳》：「定國食酒至數石不亂，冬月治請讞，飲酒益精明。」如淳曰：「食酒猶言喜酒也。」師古曰：「食酒者，謂能多飲，費盡其酒，猶云食言焉。」今流俗書本輒改食字作飲字，失其真也。《論語》云：「沽酒市脯，不食。」則酒自可云食也。然縣俗凡飲酒皆言食酒，其赴人家喜事筵宴者，亦言食喜酒。

肉味變曰臭。

案臭，腐敗也。《書》曰：「若乘舟，汝弗濟，臭厥載。」謂舟在中流而不渡，臭敗其所載之物也。今俗以肉味變曰臭，是古音也。

飯變味曰餿。

案《釋文》饐字下引葛洪《字苑》云：「饐，餿臭也。」今俗則曰臭餿。

卵謂之春，亦謂之蜑。

案《禮記・內則》「濡魚卵醬實蓼」鄭注：「卵讀爲鯤。」《説文》無鯤字。鯤從昆聲，卵昆同音。昆與春聲又近，故得轉爲春。春在《廣韻》十八諄，昆在《廣韻》二十三魂，而昆得轉爲春者，《詩・王風》：「緜緜葛藟，在河之滸十八諄。終遠兄弟，謂他人昆二十三魂。」此昆之所以轉爲春也。轉爲蛋者，以丱即古卵字，《説文》綰字注：「一曰讀若鷄卵。」〔一〕綰丱聲近，而與貫同音。貫慣同聲通用。《孟子》「我不貫與小人乘」是也。《廣韻》二十三旱有蛋字，與但同音。《甫田》詩：「婉兮孌兮，總角丱兮。未幾見兮，突而弁兮。」此卵之所以轉爲蛋也。

禽之巢曰藪，蟲之巢亦曰藪。

案《鄭風・叔于田》傳：「藪，澤也。禽之府也。」釋文引《韓詩》：「禽獸居之曰藪。」《周禮・輪人》注鄭司農曰：「藪讀爲蜂藪之藪。」是古人亦呼蜂藪，不獨今俗爲然也。今俗鳥巢謂之鳥藪。藪或作鬬。石湖云「雌雄曰一鬬〔二〕，十鷄並種，得六鬬」是也。

鷄伏卵曰部藪。

案《説文》爪部：「孚，卵即孚也。」段氏曰：「《通俗文》：『卵化曰孚。』《廣雅》：『孚，生也。』謂子出於卵也。《方言》有『鷄卵伏而未孚』之語。則卵因伏而孚〔三〕，學者因即呼伏爲孚

〔一〕《説文解字》作：「一曰綃也。讀若鷄卵。」
〔二〕曰：原脱。
〔三〕孚：原作「生」，據《説文解字注》改。

云。」俗又作菢。《廣韻》：「菢，鳥伏卵。」〔一〕音同暴是也。今江東人呼鷄之伏卵者曰哺鷄，即孚也。案孚暴哺部，皆聲近。部即剖也。《文選·海賦》：「剖卵成禽。」李善曰：「剖猶破也。」《淮南·原道》篇：「羽者嫗伏。」高注曰：「嫗伏，以氣剖卵也。」孚剖聲亦相近。

凡鳥皆謂之雕。

案《爾雅》：「桃蟲，鷦，其雌鴱。」郭注：「鷦鷯，桃雀也。俗呼爲巧婦。」《詩正義》引陸璣疏云：「今鷦鷯也，微小於黄雀。」其雛化而爲雕，故俗語鷦鷯生雕。又《焦氏易林》亦曰：「桃蟲生雕。」是則桃蟲生雕古有此説。故《小毖》詩云：「肇允彼桃蟲，拚飛維鳥。」此鳥即謂桃蟲所化之雕。是鳥可爲雕之證。今俗稱鳥皆曰雕，蓋鳥讀轉平聲即爲雕也。又《漢書·貨殖傳》有「寧雀毋刁」之語〔二〕，今俗曰雀曰刁，皆爲詈人之語矣。

凡畜之牡者皆曰牯，其牝者曰豝。豝，土音讀若麻。

案《廣雅》：「吴羊牡一歲曰牯。」《玉篇》《廣韻》並以羖爲羖之俗。今俗凡畜之牡者皆曰牯，如牛曰牛牯，猪曰猪牯，狗曰狗牯等，與牡羊之稱爲牯者，取義正同。豝者，《説文》：「牝豕也。」今俗豝讀若嫲。豝本牝豕，俗因而謂凡畜之牝者皆曰嫲，如稱鷄嫲、鴨嫲、猪牛狗嫲等是，

〔一〕卵：原誤作「子」，據《廣韻》改。
〔二〕寧雀毋刁：《漢書·貨殖傳》作「寧雀無刀」。

其牝而幼者謂之牸，如猪曰猪牸，狗曰狗牸是也。《廣雅》：「牿、牝，雌也。」又：「吴羊其牝一歲曰牸。」今俗所稱曰牸，皆其小者，若大則曰㾍，或作毑，讀如麻。《博雅》：「毑，母也。」此亦古之遺語也。

沸水謂之滚水。

案《蕩》詩「如沸如羹」箋云：「如湯之沸。」劉向《七諫》曰：「身被疾而不閒兮，心沸熱其如湯。」蓋用此詩義也。《説文》作䰝，云「涫也」。「涫，䰝也。」涫今俗作滚字，今所謂滚水即涫水也。亦古之遺語也。

粉餌謂之粄。

案《玉篇》米部：「蒲滿切。米餅。」《廣韻》上聲二十四緩：「粄，屑米餅也。博管切。」又出粺餅二字，云並上同。是唐以前已有粄之稱矣。今縣俗以粉爲年糕謂之甜粄，鬆糕謂之發粄，又有圓子粄、禾串粄之名。

一枚謂之一个。

案《儀禮·大射儀》「挾一个」鄭注：「个，猶枚也。」《特牲·饋食禮》「俎釋三个」注：「个，猶枚也。」師古曰：「个，讀曰箇。箇，枚也。」《説文》：「箇，竹枚也。」《玉篇》：「箇，枚也。」今俗皆謂若干个，蓋古語也。

被一牀曰一歡，席一具亦曰一歡。

案《癸辛雜識》：「余生長澤國，每聞舟子呼造帆曰歡。」〔一〕又唐樂府詩云：「蒲帆猶未織，争得一歡成。」則被席之爲一歡亦猶是也。

數檳榔曰幾口。

案阮《通志》載陸倕「謝安成王賜檳榔一千口」是也。

數蕉子曰幾梳。

案阮《通志》載蘇軾詩「西鄰蕉子熟，時致一梳黄」是也。

謹案：吾粤嘉應州今改州治爲梅縣全屬五縣，與潮州府屬之大埔、豐順二縣，惠州府屬之歸善、今改惠陽。博羅、龍川、河源、連平、永安、今改紫金。長寧、今改新豐。和平八縣，又南雄州、韶州府、連州今改州治爲連縣各屬州縣，除少數官音、土音外，其方言大致相同。然據各州縣志乘所載，則謂其先世俱係中州黄、光間遺族，在漢晉間南遷江浙閩贛諸省，至五代南漢時復由閩之汀州、贛之贛州轉徙而來，分居以上各州縣。篳路籃縷，以啓山林，原屬先來落籍之土著，無所謂客，即其言語與汀贛相近，亦初無土客之分也。惟今廣肇之人，輒謂以上各州縣人爲客家，並謂其話爲客話者，緣以上各州縣人在明代清初間，復多遷移於廣州府屬之番禺、東莞、香山、增城、新安、今改寶安。花縣、龍門、從化、清遠、新寧，今改臺山。肇慶府屬之高要、廣寧、新興、四

〔一〕聞：原誤作「間」。

會、鶴山、高明、開平、恩平、陽春及其他羅定、陽江、信宜等州縣，或營商業，或務墾闢，皆先後占籍焉，於是廣肇各屬土著，遂以客視之。因言語與土著不同，又謂其話爲客話。因而凡以上惠潮嘉南韶連各州縣之人，而語言同一者，亦概視之爲客家，而話亦由是分土客矣。然在大江以南諸省説客話者，所在蕃殖，不獨兩廣有之。雖其聲音各因水土之異，宜或隨之而變，微有高下，特其中多含正音古韻，流傳不失，而隨處皆可八九相通，故説客話之人，無論何省何州縣，一經覿面，便可接談。以視廣肇土話，複雜多種，稍隔一縣，甚或稍距數里，即彼此不能通曉者，未可同日而語。大埔林太僕達泉著《客説》，謂客家多中原衣冠之遺，或避漢末之亂，或隨東晉南宋渡江而來，凡膏腴之地，先爲土著占據，故客家所居多磽瘠，其語多合中原之音韻。又番禺陳蘭甫先生亦云客語多隋唐以前古音，其説皆有所據。縣屬居民，其先世俱於清初康雍間來自惠潮嘉各州縣，所説亦客語也。其初分居於開平、恩平、新寧等縣，與土人雜處，相安無異。至咸豐四年，開恩兩縣土客因事失和，釀成分聲械鬬，鶴山、高明等縣土客亦各附隨之。時因髮匪方亂，官軍爲所牽動，未能及時制止，以至仇殺不已。六年，新寧土客亦被延及。雜居縣内客民田盧多爲土人焚毁占據，遂各逃避於赤溪一隅。互鬬十餘年，蔓延五六縣，死亡百余萬。迨同治六年巡撫蔣益澧統兵到境，止鬬聯和，劃廳分治，亂事始息。夫無論土民、客民皆黄農裔也，祇因方音不同，積年尋仇劇鬬，兩敗俱傷，爲禍之烈，一至於此。雖由民俗勇於私鬬使然，亦在彼此語言扞格，易失感情，有以致之。識者謂我國國語亟宜謀統一者，職是故耳。

今縣人謂惠潮嘉客話爲原鄉話。兹編方言，多參照《嘉應州志》，其引證諸書古音古義有合於縣俗稱謂者，亦採入之，並附注客族源流於此，以備後之覽者知客話之所由起云爾。

〔乾隆〕新寧縣志

【解題】王暠修，陳份纂。新寧縣，今廣東省江門市臺山市。「方言俗字」見卷一《民俗》中。有乾隆三年（一七三八）刻本。録文據嘉慶九年（一八〇四）補刻本《新寧縣志》。

方言俗字

謂曾祖曰白公，曾祖母曰白婆。謂祖父曰亞公，祖母曰亞婆。謂父曰亞爸，亦曰亞爹；母曰亞嫣，亦曰亞娘。多用亞字發語，叔伯兄弟皆以亞字起之。婦謂翁曰大人公，姑曰家婆。謂母之父曰外祖公，母之母曰外祖婆，母之兄弟曰母舅，母之兄弟妻曰母妗，母之叔伯父母曰叔公、伯公、叔婆、伯婆。謂祖母之兄弟及妻曰舅公，曰舅婆。

父母謂子曰仔。凡物之小者亦曰仔。良家之子曰亞官仔，耕庸曰耕仔，小販曰販仔，游手曰散仔，小奴曰細仔，亦曰種仔，小婢曰妹仔，奴之子曰家生仔，螟蛉子曰養仔，盟好之子曰契仔。

謂平人曰獠，指外省人曰外江獠。大奴曰大獠。獠，賤稱也。

謂婦人娠曰有歡喜，免身而未彌月者曰坐月。生子召飲曰薑酒。姻家之使役曰親家郎。

謂從嫁老婦曰大妗。謂番國人曰番鬼。角勝曰鬬。轉曰翻。飲食曰吃。謂不曰唔。駡人曰鬧。遊戲曰流。指何處曰邊。美好曰要。池沼皆曰塘。江河皆曰海。謂潮曰起。潮起則曰水大，潮落曰水乾。謂帆曰悝。小舟曰艇。耘田曰薅草〔一〕。來曰黎。取物曰邏。謂卵曰春，曰蝦春，曰鵝春，曰鷄春，曰鴨春。禽之窠曰兜。雌鷄伏卵曰哺兜。以刀削物曰剕〔二〕。音批。細切物曰剩。音速。以鼻審物曰嗅。許用切。

謂無尾曰屘。音掘。謂人無情義亦曰屘。謂腿曰髕。音彼。以手搓物曰挪。音那。以手按物曰擦。殑人聲。食飽曰飽。音勾。

新婦入門曰餪房。次早獻幣帛帨履於舅姑親屬曰賀位。數物之束者曰一子二子。他如俗字，人物之短爲矮。音矮。通水之道爲圳。截木作墊曰不。門內横木曰閂。音栓。物之脱者曰甩。倫粒切。此字之隨俗撰者也。

又多僞字。如華爲華，泥爲坭，誕爲誕，教爲敎，兹爲玆，鄰爲僯，閬爲閬，激爲激之類，皆承訛襲陋而不知其非者也。

〔一〕 薅：或爲「薅」之誤。
〔二〕 剕：原誤作「剕」。

〔光緒〕新寧縣志

【解題】何福海等修，林國賡等纂。新寧縣，今廣東省江門市臺山市。「風俗」見卷八《輿地略》中。録文據光緒十九年（一八九三）刻本《新寧縣志》。

風俗

各鄉聲音互異，鮮諧正韻。方言俗字，承訛襲陋，而不知其非。

謂曾祖曰白公，曾祖母曰白婆。謂祖父曰亞公，又曰亞爺；祖母曰亞婆。謂父曰亞爸，亦曰亞爹；母曰亞媽，亦曰亞娘。多用亞字發語，叔伯兄弟皆以亞字起之。婦謂翁曰大人公，姑曰家婆。謂母之父曰外祖公，母之母曰外祖婆，母之兄弟曰母舅，母之兄弟妻曰母妗，祖母之兄弟及妻曰舅公、曰舅婆。

父母謂子曰仔。凡物之小者亦曰仔。良家之子曰亞官仔，耕庸曰耕仔，小奴曰細仔，亦曰種仔，小婢曰妹仔，游手曰散仔，盟好之子曰契仔。

謂平人曰狫，指外省人曰外江狫。謂婦人娠曰有歡喜，免身而未彌月者曰坐月。飲食曰吃。謂不曰唔。罵人曰鬧。

謂潮起曰水大，潮落曰水乾。

謂帆曰⿰巾里。小舟曰艇。耘田曰⿱艹耨草〔一〕。禽之窠曰兜。雌鷄伏卵曰哺。以刀削物曰剸。音批。細切物曰剽。音速。謂無尾曰屈。音掘。謂人無情義曰屈。以手搓物曰挪。以手按物曰擦。食飽曰⿰飠國。音勾。新婦獻幣帛帨履于舅姑親屬曰賀位。數物之束者曰一子二子。人物之短爲⿱不高。音矮。通水之道爲圳。截木作墊曰不。門内横木曰閂。此音隨方轉，字隨俗撰者也。據王《志》及《府志》修。

〔民國〕重修恩平縣志

【解題】余丕承等修，桂坫等纂。恩平縣，今廣東省江門市恩平市。「方言」見卷四《輿地》中。録文據民國二十三年（一九三四）鉛印本《重修恩平縣志》。

方言

方言俗字，各處不同，大抵音本有古，字因音略異，遂别撰字以實之。如版、本音通，後謁奏版爲奏本、手版爲手本；路一程爲一棧，謁爲一站，宋元史俱隨俗書之。又亞本爲阿，見《古樂府》，今於父母伯叔之稱亦加阿字。崽字本爲子字，古音讀作宰，見《離騷》，後人不知即子字，因别撰仔字耳。又禡本音罵，《詩經》「是類是禡」，謂軍人隨所至之地而祭也，今讀禡爲牙，

〔一〕⿱艹耨：或爲「薅」之誤。

於工人初一、十五之酒菜謂之禡酒。謂平人曰佬，如稱士爲讀書佬，稱農夫爲耕田佬，木匠爲鬭木佬，泥匠爲泥水佬之類是。謂婦人有娠曰有喜，亦曰有身幾。有身幾將免身曰着月，免身而未彌月曰坐月。

曾孫曰塞。《釋名》：「息，塞也。言物滋息塞滿也。」謂父曰爸，曰爹。《南史》「湘東王〔一〕，人之爹」是也。稱父於他人曰老脰，又曰老子。陸游謂「南鄭俚俗謂父曰老子」是也。謂母曰娘，曰媽。媽者，母之轉音即母也。謂庶母曰姐，古文姐亦作毑。《廣韻》：「姐，母也。」凡雌物皆曰毑，謂西北風亦曰毑，颶與瘴皆名母，故西北風亦曰毑也。謂祖父曰亞公，亦曰亞爺，祖母曰亞婆，亦曰亞嬭。婦謂舅曰大人公，亦曰家公，《列子》「家公執席」是也。婦謂姑曰大人婆，曰家婆，亦單曰亞嬭、亞人。曾祖父曰白公，曾祖母曰白婆。又自曾祖而上皆稱曰公，故祀祖先謂之拜白公。又族中年老與曾祖同輩者亦曰白公。父之兄弟曰幾爹，又曰阿伯、阿叔，其妻曰伯孃、嬸孃，照行次又曰幾娘。母之父曰外公，母之母曰外婆，又曰公低、婆低。低者，爹之轉音也。母之叔伯父母曰叔公、叔婆。母之兄弟曰舅父，母之兄弟妻曰妗母。夫之兄曰大伯，夫之弟曰小叔。夫之姊曰大姑，夫之女弟曰小姑。夫之兄妻曰伯姆，夫之弟婦曰阿嬸。孫謂祖母之兄弟及妻曰舅公，曰妗婆，亦曰舅婆。女壻曰郎家。女未婚夫曰館甥。姊之

〔一〕王：原誤作「主」，據《南史》改。

夫曰姊夫，亦曰姊丈。妹之夫曰妹丈，亦曰妹倩。夫謂妻曰老婆，妻謂夫曰老公，亦曰丈夫。妻曰大婆，妾曰小婆。妻妾並稱曰兩大小，亦曰大婆、細婆。

凡物小者皆曰仔。初生之子曰頭大仔，亦曰亞娣。女未嫁曰姑娘，曰娘仔。良家子曰亞官仔。游手者曰散仔。司爨者曰火頭，亦曰火仔。亡賴曰打仔，又曰爛仔。小奴曰細仔。小婢媵曰妹仔。螟蛉子曰養仔。盟好之子曰契仔。童養媳曰新婦女。

新婦廟見，見舅姑親屬，獻幣帛帨履曰荷惠。行船司柁者曰柁公，又曰梢公，司船頭者曰頭公，二人爲一船之司命，故公之。貴而故賤其名祈易育曰狗仔。乘人不備曰裝岙冚。謂横恣者曰蠻，又曰蠻澄鋹，言其不循法度若劉鋹、龔澄樞二人也。賃田者曰佃丁，曰田客。賃鋪者曰鋪客。小販曰市仔。相陰陽二宅者曰風水先生，又曰堪輿。男巫曰喃嘸佬，女巫曰生婆。贊醫之善者曰名工。名工者，名手之意也。

謂美曰靚。鯁直曰硬頸。迂腐曰古氣。錯誤謂之失手。不聽教誨謂之頑梗，又謂頑皮。角勝曰鬥。轉曰翻。食物曰食，曰喫。淫佚曰姣，姣音豪。《左傳》：「棄位而姣，不可謂貞。」不曰唔。來曰釐，又曰黎。人物之高者謂之高佬，短者謂之矮仔。布衣謂之白衣，又謂白身。袒裼謂之赤髆。攻冶金鐵器曰打。爲醮事曰打醮。

俗好以鬼罵人。如罵貧窮曰窮鬼。食鴉片曰煙鬼。好賭曰賭鬼。輕薄曰衰鬼。佻撻曰孽鬼。譽人曰畀高帽。笑人粗俗曰村，曰山。取物曰邏。罵人曰鬧。挈曰扱起。

凡水皆曰海，所見無非海也。出洋曰飄洋。謂潮曰水漲，潮起曰水大，潮落曰水乾。小水入大水曰潨，音沖，今俗作涌。蓄水之池曰氹。水之曲折曰凼。水之道爲圳。

關門曰閂。門上横木亦曰閂。謂帆曰𢃇。小舟曰艇。泅水曰游，《南州異物志》贊「合浦之人，習水善游」是也。數針曰口。數檳榔亦曰口，陸倕「謝安成王賜檳榔一千口」是也。但數檳榔以口係以食言，與數針以口不同。數蕉子曰幾梳，蘇軾詩「西鄰蕉子熟，時致一梳黄」是也。綫縷一綹曰一子。一熟曰一造。擲骰子者一擲曰一手。禽之窠曰閅，雌鷄伏卵曰菢閅，范石湖云「雌雄曰一閅，十鷄併種，當得六閅」是也[一]。禽之卵謂之春，如魚春、鷄春、鵝春、鴨春之類，又謂之蛋。謂射覆曰估。以刀削物曰剕，音批。細切物曰𠜱，音速。削去物曰𠢕，音撇。謂物敷用曰夠，不敷用曰唔夠。謂無尾曰㞘，音掘。謂人無情義者亦曰㞘。

以足移物曰蹾。以腳擦物曰躪。以手按物曰捺。以手裂物曰斯。按《説文》：「斯，析也。」《詩》：「斧以斯之。」以手持物曰搦，音匿。以手搓物曰挪，音儺。以手握物曰攎，攎，仄加反，五指俱往也。以拳加物曰搋，音釵。以手覆物曰揞，庵上聲。按《廣雅》《玉篇》：「揞，藏也。」以指爬物曰搲，烏寡切。用力支物曰牚。按《通俗編》：「世言勉力支持，當用掌字。考《説文》：『撐，衺柱也。』」[二]以手折物曰拗，《古樂府》「拗折楊柳枝」是也。

[一] 六：原誤作「十」，據《廣東新語》改。
[二] 衺：原誤作「褭」，據《説文解字》改。

積腐穢曰擸捶。瘡腫起曰臖，興去聲。裸體曰𨉖䠣，音赤歷。頷骨謂之牙骹。露大齒曰齙牙。頂門曰囟。指端文曰膈，音螺，又謂手指籮。胃曰肚。背曰背脢，讀如梅。《説文》：「脢，背肉也。」《廣韻》：「脢，脊側之肉也。」〔一〕臀謂之屎胐，音忽。溺謂之小便，屎謂之大便。股謂之大髀。《説文》：「髀，股也。」髀比脛爲大，故曰大髀。毛短小者謂之寒毛，《晉書·夏統傳》「聞君之言，不覺寒毛盡戴」是也。乳汁謂之湴。擠乳出汁曰捻。肥謂之肭。肭，内骨切，肥也，故謂肥人曰肭肭。耎弱謂之腩。智謂之精。愚謂之呆，又謂之懵。陰險謂之陰毒，《北史·高隆三傳》「隆三性陰毒」是也。小兒聰慧謂之靈利，兼含有黠獪意。

誣謂之賴。保謂之包。如此事我敢保曰我敢包，保管曰包管之類是。慫慂謂之聳，又謂唆聳，言唆使而聳動之也。體不伸謂之趜趚，讀如局縮。急猝謂之逼迫，韓愈詩「逼迫走巴蠻」是也。謹慎謂之子細，杜甫詩「野橋分子細」是也。顧視曰睇，讀若體。私窺曰描。困倦曰究。恐懼曰吶。勞苦曰底力。喚曰喊。作曰做。立曰企。知曰曉。可曰肯。休曰罷。與曰畀。待曰等，宋范成大詩「父老年年等駕迴」是也。飲羹曰呷，亦曰飲飯。鍋巴曰飯焦，亦曰燶粥。鍋巴茶曰飯焦水。舉責曰數，《左傳》「鄭公孫將爲亂，子産使吏數之」是也。怒罵曰鬧。疾走曰趯。藏匿曰㔊，讀若柄。拾曰檢。盛曰裝。懸曰弔，曰挂。批打曰摑。物之脱者曰甩。投

〔一〕側：原誤作「骨」，據《廣韻》改。

物於水曰碇。擔物欲兩頭相稱曰艕，音鄧。伐樹曰倒。蘇軾詩：「不如種叢篲〔一〕，春種秋可倒。」拔草曰薅。按《説文》：「薅，去田草也。」火熱曰燂。微火熱之曰酷。火起曰著。韓愈《鄖城夜會聯句》：「峨峨雲梯翔，赫赫火箭著。」即此義。水沸曰滚。飯變味曰餿。黑曰烏。按《詩》：「莫黑匪烏。」又蘇軾詩「窮年弄筆衫袖烏」是。物不平曰凹凸。按《抱朴子》：「凹，陷也；凸，起也。」

光曰皓，如天明曰天皓，月光曰月皓，正與《詩》「月出皓兮」相合。日謂之日頭，《七修類稿》「宋《神童詩》『真箇有天没日頭』」是。月謂之月亮，李益詩「庭木已衰空月亮」是。雹謂之火線，亦謂覘雹。雨謂之落雨，又謂落水。小雨謂之雨微。俗語：「雨打春牛皮，百日雨微微。」颶風謂之風柩。小颶風謂之風青。

市集曰墟。水津曰步。山腰謂之坳。兩山之間有路謂之逕。山之巖洞爲磡，凡岸之險者亦曰磡。水中不爲田者曰沙。沙未成田謂之坦。鷄已閹者謂之𫐌鷄。牡羊謂之羊羖。凡畜之牡者皆謂之牯。牯，當作羖，蓋引伸言之耳。牝猪謂之猪豝。牝畜小者謂之牸。《孔叢子》：「欲速富，當蓄五牸。」猪牛之圈謂之欄。跳蚤謂之狗蝨，韓愈孟郊《聊句》「靈麻撮狗蝨」是。稻草謂之禾稈草。蘆菔謂之蘿白。肉謂之肴。骨謂之覈。膳謂之送，俗作餸，蘇軾詩「香

〔一〕叢：原誤作「松」，據《東坡詩集》改。

粳飽送如填塞」是。釜謂之鑊。竹器載食物者曰斗。羅衣無袂謂之背心。婦女袓服謂之袜胸，袜讀若捫。矩謂之曲尺。截木作墊曰不。抒水器謂之戽斗。謂不惜財物亂用之曰亂戽。一枚曰一个，个又作個箇，白居易詩「四個老人三百歲」是也。菜一盤曰一味。杜甫詩：「敕廚惟一味，求飽或三鱣。」戲一齣曰一出。《傳燈録》：「藥山問雲巖：『聞汝解弄師子，弄得幾出？』曰：『弄得六出。』」蓋本此。數禽獸曰隻，物雙而稱其一曰一隻。數無奇零曰整數。無盡曰無數，劉長卿詩「木葉脱洞庭，紛紛落無數」是。陂讀如碑。知讀如土音地平聲。蟾蜍讀禽蠩。爾讀如土音你。造讀如竈。毒冒讀如代味。冬至圍爐而食曰打邊爐。元夕黏詩藏謎以示博物通微曰打燈謎。以鴿翎貫皮錢踢之曰踢毽，毽亦曰燕。凡兒童自踢毬、擲三萬而外〔一〕，又有輣年之戲，以半磚翹置地上，執一錢離磚尺許放下，視其所止之處，復以一錢擲之，錢與所置之錢相當爲勝，否則負。謂雲脚疏直曰風路，不知人之來歷曰不知風路。

又俗字，如穩坐之爲奀，音穩。衣一襲曰一沓。按《廣東新語》云：「沓，襲也。訛襲爲沓。」日讀爲熱。按楊慎《古音附録》：「日景方中，熱如探湯，故日亦音熱。」〔二〕皆習焉不察其誤，此邑中俚語之概略也。

〔一〕擲：原脱，據民國《花縣志》補。
〔二〕音：原作「稱」，據《古音附録》改。

〔乾隆〕陽春縣志

【解題】姜山修，吕伊纂。陽春縣，今廣東省陽江市陽春市。「聲音」見卷一《輿地志·風俗》中。録文據乾隆二十三年（一七五八）刻本《陽春縣志》。

聲音

一邑之中，各區爲四。城中及近城三四十里，其音與省城大同小異。自岡尾至陽江縣界，與陽江同；自小水直抵三甲、八甲等處，與嘉應州同；自高岡至黄坭灣、大鐺灣一帶，與新興、陽春城中相夾雜。

〔道光〕陽春縣志

【解題】陸向榮等修，劉彬華纂。陽春縣，今廣東省陽江市陽春市。「方言」「聲音」見卷一《輿地·風俗》中。録文據道光元年（一八二一）刻本《陽春縣志》。

方言

謂父曰爸，音巴。亦曰爹。母曰媽，音馬。亦曰毑。音拿上聲。謂子曰仔。凡物之小者亦曰仔。良家子曰亞官仔。奴僕曰賴仔。謂平人曰獠。嶺北人曰外江獠。兩壻相謂曰老襟。外祖父曰公低。外祖母曰婆低。子女晚生多名曰䃫，盡子也。音賴平聲。或曰屘。尾子也。音米。賤其名使易育曰狗仔。稱人貌美曰艶。呼顛者曰廢。走曰趯。取物曰邏。謂卵曰春。食飽曰穀。數物之束者曰一子二子。穀一熟曰一造。夏穫曰早造，冬穫曰晚造。構茆以棲曰寮，如山寮、禾寮是也。自陽春以下至瓊州地多曰那某，如春之那旦、那雄、那黄、那烏、那巴、那坐是也。

聲音

邑中大約有四。附城四五十里，其音與廣州略同；自三甲至八甲，與嘉應州略同；自岡尾至黄葹，與陽江近似；自高岡至大鐺灣，與新興近似。

〔民國〕陽春縣志

【解題】藍榮熙等修，吴英華纂。民國三十年（一九四一）修。陽春縣，今廣東省陽江市陽春市。「方言」「聲音」見卷一《輿地·風俗》中。録文據民國三十八年（一九四九）鉛印本《陽春縣志》。

方言

謂父曰爸，音巴。亦曰爹。母曰媽，音馬。亦曰乸。音拿上聲。謂子曰仔。凡物之小者亦曰仔。良家子曰亞官仔。奴僕曰賴仔。謂平人曰獠。嶺北人曰外江獠。兩壻相謂曰老襟。外祖父曰公低。外祖母曰婆低。子女晚生多名曰𥝩，盡子也，音賴平聲。或曰屘。尾子也，音米。賤其名使易育曰狗子。稱人貌美曰艶。呼顛者曰廢。走曰趯。取物曰邏。謂卵曰春。食飽曰穀。

數物之束者曰一子二子。穀一熟曰一造。夏穫曰早造。冬穫曰晚造。構茅以棲曰寮，如山寮、禾寮是也。自陽春以下至瓊州地多曰那某，如春之那雄〔一〕、那黄、那烏、那巴、那坐是也。

聲音

邑中大約有四。附城四五十里，其音與廣州略同；自三甲至八甲，與嘉應州略同；自岡尾至黄藴，與陽江近似；自高岡至大鐺灣，與新興近似。以上録舊志。

〔民國〕陽江志

【解題】張以誠修，梁觀喜纂。陽江，今廣東省陽江市江城區。「方言」見卷七《民俗》中。録文據民國十四年（一九二五）刻本《陽江志》。

方言

土音略與會、垣相近，又似香山。惟西境儒垌等處接近電白，與電白、雷、瓊音通，與土音迥異，謂之海話，亦非能操土音者。自餘清濁高下雖微有别，大致則一。能操官音者絶少，尤少齒縫音，習官音者以此致難。間有土音與官音合者，以平聲東、冬、歌、麻等韻較多。亦有與官音不合而古音可通者，如讀書同詩、讀魚同宜，即魚虞、支微之通。類此頗多，知土音亦天籟

〔一〕那：原脱，據道光《陽春縣志》補。

也。至於有音無字，或本有其字，因音讀各異，乃别撰一字以當之，久之亦遂通行，此類尤不可勝數。大抵方言俗字，粤地多同，且往往各有所本。兹略採其梗概，以著於篇。

謂日曰日頭，日讀若熱。月曰月亮。下雨曰落水，雷鳴曰阿公響，電曰天爆，虹曰鑊耳，又曰破篷，旋風曰風漩，水渦曰水漩。漩讀若兹顧切。前一日曰昨日，前二日曰前日，前三日曰大前日，後一日曰來日，後二日曰後日，後三日曰大後日。計年亦然。凡地名、村名多呼那某、麻某。地高平曰垠，保降切。或作塱，山腰曰逕，山路狹長亦曰逕，《爾雅·釋山》：「山絶陘。」陘，古定反，聲之轉也。踰山有路低平曰坳。阿教切。巖洞曰冚，力龍切。凡土石中有穴者皆曰冚。澗曰坑，溪曰涌，凡海潮所通之地皆曰涌。涌，衢也。按涌本音勇，洶涌也。俗借用讀作沖。《番禺志》多用滘字。《唐韻》：「徂紅切。」《詩傳》：「滘，水會也。」音義俱近。二水相通曰滘，河墺地曰潬，《爾雅·釋水》「潬，沙出」是也。凡池沼皆曰塘，蓄水之地曰氹。謂田多少曰幾畛。魯鄭切。凡稱父母兄嫂子女等必以亞字先之。亞本爲阿，「阿子汝聞」見之古樂府。謂父曰爹，《南史》「湘東王〔一〕，人之爹」是也。亦曰爺，或曰伯、曰叔，母曰奶，亦曰媽，媽者，母之轉聲，即母也。或曰娘。祖父曰亞公，祖母曰亞婆，或曰亞媽。曾祖父曰太公，曾祖母曰亞太。婦人謂舅曰家公，《列子》云「家公執席」是也。姑曰家婆。謂平人之妻曰夫娘，夫娘之稱頗古，劉宋、蕭齊崇尚佛法，閤内夫娘令持戒，謂夫人娘子也。妻曰大婆，妾曰亞細，亦曰亞嫐。子曰仔，

〔一〕王：原誤作「主」，據《南史》改。

乳子多呼曰妹屎，或名曰猪仔、狗仔，貴而故賤其名使易育也，晚生子曰亞屘、尾子也，謂同尾。亞⿰犭盡。盡子也，讀若癲。玄孫曰塞。息訛爲塞也。壻曰郎家。女許配而夫死者曰打失茶，女嫁而死其壻再娶者曰替面女，後妻曰後底婆，亦曰背尾婆，再醮婦曰番頭婆，亦曰七分婆。婦人有孕曰有歡喜，免身而未彌月曰坐月。凡人物之小者皆曰仔，童子曰細仔，小婢曰妹仔，良家子曰亞官仔，無賴子曰爛仔、曰打仔，小販曰販仔，司爨曰伙仔，奴僕子曰家生仔。凡雌物皆曰⿰骨巴。卵曰春，如鷄春、鴨春、魚春、蝦春之類。禽之窠曰鬬。范石湖云「雌雄曰一鬬〔一〕，十鷄並種，得六鬬」是也。鷄伏子曰菢。音暴。揚子《方言》「北燕朝鮮洌水之間謂伏鷄曰菢」是也。數蕉子曰幾梳。蘇軾詩「西鄰蕉子熟，時致一梳黄」是也。線縷一綹曰一子。數物之束者亦曰一子二子。

數檳榔曰幾口。陸倕「謝安成王賜檳榔一千口」是也。糍曰⿰米馬。截木作墊曰不〔二〕。敦上聲。門之横關曰閂。音栓。謂無尾曰⿸尸屈，人無情義亦曰⿸尸屈。裸體曰⿰身國⿰身歷。音赤曆。漱口曰浪口。浪讀上聲。瘡起腫曰⿱辟骨。興去聲。甚愛其人曰好痛。怒曰發野。罵人曰數。上聲。以手覆物曰揞，庵上聲。以手爬物曰⿰扌瓜，焉寡切。以刀削物曰批，削去物曰⿱敝刀。音撇。凡語已然之事語終必曰逋，如醉曰醉逋，飽曰飽逋。又我輩曰偈，音莪，入聲。如此曰⿰亻貢，音拱。如彼曰⿰亻能，音能，上聲。如何曰电。得蔓切，去聲。皆語言中常用者。

〔一〕曰：原脱，據《廣東新語》補。

〔二〕「作」上原有「曰琢石」三字，疑爲衍文，今删。

〔光緒〕信宜縣志

【解題】 敖式槱修，梁安甸等纂。信宜縣，今廣東省茂名市信宜市。「方言」見卷一《輿地志》中。録文據光緒十七年（一八九一）刻本《信宜縣志》。

方言

信宜鄉音兩種，舊圖近廣州，謂之白話；新圖近嘉應，謂之哎話。

祖父曰亞公。祖母曰亞婆。父曰亞爹、亞爸、亞爺、亞官。母曰亞奶、亞媽、亞毑、音拿上聲。物雌者亦曰毑。亞孃。叔母曰嬏。弟婦亦曰嬏。姑長於父曰𡛷奶。兄曰哥，姊曰𡛷。子曰仔，物小者亦曰仔。又曰儂。季子女曰𥢠、盡子也，音賴平聲。曰屘。尾子也，音米。曾孫曰闌。玄孫曰塞。母之父母曰外公、外婆。妻之父母曰外父、外母。女壻曰亞郎。僚壻曰老倫。婦人謂翁曰大人公，姑曰家婆毑。奴曰賴兒。婢曰妹兒。平人曰獠。嶺北人曰外江獠。平人妻曰夫娘毑。産未彌月曰坐月婆。美曰威。遊曰蕩。無曰卯。不曰唔。卵曰春。候曰等。欺曰洗。取物曰邏。饜足曰餇〔一〕。音救。妄譽人曰高帽笠。乘人不備曰裝禽宿。事易成曰息塞。物怕見曰威迷。家曰一主二主。穀曰一造二造。物成束曰一子二子。事屢見曰一夥二夥。物盛曰烘烘聲。

〔一〕餇：原誤作「𩚵」。

語低曰颯颯聲。無言曰悒悒聲，亦曰凹聲。行疾曰暴暴聲。其他有音無字者尚多。至於字異音同，如將與張、酒與走、狗與九、靡與匪、二與義、分與婚、君與昆之類，於聲韻之學頗有礙。而平仄相反者，尤不一而足。士君子和聲鳴盛，當不囿於方隅也。

〔嘉慶〕茂名縣志

【解題】王勛臣修，吴徽叙纂。茂名縣，今廣東省茂名市高州市和茂南區部分地區。「風俗」見卷十七。録文據嘉慶二十四年（一八一九）刻本《茂名縣志》。

風俗

茂之鄉音約有兩種，其城邑及西南北三方與信、化及廣、肇相類，謂之白話。東至電與嘉應、陽春相類，謂之哎話。

父曰亞爹、亞官、亞爸。母曰亞奶、亞娘、亞媽。父之姊曰姉奶。姊曰亞姉。謂子曰仔。物之小亦曰仔。良家子弟曰亞官仔。無賴曰爛仔。謂子曰儂，少者曰細儂兒。小僕曰儂兒，或曰賴兒。婢曰妹兒。謂平人曰獠。謂嶺北人曰外江獠。物之美者曰威。遊曰蕩。取物曰邏。養人及物曰看。平聲。謂無曰卯。候人曰騰。相欺曰洗。妄譽人曰高帽笠。乘人之不備曰粧禽宿、粧背弓。物成束者曰一子。事屢見者曰一夥二夥。物之盛者曰烘烘聲。音不亮者曰颯颯聲。無言者曰悒悒聲，亦曰凹聲。行之疾者曰暴暴聲。其他有聲音而無字可肖者亦多矣。

至於字異而音同，如將與張，酒與走，狗與九，靡與匪，二與義，分與婚，君與昆之類，於聲韻之學頗有礙焉。而平仄相反者，尤不一而足。今國家文治昌明，聲教廣被，士君子志在四方，宜不以一隅之土風自囿耳。

〔光緒〕茂名縣志

【解題】鄭業崇修，許汝韶等纂。茂名縣，今廣東省茂名市高州市和茂南區部分地區。「方言」見卷一《輿地志・風俗》中。録文據光緒十四年（一八八八）刻本《茂名縣志》。

方言

縣之鄉音有三種，王志兩種，不足括之。其城邑及西南北三方與信、化及廣、肇相類，謂之白話。南之東與電類，謂之海話、東話。又曰講黎。東至電與嘉應、陽春相類，謂之哎話。

父曰亞爹、亞官、亞爸。母曰亞奶、亞娘、亞媽。祖父曰亞公。祖母曰亞婆。曾祖父曰公祖。曾祖母曰婆祖。婦人謂舅曰大人公，亦曰家公；姑曰家婆，亦曰婆奶。稱外祖曰公低，外祖母曰婆低，低者，爹之轉音。亦曰外公、外婆。謂母兄弟曰舅父，妻曰舅母。父之姊曰姉奶。姊曰亞姉。平人之妻曰夫娘。子曰崽，亦曰仔。玄孫曰塞。壻曰亞郎。子女晚生多名孻，或曰屘。貴而故賤其名使易育曰狗仔。田者曰佃客。凡雌物皆曰𤚩。小物皆曰仔。良家子弟曰亞官仔。無賴曰爛仔。謂子曰儂，少者曰細儂兒。小僕曰儂兒，或曰賴仔，或曰家生仔。婢曰妹兒。謂平人曰獠。謂嶺北人曰外江獠。美人之貌曰艶。顛者曰廢。婦人有娠曰有身。免身未彌月曰坐月。謂淫曰姣。平聲。《左傳》：「棄位而姣。」謂卵曰春。物之美者曰威。遊曰蕩。取物曰邏。養人及物曰看。平聲。謂無曰卯。候人曰騰。相欺曰洗。妄譽人曰高帽笠。嚇人曰大頭蝦。假威曰紙老虎。乘人之不備曰粧禽宿、粧背弓。數蕉子曰幾梳。數檳榔曰幾口。物成束者曰一子。禽之窠曰竇。鷄伏子曰菢。音暴。芟草曰剷草。裸體曰𩪘𩪡。音赤歷。山之巖洞爲窒，音勘。又曰冚。亦龍切，兩山之間也。蓄水之地曰氹。圖錦切。物之脱曰甩。倫粒切。謂不曰唔。問何如曰點樣。謂無尾曰屘。音屈。人無情義亦曰屘。搬物曰摙。以手按物曰捺。以手覆物曰揞。庵上聲。作事一次曰一宗。販賣一次曰走一水，又曰一火。物之盛者曰烘烘聲。音不亮者曰颯颯聲。無言者曰悒悒聲，亦曰凹聲。行之疾者曰暴暴聲。其他有聲音而無字可肖者亦多矣。

至於字異而音同，如將與張，酒與走，狗與九，靡與匪，二與義，分與婚，君與昆之類，於聲韻之學頗有礙焉。王《志》，參《肇慶府志》、採訪册。

阮《通志》：案《新語》土音，往往有所本。如謂父曰爹，《南史》「湘東王〔一〕，人之爹」是也。

〔一〕王：原誤作「主」，據《南史》改。

謂子曰崽，《水經注》「弱年崽子」是也。稱平人曰獠，周文帝討諸獠，以其生口爲賤隸，謂之壓獠，威壓之也。謂平人之妻曰夫娘，劉宋蕭齊崇尚佛法，閣内夫娘令持戒，謂夫人、娘子也。謂舅曰家公，《列子》曰「家公執席」是也。數蕉子曰幾梳，蘇軾詩「西鄰蕉子熟，時致一梳黄」是也。檳榔曰幾口，曰幾子，陸倕「謝安成王賜檳榔一千口」、陳少主敕施僧智顗檳榔二千子是也〔一〕。禽之窠曰鬭，石湖云「雌雄曰一鬭〔二〕，十鷄并種，得六鬭」是也。鷄伏子曰菢，楊子《方言》「北燕朝鮮洌水之間謂伏鷄曰菢」是也。

〔乾隆〕高州府志

【解題】王概等纂修。高州府，轄境包括今廣東省茂名、高州、電白、信宜、化州以及湛江的廉江、吴川等地，府治在今廣東省茂名市高州市。「方言」見卷四《地理·風俗》中。録文據乾隆二十四年（一七五九）刻本《高州府志》。

方言

古稱鴃舌者爲南蠻，岐猺諸種是也。若必充類言之，則吴越無不是也。高凉自馮氏浮海北來，世捍南服，馳聲上國，風氣日開。南渡以後，中州士大夫僑居嶺表，占籍各郡，鄉音參合，

〔一〕二：原誤作「一」，據《廣東新語》改。
〔二〕曰：原脱，據《廣東新語》補。

言語隨方，可辨而悉矣。

高郡方言，大概與會城相彷，但音稍重而節略促。吴川較清婉而過於柔，石城則參以廉州，惟電白大異，與福建潮州同俗，謂之海話。諸縣中，間有一二鄉落與嘉應語音類者，謂我爲哎，俗謂之哎子，其餘則彼此相通矣。

謂父曰爸、曰官，亦曰爹。母曰媽，亦曰娜。姑之長於父者曰娒奶，姊亦曰娒。乳母則曰毑。音拿上聲。謂子曰仔，凡物之小者亦曰仔，良家子曰亞官仔，無賴曰爛仔。子之少者曰儂，其最小者細儂。凡人之小者亦曰細儂。儂，吴語也，而不以自稱。至奴僕亦曰儂兒，間有呼爲賴者，言其主所賴也。僕婦則曰儂兒婆。婢曰妹兒。

謂平人曰獠，嶺北人曰外江獠。美人之貌曰威，言之過甚者曰威迷。遊戲則曰蕩，蕩之無理者曰浪蕩，亦有曰了、曰覽者，各屬不同，而無不可曉也。取物曰邏。相候曰縢、曰就。謂欺曰洗、曰探。贊以欺者曰高帽笠。乘不備以欺者曰粧禽宿、曰粧背躬。數物之束者曰一子二子。事之屢見者曰一夥二夥。狀物之盛者曰烘烘聲。語之低者曰颯颯聲。愧無言者曰凹凹聲。行之疾者曰瀑瀑聲。其他有意象聲音而無字可肖者類亦多矣。

至於字之所異而音之所同，於聲韻之學頗有礙焉。如將與張、秦與陳、酒與走、狗與九、靡與匪、二與義、分與昏、昆與君之類，不一而足。至有平仄相反者。士大夫不域方隅，無膠喉舌，庶幾鳴聲和盛，鼓吹休明，以爲鄉里導乎先路，豈不美哉！

〔道光〕高州府志

【解題】黄安濤等修，潘眉纂。高州府，轄境包括今廣東省茂名、高州、電白、信宜、化州以及湛江的廉江、吴川等地，府治在今廣東省茂名市高州市。「方言」見卷三《地理》中。録文據道光七年（一八二七）刻本《高州府志》。

方言

古稱鴃舌者爲南蠻，岐猺諸種是也。若充類言之，則吴越無不是也。高涼自馮氏浮海北來，世捍南服，馳聲上國，風氣日開。南渡以後，中州士大夫僑居嶺表，占籍各郡，鄉音參合，言語隨方，可辨而悉矣。

高郡方言，大概與會城相彷，但音稍重而節略促。吴川較清婉而過於柔，石城則參以廉州，惟電白大異，與福建潮州同俗，謂之海話。諸縣中，間有一二鄉落與嘉應語音類者，謂我爲哎，俗謂之哎子，其言謂之哎話，其餘則彼此相通矣。

謂父曰爸、曰官，亦曰爹。母曰媽，亦曰㚷。姑之長於父者曰姉奶，姊亦曰姉。乳母則曰䎲。音拿上聲。謂子曰仔，凡物之小者亦曰仔，良家子曰亞官仔，無賴曰爛仔。子之少者曰儂，其最小者曰細儂兒。凡人之小者亦曰細儂。儂，吴語也，而不以自稱。至奴僕亦曰儂兒，亦曰弟仔，間有呼爲賴者，言其主所賴也。僕婦則曰儂兒婆。婢曰妹兒。小婢曰妹仔。

謂平人曰獠，嶺北人曰外江獠。美人之貌曰威，言之過甚者曰威迷。遊戲則曰蕩，蕩之無理者曰浪蕩，亦有曰了、曰覽者，各屬不同，而無不可曉也。取物曰邏。相候曰騰、曰就。謂欺曰洗、曰探。贊以欺者曰高帽笠。乘不備以欺者曰粧禽宿、曰粧背躳。數物之束者曰一子二子。事之屢見者曰一夥二夥。狀物之盛者曰烘烘聲。語之低者曰颯颯聲。愧無言者曰凹凹聲。行之疾者曰瀑瀑聲。其他有意象聲音而無字可肖者類亦多矣。

至於字之所異而音之所同，於聲韻之學頗有礙焉。如將與張、秦與陳、酒與走、狗與九、靡與匪、二與義、分與昏、昆與君之類。至有平仄相反者。士大夫不域方隅，無膠喉舌，庶幾鳴聲和盛，鼓吹休明，以爲鄉里導乎先路，豈不美哉！

狼人謂父曰扶，我曰留，彼曰往。女謂男曰友友，又曰友二。男謂女曰有助。謂娶曰換。野郎曰苦郎。那家曰扶間。有心有意曰眉心眉意。扁擔曰閑。木曰肺。以榕木擔相贈曰送條閑肺榕。頭曰圖。有歌曰：「三十六圖羊，四十雙圖鷄。」

獞謂花瓣曰花脈。花朵曰花桃。

猺謂魚曰牛。謂不曰陷。有歌曰：「牛大陷到石頭邊。」謂兄曰表。來曰大。有歌曰：「表大便到木横底，娘大便到木横枝。」

〔光緒〕高州府志

【解題】楊霽修，陳蘭彬等纂。高州府，轄境包括今廣東省茂名、高州、電白、信宜、化州以及湛江的廉江、吴川等地，府治在今廣東省茂名市高州市。「方言」見卷六《輿地·風俗》中。録文據光緒十六年（一八九〇）刻本《高州府志》。

方言

古稱鴃舌者爲南蠻，岐猺諸種是也。若充類言之，則吴越無不是也。高凉自馮氏浮海北來，世捍南服，馳聲上國，風氣日開。南渡以後，中州士大夫僑居嶺表，占籍各郡，鄉音參合，言語隨方，可辨而悉矣。

高郡方言，大概與會城相彷，但音稍重而節略促。吴川較清婉而過於柔，石城則參以廉州，惟電白大異，與福建潮州同，俗謂之海話。諸縣中，間有一二鄉落與嘉應語音類者，謂我爲哎，俗謂之哎子，其言謂之哎話，其餘則彼此相通矣。

謂父曰爸、曰官，亦曰爹。母曰媽，亦曰㜷。姑之長於父者曰姉奶，姊亦曰姉。乳母則曰毑。音拿上聲。謂子曰仔，凡物之小者亦曰仔，良家子曰亞官仔，無賴曰爛仔。子之小者曰儂，其最小者細儂兒。凡人之小者亦曰細儂。儂，吴語也，而不以自稱。至奴僕亦曰儂兒，亦曰弟仔，間有呼爲賴者，言其主所賴也。僕婦則曰儂兒婆。婢曰妹兒。小婢曰妹仔。

謂平人曰獠，嶺北人曰外江獠。美人之貌曰威，言之過甚者曰威迷。遊戲則曰蕩，蕩之無理者曰浪蕩，亦有曰了、曰覽者，各屬不同，而無不可曉也。取物曰邏。相候曰騰、曰就。謂欺曰洗、曰探。贊以欺者曰高帽笠。乘不備以欺者曰裝禽宿、曰裝背躬。數物之束者曰一子二子。事之屢見者曰一夥二夥。狀物之盛者曰烘烘聲。語之低者曰颯颯聲。愧無言者曰凹凹聲。行之疾者曰瀑瀑聲。其他有意象聲音而無字可肖者類亦多矣。

至於字之所異而音之所同，於聲韻之學頗有礙焉。如將與張、秦與陳、酒與走、狗與九、靡與匪、二與義、分與昏、昆與君之類。至有平仄相反者。士大夫不域方隅，無膠喉舌，庶幾鳴聲和盛，鼓吹休明，以爲鄉里導乎先路，豈不美哉！道光《志》。

茂名縣鄉音有三種。其城邑及西南北三方與信、化及廣、肇相類，謂之白話。南之東與電類，謂之海話、東話。東至電與嘉應、陽春相類，謂之哎話。《茂名志》。

電白縣唐宋以前，獞猺雜處，語多難辨。前明軍衛留居電城，今城中人語曰舊時正，海旁聲音近雷、瓊曰海話，山中聲音近潮、嘉曰山話。《電白志》。

信宜縣鄉音兩種。舊圖音近廣州，謂之白話。新圖音近嘉應，謂之哎話。敖《縣志稿》。

化州人宋南渡後自中州來者，語音明白易曉，故名白話，較之會城無大異。合一州計之，有白話、哎話兩種。説白話者十之六，居東南北三方，居西南有語音類東莞者，與白話微異。説哎話者十之三，居西北兩方，語音類嘉應州，謂我曰哎，故名曰哎話。彭《州志稿》。

吴川語言與郡城亦無大異，惟謂見曰衝，謂未曰聞，謂不知曰知得，物之多者曰好少，則殊不可解。毛《縣志稿》。

附

狼人謂父曰扶，我曰留，彼曰往。女謂男曰友友，又曰友二。男謂女曰有助。謂娶曰換。野郎曰苦郎。那家曰扶間。有心有意曰眉心眉意。扁擔曰閑。木曰肺。以榕木擔相贈曰送條閑肺榕。頭曰圖。有歌曰：「三十六圖羊，四十雙圖鷄。」

獞謂花瓣曰花脈。花朵曰花桃。

猺謂魚曰牛。謂不曰陷。有歌曰：「牛大陷到石頭邊。」謂兄曰表。來曰大。有歌曰：「表大便到木横底，娘大便到木横枝。」道光《志》。

〔光緒〕化州志

【解題】彭貽蓀修，彭步瀛等纂。化州，今廣東省茂名市化州市。「方言」見卷二《輿地志》中。録文據光緒十六年(一八九〇)刻本《化州志》。

方言

唐宋以前獞猺雜處，語多難辨。州人多宋南渡後自中州來者，語音明白易曉，故名白話。較之會城無大異，而音稍重、節稍促。合一州計之，有白話、哎話兩種。説白話者十之六，居東南北三方，居西南有語音類東莞者，與白話微異。説哎話者十之三，居西北兩方，語音類嘉應州，謂我曰哎，故名曰哎話。

童子戲物曰戲挼。王安石詩云〔一〕：「戲挼弄掬輪兒女。」〔二〕成人游玩曰蕩，《陳風》云：「子之蕩兮。」

子之少者曰儂，最小者曰細儂。語本樂府《懊儂歌》。韓昌黎詩：「鱷魚大於船，牙眼怖殺儂。」

父曰阿爸、阿官、阿爺。母曰阿媽、阿娘、阿毑。音拿上聲。亦有謂父爲伯、爲叔、爲哥，謂母爲奶、爲嬸、爲嫂者。乃婦人慮子難養，而借名以呼之也。

祖曰阿爹、阿公，外祖則祇曰阿公，不曰阿爹。祖母曰阿奶、阿婆，外祖母則祇曰阿婆，不曰阿奶。

父之兄曰幾爹，父之嫂曰幾奶，父之姊曰⿰女甫奶，己之姊曰阿⿰女甫。

媳婦稱翁曰家公，姑曰家婆。《列子》云「家公執席」是也。

嫡妻謂之大婆，庶妾謂之阿姐。

妻父曰公爹，妻母曰婆爹。

〔一〕王安石：原誤作「東坡」。

〔二〕弄掬：原誤作「亂擲」，據《臨川集》改。

壻曰阿郎。兩壻相謂謂之老偷。

良家子謂之阿官仔。無賴子謂之爛仔。子弟落拓甚謂之阿星。

奴僕相配謂之家生，生子謂之家生仔，其母謂之家生婆。

謂平人之妻曰夫娘。夫娘之稱最古，劉宋蕭齊崇尚佛法，閤内夫娘令持戒，夫娘，謂夫人娘子也。

謂媳婦曰心抱。謂婦人娠曰有酒食，免身而未彌月曰坐月。

謂婢曰妹子。謂賃田者曰佃丁、曰佃客。賃鋪者曰鋪客。

男傭曰做工獠。獠，賤稱也。《北史》：「周文帝討諸獠，以其生口爲賤隸，謂之壓獠，威壓之也。」女傭曰做工婆。本省人謂之本地獠，外江人謂之外江獠。

笑人粗俗曰村、曰山毒。稱人美曰威。

眼看曰體。私窺曰描。發怒曰愀。困倦曰限。恐懼曰狂。成昧曰昧。勞苦曰底力。食物，哎話曰食，白話曰吃。食羹曰呷。以物予人曰畀。取物曰邏。譽人曰畀高帽。乘人不備曰裝禽宿。數檳榔曰幾口，陸倕「謝安成王賜檳榔一千口」是也。數蕉子曰幾梳，蘇軾詩「西鄰蕉子熟，時致一梳黄」是也。謂衣一套曰一沓，沓，襲也，訛襲爲沓。線縷一綹曰一子。擲骸子者一擲曰一手。禽之窠曰鬮，范石湖云「雌雄曰一鬮，十鷄併種，當得六鬮」是也。以刀削物曰捭。音批。削去物曰𠢕。音撇。謂足曰够。音遘。不足曰不够。謂無尾曰屘。音掘。謂人無情義者亦曰𡳞情。謂腿曰𡳝，音彼。髀也。以手按物曰捺。以手覆物曰揞。庵上聲。以鷄毛貫皮錢踢之曰踢毽。謂雲脚疏直曰風路，不知人之來歷曰不知風路。

又俗字，如穩坐之爲坔。音穩。人物之短者爲奀。音矮。山之巖洞爲岃。音勘。通水之道爲圳。屯去聲。水之曲折爲氹。音瀼。隱身忽出爲閄。音閃。截木作墊曰不。敦上聲。門上横木曰閂。音拴。物之脱者曰甩。倫粒切。此習用俗字之誤者也。

至以苹爲華、坭爲泥、誔爲誕、敎爲教、僯爲隣、𤞛爲悵、耷爲聞、狪爲徊、潡爲激之類，承訛襲陋，不可不辨。邇來家誦户絃，悉依字典，同文之治，遍及荒陬矣。惟硇作磠、蜑作蛋，今可通用。

按舊志不録方言一門，亦謂土俗俚言無關雅道。然不明著爲俗音，曷使其知言有雅馴，況保民如赤者，莫不留意於五聲之聽。苟土音一毫不解，詢訪固不易通，訊斷亦未能辨，胥吏從而代傳，得毋有不實不盡者乎？今採録之，似詳所不必詳，實略之無容略也。

〔道光〕電白縣志

【解題】章鴻等修，邵詠等纂。電白縣，今廣東省茂名市電白區。「方言」見卷四《疆域・風俗》中。録文據道光六年（一八二六）刻本《電白縣志》。

方言

唐宋以前獞猺雜處，語多難辨。前明軍衛留居電城，今城中人語曰舊時正，海旁聲音近雷、瓊，曰海話；山中聲音近潮、嘉，曰山話。

童子戲物曰戲挼。王安石詩云〔一〕：「戲挼弄掬輸兒女。」〔二〕成人遊玩曰蕩。《陳風》云：「子之蕩兮。」

子之少者曰儂，最小者曰細儂。語本樂府《懊儂歌》。韓昌黎：「鱷魚大於船，牙眼怖殺儂。」

請人便飯曰飲盃，朝餐曰食早，夕餐曰食晚，夜食曰食夜宵。議牛價曰牛牙郎，議猪價曰猪牙郎。嚇人曰大頭蝦，假威曰紙老虎。

媳婦稱翁曰家公，姑曰家婆。《列子》云「家公執席」是也。子女謂其祖父曰亞公，祖母曰亞婆。母之兄弟及妻曰舅父、曰妗婆。壻稱岳父母曰外父、外母。外孫稱外祖父母曰姊公、姊婆。嫁女之時，凡姑姊妹及鄰女來者，均曰伴嫁姨。醮子之夕，其親戚送花燭於房者辦花公、花婆樣鼓吹送子曰打堂媒子。

最後生者曰阿晚、阿穠。諺云：「幼子童孫新女壻，原差甲長老姑公。」

凡物小者皆曰仔。館中書童曰火仔，婢女曰妹仔，奴之子曰家生仔，螟蛉子曰乞養仔。

賃田曰田客，賃塘曰塘客，賃園曰園客，賃鋪曰鋪客。男巫曰道公，女巫曰香婆。船中司

〔一〕王安石：原誤作「東坡」。

〔二〕弄掬：原誤作「亂擲」，據《臨川集》改。

柁曰梢公，管事曰出海，撑船曰水手。蛋户曰蛋家，老蛋婦曰蛋家婆，女曰蛋家妹，男曰蛋家仔。

〔光緒〕重修電白縣志

【解題】孫鑄修，邵祥齡纂。光緒十四年(一八八八)修。電白縣，今廣東省茂名市電白區。「方言」見卷三《輿地·風俗》中。録文據光緒十八年(一八九二)刻本《重修電白縣志》。

方言

唐宋以前獞猺雜處，語多難辨。前明軍衛留居電城，今城中人語曰舊時正，海旁聲音近雷、瓊，曰海話；山中聲音近潮、嘉，曰山話。章《志》。

童子戲物曰戲捼。王安石詩云〔一〕：「戲捼弄掬輸兒女。」〔二〕成人遊玩曰蕩。《陳風》云：「子之蕩兮。」同上。

人之情性狠戾不常者，謂之蠻雷。道書云：「雷有五，其一曰蠻雷。蠻雷者，倏然起，倏然止也。」《粤小記》。

〔一〕王安石：原誤作「東坡」。

〔二〕弄掬：原作「亂擲」，據《臨川集》改。

子之少者曰儂，最小者曰細儂。語本樂府《懊儂歌》。韓昌黎：「鱷魚大於船，牙眼怖殺儂。」章《志》。

請人便飯曰飲杯，朝餐曰食早，夕餐曰食晚，夜食曰食夜宵。議牛價曰牛牙郎，議猪價曰猪牙郎。嚇人曰大頭蝦，假威曰紙老虎。同上。

謂平人之妻曰夫娘。夫娘之稱頗古，劉宋蕭齊崇尚佛法，閣内夫娘令持戒，夫娘謂夫人娘子也。吾廣則以爲有夫之娘也。謂新婦曰心抱。謂子曰崽，《水經注》「弱年崽子」是也。謂玄孫曰塞，息訛爲塞也。謂父曰爸、曰爹，《南史》「湘東王〔一〕，人之爹」是也。謂母曰嬭，亦曰媽。媽者，母之轉聲，即母也，亦曰毑。凡雌物皆曰毑。謂西北風亦曰毑，蓋颶與瘴皆名母，故西北風亦曰毑也〔二〕。《廣東新語》。

媳婦稱翁曰家公，姑曰家婆，《列子》云「家公執席」是也。子女謂其祖父曰亞公，祖母曰亞婆。母之父曰外公，母之母曰外婆，母之兄弟曰舅父，母之兄弟妻曰妗母。祖母之兄弟及妻曰舅公、曰妗婆。壻稱岳父母曰外父、外母。嫁女之時，凡姑姊妹及鄰女來者均曰伴嫁姨。醮子之夕，其親戚送花燭於房者辦花公、花婆樣鼓吹送子曰打堂媒子。最後生者曰阿晚、阿孻。諺云：「幼子童孫新女壻，原差甲長老姑公。」章《志》。

〔一〕王：原誤作「主」，據《南史》改。

〔二〕風：原脱，據《廣東新語》補。

凡物小者皆曰仔。良家子曰阿官仔，無賴子曰打仔、曰爛子，館中書童曰火仔，婢女曰妹仔，奴之子曰家生仔，螟蛉子曰乞養仔〔一〕，販者曰販仔。章《志》，參《廣東新語》。

賃田曰田客，賃塘曰塘客，賃園曰園客，賃鋪曰鋪客。男巫曰道公，女巫曰香婆。船中司柁曰梢公，管事曰出海，撑船曰水手。疍户曰疍家，老疍婦曰疍家婆，女曰疍家妹，男曰疍家仔。章《志》。

擲骰子者一擲曰一手。禽之窠曰竇，雌鷄伏卵曰哺竇，石湖曰「雌雄曰一竇十鷄並種，當得六竇」是也。射覆曰估。以刀削物曰⿰卑刂，音批。削去物曰⿱敝力。音撇。食飽曰飫。音救。謂多曰夠，少曰不夠。音遘。謂無尾曰屈，音掘。謂人無情義者亦曰屈。謂腿曰⿸尸畐。音彼。以手搓物曰挪，音攤。以手按物曰捺，以拳加物曰搋，音叙。以手覆物曰揞，庵上聲。以指爬物曰搲。烏寡切。以足移物曰蹳。裸體曰⿰身國⿰身歷。音赤歷。《廣東新語》。

案，方言俗字，處處大略相同。爹爺爸娘嬭之稱遍於宇内，其來亦久。粤俗凡稱祖父母兄妹子女各加一亞字。亞本爲阿，「阿子汝同」，見之樂府。崽字自唐已然，本爲子字，古音亦讀宰，見《離騷》。後人不知即子字，因妄撰崽字及仔字耳。餘多類此。又如隱身忽出爲閄，音閃。截木作墊曰不，敦上聲。門上横木曰閂，音拴。物之脱者曰甩，隨俗撰出，無不相同。

〔一〕仔：原誤作「子」，據《廣東新語》改，下同。

〔民國〕電白縣新志稿

【解題】邵桐孫等修纂。電白縣，今廣東省茂名市電白區。「語言」見第三章《人民》中。録文據民國三十五年（一九四六）油印本《電白縣新志稿》。

語言

電白語言，比諸他縣，較爲複雜，確而論之。亦可分爲三九系〔一〕：一曰海語系，二曰客語系，三曰越語系。

一、海語系。中國沿海七省，皆有此種語言所分布，其音雖有清濁輕重之不同，而其語根則古今遐邇皆不變。且其日常所言，爲各種語言所無者甚夥，而稽諸《春秋左氏傳》《楚詞》《説文》，若合符契。考其民族，原出於吴楚，後由福建廈門等地流入潮汕方面，分布於韓江下流一帶，復蔓延至惠來、海豐、陸豐，而播散於高、雷、瓊崖沿海各地。

二、客語系。客語又稱哎語，因其讀我曰哎故名。鍾獨佛云：客家之稱始於宋，福老之稱始於唐。因其民族有客家之名，故其語言亦曰客語。考其祖先，原出於古代漢族，其裔本來自河南、湖北間，洎晉永嘉變亂之後，司、兖、豫、雍等州，相繼淪陷於五胡外族，被其壓逼，乃挈家

〔一〕九：疑爲衍文。

南渡，相率遷徙于閩贛，此是客家之第一步遷移。及黄巢變亂直至五代末年〔一〕，凡八十餘載，中原之地干戈擾攘，民無寧日，而割據福建之王緒，又復暴戾無道，屠殺良民，旋再南遷而至廣東東北二部，此是客家第二步之遷移。迄乎宋末，元兵南下，臨安陷落，宋室君臣播遷入粤，客家民族，或被元兵凶暴而移居粤之西南部，或起兵勤王，轉戰於崖門一帶，而至高、雷、欽、廉沿海各地，此是客家第三步之遷移。因其民族來自中原，與土著有主客之别，故稱之曰客家。考其語言，亦與古代中原聲音符合。故陳蘭甫謂客語多隋唐以前古音，章太炎著《嶺外三州語》，亦證明客語詞語皆有所本云。

三、越語系。越語亦名粤語，廣東人自稱曰粤人，稱其地亦曰粤東。其實越粤二字，古本通用。《史記》「南越傳」「東越傳」，《漢書》作「南粤傳」「閩粤傳」，此其證也。古有百粤之目，粤越原是一種通用名詞，在昔包括地域，北自會稽之東甌，南至九真、交趾之駱越，皆其地也。所以古有於越、揚越、南越、閩越、駱越種種稱號，《春秋》有夷越，《國語》有夔越，《史記》漢通西南夷，以功都爲越嶲郡，唐有飛越、盤越，明有騰越、平越，可見古代越族在中國南部極爲繁衍。廣東、廣西即古百粤地。秦置南海、桂林、象郡，漢裔趙佗稱南越王。節録林語堂《閩粤與古代越族之關係》。又據鍾獨佛《粤東民族考源》云是古代越族之分支，其所居之地方，多在廣州附近，沿珠

〔一〕直至：原誤作「至直」。

江一帶，上至廣西之南部，以及廣東南部之高、廉、欽三州，皆此民族之所繁滋也。電白縣城，原爲明代之神電衛，由中原調來歸都指揮所統之兵，稱曰衛兵。其子孫繁殖於城之内，即今之黎馬藍各族。其語言因其地而言曰城語，因其時而言曰舊時正，即明代之正音。因其語言與今之普通話相近，斯篇故附述之。至於語言之音義，事關專著，書多難詳，兹不贅。

〔萬曆〕雷州府志

【解題】歐陽保等修，徐應乾等纂。雷州府，轄境包括今廣東省湛江、雷州、遂溪、徐聞等地，治所在今湛江市雷州市。「言語」見卷五《民俗志》中。録文據萬曆四十二年（一六一四）刻本《雷州府志》。

言語

雷之語三：有官語，即中州正音也，士大夫及城市居者能言之。有東語，亦名客語，與漳、潮大類，三縣九所鄉落通談此。有黎語，即瓊崖、臨高之音。惟徐聞西鄉之言他鄉莫曉。大抵音兼角徵，蓋角屬東而徵則南也。雷地盡東南音，蓋本諸此耳。東語已謬，黎語益侏㒧，非正韻其孰齊之？

〔康熙〕雷州府志

【解題】吴盛藻修，洪泮洙纂。雷州府，轄境包括今廣東省湛江、雷州、遂溪、徐聞等地，州治在今湛江市雷州市。「言語」見卷二《民俗志》中。録文據康熙十一年（一六七二）刻本《雷州府志》。

言語

雷之語三：有官語，即中州正音也，士大夫及城市居者能言之。有東語，亦名客語，與漳、潮大類，三縣九所鄉落通談此。有黎語，即瓊崖、臨高之音。惟徐聞西鄉之言他鄉莫曉。大抵音兼角徵，蓋角屬東而徵則南也。雷地盡東南音，蓋本諸此耳。東語已謬，黎語益侏儷，非正韻其孰齊之？

〔民國〕石城縣志

【解題】鍾喜焯修，江珣等纂。石城縣，今廣東省湛江市廉江市。「語言」見卷二《輿地》中，由陳汝霖分纂。録文據民國二十年（一九三一）鉛印本《石城縣志》。

語言

縣之語言有三種：一曰客話。即白話。附城及南路一大部分、西路一小部分略同，多與廣州城相類。惟客話中南路有由順德遷來者，仍帶順德音；由東莞遷來者，仍帶東莞音。附城東又有地獠音，西路又有海獠音。二曰哎話。東路、北路及西路一大部分、附城一小部分皆同，與嘉應州相類。三曰黎話。蔣《志》作雷話。南路、西路各一小部分俱有，附城之東南亦間有之，與雷州相類。

縣中方言，稱父爲爹，或爲官，或爲爸。母爲奶，或爲娘，或爲媽，或以子女難育有改稱父母爲叔嬸哥嫂者。祖父爲公，祖母爲婆。曾祖父爲公祖，曾祖母爲婆祖。兄爲哥，子爲仔，各加一亞字。晚生子曰孻仔。曾孫曰塞。平人之妻曰夫娘。女壻曰亞郎。凡稱祖宗、神祇皆曰亞公。謂平人曰獠。婢曰妹仔。謂婦人有娠曰有身，其免身未彌月者曰坐月。物之美者曰威。遊曰蕩。叫曰喊。取物曰邏。辛苦曰抵力。數蕉子曰幾梳。數檳榔曰幾口。物成束曰一子。禽之窠曰鬬。鷄伏子曰菢。蓄水之地曰氹。圖錦切。謂無尾曰屈。音掘。人無情曰屈情。作事一次曰一宗。販賣一次曰走一水。客哎黎三種話中，各有有聲音而無字可肖者甚多。

縣中方音各異。如客話中皆酒與走同、久與苟同，其附城則諸與之同、書與詩同，南路則報與布同、掃與素同。韻相混，而尚於四聲無訛。若按陰陽平上去入高低聲，客話夷與異同音，扶與附同音，則陽平聲混入陽去聲。順德音讀陽平聲之聞字，即東莞音之陽去聲；東莞音讀陽去聲之問字，即順德音之陽平聲。東莞音讀東在凍動之間，讀衣在意異之間，是以陽平爲去聲。地獠音謂食曰喫，其讀伝平聲爲尹，則陽平作上聲；讀我爲餓，則上聲作去聲。海獠話之音。

讀夷爲衣，則陽平作陰平；讀衣爲倚，則陰平作陰上。其陰上去皆作陽上聲，其入聲無高促

哎話略類北京正音，陽平讀作廣州陰上聲，如夷讀倚、扶讀府之類是。其餘高低聲與北京

又異，如上聲之倚以，皆讀若廣州之陽去聲作異；其去聲之意異，皆讀若廣州之意。入聲之陰

陽，則與廣州音相反。其特别者，則謂我曰哎、謂母親曰哀子。

黎話與各種話迥殊，而讀書則略近南方正音，如謂人曰能，轉真入蒸；謂屋曰竄，以入爲

上。言語與讀字不同，類多如此。若讀字，則陰平之衣作以音，是以平爲上；去聲之至治，皆

作知音，是以去爲平；其陽平及上聲，皆類廣州之陽去聲；其入聲則高而促，類於廣州讀屋沃

等字。參《茂名縣志》《圖書集成》、廣東方言採訪册。

〔光緒〕吴川縣志

【解題】毛昌善修，陳蘭彬纂。光緒十四年（一八八八）修。吴川縣，今廣東省湛江市吴川市。「方名」見卷二《輿地》中。録文據光緒十八年（一八九二）刻本《吴川縣志》。

方名

吴川音較清婉而過於柔。謂父曰爸、曰官，亦有稱叔、稱哥者。母曰媽，亦曰娘、曰娜。姑之長於父者曰姉奶，姉亦稱姉。謂祖父曰亞爹，祖母曰亞奶，曾祖父母曰公祖、婆祖。婦人謂

舅姑曰幾爹、幾奶，有子則曰亞爹、亞奶。對人稱曰家君爺、家婆。舅姑稱媳曰幾娘，對人稱之曰新婦。稱外祖曰外公，外祖母曰外婆。謂母兄弟之妻曰妗，祖母之兄弟及妻曰舅公、妗婆。謂子曰仔，凡物之小者亦曰仔。好排場者曰亞官仔。無賴曰爛仔。司爨者曰火仔。小婢曰妹仔。子之少者曰儂，其最小者曰儂兒。儂，土音去聲。稱平人曰佬，平人之妻曰夫娘。子女晚生者曰𤸇。癲平聲。遊戲則曰蕩。美人之貌曰威，亦曰靚。物之美亦曰威。取物曰邏。相候曰騰。謂欺曰洗。乘不備以欺者曰粧禽宿。謂相打曰打交。謂淫曰姣。音豪。數蕉子曰幾梳。數物之束者曰一子二子。數檳榔曰幾口。謂米鍋曰鐺。去禽獸毛曰燖。澄廉切。以口啜物曰嗽。音朔。物之盛者曰烘烘聲。無言曰唈唈聲。禽之窠曰竇。搆茅以居曰芊。狗與九、酒與走，樓與劉，二與義，均讀同音。而若屈大均《新語》所謂鬚蘇、逃徒、早祖之音，則又未嘗分别也。參《廣東新語》、黄《府志》、採訪册。

案，土音亦有本。謂平人之妻曰夫娘。劉宋蕭齊崇尚佛法，閣内夫娘令持戒，謂夫人、娘子也。數蕉子曰幾梳，蘇子由詩「西鄰蕉子熟，時致一梳黄」是也。燖與嗽皆見《漢書》。鐺與竇較爲雅馴。其他方言多有意義，惟謂見曰衝、謂未曰聞、謂不知曰知得、物之多者曰好少，則真不可解矣。

〔康熙〕遂溪縣志

【解題】宋國用修，洪泮洙纂。遂溪縣，今廣東省湛江市遂溪縣。「言語」見卷一《民俗志》中。録文據康熙二十六年（一六八七）刻本《遂溪縣志》。

言語

遂之語三：有官語，即中州正音也，士大夫及城市居者能言之。有客語，大約與廣語相類，惟東北角猺民言之。有東語，則遂城鄉落通談。雷屬三縣皆然。即漳、潮、瓊州之音，亦略相似。

〔康熙〕續修海康縣志

【解題】鄭俊修，宋紹啓纂。海康縣，今廣東省湛江市雷州市。「言語」見上卷《民俗志》中。有康熙二十六年（一六八七）刻本。録文據民國十八年（一九二九）鉛印本《康熙續修海康縣志》。

言語

雷之語三：有官語，即中州語也，士大夫及城市居者能言之。有東語，亦名客語，與漳、潮大類，三縣九所鄉落通談此。有黎語，即瓊崖、臨高之音。惟徐聞西鄉之言，他鄉莫曉。大抵音兼角徵，蓋角屬東而徵則南也。雷地盡東南音，蓋本諸此耳。東語已謬，黎語益侏㒧，非正韻其孰齊之。

〔民國〕海康縣續志

【解題】梁成久纂修，陳景棻續修。海康縣，今廣東省湛江市雷州市。「方言」見卷二《地理志·風俗》中。録文據民國二十七年（一九三八）鉛印本《海康縣續志》。

方言

《方言》之作，出自楊子，蓋本乎輶軒之使，巡遊萬國，采覽異言，車軌所交，人迹所履，靡不列諸載籍。海康斗絶海濱，雖言語侏儺，不通上國。然亦思舄父吟越，不廢土音；秦客瘦詞，尚需風識。兹特採録於篇，是於等呼爲得來〔一〕、呼虎爲於菟之俚語也。陳景棻識。

雷之語三：有官語，即中州語也，士大夫及城市居者能言之〔二〕。有東語，亦名客語〔三〕，與漳、潮大類，三縣九所鄉落通談者。有黎語，即瓊崖、臨高之音。惟徐聞西鄉之言〔四〕，他鄉莫曉。大抵音兼角徵，蓋角屬東而徵則南也。雷地盡東南音，蓋本諸此耳。東語已謬，黎語益侏

〔一〕爲得：原誤作「得爲」。
〔二〕及：原誤作「即」，據康熙《續修海康縣志》改。
〔三〕名：原誤作「有」，據康熙《續修海康縣志》改。
〔四〕之言：原作「言之」，據康熙《續修海康縣志》、康熙《徐聞縣志》改。

傐，非正韻其孰齊之。顧炎武《天下郡國利病書》。

按，雷州語三，海康多屬東語，而讀書則半官語也。又有惠語，多惠州人移居相沿者，然居少數。景鋆又識。

郎罷，父稱也。縣人謂之郎，或謂之罷。按，郎罷，《正韻》云：「閩人呼父爲郎罷。」縣多閩音，蓋本諸此。

爹爹，父也。縣人謂貴者爲爹。

媽媽，母也。縣人謂乳母爲媽。

嬸、姆，兄弟妻相稱也。縣人謂伯母曰姆、叔母曰嬸，又呼夫之弟婦曰嬸。

姡，不肖也。縣人生男謂之作夫，生女謂之作姡。駡妾曰少姡。按，作夫謂爲人夫也，作姡謂爲人妻也。

壻謂之馬郎。按，本於古駙馬之稱。

娶親謂之著代。出殯有製誄及輓帳、輓聯者謂之送張。按，著代，本於《禮記》，蓋父著子代理家事也。送張，即張挂所送之物耳。

伶俐、乖巧，慧也。縣人謂之伶俐，或謂之乖巧。

鬼、儈，詐也。縣人謂之鬼，或謂之儈。

呆、傂，愚也。縣人謂之呆，或謂之傂。按，《方言注》：「隴右人名嫞爲傂。」

村、蠢，陋也。凡衣飾不整謂之村，儀容粗澀謂之蠢。

罵人愚者或謂之鼈，或謂之山薯。板滯者謂之螳螂，或曰石狗。按，鼈四足而蠢，山薯大而不中用，螳螂〔一〕

姣媱，淫也。剩咳，迫也。清楚，美也。勒索，求也。巧，詭詐也。

閃、躲，逃也。見人輒避謂之閃。閃而密藏謂之躲。按，《玉篇》躲，丁果切〔二〕，上聲。躲音平聲。

軃躹，事不謹也。按，《集韻》：「軃躹，身不牢端也。」

牢騷，心抑鬱也。搪揬，事推諉也。嗝嚍，聲響也。焦燥，心怒也。喃儺，醉倒也。彳亍，行速也。躁足，艱行也。按，《集韻》：「躁，行捷也。」縣音與此相反。

中心不欲而旁人聳勸者，謂之挑唆，或謂之聳動，或謂之沖率。按，挑唆，謂挑其意而巧唆之也。沖率，謂沖動其心而倡率之也。

憤氣怒罵人謂之發狗听。大言嚇人謂之作大吡。按，狗听，本於《管子》「有狗听听」之語。大吡謂大聲而吡之也。

逢迎人謂之買笑，或謂之抱大腳。

凡年壯謂之號生。按，即後生之轉音。年老謂之老公。女未嫁謂之盤頭女。凡人之大謂之

〔一〕以下數字漫漶不清。

〔二〕丁：原脱，據《玉篇》補。

檨，或謂之壯。按，《方言》檨，秦晉音也。

凡小兒餔飯謂之鹹。頷切〔一〕。匍匐謂之跁踻。苗切〔二〕。按，踻同踻，蓋示能立行而俯踻也。

羣相戲舞謂之定童。

小兒不中所欲而號啕者曰氣脹，逆長者之言曰銜嗄。按，氣脹，怒氣膨脹也。銜嗄，《廣韻》云：「口嗄嗄，無度也。」

衣被醜敝謂之襤褸。按，《左傳》：「篳路襤褸，以啓山林。」蓋謂此也。

匕箸，挾飯也，縣人謂之飯猪。匙，取羹也，縣人謂之湯匙，或謂之羹。按，箸猪音訛也，羹語簡單也。

明早謂之興早，日午謂之日到，今晚謂之今昏，昨日謂之昨暗。按，興早，興起而早也。日到，日午正到中之。昨暗，猶昨晚也〔三〕。

縣人呼羊曰咩，呼鷄曰咮，呼犬曰嘍。按，咩，羊鳴也。咮，《韻通》作注。嘍，《廣韻》：「嘍喉，鳥鳴。」

螢謂之光蟲，守宫謂之巡梁。按，光蟲，謂腹下有光也。巡梁，謂巡行梁棟間，猶守宫之意也。

蝙蝠，小者謂之飛鼠，大者謂之蝠鼠。

〔一〕「頷切」二字不明其義，似有脱字。

〔二〕「苗切」二字不明其義，似有脱字。

〔三〕「猶」下原衍「也」字。

蘿蔔謂之菜頭。南瓜謂之金瓜。

縣人稱康健曰硬朗，向疑爲土音，按《石頭記》賈母謂劉老老「這麼大年紀了，還這麼硬朗」，則硬朗一語實與國語合者。

縣俗詛人曰雜種，蓋欲加其父母以醜名也。按，《晉書・前燕載記》有曰「蠢茲雜種，奕世彌昌」，但謂非漢族耳，非詛人語也。音雖同而義異。國朝林琴南《畏廬瑣記》載彭雪琴宫保巡閱長江，一日易服微行，有薙髮匠對人語曰：「彭雜種且至。」蓋指彭也。公怒杖之。事之實否雖未可知，則雜種爲詆毁之詞，即國語亦屬通用。

縣人稱物之有傷痕者曰必痕，向疑爲裂痕之訛。考《說文》云：「必，分極也。」畢聿反。則必痕實爲古音，當無疑義。

俗謂人愚極者曰專愚，出《後漢書・朱穆傳》：「穆父常以爲專愚。」

按以上五條〔一〕，俱就音之難解者言之，餘與國語相合者實多。景棻補記。

〔康熙〕徐聞縣志

【解題】閻如玲修，吴平纂。不分卷。徐聞縣，今廣東省湛江市徐聞縣。録文據康熙二十六年（一六八七）鈔本《徐聞縣志》。

〔一〕實爲四條。

風俗

徐之言語有三：有官語，即中州正音也，士大夫及城市居者能言之。有東語，亦名客語，與漳、潮大類，三縣九所鄉落通談此。有黎語，即瓊崖、臨高之音〔一〕。惟徐聞西鄉之言，他鄉莫曉。大抵音兼角徵，蓋角屬東而徵即南也。徐地盡東南音，蓋本諸此耳。東語已謬，黎語益侏㒧，非正韻其孰齊之？

〔宣統〕徐聞縣志

【解題】 王輔之等修，駱克良等纂。徐聞縣，今廣東省湛江市徐聞縣。「風俗」見卷一《輿地》中。有宣統三年（一九一一）刻本。録文據民國二十五年（一九三六）重刊鉛印本《徐聞縣志》。

風俗

徐之言語有三：有官語，則中州正音也，士大夫及城市居者能言之。有東語，亦名客語，與漳、潮大類，鄉落通談。又有黎語，即瓊崖、臨高之音。惟西鄉之言，他鄉莫曉。大抵音兼角徵，蓋角屬東而徵則南也。徐地盡東南音，蓋本諸此耳。東語已謬，黎語益侏㒧，非正韻其孰能齊之？見舊志。

〔一〕臨高：原誤作「高臨」，據宣統《徐聞縣志》改。

按，六書之制，有諧聲會意，正其語者所以昭同文之意也。然方言所域，各操土音，勢所必然。我徐僻居南極，去中州甚遠，囿於土談俚語，習與性成，操正音者蓋鮮。舊志謂徐之言語區爲三，有官語、客語、黎語，又謂西鄉之語别爲一種，以今考之，黎語即土音也。土音所習，一邑皆然，未嘗有分畛域。邇來文明進化，士夫俊秀嫻正音者不乏人。通客語者士夫而外，商賈皆能之。然客語原係廣東土音，惟正音乃通上國。雍正六年有諭閩廣正鄉音云：「朕每引見大小臣工，凡奏對之時，惟福建、廣東兩省之人仍係鄉音，不可通曉。」然則學習正音，亦士夫進身之嚆矢也。吴光森《志》。

廣西壯族自治區 凡九十五種

〔嘉靖〕廣西通志

【解題】林富修，黄佐纂。「方言」見卷十七《風俗》中。録文據嘉靖十年（一五三一）刻本《廣西通志》。

方言

近楚者多正音，與中州同。近粵者多蠻音，與高、廉同。其俗字頗多，皆鄙野依附。如𡘫，音穩，大坐穩也。⿱不高，音矮，不高故矮也。⿱不長，亦音矮，不長故矮也。奀，音勬，不大故瘦也。⿱石山，音磡，山石之巖窟也。閂，音櫳，門横關也。氽，音酋，人在水上也。氼，音魅，人没入水下也。閄，和馘反，言隱身忽出以驚人也。⿰毛口，音鬍，毛口，故鬍也。研〔一〕，東敢反，以石投水有聲也。自范成大帥静江時已有之。見《桂海虞衡志》。今人有罡、泵之類，殆難研究。

〔嘉慶〕廣西通志

【解題】謝啓昆修、胡虔纂。「風俗」見卷八七《輿地略》中。有嘉慶六年（一八〇一）刻本。録文據同治

〔一〕研：原誤作「井」。

四年（一八六五）補刻本《廣西通志》。

風俗

方言，古人有之。乃若廣西之蔞語，如稱官爲溝主，母爲米囊，外祖母爲低，僕使曰齋捽，喫飯爲報崖。若此之類，當待譯而後通。至城郭居民，語乃平易，自福建、湖湘，皆不及也。其間所言，意義頗善，有非中州所可及也。早曰朝時，晚曰晡時。以竹器盛飯如篋曰箪，以瓦瓶盛水曰罌。相交曰契交，自稱曰寒賤，長於我稱之曰老兄，少於我稱之曰老弟。丈人行呼其少曰老姪，呼至少曰孫，泛呼孩提曰細子。謂慵惰爲不事産業，謂人仇記曰彼期待我。力作而手倦曰指窮，貧困無力曰力匱。令人先行曰行前，水落曰水尾殺。泊舟曰埋船頭，離岸曰反船頭，舟行曰船在水皮上。大腳脛犬曰大蟲腳。若此之類，亦云雅矣。余又嘗令譯者以《禮部韻》按交阯語，字字有異，唯花字不須譯。又謂北爲朔。因并誌之。《嶺外代答》。

廣西俗字甚多，如⿱大長音矮，言矮則不長也。⿱大坐音穩，言大坐則穩也。奀音勸，言瘦弱也。⿱不生音終，言死也。⿱不行音臘，言不能舉足也。仦音裊，言小兒也。⿰女大，徒架切，言姊也。閂音櫄，言門橫關也。⿱石山音磡，言巖崖也。氽音泅，言人在水上也。氼音魅，言没人在水下也。⿰毛巴音鬍，言多髭。研，東敢切，言以石擊水之聲也。大理國間有文書至南邊，猶用此圀字，圀，武后所作國字也。

〔道光〕龍勝廳志

【解題】周誠之修纂。不分卷。龍勝廳，今廣西壯族自治區桂林市龍勝各族自治縣。録文據道光二十六年（一八四六）刻本《龍勝廳志》。

風俗

生獞

謂天爲温，父曰扶，牛曰懷魯巴，飯曰豪，食曰艮。亦有同中國者，謂酒曰醪，鹽曰鹵。《粵西叢載》。

苗人

苗語天曰梯，地曰底，日曰宜頭，月曰迴落，星曰些，風曰風，雲曰融，雷曰擂，雨曰吁，父曰入，母曰孖，吃酒曰于就，吃飯曰于擺，吃肉曰于奶。

盤古猺

猺語天曰頂，地曰揑，日曰易豆，月曰月豆，星曰星，雲曰欲，雷曰累，雨曰若，父曰鴉，母曰奈，兄曰俸，吃飯曰車凡，吃酒曰車都，吃肉曰車虐。

狗猺

猺語天曰挺，地曰底，日曰捻，月曰夜，星曰先，風曰諷，雲曰伍，雷曰哄，雨曰許，父曰甫，母曰慕，吃飯曰哽噯，吃酒曰哽宰，吃肉曰哽坳。

羚人

即平地猺。羚語天曰㨪，地曰揑，日曰㨪，月曰臉，星曰醒，風曰令，雲曰欲，雷曰巴，雨曰丙，父曰不，母曰内，吃飯曰揀考，吃酒曰揀窖，吃肉曰揀南。

獞人

獞語天曰穩，地曰提，日曰温，月曰輪，星曰老，風曰籠，雲曰烏，雷曰把，雨曰昏，父曰撥，母曰乜，吃飯曰羹噯，吃酒曰羹篗，吃肉曰羹諾。

〔道光〕灌陽縣志

【解題】蕭煊修，范光祺纂。灌陽縣，今廣西壯族自治區桂林市灌陽縣。「本俗」見卷三《風俗》中。録文據道光二十四年（一八四四）刻本《灌陽縣志》。

本俗

語言皆説官話，亦有數村説土語者。然與土語者言則土語，若與官語者言仍官語，故往來官商無有不喻。其稱呼伯叔兄弟及伯叔父母兄嫂，皆依經書本字，但於本字上加一行爾。如伯行一則呼爲大伯，二伯則呼爲二伯是也。惟呼父則有呼大大者，蓋取其大而又大之義。鄉談則有呼八八者。大抵亦取父字首之義。呼母則統曰阿媽。呼祖父則統曰爹爹。蓋爹本稱父之字，然呼曰爹爹，想亦取父之父義也。

〔民國〕灌陽縣志

【解題】林芾楨修，蔣良衔纂。灌陽縣，今廣西壯族自治區桂林市灌陽縣。「本俗」見卷四《風俗》中。録文據民國三年（一九一四）刻本《灌陽縣志》。

本俗

語言皆官話，但崇順、巨巖兩堡内亦有説土話者，然與官話者言仍用官話，故往來官商無有不喻。其於稱呼尊長之屬，皆依經書本字，但於本字上加一行耳。如伯行一則呼大伯，行二則呼二伯是也。叔與兄倣此。惟呼父有呼大大者，取其大而又大之義。亦有呼八八者。義取父字之首。至若呼母則統曰阿媽。呼祖父則統曰爹爹。爹本稱父之字，呼祖父曰爹爹，想亦取其爲父之父之義也。

〔清〕靈川縣志

【解題】佚名纂。編纂時代在清嘉慶之前。靈山縣，今廣西壯族自治區桂林市靈川縣。録文據嘉慶《廣西通志》卷八七《輿地志八・風俗・靈川縣》。

方言

天曰鐵。地曰的。父曰阿把。母曰阿嗟。哥曰郭。嫂曰搔。水曰輸。火曰呼。吃飯曰慊縛。吃酒曰慊揪。吃茶曰慊酌。吃鍋曰慊唐。袍子曰包兹。外套曰物套。帽曰毛力。靴曰赫力。鞋曰嗄。碗曰窩。箸曰跨。鍋曰穀力。甑曰再。扇曰謝。壺曰乎。

〔民國〕靈川縣志

【解題】陳美文修，李繁滋纂。靈山縣，今廣西壯族自治區桂林市靈川縣。「方言」見卷四《人民》中。録文據民國十八年（一九二九）石印本《靈川縣志》。

方言

民稟五行之氣，涵水土之精，其語音之高下清濁，隨所習居而異。靈川七都四十八里，風土固殊焉，其語言之龐雜，即同爲一都亦有不相通者。或有音而無字，或有字而無義。欲舉一種以爲方言之志，殊乏正確之標準。兹姑擇其稍近官語者釋之，庶幾略見一班耳。

天謂之鉄。從本音轉。地謂之笛。從本字轉入音。日謂之議。從上音轉。月謂之軛。從上音轉。山謂之碩。平音。川謂之錘。平音。父謂之大大，亦曰阿把。大大，從爹爹轉音。阿把，從伯也。母謂之媽，亦曰阿嗟。從姐轉。伯謂之把把。從霸音也。叔謂之麽麽。從殁字轉平音。兄謂之哥。本音。弟謂之的。從弟入音。嫂謂之搔搔。叟平音。外祖謂之物更。外公轉音。外祖母謂之物不。外婁轉音。舅謂之糾耶。舅爹之轉。子謂之宰。平音。女謂之侣。平音。壻謂之郎。平音。米謂之糜。穀謂之格。從上音。油謂之柔。從本音轉。茶謂之酌。平音。酒謂之就。從本字轉平音。飯謂之發。從本字轉入音。鹽謂之耶。從本音轉。水謂之輸。從本字轉平音。菜謂之側。從本字轉去音。肉謂之越。上音。豆豉謂之刀時。入音。袍謂之包。入音。褂謂之个。從本字轉去音。衫謂之碩。平音。帽謂之毛。從本字轉平音。欖謂之待。從本字轉去音。鞋謂之嗄。從本字轉入音。襪謂之磨。上音。盌謂之窩。從本字轉平音。筷謂之跨。從本音轉。鍋謂之孤。從本字轉平音。甑謂之再。從本字轉去音。椅謂之依。從本字轉平音。牀謂之莊。從本字轉平音。棹謂之煮。從本字轉上音。案謂之臥。從本字轉去音。筆謂之彼。從本字轉上音。硯謂之業。從本字轉入音。墨謂之買。從本字轉上音。屋謂之爾。從本字轉上音。舍謂之碩。去音。房謂之方。從本字，略近上音。廳謂之胎。從本字轉平、上兩音。亭與庭均謂之猷。從本字轉平音。樓謂之勞。從本字轉平音。臺謂之得。略近平音。閣謂之古。從本字轉上音〔一〕。頭謂之兜。從本字轉平音。手謂之收。從本字轉平音。腳謂之絞。從本字轉上音。指謂之支。從本字轉平音。肝謂之梏。從本字轉，略近平音。腎謂之神。從本字轉平、入兩音。腸謂之張。從本字轉平、上兩音。肚謂之都。從本音轉平音〔二〕。馬謂之麽。從本字轉平音。牛謂之餞。從本字轉平音。羊謂之攘。略近本音。鷄謂之加。從本字轉平音。狗謂之交。從本字轉平音。花謂之禾。去音。草謂之操。平音。竹謂之丢。上聲。木謂之沒。上聲。瓜謂之割。略近平音。

以上譯音，城區之一二三四六七段及四區之上半均同。

〔一〕從：原脱。

〔二〕轉：原脱。

〔民國〕恭城縣志

【解題】蔣毅夫修，駱少鶴等纂。恭城縣，今廣西壯族自治區桂林市恭城瑶族自治縣。「方言」見卷一第二編《社會》中。録文據民國二十六年（一九三七）鉛印本《恭城縣志》。

方言 附方音

猺語

食嚴ㄐㄧ　飯三ㄙㄐ　米眉ㄇㄟ　酒去ㄉㄧㄨ　粥琢ㄓㄨㄛ　茶詐ㄓㄚ　菜声上来　肉結ㄐㄧㄝ　坐仔ㄗㄞ　粑逐ㄓㄨ　油劝ㄒㄧㄨ　塩都ㄓㄨ　魚樓ㄌㄨ　牛傲ㄫㄡ　猪声平鳥　鴨哀ㄞ　狗痤ㄍㄨ　鵝内ㄋㄟ

羊蒙ㄒㄧㄨ　虎條ㄓㄨㄟ　龍江ㄌㄧㄤ　鼠难ㄅㄟ　馬麻ㄇㄚ　鞋声去血　衣闌ㄨㄟ　褲苦ㄏㄨ　被賞阮　帽目ㄇㄨ　布底ㄓ　綢咒ㄓㄨ　衫闌ㄨㄟ　鍋儈日ㄓㄟ　筷焦ㄗㄛ　罐痫ㄍㄨㄟ　酒罐丢ㄉㄧㄨ

睡温ㄨㄣ　火鳥ㄤㄡ　山民ㄐㄧ　嶺操ㄤㄤ　田亮ㄌㄧㄤ　地滴ㄉㄧ　屋樓ㄌㄨ　門進ㄇㄣ　棹代ㄉㄞ　凳賞ㄉㄤ　關門管ㄍㄨㄢ進ㄇㄣ　開門魁ㄎㄨㄟ進ㄇㄣ　去泊ㄆㄛ　去那里泊ㄆㄛ宜ㄧ消ㄒㄧㄠ

來蜡ㄌㄚ　看秋ㄑㄧㄡ　眼困埋ㄇㄞ莽ㄇㄤ　進屋丟樓　買賣埋ㄇㄞ　柴踊ㄙㄨㄥ　草膜ㄅㄥ　木馬ㄇㄚ031　金占銀運ㄩㄣ　鉄声平了　錢進ㄐㄧㄣ　硯麻ㄇㄚ　筆声拜平

寫字挖ㄨㄚ修ㄒㄧㄡ　你辨ㄋㄧ　我國ㄍㄛ　祖扛ㄍㄤ　父讀日ㄉㄨ　母嚴ㄧㄢ　哥唉ㄞ　弟鼻ㄐㄧ　妻布ㄅㄨ六ㄌㄨ　子端ㄉㄨㄢ　夫老爺ㄍㄨ　嫂嚴ㄧㄢ　媳邪ㄒㄧㄝ　姊濟ㄐㄧ濟　女果ㄍㄨㄛ汰ㄊㄞ　客卡卑

娘交ㄐㄧㄠ布ㄅㄨ　大断ㄉㄨㄢ修ㄒㄧㄡ　小洗ㄒㄧ　落雨腊ㄌㄚ不ㄅㄨ寨ㄗㄞ　落雪腊ㄌㄚ板ㄅㄢ　生生死呆ㄞ　要甚麽郎ㄌㄤ仕ㄕ郎ㄌㄤ　頂好泥ㄋㄧ浪ㄌㄤ任ㄖㄣ高ㄍㄠ

一二米ㄇㄧ　三捂ㄨ　四彼ㄅㄧ　五辣　六声平鄉　七儀　八声去厘　九逐ㄓㄨ　十声齊上

四區土語

天（台兀ㄌ）地（得ㄌ⺈）食（一丨）飯（声平拜）米（美ㄉ八）酒（就ㄉ乂）茶（校ㄙ乂⺈）粥（肘ㄓ乂）菜（贫ㄔ）肉（声去卓）坐（数ㄉ乂）粑（声撒入ㄉ）煙（傘ㄌ）鹽（人日ㄌ）蛋子（刮刮乂）魚（燮兀ㄠ）

牛（吳乂）猪（呆兀ㄌ）鴨（声上寫）狗（構乂）虎（号日ㄙ）鼠（社ㄉ廿）馬（摩ㄉ乜）鞋（挾ㄉ廿）衣裳（衣校ㄙ乂⺈）褲（耗ㄉㄠ）被（倍ㄅ八）帽子（芋ㄌ幺）布（抛ㄌ）緞（當日ㄉ九）

衫（賒ㄉ日）鍋（車川）筷（呆ㄌ⺈）酒鑵（就ㄉ乂 約丨⺈）睡（誰乂八）水（瑞乂八）火（許ㄌ）山（賒ㄙ）田（呆兀ㄌ）屋（朵兀）門（眉ㄅ八）關門（眉 齋声）開門（蝦日ㄉ 眉乂八）

卓子（笨ㄋ了 那ㄅ大）去（号叩ㄋ）柴（叔叩ㄋ）去那里（号那保ㄅㄠ）眼困（眼吼乂）草（湊乂）木 金 銀（泥ㄌ）鉄（声偷上）錢

硯池 筆（声倍上）寫字（手ㄉ乂 撒入声ㄉ）你（那ㄉ）我 祖 母（奴乂）哥 弟 男人（諾宜哥）女人（乃宜哥）

媳婦（瘦婦ㄉ乂）容 孃（高高）大 小（瘦乂）雨 雪 生 死 要甚麼 讀書

一（倚ㄟ）二 三 四 五（偶）六 七 八 九 十（時ㄕ）

獞語

食 飯 穀米 酒（老）茶 粥（声恳上）菜（把ㄅ了）肉 坐 粑（把ㄅ了）煙 油（又乂）鹽（古乂）魚（把ㄅ了）

水牛 黄牛 猪 鴨 狗（馬ㄇ了）雞 鵝 羊（用ㄙ）虎（古乂）龍 鼠 鞋（害日ㄌ）

棉衣 褲 被蓋 水 火 長衫 頂鍋 扒鍋 酒鑵 茶鑵

山（董ㄉㄨㄙ） 嶺（罷ㄅㄨ） 屋（桜去声） 門（年ㄉㄨ） 關門（搼ㄐㄩㄗ 斗ㄉㄨ） 開門（栗ㄖㄨㄟ 斗ㄉㄨ） 棹（太ㄏㄨㄌ） 凳（倘ㄊㄨㄊ） 去耍（撮ㄅㄋ 傲ㄫㄠ） 來（看ㄖㄢ 耐ㄫㄌ） 你看（丟ㄣㄙ 耐ㄫㄌ）

我看（芶ㄍㄙ 耐ㄦㄌ） 眼困（押ㄧㄉ 念ㄏㄧㄢ） 去睡（擺ㄖㄌ 念ㄏㄧㄢ） 進屋（好ㄖㄏㄠ 訝ㄧㄉ） 買東西（籌ㄍㄨ 貨ㄏㄨㄈ） 柴（糞ㄈㄅ） 木（費八） 銀（雁ㄧㄐ） 金（九ㄉㄧㄙ） 鐵（頂ㄉㄧㄙ）

錢（填ㄗㄅ） 筆（別去声） 寫字（沙ㄇㄉ 叟ㄙㄨ） 公（共ㄍㄨㄙ） 媽（罵ㄇㄉ） 爹（大ㄉㄉ） 娘（姐ㄉㄧㄝ） 哥（過ㄖㄍㄨㄥ） 弟（濃ㄋㄨㄙ） 老婆（眠ㄉㄧㄐ 勞去声） 仔（滑ㄉㄨ） 老公（婁ㄈㄛ 賽ㄙㄌ）

大（杯上声） 小（夙） 風（用ㄩㄙ） 雨（向ㄨㄐ） 雪（乃ㄖㄋㄌ） 有客來（梅ㄇㄟ 结去声 例ㄖㄍㄙ） 要甚麼（尔ㄫ 蒋ㄍㄨ 瓦ㄉㄧ） 書（叟ㄙㄨ） 一（一） 二（二） 三（三）

四（四） 五（五） 六（殃ㄧㄙ） 七（齐上声） 八（扁ㄖㄋㄢ） 九（九） 十（受ㄅㄨ）

人性相同，語言各異，固由水土使然，亦視教化何如耳。前明時猺獞往往以言語不通之故，老死不相往來，即有事相招，亦情意遠隔，难期共濟，甚至干戈相尋，叛服靡定，禍無了日。古人云「言厖則事雜」，其信然乎。自鄒浩之正氣行之，漸仁摩義，駸駸乎言語與各族通。涵養至今，挾詩書而談道義，擁臯比而講文學，頗不乏人。今昔不同，有由然也。猶有缺憾者，惟諸婦女鄉音不改，女學未興，實教育之未普及歟？撫斯土者如何則可，諒难恝然於心也。

方音

第一例

	國音	恭城普通讀音
安	ㄢ	ㄫㄢ
愛	ㄧㄞ	ㄫㄧㄞ去聲
被	ㄎㄟ	ㄅㄧ去聲
述	ㄕㄨ入聲	ㄕㄩ入聲
姊	ㄗ	ㄗㄧㄝ
詩	ㄕ	ㄙ
妹	ㄇㄛ	ㄇㄟ
街	ㄐㄧㄞ	ㄍㄧㄞ
男	ㄐㄧㄞ去聲	ㄍㄞ去聲
强	ㄑㄧㄤ陽平	ㄎㄧㄤ陽平
孫	ㄉㄨㄣ	ㄗㄣ入聲
家	ㄐㄧㄣ陽平	ㄐㄚ
吃	ㄐㄧㄣ	ㄢㄧ

續表

	國音	恭城普通讀音
知	ㄓ陽平	ㄐㄧ陽平
義	ㄧ去聲	ㄫㄧ去聲
書	ㄕㄨ陽平	ㄙㄩ陽平
雁	ㄧㄢ去聲	ㄫㄢ

第二例

	國音	恭城普通讀音
會	ㄏㄨㄟ去聲	ㄈㄟ去聲(廢)
黑	ㄏㄛ入聲	ㄏㄠ
風	ㄈㄨㄥ	ㄏㄨㄥ(烘)
飛	ㄈㄟ	ㄏㄨㄟ(灰)
灰	ㄏㄨㄟ	ㄈㄟ(飛)
得	ㄉㄛ入聲	ㄉㄠ入聲
山	ㄕㄢ	ㄕㄧㄢ
產	ㄔㄢ陽平	ㄔㄧㄢ

續表

	國音	恭城普通讀音
物	ㄨ入聲	ㄛ
腳	ㄐㄧㄛ	ㄐㄨㄛ
惡	ㄛ入聲	ㄫㄛ陽平
髮	ㄈㄚ入聲	ㄏㄨㄚ(華)
麥	ㄇㄛ	ㄇㄨㄚ
畫	ㄏㄨㄚ	ㄈㄚ
北	ㄅㄛ	ㄅㄛ
特	ㄊㄛ	ㄊㄠ
鳥	ㄏㄧㄠ	ㄉㄧㄠ

上二例係對恭城現時之方音而論，間有與他處抵觸之處，在所不計。例如會應作○○切，方音又作○○，此皆現時讀音之誤。其餘有音無字难以注明者，由知音領會，故舉例以明其餘。

〔民國〕陽朔縣志

【解題】張岳靈修，黎啓勳纂。陽朔縣，今廣西壯族自治區桂林市陽朔縣。「方言」見第二編《社會·民族》中。録文據民國三十二年（一九四三）石印本《陽朔縣志》。

方言

官語，普通人皆能説，與桂林音相近，略平。

土話，各鄉不同。

客話，有廣東、湖南、江西三省各操本省語，亦多有能説官話者。

獞話，高田、普益、安定三鄉佔三份之一。

猺話，大源、天順二鄉，東北猺山内皆操之。

各種表示語〔一〕

	土語	獞語	猺語
天	ㄊㄧㄣ	ㄅㄨㄣ	ㄌㄨㄥ
地	ㄉㄧ	ㄎㄧㄞㄧㄟ	ㄉㄧㄠ

〔一〕下注音字母照原文録入，似有誤。又原文有四角點號，但位置多不規範，今略。

父	ㄖ	ㄝ	ㄅㄧㄚ
母	ㄇㄧㄚ	ㄌㄧㄚ	ㄇㄧㄚ
兄	ㄌㄧㄚㄏㄑㄧㄌ	ㄅㄟ	ㄍㄒㄥ
弟	ㄌㄧㄚㄌㄧㄝ	ㄋㄨㄥ	ㄑㄧㄊㄧㄢ
早起	ㄑㄧㄙㄧㄚ	ㄥ	ㄧㄡㄍㄧㄩ
夜眠	ㄕㄧㄌㄍㄠ	ㄬㄧㄥ	ㄅㄟ
穿衣	ㄘㄥ二	ㄌㄧㄣㄆㄨ	ㄗㄡㄌㄧㄟ
食飯	ㄑㄧㄚㄛㄛ	ㄍㄨㄣㄫㄧㄌ	ㄏㄧㄢㄋㄧㄤ

〔民國〕平樂縣志

【解題】蔣庚蕃修，張智林纂。平樂縣，今廣西壯族自治區桂林市平樂縣。「方言」見卷二《社會・民族》中。録文據民國二十九年(一九四〇)鉛印本《平樂縣志》。

方言

城厢鎮附城鄉，上盆鄉以官話爲最通行，間有湖南、廣東、江西話。此外，上盆鄉民治村有少數猺人説猺話。

協和鄉官話通行，亦有用湖南、廣東話者。各村多有説福建話。

興隆鄉、世平鄉官話通行，亦有湖南、廣東、福建話〔一〕。
仁保鄉官話爲多，湖南、廣東話次之，土話又次之。
樂塘鄉官話爲多，土話次之，廣東、江西話又次之。
馬家鄉廣東話爲多，官話、福建話、土話次之。
白崖鄉官話通行，土話甚少。
元壇鄉官話爲多，江西話、土話次之。白日村猺人用猺話。
仁里鄉官話爲多，廣東、福建、江西話次之。金峽村猺人用猺話。
大扒鄉官話通行，惟四沖、廣運、塘沖、黃龍等四村之猺人用猺話。
榕津鄉官話、土話均通行。
張家鄉官話、土話均通行。
同安鄉官話、土話、客家話均通行。
興寧鄉、大布嶺鄉、陽安鄉土話通行。
金華鄉官話、廣東話、土話、客家話均通行。
同源鄉土話通行。

〔一〕話：原作「語」。

沙江鄉土話通行。

珠螺鄉之金井、嶺坪、三峽、東管寨等四村官話通行，其餘各村土話通行。

古營鄉之五哨、四哨兩村官話通行，迴龍村土話通行，上啓善、下啓善、蓮塘等三村獞話通行。以上新採。

〔道光〕修仁縣志

【解題】林光棣修，李書傳等纂。修仁縣，今廣西壯族自治區桂林市荔浦縣。「風俗」見卷一《星野》中。録文據道光十年（一八三〇）鈔本《修仁縣志》。

風俗

猺語與獞語異，頂版猺語與長毛語亦異。如獞人呼父曰播，母曰乜，食飯曰根崖；長毛猺呼父曰素，母曰攝，食飯曰檢垢；頂版猺呼父曰借，母曰麻，食飯曰迎禳。凡此之類殊不可解。然獞與獞作獞語，猺與猺作猺語，若與漢民則亦有能爲漢語以相通者。

〔民國〕荔浦縣志

【解題】顧英明修，曹駿纂。荔浦縣，今廣西壯族自治區桂林市荔浦縣。「方言類」見卷四《雜志》中。録文據民國三年（一九一四）刻本《荔浦縣志》。

方言類

猺語

食，哽。飯，愛。米，候。酒，籆。粥，恩上聲，飲變音。茶，叉。菜，別上聲，近表音。米粉，粉。肉，糯。粑，馬。糖，屯。煙，飲。豆腐，豆入聲浮。油，休。鹽，古。魚，璧拉。鱔，別林上聲。鯉，別背上聲。猪，某。牛，外上聲。犬，馬。鷄，廣腔言鷄之上聲。馬，罵內。羊，戎。鴨，別上聲。虎，果。龍，聾。鼠，獨。牛肉，諾外上聲。鞋，海平聲。襪，罵。衣，不入聲。袴，挖。被，疊上聲。帽，毛。布，不入聲。綢，抽。緞，獨。衫，傘。鍋，寡。鼎鍋，寡丢。筷，得。罐，煲。茶罐，煲雜。酒罐，煲籆。水，蔭。火，匪。山，表上聲。嶺，來上聲。田，拏。屋，噉。門，把斗。關門，卷斗。棹，台。凳，崩入聲。去，背上聲。來，斗。回，馬。看，類。坐，能。臥，寧。好，累。進房，吼噉上聲。買，側。賣，解。柴，焚。草，吓平聲。樹，肥。金，謹。銀，恩。鐵，發去聲。錢，沈。硯，人。筆，比。拏筆，特比。小，碎。大，墨上聲。你，孟。我，苟。祖，公。祖母，奶入聲。父，博。母，密。兄，隴。哥，果。弟，儂。妻，媒。子，勒上聲。夫，剖去聲。嫂，少去聲。姊，大。媳，迫。女，勒墨上聲。客，廈。嫂，仰平聲。請客，由格。雨，朵穩。天，擱。今天好，擱內累。落雨來，朵穩斗。死，歹。要，歐上聲。要甚麼，歐谷馬上聲。吃菜，哽表。你去那，孟背上聲格。墟，黑上聲。無，里每。你買幾多錢，孟側幾賴上聲成。你有幾多歲，孟梅幾賴上聲背上聲。一，也。二，送上聲，雙變音。三，傘。四，雖。五，吓上聲。六，若平聲。七，乍上聲。八，別平聲。九，苟。十，色。

寨語本交州語

食，撿。飯，苟。酒，老。糖，手當入聲。粥，猛。菜，送入聲。茶，捷。煙，眼。鹽，煮。肉，補。魚，補寫。米，苟。米粉，麻列上聲。粑，苟能。豆腐，豆不入聲。狗，紐入聲。鷄，廣腔言鷄之上聲。猫，苗。牛，博。猪，五□平聲〔一〕。鰍，麻列。鯽，麻細。鯉，麻來。水，能。火，比。血，冷。衣，赧平聲。袴府長衫，襠來上聲。襪，麻。房，困入聲，近蓬音。屋，落。門，古斗。父，大。母，媽。妻，室。子，腦。兄，果。弟，對入聲。女，虎。兒婦，臘媳。大哥，果大入聲。你，柳。我，助。坐，赧。臥，洽上聲。來，當入聲。去，擺。回，甫。落雨，奏滚。死，底。不知，巳牛上聲。無，巳滅。買，卷。買點肉，卷那上聲補。

峒語

食，踐。飯，苟入聲。菜，馬。吃酒，踐敲。煙，任。肉，難。天，撊。兄，在入聲。奶，撒上聲。小孩，臘扳上聲。女孩，臘背上聲。婦人，臘媽平聲。爺娘，補内上聲。祖，公。你，呀。煙筒，飲動入聲。水煙筒，動能入聲。走路，參困。答船，打略上聲。挑水，打平聲冷。落雨來，多兵當。今天，撊奶。昨天，撊勇。前天，撊鏍。明天，撊模平聲。後天，撊内平聲。上去，又上聲擺。下去，累擺。拏火，打平聲被。你去那，呀擺努。你姓甚麽，呀慣督忙。我回家，姚擺言。你講好不好，呀岡賴介賴，賴上聲。我兩同去，呀臼動入聲擺。一，啞。二，呀。三，散。四，洗。五，俄。

〔一〕□：此字漫漶不清。下同。

六，略。七，特上聲。八，别平聲。九，足平聲。十，色。

猺語

吃，吟。飲，喝河平聲。飯，囊去聲。酒，丢上聲。肉，糯上聲。粥，左。吸煙，薄上聲煙。凳，蕩。回，鑽去聲。是，更醉入聲。不是，恩去聲醉入聲。父，跌去聲。母，罵。兄，過。弟，幽。公，翁。奶，固。嫂，僭。妻，耦。姊，墮。妹，趄。子，端。妹崽，蛇端。山沖，雙。大河，代登均入聲。天晴，龍弄。落雨，跌囨，近蓬音。山，間。水，温近□音。今日，年海平聲。明日，將海平聲。坐凳，贅蕩。

〔乾隆〕柳州府志

【解題】王錦修，吴光昇纂。乾隆時柳州府，轄馬平、柳城等一州七縣，府治爲馬平縣（在今柳州市區）。「方言」見卷三十《猺獞》中。有乾隆二十九年（一七六四）刻本。録文據北京圖書館一九五六年油印本《乾隆柳州府志》。

方言〔一〕

獞語

食曰哏，飲曰咽，飯曰嘍，衣服曰不，鍋曰寡，鍋蓋曰空，快子曰特，水缸曰八蕩，魚曰璧拉，

〔一〕自「飲曰咽」至「砧板曰鈑」、「穀曰郭」至「哭曰霍」、「飲曰吟」至「砧板曰腫襌」、「穀曰厚穀」至「哭曰蒂」，其中「曰」字原無，爲録者所加。

肉曰糯，米曰候，菜曰迫勒，起曰卑，坐曰論，睡曰嚀，牀曰伴，柴曰焚，火曰燬，鹽曰右，油曰吻，鷄曰計，鴨曰鼻，鵝曰漢，酒曰婁，關門曰黑堵，刀曰架，動用器物曰家甑，砧板曰鈑。稱我曰苟，稱人曰猛，出外行走曰擺，歸家曰擺馬，吃飯曰哽噎，吃酒曰哽咾，穿衣曰擔蒲。又米曰買，穀曰郭，飯曰班，酒曰嫂，魚曰娱，肉曰虐，菜曰翠，牛曰藕，猪曰煮，狗曰藁，鷄曰概，鴨曰愛，鹽曰銀，油曰舀，衣曰衫，套曰透，袴曰貨，帶曰打，鞋曰亥，襪曰賣，蓆曰澤，帳曰疆，枕曰斬，扣曰拷，針曰轉，綫曰信，鍋曰疆，蓋曰怪，盃曰布，壺曰沽，刀曰斗，鎗曰淺，棍曰礶，打人曰拷念，櫈曰對，欖曰檔，牀曰撞，水缸曰霜鐺，走曰養，坐曰做，笑曰秀，哭曰霍。

猺語

衣服曰壘，飲曰吟，飯曰嚀，鍋曰撐，碗曰穩，快子曰舊，水缸曰甕，水瓢曰扎，魚曰璧撈，肉曰啞，米曰美，菜曰賴，起曰鳴，坐曰隨，睡曰背，牀曰丑，桌子曰爵板，柴曰藏，火曰燽，鹽曰早〔一〕，油曰美，鷄曰戒，酒曰丢，關門曰關禁，刀曰滅，砧板曰腫襌。稱我曰故，稱人曰古，出外行走曰仰，歸家曰仰穆，吃飯曰吟蔴，飲酒曰喝滴，醉倒曰薰反。又米曰厚散，穀曰厚穀，飯曰厚，酒曰蔓，魚曰拉，菜曰北，牛曰杜牡，猪曰模，衣曰步，套曰到，裙曰尹，帶曰節，被曰田，蓆曰憫，帳曰列，枕曰睡樓，針曰尖，綿曰埋，鍋曰瓜，蓋曰勘，碗曰梚，快子曰得，鉢曰八，壺曰豪，柴

〔一〕早：原誤作「阜」。

刀曰榨，腰刀曰養，鎗曰找，打人曰服，死曰反，屋曰欄，門曰北都，椅曰隘，牀曰滿，礶曰砲，走曰條，坐曰鄧，睡曰除，笑曰科，哭曰蒂。

猺獞

呼天曰撇，地曰代，日曰揑，月曰肭，星曰生，風曰龍，雲曰渾，雷曰呂，雨曰度垣，雹曰菡，霹靂曰拍拉，祖曰竈，孫曰參，父曰波，子曰勒，夫曰步君，妻曰妹夜，兄曰鼻濃，弟曰代，伯曰拍，叔曰旭，母曰牟，嬸曰閃，朋友曰彭耦，屋曰欄，稻曰倒，穀曰厚古，米曰厚殘，棉曰哔，荳曰倒，稷曰則，黍曰須，芋曰吾，水曰稅，路曰滂，橋曰姚，渡曰豆，溪曰希，灘曰探，河曰訛，頭曰投，眼曰巖，耳曰擬，鼻曰勃，舌曰善，口曰靠，手曰施，足曰踖，金曰乾，銀曰巖，銅曰桶，鐵曰塌，錫曰削，鉛曰難，吃飯曰齦餲，酒曰棗，飯曰泛，魚曰粒，蝦曰呵，鱉曰筆，鷄曰度畝，鵝曰度邦，鴨曰度必，牛曰懷，羊曰降，犬曰誼，豕曰支，馬曰末，紙曰志，筆曰迫，衣曰矮，帽曰浼，靴曰噂，襪曰抹，茶曰抓，硯曰念，墨曰麥。

〔民國〕三江縣志

【解題】覃卓吾、龍澄波纂修；魏任重續修，姜玉笙續纂。三江縣，今廣西壯族自治區柳州市三江侗族自治縣。「方言」見卷二《社會》。録文據民國三十五年（一九四六）鉛印本《三江縣志》。

方言 附各族言語對照表

縣中有六甲話、麻界話、苗話、傜話、侗話、僮話，以及江西、湖南新化、叙浦、寶慶等客籍漢人之家鄉話，故言語極爲複雜。各家鄉話大率方音不同，六甲話及六甲人之言語，其語根仍與粤語及官語漢語的近，似由閩語而遞變者，與融屬之百姓話略同，故俗亦間舉百姓話概之。麻界話，即客家人之言語，第與六甲人大都通習官語，對漢人皆無虞隔閡。惟苗傜侗僮話，則其族各有之特殊語言〔一〕，非譯不通。若以五六種話展轉重譯，習爲通用之方言，則非尋常所謂方言者可比，亦屬不可勝紀矣。職此之故，於教育之普及固屬絶大之滯礙〔二〕。即一切風俗習尚之媾通，亦自因之而受影響。普及國語，實爲首先應注意之問題也。惟各族尚無特殊之文字。《黔記》稱「傜人自入廣西獨山一帶者，沿寨行醫，所藏之書，『旁甎』圓印篆，文義不可解，且珍秘之」等語，是殆業醫傳授之書，或籍以神其技，當非傜之文字。於本縣亦未之見也。苗傜至今尚有刻木記事，儼然上古之風。以是皆同文於漢族。其次則交接已久，言語漸通，侗僮强半已習，而傜則男女老幼皆能説官話，此則較他族可貴。苗通官話者則甚少耳。三峒之人有能説兩種至三四種話者，則由於與各族人交接頻繁之故，亦特殊者也。似此通者過半，則遍及國語自非甚難〔三〕。然未通者亦半，苗則過

〔一〕 殊：原誤作「殆」。
〔二〕 及：原誤作「又」。
〔三〕 遍：似當作「普」。

半，速求普及又爲齊民之先務，亦即普及教育之先決問題矣。方音既通常所謂之方言，如「插標」「挂社」「出腳」「坐夜」「打同年」「食三牲」「起款」「生人妻」「半路妻」「打油火」藉事滋擾及連穗之禾曰「禾把」、分平租穀曰「分⿰禾卯」等，皆習用之漢語。至如父母或曰「糜罷」，或曰「不内」，或曰「薄滅」等，則各言語似不足盡紀。略舉之，以與漢語對照，見一斑而已。附各族語言對照表〔一〕。

附表

苗話與官話漢語對照表〔二〕

單字官話音別	苗語音別〔三〕
米、來、去、茶、哥、弟	薩、樂、木、吉、底、宜
開、門、田、種、做、工	抱、堵、兩、植、亞、姑
穿、怕、莫、好、講、買	能、賖、控、霧、假、麻
錢、你、我、他、坐、鹽	⿰口尚、母、袜、你、播、社
看、風、炭、澆、手、腳	蛇、之、拖去聲、□〔四〕、培、咯

〔一〕照：原誤作「然」。
〔二〕原爲表格形式。
〔三〕標題爲整理者所加。
〔四〕□：此字漫漶不清。

佐、尊、那上聲、略去聲、利、皆
遂、索、王、志、竟、磊
利、够、漏、加、裳、希
想、梭、獨、啱、拉、體
甕、母、故、木、波、迪
底、啊、卑、梭、濟、酒
雙、二、一、玖、濁、更大

苗語音別

努孖、努意、父卻、卻別
糜罷、賀西、達甩、之未
仰因、索堵、偷内、烏托
欲賒、那拉、着兩、着拉
馬布、媽屎、張内、澳琜
拉奪、烏儂、斜陽、控内

跑、跳、人、牛、羊、鷄
狗、到、鍋、貴、斤、久
月、教、口、葯、記、胆
肥、腴、豆、放、長、替
龍、病、侗、苗、井、桶
一、二、三、四、五、六
七、八、九、十、蚻

雙字官話音別〔一〕

叱飯、叱肉、吃酒、讀書
父母、寫字、妹仔、老婆
飛機、關門、毒魚、水火
油鹽、天地、挖田、挖地
不曉、什麽、聽倒、衣裳
褲子、落雨、走寨、莫動

〔一〕雙：原誤作「單」。

夜了、伯父、叔父、伯媽	竹瓦、罷欒、罷爺、糜勞
多少、那個、葉烟、家猫	澆燒、達舍、應倫、達帽
道理、着跌、遠近、玩耍	立喘、相培、飛耶、亞速
未曾、才吃、蓋屋、眼睛	媽培、沖努、磋最、擠麻
鼻子、蒼蠅、墨蚊、跳蚤	重哀、更迺陽平、更冷、更縻
木虱、頭虱、哭笑、長脚蚊	更凶、更叔、已朵、更欲
新舊、辣椒、一根、上來	香高去聲、蘇紅、底達、之欒
樓上、冷熱、一面、醜人	之瓦、冷卞、底下、那迺
唱歌、花生、蓆子、蚊帳	着去聲市去聲、獨壘、凶碑陽平、達翁
吹燃、朋友、輸瀛	磋之、根他、神墮
你姓什麽、你喊什麽名	母心賒、母亞拉卑賒

紅傜話與官話對照表

單字官語音别	傜話音别
來、去、好、山、樹、杉	欒、呢、樣、陽、屾、竟
得、快、個、罰、錢、我	堵、者、弄、化、今、汪
你、睡、種、喊、洗、手	母、碑、紐、遂、業、不

一、二、三、四、五、六	一入聲、化入聲、播、被、出、究
七、八、九、十	加、乙、哥、骨。
雙字官話音別	傜話音別
進屋、讀書、聽倒、走路	鋪薄、吐澆、媽對、加角
酒肉、做工、伯父、叔父	久哀、意後、把必、把若
伯媽、大哥、小弟、多少	馬哥、臘罷、欲腿、降周
什麽、發則、起來、跑跳	把養、化腮、姑索、奪卻去聲
輸瀛、鳥蛋、衣裳、褲子	遂杜、母過、者面、亞毫
紙墨、草稿、桐子、茶子	澆霉、痛科、別過、別憂
掃地、抹桌、他們、不知	角墮、咼叨、努母、蒼篦
去那陽平、妹仔	呢的、角甩

侗話與官話對照表

單字官話音別	侗話音別
田、牀、山、樹、魚、鷄	稚、常、城、煤、罷、解
酒、菜、油、兄、弟、茶	槁入聲、罵、欲入聲、柴入聲、儂、蛇
竈、木、豆、書、字、藍	少、梅、多、列、西、怕

牛、眼、腳、煮、有、他	存、大、定、峒、滅、猫
羊、雨、路、船、排、鬼	咧、病、困、落、拜、區
青、男、女、是、猪、頭	素、扮、培、西、苦、高
石、李、戴、紅	岀上聲、弟、登、稚
雙字官話音別	侗話音別
吃飯、吃肉、父母、講話	站苟、站赦、不內陽平、崗里
去那、來去、天地、粘米	拜怒、罵拜、苟的、苟散
老婆、伯媽、新舊、寫字	買、內劵、奚稿、哂西
你我、什麼、棉被、沒有	孖瑶、嫩忙、秧民、缺滅

僮話與官話對照表

單字官話音別	僮話音別
肉、魚、米、來、去、死	糯、岀、侯、斗、俾、歹
活、我、聽、碗、筷、鍋	依、古、惹、光、得、寡
鑽、炒、煮、口、烟、莫	魯、少、勇、高、掩、客
睡、鼠、地、田、紙、詩	凝、努、敵、拿、史、史
好、有、是、猪、牛、很	里、迷、昔、母、十、亨

板、蒜、頭、竈、椅、雷	匾、火、久、燒、椅、岀
衣、褲、馬、口、坡、溪	不、挖、麻入聲、馬、澆入聲、雨
報、樹、炮	包、回、包
雙字官話音別	僮話音別
吃飯、父母、兄弟、過來	□哀入聲〔一〕、薄滅入聲、台儂、瓜斗
不知、伯媽、伯父、眼睛	哱上聲落、滅勞、薄勞、莫岀
做事、告狀、道理、進屋	角蚩、高爽陽平、刀力、侯上聲闌
客人、侗人、桐子、茶子	不滾、不弔、落周、熟欲
紙煤、茶鑽、没有、新舊	史研、寶殺、哱上聲迷、魔勾
保佑、火爐、穿衣、去山	包尤、喇噫、等不、俾弄上聲
回家、公婆、有屋、什麽	馬闌、拱押、依闌、角麻
麻界人	滾麻皆

板傜話與官話對照表

單字官話音別	板傜話音別
禾、茶、哥、妹、穿、你	美、渣、過、妹、組、媒

〔一〕□：此字漫漶不清，右邊爲「更」。

我、他、狗、遠、久、教　　焉、能、煮、哥、樓、趙

葯、蓆、被　　時、疾、送

雙字官話音别　　板傜話音别

吃飯、吃肉、吃酒、讀書　　靭囊、靭啊上聲、黑烏、獨搜

父母、來去、寫字、老婆　　跌麻、台民、姐登、歐上聲

走路、水火、油鹽、天地　　□我〔一〕、汪豆、尤愁、龍斗

杉木、講話、同路、什麽　　殺莫、拱袾、董陽平我、害容

聽倒、莫動、夜了、伯媽　　孟孩，堵同、旺亞、珠勿

那個、鍋頭、頂鑽、道理　　害刀、欽杯、村落、獨哶

玩耍、未曾、才吃、蓋屋　　亞皂、美乾、楚靭、拱表

蒼蠅、新舊、辣椒、上來　　靭囊去聲、相六、汾周、報台

樓上、唱歌、不曉得　　龐巖、報聾、馬衣堵

〔一〕□：此字漫漶不清。

〔道光〕融縣志

【解題】劉斯謇修，路順德等纂。融縣，今廣西壯族自治區柳州市融安縣。「方言」見卷三《風俗》中。有道光十一年（一八三一）刻本。録文據民國四年（一九一五）鈔本《道光融縣志》。

方言

天，梃〔一〕。地，官語同。日，熱。星，省。孫，筍。師，徙。己，鷄。我，愕。豹，同官語。雨，汝去聲。山，汕。雲，隕。雷，壘。舍，奢。田，挻。産，山。猪，主。吏，官語同。風，奉上聲。蛇，舍。龍，隴。河，夥。靴，耍。鞋，海。釵，揣。簪，昝。婦，同官語。邀，憂上聲。虎，夫。川，蠢。嶽，幾。帛，拔。禾，瓦。蘇，馬。米，蔑。奴，怒上聲。閭，驢上聲。君，卷。民，滿。官，衮。茶，姹。酒，奏。湯，帑。起，溪。婢，官語同。臣。塵上聲。祖，租。宗，總。母，暮。居，舉。和，瓦。鐘，腫。功，鞏。春，村上聲。親，均上聲。圖，徒上聲。布，官語同。醋，官語同。豆，官語同。飯，官語同。菜，同官語。重，同官語。

融處南徼，音殊中土，然細按聲吻平仄多與《字彙》叶合。兹取恒用字將官語按四聲音注，以備採風。其有聲無字及音相近者，依稀分别在其大略。若並近似者，不得則唯缺之。習處

〔一〕「，」之上爲漢語，之下爲平話詞語譯音，下同。

者,可以意會也。舊志。

〔民國〕融縣志

【解題】黄志勳修,龍泰任纂。融縣,即今廣西壯族自治區柳州市融安縣。「方言」見第二編《社會》中。録文據民國二十五年(一九三六)鉛印本《融縣志》。

方言

一、方言之由來

《公羊》多齊言,《淮南》多楚語。顧氏亭林云孫詳蔣顯,音乖夏楚〔一〕,則學徒不至。鄴下人士音辭鄙陋,顔之推不願以爲兒師。惟君子爲能通天下之志,必自其發言始也。按,舊志云融處南徼,音殊中土,但細按聲吻多與《字彙》相合。舊志所謂音殊中土,即指縣屬之平話而言。平話稱爲本地話,又稱爲百姓話。謂之爲百姓話,蓋以示别於官話、軍話也。官話、軍話即現時稱爲普通話。縣人因明清時代居官駐軍者,皆他省之人,各省均有土語,居官或入伍則舍其土語而操普通話,於是名其普通話曰官話、曰軍語。百姓話多從官話轉音或反切而出,故平仄分明,四聲不混,詩歌叶韻鮮有失占,所謂與《字彙》吻合者。在此全縣之人,皆通官話、軍

〔一〕乖:原誤作「革」,據《日知録》改。

話，但操平話者居大多數，外此有五色話、呪嘛話、獞話、猺話。

二、方言之種類

（一）平話

平話從官話轉音或反切而出。例如呼天爲挺，田爲挺。平聲。天、田皆挺之轉音。我爲愕，蛇爲捨，靴爲耍，鞋爲海，川爲蠢，帛爲拔，米爲蔑，禾爲娃，君爲卷，民爲滿，官爲袞，茶爲姹，酒爲奏，功爲鞏，星爲省，帥爲徙，烟爲陰，皆轉音也。有類似轉音而夾雜他種音者，例如呼兒豈枝切，而呼孩子爲儂倪，倪、兒轉音，儂則夾以吳音也。呼叔爲梅哀切，與獞話同。呼父爲霸，與梅州話同。呼來爲壘，與廣州話同。有獨立特異者，如呼飲爲朔，玩耍爲獨劇，後尾爲背底，没有爲了有，不暇爲了空，歸家爲去跪，跪、歸仍屬轉音。其他類於轉音及與官話相同者不備載。

（二）五色話、呪嘛話

只西區南區内一鄉一曲，故爲差異。操之者少，識之者亦不多。

（三）狪話與官話對照表

單字官話音别	狪話音别
人、公、婆、爺、媽、兄、弟	元、鞏、薩、蒲、倪、過、儂〔一〕

〔一〕原書本條附記：「狪，即狑，背江一隅間有之。」

上、下、行、去、左、右
米、穀、肉、鷄、茶、酒
油、鹽、柴、布、綫、帽
屋、木、牀、凳、睡、檯
雨、風、山、嶺、田、路
船、排、刀、多銃、鳥
竈、虎、鬼、被、石、土
菜、蒜、葱、豆、李、戴
書、筆、藍、青、黑、黄
紅、白、鉄、男、女

雙字官話音別

大米、歸屋、去山、去村
牛肉、女兒、男兒、棉被
糯米、大米、猪肉、羊肉
射鳥、鴨肉、衣服、鍋蓋
鷄肉、辣椒、三腳、大小

本、雷、燦、卑、鷄、大
勾、穀、南、該、蛇、侈
瑶、所、跌、野、新、敢
然、梅、淺、點、暖、點
邊、涼、窿、縴、鴉、砍
落、擺、多、凶、説
灯、蒙、追、棉、丁、南
媽、斷、聳、多、黎、台
黎、必、怕、素、撚、晚
霞、陌、雪、板、覔

狪話音別

谷暗、井諾、媽闌、卑窿、卑選
南歸、勒覔、勒板、棉暖
谷多、谷暗、南願、南咧
井諾、南必、翔所、敢力
南該、辣面、詫、馬安

（四）猺話與官話對照表

單字官話音別	猺話音別
天、地、人、日、月、星	蒿、代、拿、打、里、爺
吃、酒、飯、茶、烟、菜	儂、丢、體、正、夜、些
穀、肉鷄、回、睡、坐、立	白去聲、聳聳、加窿、洗、卒、索
衣、褲、裙、穿、鞋、襪	霸、所、哲、曩、瘥、亡
帽、綫、布、眼、耳、買	嘍、否、多、皆、秘、毋
賣、高、低、檯、櫈、爹	磨、霞、抱、達、朵、布
媽、公、婆、叔、嬸、哥	罵、够、鳥、靄、靄噫、堆
弟、女、男、姐、嫂、碓	紙、怕、爹、挨、堆仰、代
油、糖、碗	葯、仝明、忒
雙字官話音別	猺話音別
吸烟、猪肉、鴨肉、去山	唱夜、聳攏、聳拗、幯偶
去村、杉木、雜木、砍木	幯岡、豆征、豆黝、斗豆
南竹、三腳、回家、走路	都慢依、岡偶、窿陌、食街
打布、縫衣、草鞋、銀子	阿多、閣霸、穿冗、曾惹

金子、鐲、項圈、筷子	哲錐、白、臾、鬼
匙羹、水瓢、酒壺、酒杯	烏傍松、烏無、盃丢、笻丢
茶盃、左邊、右邊、妹兒	笻止、忒直、忒懷、爹怕
男兒、弟嫂、客人、煙筒	爹怕、爹纏、紙仰、孤者、同淹
斧頭、柴刀、鍋頭、火堂	叮度、囊鐲、瓦、不嫂
碓米、敬神、送鬼	代些花、鷄、補够、送星
三字官話音別	猺話音別
水牛肉、黄牛肉、去那處	聳宜、聳笻、蒙家迭
砍竹子、吃早飯、吃夜飯	斗豆曼依、儂體磨、儂體桑
吃午飯、手擺腳、我伴你	儂體那、羅、泥
打抽火	低多藥

（五）苗話與官話對照表

單字官話音別	苗話音別
米、穀、猪、牛、鷄、鴨	薛、耐、陌、兒、該、黝
我、你、魚、老、行、去	瓦、猛、泥、羅、邪、烏
睡、坐、柴、油、鹽、天	比、仰、道、耀、水、富

地、雨、風、刀、歸、吃
田、爺、娘、兄、弟、姐
妹、灰、炭、油、鹽、米
穀、鴨、鵝、鷄、猪、褲
裙、手、脚、乳、耳、鼻
窗、針、綫、風、雲、雨
雪、雷、電、霧、露
日、月、星、漿、鞋
石、泥、魚、鱉、蛇、鼠

雙字官話音别

公老、婆老、童兒、妹兒
男兒、唱歌、去村、去山
行寨、吃飯、吃肉、吃菜
吃粥、吃茶、飲酒、剪禾
午飯、夜飯、打穀、行路
播田、担糞、織布、岳丈

代、儂、至、捻、樓、嘴、努
嶺、播、密、惟、至、溢
怕、庶、妥、魚、是、瘦
雖、二、加、殼、巴、斗
靠、杯、羅、務、乃、抌拿
抗腮、卓、皓、之、遠、濃
被、包褥、列褥、都烏、歹
娜、鏍、多哥、上、鞋
衣、堆、捺、略、能平聲、能

苗話音别

扣羅、古老、打鳥、打牌
打追、丢是、莫兮、莫務
沙降、努弱、努異、努樣
努粟、喝隻、唱助、泥餒
弱娜、弱芥、莫餒、邪該
張嶺、登摩、亞樹、姑

丈母、親家、姐夫、朋友
飯碗、酒杯、筷子、飯桶
鍋頭、竹筒、棹子、板櫈
火爐、箱子、茶油、桐油
禾把、豆付、雄鷄、雌鷄
青菜、雄鴨、雌鴨、牯羊
母羊、沙牛、水牛、菜刀
柴刀、鐮刀、種田、種山
杉木、柴山、竹山、草蓬
房子、洗臉、洗身、耳環
頸圈、剪刀、送禮、木匠
泥工、織布、走路、快走
慢走、回家、去村、進城
貧弱、富足、美貌、醜陋
安逸、勞苦、舂米、縫衣
手巾、布帶、衣服、頭髮

户、疏卡、多欲、止不
凶弱、貨助、丢、的弱
嫂、董都、雄、當
梭奪、蘇、魚努、魚固
乃、睹什、比加、亡加
烏、比二、亡二、高里
亡里、略、蟻、杜拉樣
捻、鏈、呵兩、呵囉
都將、租奪、租糟、低哥
再、施摩、撒止奪、根乃
索、價、松羅、姑桑
姑桑堆、呵道、削公、削舍
削哥、木再、木楊、布行
學、唆、烏挪、陽破
分、學疲、道瘦、養呵
趨施摩、是、賀、須厚

髻子、眼睛、肚腹、水泉
開水、暖水、冷水、天亮
天亮、天晴、地肥、地瘦
船艇、竹篙、漁網、鳥槍
布鞋、草鞋、雨帽、犂田
茶壺、蜈蚣、吃飽、飢餓
平安、病痛、釣魚、砍柴
砍柴、讀書、寫字、點燈
好人、歹人、銀子、銅錢
男人、女人、煮飯、煮菜
釀酒、相罵、霸行、親愛
討嫌、哀痛、惱患、快樂
喜歡、牛欄、臉盆、腳盆
三字官話音別
老人家、小孩子、買東西
賣東西、忠實人、奸巧人

罪厚、罪摩、獨波、鳥補
鳥補、鳥波、鳥科、鳥令
粉反、鳥瓦、堆、堆埽
仰、有、捌、内
鞋趨、帳、固、犂兩
整隻、京庫、努疏、概
渡奪、都列、枯列、盜奪
公抗、馬鳥殃、你捺、渡奪
那鳥、那若、響、嗓睹
多精、多怕、耨弱、耨恙
呵助、史胎、史趺、史枯
慕義、助義、呵娘、料擬
冬艷、跳略、禁史摩、禁撒羅
苗話音别
挪勞、多乎、没止記
没止紀、鄉老實、那精巧

真的説、看一看、聽到座	遮真的、課學拉、囊記馬
得罪呵、多謝了、没事情	庶息呵、都謝呀、馬兜勾
去玩耍、欠下債、賺了錢	不可瘦、許素、正嗓
四字官話音別	苗話音別
好人事呵、没哄你呢	記烏聽、馬些猛呢
顔色很好、聲音很大	蓋疆麻、扣波溜
坐在地下、坐在櫈上	仰堆、仰當
走在路上、走在河邊	仰亞公削、削木鋪烏
有權力的、没勢子的	奪溜、奪馬刀勇

〔民國〕柳城縣志

【解題】何其英修，謝嗣農纂。柳城縣，今廣西壯族自治區柳州市柳城縣。「語言」見卷四《民事》中。

録文據民國二十九年（一九四〇）鉛印本《柳城縣志》。

語言

縣屬民族複雜既如上述，故語言亦互異。約分爲六種：

一、官話。口音平正，與桂林、柳州話相同，俗稱普通話，城鄉頗通行。

二、百姓話。與官話略異。如來讀雷，同在灰韻。歸讀鬼，亦由微韻轉出。古砦鄉及沿河説者頗多。

三、白話。即粤語。各墟市商號最通行。

四、僮話。係僮人土語。如飲酒爲梗簍、食飯爲梗涯之類，佶曲聱牙，與文義相去益遠。

五、客話。一稱麻戒話，係客家人土語。

六、福建話。係福建人土話，最難瞭解。

〔民國〕榴江縣志

【解題】況思淵等修，蕭殿元等纂。榴江縣，今廣西壯族自治區柳州市鹿寨縣寨沙鎮。「方言」見第二編《社會》中。録文據民國二十六年（一九三七）鉛印本《榴江縣志》。

方言 附方音

人羣聚處，應事接物必備言語以表示，但民族複雜，語言互異，大而國都、省會，小而一邑一鄉，言語有不一者。

榴邑乃獞猺雜處，官語包括客話在内占十分之六，獞語占十分之三，猺語占十分之一。普通交際皆以平話爲問答，惟其間俗語口音常有分別。謹列於後。

通俗官語

父，方言方音ㄈㄨ。爸，ㄅㄚ。爺，ㄧㄝ。叔，ㄗㄨ。大，ㄉㄚ。母，ㄇㄨ。媽，ㄇㄚ。娘，ㄋㄧㄤ。兄，方言ㄒㄨㄥ。哥，ㄍㄨㄛ。弟，ㄉㄧ。老弟，ㄌㄧㄠㄉㄧ。夫，方言ㄈㄨ。老公，ㄌㄨㄠㄍㄨㄥ。丈夫，ㄗㄨㄤㄈㄨ。男人，ㄋㄢㄣ。妻，ㄑㄧ。老婆，ㄌㄠㄆㄛ。女人，ㄋㄩㄣ。子，ㄗ。仔，ㄗㄧㄢ。女，ㄋㄩ。妹仔，ㄇㄟㄗㄧㄢ。

衣服，ㄧㄈㄨ。飯，ㄈㄢ。遊，ㄧㄡ。耍，ㄕㄨㄚ。玩耍，ㄨㄢㄕㄨㄚ。眠，ㄇㄧㄢ。睡覺，ㄕㄨㄟㄐㄧㄠ。穿衣，ㄔㄨㄢㄧ。吃飯，ㄙㄧㄈㄢ。走路，ㄗㄨㄌㄨ。做事，ㄗㄨㄕ。洗臉，ㄙㄌㄧㄢ。漱口，ㄏㄨㄡㄎㄨ。讀書，ㄉㄕㄩ。喝酒，ㄏㄡeㄗㄨㄡ〔一〕。

獞語

父，讀如博。母，讀如滅。天，忝。地，滴。兄，戈。弟，農。夫，布。妻，妹。子，勒。女，梅。我，古。你，孟。

食飯，梗愛。食菜，梗表。食肉，梗糯。食酒，梗縷。穿衣，等布。戴帽，等毛。米，候。酒，簍。粥，恩上聲，飲變音。茶，叉。米粉，紛。肉，糯。粑，馬。糖，屯。煙，飲。豆腐，豆入聲浮。油，休。鹽，古。

〔一〕 e：似爲誤抄的符號。

魚，壁拉。鰱，别林上聲。鯉，别背上聲。猪，某。牛，外上聲。犬，馬。鷄，廣腔言上聲。馬，罵内。羊，戎。鴨，别上聲。虎，果。龍，聾。鼠，獨耨上聲。牛肉，喏外上聲。鞋，海平聲。襪。罵。衣，不入聲。袴，挖。被，疊上聲。帽，毛。布，不入聲。綢，抽。緞，獨。衫，傘。

鍋，寡。筷，得。礶，煲。茶礶，煲簍。水，蔭。火，匪。山，表。嶺，來上聲。田，拏。屋，暾。門，把斗。關門，卷斗。桌，台。櫈，崩入聲。

去，背上聲。來，斗。回，馬。看，類。坐，能。臥，寧。好，累。進房，吼暾上聲。買，側。賣，解。柴，焚。草，吓平聲。樹，肥。金，謹。銀，恩。鉄，發去聲。錢，沈。硯，人。筆，比。拏筆，特比。小，碎。大，墨上聲。

祖，公。祖母，奶入聲。孃，仰平聲。嫂，少去聲。媳，迫。客，□〔一〕。姊，大。

雨，朵穩。天，擱。今天好，擱内累。落雨來，朵穩斗。死，歹。要，歐上聲。要甚麽，歐谷馬上聲。你去那，孟背格上聲。墟，黑上聲。無，里每。你買幾多錢，孟側幾賴成上聲。你有幾多歲，孟梅幾賴背上聲。

一，也。二，送上聲。三，傘。四，雖。五，吓上聲。六，育上聲。七，乍上聲。八，别平聲。

〔一〕□：原文漫漶不清。

九，苟。十，色。

猺語

祖父，讀如翁。父，讀如爹，以下同。母，麻。兄，遇。弟，憂。嫂，孃。姊，奪。妹，末。食飯，仁頃。食菜，仁賴。食猪，仁獨我。食牛肉，仁木我。睡，桂。起，桂醒。一，也。二，衣。三，不平聲。四，卑。五，巴。六，古。七，舌。八，協。九，路。十，省。百，百上聲。千，青。萬，完上聲。

〔乾隆〕馬平縣志

【解題】舒啓修，吴光昇纂。馬平縣，今廣西壯族自治區柳州市柳江區。「猺獞」見卷二《地輿》中。有乾隆二十九年（一七六四）刻本。録文據光緒二十一年（一八九五）重刻本《馬平縣志》。

猺獞

蠻俗言語不同，如獞語食曰哏。飲，咽。飯，啰。衣服，步步。鍋，寡。鍋蓋，空。快子，特。水缸，八蕩。魚，壁垃。肉，糯。米，侯。菜，迫勒。起，畀。坐，論。睡，嚀。牀，伴。柴，焚。火，煅。鹽，古〔一〕。油，吻。鷄，計。鴨，鼻。鵝，漢。酒，萎。關門，黑堵。刀，架。動用

〔一〕古：乾隆《柳州府志》作「右」。

器物，家甑。砧板，鈑。稱我曰苟，稱人曰猛，出外行走曰擺，歸家曰擺馬，吃飯曰哽噎，吃酒曰哽咾，穿衣曰擔蒲。又米曰買。穀，郭。飯，班。酒，嫂。魚，娛。肉，虐。菜，翠。牛，藕。猪，煮。狗，羹。鷄，概。鴨，愛。鹽，銀。油，⿱瓜口〔一〕。衣，衫。套，透。袴，貨。帶，打亥。襪，賣。蓆，澤。帳，疆。枕，斬。扣，拷。針，轉。線，信。鍋，疆。蓋，怪。盃，布。壺，沽。刀，斗。鎗，淺。棍，確。打人，拷念。檯，對。櫈，擋。牀，獞。水缸，霜鐺。走，養。坐，做。笑，秀。哭，霍。

又猺語，衣服曰壘。飲，吟。飯，嚀。鍋，撑穩。快子，舊。水鈌〔二〕，甕。水瓢，扎。魚，壁撈。肉，啞。米，美。菜，賴。起，鳴。坐，隨。睡，背。牀，丑。桌子，嚼板。柴，藏。火，燽。鹽，早。油，美。鷄，戒。酒，丢。關門，關禁。刀，滅。砧板，腫禪。稱我曰故，稱人曰古，出外行走曰仰，歸家曰仰穆，吃飯曰吟蔴。飲酒，渴滴。醉倒，醺反。又米曰厚散。穀，厚穀。飯，厚。酒，蔓。魚，拉。菜，北。牛，杜牡。猪，模。衣，步。套，到。裙，尹。帶，節。被，田。蓆，憫。帳，列。枕，睡樓。針，共。綿，埋。鍋，瓜。蓋，墈。碗，挽。快子，得。鉢，八。壺，豪。柴刀，榨。腰刀，養。鎗，找。打人，服。死，反。屋，欄。門，北都。椅，隘。牀，滿。確，砲。走，條。坐，鄧。睡，除。笑，料。哭，蒂。

〔一〕⿱瓜口：乾隆《柳州府志》作「舀」。

〔二〕鈌：乾隆《柳州府志》作「缸」。

又猺獞呼天曰撇。地，代。日，揑。月，脷。星，生。風，龍。雲，渾。雷，吕。雨，度垣。電，菡。霹靂，拍垃。祖，竈。孫，參。父，波。子，勒。夫，步君。妻，妹夜。兄，鼻濃。弟，代伯，拍。叔，旭。母，牟。嬸，閃。朋友，彭耦。屋，欄。稻，倒。穀，厚古。米，厚殘。棉，哔。荳，倒〔一〕。稷，側。黍，須。芋，吾。水，稅。路，滂。橋，姚。渡，豆。溪，希。灘，探。河，訛。頭，投。眼，巖。耳，擬。鼻，勃。舌，善。口，靠。手，施。足，踖。金，乾。銀，巖。銅，桶。鐵，塌。錫，削。鉛，難。吃飯，齦餲。酒，棗。飯，泛。魚，粒。蝦，呵。鱉，筆。鷄，度畝。鵝，度邦。鴨，度必。牛，懷。羊，降。犬，誼。豕，支。馬，未〔二〕。紙，志。筆，迫。衣，矮。帽，浼。鞋，嘒。襪，抹。茶，孤。硯，念。墨，麥。

〔民國〕樂業縣志

【解題】岑伯崙修，岑啓沃纂。樂業縣，今廣西壯族自治區百色市樂業縣。「方言」見第二編《社會》中。録文據民國二十五年（一九三六）鈔本《樂業縣志》。

方言

（一）漢族多操官語而音稍平。（二）粵人之流寓生理者操粵語。

〔一〕倒：原誤作「側」。
〔二〕未：乾隆《柳州府志》作「末」。

土人語言，天，更悶。地，拉低。父，卜。母，迷。夫，慣。妻，鴉。兄，哥。弟，儂。朋友，威友。食飯，更侯。早起，亨隆。夜眠，恒佞。

〔民國〕凌雲縣志

【解題】何景熙等修，羅增麟等纂。民國三十一年（一九四二）修。凌雲縣，今廣西壯族自治區百色市凌雲縣。「方言」見第三編《社會》中。有油印本與石印本二種，油印本多處字迹漫漶不清，石印本雖據油印本而來，但字迹清晰。録文以石印本爲底本，參校油印本。

方言

縣屬居民大别爲土著、客籍、獞猺三種族。各族方言互異，分述於左。

甲、土著

半係外來流寓落業者，占居民中之最多數，散佈城鄉各區，方言對外用國語，對内純用土音。兹譯注於次。

天，悶〔一〕。地，嫩。日，架賽。月，韙論。風，隆。雨，混。山，破。水，冷。草，亞。木，

〔一〕「，」之上爲國音，下爲土音。下同。原書土音用注音字母標注讀音，用四角點法標注聲調，但因原書極爲模糊，四角點法聲調幾乎無法辨識，注音字母亦多處漫漶不清，難以辨識，故一概省去。全篇同。欲進一步研究凌雲志中語音者，請查閱原書。

美。火，肥。鳥，緑。虎，古。鷄，奎。鴨，逼。猪，慕。狗，罵。魚，罷。水牛，懷。黄牛，舌。米，吼。油，肉。鹽，故。柴，焚。父，波。母，蔑。兄，比。弟，農。夫，慣。妻，鴉。子，勒。孫，爛。男，□□〔一〕。女，□鴉。穿衣，等帛。食飯，更吼。早起，根弄。夜眠，寧亨。飲酒，更縷。喝茶，更霞。行路，擺亂。出門，阿度。趕圩，更户。

乙、客民

來自湖南、湖北兩省寄寓入籍者，占居民中之次多數。散處縣屬各區明山石山間，自爲部落。方言純用國語，兹不贅及。

丙、獞猺

盡係獠狚未闢前原始之民族。因受漢族壓迫，逐漸退聚縣屬各區山間。細别居藍靛猺、紅頭猺、長頭猺、盤古猺四種。各種皆各自有其特别方言。兹分别譯注如次。

（一）藍靛猺　以種藍靛爲業故名

天，昂。地，泥。日，摩奈。月，辣。風，招。雨，棒六。山，褒。水，問。草，瓦。木，央。火，頭。花，房。鳥，諾。虎，拑。鷄，隧。鴨，〔二〕。猪，同。狗，魯。魚，嫖。牛，昂普。肉，雅。米，囊。菜，銑。油，入。鹽，斗。柴，桑。父，法。母，吉。兄，遠。弟，由。夫，郎。妻，

〔一〕□：原文漫漶不清。下同。
〔二〕原書爲空格。

嘔。子，水。孫，寸。男，斷。女，門茶。穿衣，諸歸。食飯，營囊。早起，貴友。夜眠，菲怎。飲酒，合丢。喝茶，合甲。行路，揚走。出門，賓京。趕圩，寧網。

（二）紅頭猺 以頭髮呈紅色故名

天，頗。地，格低。日，農。月，陸。風，格倫。雨，曩陀。山，巴閉。水，仰。草，格入。木，格當。火，格杜。花，瓦。鳥，檔。虎，獨坐。鷄，獨卡。鴨，獨我。猪，獨早。狗，獨遮。魚，獨被。牛，獨茸。米，屋。菜，雅。鹽，使。柴，格都。父，布。母，梅。兄，徒。弟，走。夫，貞。妻，奴把。子，統。孫，懶。男，統貞。女，統把。穿衣，吝儀。食飯，農屋。早起，故雅。夜眠，蒙家。飲酒，胡主。喝茶，胡雅。行路，卻至。出門，崑至。趕圩，猛嚇。

（三）長頭猺 以頭留滿髮故名

天，紅。地，〔一〕。日，曩。月，妥。雨，囊桃。山，我。水，呵。草，央。木，諾。火，墮。花，瓦。鳥，挪。虎，早。鷄，嘉。鴨，咬。猪，買。狗，洒。魚，滅。水牛，欲。黄牛，搖。米，聳。菜，拕。油，入。鹽，那。柴，惰。父，簸。母，賣。兄，陀。弟，止。夫，打。妻，眉哈。男，諾貞。女，諾哈。穿衣，難唐。食飯，囊果。早起，早勞。夜眠，表擺。飲酒，虎所。喝茶，虎吉。行路，桃各遼。出門，宇各墮。趕圩，布衙。

〔一〕原書爲空。

（四）盤古猺 原始時代即有之故名

天，龍。地，偷。日，不内。月，哈。風，要。雨，捧。山，拑。水，温。草，滅。木，定。火，豆。花，平。鳥，諾。虎，獨諜。鷄，追。鴨，壓。猪，同。狗，古。魚，彪。水牛，水昂。黄牛，黄昂。馬，罵。米，美。菜，來。鹽，斗。柴，藏。父，帝。母，罵。兄，個。弟，又。姊，墮。妹，磨。子，端。孫，紛。夫，嘔。妻，梅。男，端。女，雪端。穿衣，祖雪斗。食飯，嘗項。早起，隴小惡。夜眠，夢可貝。飲酒，踏丢。喝茶，合雜。行路，□走。出門，出□。趕圩，趕圩。

〔民國〕田西縣志

【解題】葉鳴平修，岑啓沃纂。田西縣，今廣西壯族自治區百色市田林縣。「方言」見第三編《社會》中。録文據民國二十七年（一九三八）鉛印本《田西縣志》。

方言

按馬端臨《文獻通考》以廣西爲古荆州域，餘并列爲南越，爲聲教不被之地，言語異致，衣服異宜。《史記索隱》謂其人多處山陸，其性强梁，故曰陸梁。兩漢而降，郡縣日增，編户設官等於内地。顧通都大邑之外，谿洞深阻，若猺若獞，若獠若犵，狑人狪人狄人山子之屬，習性各殊，則地之荒僻可知矣。

田西處廣西之極邊，自儂氏之亂，幾勤師旅方克底定。自時厥後，始置土官。初則有狄武襄部將餘姚岑仲淑都督邕州，置戍子孫所部裨將分駐各地。地方既定，草萊方闢，道路漸次交通，內地之經商營業者，絡繹而來。當時宋室南遷，中原人民避亂散居兩粵者多有聯袂偕來，適彼樂土。其外來之民，多操官語。初則漢土雜居，漢人較少，土人較多，故習染土語，浸久而同化爲土人矣。其居於山峒者，爲湖廣人，聚族而居，不受土族同化，猶能保守其因有之習性。就大體言之，祇成爲官語、土話二種，爲最通行。其次則爲廣話，多於商場用之。猺話、苗話尚不通行，僅其同類用之。官語之中，以居街市者操音較平，其居山峒者爲湖廣音，操音較濁。其語意則一如穿衣食飯、夫妻朋友之類，所稱無不從同所操。土話，即田南之一種普通土話，特以山川之隔，操音略有差別耳。

附方言方音表〔一〕

漢原語：吃飯；苗語：鬧腦（ㄋㄠ ㄋㄠ）；盤古傜語：年項（ㄏㄧㄢ ㄒㄧㄤ）；藍靛傜語：引能（ㄧㄣ ㄋㄥ）；漢人土語：更吼（ㄍㄥ ㄏㄡ）。

漢原語：穿衣；苗語：空〔二〕；盤古傜語：祖雷（ㄗㄨ ㄌㄨㄟ）；藍靛傜語：空；漢人土語：等白（ㄉㄥ ㄅㄜ）。

漢原語：夫妻；苗語：空；盤古傜語：綿你（ㄇㄧㄢ ㄋㄧ）；藍靛傜語：歐發（ㄡ ㄈㄚ）；

〔一〕原爲表格。

〔二〕「空」指原表格爲空，下同。

漢人土語：關把（ㄍㄨㄢ ㄅㄚ）。

漢原語：朋友；苗語：空；盤古傜語：磨堆（ㄇㄛ ㄉㄨㄟ）；藍靛傜語：夥計（ㄏㄨㄛ ㄐㄧ），漢人土語：夥計（ㄏㄨㄛ ㄐㄧ）。

漢原語：睡；苗語：補（ㄅㄨ）；盤古傜語：皆勒（ㄐㄧㄞ ㄌㄜ）；藍靛傜語：飛（ㄈㄟ）；漢人土語：空。

漢原語：蔬菜；苗語：勇把（ㄩㄥ ㄅㄚ）；盤古傜語：空；藍靛傜語：空；漢人土語：空。

漢原語：父；苗語：擠（ㄗㄧ）；盤古傜語：空；藍靛傜語：空；漢人土語：空。

漢原語：穀；苗語：別列（ㄅㄧㄝ ㄌㄧㄝ）；盤古傜語：空；藍靛傜語：空；漢人土語：空。

漢原語：牛；苗語：猪虐（ㄓㄨ ㄬㄧㄜ）；盤古傜語：空；藍靛傜語：空；漢人土語：吼個（ㄏㄡ ㄍㄨㄛ）。

漢原語：學校；苗語：比砍豆（ㄆㄧ ㄎㄢ ㄉㄡ）；盤古傜語：空；藍靛傜語：空；漢人土語：空。

漢原語：入學讀書；苗語：比云炯斗（ㄆㄧ ㄩㄣ ㄐㄣ ㄉㄡ）；盤古傜語：空；藍靛傜語：空；漢人土語：空。

漢原語：槍；苗語：拋（ㄆㄠ）；盤古傜語：空；藍靛傜語：空；漢人土語：空（ㄒㄨㄥ）。

漢原語：刀；苗語：卡在（ㄑㄧㄚ ㄗㄞ）；盤古傜語：空；藍靛傜語：空；漢人土語：沙（ㄕㄚ）。

漢原語：馬；苗語：猪嫩（ㄓㄨ ㄋㄨㄣ）；盤古傜語：空；藍靛傜語：空；漢人土語：空。

漢原語：妻；苗語：亞仰（ㄧㄚ ㄧㄤ）；盤古傜語：空；藍靛傜語：空；漢人土語：牙（ㄧㄚ）。

漢原語：豖；苗語：猪罷（ㄓㄨ ㄅㄚ）；盤古傜語：空；藍靛傜語：空；漢人土語：木（ㄇㄨ）。

漢原語：女；苗語：空；盤古傜語：空；藍靛傜語：殺（ㄕㄚ）；漢人土語：空。

漢原語：田；苗語：來（ㄌㄞ）；盤古傜語：空；藍靛傜語：空；漢人土語：空。

漢原語：走路；苗語：空；盤古傜語：敏勒（ㄇㄧㄣ ㄑㄧㄣ）；藍靛傜語：洋巧（ㄧㄤ ㄑㄧㄠ）；漢人土語：空。

備考：按「漢人土語」即爲獞話，此種言語幾占全省三分之一，甚滇黔過境多操此語。

〔民國〕奉議縣志

【解題】佚名纂。民國二十一年（一九三二）稿本。不分卷。奉議縣，在今廣西壯族自治區百色市田陽縣。「語言」見「社會狀況」中。録文據一九八三年田陽縣檔案館整理鉛印本《奉議縣志》。

語言

全縣語言有土話、平話、白話、瑶話四種。土話占百分之九十，隨處話皆有。平話則居河岸附近。瑶話則僻居作登區之大攬鄉、仁安及奉州區之五村、康華鄉山谷中。白話僅見於主要圩鎮，如田州、那坡等處。

〔民國〕田陽縣志

【解題】佚名纂。民國三十七年（一九四八）稿本。田陽縣，今廣西壯族自治區百色市田陽縣。「方言」見第二編《社會》中。録文據一九八二年田陽縣檔案館整理鉛印本《田陽縣志》。

方言

本縣方言，以土語占大多數。此種土語，下游田東、果德、武鳴、思恩、横縣、桂東各地同，與上游百色、凌雲、東蘭、鳳山、隆西、林天、河池、南丹及黔南、滇西各縣亦同，不過間有音系稍差，又與暹羅國語亦大致相同。平話又稱蔗園語，次之。粤語又次之。惟保寧、老坡兩鄉則純屬儂語。林切語乃天保、鎮西暨左江、龍州、明江諸縣，與田陽治歐兩鄉儂語各半。土語一部分同儂，言之是大同小異。瑶語占少數。古眉鄉有一村説儂語。

土語之翻譯

食飯，更厚。食早飯，更挨。食中飯，更靈。食晚飯，更酬。山，播。石山，播令。田，那。木，過美。父，波。母，蓖。兄，彼或哥。弟，儂。子，勒。孫，爛。天，悶。牛，徒懷或叫都懷或叫土懷。猪，徒幕。狗，徒罵。猴，徒靈。人，徒魂或叫甫魂。鬼，徒防。鴨，徒畢。魚，徒詐或徒霸。蝦，徒公。蚊蟲，徒容。跳蚤，徒乜。足，定。嬸，僚。嫂，彼囊。酒，漏。油，欲。

〔民國〕恩隆縣志

【解題】佚名纂修。不分卷。恩隆縣，今廣西壯族自治區百色市田東縣。「語言」見《社會·語言》中。有民國二十二年（一九三三）鈔本。録文據田東縣檔案館等一九八〇年油印本《恩隆縣志》。

語言

語言約有四種：

土語，行之各鄉。平語，以環江區、立品區爲多。白話，以縣城居多。苗猺話，最少，隆義、崇恩區間有之。

〔乾隆〕鎮安府志

【解題】傅埀纘纂。鎮安府，轄境包括今廣西壯族自治區百色市德保、那坡等地。「方言」見卷一《輿地志·風俗》中。録文據乾隆二十一年（一七五六）刻本《鎮安府志》。

方言

風氣不同，語言各别。粤西一省，或百里一變，或數十里一變，不但鎮郡然也。居官涖事不解土語，容有猾吏作奸、民隱莫達之慮。兹于漢土屬略採數則，附載於編。

天保縣

天曰亭上聲。地曰堆上聲。日曰他文。月曰恩孩。風曰臨。雲曰文怕。雷曰博雷。雨曰盆上聲。陰曰欽。晴曰烈平聲。冷曰浪。煖曰透。遠曰歸。近曰懼上聲。高曰嵩。低曰敦。行曰派平聲。立曰鄧。坐曰囊。睡曰暖。來曰麻。去曰卑。遲曰錐上聲。早曰奏。輕曰謀。重曰溺。大曰鹵。小曰意。貴曰憑。賤曰專。長曰黎。短曰頓。秤曰曾平聲。尺曰夕。斗曰墮。石曰培。水曰念。火曰肥。鹽曰局。魚曰巴。肉曰玉平聲。茶曰甲。酒曰漏。湯曰羹上聲。飯曰扣安。鍋曰招。竈曰餅斗。盌曰腿。碟曰丁。父曰博。母曰米。伯曰龍。叔曰奥。兄曰備包。嫂曰備背。弟曰儂包。姪曰蘭。姐曰備掃。妹曰儂掃。夫曰關。妻曰八。兒曰陸才。女曰陸仍。奴曰愧才。婢曰愧仍。頭曰圖。面曰納。耳曰求。目曰撻。口曰百。鼻曰能。手曰蒙。腳曰卡。衫曰絲表。襖曰絲董。裙曰遜。褲曰誇。馬曰罵。牛曰懷。豬曰某。羊曰蔑。狗曰馬。

奉議州

天曰門。地曰林。父曰坡。母曰蔑。兄曰哥。嫂曰妹囊。頭曰久。面曰那上聲。手曰蓬。足曰吞。耳曰而。鼻曰能。水曰廩。火曰肥。喫飯曰跟厚。喫酒曰跟流。喫茶曰跟查。喫湯曰跟數。袍曰布袍。褂曰布套。帽曰貌平聲。鞋曰孩。靴曰夜。襪曰滑。盌曰退。箸曰遞。鍋曰招。甑曰秤。扇曰皮。壺曰瓶。

下雷土州

天曰伐平聲。地曰的平聲。父曰播。母曰蔑。兄曰卑。嫂曰卑囊。姐曰卑騷。妹曰農騷。頭曰徒。面曰那。手曰蒙。足曰卡。耳曰邱。鼻曰郎。水曰淰。火曰肥。喫飯曰饉扣。喫酒曰饉漏。喫茶曰饉茶。喫湯曰饉湯。袍曰素袍。褂曰素褂。帽曰貌。鞋曰涯。靴曰尾。襪曰林[一]。盌曰退。箸曰倫。鍋曰招。甑曰章。扇曰惟。壺曰瓶。

小鎮安土司

日曰魂。月曰海。山曰霸。川曰馱。風曰楞。雲曰尹。雷曰壘。雨曰噴龍。伯曰博罷。

[一] 林：光緒《鎮安府志》作「抹」。

叔曰博奥。兄曰畢宰。弟曰儂宰。姐曰迎畢。妹曰儂迎。夫曰博鋪。妻曰姝女。眼曰他。口曰巴。舌曰伶。齒曰邱。肉曰勒。魚曰巴。綢曰奏。布曰派。盆曰本。盤曰板。棹曰踵。椅曰椅子。牛曰堵磨。羊曰堵乜。

〔光緒〕鎮安府志

【解題】羊復禮修，梁年等纂。鎮安府，轄境包括今廣西壯族自治區百色市德保、那坡等地。「方言」見卷八《輿地志·風俗》中。録文據光緒十八年（一八九二）刻本《鎮安府志》。

方言

風氣不同，語言各别。粤西一省，或百里一變，或數十里一變，不但鎮郡然也。居官蒞事不解土語，容有猾吏作奸、民隱莫達之慮。兹於漢土屬略採數則，坿載於編。舊志。

天曰亭上聲。地曰堆上聲。日曰他文。月曰恩孩。風曰臨。雲曰文怕。雷曰博雷。雨曰盆上聲。陰曰欽。晴曰烈平聲。冷曰浪。煖曰透。遠曰歸。近曰懼上聲。高曰嵩。低曰敦。行曰派平聲。立曰鄧。坐曰囊。睡曰煖。來曰麻。去曰卑。遲曰錐上聲。早曰奏〔一〕。輕曰謀。重曰溺。大曰鹵。小曰意。貴曰憑。賤曰專。長曰黎。短曰頓。秤曰曾平聲。尺

〔一〕早：原誤作「旦」，據乾隆《鎮安府志》改。

曰夕。斗曰墮。石曰騰。水曰念。火曰肥。鹽曰局。魚曰巴。肉曰玉平聲。茶曰甲。酒曰漏。湯曰羹上聲。飯曰扣安。鍋曰招。竈曰餅斗。碗曰腿。碟曰丁。父曰博。母曰米。伯曰龍。叔曰奧。兄曰備包。嫂曰備背。弟曰儂包。姪曰蘭。姐曰備掃。妹曰儂掃。夫曰關。妻曰八。兒曰陸才。女曰陸仍。奴曰愧才。婢曰愧仍。頭曰圖。面曰納。耳曰求。目曰撻。口曰百。鼻曰能。手曰蒙。腳曰卡。衫曰絲表。襖曰絲董。裙曰遜。褲曰誇。馬曰罵。牛曰懷。猪曰某。羊曰蔑。狗曰馬。

謹案鎮郡方言甚多，未能細譯，今仍舊志。至歸順州、小鎮安、下雷土州方言，可與天保相參訂者坿録于左。

歸順州

祖父曰布。祖母曰妚。父曰波。母曰蔑。叔曰袄。嬸曰禄。兄曰篚保。弟曰儂保。

小鎮安土司

日曰魂。月曰海。山曰霸。川曰馱。風曰楞。雲曰尹。雷曰壘。雨曰噴龍。伯曰博罷。叔曰博奧。兄曰畢宰。弟曰儂宰。姐曰迎畢。妹曰儂迎。夫曰博鋪。妻曰姺女。眼曰他。口曰口[一]。舌曰伶。齒曰邱。肉曰勒。魚曰巴。綢曰口[二]。布曰派。盆曰本。盤曰板。棹

[一] 下：「口」字乾隆《鎮安府志》作「巴」。
[二] 口：乾隆《鎮安府志》作「奏」。

曰踵。椅曰椅子。牛曰堵磨。羊曰堵乜。

下雷土州

天曰伐平聲。地曰的平聲。父曰播。母曰蔑。兄曰卑。嫂曰卑囊。姐曰卑騷。妹曰儂騷。頭曰徒。面曰那。手曰蒙。足曰卡。耳曰邱。鼻曰郎。水曰淰。火曰肥。喫飯曰饉扣。喫酒曰饉漏。喫茶曰饉茶。喫湯曰饉湯。袍曰素袍。褂曰素褂。帽曰貌。鞋曰涯。靴曰尾。襪曰抹〔一〕。盌曰退。箸曰偷。鍋曰招。甑曰章。扇曰惟。壺曰瓶。

奉議州

天曰門。地曰林。父曰坡。母曰蔑。兄曰哥。嫂曰妹囊。頭曰久。面曰那上聲。手曰蓬。足曰呑。耳曰而。鼻曰能。水曰廪。火曰肥。喫飯曰跟厚。喫酒曰跟流。喫茶曰跟查。喫湯曰跟數。袍曰布袍。褂曰布套。帽曰貌平聲。鞋曰孩。靴曰夜。襪曰滑。盌曰退。箸曰遞。鍋曰招。甑曰秤。扇曰皮。壺曰瓶。

廣西俗字甚多，如奀音矮，言矮則不長也。坔音穩，言大坐則穩也。奀音勸，言瘦弱也。歪音終，言死也。孖音臘，言不能舉足也。仦音嫋，言小兒也。奷，徒架切，言姊也。閂音櫶，

〔一〕抹：乾隆《鎮安府志》作「林」。

言門横關也。砳音磡，言巖崖也。氽音泅，言人在水上也。氼音魅，言没人在水下也。⿰毛巴音鬅〔一〕，言多髭。砰，東敢切，言以石擊水之聲也。以上周去非《嶺外代答》。

〔清〕天保縣志

【解題】佚名纂。天保縣，今併入廣西壯族自治區百色市德保縣。録文據嘉慶《廣西通志》卷八八《輿地志九・風俗・天保縣》。

方言

天曰亭上聲。地曰堆上聲。日曰他文。月曰恩孩。風曰臨。雲曰文怕。雷曰博雷。雨曰盆上聲。陰曰欽。晴曰烈平聲。冷曰浪。煖曰透。遠曰歸。近曰懼上聲。高曰嵩。低曰敦。行曰派平聲。立曰鄧。坐曰囊。睡曰暖。來曰麻。去曰卑。遲曰錐上聲。早曰奏。輕曰謀。重曰溺。大曰鹵。小曰意。貴曰憑。賤曰專。長曰黎。短曰頓。秤曰曾平聲。尺曰夕。斗曰墮。石曰垎。水曰念。火曰肥。鹽曰局。魚曰巴。肉曰玉平聲。茶曰甲。酒曰漏。湯曰羹上聲。飯曰扣安。鍋曰招。竈曰餅斗。盌曰腿。碟曰丁。

〔一〕⿰毛巴：原誤作「⿺毛巴」，據《海篇》改。

父曰博。母曰米。伯曰龍。叔曰奧。兄曰備包。嫂曰備背。弟同儂包。姪曰蘭。姊曰備掃。妹曰儂掃。夫曰闢。妻曰八。兒曰陸才。女曰陸仍。奴曰愧才。婢曰愧仍。頭曰圖。面曰納。耳曰求。目曰槤。口曰百。鼻曰能。手曰蒙。腳曰卡。衫曰絲表。襖曰絲董。裙曰遜。褲曰誇。馬曰罵。牛曰懷。猪曰某。羊曰蔑。狗曰馬。

〔光緒〕歸順直隸州志

【解題】顔嗣徽纂修。歸順直隸州，今廣西壯族自治區百色市靖西市。「風俗」見第二卷。録文據光緒二十五年（一八九九）刻本《歸順直隸州志》。

風俗

本鄉語言咸操土音，與思恩、慶遠、南寧等處各土音略相近，似惟對遠方客人交談則用官語對答。故間有終身不諳官語者。至廣東白話，人多能説。查州屬各家祖籍，係廣東居多，緣有大街會館，此其明驗也。

〔民國〕靖西縣志

【解題】封赫魯修，黄福海纂。靖西縣，今廣西壯族自治區百色市靖西市。「方言」見第三編《社會》中。

有民國三十七年(一九四八)油印本。録文據廣西第二圖書館一九五七年油印本《民國靖西縣志》。

方言

縣屬語言,最普通者是土話,佔全縣人口百分之八十,與天保、敬德、鎮邊、雷平各鄰縣及越南邊界之語言均可相通,惟音腔則彼此稍有差異,然不致妨礙會話。此外還有隆安話、萬承話、左州話、獞話,操此數種之人口多分佈在西北區,約佔全縣人口百分之二十。近三十年來,縣屬與各省、各縣交通漸便,風氣漸開,他如白話、普通話皆盛行於城市鄉鎮,對遠方客人多用此二種話交談矣。

附方言比較

一、本縣土話與官話相差甚遠。按諸字義義同而字異,例如天地父母夫妻兄弟等類之名稱,土字則爲𡗶坻付妹𧙓𠈉儂等字;喝茶食飯衣褲帽鞋襪等字,則爲𩚵茶𩚵粇衵袴帽𧞣𧞬等字。

二、本縣隆安話,如呼父爲ㄍㄛ,呼祖母爲ㄧㄚ ㄆㄨ;喝茶呼爲𦛚雜,或更茶,猪隻呼爲篤畞,或爲篤茂。獞話喝茶呼爲今甲,萬承話呼爲金茶,猪隻呼爲多母。

〔道光〕羅城縣志

【解題】萬文芳等修,李化人等纂。羅城縣,今廣西壯族自治區河池市羅城仫佬族自治縣。「方言」見卷二

《風俗》中。有道光二十四年（一八四四）刻本、光緒間道光本的石印本。録文據光緒石印本《羅城縣志》。

方言

按猺、獞土音土語非重譯不可以解，今分類譯出，亦可以備方言之一則。

猺語

衣服曰壘。飲，吟。飯，噂。鍋，撑。碗，穩。快子，舊。水缸，甕。水瓢，北〔一〕。魚，璧撈。肉，啞。米，美。菜，賴。起，鳴。坐，隨。睡，皆。牀，丑。桌子，爵板。柴，藏。火，燽。鹽，阜。油，美。鷄，蓋。酒，丢。關門，關禁。刀，滅。砧板，腫禪。稱我曰故。稱人曰古。走曰仰。歸家曰仰穆。吃飯曰吟蘇。飲酒曰喝滴。醉倒曰熏反。

又米曰厚散。穀曰厚穀。飯，厚。酒，蔞。魚，拉。菜，北。牛，杜牡。猪，模。衣，布套到。裙，尹。帶，節。被，田。蓆，爛。帳，列。枕，睡樓。針，尖。線，埋。鍋，瓜。蓋，勘。碗，椀。快子，得。鉢，八。壺，豪。柴刀，榨。腰刀，養。鎗，找。村人，服。死，反。屋，欄。門，比都。椅，隘。牀，滿。礶，砲。走，條。坐，鄧。睡，除。笑，料。哭，蒂。

獞語

食曰哏。飲，咽。飯，唼。衣服，不。鍋，寡。鍋蓋，空。快子，特。水缸，八蕩。魚，璧拉。

〔一〕北：乾隆《柳州府志》作「扎」。

肉，糯。米，侯。菜，迫肋。起，卑。坐，論。睡，嚀。牀，伴。柴，焚。火，爕。鹽，右。油，吻。鷄，該。鴨，鼻。鵝，漢。酒，蔓。關門，黑堵。刀，架。動用器物，家甑。砧板，鈑。稱我曰古。稱人曰猛。出外行走曰擺。歸家曰擺馬。吃飯曰哽噎。吃酒曰哽咾。穿衣曰擔蒲。

又米曰買。穀，郭。飯，班。酒，嫂。魚，娱。肉，虐。菜，翠。牛，藕。猪，煮。狗，藁。鷄，慨。鴨，愛。鹽，銀。油，舀。衣，袗。套，透。袴，貸。帶，打。鞋，亥。襪，賣。蓆，澤。帳，疆。枕，斬。扣，拷念。枱，對。櫈，檔。牀，獞。水缸，霜鐺。走，養。坐，做。笑，秀。哭，霍。

又猺獞呼天曰撇。地，代。日，揑。月，腦。星，生。風，龍。雲，渾。雷，吕。雨，度垣。電，菡。霹靂，拉拍。祖孫，竈參。父，波。子，勒。夫，步君。妻，妹夜。兄，鼻濃。弟，代。伯，拍。叔，旭。母，牟。嬸，閃。朋友，彭藕。屋，欄。稻，倒。穀，厚古。米，厚殘。棉，哔。荳，倒。稷，則。黍，須。芋，吾。水，稅。路，澇。橋，姚。度，豆。溪，希。灘，探。河，訛。頭，投。眼，巖。耳，擬。鼻，勃。舌，善。口，靠。手，施。足，踖。金，乾。銀，巖。銅，桶。鐵，塌。錫，削。鉛，難。吃飯，哏餲。酒，棗。飯，泛。魚，粒。蝦，阿。鱉，筆。鷄，度畝。鵝，度邦。鴨，度必。牛，懷。羊，降。犬，誼。豕，支。馬，永。紙，志。筆，迫。衣，矮。帽，凂。靴，嘑。襪，抹。茶，抓。硯，念。墨，麥。

〔民國〕羅城縣志

【解題】江碧秋修，潘寶籙纂。羅城縣，今廣西壯族自治區河池市羅城仫佬族自治縣。「語言」見《民族志·語言》中。録文據民國二十七年（一九三八）鉛印本《羅城縣志》。

語言

縣屬方言分爲十一種，舉例如下：

（子）普通語

天，ㄊㄧㄢ。地，ㄉㄧ去聲〔一〕。父，ㄈㄨ去聲。母，ㄇㄨ上聲。夫，ㄈㄨ。妻，ㄐㄧ。兄，ㄕㄧㄥ。弟，ㄉㄧ去聲。朋友，ㄆㄥ陽平ㄧㄡ上聲。穿衣，ㄐㄧㄣㄧ。食ㄕ去聲飯ㄈㄢ去聲。早起，ㄓㄠ上聲ㄐㄧ上聲。夜眠，ㄧㄝㄇㄧㄣ陽平。

（丑）母佬語

天，ㄇㄣ上聲。地，ㄉㄧ去聲。父，ㄅㄨ去聲。母，ㄋㄧ去聲。夫，ㄐㄧㄠ去聲。妻，ㄇㄞ去聲。兄，ㄈㄞ去聲。弟，ㄋㄥ去聲。朋友，ㄆㄥ入聲ㄧㄡ入聲。穿衣，ㄉㄣ陽平ㄍㄥ上聲。食ㄓㄢ上聲飯ㄏㄨ上聲。早起，ㄇㄣ上聲ㄑㄧㄤ上聲。夜眠，ㄏㄧㄥ上聲。

〔一〕原書以四角點法表示聲調，這裡改用文字説明。未標者爲陰平。原稿少數點號位置模糊，或有錯誤之處。

（寅）挨語

天，ㄊㄧㄢ陽平。地，ㄊㄧ入聲。父，ㄅㄚ入聲。母，ㄇㄚ陽平。夫，ㄈㄨ陽平。妻，ㄅㄨ陽平ㄫㄧㄥ去聲。兄，ㄍㄛ陽平。弟，ㄊㄧㄝ陽平。朋友，ㄆㄥ去聲ㄧㄡ陽平。穿衣，ㄓㄧㄛ入聲ㄙㄢ陽平。食飯，ㄕㄧㄣ上聲ㄈㄢ入聲。早起，ㄓㄠ陽平ㄏㄧㄥ。夜眠，ㄖㄚ入聲ㄈㄟ入聲。

（卯）土拐語

天，ㄊㄧㄢ上聲。地，ㄊㄟ。父，ㄅㄚ去聲。母，ㄇㄨ去聲。夫，ㄈㄨ上聲。妻，ㄔㄧ上聲。兄，ㄏㄧㄣ上聲。弟，ㄉㄧㄝ去聲。朋友，ㄆㄥ入聲ㄧㄡ去聲。穿衣，ㄊㄧㄣ上聲ㄧ上聲。食ㄎㄧㄝ上聲飯ㄈㄢ入聲。早起，ㄓㄛ陽平ㄎㄧ陽平。夜眠，ㄖㄚ去聲ㄇㄧㄣ去聲。

（辰）福建語

天，ㄊㄧㄢ上聲。地，ㄍㄧㄝ入聲。父，ㄅㄚ去聲。母，ㄐㄧㄚ上聲。夫，ㄈㄨ上聲。妻，ㄇㄛ上聲。兄，ㄕㄧㄝ陽平。弟，ㄉㄧ陽平。朋友，ㄆㄥ上聲ㄧㄡ去聲。穿衣，ㄔㄥ上聲ㄙㄧㄢ去聲。食ㄓㄧㄚ入聲飯ㄅㄨㄧ陽平。早起，ㄓㄧㄠ去聲ㄑㄧ去聲。夜眠，ㄇㄧㄝ上聲ㄎㄨㄣ上聲。

（巳）蘇介語

天，ㄊㄧㄢ陽平。地，ㄊㄧ入聲。父，ㄅㄚ入聲。母，ㄇㄧㄝ陽平。夫，ㄈㄨ陽平。妻，ㄅㄨ陽平ㄖㄨㄥ去聲。兄，ㄍㄛ陽平。弟，ㄊㄧㄝ陽平。朋友，ㄆㄥ去聲ㄧㄡ陽平。穿衣，ㄓㄧㄛ入聲ㄕㄢ陽平。食ㄕㄧㄣ上聲飯ㄈㄢ入聲。早起，ㄓㄠ陽平ㄏㄧㄥ上聲。夜眠，ㄧㄚ上聲ㄥㄧㄟ入聲〔一〕。

〔一〕ㄥ：疑爲「ㄙ」之誤。

（午）楊三語

天，ㄊㄧㄢ上聲。地，ㄊㄧㄟ入聲。父，ㄅㄚ上聲。母，ㄇㄚ去聲。夫，ㄍㄥ上聲。妻，ㄋㄚ陽平。兄，ㄍㄜ上聲。弟，ㄉㄧㄞ陽平。朋友，ㄆㄥ入聲ㄧㄡ去聲。穿衣，ㄓㄧㄛ上聲ㄕㄢ上聲。食ㄏㄧㄛ上聲飯ㄆㄢ上聲。早起，ㄏㄧㄝ上聲ㄓㄛ上聲。夜眠，ㄈㄣ去聲。

（未）獞語

天，ㄈㄥ上聲。地，ㄊㄧ入聲。父，ㄉㄚ陽平。母，ㄇㄝ入聲。夫，ㄎㄟ上聲。妻，ㄇㄟ去聲。兄，ㄍㄛ陽平。弟，ㄋㄥ去聲。朋友，ㄆㄥ上聲ㄧㄡ入聲。穿衣，ㄉㄣ上聲ㄆㄨ入聲。食飯，ㄍㄣ上聲ㄫㄧㄉ。早起，ㄏㄣ上聲ㄖㄥ入聲。夜眠，ㄍㄥㄋㄧㄣ去聲。

（申）苗語

天，ㄎㄚ上聲。地，ㄅㄟ陽平。父，ㄅㄚ去聲。母，ㄎㄧ上聲。夫，ㄉㄚ入聲ㄑㄧㄚ入聲。妻，ㄐㄧㄡ陽平ㄎㄧㄉ去聲。兄，ㄉㄧ上聲。弟，ㄐㄧ去聲。朋友，ㄆㄥ去聲ㄧㄡ入聲。穿衣，ㄉㄢ上聲ㄫㄠ去聲。食飯，ㄉㄥ去聲ㄫㄧㄚ上聲。早起，ㄕㄛ上聲ㄉㄡ上聲。夜眠，ㄑㄧㄣ陽平ㄙㄚ陽平。

（酉）猺語

天，ㄉㄥ入聲。地，ㄉㄨ陽平。父，ㄅㄚ陽平。母，ㄕㄧㄢ上聲。夫，ㄍㄨ上聲。妻，ㄏㄠ上聲。兄，ㄍㄛ陽平。弟，ㄉㄧ去聲。朋友，ㄆㄥ入聲ㄧㄡ去聲。穿衣，ㄓㄨ上聲ㄉㄟ陽平。食飯，ㄋㄧㄣ入聲ㄋㄤ入聲。早起，ㄍㄧ上聲ㄐㄧㄡ上聲。夜眠，ㄋㄥ入聲ㄇㄣ去聲ㄆㄟ去聲。

（戊）狪語

天，ㄇㄣ去聲。地，ㄉㄟ上聲。父，ㄆㄨ入聲。母，ㄇㄟ。夫，ㄌㄥ上聲ㄅㄢ去聲。妻，ㄌㄨ陽平ㄅㄧㄆ陽平。兄，ㄆㄧ上聲ㄍㄛ上聲。弟，ㄋㄥ入聲。朋友，ㄆㄥ上聲ㄧㄡ入聲。穿衣，ㄉㄣ陽平ㄐㄧㄥ陽平。食飯，ㄓㄧㄢ去聲ㄍㄡ。早起，ㄎㄧㄣ入聲ㄇㄚ陽平。夜眠，ㄅㄧㄌ上聲ㄎㄣ陽平。

〔光緒〕天河縣鄉土志

【解題】楊家珍纂。不分卷。紀事至光緒三十二年（一九〇六）。天河縣，今併入廣西壯族自治區河池市羅城仫佬族自治縣。録文據民國鈔本《天河縣鄉土志》。

人類

猺人

呼父曰耙，母曰箋，伯曰隆，叔曰敖，子曰力。天曰門，田曰那，山曰岜。行曰巴，著衣曰登布。

獞人

呼父曰呵，母曰⿰女迷，兄曰龍，弟曰儂。穿衣曰登布，出曰佩勞，入曰刀麻，來曰斗鄧，去曰杯麻。

狑人 又名獠，俗名⿰犭母狫。

呼父曰爸，母曰嬭，兄曰懷，弟曰儂，穿衣曰登穀，吃飯曰饍□〔一〕，飲酒曰饍考，食肉曰饍

〔一〕此字漫漶不清。

難之類。言語與漢語迥别，亦通官語。

〔民國〕天河縣志

【解題】任敏修，潘伍光纂。天河縣，今併入廣西壯族自治區河池市羅城仫佬族自治縣。「方言」見第三編《社會》中。録文據民國三十一年（一九四二）石印本《天河縣志》。

方言

本縣居民，在附近及交通地域者，多操官話，極易通於國語。土話多流行於鄉間。土話又可分爲僮話、佲佬話、哀子話，大都人早同化於漢族，而語言仍各保有其特性。粤語亦頗流行。

〔民國〕思恩縣志

【解題】梁杓修，吴瑜等纂。思恩縣，今廣西壯族自治區河池市環江毛南族自治縣。「方言」見第二編《社會》中。録文據民國二十四年（一九三五）鉛印本《思恩縣志》。

方言

邑人讀書悉用官語，以故邑方言語官語自屬正宗。惟習慣上操土話者，較官話爲普徧。此外有毛難話，爲一種特别方言，但操此話者祇限於縣屬毛難一隅。

土話皆有音無字，惟地名人物名，時借字音之相近諧併而書之，亦屬有音無義。例如媽呼爲馬，哥呼爲可，則不過呼聲有高下之別。弟呼爲儂，仄聲。鎗呼爲銃，則不過本字音義之避字。其天地日月等稱謂之土音，均爲字母所不易協。

其有土音與字音相近，寫時則用字音之相近者以代，悉無字義。如田呼爲那，村呼爲版，又如木土音美，樟木呼爲美栲，楓木呼爲美有。蓋土語與官語二字連呼，恒互相顛倒也。亦有不顛倒者，如食曰肯，飯曰矮，而二音連呼仍曰肯矮。鷄曰喈，母曰靡，二音連呼仍曰喈靡。穿曰等，衣曰襆，穿衣曰等襆。作曰个，工曰哄，作工曰个哄。

土音中亦有音同而義異者，如山與魚，土音均呼巴。桌與讚，土音均呼歹。亦有義同而音異者，父曰他，亦曰爹。母曰馬，亦曰靡。獸類之公者皆曰特，禽類之公者皆曰步。未生子之牛曰作懷，上聲。未生子之馬曰幼禡。

至毛難話，實與土話大異。如媽，土音呼馬，而毛難音呼爲膩。食，土音呼肯，而毛難音呼爲那。去聲。去，土音呼丕，上聲。而毛難音呼爲擺。何處，土音呼怯，而毛難音呼玖。去何處，土音連呼曰丕怯，毛難音連呼則曰擺玖，是其例也。

按，土音中亦間有自造之土字者，則惟譜編蠻歌者有之。如冂字，作做字解，音ㄍㄛ。去聲。冇字，作空字解，音ㄅㄧㄡ。陰平。此類少數自造土字，除譜蠻歌外均無用。

〔民國〕宜北縣志

【解題】李志修，覃玉成纂。宜北縣，今廣西壯族自治區河池市環江毛南族自治縣。「方言」見第二編《社會》中。録文據民國二十六年（一九三七）鉛印本《宜北縣志》。

方言

各姓初來此地，原説官話。後因住此日久，遂相沾染，受環境所同化，變説土語。現今所操之口音土話，如父曰博，又曰他、曰爺。母曰姆，又曰馬。兄曰哥。弟曰儂。妻曰姢，又曰牙。子曰勒。嫂曰畢。姐曰達。妹曰妹，亦曰儂。伯曰隆。叔曰考。祖曰褒，曰公。妣曰奶。舅曰那。甥曰懶。孫仔亦曰勒懶。老庚曰介同。走曰擺。睡曰寧。坐曰囊。回去曰丕馬。來曰斗。講話曰港華。我曰古。你曰們。不懂曰米嶺。食曰肯。飯曰矮。酒曰摟。肉曰諾。食飯曰肯矮。食酒曰肯摟。食肉曰肯諾。食早飯曰肯矮。食中午曰肯嶺。食夜飯曰肯有。米曰后。草曰仰。木曰美。樟木曰美考。楓木曰美有。黄牛曰測。水牛曰徒懷。馬曰徒罵。猪曰徒母。狗曰徒爲。鷄曰徒皆。鴨曰徒必。衣曰襆。褲曰挖。帽曰毛。穿衣曰等襆。穿褲曰等挖。戴帽曰等毛。魚曰巴，山亦曰巴，目又曰巴。魚、山、目土音相同，義不同也。小孩曰勒雖。青年曰勒左。老人曰卜老。

此不過舉其大要數種而已，其餘大致與思恩言語相似，以其大同小異耳。如仙桃洞之苗語則異於是，如食飯曰奴亞，老庚曰西提，去曰木，來曰樓，往那裡曰木克第。

〔道光〕慶遠府志

【解題】英秀等修，唐仁等纂。慶遠府，府治在今廣西壯族自治區河池市宜州區。「風俗」見卷三《地理志》中。録文據道光九年（一八二九）刻本《慶遠府志》。

風俗

周去非《嶺外代答》曰：「土人俗字甚多，如䆀音矮，言矮則不長也。𡘜音穩，言大坐則穩也。奀音勸，言瘦弱也。𣦵音終，言死也。𡚻音臘，言不能舉足也。仦音嫋，言小兒也。𡚰，徒架切，言姊也。閂音櫎，言門橫關也。岩音磡，言巖崖也。氽音泅，言人在水上也。氼音魅，言没人在水下也。𣭢音鬍〔一〕，言多髭也。砰，東敢切，以石擊水之聲也。」

〔民國〕鳳山縣志

【解題】岑家文修，黄文觀等纂。民國三十七年（一九四八）修，稿本。鳳山縣，廣西壯族自治區河池市鳳山縣。「方言」見第三編《社會》中。録文據一九五七年廣西壯族自治區博物館複製油印本《民國鳳

〔一〕𣭢：原誤作「𣬛」，據《海篇》改。

山縣志》。

方言

語言，多數人化少數人易，少數人化多數人難，蓋一齊人傅，而衆楚人咻，雖欲撻而求其齊，亦不可得矣。本縣漢族〔一〕，大半來自中縣，當初語言，原操北音，客土什居，經數百年，彼此參用，音調以革，或因少數爲多數所化，遂習成南音土語。土語係越避楚、晉避胡諸民族而言。元明之間，東蘭土官食邑，閉關治民，未有交通，官語云云，非所習聞。逮清雍正八年，東蘭改流，同時拆置鳳山土分州，東蘭逮慶遠府，是以柳、慶路線，交通日廣，官語乃緣流官與柳、慶路線以入。而外省經商、外縣教學，聯袂而來，又多説官語，是爲方言輸入第一時代。厥後湖南、四川、貴州諸省人民，遷徙踵至，散居各哨山峒間，其言語流佈亦廣，即今所稱湖廣官語，是爲方言輸入第二時代。光緒三十一年，鳳山改制彈壓；民國八年，設縣、彈壓、知事、縣長、治事，均説官話，是爲方言輸入第三時代。自此官話與土話並行，猺話則僅用於猺族而已。本縣與百色交通，較柳、慶爲晚，故白話輸入尚不及官話普通。至日前所説官話，仍與百色、南寧一帶音調稍異，亦係縣人過去經商求學均趨柳、慶、桂林，因而官話與東蘭、柳、慶官話相近。然官話中，以居城圩操柳、慶者較清正；居山峒，仍存湖廣音，較爲粗濃。土話則隆梅、長里二鄉與東

〔一〕漢：原作「汗」。

蘭縣江平、中和、蘭水、泗孟、蘭陽、大疇、巴奥等鄉，聲音相同。若久嘉、喬音、城治、坡心、金牙、謀軒、平樂、相橋等鄉，土話固與凌雲、百色各縣聲音相同，惟類多有音無字。

附方音舉例表

官話	土話	土話注音	猺話
食飯	哽喉	ㄎㄐ二ㄨ	
食粥	哽粗	ㄎㄐㄎㄨ	噥麽
飲酒	哽漏	ㄎㄐㄨㄨ	唬啅
酒醉	漏肥		啅旺
食肉	哽喏	ㄋㄥㄋㄨㄎ	噥卡
食菜	哽把		噥乙
天地	天梯	ㄍㄨㄎㄉㄧ	
父母	卜乜	ㄆㄎㄇㄝ	卜媒
夫妻	舊鴉	ㄔㄨㄡㄧㄨ	
朋友	朋有	ㄅㄨㄥㄧㄨ	
穿衣	殿拍	ㄉㄨㄐㄐㄫ	
夜眠	候寧	ㄏㄡㄋㄥ	

早起　很[口乱]　ㄏㄣㄌㄨㄢ
水牛　獨懷　獨榮
黄牛　獨歐　獨頗
羊　獨羊　獨勇
鴨　獨必
鵝　獨喊

〔光緒〕賀縣志

【解題】全文炳修，蘇煜坡纂修。賀縣，今廣西壯族自治區賀州市八步區。「言語」見卷七《風俗》中。録文據光緒十六年（一八九〇）刻本《賀縣志》。

言語

治内通解官話，城廂童而習之，較正。四鄉操土音，信都人用以讀書，謂之梧州聲。蓋賀之今境，原隸蒼梧郡也。一曰水東話，獮遠正字，不惟他處絶無，即同邑遠近，亦罕有解語者，惟在城江東家户以爲常談。相傳其聲始於陳秀才，今土人奉其神，出巡必用其聲歌，喇唎喇哩委曲勸駕。又一聲曰拐，拐者，别也，别夫官且别乎土，拐亦土聲也，以爲别乎官話則可，以爲别乎土，則土本無可别。《詩》曰：「普天之下，莫非王土。率土之濱，莫非王臣。」且暨土而别之，是巢居而後可耳，有是理乎？惟《正字通》

曰：「騙，謂隱取人物也。」疑其當始於隱士，故《歸隱》詩云「偷得一身閒」，其取義當即在此。恒令人莫之辨也。惟姜七里、姜八里通行，此外亦絶不聞是聲，較水東話異甚，邑中人更鮮能辨聽者。

〔民國〕賀縣志

【解題】韋冠英修，龍先鈺等纂。賀縣，今廣西壯族自治區賀州市八步區。「言語」見第二編《社會·風俗》中。録文據民國二十三年（一九三四）鉛印本《賀縣志》。

言語

治内通解官話，城廂童而習之，較正。四鄉操土音，信都人用以讀書，謂之梧州聲。蓋賀之今境，原隸蒼梧郡也。一曰水東話，彌遠正字，不惟他處絶無，即同邑遠近，亦罕有解語者，惟在城江東家户以爲常談。相傳其聲始於陳秀才，今土人奉其神，出巡必用其聲歌，喇唎喇哩委曲勸駕。又一聲曰拐，拐者，別也，別夫官且別乎土，拐亦土聲也，以爲別乎官話則可，以爲別乎土，則土本無可別。《詩》曰：「普天之下，莫非王土。率土之濱，莫非王臣。」且暨土而別之，是巢居而後可耳，有是理乎？惟《正字通》曰：「騙，謂隱取人物也。」疑其當始於隱士，故《歸隱》詩云「偷得一身閒」，其取義當即在此。恒令人莫之辨也。惟姜七里、姜八里通行，此外亦絶不聞是聲，較水東話異甚，邑中人更鮮能辨聽者。舊志。

〔民國〕信都縣志

【解題】玉崑山編輯。信都縣，今廣西壯族自治區賀州市八步區。「方言」「風俗」見第二編《社會》中。録文據民國二十五年（一九三六）鉛印本《信都縣志》。

方言 附方音

《王制》曰：「五方之民，言語不通。」至今日，官話久已通行，土音亦不忘本。詞鄙則君子弗貴，詞輯而鄰國見推。信邑僻處偏隅，聲氣互異，百里之外，想已當然。此言語文字所以亟謀統一也。若程際盛《補正方言》，柳柳州愁問重譯，《廣陽雜記》所謂諸方有土音，又有俚音，蓋五行氣運所宜不同。合編爲一，則庶諸方人民性情風俗之微，皆可推而見矣。

信都自升廳改縣後，將地方分爲三區。端南爲一區，舖扶爲一區，深沖爲特別一區。端南區，西與蒼梧東安鄉近，其方言微似東安鄉之沙頭。舖門、扶隆區，其方言稍異。深沖特別區，其方言分懷集、開建、信都三縣，各如土音。總各區市場，粵音居多，以經商大率皆粵人，講官話者獨少，而明曉者亦多。端南市外有惠潮嘉客人，其在家與家人談語，常操客聲，土人多不相通，以其出市亦操本土音，日久幾不知其爲客人者。此外，往來交際雖彼此各操土音，亦無扞格不入之慮。今略陳於左。

義同而音異者爲方言。如天地、父母、夫妻、兄弟、朋友等類之名稱及穿衣、食飯、早起、夜眠等類之表示語。如天地稱天上地下、天頂地泥。父母稱爹媽，或稱父母爲姑翁姑婆、舅翁舅婆、伯叔丈哥之類，母亦别之，此殆父母有子女太早，或恐命不應有子女，故别而稱之。夫妻相稱多你我，人稱爲兩公婆。雖初歸亦以老冠之，義取偕老也。兄弟相稱謂大哥、舍弟，或幾哥、幾弟，大嫂、幾嫂，朋友亦如兄弟。穿衣謂著衫、换衫。食飯謂喫早朝、晏粥、晚飯。早起身、夜睏覺，皆無異樣名稱。

字同而音異者爲方音。陳蘭甫謂廣東多古音，信都居民相傳來自南雄珠璣巷，舖門、扶隆兩區人最先到，其語音亦最古。如不知謂不㤅，㤅字讀ㄉㄞ。考古音知字讀ㄉㄞ，舌尖音，哈韻。現舖扶區人讀知字爲ㄐㄧ，故另造㤅字以代表方音，不自覺爲古音也。又音韻家言古無輕脣音，如父字今音讀ㄈㄨ，而古音讀ㄉㄨ，犯字今音讀ㄈㄢ，而古音讀ㄅㄢ，現舖扶區人仍讀父爲ㄅㄨ，讀犯爲ㄅㄢ。其他如讀飯爲ㄅㄢ，讀逢爲ㄅㄨㄥ，足證信都舖扶區人尚存古音。

風俗

言語

治内通解官話，城厢童而習之，較正。四鄉操土音，信都人用以讀書，謂之梧州聲。蓋賀之今境，原隷蒼梧郡也。一曰水東話，獼遠正字，不惟他處絶無，即同邑遠近，亦罕有解語者，惟在城江東家户以爲常談。相傳其聲始於陳秀才，今土人奉其神，出巡必用其聲歌，喇唎喇哩委曲勸駕。又一聲曰拐，拐者，别也，别夫官且别乎土，拐亦土聲也，以爲别乎官話則可，以爲别乎土，則土本無可别。《詩》曰：「普天之下，莫非王土。率土之濱，莫非王臣。」且暨土而别之，是巢居而後可耳，有是理乎？惟《正字通》曰：「騙，謂隱取人物也。」疑其當始於隱士，故《歸隱》詩云「偷得一身閒」，其取義當即在此。恒令人莫之辨也。惟姜七里、姜八里通行，此外亦絶不聞是聲，較水東話異甚，邑中人更鮮能辨聽者。

〔乾隆〕昭平縣志

【解題】陸焞等纂修。乾隆二十五年（一七六〇）刻，同治八年（一八六九）補刻，光緒十七年（一八九一）再補刻。昭平縣，今廣西壯族自治區賀州市昭平縣。「風俗」見卷四、「猺獞」見卷七。録文據光緒十七年再補刻本《昭平縣志》。

風俗

潘文成又曰：昭平語言有土音與正音相戾者，仿佛聽久則能言之。然一邑之中，亦有大同小異，若類聚然。近蒼梧、藤縣者，其音柔而平，聲多用齒舌。近賀縣、富川者，其音和而暢，聲多用齒喉。近永安、平樂者，其音低而醇，聲多用唇齒。附城及各沖者，其音和而直，聲多用齒舌。是蓋山川異氣爲之也。然亦有世類相承來自遠方者，如黄姚英家之村落，多習粤左之陽山，其音高而麗，聲多用齒舌；馬江恩來之北陀九沖，多習粤左之翁源，其音緩而矯，聲多用舌唇；附城黄姚英之市井，多習粤左之鶴山南海，其音易而清，聲多用齒舌。此又方言所漸被者。要之移風易俗，以致一道，同風之化者，其端不在此喉舌。

猺獞

廖當毅曰：猺獞語言習俗，與民迥殊。但知畊種，不諳貿遷。每遇社日，男女聚歌游戲。婚不論同姓，迎娶不用肩輿。習尚師巫，婦多蓄蠱，輕生易亂。而土著無賴，復竄入寄籍，鼓煽規利。近雖不敢爲非，然幸承平無事耳。否則鷹眼難化，鴂音難易，復隍衣袽，非過計也。

至其土語，獞人則食曰哏，飲曰咽，飯曰唩，衣服曰卜，鍋曰寡，鍋蓋曰空，快子曰著，水缸曰八蕩，魚曰壁拉，肉曰糯，米曰候，菜曰迫勒，起曰卑，坐曰論，眠睡曰寧，被曰伴，柴曰焚，火曰煨，鹽曰古，油曰吻，鴨曰鼻，鷄曰計，鵝曰漢，酒曰蒌，關門曰黑堵，刀曰架，動用器物曰家甑，砧板曰鈑，爾曰蒙，我曰哥，做工曰告康，水曰品，熱曰端，凍曰狀，棍曰肥，碗曰袋，碟曰別，牛曰懷，猪曰摩，狗曰麻，船曰盧，田曰拿。

猺人則衣服曰壘，飲曰吟，飯曰寧，鍋曰撑，碗曰穩，快子曰舊，水缸曰甕，水瓢曰札，魚曰壁撈，肉曰啞，米曰美，菜曰賴，起曰嗚，坐曰隨，睡曰背，牀曰丑，桌子曰爵板，柴曰藏，火曰燽，鹽曰早，油曰羹〔一〕，鷄曰戒，酒曰丢，關門曰關禁，刀曰滅，砧板曰腫褌，天曰撇，地曰代，日曰捏〔二〕，月曰胐，星曰生，風曰龍，雲曰渾，雷曰吕，雨曰度坦，電曰菡，霹靂曰拍担〔三〕，祖曰竈，孫

〔一〕羹：乾隆《柳州府志》、乾隆《馬平縣志》作「美」。
〔二〕捏：原作「揑」，據民國《昭平縣志》改。
〔三〕担：乾隆《柳州府志》作「拉」。

曰參，父曰波，子曰勒，夫曰步君，妻曰妹夜，兄曰皮濃，弟曰代，伯曰拍，叔曰旭，母曰牟，嬸曰閃，朋友曰彭耦，屋曰蘭，稻曰倒，穀曰厚，米曰厚殘，棉曰哔，荳曰倒，稷曰側，黍曰須，芋曰吾，水曰稅，路曰澇，橋曰姚，渡曰豆，溪曰希，灘曰探〔一〕，河曰訛，頭曰投，眼曰皆，耳曰擬，鼻曰勃，舌曰善，口曰靠〔二〕，手曰施，足曰踖，金曰乾，銀曰巖，銅曰桐，鐵曰塌，錫曰削，鉛曰難，吃飯曰齦餲，酒曰棗，飯曰泛，魚曰粒，蝦曰呵，鱉曰筆，犬曰誼，豕曰支，馬曰未，紙曰志，筆曰迫，衣曰矮，帽曰浼，鞋曰噂，韈曰抹，茶曰抓，硯曰念，墨曰麥等土語，然亦有訛錯，未必皆然也。

〔民國〕昭平縣志

【解題】李樹柟修，吴壽崧等纂。民國十七年（一九二八）修。昭平縣，今廣西壯族自治區賀州市昭平縣。「風俗」「猺獞」見卷七《風土部》《夷民部》中。録文據民國二十三年（一九三四）鉛印本《昭平縣志》。

風俗

潘文成曰：昭平語言有土音與正音相戾者，仿佛聽久則能言之。然一邑之中，亦有大同小異，若類聚然。近蒼梧、藤縣者，其音柔而平，聲多用齒舌。近賀縣、富川者，其音和而暢，聲

〔一〕曰探：原脱，據乾隆《柳州府志》補。
〔二〕曰：原脱。

多用齒喉。近永安、平樂者，其音低而醇，聲多用唇齒。附城及各沖者，其音和而直，聲多用齒舌。是蓋山川異氣爲之也。然亦有世類相承來自遠方者，如黄姚英家之村落，多習粵左之陽山，其音高而麗，聲多用齒舌；馬江恩來之北陀九沖，多習粵左之翁源，其音緩而矯，聲多用舌唇；附城黄姚英之市井，多習粵左之鶴山南海，其音易而清，聲多用齒舌。此又方言所漸被者。要之移風易俗，以致一道，同風之化者，其端不在此喉舌。

猺獞

廖當毅曰：猺獞語言習俗，與民迥殊。但知耕種，不諳貿遷。每遇社日，男女聚歌游戲。婚不論同姓，迎娶不用肩輿。習尚師巫，婦多蓄蠱，輕生易亂。而土著無賴，復竄入寄籍，鼓煽規利。近雖不敢爲非，然幸承平無事耳。否則鷹眼難化，鴂音難易，復隍衣袽，非過計也。

至其土語，獞人則食曰哏，飲曰咽，飯曰唛，衣服曰卜，鍋曰寡，鍋蓋曰空，快子曰箸，水缸曰八蕩，魚曰壁拉，肉曰糯，米曰候，菜曰迫勒，起曰卑，坐曰論，眠睡曰寧，被曰伴，柴曰焚，火曰煅，鹽曰古，油曰吻，鴨曰鼻，鷄曰計，鵝曰漢，酒曰萎，關門曰黑堵，刀曰架，動用器物曰家甑，砧板曰鈑，爾曰蒙，我曰哥，做工曰告康，水曰品，熱曰端，凍曰狀，棍曰肥，碗曰袋，碟曰别，牛曰懷，猪曰摩，狗曰麻，船曰盧，田曰拿。

猺人則衣服曰壘，飲曰吟，飯曰寧，鍋曰撑，碗曰穩，快子曰舊，水缸曰甕，水瓢曰札，魚曰壁撈，肉曰啞，米曰美，菜曰賴，起曰嗚，坐曰隨，睡曰背，牀曰丑，桌子曰爵板，柴曰藏，火曰燽，鹽曰早，油曰羹〔一〕，鷄曰戒，酒曰丟，關門曰關禁，刀曰滅，砧板曰腫禪，天曰撇，地曰代，日曰捏，月曰腩，星曰生，風曰龍，雲曰渾，雷曰呂，雨曰度坦，雹曰菡，霹靂曰拍担〔二〕，祖曰竈，孫曰參，父曰波，子曰勒，夫曰步君，妻曰妹夜，兄曰皮濃，弟曰代，伯曰拍，叔曰旭，母曰牟，嬸曰閃，朋友曰彭耦，屋曰蘭，稻曰倒，穀曰厚，米曰厚殘，棉曰哔，荳曰倒，稷曰側，黍曰須，芋曰吾，水曰稅，路曰澇，橋曰姚，渡曰豆，溪曰希，灘曰探〔三〕，河曰訛，頭曰投，眼曰皆，耳曰擬，鼻曰勃，舌曰善，口曰靠〔四〕，手曰施，足曰蹐，金曰乾，銀曰巖，銅曰桐，鐵曰塌，錫曰削，鉛曰難，吃飯曰齦餲，酒曰棗，飯曰泛，魚曰粒，蝦曰呵，鱉曰筆，犬曰誼，豕曰支，馬曰未，紙曰志，筆曰迫，衣曰矮，帽曰浼，鞋曰啈，韈曰抹，茶曰抓，硯曰念，墨曰麥等土語，然亦有訛錯，未必皆然也。

〔民國二十七年〕象縣志

【解題】蘇壽松纂。象縣，今廣西壯族自治區來賓市象州縣。「方言」見第三編《社會》中。録文據民國二十七年（一九三八）鈔本《象縣志》。

〔一〕羹：乾隆《柳州府志》、乾隆《馬平縣志》作「美」。

〔二〕担：乾隆《柳州府志》作「拉」。

〔三〕曰探：原脱，據乾隆《柳州府志》補。

〔四〕曰：原脱。

方言 附方音

語言爲社交成立之要素，語言不通，社交上即發生困難；近代文明進化，社交益趨繁複，有識者對於各種方言，極加注重，蓋有由矣。

象邑普遍語言，其音義與國語無甚差異，惟稱謂上間有不同。如呼父爲叔，呼母爲姐，呼祖父母爲爹媽，此則義同而字異者；然亦少數人之用語，不得以一概論也。至若字同而音異者，則有獞人之獞話，其全部皆聲，皆與國語大異。兹録十數則拼譯於後，以見一斑焉。

獞人讀音

天，ㄅㄥ。地，ㄋㄧㄢ。人，ㄨㄥ。河，ㄉㄚ。書，ㄙㄜ。紙，ㄐㄟ。燈，ㄉㄥ。柴，ㄈㄥ。我，ㄍㄡ。你，ㄇㄥ。他，ㄉㄧㄝ。睡，ㄋㄧㄣ。食飯，ㄍㄢ ㄫㄞ。趁圩，ㄍㄢ ㄏㄜ。你去哪，ㄇㄥ ㄅㄟ ㄍㄧㄚ。我來這，ㄍㄡ ㄍㄡ ㄍㄟ。衣，ㄅㄨ。嫁，ㄏㄚ。娶妻，ㄡㄇㄞ。

〔民國三十七年〕象縣志

【解題】黎祥品等修，劉策羣纂。象縣，今廣西壯族自治區來賓市象州縣。「方言」見第二編「社會」。録文據民國三十七年（一九四八）鉛印本《象縣志》。

方言

本縣語言大別爲僮話、官話兩種。官話亦稱普通話。論其人數，則操僮話者最多，遍居鄉村；

次爲官話，大抵居於墟市，間有雜居鄉間，而其中亦有操客家話及白話者。客家話又稱麻介話，白話係指粵語，及潯、梧、鬱各地語言。惟操僮話之人，多數能操官話，故讀書教學及交際上，均無問題。至其音義比較，則相差甚遠。兹略擇録於後，藉明梗概。

僮話、官話對譯

博，父。密，母。哥，兄。儂，弟。昧，妻。勒，子。本，天。難，地。磊，山。汶，水。拿，田。穩，雨。苟，我。能，你。也底，他。斗，來。尾以，去。樓，酒。後，米。捱，飯。架，刀。

〔民國〕遷江縣志

【解題】黎祥品等修，劉宗堯纂。遷江縣，今廣西壯族自治區來賓市興賓區。「方言」見第二編《社會》中。録文據民國二十四年（一九三五）鉛印本《遷江縣志》。

方言

邑爲嶺嶠邊地，土客雜處，言語各殊。民指清代時之來自各省者所操言語均爲普通語，即官話。與桂林音大同而小異。土人指明時代之來自山東者所操言語咸爲土語，俗稱爲壯話〔一〕。比官話相差甚遠。按諸字義，義同而字異。例天地父母夫妻兄弟等類之名稱，土字則爲迖泥爺妺莫奷皮

〔一〕壯：原作「狀」。

妽等字，穿衣、食飯、早起、夜眠等類，則爲登蒲、梗礙、閲辻、陷伝等字，又中間爲囬，講一半爲一戸等等。

〔民國〕來賓縣志

【解題】賓上武修，翟富文纂。來賓縣，今廣西壯族自治區來賓市興賓區。「方言」見上篇《人民二・地理篇十四》中。録文據民國二十五年（一九三六）鉛印本《來賓縣志》。

方言

人類羣處，求所以互達其意，乃與常所接近之人，共構成其一種之言語，而他方之人，亦各自構成其一種之言語。一彼一此，其始本絶不相謀，閉門造不能出門合，故五方之人言語不通。見《禮記・王制》篇。有王者起，天下尊爲共王。而王者所出之一方，亦自先有其一種之言語。王者一方之言語，遂爲天下所同尊，尊之曰雅言。雅者，正也。即如正朔、正供之謂。而他各一方之言語，限於偏隅，則謂之方言。《詩》《書》所紀，自虞廷賡歌，下達周之《風》《雅》《頌》，審聲協律，宫羽弗移。蓋二千餘年間，王者數易姓，而嚮之尊爲雅言者，未之或變也。惟是讀猪爲都，讀登爲得，齊宋密邇，已訝音乖。而鄭人謂璞玉、腐鼠，楚人謂虎於菟，比物稱名，更煩象寄。雖普天率土咸稟一王之雅言，彼方言之詰屈侏儷，各操土風，固自若也。揚子雲懷鉛提槧，從諸計吏訪殊方絶俗之語，作《方言》十三卷，詳見《西京雜記》。其書詳記當時郡國言語之異同，然皆比物稱名，而讀音之清濁高下猶未之及焉。隋陸法言作《切韻》、唐孫愐作《唐韻》，厥後《廣韻》《集韻》《正韻》諸書，悉準兹義，則《方言》之讀音乖違，從可想見矣。今論方言者，當兼論其稱名與讀音，溯自秦漢統一幅員，同文同軌，宏觀垂二千餘年，河北、江南、胡越未免殊俗。古今沿革，流風又遞有變遷，方言之稱名、讀音各不能盡同者，其勢然也。

宋之《禮部韻略》、清之《佩文韻詩》分平上去入四聲，凡百有六部，爲當代文學、考試、辭章詩賦家講聲病之程式，謂之官韻。凡言語與官韻近者謂之官語。最近代海内之官語分南北兩大派。北京官語，實北語一派之綱；南派官語，則獨推廣西桂林語。廣西所屬諸縣，雖亦各有其方言，而桂林、平樂、柳州、慶遠、思恩、南寧、太平、泗城、鎖安諸屬城市鄉村所通行之官語，皆桂林語之一派也。潯、梧、鬱林諸屬接壤東省，廣州語獨通行。廣州語者，嶺南粤語之綱也。桂林官語僅行於官署紳衿間，乃至學塾生徒誦詩讀書亦皆廣州語。所謂桂林官語者，即士夫亦未通曉也。

來賓爲故柳州府屬縣，桂林派之官語通行於縣境。然自縣城及諸墟市外，尚有土語、客語、粤語、閩語、儂語五者之分。五者中以土語爲最多，縣境殆遍。粤語、閩語最少，曾不及什分之一。粤語即廣州語。閒嘗考論粤語爲隋唐以前古語之嫡派，欲明縣屬人民土語、官語、客語、閩語、儂語諸派别之統系，當先明粤語統系之來源，而後諸語音之派别有所根據也。

番禺陳蘭甫孝廉澧〔一〕，清道光辛卯舉人。論廣州語音有五善：其一，他方之音惟平聲分清濁，廣州語則上去入三聲皆分清濁。其二，濁上聲他方多誤讀去聲，廣州語則不誤。其三，侵覃鹽咸諸韻他方多誤讀與真文元寒删先諸韻無别，如侵讀若親，覃讀若壇，鹽讀若延，咸讀若寒，廣州語於此諸韻皆不混。其四，庚青韻之榮熒兄轟諸字他方讀爲東冬韻，如榮熒讀若容，兄讀若凶，轟讀若烘，廣州語則皆庚青韻。其五，唐季僧守温所傳三十六字母中明微兩字母有輕脣、重脣之别，陸法言《切韻》、孫愐《唐韻》明微兩字皆同母，如眉字，武悲切；緜字，武延切，後人改武悲爲目悲、武延爲名延，廣州語讀之武悲正切眉、武延正切緜，直與隋唐之切音合。陳氏又謂，切音古法，上一字定清濁而不論四聲，下一字定四聲而不論清濁，若不能辨上去入聲之清濁，則遇切音之上一字爲上去入聲者，必不能辨其爲清音或爲濁音。如東字德紅切，不知德字清音，必疑德紅切之未善；魚字語居切，不知語字濁音，必疑語居切之未善。自明以來，韻書多改古切音者，正以此故。惟廣州語四聲皆分清濁，故以之讀古書切音，瞭然無疑也。因引《朱子語類》贊廣州語音之善，見《語類》一百三十八。謂今之廣州語，實隋唐時中原之音。蓋陳氏粤人，是以論粤語洞悉奥窔。竊謂陳氏所論尤有未盡者，據韻書分部有開口、閉脣之兩讀法，同是開口讀音，又有舒脣、撮脣之兩讀法，其發音之高下、纖洪又各截然不稍相假。《唐韻》

〔一〕甫：原作「浦」。

《廣韻》指宋陳彭年等所重修者分部頗繁，據最近官韻言之，以平聲例上去兩聲，自東韻至尤韻皆開口讀，侵覃鹽咸四聲皆閉脣讀；入聲則自屋韻至職韻亦皆開口讀，緝合葉洽四韻亦皆閉脣讀。此固粵語所獨長。粵語讀凡范梵貶貶窆諸字亦不閉脣者，因脣音諸字，其閉脣所辨甚微，故易混耳。而佳灰寒删蕭肴豪諸韻，則以舒脣、撮脣爲別。佳删肴三韻皆舒脣讀，灰寒豪三韻皆撮脣讀，蕭韻屬於舒脣讀而微斂其脣。不明乎此，必疑佳韻之街與灰韻之該、寒韻之官與删韻之關皆同音，而蕭韻之驕與肴韻之交及肴韻之茅與豪韻之毛亦皆同音，何以不同韻？且疑灰韻之梅雷堆催諸字與來才殆栽諸字音不相協，何以反同一韻？及證以粵語，乃知舒脣與撮脣之異讀矣。支這諄先宣諸字亦舒脣、撮脣異讀而不分部者，音甚近故也。不寧唯是粵語讀齊韻諸字不與支微韻諸字同，讀真文韻諸字不與庚青韻諸字同；其讀齊韻之迷黎低妻諸字，略與桂林官語之梅雷堆催諸字音同；而齊韻之倪鷄諸字不與支韻之尼基諸字同也。其讀庚青兩韻之兵平冥經諸字，則略與桂林官語讀同，若真文韻之賓貧民斤諸字，則仿佛官語之奔盆門根，他字類推。而不與庚青韻諸字同也。至於蒸韻與庚韻音近，而獨帶有東韻之濁音；江韻由東韻音轉，而微兼有陽韻之清音，則又判在毫芒，非楮墨所能狀。且粵語讀庚韻之彭行撐罌諸字，乃如官語之讀陽韻，粵語讀陽韻皆屬於撮脣，與庚聲之彭行諸字異。而不同於其所讀之庚青兩韻。讀支韻之遺葵衰及微韻之圍威歸諸字，乃同於其所讀之齊韻，而不同於支微兩韻者。此則隋唐以前之古音，證以《風》《雅》《頌》諸篇而合者也。故曰粵語爲隋唐以前中原古音之嫡派，而今日講求中華國音者之圭臬也。中原語音變遷歷史別有著論，兹不具贅。

來賓縣境操粤語者雖少數，而多數之土語其雜用漢語者，乃悉與粤語之音合。土語之源，實出於上古西南土著苗族之語。今縣屬人民其先祖皆來自中原，絶非苗族舊裔，乃竟沿襲苗族語音者，蓋來此最早，受苗語之同化者也。秦始皇創闢南海桂林象郡，秦兵數十萬戍南海，燕趙韓魏之士從焉。趙佗，真定人，本趙故族，而爲龍川令。秦龍川縣，即今惠州故府屬東北境，與嘉應故州屬相毗連。今嘉應故州屬諸縣之語音，必當時燕趙之語音也。史禄，韓人，出零陵，鑿靈渠，遺迹在今興安、靈川兩縣境，詳見《廣西通志》。下灕水，即今桂林。以入桂林。桂林後爲漢之鬱林郡，即今貴縣迤南諸縣地。今貴縣、興業迤南之語音，必當時韓魏之語音也。任囂爲南海尉，所部多秦人。秦南海郡，即今廣州故府所屬諸縣地，而旁及肇慶故府屬諸縣，今南海、番禺及高要、德慶迤西沿鬱水兩岸之語音，必當時秦之語音也。漢武帝平南越，三輔之民來者益衆。南海當政治中樞，其於嶺南土人同化力爲最强，舊時苗語有不適用於漢俗者，不得不遷就漢語。漢語即秦語，亦即今之粤語也。詳推縣屬土語，凡屬天然生理與上古苗族所本有者，多從苗語本稱，獨於心字、腰字，或連稱天地字，則與粤語同，其他由人力構成，或屬於漢人名物及土人舊時聞見所未及者，則俱從漢語。如皇帝也、神仙也、先生也、媒也、兵差也，及動物之龍鳳龜鹿，家畜之馬羊猫鷄，植物之瓜葱菱藕，鑛物之金銀銅錫，食品之油茶粉麵，器用之杯磐燈燭，服飾之帽履鞋韤，與縫紉之鍼，梳妝之篦，照容之鏡，習射之弓，宫室之樓窗房牀，與官府之衙門，城市之街，祀神之廟，通路之橋，方位之東南西北，無一不與粵語脗翕。而地理之湖海，疆域之省縣，宫室之井竈磨碓，器用之缸桶瓶壺，砌牆之甎，覆屋之瓦，文具之紙筆墨硯，數目之一二三四五六七八九十百千万諸字，微有差異，而語源音轉，歸趣無殊。乃至船謂之艫，汲水之輪謂之轆，貫輪之木謂之軸，千錢謂之一貫，則直秦漢之古語，以粵語讀之而音諧者也。土語尚有數字爲粵語所未有，而音義古雅，遠出於秦漢以前。如舉身而起謂之興，讀若官語恒字之上聲；著衣冠袴、著鞋韈皆謂之登，讀若官語鄧字之上聲；官語之清平聲，讀若官語之上聲，粵語之例然也。粵語讀興字音近馨，略與青韻混，土語讀諸興字亦然。惟此興字獨存蒸韻之古音。不云起而云興，起者行之始，故文从走。興者，舉之畢，故文从舁。《詩》所稱「子興視夜」，《禮》所稱「主人興辭」是也。登之爲辭，有自動、他動二義。自動若登舟、登車、登牀等，他動若《月令》所稱「登麥」「登穀」「登龜」，謂我使之登也。衣也、冠也、袴也、鞋韈也，不云著而云登，謂使之登於吾身焉耳。又與人對語自稱曰孤，或轉音爲句股之句，俗改書口文从厶，以別於句讀之句。依粵語例，皆讀若官語之上聲。稱人曰孟，孟文从皿，古音當爲上聲，屬梗韻，故讀若官語之去聲，《唐韻》乃作莫更切，屬敬韻。案，孟即孟仲叔季之孟，義訓爲長幼之長。《尚書·康誥》武王呼康叔曰孟侯，《左氏春秋傳》蹇叔呼百里視曰孟子是也。見僖三十年。古苗族君長號曰孟，義蓋本此。諸葛武侯南征，禽其豪酋曰孟獲。見《三國志·諸葛亮傳》。獲者，其人名，冠之以孟者，猶召康公之號爲君奭也。稱人曰孟，即漢語稱人爲君之義。孤者，古人自謙孤寡之辭，其轉音爲句股之句，義亦最古。上世之人有名句芒、句龍者，亦猶《尚書·牧誓》武王稱余發、《洛誥》周公稱余旦也。太伯奔荆蠻，自稱其國曰句吴，見《史記·吴世家》。則猶《大誥》稱我周邦之例。漢縣在交趾郡有句漏，在牂柯郡有句町，皆苗族舊壤。句音爲自稱之辭審矣。今縣境土語自稱，在北鄉諸村皆從孤上聲，在南鄉諸村皆從句股之句上聲。

土人在二千年前初接見之秦漢人所操中原語音，殆即今之粤語。土人所效之漢語，不與今之桂林官語同科。曩時官書稱土語之鄉民爲獞，考《字典》引《集韻》獞字徒東切，讀若童，而今官語稱土語之鄉民曰戇，鄉民土語亦自承曰戇，其音與《唐韻》戇字陟絳切正合。對音譯義，戇者不過汲黯之戇，愚直古道，於人格奚傷？《集韻》獞字既無陟絳一音，又訓爲犬名，甚非重視吾民也。

土語皆在鄉村間，縣城與諸墟市居民則皆操官語。即桂林派官語之省稱，後倣此。縣境之官語雖屬於桂林派，而稱名不盡同，聲音亦略差别。桂林官語入聲皆讀若濁平聲，縣境與象縣接壤，象縣之官語入聲皆讀若去聲，然又非若北京官語之讀肉爲宥、腳爲教、烈爲賴、藥爲要、白爲拜也，但讀木爲慕、角爲箇、節爲借、直爲至之類。縣境官語之入聲亦不盡與象縣同，惟玉鬱役域入諸字皆讀若裕，而讀律若慮、設若射、獲若賀、邑若意、立若利等十餘字而已，餘皆與桂林官語同。桂林官語讀刪韻之顔閑間與先韻之延賢堅同音，縣境之官語亦如之。惟先韻之全專廛諸字，桂林官語讀與刪韻混，縣境之官語獨不然，凡先韻諸字無一混入刪韻也。覃韻之監字，桂林官語讀與鹽韻之兼字同音〔一〕，縣境官語亦不然，仍讀如覃韻也。支韻之爲規垂隨虧綏、微韻之揮飛肥及灰韻之培頹諸字，皆與粵語之讀葵遺追圍威歸諸字並同於粵語之齊韻。齊韻除圭閨二字外，餘皆讀如支韻，悉與桂林官語一致。至桂林官語讀寒韻之觀般盤歡鸞寬酸端諸字，則皆混入刪韻，縣境之官語讀此諸字則同於粵語之寒韻之本音，獨寒丹干難闌檀諸字則仍混入刪韻也。以上皆就平聲言，上去聲諸字準此。

然此亦專就尋常言語與雒誦所及論之，若夫字義稍涉雅奥，或不數數見。在桂林官語並未誤讀，而鄉俗乖訛特甚者，則由於弗考音義，信口因仍，非其定例也。更有褐寬之夫、椎髻之婦，唯舌是出，幾等楚咻，而如包容未放謂之含，懲創頗深謂之懍，掩閉不宣謂之闇，積滿不舒謂之鬱，燥爽不滑謂之濇，兩體對關謂之合，兩綫歸併謂之夾，含懍闇皆作閉唇音，鬱與濇皆作入聲之清音，合與夾皆作入聲之閉唇清音。讀書識字者，側耳聽之，尋聲求義，或反莫得其解，初不意此皆粵語之一鱗一爪也。是故土語所稱之地名、人名，皆當以粵語所讀之字對音譯之，乃得其真，若譯以官語所讀之音，將不識爲何字矣。

客語之在縣境，除石塘、大灣、雙松三墟外，皆多在鄉間，其人口之衆，亞於土語。先世多來自賓陽，語音亦與隋唐之切音較近，其與粵語之差異，可依官語之平仄推考而得。官語之切

〔一〕官：原脱。

音雖或不合於隋唐之切音，顧其平上去三聲，實二千年前中原之雅音。或謂《論語》所稱「雅言」，即當時雅音之謂也。周公封於魯，當時一王之雅音〔一〕，魯之君子必世守之。《禮記·檀弓》篇述晉平公飲酒，杜蕢自外來，《左氏春秋傳》記此事，杜蕢作屠蒯。《檀弓》篇有公叔禺人，《左氏傳》禺人作務人。蓋左氏大都採晉乘之文，魯人稱杜，而晉人稱屠；魯人稱禺，而晉人稱務。必因人名傳聞譯音，魯人之上聲，晉人讀濁平聲；而魯人之濁平聲，晉人乃讀去聲也。案，《唐韻》杜字動五切上聲。客語，即今嘉應故州屬之語，前既推論其爲先秦之燕趙語，趙本故晉土，趙語即晉語。唐叔封晉，亦當有一王之雅音，而禮樂教化不如魯，是以雅音在魯不在晉。今考縣境之客語，其與官語亦若晉語之與魯語。閒嘗以同通桶痛諸字爲清濁平聲與上去兩聲之調音而推考粵語、客語與官語之差異，粵語於官語之濁平聲不變，而清平聲讀若上聲，上聲讀若去聲，去聲讀若清平聲，其或讀若濁平聲者，例外也。如鳳用利樹賓飯汗諸字之類。客語於官語之清平聲不變，而濁平聲讀若去聲，去聲讀若上聲，上聲讀若濁平聲，其或讀若清平聲者，亦例外也。如尾馬養有諸字之類。故同通桶痛平上去三聲之順序，粵語讀之則似官語之同桶痛通，而客語讀之則似官語之痛通同桶矣。據宋人切韻四聲指掌之説，平聲不低不昂，上聲高呼猛烈，去聲哀怨幽遠，入聲短促收藏，官語獨無短促收藏之聲，粵語、客語乃有之，然平上去三聲所謂不低不

〔一〕時：據下文「唐叔」云云，似爲「有」之誤。

昂、高呼猛烈、哀怨幽遠者，官語乃庶幾近焉。是粵語、客語各有所偏，至其於入聲同一短促收藏，而粵語之清音入聲，客語讀爲濁音；如穀角骨尺鐵錫得濕諸字之類。粵語之濁音入聲，客語讀爲清音。如術玉日月石食入葉諸字之類。亦若清平聲與濁平聲，其不變音，彼此互反也。客語更有一字獨存秦漢以前之古音，即母字，古音滿彼切，讀若眉上聲。官語之上聲，客語例讀濁平聲。今客語呼母其音如官語眉字之清平聲，此亦例外之變音，即二千年前中原呼母之本音也。客語在他方或謂之厓語，以其自稱曰厓。厓本濁平聲，客語例讀去聲，若官語之僾。縣境謂之麻介語，介者，客語中之耆宿以爲什物計也。客語有所不知而問必曰什物計，即《集韻》所謂拾没。語急併轉爲麻介。問辭而云什物計者，謂就諸什物中計算之以告我，此亦秦漢以前中原語之遺音也。兩粵諸縣凡操客語者自稱曰客家，蓋對於土著之人其來稍後，故云然耳。縣境稱客語之人爲來人，來人者，亦客之義。

儂語之在縣境，惟北一里永靖圍諸村及北三里牛巖墟有之，其自稱曰儂，聲稍高昂，類似官語之上聲。其語音本例略雜在粵語、客語之間，入聲亦短促收藏，而平上去三聲則絶類乎官語。其所以異者，則開口、閉脣與撮脣皆近於粵語。嘗聞彼中人相詬云「誰敢出頭」，竊審聽之，誰、頭兩字濁平聲，敢字閉脣之上聲，出字入聲質韻，音在清濁之間。又嘗造彼中一家，主人將會食，呼曰「取箸來」，竊審聽之，取字上聲，箸字去聲，來字濁平聲之撮脣音，正與灰韻合；取字七庚切，亦與《唐韻》之切音合，在三十六字母中屬於清字母之齒音，官語誤讀爲徹字母之舌上音。而誰字之問辭，取箸來三字之爲辭，則不啻《詩》《書》中之雅言也。縣人聞其自稱曰儂，而北一里之古昔墟爲彼中互市之走集地，因呼其人曰古昔儂。彼中語於清字母諸字亦有微訛，微似透字母之舌頭音，讀葱字略似通，村字略似吞，計數之七字略似剔，滑稽者或以爲揶揄焉。

牛巖墟之儂語，略與北一里永靖團諸村之儂語微别，亦若北五里五團諸村之土語與南三里三團諸村之土語微别，蓋在剛柔纖洪之間。紅水江中，自縣城下至正龍、大灣兩墟之船户，其語音亦儂語之一類，惟牛巖墟之儂語聲洪而微濁，船户之儂語聲剛而微清。他村之人先世有來自鬱林屬諸縣者，其語音亦與儂語同一流派。自貴縣迆南興業、博白達於北流，其語音於粤語、客語之外，别爲一系。融縣附廓迆北諸鄉村，語音大致亦與儂語同。今縣屬永靖團操儂語之人民，未詳來自何方，彼中人云遠祖籍在山東，又云在河南。山東西境爲戰國時魏地，所謂河南疑指洛陽。前清洛陽縣爲河南府治。戰國韓都宜陽，後滅鄭都滎陽，皆距洛陽不遠。東周王都在洛，先王禮樂教化漸被，所及末造，雖積弱而遺澤未泯。韓魏密邇畿甸，所操語音，於雅音爲近。東漢迄晉，亦皆都洛。迨江左偏安，中原士大夫相將南徙，與吴同化。《廣韻》謂吴人自稱曰儂，《古今樂録》又謂《懊儂歌》爲緑珠所作。緑珠，石崇妾。當晉盛時，石氏本居洛陽。吴人之稱儂，安知非名士過江吴人慕而效之也？東坡詩云「語音猶自帶吴儂」，特就六朝遺俗言之耳。或謂吴語稱人亦曰儂，然晉人《子夜歌》儂皆自稱之辭，恐自稱曰儂，實來自中原，吴僻誤訛乃以稱人。是則僮語之爲中原古音之遺，信矣。今兩粵船户，官書皆名之曰蜑户，《説文》以爲南方之夷也。近賢有謂宋末厓山之敗，餘民誓不登陸，不臣於元，元人亦屏之，不與齊民齒，明清兩朝遂同目爲賤族。竊謂此説無論確否，願浮家泛宅，張志和終屬高人，即云胤出南夷。《淮南子》有「使但吹竽」「使氐厭竅」之説，但與氐並舉，其文从人旦聲，亦不過民族之一。今船户姓氏與齊民無異，而語音且帶吴儂，不可謂非姚姒姬姜之華胄也。乃取義荒誕，改文从虫，甚者斥爲蛇種，不已誣乎！

閩語之在縣境，僅數村，先世皆自東省羅定故州屬遷來，遠祖皆出於福建泉、漳二府屬。福建爲秦漢以前之閩越裔壤，故福建土語稱爲閩語。《説文》以閩爲「東南越〔一〕，蛇種，从虫門聲」。此亦中原鄙夷異族之辭。然秦漢之時閩越君長皆故越王勾踐子孫，越民相從，散處海上，大都夏肄爲多。三國吴收閩中地，析交州地東爲廣州。吴人官吏士卒先後入閩，其語音遂與故閩土著同化，亦若蒼梧、鬱林地西之與故苗語音同化也。今之福建人士，堂堂華胄，悉操閩語，要皆中原民族不得以蠻夷蛇種之説嫌之也。縣境人民操閩語者既寡，其語音與漢語懸絶，不但呼父爲郎罷，呼子爲囝而已也。詳見吴處厚《青箱雜記》及陳耀文《天中記》。○案，縣屬村民操閩語者，率來自廣東雲浮縣，非純粹閩語。閩閩籍漳州人語，呼父爲爹，但其音爲低鴉切，非如官語爲丁耶切；其呼子爲稼，蓋囝之轉

〔一〕越：原誤作「夷」。

音。自其本村，外鄉人多不能通其語，近接比鄰，隔同異域。粤中人士論閩語者，且目之爲本地番語。蓋當上古時，閩居東南，苗居西南，彼此各不相往來，各自獨立，故語音懸絶若是。中原之人初入其地，竟爲其所同化，而文化之勢力終不及漢，故語雖習閩，仍不失爲漢族也。

縣境語音雖分土、客、儂、閩、粤五種，至其誦詩讀書，則皆用官語，非若他方各以其方音爲誦讀也。凡操客語、儂語及閩、粤語者，音雖各殊，要與官語同屬漢語一系。平日往來交通，苟非不出户庭，即婦孺亦皆通官語。審聲審音，從不免略帶本語臭味，然非本鄉之人莫能辨也。惟由土語轉效官語，則喉舌脣齒蹇澀支離，如讀珠若支，讀餘若夷，甚或讀通若東，讀香若秧。而讀東乃反若通，讀秧乃反若香；其他威之與輝，温之與昏，亦往往彼此互易，此非其人之喉舌脣齒，果有若何之蹇澀也。試觀其本語所用之漢語，竟能與粤語聲音靡所乖違。其稱中秋節曰八月十五，月字與十字幾乎純粹粤語聲音。及其效官語，讀月字偏讀若葉，讀十字偏讀若昔，則又何也？蓋彼中有先效爲官語之人誤爲如此之聲音，彼此踵習，不啻莊獄之間，雖日撻以求其楚，豈可得哉？嚮使未沾習染，即受業於純粹官語之師，與純粹官語之友遊，可決其必無此苦。習慣自然，無足怪者。

〔嘉慶〕武宣縣志

【解題】高攀桂修，梁士彦纂。武宣縣，今廣西壯族自治區來賓市武宣縣。「風俗」見卷三《疆域》中。

有嘉慶十三年（一八〇八）刻本。録文據清鈔本《嘉慶武宣縣志》。

風俗

地僻民樸，風俗醇良。土語多獞音，官話較他縣爲正。

〔民國〕武宣縣志

【解題】朱昌奎修，龐賡年纂。武宣縣，今廣西壯族自治區來賓市武宣縣。「方言概略」見第二編《社會》第七章《民族》中。録文據民國二十三年（一九三四）鉛印本《武宣縣志》。

方言概略

武宣上通柳、象，下通梧、粵，社會言談每有義同而字異者，多從此兩路傳習而來。間有特別與此兩路異者，或由本處人民遠遊他方歸而傳其言於本土，或由武邑四方雜處來者各本其他方鄉談以流傳於居留之地，土著者耳濡日久習爲常談，其言遂與文離。又有好奇者以隱語表示形容，及有洪楊時代趨吉避凶之徒因字音不祥反其音義而以吉字代之，人初歷其間，聞而莫名其妙，且有誤會者。兹特略載一二，以見字義之變。

字異義同

日，官話云太陽、熱頭。

霧，官話云蒙沙。

父，官話云巴巴。有隨伯叔稱亞伯、亞爺、亞叔。
母，官話云媽媽。有稱亞嬭、亞姊、亞嬸。
子，官話云崽。
朋友，相知者稱字，不相知者稱老表，或稱兄弟。
舌，官、粵語皆云利錢，避折本之不祥字也。
豬肝，官話云豬潤，避乾字之不祥也。
湯，官、粵話多云順，避劏字之不祥也。
蚯蚓，官話云蟲蟮。
謹案方言中之隱語多係外來者，流傳市井，下等社會之徒，以爲新奇之談，學久而成習慣。若士紳之家、農家者流言者絶少，故闕之。茲謹取通常語、吉祥語載之，因相傳久也。

附方音 字同音異[一]

官話：天；獞話：奔陽平（桂林音平聲捲舌貼下顎）；客話：天（官語平聲）；猺話：顛上聲（粵語上聲）。

官話：日；獞話：列上聲（官語上聲）；客話：熱（粵語上聲）；猺話：歇入聲（粵語入聲）。

[一] 原爲表格形式。原以四角點法表示聲調，這裡改用文字説明。未標者爲陰平。

官話：星；獞話：盧類（官語讀）；客話：相（官語讀）；犽話：想上聲（官語讀）。

官話：雨；獞話：温（官語讀）；客話：於（官語讀）；犽話：會（官語讀）。

官話：地；獞話：南（粵語讀）；客話：體（官語讀）；犽話：弟（粵語讀）。

官話：水；獞話：林去聲（粵語去聲）；客話：垂（粵語讀）；犽話：使陽平（粵語平聲）。

官話：田；獞話：那上聲（官語上聲）；客話：田去聲（官語去聲）；犽話：埶（粵語讀）。

官話：父；獞話：爹（官語讀）；客話：迓（官語字，粵語）；犽話：挪以（官語讀我父也）。

官話：母；獞話：謎（官語讀）；客話：哀陽平（粵語平聲字，粵語）；犽話：囊（官語上聲）。

官話：兄；獞話：過（官語讀）；客話：兄（桂林音讀）；犽話：挪各（官語讀我哥也）。

官話：弟；獞話：囊（粵語讀）；客話：體（官語讀）；犽話：挪入聲碟（官語讀碟去聲）。

官話：妻；獞話：迷牙（官語讀）；客話：勞破（官語讀）；犽話：挪否（官語讀我婦也）。

官話：子；獞話：勒（粵語讀）；客話：來上聲（官語上聲字，粵語）；犽話：餒陽平（粵語平聲）。

官話：女；獞話：勒陽平白陽平（粵語讀白上聲）；客話：女陽平（官語讀陰平聲）；犽話：內（粵語讀）。

官話：起；獞話：墾陽平（官語平聲）；客話：杭上聲（粵語上聲）；犽話：係上聲（粵語上聲）來粵語。

官話：睡；獞話：年（粵語讀）；客話：帥上聲（粵語上聲）；犽話：水陽平（官語陽平聲）叫上聲（桂

林音上聲）。

官話：去；獞話：杯上聲（官語上聲）；客話：使（官語讀）；猺話：毀（官語讀）。

官話：來；獞話：兜（官語讀）；客話：來去聲（粵語去聲）；猺話：來陽平（粵語平聲）。

官話：門；獞話：白（粵語上聲）斗（官語）；客話：門（粵語去聲）；猺話：門（粵語讀）。

官話：食；獞話：根上聲（粵語讀上聲）；客話：舌（粵語上聲）；猺話：歇上聲（粵語上聲）。

官話：飯；獞話：愛（官語讀）；客話：反（官語讀）；猺話：凡（官語讀）。

官話：酒；獞話：漏上聲（官語上聲）；客話：就陽平（官語平聲）；猺話：作（官語讀）。

官話：猪肉；獞話：挪某（官語讀）；客話：朱（桂林音）弱上聲（官語上聲）；猺話：朱弱（官語讀）。

官話：犬；獞話：馬（官語讀）；客話：九陽平（官語陰平聲）；猺話：垢（官語讀）。

官話：衣；獞話：布陽平（粵語陰平聲）；客話：三陽平（粵語平聲）；猺話：衫（粵語讀）。

官話：白衣；獞話：布陽平（粵語陰平）好（官語）；客話：泊上聲（粵語上聲）三陽平（粵語陽平聲）；猺話：百衫（粵語讀）。

官話：生；獞話：類（官語讀）；客話：喪（官語讀）；猺話：賞（官語讀）。

官話：死；獞話：歹（官語讀）；客話：息（官語讀）；猺話：世（粵語讀）。

官話：笑；獞話：有（官語讀）；客話：小（官語讀）；猺話：少陽平（粵語讀平聲）。

讀）。

官話：哭；獞話：堆（官語讀）；客話：叫上聲（桂林音上聲）追上聲（粵語上聲）；猺話：哭（官語讀）。

官話：書；獞話：色上聲（官語讀上聲）；客話：書（桂林音）；猺話：使上聲（粵語上聲）。

官話：筷；獞話：得（官語讀）；客話：凱（官語讀）；猺話：開（官語讀）。

謹案，民族構成端由語言，武宣四方雜處，有官、粵、獞、客、猺、閩之分。獞語最多，官話、客話次之，猺語、粵語又次之，閩語甚少，僅黄花村二三十家耳。獞語以南河區通挽、禄新、峒嶺爲多，客語以北河區東鄉三里爲多，猺語以二塘爲多。兹編從特異而多數者載之，故僅載獞、客、猺語之特異，而官、粵語爲普通，閩語爲少數，均不備載。又於獞之中僅注南河區之獞語，客之中僅注北河區之客語，猺之中僅注二塘屬之猺語，亦從多數之故。而於峒嶺屬之客語，北河區之獞語，金鷄屬之猺語，鄉與鄉音有高低，大同小異，因係少數，故不分注。且以國文字音注獞、客、猺三種語，難求多數準確，故以詩韻四聲，用官、粵普通語調而注之，略載一二，以見各族所由構成耳，不求備也。其不以國音字母注之者，取易知也。

〔乾隆〕梧州府志

【解題】吴九齡修，史鳴皋等纂。梧州府，轄境包括今蒼梧、藤縣、岑溪、容縣、懷集五縣，府治在今梧州市。「方言」見卷三《輿地志・風俗》中。有乾隆三十五年（一七七〇）刻本。録文據同治十二年（一八七三）重刻本《梧州府志》。

方言

梧州音柔而直，稍異粵東，而近蘇白。城郭街市多雜粵東人，亦多東語。如梧謂父曰爹，東曰爸。母曰娘，東曰媽。子曰兒，東曰仔。謂新婦曰新人，東曰心抱。謂姑舅曰君公爺、家婆娘，東曰大人公、大人婆。子女謂其祖父曰亞公、祖母曰亞婆。謂北人曰外江。謂强横曰蠻子。謂遊戲曰則劇，東曰了。謂看戲曰體戲。謂來曰來，東曰黎。謂取物曰取，東曰邏。謂卵曰蛋，東曰春。謂姻婭之使役曰親家郎。呼顛者曰廢。謂持物曰拎，東曰的。數物之束者曰一子二子。烹物曰煮，東曰熠。謂多曰够、少曰不够。音遘。以手搓物曰挪。以手覆物曰揞。以指爬物曰捥。搬運東西曰搬〔一〕，東曰摙。積腐穢曰擸捶。謂人身汗穢曰猥殩，又曰呵糟。謂裸體曰軀軆。音赤瀝。謂立曰企。謂鬧新婦曰體新。新婦獻帨履曰荷惠。謂喫曰食。謂早飯曰食朝，午飯曰食晏，晚飯曰食夜。謂食饌曰食餚，又曰食菜。謂食煖鍋曰打邊爐。粘詩藏謎曰打燈題。以翎貫皮踢之曰踢燕。放鳶曰放紙鷂。凡此之類頗異中州，餘亦可通。

字音之異，如知之枝通，志智至置通，皇王黄通，文民聞通，玉肉褥通，營横榮通，賢焉絃通，爲維闈遺通，院縣通，仁人通，酒走通，凡此之類，皆同一音，餘亦與中州無異。

〔一〕東：據文意補。

訛字如華爲芈，泥爲坭，誕爲誗，教爲𢻟，兹爲竾，隣爲僯，聞爲耷，本爲夲之類，皆承訛習陋而不知其非者也。

〔同治〕蒼梧縣志

【解題】蒯光焕等原修，羅勛等原纂；黄玉柱續修，王棟續纂。蒼梧縣，今廣西壯族自治區梧州市蒼梧縣。「風俗」見卷五《風土志》中。録文據同治十三年（一八七四）續修刻本《蒼梧縣志》。

風俗

方言，古人有之，廣西城郭居民語乃平易，自福建、湖湘皆不及也。其間所言，意義頗善。《嶺外代答》。

梧州音柔而直，稍異粤東，城郭街市多粤東人，亦多東語。《府志》。

〔民國〕蒼梧縣志

【解題】李衡宙等纂。蒼梧縣，今廣西壯族自治區梧州市蒼梧縣。「方言」見《民事志》中。有民國三十年（一九四一）鈔本。録文據廣西第二圖書館一九七六年複製鈔本《蒼梧縣志》。

方言

自唐虞聲教南暨，漢以後二陳三士經學昌明雲山桂水間久矣，行同倫，書同文矣。然而方音清濁，遂分輕重；文字雖一，語言以殊。應劭曰：風者，天氣有寒煖，地形有險易，水泉有美惡，草木有剛柔。俗者含血之類，像之而生。故言語歌謳異聲，鼓舞動作殊形。蒼梧語言通稱白話，其中或音讀不同，或稱名各異，考其意義，多有所本。古者輶軒之使，求訪方言，籍而藏之秘室，爰輯其略爲「方言」一目，亦林間梗概之法云爾。述方言。

方言，古人有之。廣西城郭居民語乃平易，自福建、湖湘皆不及也。其間所言，意義頗善。《嶺外代答》、前志。

梧州音柔而直，稍異粵東。城郭街市多粵東人，亦多東語。前志、參府志。

梧謂父曰爹。按或曰大、曰爺、曰爸。母曰娘。按或曰媽。又按爸、媽、哥、姐等稱呼，皆小兒學語自然之音，原無意義。今西童呼父母亦曰爸媽。子曰兒。按讀上聲。謂新曰新人。《廣東新語》謂新婦曰心抱，按心抱，實新婦之誤音。謂舅姑曰君公爺、按城市稱家公、鄉間或稱君爺。家婆。按城市或稱安人。謂祖父母曰亞公、按或曰爺爺、曰翁。亞婆。按或曰嫲、曰媽。謂北人曰外江。謂強横曰蠻子。按今謂強横者曰惡獠。呼顛者曰廢。謂持物曰拎。按拎音琴，《集韻》：「急持也。」今讀若溺平聲。數物之束者曰一子二子。謂多曰够。謂少曰不够。以手搓物曰挪。按讀若諾平聲。以手履物曰揞。按《集韻》：「烏感切。手覆也。」以指爬物曰搲。按《類篇》：「烏瓦切。吴俗謂手爬物曰搲。」謂立曰企。新婦獻帨履曰荷惠。按今俗謝人贈物曰承惠。謂早飯曰食朝。按鄉間謂食曰喫。午飯曰食晏。晚飯曰食夜。謂食煖鍋曰打邊爐。以翎貫皮踢之曰踢燕。放紙鳶曰放紙鷂。按放紙鷂乃東語。梧曰放牙鷹。凡此之類，頗異中州。參府志。

字音之異，如知之枝通，志至置通，皇王黄通，文民聞通，玉肉縟通，營横榮通，賢焉絃通，爲維闈遺通，院縣通，仁人通，酒走通，凡此之類，皆同一音，餘與中州無異。府志。

訛字如，華爲華，泥爲坭，誕爲諠，教爲教，兹爲芢，鄰爲憐，聞爲耷，本爲夲之類，皆承訛習陋而不知其非者也。府志。按今如薄作部、圓作元等，類由商人寫帳圖省筆畫，相沿既久，或有不識本字者矣。

謂日曰日頭。月曰月亮。謂虹曰旱龍。謂冰曰雪。南人多不知雪，每以人造冰爲雪。謂朝曰朝早。午曰晏晝。夜曰夜晚。謂明日曰聽日。明年曰出年。

兩山之間謂之沖。俗作埇。山坡謂之宕。讀若朗。平阜謂之塝。《集韻》：「吴楚間方語，土之平阜曰塝，溝塍畦畔處亦曰塝。」畦謂之坵。田畔水溝謂之圳。音酬。《字彙補》：「江楚間田畔水溝謂之圳。」今讀若震。閘流灌田謂之陂。《風俗通義》曰：「傳曰：陂者繁也，言因下鍾水以繁利萬物也。」架竹通水謂之筧。《集韻》：「以竹通水也。」山嶺狹長處曰嶐。俗作夊。窪有水曰涔。讀若曇去聲。俗作氹。《集韻》：「仕濫切。窪也。」有深泥曰湴。《集韻》：「湴，深泥也。」水源小者曰汶。音吻。《水經注》：叟嵩水有二源雙會，東導一川，俗謂之汶水。

謂子曰崽，《廣東新語》曰：「《水經注》『弱年崽子』是也。」鄉間曰儂兒。兒讀上聲。謂夫曰頭翁。夏郢區六堡。妻曰夫娘。《廣東新語》曰：「夫娘之稱頗古，劉宋蕭齊崇尚佛法，閣内夫娘令持戒，謂夫人、娘子也。廣州則以爲有夫人之婦也。」謂兄曰大僚。弟曰細僚。讀若勞去聲。同獠。《集韻》：「西南夷謂之獠。」或作僚。今俗作佬。按佬音遼，大貌。謂平人曰獠。婦稱漢子亦曰獠。《廣東新語》曰：「賤稱也。周文帝討諸獠，以其生口爲賤隸，謂之壓獠，威壓之也。」謂孿生子曰孖。物駢枝者亦曰孖。音兹。今讀若罵平聲。揚子《方言》：「東楚間，凡人嘼乳而雙生，謂之鼇孖。」謂壻曰郎家。夏郢區思委鄉。

謂院落曰地唐。《詩》「中唐有甓」傳：「唐，堂途也。」謂根曰蔃。讀若薑上聲〔一〕。謂蔬之嫩苗曰蘧。讀若阮。謂物曰閒惹。謂底曰㞋。音篤。謂諸曰係。謂取鄉間讀取音若土曰邏。府志：買物曰取，東曰邏。謂無曰毛。讀若牟去聲。《東坡志林》：「白飯也毛。」謂拾曰執。謂捺印曰給。商場蓋章於薄曰給簿。謂游戲曰塞極。府志作則劇，今夏郢區旺甫有此語。謂服物趨時曰排常。幼，細也。糸兒，少也。糸音覔。《博雅》「微也」。兒讀上聲。稔，讀平聲。柔熟而軟也。精，諳世故而工趨避也。偎，讀若偃。闇弱無知也。乖，兒聰明柔順可愛也。《七修類藁》曰：「乖角，不曉事意，故韓詩曰『親朋頓乖角』是也，今人反以爲聰明意，錯矣。」搦，尼革切。手把兒髀而私也。

思化、護良二村，冠蓋區尚平鄉。猶操獞語。蓮池、嶺坳，東安區東平鄉。操開建語。民之自惠州、嘉應州來者，謂之客家，操客家語。戎城區共和鄉龔練曾潘蔡鍾諸姓均操客家語，音近潮州。都市之間頗雜夷言。如謂銅圓曰仙士，謂商標曰嚜。戎墟之民，田錢同音。

右方言。

〔嘉慶〕藤縣志

【解題】高攀桂修，陳鑰纂。藤縣，今廣西壯族自治區梧州市藤縣。「方言」見卷四《輿地志·風俗》中。

〔一〕讀：原作「謂」。

録文據嘉慶二十一年（一八一六）刻本《藤縣志》。

方言

音柔而直，稍異於粤東，而近蘇白。城郭街市，多雜東人，亦多東語。如謂父曰爹，東曰爸。母曰娘，東曰嫣。子曰兒，東曰仔。新婦曰新人，東曰心抱。姑舅曰君公爺、家婁娘，東曰大人公、大人婁。子女謂其祖父曰亞公，祖母曰亞婁。謂北人曰外江。謂强横曰蠻子。遊戲曰則劇，東曰了。謂看戲曰體戲。謂來曰來，東曰黎。謂取物曰取，東曰攞。謂卵曰蛋，東曰春。謂姻婭之使役曰親家郎。呼顛曰廢。謂持物曰拎，東曰的。數物之東曰一子二子。烹物曰煮，東曰㸆。謂多曰够，少曰不够。以手搓物曰挪。以手覆物曰揞。以指爬物曰摝。搬運曰搬，東曰摙。積腐穢曰攞揰。謂人身汙穢曰猥𣨼，又曰阿糟。裸體曰軀軆。謂立曰企。謂鬧新婦曰體新。新婦獻帨履曰荷惠。謂食曰喫。謂早飯曰喫朝。謂午飯曰喫晏。謂晚飯曰喫夜。謂食饌曰食餚，又曰喫菜。謂熯鍋曰打邊爐。粘詩藏謎曰打燈題。以皮貫翎踢之曰踢燕。放鳶曰放紙鷂。凡此之類，頗異中州。餘亦可通。

字音之異，如之知枝支通，志至志智置通〔一〕，王黄通，文民聞通，玉肉褥通，營榮横通，賢焉弦通，爲維闈遺通，縣院通，仁人通，酒走通，凡此之類，皆同一音。餘亦與中州無異。

〔一〕據乾隆《梧州府志》、民國《蒼梧縣志》、民國《藤縣志稿》，其中一「志」字或爲衍文，或爲「致」字之誤。

〔同治〕藤縣志

【解題】邊其晉修，胡毓璠等纂。藤縣，今廣西壯族自治區梧州市藤縣。「風俗」見卷五《輿地志》中。有同治元年（一八六二）刻本。録文據光緒三十四年（一九〇八）重排鉛印本《藤縣志》。

風俗

方言音柔而直，稍異粵東，而近蘇白。城郭街市多雜東人，亦多東語。如謂父曰爹，東曰爸。母曰娘，東曰媽。子曰兒，東曰仔。新婦曰新人，東曰心抱。姑舅曰君公爺、家婆娘，東曰大人公、大人婆。子女謂其祖父曰亞公、祖母曰亞婆。謂北人曰外江。謂强横曰蠻子。遊戲曰則劇，東曰了。謂看戲曰體戲。謂來曰來，東曰黎。謂取物曰取，東曰邏。謂卵曰蛋，東曰春。謂姻婭之使役曰親家郎。呼顛曰廢。謂持物曰拎，東曰的。數物之束曰一子二子。烹物曰煮，東曰熠。謂多曰够、少曰不够。以手搓物曰挪。以手覆物曰按。以指爬物曰搲。搬運曰搬，東曰摙。積腐穢曰攋搓。謂人身汙穢曰㱚殁，又曰阿糟。裸體曰軀軈。謂立曰企。謂鬧新婦曰體新。新婦獻帨履曰荷惠。謂食曰喫。謂早飯曰喫朝〔一〕。謂午飯曰喫晏。謂晚飯曰喫夜。謂食饌曰食餚，又曰喫菜。謂煖鍋曰打邊爐。粘詩藏謎曰打燈題。以皮貫翎踢之曰

〔一〕曰：據體例補。

踢燕。放鳶曰放紙鷂。凡此之類，頗異中州。餘亦可通。

字音之異，如之知枝支通，志至志智通〔一〕，王黄通，文民聞通，玉肉褥通，營榮横通，賢焉弦通，爲維遺通，縣院通，仁人通，酒走通，凡此之類，皆同一音。餘亦與中州無異。

〔民國〕藤縣志稿

【解題】梁丕功修，何亮輔纂。民國三十六年（一九四七）修，稿本。藤縣，今廣西壯族自治區梧州市藤縣。「語言」見第二編《社會狀態》第二章。有廣西壯族自治區第二圖書館一九六三年根據稿本整理的手寫本《藤縣志稿》，以及藤縣文獻委員會一九六三年根據廣西壯族自治區第二圖書館手寫本録排的油印本《藤縣志稿》。録文據手寫本，參校油印本。

語言

全縣語言均説白話，沿江之人音近梧。若鄰容縣者，其語調近容，則聲帶清；鄰平南者，語調近平南，則聲帶濁。藤北之人發音稍剛，藤南之人聲較柔；蓋地理與習尚使然也。至市區之人語調稍參粵音。故以區區一縣，其南北語音亦有不同。若能説普通話者，必久於軍政界之人始能之，大約百分之一二焉。玆略舉土語與粵語不同者如下。

〔一〕據乾隆《梧州府志》、民國《蒼梧縣志》、民國《藤縣志稿》，其中一「志」字或爲衍文，或爲「致」或「置」字之誤。

如謂父曰爹，東曰爸。母曰娘，東曰媽。子曰兒，東曰仔。新婦曰新人，東曰心抱。家公曰君爺公，家婆曰家婆嬭，東曰大人公、大人婆。子女稱其祖父曰亞公，祖母曰亞婆。謂外省人曰外江。謂强横曰强蠻。遊戲曰則劇。謂看戲曰睇戲。謂來曰來，東曰嚟〔一〕。取物曰取，東曰攞〔二〕。謂卵曰蛋，東曰春。數物之東曰子。烹物曰煮。謂多曰够，少曰不够。以手搓物曰挪。以手覆物曰扲〔三〕。搬運曰拼〔四〕。謂人汙穢曰汙糟。裸體曰打赤鱷。謂立曰企。謂鬧新婦曰睇新〔五〕。謂食曰喫。早飯曰喫朝。午餐曰喫晏。晚餐曰喫夜。謂食饌曰食餚，又曰吃菜。謂煖鍋曰打邊爐。粘詩藏迷曰打燈迷。以皮貫翎踢之曰打燕。放鳶曰放紙鷂。凡此之類，頗異中州。餘亦可通。

字音之異，如支枝知之通，致至智志通，黄王通；文民聞通〔六〕，玉肉褥通，榮營横通，賢焉弦通，爲維遺通，仁人通，酒走通。凡此之類，皆同一音。餘亦與中州無異〔七〕。

〔一〕嚟：油印本誤作「哧」。
〔二〕取物曰取東曰攞：原作「取物曰取東西或曰攞」，據同治《藤縣志》等改。
〔三〕扲：乾隆《梧州府志》、嘉慶《藤縣志》作「揞」，同治《藤縣志》作「按」。
〔四〕拼：乾隆《梧州府志》、嘉慶《藤縣志》、同治《藤縣志》作「搬」。
〔五〕睇新：油印本作「睇新娘」。
〔六〕文：油印本誤作「又」。
〔七〕餘：原脱，據油印本補。

〔光緒〕平南縣志

【解題】裘彬等修，周壽祺等纂。平南縣，今廣西壯族自治區貴港市平南縣。「風俗」見卷八《輿地略》中。録文據光緒十年（一八八四）刻本《平南縣志》。

風俗

今日平邑之獞，語操土音，對客籍則説廣東平話，與其儔類語言，啁嘲皆獞話也。如天謂之温，地謂之南，日謂之鄧艮，月謂之龍敦，山謂之堆，水謂之凛，我謂之苟，爾謂之蒙，飲謂之蔭，食謂之根，上聲。酒謂之漏，飯謂之厓，肉謂之那，牛謂之淮，猪謂之牡之類。客籍中有居與獞鄰終身不解獞話者，有解説獞話儼與獞人無異者。

〔民國〕平南縣鑑

【解題】鄭湘疇纂修。平南縣，今廣西壯族自治區貴港市平南縣。「各鄉語言」見《人口》中。録文據民國二十九年（一九四〇）鉛印本《平南縣鑑》。

各鄉語言

本縣語言，頗爲複雜，有白話、惠州、翁源、福建及僮話、傜話，但以白話爲最普通。説福建話者，以暢平鄉林姓、上渡鄉鄭姓爲多。説翁源話者，以大鵬、思和、思洪、鎮西、西歧、平政、思旺爲最多，安全、安懷、官成各鄉，亦有一二村説者。説惠州話者，以平政、南蔭、白馬、旺官、東平各鄉之一二村。説白話者，以城廂及大安所説發音較平，六陳、平山一帶發音較爲重濁。亦間有説方言者，如説什麽叫做乜西，小童叫做嫎之類。大鵬鄉有一二甲説僮話。僮話之音義，有與白話同者。例如讀書、寫字，義音均同，惟説話則每多變音，例如山謂之堆，水謂之凛，我謂之姑，你謂之蒙，日謂之鄧桓，月謂之龍敦，河謂之他，牛謂之懷，猪謂之普之類。傜話不特外人不曉，即彼傜與傜交通，亦有不知者，故傜人對外族交際，亦用白話。兹用國音符號翻譯其一二，以知其語言之複雜也。

族別	白話	傜話	白話	傜話	白話	傜話	白話	傜話
茶山傜話	猪	ㄎㄨ	牛	ㄎㄡ	雞	ㄍㄟ	落雨	ㄌㄟㄍㄨㄢ
板傜話	猪	ㄌㄨㄥ	鷄	ㄐㄧㄟ	落雨	ㄅㄨㄟㄅㄨㄥ	□□〔一〕	ㄧㄣㄞㄥㄢ
花藍傜話	猪	ㄅㄟ	□	ㄍㄞ	落雨	ㄌㄛㄋㄥ	男人	ㄐㄧㄨㄋㄞ
山子傜話	睡	ㄈㄨㄟ	落雨	ㄌㄨㄟㄅㄨㄥ	男人	ㄣㄣㄈㄨ	女人	ㄢㄠ
坳傜話	猪	ㄌㄨㄥ	鷄	ㄐㄧㄟ	男人	ㄐㄧㄤㄇㄨㄢ	女人	ㄠㄇㄨㄢ
	落雨	ㄆㄟㄅㄨㄥ						

〔一〕□□：二字漫漶不清，本表同。又，本表内多處注音字母寫法不規範，録入時或有誤。

〔同治〕潯州府志

【解題】魏篤修，王俊臣纂。潯州府，轄境與今廣西壯族自治區桂平市相當，府治在今貴港市桂平市區。「獞人」見卷四《疆域·風俗》中。録文據同治十三年（一八七四）刻本《潯州府志》。

獞人

郡屬之獞，語操土音，對客籍則説廣東平話，與其儔類言，啁嘲皆獞話也。如天謂之温，地謂之南，日謂之鄧艮，月謂之龍敦，山謂之堆，水謂之凛，我謂之荀，爾謂之蒙，飲謂之蔭，食謂之根，讀上聲。酒謂之漏，飯謂之厓，肉謂之那，牛謂之淮，猪謂之牡之類。客籍中有居與獞鄰終身不解獞話者，有解説獞話説之儼與獞人無異者。

〔光緒〕潯州府志

【解題】夏敬頤修，褚興周纂。潯州府，轄境與今廣西壯族自治區桂平市相當，府治在今貴港市桂平市區。「猺獞種俗」見卷五四《紀人·民俗》中。有光緒二十三年（一八九七）刻本。録文據一九六三年廣西壯族自治區博物館複製油印本《光緒潯州府志》。

猺獞種俗

獞惟對客言，則作粤語；與其儔類言，則啁嘲操土語也。如天謂之温，地謂之南，日謂之鄧艮，月謂之龍敦，山謂之堆，水謂之凛，我謂之苟，爾謂之蒙，飲謂之蔭，食謂之根，酒謂之漏，飯謂之厓，肉謂之那，牛謂之淮，猪謂之牡之類是也。

〔道光〕桂平縣志

【解題】袁湛業修，黄體正等纂。桂平縣，今廣西壯族自治區貴港市桂平市。「獞人言語」見卷十五《諸蠻·獞人》中。有道光二十三年（一八四三）刻本。録文據鈔本《道光桂平縣志》。

獞人言語

對客籍則説廣東平話，與其儔類言，啁嘲皆獞話也〔一〕。如天謂之温，地謂之南，日謂之鄧艮，月謂之龍敦，山謂之堆，水謂之凛，我謂之苟，爾謂之蒙，飲謂之蔭，食謂之根，讀上聲。酒謂之漏，飯謂之厓，肉謂之那，牛謂之淮，猪謂之牡之類。客籍中有居與獞鄰終身不解獞話者，有解説獞話説之儼與獞人無異者。

〔民國〕桂平縣志

【解題】黄占梅修，程大璋纂。桂平縣，今廣西壯族自治區貴港市桂平市。「言語」見卷三一《風俗》中。

〔一〕話：原誤作「諸」。

録文據民國九年（一九二〇）鉛印本《桂平縣志》。

言語

桂平雖僻壤，而古語流行甚多。苟以聲音轉變之例求之，則言而無文者殊鮮，惜舊志未能舉出。今隨筆録之，略證以古書，以明其所自出，不獨小學蒙養，從此教授國文便利滋多。而邑中治化之古，與蠻夷殊倫，亦藉此可証焉。凡名義與官語相同或不甚相遠者勿載。

有西漢以前本境固有之言。楊雄《方言》作自西漢，故述古今方言以西漢先後爲斷。如女子之美者曰婧，看曰睇，以罪惡詶駡於人曰賴是也。婧者，凡女子已笄將嫁呼曰阿婧，稍長則曰大婧。邑西東南各里俱有此名，尤以軍陵里爲多。吉一里近平南界名妾曰細婧。睇者，如看書曰睇書，看戲曰睇戲，凡過目者皆曰睇過是也。賴者，凡面受人誣害者必推之曰「汝休賴我」或戒之曰「勿賴錯人」是也。考《方言》：西漢楊雄著〔一〕。「娃、婧、窕、豔，美也。南楚之外曰婧。」「瞯、睇、睎、略，眄也。陳楚之間南楚之外曰睇。」「予、賴，讎也。南楚之外曰賴。」注：「賴亦惡名。」按經傳賴字俱含善義，如「子弟多賴」「兆民賴之」是也，而近代公文喜用「圖賴」「誣賴」等字，蓋本一方之言成爲通國之文義矣。按，邑居廣西之中，廣西即在南楚之外，則《方言》所謂「南楚以外」之語，即廣西語，亦即桂平語矣。

有其言流行本境，爲他省罕用，而實得之西漢以前嶺北州郡者。如駡人愚笨者曰倯，呼子

〔一〕著：原誤作「注」。

曰崽，碗曰甌，摘取毛髮曰撏是也。《方言》：「庸謂之倯，轉語也。」注：「倯，猶保倯也。今隴右名孏爲倯。」按保倯猶言保傭。孏者，嬾也。《後漢書·王丹傳》：「每歲農時，丹載酒肴田間〔一〕，勤苦者勞之，其惰孏者恥不至。」然則邑中罵人曰倯者，謂其愚笨若保傭，保傭多孏義，與隴右言合。《方言》又云：「崽者，子也。湘沅之會凡言是子者謂之崽。」甌，「甂，陳魏宋楚之間謂之㽿。自關而西謂之甂，大者謂之甌」。「撏，取也。衛魯揚徐荆衡之間曰撏。」《集韻》：「撏，徐廉切。摘也。」此皆邑中言語出於他省古代方音之証。

有其言爲南北官語所無，而實本於經傳諸子者。如形容事物之甚者曰好，如長曰好長，短曰好短是也。按，《墨子·經上》篇云：「圜，一中同長也。」畢注云：「一中，言孔也。」《爾雅》：「肉好若一謂之環好。」即玉孔。本劉光《漢小學發微》。則古者孔與好通用。《詩經》用孔字甚繁，如「降福孔偕」「德音孔昭」「其新孔嘉」「蹶父孔武」，諸孔字皆作甚字解。然則邑中凡言物好長、好短當爲孔長、孔短也。外如好大、好高、好善、好惡，皆以此推。孔即口也。《説文》：「口，人所以言食也。象形。」引申之，凡洞穿而無遮蔽者皆曰口，故地理有海口、營口、漢江口等名。又江蘇稱人面曰面孔，粵語曰面口，以《爾雅》好之爲孔証之，則面口即爲面孔，蓋孔之與好、好之與口，古音皆同聲通假。比之官語曰萬、曰頂、曰很爲古矣。以甚爲好，官語亦間有之。如罵人胆子好大之類是也。美惡毀譽，未嘗並用。以物與人曰畀，本於《詩經》曰

〔一〕肴：原誤作「看」。間：原誤作「問」，據《後漢書》改。

「投畀豺虎」，畀字注家作與字解，《爾雅》亦云「畀，予也」，比諸官語言給爲古矣。食物極熟曰稔，出於《禮記・特牲禮》：「請期曰羹飪。」《説文》：「飪，大熟也。」段注飪亦假稔，比之官語曰爛爲當矣。以身臥轉於地曰輾地，輾讀速字仄聲。本於《詩經》曰「輾轉反側」；又曰轆地，《方言》曰：「維車，趙魏之間謂之轣轆。」邑俗言圓物之轉亦言轣轆轉。按，此亦他省古代方言流行本境者，本宜與倯崽甌溽等字同列，因其事與輾地同實異名，故連類記於此。比之官語滚地爲古矣。自外至内曰入，見諸經傳，不一而足，比之官語言進爲古矣。又寒天以身近火取暖曰炙火，或曰燂火。《詩經・瓠葉》傳曰：「炕火曰炙。」《説文》：「燂，火熱地。」《考工記・弓人》〔一〕：「撟角欲熟於火而無燂。」注：「燂，炙爛也。」比諸官語言烤火爲古矣。食物有隔宵味者曰宿。粥飯之舊者曰餿，讀如收，亦宿之轉聲，北方人讀宿字亦與收字聲近。《論語》：「祭於公，不宿肉。」比之官語泛言曰臭爲古矣。遊觀曰瞭。《周禮・春官・大師》：「眂瞭三百人。」注：「瞭，目明也。」目明則可遠視，故師曠《禽經》言瞭曰鷂，張華注云「能遠視也」。質之《楚辭》「瞭冥冥而薄天」，與張華注合，今邑俗言瞭亦有遠視之意，比之官語曰逛、曰玩爲古矣。按，吴語言白相與邑俗言瞭同義。凡誘引他人共事曰㨨，讀如《集韻》作力救切，音溜。《説文》：「㨨，引也。」比諸官語言兜爲古矣。以手平匀散雜之物亦曰㨨。如㨨粥、㨨飯、㨨菜、㨨泥屬之寓。《詩》：「椓之橐橐。」鄭箋謂：「㨨土也。」孔疏：「㨨者，以手平物之名。」比

〔一〕工：原誤作「弓」。

之官語言攬、言弄爲古矣。人性遲懦曰納。《説文》：「納，絲濕納納也。」劉向《九歎》：「衣納納而掩露。」王逸注：「納納，濡濕貌。」按，濡與滯相因，故《孟子》云：「是何濡滯也。」濡滯與遲懦同義，此邑俗言納之所由來也，比之官語言慢爲古矣。農家大鋤曰钁頭。《説文》：「钁，大鋤也。」蓋農器鋤屬不一，大者名钁，邑俗稱用專名，比之官語云鋤頭爲古矣。並見《民業篇》。躍而走曰趯。《詩經》「趯趯阜螽」，傳曰：「趯，躍也。」《説文》足部：「躍，迅也。」與邑人言趯意同。物之始動曰朒。《尚書・五行》傳：「晦而月見西方曰朓，朔而月見東方曰側匿。」側匿，《説文》作縮朒，段注：「側匿、縮朒疊韻雙聲。」凡物縮而後伸。伸縮見則動作自顯，不獨月體爲然也。獸之雄者曰嘏。如牛曰牛嘏、馬曰馬嘏、狗曰狗嘏是也。《禮記・郊特牲》曰：「嘏，長也，大也。」嘏俗作牯，牯從牛，可名牛，不可名狗馬。尋物曰披。如捉蝨曰披蝨、尋見隱藏之物曰披見之屬是也。《左傳》昭五年「又披其邑」，注：「析也。」《方言》：「披，散也。」《廣韻》：「開也。」凡物被隱藏者，析之、開之、散之可見，故韓愈《進學解》云「手不停披於百家之編」。俗亦云披草尋蛇，其例可推也。應人之呼及責問於人，人未能猝應而情急代爲先應詞曰唉。《説文》：「唉，應也。讀若塵埃。」段注：「烏開切。」按，此字官語轉作鴉，廣東亦轉作嘏，桂平廂内與河北諸里皆與廣東彷彿，惟城東西南諸里讀若塵埃之埃，與《説文》合。又發聲歎恨及喝止他人言行之詞亦曰唉。《史記・項羽本紀》：「亞父受玉斗，置之地，拔劍撞碎之，曰：『唉，豎子不足與謀。』」索隱曰：「唉，歎恨發聲。」此邑俗言唉所本。夫歎恨則有責備之意，故見他人語行不善而急爲喝止亦用此詞，此文字引申之例也。相與坐談曰傾，或曰傾計。《家語》：「孔子道遇程生，傾蓋而語。」傾計即傾蓋轉聲。或以計爲偈，按偈爲釋氏詩詞，音讀爲桀，内典多言偈而無傾偈者，或說非也。　或曰拔，城南中都里有此語。《前漢書・鄒陽傳》：「披心腹，見情素。」蓋以披有拆開之義，故尋物曰拔、談心亦曰拔。

有其言驟聆似甚僻，雖不盡見於經傳，而按之卻甚文者。　如罵人無用者曰尋。　尋者，尋常也。　或曰曳，讀平聲。　曳爲夷聲之轉。　夷者，文家每與鄙字並用，如云鄙夷視之，或云鄙夷不屑是也。　疑邑中往日民蠻雜處，文質殊風，各以嘲夷族者詈平民，故有此音。　貪食曰嚵。　唐韓愈《月蝕》詩「雖食八九無嚵名」。　嚵又作饞，《廣韻》：「士咸切，不廉也。」《集韻》：「饞，饕也。」皆貪食之意。　吸水及氣於腹曰朔。　朔者，縮也，爲聲之轉。　縮口中之氣於腹中，而後所吸之水與氣乃乘空而進，於物理爲合。　此外如摑即爲撲，獵出去即爲輦出去，問人打某處來、某處去即爲搭某處來、搭某處去，蘇州人讀搭字亦云打。　甑展凡遊觀或曰瞭，或曰甑展即爲散展，馬籠頭即爲馬絡頭，古詩「黃金絡馬頭」，按絡籠雙聲，器物有酒落、藤落之名，落皆當作絡。　牛斑靷即爲牛瓣靷，此物所以架於牛頸爲牽犂之用，以藤編織如瓣故名。　按《說文》：「靷，頸靼也。」〔一〕《廣韻》：「牛羈也。」其來亦古。　前《農業編》失載，今補於此。　卜箕所以篩米即爲簸箕，飯濾讀平聲即爲飯盂，人身中脅肋轉爲嗇肋，兩臀轉爲兩墩，膝頭轉爲鎖頭，耳鐺轉爲耳擰，肚皮轉爲肚鱉，似俗而實雅者，不能一一舉。　更有山川鳥獸草木魚蟲等名，

〔一〕 靼：原誤作「組」，據《說文解字》改。

與古語官音似相歧，而實相同，已各有專篇詳載，兹不贅列。

周漢詞人形容事物多雙聲重文，越二千年，斯例行於嶺外者爲多。就邑俗而論，凡以重文形容者，如高曰昂昂，闊曰茫茫，長曰撓撓，直曰騰騰，騰或讀爲能字上聲。曲曰拗拗，深曰巖巖，暖曰翕翕，張機《傷寒論》：「太陽中風，翕翕發熱。」暖與熱相近，故亦以翕翕爲形容。熱曰辣辣，涼曰漸漸，或轉作尋尋。冷曰颯颯，又曰颼颼，凍曰冰冰，白曰漠漠，黑曰墨墨，或轉作嫣嫣，清曰瑩瑩，讀如迥。濁曰汩汩，光曰堂堂，又曰溜溜，甜曰泥泥，辣曰爽爽，香曰噴噴，酸曰瀝瀝，自胃吐出酸氣則曰瀝酸，古籍凡汁液流露皆曰瀝，如「羣言瀝液」「披肝瀝膽」是也。俗以酸惹濕入口而津液增多，故曰瀝。苦曰澀澀，讀如劫。肥曰稔稔，瘦曰梗梗，言其瘦如梗也。滑曰脱脱，或轉作捋捋。濇曰磋磋，此聽其言而知其文，無待考而知者也。其或因去古已遠，聲轉已久，而仍可考知其爲往古某字者，如短曰徹徹。徹徹者，咫尺之轉。《左傳》：「天威不違顔咫尺。」則短徹徹實爲短咫尺也。低曰別別。別別，爲平平之轉。《毛詩》「平平左右」，《韓詩》作「便便左右」，《尚書》「平章百姓」，今文《尚書》作「便章百姓」，邑俗言便宜曰別宜，蓋由平轉便、由便轉別。低別別，實爲低平平也。濕曰涅涅。涅涅，爲納納之轉。納納，濕也，已見前遲懦。按邑俗於物之輭者曰疊疊，疊疊亦爲納納之轉，亦有直言納濕者，蓋凡物濕則濡滯，故人性遲懦者曰納納。濕則變輭，故物之輭者亦曰納納。乾曰勾勾。勾勾，爲皜皜之轉。《孟子》：「江漢以濯之〔二〕，秋陽以曝之，皜皜乎不可尚已。」皜皜，白也。凡物曝乾則白，故以皜皜形乾。倦

〔二〕漢：原誤作「漠」，據《孟子》改。

而休息曰草草。草草，爲偷偷之轉，言在忙中偷偷閒也。人物聚集齊整曰速速齊，或更轉爲輯輯齊。速速，爲簇簇之轉。簇者，小竹也。見《廣韻》與《集韻》。小竹多叢生，引伸之凡物叢生皆曰簇。《史記·律書》：「正月〔一〕，律中大簇。」泰簇者，萬物簇生也。《白虎通》：「簇者，湊也，言萬物始大湊地而出也。」凡物之湊出有不盡之勢，故語者重言形容曰簇簇。按邑中簇字用之甚廣，言齊者曰速速齊、曰輯輯齊、曰輯偶齊。言新者曰索索新、曰足骨新。速輯索足，皆簇字之轉。骨爲刷之轉，足骨新者，言簇簇刷新也。其以雙聲形容者，古詩云：「優哉游哉，聊以卒歲。」而邑俗云遭遊，即爲優遊之轉。《詩·齊風》「顛倒裳衣」，而邑俗云担倒，即爲顛倒之轉。《荀子·非相篇》「美麗姚冶」，而邑俗優冶即姚冶之轉。按姚冶近淫，故《易》曰：「冶容誨淫。」邑俗惡淫，故凡子女行止不檢及男子浪遊者，皆責之曰優冶。《説文》：「勿，州里所建旗，象其柄，有三游，雜帛，幅半異〔二〕。所以趣民。故遽稱勿勿。」而邑俗言急作不輟，亦曰迷勿。迷勿，爲勿勿之轉。按邑俗亦有直言勿勿者，《毛詩》「黽勉從事」，《韓詩》作「密勿從事」，蓋《韓詩》由勿勿轉爲密勿，《毛詩》由密勿轉爲黽勉。邑俗由勿勿轉爲迷勿，與《韓詩》同例。外此如蓬僕即爲蓬勃，邑人形容煮食熱氣蒸上有此名詞。輕性即爲輕靈，經性即爲正經，的息即爲低細，頻淪即爲盤旋，頻淪輪即盤旋轉也。恨真即爲認真，羅助即爲累墮之屬。倉猝未能盡舉，其因聲轉與古既遠，別無他音可擬者不録。

〔一〕正：原誤作「五」，據《史記》改。

〔二〕異：原誤作「翼」，據《説文解字》改。

語之難明由於聲轉，亦多由於倒植。倒植語見於古籍者不少。《書·禹貢》「祇台德先」，即先祇台德也。《詩》「逝不古處」，傳訓逝爲逮，即不逮古處也。《公羊》襄二十七年《傳》言「昧雉彼視」，即視彼昧雉也。《墨子·非樂》引武觀曰「野於飲食」，即飲食於野也。本《訄書》。求之邑語，亦間有斯例。如是但即爲但是，争交、打交即爲交争、交打。按但是猶言只知謂、只知講、只知做，不計是非得失也。若不知爲倒植，則解人難索矣。其餘各語類此者無所聞。倒語者，出於草昧未開之世，今列國語言先名詞，次及動詞，次及助動詞，實陋風未化，六經之有倒置語，亦舊俗之未盡滌。邑俗開化已久，倒語之少，或由於此。

倒植之外，別有省言、合言，此古今常有之例。合言即反切，猶外國文之駢音省言。如《史記》張恢生，《漢書》作張恢先。《史記》省先字，《漢書》省生字，是其例也。憑斯審察，雖不可解之詞，亦多可解。邑俗所言，如稱呼師儒爲將，此語城廂間有之。將爲先生之合。質問之詞曰商，或作孃去聲，縣南各里多爲此語。商爲甚樣之合。按縣東軍陵里等處作試樣，試爲甚字之轉曰商者，由甚樣轉爲試樣，由試樣合爲商。乜些之些，爲東西二字之合。些字讀如官語高低之低。按邑處廣西之中，語言近廣州者十之八，近桂林者十之二。如城廂言子字、雙字，及縣南上中都各里讀才來蔡各字，音皆與桂林語相近。東西之合爲些者，蓋其始讀西字，如桂林語，合以東字，遂成些字之音也。商停之停字，爲情形二字之合。商停，言甚樣情形也。稱物之善曰不止善，惡曰不止惡。其餘長短、高下、粗細、苦樂，皆有不止之詞。止者，知與幾之合。言不知幾善、不知幾惡也。知字平聲，與幾字合爲上聲，恰成止字音。問事已作與否曰稜，如問已着衣否曰着已稜，問已寫字否曰寫字稜，縣南各處語如此。爲唔曾二字之合。其省言者，如煞神爲煞費精神之省，煞氣爲煞費氣力之省。按蘇州有氣煞，則言煞氣，或爲氣煞之轉。怎子城廂及永和里、趙里各處之語爲怎樣法子之省，乜西爲甚麽東西之省，外此未能盡舉。

凡上皆隨意舉録，挂漏尚多，且猝然不能以事類相從，惟以原於本境與他省古方言及經傳子史所有之文，略爲條系於先；而以雙聲、重言及側植、省合之語隨之。至於某言之屬古音某部、今音某韻，乃小學專門之事體。微而用廣，須假長期閉户研稽，始能載出。今則目接賓朋，口爲酬應，左手具茗，右手揮毫，隨書隨印，難以語此矣。

狼人言語

與獞人言語略同。

獞人言語

對客籍作廣東平話，與其儔類言，則啁噍皆獞話也。如天謂之温，地謂之南，日謂之鄧艮，月謂之龍敦，山謂之堆；以上袁舊志。雨謂之紛；采訪。水謂之凛；以上袁舊志。牛謂之杜淮，猪謂之杜牡；牡或撮脣讀之如摩〔一〕，或竟言杜猪。以上袁舊志原文無杜字。鴨謂之杜鱉，苦瓜謂之辣梨，鹽謂之果；以上采訪。酒謂之漏，肉謂之那，飯謂之厓；或曰謂之矦。以上袁舊志。粥謂之庵，火謂之非，門謂之刀；以上采訪。我謂之苟，讀平聲。爾謂之蒙，飲謂之蔭，食謂之根；讀上聲。以上袁舊志。歸去謂之杯嫣，杯字讀官語。落謂之籠如落雨謂之籠紛是也。以上采訪。凡注文「或云」，俱是采訪是也。

〔一〕脣：原誤作「晨」。

按以聲學例求之，則火之與非、我之與苟、落之與籠，皆爲雙聲。今蘇州人亦稱我爲勾，讀如官語之歐，歐勾苟，俱疊韻。又古詩「黄金馬絡頭」，邑民云馬籠頭，落、絡同聲，故聲轉俱爲籠。酒之與漏、飲之與蔭，皆爲疊韻。天謂之温，温當作渾，古之測天者曰渾天，渾有圜義，故又曰圜天，温渾圜皆聲轉。地謂之南，南與涵雙聲，涵與含疊韻。《易》：「坤，地也。」故稱乎母。陸績注「取合養也」，故《易》又曰：「含萬物而化光。」又《白虎通》〔一〕：「南，任也，言陽氣尚有任，生薺麥也。」《説文》：「草木至南方有枝任也。」則南有生義。《易·坤卦·繫辭》：「萬物資生。」則地有能生義，故以地爲南亦通。古書稱天者曰乾，或曰彼蒼，或曰穹蒼，或曰太空。稱地者曰坤，曰大塊，曰坤輿。不盡直言爲天地。獞之稱天爲温，稱地爲南，實與古同例。其餘事物各稱可以此推。食謂之根，根當作齦。齦，《説文》「齧也」。齧，《説文》「噬也」。《禮記》「毋齧骨」，是齦有食義。獞人不言食言齦者，猶民俗之以食爲喫、爲吃、爲嚼、爲噬、爲啖、爲咬，未足異也。門謂之刀，刀當作竇。《左傳》襄公十年：「王叔之宰曰：蓽門圭竇之人。」注：「謂穿壁爲小户。」獞人不言門言竇者，猶牖户異形而言者，或以牖名户，或以户名牖，未足異也。水謂之澟，澟當作淋，水爲液體，故能淋也。山謂之堆，堆形似山。獞人不言水而言淋、不言山而言堆者，猶民俗之以雨爲霖，以水爲泉，以山爲岡、爲嶺、爲邱，亦未足異也。民俗於地之高處亦多言堆，山曰山堆，嶺曰嶺堆，墳曰墳堆，草之積曰草堆，柴之積曰柴堆。堆字固字書所有，

〔一〕白：原誤作「曰」。

獞人言之，不足異。又訪，獞語實名多詭異，而虚詞則多用華語。如門謂之刀，而開門謂之啓刀，啓即開也。邑人讀啓字與官語開字同聲。雨謂之紛，而雨來謂之紛到，到即來也。其餘不能盡舉，然則其語似僻而實非僻矣。

猺人言語

袁舊志言猺人言語稍與人通。夏《府志》同。

按，《後漢書·南蠻傳》言槃瓠子女言語侏𠌯，而近考猺語與廣東民族相接者能爲粤語，與桂林、湖南相接者能爲官語，其餘所往各處，無不隨地而變，與狼獞之獨有音系者不同。

〔民國〕貴縣志

【解題】歐仰義纂，梁崇鼎等纂。貴縣，今廣西壯族自治區貴港市。「方言」見卷二《社會》中。録文據民國二十四年（一九三五）鉛印本《貴縣志》。

方言

貴縣界於桂、横、興、鬱、賓、武、遷、永、來及粤之合浦諸縣間，以地域關係，其方言亦與濱海語系之粤語爲近，既不似桂平之多唇齒音，復不似鬱林諸縣之多舌前音。自爲風氣，音多雙唇，而南北無閡，易於倣效，故縣人旅外，或從事懋遷者，朋儕交接，率能别操方言。李志云：風氣輕峭，音亦類之，和平可聽，與官話不甚差謬。梁志云：貴人無論説某音，均是我就人，斷無人就我，官語固也。即各處土音，無不皆然。城廂與各里之方言發音，清濁輕重亦間有微別。如火、庫、課、過等字，香江人讀之爲唇音，而城廂則爲齒音，故香江之語音較重濁，而城廂較輕清。又木梓方言多用舌尖音與喉音，懷西輕清而懷南重濁。如讀文如墳、使如死、方如豐、識如昔、國如廓、麻如磨皆是。至於客話、獞話，或語存古義，或音屬轉變，皆各有淵源。顧客話之中，仍有差別。就橋墟而論，則有潮州音、梅縣音、陸川音、鬱林音、河源音之分。獞話之音義，與普通語亦不乏從同。如讀書仍曰讀書、習字仍曰習字皆是。其義同音異者，如山謂之巴、水謂之凛、我謂之高、爾謂之蒙，皆其例也。《貴縣方言小箋》一書，梁岵廬著。彙集縣屬城廂方言，或溯本源，或明音轉，摘舉於次，藉以發凡。

馬龍夯　俗謂螳螂爲馬龍夯，夯讀平聲。按凡物之大者，古均稱爲馬。植物則有馬蘄、馬藻、馬棘、馬蓼。均見《爾雅注》。動物則有馬蜩、見《爾雅》。馬蚍蜉。見《爾雅注》。今人猶稱爲馬蟻。方言之馬龍夯，馬當訓爲大，龍夯即蜋字之切音，猶言大蜋也。

龍虎　俗謂虎爲龍虎。按凡物之以戎、龍、鴻爲名者，皆有大義。見《爾雅》。俗稱虎或曰老虎，老亦龍之轉音。

琴盧　俗謂蜘蛛爲琴盧。琴，俗讀如克巖切。琴盧，殆爲勤羅一音之轉。按蜘蛛即知織之轉音。見《物名溯源》。知織、勤羅，義同而音異者也。

馬騮　俗謂猴爲馬騮。騮爲猱一音之轉。猱，奴刀切，猿屬。按凡物之大者，古均稱爲馬，見馬龍夯條。故大猴曰獼猴，見《爾雅注》。又曰母猴，見《説文》。又曰沐猴。見《史記》。獼、母、沐，皆馬字之轉音。馬騮猶言大猴也。

吱喳蟲　俗謂蟬曰吱喳蟲。按《爾雅》：「蜩，蜋蜩。」郭注引《夏小正》注曰：「蜋蜩者〔一〕，五采具。」《説文》云：「蜩，蟬也。」《方言》：「蟬，楚魏謂之蜋蜩。」案蟬爲總名，蜩亦爲總名，又爲蜋蜩之專名。今此蟲入夏而鳴，所在多有，順天人謂之唧嘹，淮南人謂之遮留，或曰支留，或曰蛣䖘，山東謂之蛣蟟，均肖其鳴聲以製名。

黄蚕　俗謂蚯蚓曰黄蚕。按《爾雅》：「螼蚓，黄蚕。」〔二〕即今蚯蚓，轉音則爲螾蛩，又名蛩蟺。《爾雅》郭注。蟺之轉音爲蟪，《廣雅》。又轉音爲蟮。今或呼爲曲蟮，貴縣則呼爲黄蚕。黄者，肖其色。蚕，本音腆，方言讀如鑾之上聲，殆即蚕之轉音。

白蕭魚仧　俗謂小魚曰白蕭魚仧。仧，俗字，讀如擬平聲，不大也，與兒字同義。古謂魚之小者爲白小，小、蕭聲近。仧字，兒字音轉。

緊　間也，方食曰食緊，方行曰行緊。又助詞，切記曰記緊。

費　語言無當也。

宿　食物陳舊味惡也。

〔一〕者：原作「鳴」。據《爾雅注》改。
〔二〕黄蚕：《爾雅》作「蜸蚕」。

絳　如此也。俗讀如格漾切，蓋個様二字之合呼，猶不可之爲叵、何不之爲盍矣。

〔嘉靖〕南寧府志

【解題】方瑜纂輯。南寧府，府治在今廣西壯族自治區南寧市區。「蠻夷」見卷十一《雜志》中。録文據嘉靖四十三年（一五六四）刻本《南寧府志》。

蠻夷

獞自元至元間方入省地，近日編入版圖者謂之熟獞，性略馴。其遠者謂之生獞，梗化不可制服。謂天爲温，父曰扶，牛曰懷魯巴，飯曰毫，食曰艮。亦有同中國者，謂酒曰醪，謂鹽曰鹵。

〔嘉慶〕白山司志

【解題】王言紀修，朱錦纂。嘉慶六年（一八〇一）修。白山司，今廣西壯族自治區南寧市馬山縣白山鎮。「方言」見卷九《風俗》中。録文據道光十年（一八三〇）鈔本《白山司志》。

方言

白山自司官官族外，解漢語者甚稀。其語多鼻音及卷舌音，譯之甚難。茲擇其日用常言譯注於後，其聲雖似，其音則非，亦不過得其仿佛云爾。

天曰門。地曰對。雨曰昏。晴曰亮。風曰倫。雲曰虎。山曰岜。河曰大。水曰淪。火曰肥。花曰畫。木曰妃。

人曰扶瑰。鬼曰督防。睡曰寧。去曰擺。讀書曰讀司。寫字曰寫司。父曰播。母曰城〔一〕。兄曰哥。弟曰儂。夫曰官。妻曰琶。子曰勒。孫曰覽。

衣曰布。帽曰帽。靴曰靴。鞋曰鞋。帶曰綵。頂曰頂。穿衣曰等布。穿鞋曰等鞋。繫帶曰東綵。

飲食曰吞。飯曰餱。酒曰簍。早飯曰餱挨。晚飯曰餱酬。飯飽曰陰。酒醉曰簍醃。食菜曰吞北。食肉曰吞糯。茶曰茶。牛曰督懷。馬曰督麻。猪曰督牡〔二〕。狗曰督罵。魚曰督把。蝦曰督公。

户曰欄。堂曰堂。樓曰樓。門曰兜。桌曰枱。椅曰登椅。筷曰箸。鹽碟曰丁。碗曰晚。杯曰盞。短刀曰煞。斧曰否。長刀曰養。鳥鎗曰充。

荳角曰勒杜。南瓜曰勒寡。茄子曰勒革〔三〕。辣椒曰勒没漫。桃子曰勒桃。李子曰勒敏。板栗曰勒立。葡萄曰勒乙。

〔一〕城：似爲「滅」之誤。

〔二〕牡：似爲「牲」之誤。

〔三〕革：似爲「草」之誤。

〔民國〕那馬縣志草略

【解題】馬河圖修，林錦臣纂。那馬縣，今廣西壯族自治區南寧市馬山縣。「方言」見第一章《社會》第一節《民族》中。録文據民國二十二年（一九三三）鈔本《那馬縣志草略》。

方言

縣屬先來之民族人寡者，語言隨俗雅化。後來而人多者，則語言堅守祖音。有此原因，現時境内遂分有土語、新民語、客語之三大區别。此三種語言，在本縣界内，爲犖犖之最大，而且最占勢力。按其語言吐屬，審其音韻。

土語有呼天爲本ㄅㄣ，呼地爲體ㄊㄧ，呼父爲老坡ㄌㄠ ㄆㄛ，呼母爲老咩ㄌㄠ ㄇㄧㄝ，呼夫爲樸貫ㄅㄨ ㄍㄨㄢ，呼妻爲樸牙ㄅㄨ ㄧㄚ，呼伯爲勞隆ㄌㄠ ㄌㄨㄥ，呼伯母爲勞拔ㄌㄠ ㄅㄚ，食飯爲根侯ㄍㄣ ㄏㄡ或根挨ㄍㄣ ㄞ，穿衣爲敦樸ㄉㄨㄣ ㄅㄨ，睡爲臨ㄌㄢ，起爲痕ㄏㄣ。

新民語呼天亦爲天，呼地爲體ㄊㄧ，呼父爲亞爸ㄧㄚ ㄅㄚ，呼母爲亞彌ㄧㄚ ㄋㄧ，呼夫爲勞躬ㄌㄠ ㄍㄥ或長扶ㄗㄤ ㄈㄨ，呼妻爲勞婆ㄌㄠ ㄆㄛ，呼兄弟爲中體ㄔㄥ ㄊㄧ，呼朋友爲變優ㄅㄧㄢ ㄧㄡ，呼夜爲牙ㄧㄚ，呼起爲巷ㄍㄤ者。

客語有呼天爲添ㄊㄧㄢ，呼地爲體ㄊㄧ，呼父爲譽ㄩ，呼母爲那ㄋㄚ，呼伯爲台譽ㄊㄞ ㄩ，呼伯母爲台那ㄊㄞ ㄋㄚ，呼夫爲勞語ㄌㄠ ㄩ，呼妻爲勞滅ㄌㄠ ㄇㄧㄝ，呼兄弟爲興隊ㄒㄧㄣ ㄉㄨㄟ，呼朋友爲崩由

ㄅㄥ ㄖㄡ，呼飯爲凡ㄈㄢ，睡爲衰ㄕㄨㄞ，起爲溪ㄑㄧ者。

〔民國〕隆山縣志

【解題】吴克寬修，陸慶祥纂。隆山縣，今廣西壯族自治區南寧市馬山縣。「方言」見第三編《社會》中。録文據今民國三十七年（一九四八）油印本《隆山縣志》。

方言

義同而音異者爲方言。本縣民族複雜，言語各異。大概分爲漢族、非漢族二種。而漢族之中又分爲本地而稱、土話。客話、即賓陽話。官話、新民、横塘、湖廣六種。非漢族之中，又分爲東峔摇、西峔摇二種。兹將其各種日常言，略舉一二，而分則譯注於後。

本地話，即先來民之語言，俗稱土話。其所操之語音，有屬普通話俗稱官話正韻之轉聲音者。如稱帽曰毛，稱竈曰操，即轉帽字、竈字之平聲。稱馬曰駡，鞍曰晏，馬鞍曰駡晏，即轉馬字、鞍字之去聲。墓曰莫，謂掃爲操，掃墓曰操莫，即轉墓字之大聲〔一〕、掃字之平聲也。有同音通語正韻，而加重或加高其浪者，如燈曰戥，讀如neeng；謂點曰典，讀合唇音如teem；點燈曰典戥，即加高燈字、典字之音。稱衣服之服曰襆，而服襆同韻。稱鷄曰汁，讀如粵東話

〔一〕大：誤，疑當作「去」。

音，即加重鷄字之音也。他如火油曰洋油，火柴曰洋火，父曰爸或曰亞爸、亞爺，母曰媽媽，則皆屬普通話正音也。

在文化之初萌時，本地人別有一種土字，或用想象，或用夾音，以代土語之稱謂者。如謂上面之上字，土字則曰丕，音艮平聲，讀如ㄙㄣ。下面之下字，土字曰夵[一]，音拉上聲，讀如ㄌㄚ。謂坐曰ㄚㄧ，音能。謂袍曰[illegible]，讀如aun。謂背負曰[illegible]，讀如kiun。稱天曰㝵，音洶，讀如ㄙㄨㄣ。日曰眼，讀ㄌㄣ。月曰肤，讀如ㄌㄐ。山曰岜，讀如ㄙㄚ，山下曰夵岜，山上曰丕岜。田曰埇，讀如ㄙㄨㄚ。夜曰晞，讀如粵音咸字。白曰皓，讀如ㄙㄠ。褲曰祀，音花。鳥曰馱，如粵音讀大字。魚曰鮑，音ㄙㄚ。肉曰腳，音ㄧㄛ。酒曰醲，音ㄨㄧㄡ。米曰糄，音ㄙㄧㄡ。去曰批，音ㄧㄨㄟ。村曰板，去村曰批板。食曰吶，音ㄓㄣ，食酒曰吶醲。人曰伝，音ㄙㄣ。兄曰皮，音輩，亦曰哥。弟曰[illegible]，音ㄙㄥ，亦曰儂。母曰姆，音滅，父曰伩，音傅。祖[二]。祖母曰奷，音牙。飯曰餱，即《詩》「乃裹餱糧」。吃曰吞，音艮。吃飯曰吞餱。子曰力，讀如勒。《晉書》陶淵明爲彭澤令，遣一僕歸[三]，與其子書曰[四]：「今遣此力，助汝薪水之勞，此亦人子也。」故本地人之

[一] 夵：原誤作「丕」。
[二] 此處疑有脱漏。
[三] 遣：原誤作「遺」。
[四] 與：原誤作「典」。

別有土字，亦稱子爲力也。上述土字土音，今各鄉村猶有沿用。

客話。賓陽話。縣屬城廂、衛隆、南屏、尚賢等鄉，多外籍人雜居，各操其本籍語言，賓陽語音，其日用稱謂，與粵東語無大異。如稱我你爲臥内，謂飯曰凡，謂酒曰周。唯謂食曰吃，讀如hek，食飯曰吃凡，食酒曰吃周。不過與粵音或分高低輕重，或亦轉聲之小異耳。

曰新民話。賓陽籍人。呼父爲爸，呼母爲謎。謂雨爲水，天落雨曰天落水。謂蛋爲春，鷄鴨蛋曰鷄春鴨春。稱家爲跨，家婦曰婦跨。稱地曰體，地方曰體方。其語音較高，以粵音之平聲轉上聲，或去聲轉上聲也。

横塘話。邕寧籍人。亦稱平話。粵東語音略相似，不過亦變聲之小差，即粵音之上去聲變平聲，或平聲變上去聲。普通呼父爲老子，彼稱曰勞倚。稱哥曰可，亞哥曰亞可。稱公曰孔，亞公曰亞孔。謂土曰多，地曰提，土地曰多提。稱老者勞遮。是亦轉音之小異耳。

湖廣話。縣屬尚賢鄉、嘉福鄉，有兩湖及四川人雜居，其語言純爲普通話正音，盡人皆知，不再贅述。

東峤搖語。稱父曰達鋪，母曰達味，讀平聲。謂水曰航，喉音讀如ny，流出曰婁，水流出曰航婁。謂酒曰卻平聲，喝曰餱，飯曰矮，食曰農上聲，喝酒曰餱卻，食飯曰農矮。稱老曰樓，稱公曰夯，老亞公曰樓夯。

西峤搖語。謂回曰蒙，去曰批，謂睡爲包，回去曰蒙批，回去睡曰蒙批包。稱猪曰獨拜，肉曰也，猪肉曰也拜。坐曰蟻，欖曰登，坐下曰蟻登。問給幾多，曰貨錫幾。

按本縣各種語言，雖各操原籍等音，然今學校林立，文化日進，無論漢族與非漢族之童男童女皆一律入校讀書，咸取普通語俗稱官話正音，將不難化成統一也。

〔光緒〕上林縣志

【解題】徐衡紳修，周世德纂。上林縣，今廣西壯族自治區南寧市上林縣。「土風」見卷三《輿地志》中。録文據光緒二十五年（一八九九）補刻本《上林縣志》。

土風

周去非《嶺外代答》云：廣西俗字甚多，如套音矮，言不長。坔音穩，言大坐則安穩也。奀音勸，言瘦弱也。歪音終，言死也。孬音臘，言不能舉足也。仦音嫋，言小兒。妖，徒架切，言姊也。閂音欖，言門橫關也。𥑮音磡，言巖崖也。氽音泅，言人在水上也。氼音魅，言没人在水下也。𣬛〔一〕，音鬍，言多髭也。研，東敢切，以石擊水之聲也。

謹按，此外俗字尚多，如𨑜爲上，𨑝爲下，黑爲闐，白爲敲，巖爲岜，山爲嶱，水爲淰，石爲至，半邊爲𡰪，村莊爲坂，山場爲隴，山隘爲硐，水口爲沓之類，與歪乖凸凹同一意義。

〔一〕𣬛：原誤作「毛乜」，據《海篇》改。

上林土語有獞語、客話二種。客話有音有字，獞話亦間與之同，如紙筆墨硯琴棋書劍等類是也。其有音無字者，如謂天爲温，地爲堉，人爲伝，飯爲厚，酒爲縷，牛爲懷，虎爲穀等類，必待譯而後通。

〔民國〕上林縣志

【解題】楊萌、李毓傑修，黄誠沅纂。上林縣，今廣西壯族自治區南寧市上林縣。「方言」見卷六《社交部》。録文據民國二十三年（一九三四）鉛印本《上林縣志》。

方言

上林土語，種類不一。曰正音，縣城及北區各墟所操之語是也。曰獞語，即苗語，各鄉所操之土音是也。曰狆語，又稱客語，如與賓陽鄰近諸村所操之音是也。曰狻語，因新自外來，又曰新民麻介語，今白墟、青泰諸新民村是也。然諸語易曉，惟苗語皆古音古訓，曉者絶少。故不適於俗，先進之等於野人也固宜。《補述》。

上林土語有獞語、客話二種。客話有音有字，獞話亦間與之同，如紙筆墨硯琴棋書劍等類是也。其有音無字者，如謂天爲温、地爲堉、人爲伝、飯爲厚、酒爲縷、牛爲懷、虎爲穀等類，必待譯而後通。徐衡紳《縣志》。

粤俗中，有彼此合稱，謂之伝，如所稱我輩是也，查諸字書如《玉篇》《集韻》《韻彙》等書，皆無此字，至讀《白虎通》曰「魂猶伝伝也，行不休也」，按伝伝即芸芸、紜紜，亦人衆夥之説耳，語或取諸此。張鵬展《穀詒堂全集》。

山無草木曰⿸疒東，本字爲岵。《詩・魏風》：「陟彼岵兮。」毛傳以「山無草木曰岵」，鄭箋從之，正與苗語合。《爾雅》反是，馬融、許慎等從之。自漢至清，諸儒相持不決，由不知《風》詩大半係譯苗音歌謡而成，故當以苗語爲斷。左太沖《吴都賦》云「岡岵童」，是亦從毛鄭，而不從《爾雅》《説文》矣。李毓杰《中國元音》未定稿〔一〕。

牛謂之⿰牜褱，本字爲犛。《説文》：「彊曲毛，可以箸起衣。从犛省〔二〕，來聲。」洛哀切。《詩・小雅・黍苗》：「我任我輦，我車我牛。我行既集，蓋云歸哉。」牛哉同韻。同上。

取物曰摳，音歐。《列子・黄帝篇》：「以瓦摳者巧，以鈎摳者憚，以黄金摳者惛。」注：「以手藏物探而取之也。」又《莊子・天運》篇：「一君無所鈎用。」注：「鈎，取也。」又《説文》手部捊字下説解「引取也，从手孚聲」〔三〕，步侯切，均與摳聲近。按，取字古讀爲摳。《詩・小雅》：「老馬反爲駒，不顧其後。如食宜饇，如酌孔取。」取與饇後駒同韻。

飛謂之升，從非聲。《詩・邶風》：「燕燕于飛，下上其音。」飛與音及下句南心同韻。又

〔一〕中國元音未定稿：原誤作「中定國元音未稿」。
〔二〕〔三〕从：原誤作「以」。

《小雅·菀柳》：「有鳥高飛，亦傅於天。」〔一〕鐵因切，飛與天及下句臻矜同韻。又《淮南子·原道訓》：「山以之高，淵以之深，獸以之走，鳥以之飛，日月以之明，星辰以之行。」飛又與深明行同韻。自宋吴棫、明陳第於《詩》首倡叶音，而於此字並未叶及，以不諳苗語故也。

久謂之浪而，亦謂之難，又謂之乃。《公羊傳》宣公八年：「冬十月己丑，葬我小君頃熊。」《左傳》作敬嬴。「雨不克葬，庚寅，日中而克葬。頃熊者何？宣公之母也。而者何？難也。乃者何？難也。曷爲或言而，或言乃，乃難乎而也。」今苗語而、乃、難三音俱備，則孔子當日筆削《春秋公羊傳》經，皆用苗語也。後人於而字旁加寸作耐，合而乃爲一字，失古訓矣。

速謂之僂，音縷。《公羊傳》莊公二十四年：「八月丁丑，夫人姜氏入。其言入何？難也。其言日何？難也。其難奈何？夫人不僂。」何注：「僂，疾也。齊人語。」按齊語與今苗語同。孔子既以苗語修《春秋公羊》，不能不以苗語傳之，否則主客異音，成入室操戈矣。《穀梁傳》亦同此例。後人治《春秋》者，或未知及此例也。

抱謂之擁。《史記·夏侯嬰傳》：「見孝惠魯元，竟載之，徐行面擁樹乃馳。」集解引蘇林曰：「南陽人謂抱小兒曰擁樹。」與此正同。

入謂之考，亦通好。考好二字從粵語讀。《公羊傳》隱公五年：「九月，考仲子之宮。考宮

〔一〕傅：原誤作「附」。

者何？考猶入室也。」又《周禮・考工記》：「璧羡尺好，三寸以爲度。」注：「好，璧孔也。」〔一〕又錢内孔方亦稱好，所以便組綬繩索之穿入。好與考俱與苗語音同。

問道途之遠近，數昏以對。昏本字爲畛，之忍切，音軫。俗音稱轉耳。《周禮・地官・遂人》：「十夫有溝，溝上有畛。」注：「畛〔二〕，容大車。」如問路若干里，係十里，則對云十里昏。稱畛不稱道路者，以古制道容二軌，路容三軌，本境無此康莊也，語有分寸。今縣界武緣各村均有此詞。

有謂之眉。有古从月ナ聲。ナ，羽鬼切，洧賄等字皆從眉聲。《詩・小雅・四月》：「滔滔江漢，南國之紀。盡瘁以仕，寧莫我有。」又《魚麗》：「物其有矣，維其時矣。」以及《甫田》《商頌》凡有字無不作眉聲讀。若用今音讀酉，則《詩》皆出韻，雖孔子復生不能絃歌矣。

風字呼音如林。按，風古亦作飌，从風林聲，與《詩》之風字符愔反同。水亦謂之林。林字从粵語讀，其本字爲坎，苦感切。《莊子》：「大浸稽天。」浸與坎音近，故通用。《説文》水部説解「水，準也」，以準入聲有坎音故耳。《釋名》：「水，準也。」《白虎通》：「水之爲言準也。」《周禮・考工記》鄭注：「準，讀爲水。」則水亦可讀爲準矣。皆因準有坎聲也。篆文水旁之字仍依坎卦畫作☵，然其形存，其音亡矣，惟苗語尚存古音義也。按，坎與浸、準三字須從粵音讀，方

〔一〕璧：原脱。
〔二〕畛：原誤作「軫」。

得其相通之聲；若從正音讀，三字之音各相去千里。《爾雅》《白虎通》《説文》鄭注均可删矣。

村落謂之晚，本字爲鄙。《周禮·地官·遂人》：「四里爲酇。」即百家也。今俗於百家或有出入者，均謂之酇。謹案，《青箱雜記》：「市之所在，有人則滿，無人則虚。而嶺南村市滿時少，虚時多。」其村落謂之滿者，蓋以村則人所常聚，對於墟市而言。

死謂之歹。《詩·魏風》：「夙夜必偕，尚慎旃哉，猶來無死。」死讀歹，蓋古从七歹聲故也。後人顛倒之从歹七聲，故音矢。古今左右形聲之不同，類此者不可勝計。謹案，死謂之歹，不如直引殆之爲碻，而遠舉《詩經》，轉致迂曲也。

田謂之那平去二聲。近人海寧王國維《殷墟卜辭所見先公先王考》云「甲骨卜辭中數十見之田字，从甲在口中，及通觀諸卜辭，而知田即商先祖之上甲微」云云。按十即古甲字，故云甲在口中。苗音謂田爲那，即甲之轉音，証之殷墟甲骨文，知殷先王亦苗語也。又《鄭》詩「叔於田，乘乘馬」，馬與甲同韻，則鄭國亦讀甲也。上篇「叔於田，巷無居人」，則又讀田爲陳，與人同韻。蓋二篇不欲雷同，故一讀陳，一讀甲，即夏殷語之流傳矣。《説文》：「田，陳也。」則又周語矣。謹案，那，南也。《詩》所稱之南畝，蓋即田畝，對舉之詞。

雷謂之把，从雨田聲。古讀田爲甲，詳見上田字。故把字有甲聲。《詩·召南》「殷其雷，在南山之下」，雷、下同韻。知周初猶操苗音也。謹案，雷謂之把，當曰把析。把析即霹靂二字之音轉。

魚謂之巴，从火田聲。田亦讀爲甲，故巴有甲音。《詩·召南》：「一發五豝，於嗟乎騶虞。」讀牙，虞魚讀巴，同聲，故與豝、葭同韻。又《魯頌》：「駉駉牡馬，在坰之野。薄言駉者，有駰有騢，有驔有魚，以車祛祛。思無邪，思馬斯徂。」〔一〕魚與馬野邪徂騢同韻，讀愚、讀巴有二叶矣。

苗語謂躬爲𤕫。按《韻補》躬叶俱王切。陳琳《大荒賦》：「延年其不可留兮，何勤遠以苦躬。音康。紛吾情之駘蕩兮，嗟吾願有弗違。」見《字典》，是躬入七陽韻讀𤕫矣。《廣韻》𤕫訓身長也，正與躬音近義同。又《詩·小雅》：「小東大東，杼柚其空。」空叶都郎反，讀如康。躬空同音，空可讀康，則躬亦可讀康。又《桑中》篇「期我乎桑中」，原叶諸良反，「要我乎上宫」，叶居王反。躬宫亦同音，宫可讀康，則躬亦可讀康，知俗語有本。又按《詩·式微》章「微君之躬，胡爲乎泥中」，躬中二韻，亦當如《桑中》篇叶方合古音爾。

苗語謂女子牝户爲也。按《說文》也字下說解云「女陰也」，篆文从𠃊，象形。又匚部匜字下說解云「似羹魁，柄中有道，可以注水」。雖專解匜中也字，而女陰之義亦可旁通矣。後人省匕，匕仍帶也，聲以此，匕加於牛後作牝，則爲牝牛；加於鹿後作麀，則爲麀鹿。但動物類以億萬計，加不勝加，故馬亦稱牝馬，不作馳。雖牛繼馬後，不恤也。鷄亦稱牝鷄，寧以獸之牝加於禽類，斷不可作𪃤。雖鷄口牛後，不恤也，於字義上實不可通。至女陰而目爲牝户，是直以牛

〔一〕徂：原誤作「組」。下同。據《詩經》改。

加於人矣，近於無理。考古人於土旁加也爲地，以地爲生物之母故也。然較伏義之用坤字，雅俗固不倫矣。今也字之義亡之已久，《康熙字典》亦不收此訓，故地牝麀化等字之義愈湮，後人知牝不可加於人，別製屄字代之，孳乳日多矣。

苗之謂虎爲穀。按《左傳》宣公四年：「楚人謂乳穀，謂虎於菟。」此爲苗語無疑，但皆假借字，實則穀當依《爾雅》與《説文》作縠，菟字當作頭。苗語動物以頭計，頭字从頁豆聲，苗人讀豆如菟，可證菟爲頭字之假借矣。乳與於音近，左氏雖身爲國史，然北人不解南語，解釋此三字已顛倒。前人亦曾議之，但議者之人亦不能明白説出。今試以苗語正之，當云：楚人謂虎菟穀，謂乳於，則與楚語合矣。子文之取此名，不特假借其字作隱語，并錯綜其辭，使人聽之不覺，蓋恐過於顯露，適揚其母之淫行，故倒其辭曰「穀於菟」，猶苗語稱虎乳頭也。左氏順名釋之曰乳虎，合於菟二音爲一音，望文生義，宜其悮也。

苗語又稱穀爲殼。《長箋》穀有糠秕，故从殼。按，穀古語亦讀如殼。《詩》「維絺維綌」，綌从糸谷聲，原音叶去略反，讀谷如殼，不作古禄反，與下文「服之無斁」叶鐸爲韻。今俗語正與《詩》合。又《詩・王風》「穀則異室」，毛傳：「穀，生也。」疏：「凡穀皆訓善，此穀字與下句死字對文，故又訓生也。」按，穀訓生，前人未有明解，謂穀能養生歟？上古未有粒食，食草木之實亦可生也，謂穀能易生之物歟？草萊亦易生也，均不足以作此字訓生之証據。竊爲此穀字當爲覺之假借字，古從𦥯之字皆讀穀，故帝嚳字從𦥯讀穀。《詩・大雅》「有覺德行」，《禮記・緇衣》

作「有佶德行」，是讀覺爲穀，而穀則爲覺之假借字無疑。蓋人生則覺，死則無覺，故以覺對死言，猶之醒則有覺，寐則無覺。故《詩·王風》云「尚寐無覺」，夫覺可對寐並言，則覺亦可對死並言。因覺穀同音相借，故訓生也。與《左傳》頭穀稱菟穀，主聲不主義正同。又按，古國君謙稱不穀，即無知覺意，猶不才、不佞之類。

邁字，《詩經》習見，而他經則否。此字與苗語「行曰派」者音甚近，此必周代齊魯陳衛諸國民間語言未盡同化，歌謡猶用苗音，太史采風，依聲譯之，以覩民風，故編之於《風》。如「行邁靡靡」，行與邁並言。亦有時獨言邁者，《鄘風》：「二子乘舟，汎汎其逝。願言思子，不瑕有害。」逝字不入韻，今本亦無叶音，若改作邁，與害爲韻，則上下諧矣。今正音讀逝爲仕，宜吳、陳二公求不出害字之叶音也。由邁字之聲推之，如《蔓草》篇之「邂逅相遇」、《綢繆》篇之「見此邂逅」，此二邂字與邁聲近，亦當訓爲派。邂逅，猶俗云派到。逅與到音近，即行到也。邂逅相遇，猶言無意中行到此相遇，後人釋邂逅二字爲不期而遇，邂逅既是不期而遇，下文相遇二字不已贅設耶？因注書人不解苗音，逢此等字望文生義，其訓似是而非，亟宜以苗語更正之，不可仍爲毛傳所誤也。

《詩·齊風》「盧令令」，毛傳：「田犬也。」《戰國策》：「韓國盧，天下之駿犬。」盧之名首見於此。《説文》皿部盧下説解云「飯器也」，無犬訓。今苗語亦無此名，但稱犬爲罵而已。《説文》犬部説解云「狗之有懸蹄者也」，是犬由懸得聲。今縣多此種犬，而罵之名則從犬，本字大得聲，音罵作平上二聲，是從形聲以得者。此古音、今音之别也。然苗語雖無盧名，而呼犬則作努努聲，努努即盧盧之轉音，無可疑者。推盧盧呼音之由來，實由田犬知覺較優於衆犬，故得此美稱。苗語凡有知覺者謂之虜，音掠，又謂之盧，田犬能知主人意，指揮發縱，惟命是聽，故主人因其盧而寵異之，於衆犬特呼之爲盧盧。今俗對於獵犬亦嘗省詞贊之曰：「此犬甚虜。」是其証也。沿呼既久，盧遂爲田犬獨專之美名。亦猶小犬多繫項鈴，今俗呼小犬者無論項有鈴無鈴輒作鈴鈴聲，因名之爲佞，讀如騧佞矣。案，佞即鈴之轉音，盧之得名，亦猶佞之得名，與《詩》稱令令固不遠也。

苗語謂直爲索，其本字爲縮，縮索爲疊韻，縮字見《孟子》「自反不縮」「自反而縮」二語，《集注》：「縮，直也。」《禮記・檀弓》：「古者冠縮縫，今也衡縫。」《詩・陳風》：「衡門之下。」孔疏云：「衡，古横字。」今衡縮對舉，縮必爲直可知矣，朱注當本此。漢樂府《焦仲卿妻》詩云：「命如南山石，叶碩。四體康且直。叶縮。」「阿母得聞之，零淚應聲落。」下與閣薄郭爲韻。又《楚詞・九歌》云：「命五常以折衷兮〔一〕，戒六神與嚮服。叶蒲北反。俾山川以備禦兮，命咎繇使聽直。叶縮。」皆讀直如縮。又《魏風》：「樂國樂國，爰得我直。」上與德麥爲韻，古文德字從悳，直既讀如縮，則悳字從直亦當讀縮，故此詩直字當有寂縮二叶。《詩・嵩高》「申伯之德，柔嘉且

〔一〕折：原誤作「拆」。

直。揉此萬邦，聞於四國。吉甫作頌，其詩孔碩。其風肆好，以贈申伯」亦然。具此數證，知苗語有據，而《孟子》之縮與《詩》之直，字異而音義實同矣。推縮字取義，實起於弓弦。上古射獵爲生，弓爲人人必備之物，苗語曲者謂之弓，故彎穹等字，凡義涉曲者字皆從弓。曲既名爲弓，直者必名爲弦，故古有「直如弦，死道邊」之謡。但上古民智未開，不知用筋爲弦，以索代之，故見不曲者，輒比之於弦，名之曰索。後人造縮字者取其音義，左從糸，即索之形；右從宿，即索之聲，成左形右聲字矣。不特弦稱縮而已，即矢亦稱縮，故詩人又有「其直如矢」之句。《周禮·冬官·考工記》「妢胡之笴」注：「笴，箭幹也。」笴从竹可聲[一]，可與索亦聲近，是笴亦有縮音矣。又古文直作㮚，從鹵，鹵縮音近，即字之聲；從乚，即索之形也；作書者求其字畫之整齊，其作横者不關意義也；下從木，以木從繩則縮，繩即索之别名。形聲又兼會意，是造字之始直即讀爲縮矣。後人將鹵字上之卜改爲十，又以且字代鹵，且又改作且，且即古祖字。殷墟甲骨文祖字皆作且，如祖乙作且乙。《檀弓》曾子曰：「祖之爲言且也。」故徂阻相俎等字皆從且，是且即祖矣。祖亦與縮音近，故雖改㮚作直，而音仍讀縮。㮚之形雖亡，而聲猶存，如上《焦仲卿妻詩》《楚詞》《詩·魏風》是也。久之，且變爲竊音，而祖音亡；鹵音索之音，隨之均亡。十之音由此盛行，而縮之古音義無人知者。趙岐注《孟子》，縮訓「義也」，是漢人已不知

[一] 从：原誤作「以」。

矣。何幸古音古義猶存諸戰敗民族之苗人口也。又按，殷墟甲骨文十皆作—，今商家所用碼字，凡十皆作—，即沿古也，象弓弦索形。直字左从𠃊，即此索之形。與縮字左从糸意義均同。後人改—作十，加於且字之上作直，又減去其左索，此字之義湮，而直變爲十字音矣。再考縱橫二字，縱爲直，故字從糸，準繩之用爲直。亦從糸。經權二字爲直，亦從糸。皆取義於索可知。益以証明縮字乃從弓弦而來。俱同上。

廣西土語派別甚多，在宋已然。《太平寰宇記》：「邕州提仛俚獠有四色，語各別，譯而後通。」案，提語，今日挨家話。俚，即黎人，現僅廣東瓊州有之。仛，原注音已，今邕寧縣東南及永淳、賓橫一帶之土話皆是，而檀默齋《説蠻》則謂仛即今五指山內之岐人。岐，猶黎也。則黎俚乃屬一類矣。獠語，《嶺外代答》曰蔞語，蔞即獠之音轉，當即今之獞語，爲通省頑固儔輩所極意保存者，啁啾格磔，驟不可辨，惟其爲駱越遺語，而小數秦漢古音轉藉之以未墜於今焉。蓋外來之語幾經變化，喪所本來，而里巷殊音，則猶間存故訓。故考古者亦不能不於此而致諸意爾。查獞語類多倒置，如謂婦考曰㚺公，則倒爲公㚺。古辣墟、站墟，則倒爲墟古辣、墟站。諺所謂客直謂平話直說。平話者介於官話、粵語二者之間者也。客對土著而言粵語，亦曰白話，以其明白易曉故云也官橫謂官話可以縱橫變化獞倒顛也。然考諸經傳，《書》「祇台德先」即先祇臺德也。《詩》「逝不古處」，傳訓逝爲逮，古處也〔一〕。章氏《訄書》舉《墨子・非樂》引《武觀》曰「野於飲食」，即飲食於

〔一〕「古處也」有脱文。民國《邕寧縣志》引此作「即不逮古處也」。

野也。今外國語先名字後助動字者，亦屬斯例。蓋由草昧初開，隨意佶屈，不足爲異。土語與官話近者，如二曰雙，讀此江切。盂曰碗。杯曰盞。墳曰墓。鮒魚曰鯽。光曰亮。放曰縱。哭曰啼上聲。行曰邁，即《詩》「行邁」，聲轉如擺。自稱曰躬，音近够。起曰興。燒曰熠。蓄水處曰淀，轉曰浪。殺曰刐，即刐封之古字，聲如假。衣曰布。御衣曰登布。虹曰螮蝀。皆依音直讀，無煩迻譯而可通。其稍僻者，則略爲銓次如左：父曰爸，轉曰甫。《釋名》：「父，甫也，始生己也。」案，聲皆如波，轉作卜。婦翁曰公爹。《方言》：「南楚之間謂婦妣曰母爹，婦考曰父爹。」注：「音多。」案，本省壻及外孫概稱外祖、丈人曰公爹，重讀如他。蓋由歌入麻矣。母曰嬭、曰婢，聲如備。《廣雅》：「婢，母也。」《集韻》：「齊人呼母曰嬭。」李賀稱母曰阿嬭。案，嬭如咩，即羊聲也，此爲天地元音，與英吉利人之呼阿媽同。人類尊親，固莫能相外也。大曰荒，《爾雅》：「洪、戎，大也。」《廣雅》：「荒，大也。」《釋名》：「兄，荒也。」案，土語凡大皆曰荒。引聲如閧，閧即弘，亦即洪。引伸以名人之壯老者亦曰荒〔一〕，更引伸以名兄亦曰荒，讀盧紅切。音轉爲隆，以名世父曰公隆，皆兼荒洪諸義。小兒曰倪。案，讀如呢。《孟子》：「反其旄倪。」旄，耄也。倪，小兒也。周去非曰：「仦音嫋，言小兒也。」通稱婦人曰㜷。《廣雅》：「㜷，子我反，母也。」案，土語轉而爲母亞切，如母曰㜷嬭之類。通稱男子曰甫。《爾雅》：「甫，大

〔一〕引：原無，據文意補。

也。」案，《詩・甫田》箋：「甫之言丈夫也。」蓋甫爲男子之美稱，今土人稱一男子爲一甫，如個人則曰甫人是也，讀剖平聲。婦稱夫曰壻，聲如綏。《說文》壻从士胥。案，女子謂丈夫爲壻，如言甫壻是也。老婦曰媼，讀若奥。《說文》：「媼，母老稱。」《廣雅》：「媼，母也。」以牡爲特，引伸以名男子亦曰特。案，特亦美稱，《詩》所謂「百夫之特」是也。賤其人曰獨，引以名動物亦曰獨。《方言》：「蜀，一也。南楚謂之獨。」《釋名》：「頭，獨也，於體高而獨也。」案，《春秋元命苞》十紀，「其一曰九頭」，即人皇氏兄弟九人，古者謂一人爲一頭也。今土話凡馬一匹、魚一尾之類，皆曰一獨，即一頭也。凡土話尊其人則稱公，鄙其人則稱獨。獨亦猶徒。《唐書・刑法志》刑有五，「其三曰徒」，徒者，奴也。天曰旻。《爾雅》：「秋曰旻天。」地曰底。《釋名》：「地，底也，其底下載萬物也。」〔一〕案，地底爲疊韻字。雨曰雰。案《說文》雰即氛字。細雨纏綿曰霢。《爾雅》：「小雨曰霢霂。」高曰亢，讀桑去聲。下曰丅。《說文》：「丅，氐也。」以反丄爲丅。案，丄古上字，丅古下字，氐古底字。丅，胡雅切。廣遠曰曠。誘誑曰詨。《廣雅》：「詨，誘也。」案，章氏《新方言》云：「譸，詶也〔二〕。《周書》曰：『無或譸張爲幻。』侜，有廱蔽也〔三〕。《陳風》：『誰侜予美。』傳曰：『侜，張誑也。』」譸侜聲義同。今人謂妄語爲侜誑，或曰胡侜，俗作

〔一〕載：原誤作「裁」，據《釋名》改。
〔二〕詶：原誤作「訓」，據《說文解字》改。
〔三〕侜有廱蔽也：原誤作「侜侜蔽也」，據《新方言》改。

譪。」今土音讀如皺，蓋謏譸侜譪聲義皆可通也。與曰許。懼曰恈，《廣韻》：「盧皓切。心亂也。」飽曰饜。《孟子》：「此其爲饜足之道也。」《説文》：「饜，飽也。」死曰殆，亦曰殪。《説文》：「殆，危也。」殆讀艾。眠曰寧。來曰到，聲如斗。到曰唐。《説文》：「唐逮，及也。」〔一〕暗曰曨。《玉篇》：「日欲入也。」笠聲。墜曰陊，聲如篤。《説文》：「陊，落也。」陡果切。案，陊，相承作墮墜陸隊皆可通。曰降，聲如龍。《詩》：「既見君子，我心則降。」《爾雅》：「降，落也。」案，陊篤、落龍爲雙聲，俗語馬籠頭，即古詩「黄金馬絡頭」也〔二〕。籠絡，蓋聲之轉。酒曰醪，亦曰浖。《廣雅》浖，乃口反，酒也。肉曰腝。《廣雅》：「腝，肉也。」若聲。案，《説文》：「腝，肉表革裏也。」从肉，弱意兼聲。脂肪曰膋。《詩》：「取其血膋。」《廣韻》：「膋，脂也。」聊聲。粥亦曰糜。《爾雅》：「鬻，糜也。」《晉書》：「何不食肉糜。」飯曰餱。《詩》：「乃裹餱糧。」《爾雅義疏》：「餱，食也。」《詩·伐木》傳同，《公劉》釋文餱字或作糇，通作糗。《書》『峙乃糗糧』，《説文》引作『峙乃餱糧』，是餱糗通也。」食曰噉，亦曰⿰飠㥯。《廣雅》：「⿰飠㥯，食也。」於恨切。看曰瞭。《楚辭》：「瞭冥冥而薄天。」張華云：「能遠視也。」有曰迷。《帝王世紀》：「《擊壤歌》：日出而作，日入而息，鑿井而飲，耕田而食，帝力於我何有哉！」案土音以有爲迷，與《擊壤歌》合。鹽

〔一〕「及」下原衍「人」字，據《説文解字》删。
〔二〕金：原脱。

曰鹵。《説文》：「鹵，西方鹹地也。」案，《玉篇》作滷，引《書》「海濱廣斥滷」〔一〕，土音菊去聲。火曰燬，讀如肥。《爾雅義疏》：「燬，火也。《詩》曰：『王室如燬。』燬，齊人語。火者，古讀喜。《左傳》襄三十年：『或叫於宋太廟，曰譆譆出出。鳥鳴於亳社，如曰譆譆。』〔二〕譆譆，即火之聲也。《詩》『七月流火』與『九月授衣』韻。案，『七月流火』以下授衣、萑葦並叶，是火讀肥之証。」或謂土語之火，即《大易》之離，離爲火，是譆燬離皆得肥聲。痛曰隱去聲。《詩》傳：「隱，痛也。」水曰坎，聲如淋。案，《説卦》坎爲水，小篆作巛。今益字爲其本形。土人讀坎爲淋，形義聲俱，古而切。樹株曰科，聲如歌。《廣雅》：「科，本也。」案，猶言一株一章。女陰曰也。《説文》。今鄙俗詈人之辭曰也嬭蒙蒙汝也，嬭即母。門曰闇。《詩》：「出其闉闍。」毛曰𣰋。《説文》：「从毛菻聲。《詩》：『毳衣如𣰋。』」徐注莫奔切。案，《詩》本韻門聲，俗轉爲奔聲。頤下爲胡，聲如何。《新方言》：「胡，牛頤垂也。今人謂鬚曰胡髭，俗作鬍。廣東惠潮嘉音轉如姑，謂鬚爲鬚胡，此乃引伸義。浙江紹與謂喉曰胡嚨，乃近本義。」豕曰豧，讀貿。《爾雅》：「豧，豕息也。」案，《説文》：「牟，牛鳴也。从牛〔三〕，厶象其聲氣從口出。」〔四〕牛鳴爲牟，猶豕息爲豧也。

〔一〕《玉篇》作「海賓廣滷。本亦作斥」。
〔二〕如：原脱，據《左傳》補。
〔三〕从：原誤作「以」。
〔四〕厶：原脱，據《説文解字》補。

山豕曰貒，聲如段。《方言》爲「貒，豚也。關西謂之貒」。《廣雅》：「貒，貛也。」貒豚皆疊韻字。鴨曰鳴。《孟子》：「一匹雛。」褲曰袴。耙曰耮，本耨轉聲，《集韻》耮，郎到切〔一〕，勞去聲，摩田器。《韻補》耰，爾皎切。梁武帝《藉田》詩：「公卿秉耒耜，庶民荷鋤耰。一人慙百王，三推先億兆。」黑曰盧，黑沈沈曰盧桑桑，桑桑讀入聲〔二〕，即沈沈之音轉。直曰縮。《孟子》：「自反而縮。」屋曰闌。船曰艫。纂者《蝸寄廬隨筆》。

凡四山合盃中可居人者曰峒，讀弄，字亦作隴，或作弄。連綿不斷之土嶺曰渌。涌泉曰幕，通用土字爲咘，上林土字則作否。土山曰⿰土雷，音累。大小流水俱曰馱，讀打平聲。其地名冠有伏塘波剥諸字者，皆此方發語之辭。纂者《徵實》。

上林土字甚多，以人人皆能任意創製也。茲擇其尤著者録之，庶閲此方地志者之得其本音，而不待於他詢焉。⿺辶上，讀古倫切，上也。⿺辶下，拉上聲，下也。⿵門黑，孥硬切，黑也。⿵門内，舍糯切，内也。⿰土南，南去聲，田地也。否，讀幕，涌泉也。⿸尸半，讀莽，半邊也。⿱至土，其令，成塊之石也。他若讀音雖同，而其義卻異者，如巖穴曰敢，亦作感。瀦水曰浪。凡水俱曰淋，而音則近楞也。其峒弄隴龍枯可古棵，則音義如一矣。同上。

上林語言除城市及古蓬墟三里城、鄉墟三處略操正音外，其各鄉居民則用獞、客、挨三種

〔一〕郎：原誤作「即」。

〔二〕原脱一「桑」字。

言語，而獞之中又分獞話、蠻話，談吐稱謂雖同，然音之高下疾徐不無略異，其毗連賓陽第二區之榮富、繁富兩鄉，第三區之思隴、尚仁、尚義三鄉，間有雜操賓陽土話者，俗謂之客話。其繁富、澄泰兩鄉與東關、鏌鋣兩鄉，間有挨語，俗謂之曰新民話。客挨兩種與粤音白話大同小異，音義尚頗易曉，惟獞話苗語雖多古音古義，然非證以羣經及漢人音讀，則無從索解也。據採訪修。

全縣通行獞話，各墟市通行官話〔一〕，一二三兩區兼操賓陽土話〔二〕。《廣西民政視察報告彙編》。

上林惟渌茅、環近諸村仍操伊等祖籍湖廣鄉音，縣城及北區墟市之上則間講官話，其鄒、白二墟與舊巷賢鄉之半皆説平話。平話者，蓋介於西江流域通行白話與普通官話兩者之間，土著謂之客話，澄泰一帶則説新民話，即乜話，又稱挨話，亦曰客話。餘俱純用土語。纂者《徵實》。

謹案，方今物質進化，世界大通，其於五洲言文尚求統一，而此彈丸之地競爾語言歧出，以致種種隔閡，種種窒礙，俱發生於此，洵邑中之缺點也。雖其中間存古音，然究對於進化方面大有阻力。顧弗狃夫習慣，而不亟籌良法，以牖導而丕變之也？

〔一〕各：原誤作「名」。
〔二〕賓陽：原誤作「陽賓」。

〔民國〕賓陽縣志

【解題】 胡學林等修，朱昌奎纂。民國三十七年（一九四八）修。稿本。賓陽縣，今廣西壯族自治區南寧市賓陽縣。「方言」見第二編《社會》中。録文據廣西壯族自治區檔案館一九六一年整理鉛印本《賓陽縣志》。

方言

語言爲傳達意思，聯絡感情之要素，貴在統一。而吾國語言，不獨南與北不同，即南與南、北與北亦不同，以致一省一縣亦各不同，於交際上固屬不便，且發生誤會，惹起鬥爭者亦複不少。是以政府創製國語，以注音字母爲發音標準，而有志之士，複爲倡世界語，以期語言統一，而臻於大同。

賓陽方言，大别爲五種。人數最多者爲客話，又曰本地語，亦曰賓陽話，通行全縣。新民話次之，僮話又次之，官話普通話惟縣城新市場蘆圩及鄒圩通行，白話則蘆圩、黎塘圩較通行。

所謂客話者，以其先於宋時，始自山東來，比之原有之土著則爲客，故其話曰客話。然較之操新民話者，尚先來二三百年，已變土著，故所操之話又曰本地話，以其通行全縣，又曰賓陽話，其話有音有字，介於平話、白話之間，頗易聽易學，操此語者，散處全縣各鄉鎮。

操新民話者，其先大都於明清之間，由粤閩兩省遷來，當時以其新來，故曰新民，所操之話曰新民話，口音比柳州之麻介話較柔，操此話者散處各鄉鎮。操官話者，則來自長江流域，居住既久，口音已變，雖屬官話，惟揉雜而平，其居鄉間者亦多。

操本地話如蒙姓來自長沙、蔣姓來自上海者，現亦改操賓陽話。至操僮話者，僅接近遷江屬鄧圩之洋橋鄉、赤中何廖等村，及接近貴縣屬大村圩之林山鄉妙嶺、良山、燕山、華羅、北羅等村，與三光鄉三民村。其餘陳平鄉新安村，以及東北境之馬潭鄉同志村，鄒圩鄉白松、中榮、新塘等村，與思隴、廖平、山口等鄉間有少數村莊同之操僮話者，今將逐漸改操賓陽話矣。

大約一縣之內，賓陽話占百分之七十，新民話占百分之二十，僮話占百分之八，官話占百分之二，白話則僅於城市間與外來人交際用之而已。近年縣屬各級學校，多採用國音字母標準音教授，將來國音之普及與統一，庶可期矣。

茲將本縣方言對照表列如下，以見其字與音之異同焉。

方言對照表 官話、白話與省内各地大同小異，不列表。

江：本地話ㄗㄤ，新民話ㄍ（翁）ㄥ，僮話ㄉㄚ。

山：本地話ㄕㄢ，新民話ㄙㄢ，僮話ㄅㄚ（石山）。

牛：本地話ㄏㄡ，新民話ㄏㄡ，僮話ㄨㄞ。

豬：本地話ㄗㄩ，新民話ㄓㄨ，僮話ㄇㄡ。
身：本地話ㄕㄇ，新民話ㄕㄇ，僮話ㄋㄤ。
家：本地話ㄗㄚ，新民話ㄍㄚ，僮話ㄌㄢ。
衣：本地話ㄟ，　新民話ㄧ，　僮話ㄅㄨ。
鞋：本地話ㄏㄞ，新民話ㄏㄞ，僮話ㄏㄞ。
飯：本地話ㄈㄢ，新民話ㄈㄢ，僮話ㄫㄞ。
飛：本地話ㄈㄟ，新民話ㄈㄟ，僮話ㄇㄧㄣ。

〔民國〕武鳴縣志

【解題】温德溥修，曾唯儒纂。武鳴縣，今廣西壯族自治區南寧市武鳴區。「風俗」見卷三《地理考》中。録文據民國四年（一九一五）鉛印本《武鳴縣志》。

風俗

嶺南風俗，相呼不以行第，唯以各人所生男女小名呼其父母。元豐中，宋神宗年號。余任大理丞，斷奏案，有民韋超男名首，即呼韋超作父首。韋遨男名滿，即呼韋遨作父滿。韋全女名插娘，即呼韋全作父插。韋庶女名睡娘，即呼韋庶作父睡，妻作嬸睡。據此俗稱自唐已然。《青箱雜記》。

按鄉俗有呼父爲他坡、爲他大、爲他哥者，有呼母爲他乜、爲他嫂、爲他姐者，呼伯爲他隆、呼叔爲他椒、呼兄爲特培，不習知土俗，乍聞之下，殊多夢夢云。韋志草。

〔民國〕隆安縣志

【解題】劉振西等纂。隆安縣，今廣西壯族自治區南寧市隆安縣。「方言」見卷三《地理考・社會》中。錄文據民國二十三年（一九三四）鉛印本《隆安縣志》。

方言

隆安普通方言，概屬土音，兹將義同而字異之例略舉於後。但譯出之字，俱邑中常用生字，與正字不同，讀音更異。凡一切事物譯音與正字相近者，如羊糖之類。或無音可讀，概行從略。

一、天文類

天曰㒃，讀如悶。日曰㵟昷，讀如恒。月曰𡖖代，讀如滅帶。風曰淋，讀如臨。粵音。雲曰拍。雷曰怕。粵音。雨曰奔。去聲。星曰惱平聲内上聲。閃電曰怕立。粵音。

二、地輿類

石山曰岜，讀如巴。水曰淰。入聲。巖曰敢。平聲。土山曰渌。河曰馱。泉曰摩。上聲。田曰那。平聲。嶺曰壜。去聲。地曰堆。入聲。畬地曰㘫。

三、人事類

父曰仪，讀如博。母曰乸，讀如滅。夫曰公。去聲。妻曰奷。讀如牙。兄曰培。弟曰儂。媳婦曰敝。粵音。子曰仂，讀如力。粵音。孫曰僌，讀如爛。男曰仂賽。女曰仂嘜。粵音。婢曰開粵音嘜。僕曰開粵音賽。你曰猛。我曰古。他曰爹。你講我不知曰猛剛古波羅，又曰之羅。

四、飲食類

飯曰餻。食飯曰哽餻。粥曰媒。粵音。食粥曰哽媒。肉曰諾。豕肉曰諾茂。牛肉曰諾懷。狗肉曰諾罵。鴨肉曰諾碧。粵音。鵝肉曰諾侃。馬肉曰諾麻。鷄肉曰諾鷄。粵音。魚曰巴。去聲。菜曰花，讀如北。粵音。酒曰溜。平聲。酒醉曰溜微。食早飯曰哽餻呆。食午飯曰哽餻零。食晚飯曰哽餻就。粵音。

五、衣服類

衣曰襮，讀如薄。褲曰衹，讀如瓦。帽曰頂頭。戴帽子曰敦頭。長衫曰襮黎。粵音。短衫曰襮丁。穿衣曰敦襮。穿褲曰敦衹。穿裙曰敦拚。平聲。

六、宮室器具類

屋曰闌。門曰豆。寢室曰淥。廚房曰闌早，又曰闌修。粵音。桌子曰咽撞。粵音。椅曰咽伊。凳曰咽登。粵音。鍋頭曰咽烈。竈曰早，又曰修。粵音。碗曰隊。粵音。筷條曰堆。入聲。犂頭曰六仔。粵音。鋤頭曰脈穀。粵音。米篩曰楞。去聲。米筒曰乜。粵音。袋曰第。粵音。

七、禽獸類

鳥曰六。粵音。鴨曰碧。粵音。鷄，讀如字。粵音。鵝曰侃。鴿子曰扶押。粵音。豕曰茂。狗曰罵。馬曰麻。驢曰羅。水牛曰懷。沙牛曰慈。鼠曰扭。去聲。

附方音

縣屬讀書概讀正音，然當交談之際，則讀方音，以歸一律。其音與正音無大異，與方言則異甚。兹録數項列後，以見一斑。

天，ㄊㄧㄣ陽平〔一〕，讀如田。粵音去聲。

地，ㄉㄨㄟ，讀如對。入聲。

日。粵音。

月，讀如閲。粵音。

山，ㄗㄢ，讀如三。去聲。

水，ㄙㄨ去聲，讀如歲。粵音。

土，ㄊㄨㄛ去聲，讀如拖。

木，ㄇㄨㄛ去聲，讀如目。粵音。

〔一〕聲調原用點號表示。

父，ㄪㄨ上聲，讀如浮。
母，ㄇㄨ上聲，讀如謀。
子，ㄘㄨㄟ，讀如追。
女，ㄋㄨㄟ，讀如餒。入聲。
井，ㄗㄧㄣ上聲，讀如精。
户，ㄏㄛ上聲，讀如賀。
田，ㄉㄧㄢ，讀如癲。粤音平聲。
宅，ㄘㄨㄛ去聲，讀如宅。粤音平聲。
以上采輯。

〔乾隆〕横州志

【解題】謝鍾齡等修，朱秀等纂。横州，今廣西壯族自治區南寧市横縣。「風俗」見卷二《氣運志》中。有乾隆十一年（一七四六）刻本。録文據光緒二十五年（一八九九）重刻本《横州志》。

風俗

言語侏儷，音與思田土人無異。如謂天爲温，謂父爲扶，謂牛爲懷、魚爲巴、飯爲厚、食爲斤之類。亦有近方言者，如酒曰醪、鹽曰鹵之類。

〔民國〕邕寧一覽

【解題】陳壽民修。不分卷。邕寧，今廣西壯族自治區南寧市邕寧區。「語言」見《人民生活狀況》中。

録文據民國二十四年（一九三五）鉛印本《邕寧一覽》。

語言

縣城墟市，多操白話、官話，各區鄉村，則以平話、獞話爲最通行。

〔民國〕邕寧縣志

【解題】謝祖莘修，莫炳奎纂。邕寧縣，今廣西壯族自治區南寧市邕寧區。「言語」見卷四《社會志》中。

録文據民國二十六年（一九三七）鉛印本《邕寧縣志》。

言語

縣境水陸交通，五方輻輳，流寓過客，言語不一，姑不具論。茲就當地日常交際，而定爲固有之音者則有四，所謂官平土白是也。自中原南遷者爲官話，衍爲平話，來自廣東者爲白話，餘爲土話。土話最古，蓋秦漢間土著之民所留遺也。然總以平話爲流通，則平話實爲我縣言語之代表。但平話通行鄉邑，語氣亦自不同。如我字在城讀ㄫㄛ陽平，東鄉則讀ㄫ7陽平，西鄉讀ㄫ7上聲，北鄉讀ㄫㄜ陽平，其他類是，而語意無不可通。又城中衣冠之族，其北來者多在狄武襄平南一役。故老所傳，其先皆青兖間人，故平話爲齊魯語，想或當然。然杞宋無徵，自難斷定，唯流傳久遠，非復莊嶽元音矣。但故訓雅聲，往往而在。按諸隋唐韻書，多能脗合。如覃、譚，平話各自爲聲，而官皆讀若壇。兄、榮，平話本叶庚青，官話榮讀若容，兄若凶，則叶東冬。時、石、濕、十、失五字，官話俱清濁不分，平話則釐然各别。唱歌之歌，官話戈聲，平話讀如家，知歌麻古通也。車，官話讀加迂切，平話讀癡依切，知魚支古通也。爺，麻韻，縣中轉爲伊聲，知麻支古通也，此其大較也。番禺陳蘭甫謂千餘年來，中原之人徙居廣中，今之廣音，實隋唐時中原之音，故以隋唐韻書切語核之而密合也。以核平話，不其然乎。

至其單詞片語，今日官話所不通行之字，而見諸平話者，猝難悉舉。舉其雅而近古者，略以經傳分注，以讁所自云。

發聲曰阿。《説文》：「𠀀，反丂也。讀如呵，虎何切。」案今讀如阿，轉入麻韻。凡發聲言阿者，即𠀀字也。

疾病曰懊休。《左氏傳》：「人民疾痛而或噢休之。」案小兒疾痛，父母以口就之曰懊休，代其痛也。其後轉爲噢咻，又轉爲阿育、爲哎喲，非其字矣。

可惡曰誒。《説文》：「誒，可惡之詞也。」「唉，譍也。」《史記·項羽本紀》：「唉，豎子不足與謀。」案誒與唉通，讀如哀。

應人及然許人曰唉。通作欸。《説文》：「應也。」《方言》：「欸，然也。」案讀烏開切。

語歇曰些。案《楚辭·招魂》，凡楚人禁咒詞，末云娑婆訶，三合而爲些也。今俗作咯，非其字矣。

無曰靡。《爾雅》：「無也。」《爾雅義疏》：「今人言無有曰没有、曰靡有，實一義也。」

未曾曰㫘。《方言》：「使之而不肯曰㫘。」音茫。案如喫飯㫘、睡㫘之類。爲未曾二字之合，亦未曾二字之省。

不應問而問，則答曰誺。音癡。《方言》：「不知也。沅澧之間，凡相問而不知答曰誺。」

訶人曰叱。《説文》：「訶也。」案或作咄。《廣雅》：「喥，咄也。」義相通。

形容事物之甚美者曰好。《爾雅·釋言》：「孔，甚也。」案郭注「好孔」，是借好爲孔。章氏以孔爲東、幽音轉聲，義皆通。縣中言甚曰好，如好長、好短、好高、好大之類，皆可作孔長、孔短也。《毛詩》「降福孔偕」「德言孔昭」「其新孔嘉」，諸孔字皆作甚字解，即好字義也。

知曰黨。音董。《方言》：「知也。楚謂之黨。」案今字變爲懂矣。

謬誤曰詿。《正韻》乖上聲。《説文》：「謬也。」案俗作拐，非。

黠猾曰鬼。《方言》：「趙魏之間謂之黠，或謂之鬼。」

以惡索取曰賴。《方言》：「賴，讎也。南楚之外曰賴。」案俗言圖賴、誣賴本此。

倚物曰依。烏皆切。《説文》：「依，倚也。」曹子建詩：「願爲西南風，長逝入君懷。君懷良不開，賤妾當何依。」

人聲喧嘩曰嘮嘈。《廣韻》嘮，音勞。

些兒曰的兒。

稱王父曰爹。案《廣雅》：「爹，父也。」今縣中多稱於王父。

謂父曰爺，轉爲伊。謂母曰媪。亞拗切，讀若奥。或轉如嫂，非。《説文》：「媪，母老稱也。」《廣雅》：「媪，母也。」亦曰老姎。章氏《新方言》：「聲在娘、牙之間。或書作孃。」庶母爲姐。《説文》：「蜀人謂母曰姐。」案縣東有是語。

稱老者曰老叜。案叜，古叟字。音轉爲宿。俗作老叔，非。

凡相交曰契大人行。呼其少者曰老姪，呼至少者曰孫。泛呼孩提曰細子。案《嶺外代答》云云。

駡人庸愚曰倯。音崇。《方言》：「庸謂之倯，轉語也。」注：「倯，猶今保倯也。隴右人名嬾爲倯。」案保倯，猶言傭保。性嬾，謂笨嬾如傭保也。

子曰崽。《方言》：「崽，子也。湘沅之會，凡言是子者謂之崽。」〔一〕

愛憐其兒曰怒。桓子《新論》：哀帝時，待詔伍客言漢朝當生勇怒子，帝爲怒子，非所宜言。案即縣俗所謂阿奴，而非其字。

女子之美者曰媌。《方言》：「娥，嬴，好也。河濟之間謂之媌。」案俗所謂苗條者本此。苗條雙聲，實則《詩》之窈窕耳。

爾輩曰你臺，轉爲你隊。我輩曰我臺，轉爲我隊。《方言》：「臺，匹也。」《廣雅》：「臺，輩也。」

虹讀曰降。《廣韻》虹亦入絳，古巷切。

芸田曰薅。《説文》：「薅，拔去田草也。」籀文作蒎，或作茠，從休。《詩》曰「既茠荼蓼」。案薅俗讀如好平聲，是即所云薅田也。或以爲耨耰之轉，而聲遠矣。

田一區爲丘。《匡謬正俗》：「《晉宮閣銘》所載其舍若干區者，列爲丘字，則知區丘音不別。」案今土田契籍，皆以田一區爲一丘，而字作坵，贅。

〔一〕會：原作「間」。謂之崽：原作「曰此」。據《方言》改。

儲貨之屋曰棧。客邸曰棧房。案章氏《新方言》以貨棧爲市廛之借字，棧房爲傳舍之傳之借字。

器物楛窳曰行貨。《九章算術》「行酒」，案行者粗惡之義也。

窖藏曰窨。《說文》：今謂地窖藏酒曰窨。

截斷之物曰㓤。《說文》：「斷也。讀若殪。」

搓物曰挼。《廣韻》奴禾切。兩手相切摩也。

視察曰䀢。《廣韻》：「丑鴆切。私出頭視也。」當讀審去聲。

器物滿盈曰幡。《說文》：「以囊盛穀，太滿而裂也。從巾奮聲。方吻切。」

見物曰睃。《方言》：「視也。」案葱聲。

内慙曰䏰。音忍。《廣雅》：「慙也。」

退步曰丨。《說文》：「丨，上下通也。引而上行讀若囟，引而下行讀若退。」《正字通》：「退，吐困切。與褪同。王建詩：『粉光深紫膩，肉色退紅嬌。』」

誘人共事曰㨨。《說文》：「引也。」〔一〕《集韻》力救切。按在官語則兜搭之兜矣。

稱至微之物曰笙。《方言》：「凡細貌謂之笙。」案音如星。重言曰零星。

人性遲懦曰納。《說文》：「納，絲濕納納也。」劉向《九歎》：「衣納納而掩露。」王逸注：「納納，濕貌。」

〔一〕《說文解字》：「㨨，引也。」

器物磨損曰勱。案讀若歇。《説文》段注：凡物勞劇則損，故謂器物磨損爲勱〔一〕。

反言訶人曰敦。去聲。《説文》：「敦，詆也。」

以手提物曰揭。《説文》：「揭，高舉也。」〔二〕

以手舉物曰攍。半擔曰艕。攍，音盈。艕，音鄧。《方言》：「攍、艕，儋也。」注：「今江東呼擔兩頭有物爲艕。」齊楚陳宋之間曰攍。

覆物曰揞。音烏感切。《方言》：「揞，藏也。荆楚曰揞。」

去汁曰潷。見《通俗文》。案《廣韻》音鄙密切，古爲泌字。

以器傾水或粟米曰舀。以沼切。《説文》：「舀，抒臼也。」

物小曰厶。《方言》：「私，小也。自關而西秦晉之郊凡物小者謂之私。」《説文》：「厶，小也。」

以火灼物曰爇。案讀如劣切。與焫同。《左傳》：「爇負羈氏之宫。」《史記·秦皇本紀》：「入火不爇。」

以物浸水曰醮。讀莊陷切，斬去聲。《説文》：「以物投水。蓋俗語。」案許君以爲俗語，知在漢非通行之字。而縣東婦人染布一次爲一醮。

物不正而連延或下垂者曰迤。

口偏曰喎。《廣韻》之佳切。案今多作歪矣。

〔一〕《説文解字》：「按凡物久用而勞敝曰勱。」

〔二〕「高」下原衍「也」字，據《説文解字》删。

骨節疼曰痟。《廣韻》音淵去聲。

𦣝曰下䩉。聲如杷。《説文》：「䩉，頰也。」「輔，人頰車也。」《方言》謂胡下爲下輔。《釋名》：「輔車，或曰牙車、頷車、頰車。」案䩉、輔轉爲杷，猶父轉爸、匍轉爬矣。

聲嘶曰沙。《周官·天官》：「鳥皫色而沙鳴。」注：「沙，嘶也。」《漢書·王莽傳》：「大聲而嘶。」師古曰：「嘶，聲破也。」

小兒哭曰咺。音選。《方言》：「咺，香遠反〔一〕。燕之外鄙，少兒泣而不止曰咺。」

小兒肥碩，或草木暢茂曰朦。從肉蒙聲，與朦朧之朦異。忙紅反。《方言》：「豐也。自關而西秦晉之間凡大貌謂之朦。」

人體健旺曰奘。《方言》：「秦晉之間凡人之大謂之奘。」

足殘廢曰跋，行止不正曰躐跋、曰矲䂙。躐，拉入聲。跋，巴入聲。矲，聲如擺。䂙，苦駭反。《爾雅義疏》：「跋者，䟴之叚音也。《説文》云：『步行獵跋也。』〔二〕獵即躐，跋即䟴。《説文》：『跋，蹎也。』《一切經音義》引《聲類》云：『狼䟴，顛䟴也。』顛即蹎，䟴即跋。《詩》之『狼跋』即『狼䟴』，俗作『狼狽』誤矣。」《方言》：「矲，短也。桂林之中，謂短曰矲。」注：「矲䂙也。」案《説文》：「𣥺，足刺𣥺也。讀若撥。」刺聲近躐，𣥺聲近䟴。躐䟴，即刺𣥺也。曰略逴。《方言》：「逴，敕略反〔三〕。齊楚晉曰逴。」

〔一〕「咺香遠反」四字出《方言注》。

〔二〕行：原脱，據《爾雅義疏》補。

〔三〕「逴敕略反」四字出《方言注》。

罵淫曰嫪、《史記・吕不韋傳》：「求大陰嫪毐爲舍人。」索隱曰：「世罵淫曰嫪毐。」〔一〕《通雅》：「聲如勞靄。」案嫪俗讀郎到切，勞去聲。曰遥。《方言》：「遥，淫也。九嶷荆郊之鄙謂淫曰遥。」注：「言心遥蕩也。」〔二〕案《廣雅》：「婬，淫也。」聲義備矣。俗讀如豪，而字作姣，非。

創傷去皮曰剥。《廣雅》：「剥，爤也。」

以掌進小兒食曰唅。《説文》：「唅，食也。」以食食人亦曰唅。《埤蒼》：「唵，唅也。」《一切經音義》謂掌進食也。

罵人輕薄曰仉、《方言》：「仉，輕也。楚人相輕薄謂之仉，或謂之僄。」案仉音范。曰佻。嚻、挑兩音。《爾雅》：「佻，偷也。」李巡曰：「佻，偷薄也。」《爾雅義疏》：「佻，侻也。佻、侻皆輕也。佻、偷、侻俱聲相轉。佻通作嬥〔三〕。『佻佻公子』，《韓詩》作『嬥嬥公子』。」案俗謂佻皮、佻□本此〔四〕。

懸物或以手提物曰𠃌。讀弔、鳥兩音〔五〕。案《方言》：「佻、抗，懸也。燕趙之郊，懸物於臺上謂之佻。」今音如弔。《廣雅》音鳥，而字書别作𠃌，即提物也。

食物極爛熟曰飪。物朽爛曰稔。《爾雅義疏》：「稔者，飪之叚音也。《説文》：『飪，大熟也。』又𣪠云：『食飪也。』《方言》曰：『飪，熟也。』通作腍。《聘禮》云：『賜饔唯羹飪。』鄭注：『古文飪作腍。』《詩・楚茨》傳：『亨，飪之也。』釋

〔一〕世：原誤作「士」，據《史記索隱》改。
〔二〕蕩：原誤作「摇」，據《方言注》改。
〔三〕佻：原脱，據《爾雅義疏》補。
〔四〕□：此字漫漶不清。
〔五〕音：原爲空，據文意補。

文：『飪，本又作脸。』〔一〕又通作稔。」

躍而走曰趯。《詩》「趯趯草蟲」傳曰：「趯，躍也。」

摘取毛髮曰撏。讀如潛。《方言》：「撏，取也。衛魯揚徐荆衡之郊曰撏。」〔二〕《集韻》徐廉切，摘也。《通俗文》以湯去毛曰𤎖。《小學鈎沈》：《大智度論》卷十八𤎖作燂。案撏、𤎖、燂、𤏸，聲義皆通也。

呼鷄曰喌喌。《説文》：「呼鷄重言之。从吅，州聲。讀若祝。之六切。」

入水有所取曰㲻。《説文》：「从又在囘下。囘，古文回。回，淵水也。讀若沬。莫勃切。」案叜本作㲻，隸作殳，俗音如媚。入水有所取與沈没之没義稍異。《嶺外代答》：「氼音魅，言人在水下也。」則爲俗字矣。

手捻鼻膿曰擤。《篇海》呼梗切，音省。

家財曰帑。當去聲。《説文》：「帑，金幣所藏也。」〔三〕《周成雜字》帑音蕩。

大鋤曰钁。瓜入聲。《爾雅義疏》：「斫謂之鐯。郭注：『钁也。』《説文》：『钁，大鉏也。』釋文：『字又作櫡。』郭云：『钁也。』《淮南·精神》篇注：『钁，斫也。音矍。』」案是即俗所云钁頭也。

打穀之器曰柍。《方言注》：「僉，今連枷，所以打穀者。」齊楚江淮之間曰柍。音悵快〔四〕。

餌曰餈曰䬴。案並見《方言》。今字爲糍爲⿰飠齊爲圓矣。

〔一〕又：原脱，據《爾雅義疏》補。
〔二〕郊：原作「間」，據《方言》改。
〔三〕藏：原誤作「帑」，據《説文解字》改。
〔四〕快：原脱，據《方言注》補。

以環貫牛鼻曰桊。音貫。《説文》〔一〕：「牛鼻中環也。」

味薄曰寡。章氏《嶺外三州語》：「寡乃楛與鹽之音轉。」案俗以酒味薄爲寡酒。

以竹器盛飯曰飯筲。《説文》：「筲，飯筥也。」

竹筐曰箪。見《嶺外代答》。

淅米竹器曰溞箕。《爾雅》：「溞，淅也。」釋文蘇刀切。

竈上火熏灰曰煻㶿。《一切經音義》：「熟灰謂之煻煨。」

食物味變曰㴜曰浚。《説文》：「㴜，久泔也。」《内則》注：「秦人謂浚曰㴜。」案《論語》：「祭於公不宿肉。」是宿即浚字，音義通矣。

土話派別尤多，在宋已然。宋樂史《太平寰宇記》：「邕州提、㐌、俚、獠，有四色，語各别，譯而後通也。」案提語無考。俚即黎人，縣中所無。㐌，原注音巳，今縣東南土語半屬之。獠語，當即今獞話，縣東南西各鄉有之，啁啾格磔，驟不可辨。惟其爲駱越遺民，秦漢古音，於今未墜。外來之語，幾經變化，早已遺蜕其本來，而里巷殊言，獨存故訓，考古者不能不於此致意焉。抑獞話多倒置，如謂婦考曰㚥公，則倒爲公㚥，站墟則倒爲墟站，諺所謂客直謂平話直説官横謂官話縱横變化獞倒顛也。考諸經傳，《書》「祗台德先」，即先祗台德也。《詩》「逝不古處」，傳

〔一〕説文：原誤作「方言」。

訓逝爲逮，即不逮古處也。《墨子·非樂》引武觀曰「野於飲食」，即飲食於野也。見章氏《訄書》引。今外國語，先名字後助動字者，亦屬斯例。蓋由草昧初開，隨意詰屈，不足異也。

土話與官話近者，如二曰雙，讀所江切，案雙入江韻。盂曰碗，杯曰盞，墳曰墓，鮒魚曰鯽，光曰亮，放曰縱，哭曰啼，上聲。與曰許，眠曰寧，行曰邁，即《詩》行邁，聲轉如擺。起曰興，燒曰熠，蓄水處曰淀，殺曰冎，知冎、刲之古字聲如假。衣曰布，御衣曰登布，皆衣音。直讀無煩迻譯而可通。其稍僻者，略爲詮次焉。

謂父曰爸，亦曰甫。《釋名》：「父，甫也。始生己也。」案聲皆如波。

謂婦考曰公爹。《方言》：「南楚之間謂婦妣曰母爹，婦考曰父爹。」注：「音多。」案縣東凡壻及外孫稱大人通曰公爹，重讀如他，蓋由歌入麻矣。

謂母曰嬭曰媲。聲如備。《廣雅》：「媲，母也。」《集韻》：「齊人呼母曰嬭。」李賀稱母曰阿嬭。案嬭聲如咩，即羊聲也。此天地元音，與英吉利語 mother 同。人類尊親，固莫能相外也。

謂大曰荒。《爾雅》：「弘、洪、戎，大也。」《廣雅》：「荒，大也。」《釋名》〔一〕：「兄，荒也。」案土語凡大曰荒，聲如閧。引伸以名人之壯老者亦曰荒，更引伸以名兄亦曰荒，讀盧紅切。聲轉爲隆，以名世父曰公隆，皆兼洪荒諸義。

謂小兒曰倪。案讀如昵。案《孟子》：「反其旄倪。」旄，耄也。倪，小兒也。周去非曰：「仫音嫋，言小兒也。」即倪字耳。

〔一〕釋：原誤作「雅」。

通稱婦人曰㜷。《廣雅》：「㜷，子我反，母也。」案土語轉爲而亞切〔一〕，如母曰㜷嬃，世母曰㜷爸之類。

通稱男子曰甫。《爾雅》：「甫，大也。」案《詩·甫田》箋：「甫之言丈夫也。」蓋甫爲男子之美稱。今土人稱一男子爲一甫，如個人曰甫人是也。剖平聲。

婦稱夫曰壻。聲如綏。《説文》壻，从土胥聲。女子謂丈夫爲壻，如言甫壻是也。

以牡爲特。引伸以名男子亦曰特。案特亦美稱。《詩》所謂「百夫之特」是也。

賤其人曰獨。引以名動物亦曰獨。《方言》：「蜀，一也。南楚謂之獨。」《釋名》：「頭，獨也。於體高而獨也。」案《春秋元命苞》十紀，「其一曰九頭」，即人皇氏兄弟九人。古者謂一人爲一頭也。今土話凡馬一匹、魚一尾之類，皆曰一獨，即一頭也。或曰土話尊其人稱公，鄙其人稱徒。《唐書·刑法志》用刑有五，其三曰徒，徒者，奴也。

天曰旻。《爾雅》：「秋曰旻天。」

地曰底。《釋名》：「地，底也。其底下載萬物。」案地、底爲疊韻字。

雨曰雰。案《説文》雰即氛字。

細雨纏綿曰霡。《爾雅》：「小雨曰霡霂。」

謂山爲自。即堆字。

山足曰麓。山鋭而長曰嶠。嬌去聲。山小而高曰岑。岑，嶄也，嶄嶄然也。並見《釋名》。

山坳曰埯。《方言》：「嶮，高也。」

〔一〕 而：民國《上林縣志》作「母」。

高曰亢。音如桑。《廣雅》：「亢，高也。」苦浪切。案《孟子》激使過顙，顙有高義也。

下曰二。《説文》：「二，氐也。」从反二爲二。案二，古上字。二，古下字。氐，古底字。今土人以下爲𨑒，即古二字耳。胡雅切。

長曰吕。讀如來。《方言》：「𢏺、吕，長也。宋魯曰吕。」

廣遠曰曠。《廣雅》：「曠，遠也。」

誘誑曰誒。《廣雅》：「誒，誘也。」案章氏《新方言》云：「譸，詶也。《周書》曰：『無或譸張爲幻。』侜，有廱蔽也〔一〕。《陳風》：『誰侜予美？』傳曰：『侜，張誑也。』譸、侜聲義同。今人謂妄語爲侜誑，或曰胡侜，俗作謅。」今土音讀如皺，蓋誒、譸、侜、謅，聲義皆可通也。

懼曰恅。《廣韻》盧晧切，音老，心亂也。

飽曰餍。《孟子》：「此其爲厭足之道也。」《説文》：「厭，飽也。」

死曰殆。《孟子》：「岌岌乎殆哉。」《説文》：「殆，危也。」

來曰到。聲如斗。

到曰唐。《説文》：「唐逮，及也。」〔二〕

暗曰曛。《玉篇》：「日欲入也。」笠聲。

〔一〕有：據《新方言》補。

〔二〕「及」下原衍「人」字，據《説文解字》删。

墜曰陊，聲如篤。《説文》：「陊，落也。徒果切。」案陊，相承作墮墜陸隳皆可通。曰降，聲如龍。《詩》：「未見君子，憂心忡忡；既見君子，我心則降。」《爾雅》：「降，落也。」案陊篤、落龍爲雙聲。土音以馬韁爲馬籠頭，即古詩「黄金絡馬頭」也。籠、絡聲轉耳。

酒曰⿰氵乳。《廣雅》⿰氵乳，乃口反，酒也。

肉曰⿰月弱。《廣雅》：「⿰月弱，肉也。」若聲。案《説文》从肉，弱意兼聲。

脂肪曰膋。《詩》：「取其血膋。」《廣雅》：「膋，脂也。」聊聲。

粥曰糜。《爾雅》：「鬻，糜也。」《晉書》：「何不食肉糜？」

飯曰餱。《爾雅義疏》：「餱，食也。《詩・伐木》傳：『餱，食也。』《公劉》釋文：『餱，字或作糇。』通作糗。《書》『峙乃糗糧』，《説文》引作『峙乃餱糧』，是餱、糗通也。」

喫飯曰⿰食㥯餱。《廣雅》：「⿰食㥯，食也。」於恨切。食也。案土話喫曰⿰食㥯，或曰吞，聲皆近於恨切。

看曰瞭。《楚辭》：「瞭冥冥而薄天。」張華云：能遠視也。

有曰迷。聲米力切。《帝王世紀》：「《擊壤歌》：日出而作，日入而息，鑿井而飲，耕田而食，帝力於我何有哉！」案土音以有爲迷，與《擊壤歌》合。

鹽曰鹵。《説文》：「鹵，西方鹹地也。」案《玉篇》作滷，引《書》：「海濱廣滷。」土音如姑。

水曰☵，即坎字。聲如淋。案《説卦》坎爲水，小篆作☵，横看今益字，爲其本形，而卦作☵爲坎字。土人讀☵爲淋，形義聲俱。古而切。

火曰燬。讀如肥。《爾雅義疏》：「燬，火也。《詩》曰：『王室如燬。』燬，齊人語。火者，古讀如喜。《左氏》襄三十年

《傳》：『或叫於宋太廟，曰：「譆譆，出出。」鳥鳴於亳社，曰：「譆譆。」』譆譆即火火之聲也。《詩》『七月流火』與『九月授衣』韻。案『七月流火』與下『授衣』『萑葦』並叶，是火讀如肥之證也。」或曰土語之火即《大易》之☲，離爲火，是譆、燬、離皆得肥聲也。

樹株曰科。聲如歌。《廣雅》：「科，本也。」案猶言一株、一章也。

門曰闍。《詩》：「出其闉闍。」

開門曰啓。

闍毛曰𣯫。《説文》：「从毛菡聲，《詩》曰：『毳衣如𣯫。』」徐注莫奔切。案《詩》本讀門聲，俗轉爲奔聲。

顄下爲胡。《新方言》：「胡，牛顄垂也。今人謂鬚爲胡還，俗作鬍。惠、潮、嘉應客籍音轉如姑，謂鬚爲鬚胡，此乃引伸義。紹興謂喉曰胡嚨，乃近本義。」

豕曰豧。模去聲。《爾雅》：「豧，豕息也。」案《説文》：「牟，牛鳴也。从牛。厶象其聲氣從口出。」〔一〕牛鳴爲牟，猶豕息爲豧也。

山豕爲貒。聲如段。《方言》：「貒，豚也。關西謂之貒。」《廣雅》：「貒，貛也。」案貒貛、貒豚，皆疊韻字。

耙曰耮。本耨轉聲。《集韻》耮，郎到切，勞去聲，「摩田器」。《韻補》耰，爾皎切。梁武帝《籍田》詩：「公卿秉耒耜，庶民荷鉏耰。一人慙百王，三推先億兆。」

屋曰闌。

船曰艫。《廣雅》：「艫，音鹿，舟也。」案即《説文》舳艫之艫。

〔一〕厶：原脱，據《説文解字》補。

按獞話有音無字，必經翻譯而後明；平話有音有字，音韻多與古合，已如前述。但在昔語言文字合一，故懸書讀法，一般民衆皆能了解。即最古之商《盤》周《誥》，何嘗不是當日通俗之言。自後言語遞衍，盡失其本末，遂與文字離而爲二，於是文字遂成爲專門絶學。夫以專門絶學，而欲使通俗瞭然，勢必不能。故廣東流行文字，如報章雜著各種種，皆以通俗之語行之，流傳兩廣。凡在諳白話之人〔一〕，雖三尺童子，無須訓釋，一覽了然，此語言文字合一之效也。但白話可以代表廣東全省，平話無此勢力，則仍假正音之字以爲之用。此則限於地域之不能强同，唯平話與正音，雖無甚差别，而清濁高上，不無稍異。如壬癸之癸，平話讀去聲，正音讀上聲。曾孫，孫之子也，平話讀曾爲塞，入聲，正音無入聲。茍字五歌韻，平話則讀爲葭，六麻韻。撼字平話讀入聲，正音上聲。覓字平話讀去聲，正音讀入聲。此類正多，則俗音與正音，已相爲隔膜。故有讀書數年，即平話以求正音之字，操筆未能立寫者，比比皆是。

今後似宜以俗音爲主，即音以定字，而以字之正音爲附見，主客既分，較易識别。庶幾近俗而不傷正，則於教育上、宣傳上定能事半而功倍。故外人傳教，須用此道，從無扞格，從可識矣。

夫區域既殊，語音亦因之而别，此其勢也。在昔齊魯宋鄭晉衛，同屬中原，然各具方言，彼

〔一〕話：原作「語」。

此已難一致。試觀孔子編詩，如《周南·葛覃》章：「害澣害否，歸寧父母。」則讀母爲牡矣。《王風·葛藟》章：「綿綿葛藟，在河之涘。終遠兄弟，謂他人母。」則又讀母爲瀰矣。按土話亦有讀母爲媚者，當係母字之轉聲。如華字，《召南》：「何彼襛矣，唐棣之華。曷不肅雝，王姬之車。叶奢。」則六麻韻矣。《小雅·出車》章：「昔我往矣，黍稷方華。今我來思，雨雪載塗。」則六魚韻矣。又如牙字，《小雅·祈父》章：「祈父，予王之爪牙。叶胡。胡轉予于恤，靡所止居。」則六魚韻矣。《召南·行露》章：「誰謂鼠無牙，叶鞏。何以穿我墉。誰謂女無家，叶公。何以速我訟。叶松。」則二冬韻矣。此類亦多，未能枚舉。故《爾雅》一書，音韻最古。後世韻書，於是創爲反切，而又叶以四聲，以極其變，總求合於書同文之義。然則文字一道，以語音爲主體明矣。前者政府欲求吾國言語統一，乃聘請北京教員訓以國語。夫北京讀街爲者，此又豈能相强哉。乃者廣東於社會流行文字，於原有本體字之稍深者，屏棄不用，而代以俗字或別字，以求推行之便利。我縣鄉間皆平話通行，似可師其意。凡字皆訓以平話，庶音與字合而爲一，或不似從前之齟齬也。附識於此，爲推行通俗教育者作一商榷。

〔民國〕雷平縣志

【解題】鄧贊樞修，梁明倫等纂。雷平縣，在今廣西壯族自治區崇左市大新縣。「方言」見第二編《社會》中。録文據民國三十五年（一九四六）油印本《雷平縣志》。

方言

縣屬方言，全縣通行，交際皆用土語。太平、安平、下雷三土州言語，硬柔清濁稍異，然皆相通。其外來者操音各自不同，但久居而後，習染成風，多歸於同化。唯通衢墟市客商交易，多操粵語以相應酬。近以倭犯中原避亂而來者繁有其徒，如國語、官音、平話等雜處其間，此不過來客交際場中見之，但粵語流通較爲普遍云。

土語譯音於次。

吃飯，土音君寇，ㄐㄩㄥ ㄎㄡ。　穿衣，土音儂士，ㄋㄨㄥ ㄕ。

水牛，土音懷，ㄏㄨㄞ。　沙牛，土音莫，ㄇㄛ。

猪，土音母，ㄇㄨ。　狗，土音馬，ㄇㄚ。

肉，土音敗，ㄅㄞ。　父，土音爸，ㄆㄚ。

母，土音向蔑，ㄏㄛ ㄇㄝ。　兄，土音比，ㄆㄧ。

弟，土音儂，ㄋㄨㄥ。　夫，土音破，ㄆㄛ。

妻，土音翁蔑，ㄩㄥ ㄇㄝ。　子，土音勒，ㄌ。

孫，土音蘭，ㄌㄢ。　田，土音那，ㄋㄚ。

畬，土音遂，ㄙㄨㄟ。　山，土音巴，ㄅㄚ。

河，土音他，ㄊㄚ。

〔乾隆〕永康州志

【解題】李國華修。乾隆四十二年（一七七七）修。已佚。永康州，轄境相當於今廣西壯族自治區崇左市扶綏縣。録文據嘉慶《廣西通志》卷八八《輿地志九·風俗·永康州》。

風俗

土音近城村落者，差可會意。如渌隴之間皆土司土語，細察其聲，皆閉口鼻音，非重譯不可以解。今分類譯出，以備方言之一則。

天曰捫，又曰旻。地曰堆。上聲。日曰蘖。月曰能。風曰隴。雲曰葦。雷曰拍拉。雨曰烹。星曰勞内。辰曰早。霜曰聳。雪曰錫。霧曰木。山曰恩不拉。海曰害。江曰崗。河曰打。湖曰河。蕩曰測郎抹。塘曰當。城曰尋。浪曰郎。春曰村。夏曰押。秋曰抽。冬曰董。廟曰繆。孔聖人曰信陽。關帝曰官否追。城隍曰尋烘。土地曰土堆。火神曰和色。觀音曰衮央。親曰生。師曰篩。

祖曰公爹。祖母曰姆把。叔曰妖。哥曰恩嗎。兄曰佩。嫂曰輩嫂。弟曰奴敖。弟媳曰怒。夫曰百公。妻曰不下。妾曰下内。兒子曰勒。媳婦曰勒婢。姪曰覽茅。孫曰覽。女曰勒嫂。重孫曰東篩。外公曰公大。外婆曰没歹。女壻曰哥爺。外甥曰懷筍。親家曰村家。

頭曰恩留。面曰恩哪。眼曰恩他。耳曰恩而。口曰恩拍。平聲。齒曰休。鼻曰恩郎。舌曰吝。喉曰河。手曰枚。腳曰脛。腿曰推。指曰吉墨。指甲曰不墨。皮曰囊。毛曰烹。乳曰能木。肚腹曰恩同。肚臍曰雖奴。腰曰那墨。背曰辣冷。股曰側害。臀曰偕陽。腸曰他雖。胃曰梅刀。脾曰盃。心曰笥。肺曰不。血曰勒。氣曰嗟。眉曰盆他。鬍曰猛。身曰陽。骨曰諾。胎曰梅孕。辮子曰條鞭。麻子曰來。

家人曰會。僕婦曰福灰。丫頭曰灰。瞎子曰房。呆子曰呆嘴。聾子曰六。花子曰告凹。啞子曰惡抹。癩子曰劣。禿子曰樓諾。廚子曰仇遮。裁縫曰齋風。轎夫曰吉夫。木匠曰木舟。漆匠曰搽舟。戲子曰黑鮓。衙役曰衙府。差頭曰斗。仵作曰惡鮓。民壯曰門兇。門子曰門追。地方曰笛風。保長曰保真。老人曰老羊。鄉勇曰興業。書辦曰瘦板。軍犯曰究凡。流犯曰樓凡。强盗曰插。光棍曰公棍。夫子曰否。尼姑曰內古。和尚曰和遜。道士曰道雖。泥水匠曰奈碎舟。

頭髮曰盆鬧。文官曰文究。武官曰浮究。到任曰刀揚。陞曰省。降曰崗。上司曰遜雖。上聲。官曰黑。年曰碑。月月令之月曰惡。時曰雖。上聲。刻曰赫。憲書曰元叟。縉紳曰增生。大曰筏。小曰細。粗曰槎。細曰篩。遠曰問累。近曰耿。買曰舟。賣曰海。平聲。跕曰能。田曰那。插秧曰那麥。收割曰完號。南曰拉。西曰灘。北曰八。黃曰烘。大紅曰代烘。黑曰拉木。紫曰周月白。月字讀平聲。甜曰巔。酸曰松捫。苦曰蒿捫。辣曰爛。鹹曰格郎。善曰線。惡曰額。平聲。神曰循。鬼曰忙。夾曰格。單曰膽。

走曰擺。跑曰兜。吃曰梗。嚼曰足。入聲。咬曰蒿，又曰哈不籠。吐曰洞。坐曰楞。睡曰倫。勤快曰更趕。懶怠曰力勒。看曰筶。尋曰津。做文章曰墳走。寫字曰西叟。讀書曰踱叟。跪曰鬼。磕頭曰靠芽。作揖曰拜揖。娶親曰摳芽。定親曰定芽。寫家書曰寫叟。好曰餒。平聲。壞曰外。扯曰辣。邪曰嘔。念佛曰粘埠。燒香曰長興。打醮曰鵠齋。做法事曰送忙。祭祀曰醉嘴。名字曰名接。叫曰嘔。喘氣曰害急。有曰眉。無曰美。富貴曰眉乃。貧窮曰火乃。剃頭曰抬簍。洗澡曰碎浪。多曰乃。少曰内。平聲。强曰裙。弱曰額。你曰猛。我曰古。他曰爹。淡曰得。老曰勞。少曰賽。破曰撲。臭曰厚。點燈曰叮噹。刭洞曰刭壯。跳牆曰駁舟。害病曰老貧潔。生瘡曰貧麻。問罪曰悶嘴。平聲。産曰生。敲曰搆。煮飯曰鄒煤。上房曰桑風。擊鼓曰吉閣。請客曰親轄。砍曰叨捫。跌曰勞墨。平聲。磕曰靠。傷曰混叟。自縊曰築河胎。自刎曰格肐。旗杆曰格干。格平聲。偷曰插。賭錢曰多尖，又曰轉鼉羅龜。罵人曰那昏。打降曰多狠。搶東西曰搶東篩。求曰勾。是曰得諾。

米曰秏，又曰稻粲。黍曰禾粥。稷曰尾粟。麪曰閔。海參曰海桑捫。魚翅曰嘔池。肉曰諾。魚曰不拉。蟹曰保。蝦曰貢。糯米曰秏植。點心曰丁桑。白糖曰八躲。紅糖曰烘躲。餃子曰勾追。饅頭曰包追。燒餅曰修餅。黄酒曰烘鏤。平聲。燒酒曰勒修。青菜曰撇蠟。芥菜曰拍幹。豆腐曰豆否。黄豆曰杜。扁豆曰扁刀。韮菜曰蒿菜。蘿蔔曰辣八。蒿曰三閣麥。茄子曰安其。茶曰揸，又曰緑英。茶葉曰揸買。平聲。煙曰眼。鹽曰勾鹵。醬曰粽。醋曰昧。

蔞葉曰嚇。去聲。薑曰興。蒜曰汎。

書曰色。墨曰抹。筆曰八。硯曰櫃影。書架曰色架。筆架曰八格。平聲。銀硃曰文帚。杌櫈曰答櫈。棹曰中坑。牀曰坑桑。桌圍曰折圭。衣曰岜布。椅曰額。平聲。花曰瓦。花瓶曰瓦瓶。墊子曰愛點。袍曰包。帶子曰賽。上聲。毡曰尖。褥曰蘖嘴。靴曰尾。被曰獨。帳曰包。枕曰嘔灩。鞋曰孩。襪曰抹。袖曰挭布。鈕子曰靠。褲曰凹。字曰至。畫曰合。圖書曰拕叟。印色曰暗雖。棉花曰民瓦。緞曰端。紬曰周。布曰派。紗曰賽。上聲。漆曰插。金曰岡。上聲。木曰梅。水曰喏木。土曰斗木。火曰非。玉曰右。珠曰舟。銅曰東。鉛曰淵。鐵曰踢。銀曰暗。沈香曰扎木興。檀香曰旦木興。門曰斗。窗曰稱户。壁曰站。門檻曰罔斗。大門曰代斗。釘曰鼎。匾曰拜邊。船曰蒲魯。蓬曰拔。戳曰改。繩曰扎。柴曰柳。鐲曰棍。簪曰鮓捫。煙袋曰筒烟。絨曰容。裙曰巴品。線曰買。粉曰分。戒指曰過眉。耳墜曰對毫。抓癢曰高嚷。手巾曰搜更。雨衣曰厚額。平聲。雨帽曰厚帽。緯帽曰緯毛。涼帽篷曰林篷。鈴曰鈴燈。鑼曰拉。碟曰搬。湯匙曰壁羹。燈曰檔。燈臺曰檔臺。蠟臺曰蜡歹。箸曰兜。鍋曰黑。酒盃曰樓盆。飯碗曰恩堆。盤子曰恩。茶盃曰搽盃。壺曰礶。臺曰恩棹。臉盆曰把碎拉。開水曰那捫滾〔一〕。冷水曰那捫澤。清水曰那捫腮。渾水曰那捫昏。磚曰

〔一〕捫：原作「門」，據本節用字改。

精。瓦曰襪。菜刀曰鞋。腰刀曰秧。斧頭曰麻拋。木棍曰條米。槍曰村。鋸曰麻更。棺木曰廐煤。扁擔曰丟減。犁曰宰。石曰吞。石灰曰色灰。梭子曰屢。籃曰安擂。麻曰柰。板子曰板追。夾棍曰格棍。枷曰呀奔。椤子曰散嘴。打曰混。殺曰假。杖曰登倒。草曰哈。桂元曰嗎。梅子曰抹梅。茨菇曰瘦古。棗子曰棗嘴。石榴曰錫摟。栗子曰抹蠟。甘蔗曰威。芝麻曰奶。平聲。荔枝曰勒追。柑子曰抹格。平聲。菱角曰菱格。松子曰松呸。苦瓜曰呵內。花生曰獨筍。梧桐曰梅多。香瓜曰馨寡。檳榔曰買榔。西瓜曰雖瓜。藕曰熬。桃子曰抹刀。芋頭曰拍辣。樹曰梅。竹曰梅竹。

一曰勒。二月隘。三曰傘。四曰歲。五曰惡，又謂之哈。六曰浮。七曰捽。八曰拜。九曰勾。十曰漆。百曰罷。千曰丟。萬曰凡。

兩曰煉。錢曰尖。分曰粉。鼇曰雷。毫曰蒿。絲曰腮。斗曰桶。升曰墨。斛曰盒。石曰抑。斤曰趕。秤曰恩掌。戥曰檔。

龍曰獨隴。虎曰獨谷。豹曰豹追。馬曰墨。牛曰歪。去聲。獾曰獨眼。豬曰畝。平聲。羊曰夏恩。石羊曰錫涅。山羊曰三涅。狗曰抹。兔曰脱。鷄曰蓋。鴨曰筆。鵝曰本。喜鵲曰六格。麻雀曰獨樂。斑鳩曰獨樂樓。仙鶴曰錫盒。鷺鷥曰腮。白鷴曰八哈。鷓鴣曰六派。孔雀曰孔槎。鷹曰憂。八哥曰八格。蛇曰毒疑。蛤蚧曰毒家格。蚯蚓曰毒冷。蝦蟆曰毒共叟。蛀蟲曰毒紙見。蚊曰毒戎。蒼蠅曰毒名。螞蟻曰毒黑。

〔民國〕同正縣志

【解題】曾瓶山、楊北岑等編纂。同正縣，今廣西壯族自治區崇左市扶綏縣。「方言」見《民籍第七》中。録文據民國二十二年(一九三三)鉛印本《同正縣志》。

方言

各處皆有土話，相隔數十里即有異同。同正之土俗，即獞話也。其話有音而無字，或有其字而非其義。然亦有其義，而其音則與白話相同者；有其義，而其音又與正話相近者。則試譯而中之。

天文時令

天謂之撋。撋者，土話爲圓，謂天圓也。地謂之堆。堆者，土話爲積，謂地厚也。日頭謂之他文。每日亦謂之文。幾多日謂之改壘文。月亮謂之待定，亦謂之荾。每月則謂之南。幾多月則謂之改壘南。年歲均謂之蓓。推之，幾多年歲亦爲改壘蓓。雷謂之怕。雨謂噴。風謂之林。雲謂之廹。星謂之澇內。霧謂之莫。

地理

石山爲芭。土嶺爲麓。水爲滴。江爲汰。路爲綸。家爲闌。村爲蔓。市爲芾。田爲納。畬爲雷。街爲改。

人理

男爲拱，即公也，通稱爲拱魂衰。女爲滅，即母也，通稱爲滅曹下。童男爲宏，童女爲默，通稱爲宏勒業、默勒掃。父爲拱博。母爲滅澇。其已娶者爲拱勒髦。已嫁者爲滅勒拜。媳婦稱家翁爲拱抵，稱家姑爲滅奈，孫稱祖父母亦然。人稱新郎爲拱古耶，即姑爺也；稱新娘爲滅古寧，即姑娘也。兄稱弟爲農，即儂也。弟稱兄爲果，即哥也。稱母之兄弟爲拱搆，即舅父也。稱舅之妻爲滅禁，即妗母。弟稱兄之妻爲掃，即嫂也。兄稱弟之妻爲甚，即小嬸也。稱伯父爲拱柏，即伯父也；稱其妻爲滅柏，即伯母也。稱叔父爲拱肅，即稱叔父也；稱其妻爲滅甚，即嬸母也。外孫稱外祖爲拱打，稱外祖母爲滅怠。子婿稱岳父母即依其妻稱之。

人事

言語爲港。行爲派。立爲因。坐爲囊。睡爲寧。視爲迭。看見爲迭吞。聽爲停。聽聞爲能倚。游耍爲悲料。笑爲聊。哭爲殆。怒爲發氣。樂爲歡喜。恨爲限。愛爲唉。對人爲猛。對我爲古。對他爲抵。對己爲婁。生爲想。死爲苔。富爲阜。貴爲魁。讀書爲琢叟。犂田爲兜槐。商家爲想臆。工人爲拱乍。賣爲亥。買爲就。漁爲得把。樵爲奪柳。食早爲哽呆。食午爲哽零。食夜爲哽稠。稀飯爲糜。乾飯爲秏。食茶爲哽渣。食酒爲哽澇。食肉爲哽諾。食菜爲哽柏。

身體

眼爲他。鼻爲能。耳爲而。口爲拔。頭爲陑。手爲謀。足爲哈。肚爲洞。背爲朗。頸爲和。乳爲嬝。髪爲噴。鬚爲蒙。眉爲噴他。

名物

凡成個者爲恩，成張者爲帕，成條者爲丟，成塊者爲密。

凡高大而成個者爲恩。如山爲恩芭，村爲恩蔓，屋爲恩欄，門爲恩斗，以及桌爲恩縱，几爲恩挨〔一〕，凳爲恩蕩，杯爲恩蓓，罇爲恩準，鐘爲恩總，鼓爲恩渦，碗爲恩篕，鍋爲恩列，缸爲恩港，桶爲恩痛，箱爲恩弄，匱爲恩歸，燈爲恩等，臼爲恩林之類。恩鏡、恩餅無有別音。

凡厚薄而成張者爲帕。如帳爲帕色，被爲帕獨，席爲帕命，衣爲帕布，袴爲帕劃，毡爲帕隼，毯爲帕但，簟爲帕漫，篷爲帕篷，惟紙則爲整最、旗爲整奇之類。

凡長短而成條者爲丟。如路爲丟綸〔二〕，江爲丟汰，藤爲丟蒿，芊爲丟掃，繩爲丟窄，線爲丟美，羽毛爲丟噴，布爲丟派之類。

凡方圓而成塊者爲密。如石板爲密吞，木板爲密變，瓦爲密劃，磚爲密剪，米爲密秏，豆爲密杜之類。

〔一〕几：原誤作「凡」。

〔二〕爲：據體例補。

此外，有特別零件者，如帽爲定毛，傘爲定亮，鞋爲兑諧，襪爲兑抹，書爲笨藪，畫爲府化，筆爲止筆。

物動

凡動物總名爲獨。如牛爲獨淮，羊爲獨陽，猪爲獨牡，馬爲獨抹，虎爲獨谷，鹿爲獨洛，狐爲獨引，馬鷄爲獨蓋，鵝爲獨笨，鴨爲獨畢，鷓鴣爲獨諾拍〔一〕，黄鸝爲獨諾怪。魚總名爲獨把。蛇總名爲獨尼。田螺爲獨哂。蛤蚧爲獨吉絜。蝶爲獨罵。蜂爲獨釘。蚊爲獨容。螢爲獨翌燐。蜻蜓爲獨蓬蓽。蛛蜘爲獨貢敲。如係獸類，牡者通謂之達，牝者未生仔前謂之作，生仔後謂之滅。即如牡牛、牝牛、母牛謂爲淮達、淮作、淮滅之類是也。如係禽類，雄者通謂之步，雌者通謂之滅。即如雄鴨、雌鴨謂爲畢步、畢滅之類是也。鱗介昆蟲之雄雌亦通謂爲步滅，與禽類同。惟鷄一種，其不閹之公鷄謂之蓋想，已閹之雄鷄謂之蓋步，未生卵之雌鷄謂之蓋巷，已生卵之雌鷄謂之蓋滅，則稍有不同。

植物

凡植物總名謂之果，木之總名謂之埋，果實總名謂之墨，花朵總名謂之瓦。如木類，松爲果埋竦，柳爲果漏，樟爲果總是也。如果類，柚爲抹朴，柑爲抹甘，橙爲抹痛，

〔一〕獨：據體例補。

佛手爲抹伐瘦，檸檬爲抹林孟是也。如花類，木槿花爲帽胆瓦，桂花爲貴瓦，蘭花爲蘭瓦，梔子爲指最花是也〔一〕。

瓶山野人曰：此上凡静辭、動辭各類，不過略舉大概，其土音亦是彷佛爲多，實難得其真也。

〔民國〕上金縣志

【解題】覃啓瑞等纂修。不分卷。上金縣，今廣西壯族自治區崇左市龍州縣。「言説」見《風土志》中。録文據民國十七年(一九二八)油印本《上金縣志》。

言説

縣屬語言普通爲獞話，沿江各墟商民亦有摻白話者，官話則任公職人員類能言之，此外則知者甚少。

〔民國〕龍津縣志

【解題】李文雄修，陳必明纂。民國三十五年(一九四六)修。龍津縣，今廣西壯族自治區崇左市龍州

〔一〕梔：原誤作「梔」。

縣。「方言」見第四編《社會》中。録文據廣西壯族自治區檔案館一九六〇年鉛印本《龍津縣志》。

方言

龍津語言約分數種，曰土語、曰廣話、曰官話。

其土語原係僮話，因地當要衝，交際日繁，聲音爲之漸變。今土人與他僮人交談，竟至不能領會者，是已另成一種土語矣。廣話則自粵傳來，今窮鄉僻壤亦能操之。操官話者，則桂、柳、太平等府以及外省寄居之人。此三種話最爲通行。平話即邕寧土話，操此語者惟自彼縣移來之家族，他籍人鮮有效之者。此外尚有靄話、交話，然亦僮矣。

龍津既操土，則凡文字中無此音者，則另製一字以代之，其法大率依據六書。第僅見於契約中之名詞，他種文字鮮用之，今就其流行者略志如左。

岜，皮鴉切，山也。馱，他下平聲，河也。淰，女文切促音，水也。坵，拘歐切，高嶺也。弄，囊廣音去聲，小嶺也。⿰嶺欠，啼公切鼻音，池也。咘，迷頗切，泉也。咟，巴促音，口也。𨄊，盧康切，尾也。⿰木菊，谷促音，根本也。龍，盧翁切，大也。⿱宀尔，諾促音，少也。噤，孤騰切鼻音，地之凹處也。□〔一〕，西恒切，水源深窩處也。⿱天巴，非化切促音，天地。⿸尸⿰寸鳥，奴促音，鳥也。𩡶，麻促音，果也。儂，農促音，小弟輩也。佊，波下平聲，男性也。㜷，滅下平聲，女性也。

〔一〕□：此字模糊不清。

土話構造之法，大率與外省語言同。其所獨異者，惟兩名詞之結合，外省則以固有名詞在前，普通名詞在後。龍津土語則反是。例如將山，將，固有也；山，普通也，而土話則曰崑將。如三合鳥，三合，固有也；鳥，普通也，而土話則曰鷊三合。如葡萄果，葡萄，固有也，果，普通也，而土話則曰崑葡萄。如三弟，三，固有也〔一〕，弟，普通也，而土話則曰儂三。即此可以類推。

〔民國〕思樂縣志

【解題】李文雄等修，曾竹繁纂。思樂縣，今廣西壯族自治區崇左市寧明縣。「方言」見卷四《社會篇》中。録文據民國三十七年（一九四八）石印本《思樂縣志》。

方言

凡人類不能離羣而獨居，故其羣居之處，常與所接近之人共構成其一種言語。他方之人，亦各自構成其他種言語。限於偏隅，則謂之方言。彼方之言語，詰屈侏𠌯，各操其音，固自若也。今之論方言者，當兼論其稱名與讀音。古今沿革，流風又遞有變遷，方言之稱名讀音，各不能盡同者，其勢然也。

〔一〕原書衍一「固」字。今删。

邑之言語，有土話、白話、傜話、平話之分。然以土話、白話、傜話爲通行。中以土話爲多，平話最少。邑界毗連越粵，及鄰近寧明、明江、崇善、綏渌、上思等縣，因以地邑關係，其方言亦各有差異。故縣人旅外，或從事懋遷，朋儕交接，率能別操方言。唯思樂人，無論説某音，均是我就人，斷無人就我，白話固也，即各處土音，莫不皆然。城廂與各鄉之方言，發音清濁輕重，亦間有微別。如紙、底、處、女等字，客人讀之爲唇音，而城廂則爲齒音。客人之語較重濁，而城廂較輕清。又縣之三鄉，方言多用舌尖音與喉音。琴清、九特兩鄉，毗連越界，其音重濁，如讀光如罔、輕如更、識如昔、國如郭、家如渣，皆是土話。其源實出於上古西南土著苗族之話。今縣屬人民，其先祖皆來自中原，絶非苗族舊裔。乃近沿襲苗話者，蓋來此最早，受苗話之同化也。

昔時官書，稱土話之鄉民爲獞。考獞字，徒紅切，讀若童。而今官話稱土話之鄉曰戇戇者，不過汲黯之戇，愚直古道，於人格奚傷？又按獞字大名，甚非重視乎民也。

傜話在縣境之海淵鄉、北江鄉、那堪鄉各村，相兼而有。其自稱曰傜話，聲稍高昂，類白白話。其話音本例略雜，在白話、官話之間，入聲亦短促收藏，而平、上、去三聲，則絶類乎白話。其所以異者，則開口、閉唇與撮唇，皆近於白話。嘗聞彼中人相詬曰「誰敢過來」，竊審聽之，誰、來兩字濁平聲，敢字閉唇之上聲，過字去聲，質韻，音在清濁之間。又聞其會食，呼曰「取碗來」，竊審聽之，取、碗字均上聲，來字濁平聲之撮唇音，正與仄音韻合。取字促羽切，亦與《唐韻》之切音合。而「誰」之問辭，「取碗來」三字之爲辭，不啻《詩》《書》中之雅也。

平話之在縣境，僅數村，先世在宣化縣遷來。其遠祖或謂山東移來。邑之平話，其聲洪而微濁。其語音於白話、土話之外，別爲一系。乃平話轉較官話，則喉舌脣齒，蹇澀支離。如讀詩若支、讀餘若魚，甚或讀忠若空、讀鄉若央，蓋彼中有先後爲官話之人，誤爲如此之聲音，彼此踵習，不啻莊獄之間，雖日撻而求其楚，豈可得哉？

附：方言國音譯表〔一〕

國語天地：　僾話天梯（ㄊㄧㄢ ㄊㄧ）；　白話天地（ㄊㄧㄢ ㄉㄧ）；　平話天地（ㄊㄧㄢ ㄉㄨㄧ）；　土話天堆（ㄊㄧㄢ ㄉㄨㄧ）。

國語父母：　僾話夫母（ㄈㄨ ㄇㄨ）；　白話扶暮（ㄈㄨ ㄇㄨ）；　平話浮茂（ㄈㄨ ㄇㄨ）；　土話爹霸（ㄉㄧㄝ ㄆㄊ）。

國語夫妻：　僾話俯輸（ㄈㄨ ㄕㄨ）；　白話府妻（ㄈㄨ ㄎㄧ）；　平話府妻（ㄈㄨ ㄎ）；　土話波迷（ㄅㄛ ㄇㄧ）。

國語兄弟：　僾話哄梯（ㄏㄡㄧ ㄊㄧ）；　白話兄弟（ㄒㄧㄥ ㄉㄧ）；　平話温弟（ㄒㄩㄥ ㄉㄧ）；　土話卑諾（ㄅㄟ ㄪㄛ）。

國語朋友：　僾話片有（ㄆㄧㄢ ㄧㄡ）；　白話鵬友（ㄆㄥ ㄧㄡ）；　平話鵬佑（ㄆㄥ ㄧㄡ）；　土話并僾（ㄅㄧㄥ ㄧㄡ）。

國語穿衣：　僾話淺衣（ㄎㄧㄢ ㄧ）；　白話穿衣（ㄔㄨㄢ ㄧ）；　平話穿依（ㄔㄨㄢ ㄨ）；　土話頓事（ㄉㄥ ㄕ）。

國語吃飯：　僾話食番（ㄕ ㄈㄢ）；　白話食煩（ㄕ ㄈㄢ）；　平話吃煩（ㄐㄧ ㄈㄢ）；　土話均叩（ㄐ ㄧㄢ）。

〔一〕原爲表格形式。其中有少量注音字母疑誤。

國語早起：僾話坐如（ㄗㄨㄊ ㄖㄨ）；白話就遷（ㄗㄧㄡ ㄙ）；平話逃遷（ㄓㄠ ㄙ）；土話秋敦（ㄎㄡ ㄎㄧㄡ）。

國語夜眠：僾話鴉面（ㄧㄚ ㄇㄧㄢ）；白話爺面（ㄉㄧㄝ ㄇㄧㄢ）；平話牙面（ㄒㄗ ㄇㄧㄢ）；土話夜煖（ㄅㄨ ㄉㄧㄝ）。

〔光緒〕鬱林州志

【解題】馮德材等修，文德馨等纂。鬱林州，今廣西壯族自治區玉林市。「風俗」見卷四《輿地略》中。録文據光緒二十年（一八九四）刻本《鬱林州志》。

風俗

鬱地聲音柔緩和平，入學讀土音，多與正音相近。其呼名同者，謂父曰爸，母曰娘，祖父母曰亞公、亞婆。異者，舅姑曰君爺、家婆，婢女曰腳跟，這箇曰滯箇，甚麽曰是物鬼，没有曰毛有之類。若由惠、韶、嘉應、漳諸州來遷者，其本音累世不改。

〔光緒〕容縣志

【解題】易紹德修，封祝唐纂。容縣，今廣西壯族自治區玉林市容縣。「方言」見卷四《輿地志·風俗》中。録文據光緒二十三年（一八九七）刻本《容縣志》。

煩擱，阮孝緒《字略》：「煩擱，猶捼抄。」《周禮·冬官·考工記·鮑人》：「進而握之。」注：「謂親手煩擱之。」擱音軟平聲，又奴禾切，土音懦平聲。洗衣服謂之擱。

榮，永兵、于平、于營三切，俱音營，土音本不誤，外江人讀容亦屬臆造。又峥嶸，山峻也，音橙宏。宏容音近，故誤。

苦蕒菜，俗訛苦北菜，或曰苦馬菜，亦通。

舀，遥上聲，俗話舀水。《常談叢録》：「半陽泉世傳織女送董子經此，董子思飲，舀此水與之。」即此字，官話倒水另是一義。

《字典》：「不知而問曰拾没。」没，毋果切，音麽，北人所謂什麽，又曰甚麽。吾容曰時乜惹，或曰時乜東西。没字讀本音，吹脣聲乃近麽音。湖南人讀没爲卯，無也，吾容亦然。桂林讀媚有，京師讀迷有，亦没字之轉音。或曰媚有，未有也。未有即無字之解亦通。

王黄混讀，見李登齋《常談叢録》，吾容亦然，他處亦無不然。問答後必指畫其字曰三横、曰共田，猶耳東泰山之别秦陳也。桂林人王讀本音，黄讀房音，混者必笑，不知何解。

《博雅》：「揩、摩，拭也。」吾容謂洗物曰揩，或單舉揩，或并舉揩洗，而昧揩乾洗净本義。

錯音厝。《集韻》：「乖也〔一〕，誤也。」北人讀妥平聲，吾容讀妥去聲，與桂林同，惟念書反

〔一〕乖：原誤作「乘」，據《集韻》改。

改作湯入聲。

嫐計，謂相欺詐也。嫐，《玉篇》奴好切，以爲擣鬼者，誤。

兒童謂欺負曰到我。《史記》：「張儀曰：不如出兵以到之。」索隱注：「欺也。」解爲鬥者，誤。又刀刀答答，刀刀即到字之聲誤，答答即即答字聲誤。

姣，何交切。《左》襄九「棄位而姣」，注：「淫也。」俗罵婦之弄姿者曰發姣。

合縫之切者，俗謂之密。微陽平聲。又兒童琢木爲胡蘆形，以繩纏之，擲於地，曰纏落，其旋轉不覺其動者謂之微。又笑甚曰眼微，俱密字也。

市，貿易處也。北人曰集，從其聚而言。南人曰虚，指其散而言。《青箱雜記》云〔一〕：「嶺南村市滿時少，虚時多，故以市爲虚。」柳子厚《柳州峒岷》詩所謂「緑荷包飯趁虚人」是也。加土爲墟，不知何仿，反與墟墓字相混。墟，《説文》：「大邱也。」又市，古謂之務。

謂無賴者曰爛仔、散仔。紈絝子弟曰阿官仔，幼孩曰細文仔、懦乃亂反仔。《水經注》：「變童丱女，弱年崽子。」〔二〕崽音宰。容之稱仔，皆崽字也。《秋雨盦》辨之詳矣。

稱己曰我地，稱人曰爾地。官話凡自稱曰我兄弟，地、弟同音，特截去兄字耳。移而稱人，則相沿之誤。岑溪人曰爾兄、儂兄。

〔一〕雜記：原誤作「記録」。

〔二〕子：原誤作「仔」，據《水經注》改。

早飯曰喫朝，午飯曰喫晏，晚飯曰喫夜，省去飯字，猶桂林之言過早、過午。

好曰敢好，即懃好。敢懃音轉也。《粵述》釋敢好爲豈不好，《秋雨盦》釋敢好爲如此好，均未的。又物已壞追惜之曰斤入聲好。

讀冷爲欣本不誤，音少異耳。或謂之凝，物遇凍必凝也。

稱排行繫之以阿，如各處之稱老幾也。

一曰拇，以拇爲指之長。二曰鈐。入聲。三曰川。以商賈記數二三俱豎體，‖似節夾，Ⅲ似川也。四曰抬，似抬物之槓。五曰扠，以指爲數也。六曰坡，未詳其義。七曰星，以斗爲數也。八曰眉，象形也。九曰勾，舉偏旁也。十曰交，上聲。以十字縱橫交加，故謂十爲交加，曰交，省文也。

扠，按《集韻》：「初加切。夾取也。」俗謂握指曰扠，有夾取意。或曰捉之轉音，故謂無把握曰没扠捉。

茶壺，或曰茶提。案酌酒器，古名注子。唐仇士良惡其名同鄭注，乃去柄安系，名曰偏提。俗稱蓋本於此。

藞苴，田不熟也。見黄山谷集。藞，郎假切。苴音鮓。今以駡人之作事不中理者。

《鶴林玉露》：「僂羅，俗言猾也。」今以稱人之好事者，謂其能摟攬羅絡也。

乖角，見韓文公詩，今稱小兒之通慧壯健者。或單曰乖。《菽園雜記》：「警悟有局幹人曰乖角。」或以爲乖覺者，誤。可與鑾皮作工對。楊子《方言》：「黠，慧也。趙魏之間謂之黠。」俗以稱小兒之口給者，作平聲，音近夸。

輪流、稔平聲瓜，皆背念極熟之稱，謂如轉輪流水之無滯也。稔，熟也，瓜熟易爛，故云。輪流，或作囒哰，或作嗹嘍。

《致虚閣雜俎》：「明皇與玉真於月下以錦帕裹目，互相捉戲，謂之捉迷藏。」今小兒多效之，謂之摸魚，又曰捉盲盲，即其意。俗謂不知而言、不知而爲俱曰捉盲，本此。按盲字注，《廣韻》：「不知也。」《方言》：「沅澧之間使之而不肯答曰盲。」

黄螾，蚯蚓也。樂書以爲勾陳之别名。俗有此稱，螾音近卷，又曰蛆紉，則蚯蚓之誤聲也。

市中買賣説合者謂之牙人。《温公詩話》牙郎當作互郎，主互市事也。後人蓋以字形相近而訛之，以互爲牙，相沿久矣。

三分路口曰岔，見《字彙補》，亦作差。唐詩「枯木巖前差路多」是也。俗字作叉者誤。

刺刺不休曰重贅，俗音誤爲沈蔗。

凡物之肝曰濕，擔竿曰擔濕，肝竿音同乾。俗謂貧爲乾，惡之，故以相反爲義。

毛廁曰屎馨，抬棺曰抬輕。糞惡臭，故反以馨，即浄字之意。抬棺懼重，故反以輕。或曰糞坑，音義各别。

韭菜曰快菜。韭久音同，亦以相反爲義。

凡脱騙謂之脱褪，詿語亦謂之褪。音侵去聲。

毑，古文姐字，羌人呼母也，兹也切，音近那去聲。俗謂母曰老毑，妻曰老婆毑，凡禽之雌、獸之牝已生育者，亦謂之毑。

擝，裂開也。凡毁曰擝爛，留之使住則曰拉擝。

呼，唤也，音庀。又《集韻》虚交切，音虓，與詨同。吴人謂叫呼爲詨，或作嚆嘮。土語從後音而稍變。又哮字注亦「唤也」。

喔咿，發語聲。按《韓詩外傳》：「鳳凰之初起也，翾翾十步，之雀喔咿而笑之。」

唉，《唐韻》呼開切，音哀。《説文》：「譍也。」《莊子·知北遊》：「狂屈曰：『唉，吾知之矣。』」又虚其切，音僖。《史記》：「唉，豎子不足與謀。」索隱：「歎恨聲。」按兩音義鄉談俱有之。

堉，徒和切，小兒以棍繫繩，繩端綴瓦石，手摇而礫之。梅堯臣《禁煙》詩：「窈窕踏歌相把袂，輕浮賭勝各飛堉。」鄉間舊有此戲，不必於寒食時也，近竟未見。

礫，陟格切，裂也，分尸。又書，右下爲礫。俗訛撇。土語以物擲人曰礫，《字典》雖無此義，然《左傳》「桀石以投人」〔一〕，正合土語。或桀礫古通，或鈔寫省文，與桀原注「擔也」於義似

〔一〕石：原誤作「右」，據《左傳》改。

未協。

哪，助語聲，啐語，相呵拒也。

《説文》啁啁哳哳〔一〕，小聲密語也，俗謂支支蔗蔗。

嗦，鳥受食物處，俗於家禽通謂之嗦。

嘣，吮也，諸物或曰吮，或曰嘣。食鴉片則曰嘣，或曰吹。

呷，《説文》：「吸呷也。」凡物之有渣者俱曰呷。

囉嗻，《廣韻》：「多言也。」

嘍，音屢，《廣韻》：「嘍嘍，吴人呼狗聲。」土音近平聲。

喌，呼鷄聲，土音近州。

咿，音唯，呼鴨聲，土音訛曰來來。

嚧，音盧。《集韻》：「嚧嚧，呼猪聲。」土音訛曰爾爾。又土音吹唇作都都聲，呼馬也；愛愛，呼牛也。均未詳所本。

俗罵多言者曰喇叭。按《紀效新書》：「喇叭，軍中號筒。」讀若辣霸，其聲震耳，多言而聲洪者似之。

〔一〕《説文解字》無此條。

她，古姐字，蜀謂母曰她。又子我切，音左，俗稱妾曰阿姐，或曰細左。《爾雅》稱夫兄曰兄公，夫女兄曰女公，夫弟曰叔，夫女弟曰女妹，近今無此稱。俗稱夫兄曰伯伯，而夫弟則仍曰叔叔。婦人以卑爲義，從子稱故也。於女兄、女弟則仍曰姐妹。至稱舅曰阿爹，本去聲，俗作平聲。姑曰阿嬭。按爹嬭俗稱祖父母，降從子稱，當無不可，惟不典耳。

詈人曰王八。蒲松齡《聊齋志異》引人贈虞山聯釋爲亡八〔一〕。按前蜀王建，史稱其「少無賴，屠牛、盜驢、販鹽爲姦，里人呼爲王八」。則此語之由來久矣。嘗聞董相國誥、金尚書某同在館閣時，尚書曰：「吾有聯，請公屬對：『草下里千爲董子。』」俗呼草鞋爲千里馬，特取此以巧合董字也。相國逡巡未應，河間紀宗伯在座，遽曰：「我對之『人中王八是金公』。」人服其敏。改王爲亡，似屬臆造。

世俗信術者，言子稱父曰伯爺、曰叔、曰阿哥、曰契爺，母曰伯孃、曰嬸、曰嫂、契孃、表叔、妗婆之類，謂之改稱，極爲悠謬。然《衛風》妻目夫曰伯，似亦從子之稱。《舊唐書·王琚傳》明皇稱睿宗爲四哥，《棣王傳》棣王稱明王爲三哥，《四朝聞見録》高宗稱韋太后爲大姊姊，此世俗改稱所由仿與？

斯，以手離物也。《説文》：「析也。」《陳風》「斧以斯之」，尚屬假借。《吕覽·報更》篇：

〔一〕異：原脱。

「趙孟見桑下餓人，與之脯一朐，曰：『斯食之。』」注：「斯，析也。」此則以手離物之確詁。俗謂離開，斯又加手作撕者〔一〕，誤。

以刀㓷物，俗謂之斫。音斳上聲〔二〕。按《秋雨盦》斫，之若切。今人讀若坎，引張文潛《明道雜志》朱全忠建神祠事，「乾上龍尾，坎下驢頭」。知此音沿訛已久，正音坎讀蘄上聲，以俗音讀坎便不合。

遊謂之蕩，又謂之逛。

《玉篇》启音篤，俗字，尾下竅也。𡲰，《集韻》音篤，《博雅》：「臀也。」俗於禽曰启，與尾下竅義爲近；於人曰屎窟𡲰，於臀義爲近。又謂坐爲𡲰，坐必以臀，會意也。

𡳞，《廣韻》渠勿切，《埤蒼》：「短尾犬也。」屈，《廣韻》：「衢物切，短尾鳥也。」俗於尾短者俱謂之屈，分鳥與犬，反泥。

孲，於加切。《集韻》〔三〕：「吴人謂赤子曰孲犽。」〔四〕則知此稱其來已久。

凡物空者謂之㾥㝗。《五音集韻》：「㾥㝗，宫室空皃。」

〔一〕又：原誤作「幼」。
〔二〕音：原誤作「者」。
〔三〕集韻：原誤作「楊子方言」。
〔四〕孲犽：原誤作「犽孲」，據《集韻》改。

膨脝，腹脹也。俗於物之大者俱曰膨脝。
胆，七余切，蠅乳肉中生蟲也。通作蛆、蝫。
脜，取紺切。膶脜，肥也。俗謂輭爲脜，謂作事紓緩者曰膶脜。
腤，通作腌，又業切，漬肉也，漬魚也。俗以鹽漬物俱謂之腤。
脫，居佳切，楚人謂乳爲脫。俗誤作姸，音轉也。
膁，苦簟切，左右虚肉處，人畜俱有此稱。
臢，咨林切。《正字通》：「俗呼物不潔白曰腌臢。」吾容恒有此稱。
按，吾容土音，以居城者爲正，而思廂一二辛各里亦不甚懸殊。其餘則界藤者習藤言，界岑者習岑言，界平南、北流、信宜者習平南、北流、信宜言。而各邑之界容者所操土風，不能容言也。甚哉！容人之善變也。廣東人貿易於容，其言曰廣顆。惠潮嘉人僑寓於容，其言曰捱髓，平聲。容人亦多習之，而得其似者。然與鄉人言，則仍土音，又以見容人之能不忘本也。舊志不載方言，而氣候條之「回霜」，民事條之「翻秋」「翻霜」，猺人條之「我墜」「爾墜」等語，皆俚俗相沿，至今不改，特無專條耳。右若干條雖曰土音，實係正字，備輯之以補其闕。若有音無義，如閒談爲播大勝，又曰傾計，不董事爲烏座座，賚曰助，能曰慘，亂講曰颯或曰凹，得財爲刀鷄之類，考無可考，書不勝書。至夫有音無字，則不必書，亦不能書矣。

〔民國〕北流縣志

【解題】關錫琨修，李壽祺纂。北流縣，今廣西壯族自治區玉林市北流市。「方言」見第二編《社會·民族》中。録文據民國二十六年（一九三七）鉛印本《北流縣志》。

方言

縣内人民語言同義同字，但古人有云：「相隔不滿十里，口吻之不同，難以舉似。」至音聲有二種，一爲白話，一爲客話。白話近粤音，客話近韶音。白話佔十份之九，客話佔十份之一。操客話者，東安區之民樂墟附近及西新區東吉京大坡心鄉、土華山鄉、木棉坡鄉、新和鄉、石一鄉之林洞村、秧地坡鴨兒田村等處而已，其餘各區鄉皆操白話。

〔乾隆〕興業縣志

【解題】王巡泰纂修。興業縣，今廣西壯族自治區玉林市興業縣。「方言」見卷八《風俗》中。録文據乾隆四十六年（一七八一）刻本《興業縣志》。

方言

粤西方言各别，佶倨綿蠻，即一隅亦有不能盡同者。

如呼父爲爸，亦有曰伯、曰邛叔、曰邛兄。呼母爲姥，亦有曰邛婆、曰邛嫂、曰邛姐、邛媽、邛娘。呼弟爲太，亦有曰邛弟。呼兒曰仔，亦有曰崽、曰娸、曰叩兒。稱我曰儂，亦曰我、曰我隊。稱人曰渠，亦曰他、曰渠隊。他如兄稱妹曰姑婧，亦有曰邛婧、邛妹。弟稱姐曰邛姐，亦有曰大仔婧之類。皆不可遽曉。

而興良一里，俱係狼民，其謂父曰帖，亦曰爸、曰邛爸。呼母曰乜，亦曰我娍。兄曰氤。弟曰老。子曰妮。則尤與正音相懸云。

〔乾隆〕陸川縣志

【解題】石崇先纂修。陸川縣，今廣西壯族自治區玉林市陸川縣。「風俗」見卷十二。有乾隆二十一年（一七五六）刻本、光緒增訂刻本，均不傳。録文據民國時期的光緒增訂鈔本《陸川縣志》。

風俗

縣北之語音，有似廣東高化，謂之地老話。縣之南語音，有似翁源，謂之新民，又謂之哎子。附城紳民家讀書，俱以官話正音。

〔民國〕重修陸川縣志

【解題】古濟勳修，吕濬堃纂修。陸川縣，今廣西壯族自治區玉林市陸川縣。「風俗」見卷四《輿地類》中。録文據民國十三年（一九二四）刻本《重修陸川縣志》。

風俗

縣北語音，似近廣東高州，謂之地老話。縣南語音，近廣東翁源，謂之新民話。縣城則兩種話兼講。

〔道光〕博白縣志

【解題】任士謙等修，朱德華等纂。博白縣，今廣西壯族自治區玉林市博白縣。「禮俗」見卷十三。録文據道光十二年（一八三二）刻本《博白縣志》。

禮俗

博邑土音有三：地老話，是唐宋前遂居此。新民話，在有明間多自江浙來，故聲音與江浙相近。漳州話，自閩省來。

〔嘉慶〕靈山縣志

【解題】張孝詩修，梁炅纂。靈山縣，今廣西壯族自治區欽州市靈山縣。「方言」見卷十三《雜記》中。録文據嘉慶二十五年（一八二〇）刻本《靈山縣志》。

方言

《廣東新語》謂廣州人好稱仔，而靈山又好稱老，蓋靈邑人多雜處，有居之最久者謂本地老，操廣、肇等音者謂之客老，操惠、潮、嘉音者謂之新聞老，又如好人曰好老，惡人曰爛老，兄曰大老，弟曰細老，在衙門曰衙門老，充差役者曰差老。

父稱曰爹、曰爸。母稱曰媽、曰娘。祖父曰公、曰爺，其曰翁、曰姹者，即公爺之轉音也。祖母亦曰媽。有隨他人稱者，謂父曰某叔，謂母曰某嬸。謂兄曰哥。不相識者多稱老表，相熟者亦隨口稱親家老表。外邦謂江西老表，蓋江西逢人無不稱老表者。余嘗至南豐、新淦諸縣，見人遇女子忽稱親家母，詢之則其俗然也。豈庾嶺雖隔風教，固不殊歟？

謂小兒之頑者曰拉沓〔一〕，轉爲[illegible][illegible]，《博雅》作㧯䍿，皆言不謹也。

謂言不慎曰罔敞，即《難蜀文》之「敞罔靡徙」也。《思玄賦》「魂愉惘而無疇」亦此意。又按，土音有較官語合韻者，如兄、卿同音，故同入八庚。若官語應入冬韻矣。合浦之去、故同音，亦與《遵大路》詩相叶。

行遲滯者謂摩挱，即摩挼也。《禮》曰：「共飯不澤手。」〔二〕康成注：「澤，挼莎也。」《廣韻》作㨫。

邑中之自惠、嘉來者，以、與皆讀於音，然相與亦作相於。杜詩云「良友幸相於」是也。孔北海已有「舉杯相於」之語，由來久矣。

〔一〕沓：原誤作「盉」。
〔二〕飯：原爲空格，據《禮記》補。

〔民國〕靈山縣志

【解題】紀載邦、劉運熙等纂修。靈山縣，今廣西壯族自治區欽州市靈山縣。「方言」見卷二二《風俗志·禮俗》中。録文據民國三年（一九一四）鉛印本《靈山縣志》。

方言

《廣東新語》謂廣州人好稱仔，而靈山又好稱老，蓋靈邑人多雜處，有居之最久者謂本地老，操廣、肇等音者謂之客老，操惠、潮、嘉音者謂之新聞老，又如好人曰好老，惡人曰爛老，兄曰大老，弟曰細老，在衙門曰衙門老，充差役者曰差老。

父稱曰爹、曰爸。母稱曰嫣、曰娘。祖曰公、曰爺，其曰翁、曰宅女旁者，即公爺之轉音也。祖母亦曰嫣。有隨他人稱者，謂父曰某叔，謂母曰某嬸。謂兄曰哥。不相識者多稱老表，相熟者亦隨口稱親家老表。外邦謂江西老表，蓋江西逢人無不稱老表者。余嘗至南豐、新淦諸縣，見人遇女子忽稱親家母，詢之則其俗然也。豈庾嶺雖隔風教，固不殊歟？謂小兒之頑者曰拉沓〔一〕，轉爲䍡馬旁㒳羽馬旁，《博雅》作羽立旁罘羽旁，皆言不謹也。謂言不慎曰罔敞，即《難蜀文》之「敞罔靡徙」也。《思玄賦》「魂敞忄旁惘而無疇」亦此意。

〔一〕沓：原誤作「盎」。

又按，土音有較官語合韻者，如兄、卿同音，故同入八庚。若官語應入冬韻矣。合浦之去、故同音，亦與《遵大路》詩相叶。

行遲滯者謂摩沙從手，即摩娑扌旁也〔一〕。《禮》曰：「共飯不澤手。」康成注：「澤，娑扌旁莎也。」《廣韻》作閆扌旁。

邑中之自惠、嘉來者，以、與皆讀於音，然相與亦作相於。杜詩云「良友幸相於」是也。孔北海已有「舉杯相於」之語，由來久矣。

〔民國〕欽縣志

【解題】陳公佩等修，陳德周總纂。欽縣，今廣西壯族自治區欽州市欽南區和欽北區部分地區。「方言」見卷四《風俗志》中。録文據民國三十六年（一九四七）石印本《欽縣志》。

方言

天文方言

天：龍門話忝，天上聲。今天：龍門話錦忝，錦上聲。星：村話老雷，正音譯。雲：村話丕，正音譯。雨：粘米話悔，正音悔上聲；村話拌，白話譯泮上聲。雪：村話冷，正音譯冷上

〔一〕娑：原誤作「爰」。扌：原誤作「木」。

聲。雹：村話卜，白話譯卜入聲。

時令方言

春：村話呻，白話譯呻上聲。立春：村話立呻，白話譯立呻。穀雨：粘米話郭晦，用白話譯郭，正音譯晦。夏：村話霞，白話霞平聲。小暑：粘米話小水，正音譯；村話銷書，白話譯。秋：村話瘦，白話譯。立秋：村話立瘦，白話譯。白露：粘米話逼露，逼用白話譯，露正音譯。霜降：粘米話上剛，正音譯，上上聲，剛平聲。冬：村話凍，用白話譯。立冬：村話立凍。小寒：村話銷閒，白話譯。

地理方言

地：粘米話別，白話譯。土：粘米話杜，白話譯。山：村話汕，正音譯山上聲。水：村話衰，白話譯。田：村話那，白話譯。園：村話蒜，白話譯。坡：粘米話敷，白話譯；村話鋪，白話譯。東：村話凍，白話譯。西：村話細，白話譯。

身體方言

頭：村話蔞，白話譯。耳：村話離，白話譯。眼：村話用正音譯他上聲。口：村話白，用白話譯。鼻：粘米話拔，白話譯；村話用正音譯能去聲。腹：村話用白話譯冬上聲。心：村話用白話譯心上聲。胸：村話用白話譯握上聲。手：村話霉，白話譯。腳：村話用白話譯顛上聲。

宫室方言

宫：村話用正音譯拱，白話譯供上聲。屋：粘米話惡，白話譯；村話蘭，白話譯。房：村話碌，白話譯。窗：村話汕，白話譯。門：村話到，白話譯。門門：村話汕到，白話譯。

家庭稱呼方言

公：海濱話亞吒。父：普通人間有稱亞爸。母：粘米話冇，白話譯；又正音茂去聲；海濱話有稱亞爸。媳婦：村話寮，白話譯。姑母：海濱話稱亞爸。姊妹：海濱話子儂，白話譯。幼小之子：粘米話細兒，與普通白話相同。最尾之子：粘米話𧝞子，與普通話所差無幾。兄弟之子：粘米話欄哥。曾孫：粘米話稱滕，普通話稱塞。

外戚稱呼方言

祖母之兄弟：粘米話稱舅公吒，與龍門話相同，唯海濱話稱祖母之兄曰舅龍吒，稱祖母之弟曰舅公吒。母之兄弟：粘米話稱舅吒，龍門話亞吒，海濱話稱母之兄曰舅龍、母之弟曰舅公；普通白話稱母兄曰舅爺，亦有稱舅龍，稱母弟曰舅父，亦有稱舅吒。母之父母：海濱話稱母之父曰奶吒〔一〕，母之母曰奶祖；普通白話，街坊稱母之父曰外公、母之母曰外媽，鄉間稱母之父曰呆公、母之母曰呆媽。妻之兄弟：粘米話從妻稱亞哥、亞弟。又無論親疏何種人：海

〔一〕之：原脱。

濱話對自己稱温，對人稱嫩，以正音譯嫩平聲。

人事方言

食飯：粘米話喫飯，村話見捱，白話譯。食粥：村話見梅，白話譯。飲酒：村話見蔓燒，白話譯，燒與老少之少同音。買鹽：粘米話買鹽，鹽用白話譯爲古。穿衣：粘米話著衫，與白話同。睡覺：粘米話睡教，與白話、龍門話正音俱同二字。飲茶：粘米話飲茶，飲讀平聲。食煙：村話錦引，正音譯。娶新婦：粘米話取新撫；村話登廖，用白話譯。耕田：村話局那，白話譯。撒種：村話還噴，白話譯。插秧：粘米話插田，與白話同。斬柴草：粘米話攞柴巢，白話譯。

器用方言

牀：粘米話賞，正音譯；村話裳，正音譯。蓆：村話用白話譯勉去聲。枕：村話用正音譯滿。巾：村話𦢊，白話譯，又哇，正音譯。枱：粘米話泰，白話譯；村話大，白話譯。欖：粘米話登去聲，村話鄧，白話譯。几：粘米話鷄，白話譯。紙：村話知，白話譯。書：村話歲，白話譯。鑊：粘米話鏘，正音譯，與海濱話同。碗：村話用正音，譯堆上聲。筷：村話睡，白話譯。缸：粘米話剛，正音譯；村話拔，白話譯。篩：粘米話冷，正音譯。碓：村話代，白話譯。煲：粘米話包，白話譯；村話豹，白話譯。刀：村話耍，正音譯。斧：粘米話否，白話譯；村話用白話譯否平聲。剪：粘米話展，白話譯；村話翹，白話譯。犂：粘米話用白話譯犂上聲；村話醉，白話譯。耙：村話罷，白話譯。鍬：村話鎖，正音譯。竿：村話寒，正音譯。傘，粘米話散，正音譯。簑：粘米話訴，正音譯；村話用正音譯家。帽：粘米話毛，正音譯。桶：村話通，正音譯。盤：村話拔，白話譯。車：粘米話妻，白話譯；村話試，白話譯。轎：粘米話求，正音譯。簫：村話水，正音譯。鐘：村話衆，白話譯。鼓：村話孤，白話譯。角：粘米話革，白話譯。箭：村話賤，白話譯。弓：村話拱，正音譯。槍：村話雄，正音譯。袋：粘米話臺，正音譯；村話遞，白話譯。鈎：村話救，白話譯。

家畜方言

猪：粘米話追，正音譯；村話牡，正音譯。牛：粘米話鳩，白話譯；村話壞，白話譯。雞：村話偈，白話譯。雞笠：村話立偈，白話譯。猫：村話渺，正音譯。狗：村話馬，正音譯。

禽獸方言

鷹：村話龍，白話譯。鶴：粘米話殼，白話譯。鷓鴣：粘米話至鴣，白話譯。虎：粘米話大蟲，白話譯。鹿：粘米話落，白話譯。豹：粘米話表，正音譯。

植物方言

禾：村話用正音譯河上聲。穀：粘米話郭，白話譯。瓜：村話挂，白話譯。蔬：村話用正音譯梳上聲。蒜：粘米話寸，白話譯。芋頭：粘米話回頭，白話譯。柑：村話潔，白話譯。李：村話用白話譯文，聲爲文錢之文。蕉：村話該，白話譯。菠蘿：村話布路，白話譯。草：

粘米話巢，白話譯。黄茅：村話下，白話譯。烏柏：粘米話猪屎木。

以上新訪參輯。

〔民國〕上思縣志

【解題】黄大受修，黄步青纂。上思縣，今廣西壯族自治區防城港市上思縣。「風俗」見卷三《輿地志》中。録文據民國四年（一九一五）鉛印本《上思縣志》。

風俗

本地言語恒操土音，與思恩、宣化、慶遠、太平、龍州、歸順等處各土音略相似，惟讀書則讀正音，句讀甚清，但講解仍操土音，且東南極邊土話又自不同，所以對於遠方客人語言多難了解，間有終身不諳官話者，洵屬憾事也。近年來廣東人移居斯土耕商頗衆，故慣説白話者漸多。

〔民國〕防城縣志初稿

【解題】黄知元、侯晉等編纂。防城縣，今廣西壯族自治區防城港市防城區。「語言」見第八章。録文據民國三十四年（一九四五）鈔本《防城縣志初稿》。

語言

目録

土著之語言
一、山子猺語、大板猺語、細板猺語、花頭猺語
二、斑衣語
三、編語
四、安南語
客民之語言
一、村語
二、僂話
三、白話
四、欽州正音
五、廉州語
六、山猺語
七、水蛇語
八、其他語言

語言譯音

土著之語言

一、山子猺語

猺人係出槃瓠族，據《説蠻》所載：「蠻始五溪，出自槃瓠，蔓延楚粤，稱猺，當日以有功免其徭，曰莫徭，後譌爲猺。」蓋以其爲蠻貊之人，不期然而然將徭役之徭訛爲從犬之猺，此爲猺人名稱之簡史。

本縣猺人蕃殖於縣之西北深山窮谷中，以其常居於山，故縣俗稱之曰山子猺。山峒之猺人生活，略有不同，其語言亦略差異，故以其婦女頭髻妝飾之形狀，而區别其派系爲三：曰大板猺，曰細板猺，曰花頭猺。兹將其各派之語言以注音字母分别譯注如次：

祖父、祖母、父、母、自己、妻、子、女、兄、弟、讀書、耕田〔一〕。

二、斑衣語

縣屬西北部深山密林中，分佈三種蠻族：曰猺、曰苗，曰獞，邑人統稱之爲山子佬。惟苗人好著以各種色布綴成之衣，斑斕炫目，故又稱苗人爲斑衣佬。按苗人即古之雕題族，流徙散居於南交一帶，以居處地域之影響，各地所操語言，各不相同。兹譯述本縣斑衣語如左：

〔一〕原稿爲表格形式，但大板猺、細板猺、花頭猺對應處爲空格，未列出注音字母的譯音。

祖父、祖母、父、母、自己、妻、子、女、兄、弟、讀書、耕田〔一〕。

三、編語

按《峒谿纖志》載稱：「獞人居五嶺之南，冬綴鵝毛、木葉爲衣。能用毒矢，中之者肌骨立盡，雖猺人亦且畏之。」本縣亦有此種獞族，散居於十萬大山一帶。惟以向化已久，已棄游牧，而進於耕農，入爲編氓之列。邑人稱其人曰編人，其語曰編語。其語與村語大同小異。又以編人之居室，搭作欄棚，人居於高欄之上，家畜豢於棚下，是以邑人又稱其人曰高欄人，其語曰高欄語。但今邑中之操高欄語者，多非獞族，係漢族客民遷入縣境，以生活之需要，轉習其語，子孫亦因之襲用，故成爲本縣言語一大系。兹譯述如次：

祖父、祖母、父、母、自己、妻、子、女、兄、弟、讀書、耕田〔二〕。

四、安南語

安南語屬於交趾族，其與中國有深長悠久之歷史在。《後漢書·南蠻傳》有載：「交趾之南有越裳國，周公居攝，越裳以三象重譯而獻白雉。」按越裳即今安南之中圻，是其人在周朝已向化於中國。《通典·州郡典》内載：「安南府，秦屬象郡。」是其地於秦朝已歸中國版圖。漢析爲交趾、九真、日南三郡。唐置安南都護府，而安南之名遂因此而著。本縣之安南人，原屬

〔一〕〔二〕 原稿爲表格形式，但譯音處爲空格。

土著，第以與客民往來頻繁，互居日久，已趨漢化。今縣屬江平鎮境内山心、紅坎、澫屋、巫頭各村落，尚多其苗裔存焉。兹譯述其語言如次：

祖父、祖母、父、母、自己、妻、子、女、兄、弟、讀書、耕田〔一〕。

客民之語言

一、村語

唐段成式《酉陽雜俎》内載：「馬伏波南征，有餘兵十家不返，居壽洽縣〔二〕，自相婚姻，有二百餘户，以其留寓，號馬留，衣食與華同。」按馬留亦稱馬流，本縣居留此種客民尚多，孕育孳生，日見繁衍。如當日裨將黄萬定之後裔，今已蔚爲邑中望族。馬留人，原係中原人民，因與獞族混居，轉習高欄語，即編語，輾轉語音，别成腔調，邑人稱其語曰村語。兹譯如次：

祖父、祖母、父、母、自己、妻、子、女、兄、弟、讀書、耕田〔三〕。

二、偃語

《新方言》《嶺外三州語》載稱：「廣東惠、嘉應二州……其民自晉末踰嶺，宅於海濱，言語敦古，廣州人謂之客家。」按客家古稱爲射耕人，自遷來縣境，日臻蕃滋，村落墟市，均有其族，以其稱我爲偃，邑人呼之爲偃人，稱其所操之語曰偃語，爲本縣言語一大系。兹譯述如次：

〔一〕〔三〕　原稿爲表格形式，但譯音處爲空格。

〔二〕　壽洽：原誤作「泠」，據《酉陽雜俎》改。

祖父、祖母、父、母、自己、妻、子、女、兄、弟、讀書、耕田〔一〕。

三、白話

廣州人以經商而留寓於縣境頗衆，據故老謂，明末清初時，本縣出産檀香、茄楠及木材甚富，廣州人舶海而來，懋遷於縣屬江平、竹山兩地，極一時之盛，故今日兩地尚遺存廣州會館，宇舍寬敞，規模宏大，想見當日之盛況云。兹查縣境廣州人之苗裔，大　墟市〔二〕，幾於無處無之，而且掌握商場勢力，故其所操言語，已流通於全縣。當其祖先初遷入縣境，以貿易關係，常往返不定，邑人因呼之爲客人，稱其言曰白話。兹譯述如次：

祖父、祖母、父、母、自己、妻、子、女、兄、弟、讀書、耕田〔三〕。

四、欽州正音

《嶺外代答》謂欽之北人，語言平易而雜以南音。欽州舊志又謂城市人音類官語，唯稍直硬。此即所謂欽州正音也。本邑與欽境毗鄰，而且前爲欽屬，故往昔士子讀書，多採用其語音，即今亦有一小部份邑人，仍操此種語音者。兹譯述如次：

祖父、祖母、父、母、自己、妻、子、女、兄、弟、讀書、耕田〔四〕。

〔一〕〔三〕〔四〕　原稿爲表格形式，但譯音處爲空格。

〔二〕　原稿此句有空格。

五、廉州語

本邑與廉州同濱於東京灣之土，廉民之泛宅浮家者，常移居於縣屬海濱一帶，俗稱其人曰蜑家，稱其語曰廉州語，又曰海獺語，蓋以蜑家出没龍宫，捷如水獺也。兹譯述其語如次：

祖父、祖母、父、母、自己、妻、子、女、兄、弟、讀書、耕田〔一〕。

六、山謡語〔二〕

縣屬海濱一帶，有一小部份居民，别操一種言語，類似北音，俗謂之山謡語。按廣東河源人亦有操此同類之語者，豈其祖先遷流於此耶？兹譯述其語如次：

祖父、祖母、父、母、自己、妻、子、女、兄、弟、讀書、耕田〔三〕。

七、水蛇語

縣屬大直鎮有少數村落，特操一種言語，俗名水蛇語，其來歷源流，無從考證。兹譯述如次：

祖父、祖母、父、母、自己、妻、子、女、兄、弟、讀書、耕田〔四〕。

八、其他語言

本縣客民語言，除上述七種外，尚有福建語、瓊州語、雷州語、靈山語、水蛇語五種〔五〕，惟

〔一〕〔三〕〔四〕　原稿爲表格形式，但譯音處爲空格。

〔二〕　謡：本篇目録部分作「猺」。

〔五〕　水蛇語已見前述，此處似有誤。

流行不廣，僅極少數居民操之，故備述而已，不加繙譯。

語言譯音

各種語言稱謂譯音

客一、廉州語

曾祖父，祖客。曾祖母，祖媽客。祖父，吒客。祖母，媽客。父，低優。母，那優。自己，温客。妻，妻客。子，子客。孫，孫客。兄，哥客。弟，弟客。姊，姊客。妹，妹客。食飯，轄飯客。穿衣，穿衣客。屋，惡客。行路，向欽路客。讀書，託優詩優。耕田，耕定優。做好人，做客效優認晏優切。

客二〔一〕、吴川語

曾祖父，祖客。曾祖母，祖媽客。祖父，吒客。祖母，媽客。父，低優。母，娘客。自己，我客。妻，妻客。子，紙客。孫，孫優。兄，哥客。弟，睇客。姊，者客。妹，昧優。食飯，轄客飯客。穿衣，千衫客。屋，ㄜ〔二〕。行路，行路客。讀書，託詩客。耕田，耕定優。做好人，祖效優印客。

土、花頭山子獠。峒中那棒村。

曾祖父，Fǒur ḡô哥老正。曾祖母，Fǒut ḡor 猛正。祖父，Fǒut ḡor。祖母，亦哥優。父，花

〔一〕二：據體例補。
〔二〕原稿未注明何種語。

客。母，于正。自己，爺僾。妻，問歐僾。子，CĀ。孫，遜僾。兄，DĂ。弟，飲客。姊，阿客。妹，西客。食飯，認僾能正。穿衣，祖客圍僾。屋，選客彪僾。行路，映交正。讀書，到僾嫂客。做好人，埃問剛僾。

土、大板語

曾祖父，蘿故僾鼓客。曾祖母，味故僾鼓客〔一〕。祖父，蘿。祖母，M厄客切鼓客。父，蘿僾過正。母，豆麻客。自己，也僾。妻，打歐正。子，短短〔二〕。孫，份僾。兄，涷客過正。弟，油僾。姊，朵僾。妹，慕客啞僾。食飯，人肯客。穿衣，猪戾僾。屋，彪僾。行路，面客交正。讀書，賭僾少正。耕田，敬連客。做好人，阻客龍僾勉僾低音。

土、細板語

曾祖父，魯客蘿僾鼓客。曾祖母，魯客木正上鼓客〔三〕。祖父，蘿僾鼓客。祖母，木正上鼓客〔四〕。父，蘿僾。母，年正。自己，我客。妻，歐客上。子，短正。孫，份僾。兄，DOM知暗僾切。弟，幼僾。姊，DOM知暗僾切朵客。妹，慕亞客。食飯，人客能客去聲。穿衣，猪戾僾。屋，呢暗僾切包僾。行路，贏交客。讀書，肚僾少正。耕田，論僾戀僾。做好人，早客龍僾。

〔一〕旁有小字「麥M厄客切」。「M厄」旁有小字「木正上」。
〔二〕括號中「短」字似誤。疑爲「正」字。
〔三〕〔四〕「木」旁有小字「麥」。

土、山子下

祖父，竻正炸客。祖母，竻正 Mā̄。父，oung。母，gā̄。自己，我客。妻，内僾人丏尢切。子，稔 NĂ̈M 内僾。孫，爛客。兄，老僾永廣州低音。弟，路底客。姊，弟客哉正。妹，高敷客。食飯，Hit 吃飯客。穿衣，作僾衫客低音。屋，惡客。行路，享正路客。讀書，Dout 特低音稅客。耕田，周天客。做好人，做客效僾認晏僾切。

土、編語

曾祖父，補客阻客。曾祖母，阻客。祖父，補客。祖母，與村語稱妻之音同。父，保僾。母，M ạ̄。自己，教客。妻，弟客 M ạ̄〔一〕。子，六僾。孫，爛僾。兄，被客脆客。弟，囊客脆客。姊，被客嫂正〔二〕。妹，囊客叟正。食飯，見客涯客。穿衣，能正事客。屋，與村語謂路之音同。行路，踙客。讀書，讀客私僾。耕田，穴客那客。做好人，穴正 Dä 冠客。

土、花頭 山子獠。灘散板八山。

祖父，Fŏut ā ö。祖母，Fŏut Gö 猛正。父，花客。母，帝至客于正。自己，爺僾。妻，打正歐正。子，食僾載正。孫，也僾得正孫僾去聲。兄，也僾得正打正。弟，也僾得正由正。姊，也僾得正阿正。妹，也僾得正西客。食飯，認僾能正。穿衣，祖客歸僾去聲。屋，選客標正。行路，映正交正。讀

〔一〕「弟」旁有小字「大」。

〔二〕旁有小字「臂僾」。

書，到僾嫂客。耕田，埃僾敬僾。做好人，埃僾到僾門客江客。

〔乾隆〕廉州府志

【解題】周碩勳等纂修。廉州府，轄境今廣西北海、欽州及合浦、浦北、防城、靈山等市縣地，府治在今廣西北海市合浦縣。「风俗」見卷四。録文據乾隆二十一年（一七五六）刻本《廉州府志》。

風俗

孫北海曰：「廉州人作閩語，福寧人作四明語，海上相距不遠，風氣相闕。」按廉與閩語殊不類，如稱父曰大，稱母曰姐，稱祖曰吒，祖母曰媽，妻之父曰爹吒，妻之母曰爹奶，外祖曰外吒，外祖母曰外媽。呼子曰崽，音宰。女曰妹崽。夫稱妻曰科姐〔一〕，妻稱夫曰科大〔二〕。弟曰弟郎，呼子之子曰孫，伯叔呼姪亦曰孫。稱府縣胥曰老官，稱紳衿亦曰老官，稱兵曰老將。餘非正音居多。又其字之隨俗杜撰者，不可勝計。如穩爲坔〔三〕，音穩。謂似人之穩坐也。矮爲奀，音矮。謂短而不高也。瘦爲奀，音瘦。謂小而不大也。拴爲閂，音拴。謂門上加横木也。山爲崋，謂山能載物如大車也。至於士子行文，亦多怪體，以華作蕐，以帳作㢠，以聞作𦖋，以隣作

〔一〕姐：原作「大」。
〔二〕大：原作「姐」。
〔三〕坔：原誤作「坐」。

僯。師以是訓其弟，父以此教其子，率因訛襲陋，如相傳衣鉢，不可改矣。

〔道光〕廉州府志

【解題】張堉春總纂，陳治昌纂修。廉州府，轄境今廣西北海、欽州及合浦、浦北、防城、靈山等市縣地，府治在今廣西北海市合浦縣。「風俗」見卷四《輿地志》中。録文據道光十三年（一八三三）刻本《廉州府志》。

風俗

靈山謂小兒之頑者曰拉沓，轉爲䮬騔。《博雅》作拉𢱧，皆言不謹也。謂言不慎曰罔敞，即《難蜀文》之「敞罔靡徙」也。《思玄賦》「魂僘惘而無疇」，亦此意。行遲滯者謂摩挲，即摩挼也。《禮》曰：「共飯不澤手。」康成注：「澤，挼莎也。」《廣韻》作撋。邑中之自惠、嘉來者以、與皆讀於音，然相與亦作相於。杜詩云「良友幸相於」是也。孔北海已有「舉杯相於」之語，由來久矣。

今人謂父之姊妹爲姑，惟靈人則稱姑姊。按《左傳》：「季武子以公姑姊妹妻之。」正義云：「古之謂父之姊爲姑姊，父之妹爲姑妹。」靈人概以姑姊稱之，亦有辭耳。

靈山方言，獞猓之外，又有仍操福、潮音者。如平吉顔族自福來十餘傳矣，猶操土音，喪祭行儒禮，不用釋老，俱可謂知本者。並新增。

孫北海曰：「廉州人作閩語，福寧人作四明語，海上相距不遠，風氣相關。」按廉語與閩語殊不類，如稱父曰大，稱母曰姐。稱祖曰吒，祖母曰媽。妻之父曰爹吒，妻之母曰爹奶。外祖曰外吒，外祖母曰外媽。呼子曰崽，音宰。女曰妹崽。夫稱妻曰科姐，妻稱夫曰科大。弟曰弟郎。呼子之子曰孫，伯叔呼姪亦曰孫。稱府縣胥曰老官，稱紳衿亦曰老官，稱兵曰老將。餘非正音居多。又其字之隨俗杜撰者，不可勝計。如穩爲𡘫〔一〕，謂似人之穩坐也。矮爲⿱不高，謂短而不高也。瘦爲奀，謂小而不大也。拴爲門，謂門上加横木也。山爲輋，謂山能載物如大車也。至於士子行文，亦多怪體，以華作⿱艹垂，以帳作⿰犭長，以聞作耷，以隣作僯。師以是訓其弟，父以此教其子，率因訛襲陋，如相傳衣鉢，不可改矣。

廉郡方言大概與省會相仿，其聲清婉而柔，合浦、欽州言語亦略相似。靈山多廣語。郡中間以福建、潮州土音，其音稍重而節略促，謂之海語。如謂我爲哎，俗謂之哎子，與興寧、長樂人音同。其餘各自相通矣。謂父曰爹曰爸。音巴。《南史》「湘東王〔二〕，人之爹」是也。母曰媽。媽者，母之轉聲，即母也。亦曰毑。音拿上聲。凡雌物皆曰毑，謂北風亦曰毑。蓋颶與瘴皆名母，故西北風亦曰母也。婦謂舅姑曰大人公，曰大人婆，亦曰家公、家婆。賈誼曰：「與公併倨。」《列子》曰「其家公執席」是也。謂子曰仔，凡物之小者亦曰仔。良家子曰亞官仔，無賴子曰爛仔。子之少者曰儂，其最小者曰細儂兒。凡人之小者亦曰細儂。儂，吴語也，而不以自

〔一〕𡘫：原作「⿱人坐」。
〔二〕王：原誤作「主」，據《南史》改。

稱。至奴僕亦曰儂兒，又曰弟仔，間有呼爲賴者，言其主所賴也。僕婦曰儂兒婆，曰妹兒。小婢曰妹仔。謂平人曰獠，嶺北人曰外江獠。美人之貌曰威迷。游戲曰蕩蕩，而無理者曰浪蕩。各屬不同，而無不可曉也。其探贊以欺者曰高帽笠。乘人不備以欺者曰粧禽宿，曰粧背弓。狀物之盛者曰烘烘聲，語之低者曰渢渢聲，其他有意像聲音而無字可肖者類亦多矣。至於字之所異、音之所同，於聲韻之學頗有礙焉，如將與張、酒與走、狗與九、靡與匪、二與義、分與昏、昆與君之類。至有平仄相反而不知其非者。邇者粵閩邊徼漸習正音，户誦家絃，悉依《字典》，同文之治，聿昭海宇矣。《新語》增輯。

〔民國〕合浦縣志

【解題】廖國器主修，劉潤綱編纂。民國二十一年（一九三二）修。合浦縣，今廣西壯族自治區北海市合浦縣。「方言」見卷三《禮俗志》中。録文據民國三十一年（一九四二）鉛印本《合浦縣志》。

方言

孫北海曰：「廉州人作閩語，福寧人作四明語，海上相距不遠，風氣相關。」按廉語與閩語殊不類，如稱父曰大，稱母曰姐，稱祖曰吒，祖母曰媽，妻之父曰爹吒，妻之母曰爹奶，外祖曰外吒，外祖母曰外媽〔一〕。呼子曰崽，音宰。女曰妹崽。夫稱妻曰科姐，妻稱夫曰科大。弟曰弟郎，

〔一〕外：原在上句「吒」上。

呼子之子曰孫，伯叔呼姪亦曰孫。稱府縣胥曰老官，稱紳衿亦曰老官，稱兵曰老將。餘非正音居多。又其字之隨俗杜撰者，不可勝計。如穩爲坴〔一〕，謂似人之穩坐也。矮爲𡚸，謂矮而不高也。瘦爲奀，謂小而不大也。拴爲閂，謂門上加横木也。山爲𡶴，謂山能載物如大車也。至於士子行文，亦多怪體，以華作蕐，以悵作㤗，以聞作𨳇，以隣作僯。師以是訓其弟，父以此教其子，率因訛襲陋，如相傳衣鉢，不可改矣。

廉郡方言大概與省會相仿，其聲清婉而柔，合浦、欽州言語亦略相似，靈山多廣語。郡中間以福建、潮州土音，其音稍重而節略促，謂之海語。如謂我爲哎，俗謂之哎子，與興寧、長樂人音同。其餘各自相通矣。謂父曰爹曰爸。音巴。《南史》「湘東王〔二〕，人之爹」是也。母曰嫣。嫣者，母之轉聲，即母也。亦曰毑。音拿上聲。凡雌物皆曰毑，北風亦曰毑。謂蓋颶與瘴皆名母，故西北風亦曰母也。婦謂舅姑曰大人公，曰大人婆，亦曰家公、家婆。賈誼曰：「與公併倨。」《列子》曰「其家公執席」是也。謂子曰仔，凡物之小者亦曰仔。良家子曰亞官仔，無賴子曰爛仔。子之少者曰儂，其最小者曰細儂兒。凡人之小者亦曰細儂。儂，吴語也，而不以自稱。至奴僕亦曰儂兒，又曰弟仔，間有呼爲賴者，言其主所賴也。僕婦曰儂兒婆，曰妹兒。小婢曰妹仔。謂平人曰獠，嶺北人曰外江獠。美人之貌曰威迷。游戲曰蕩蕩，而無理者曰浪蕩。

〔一〕坴：原作「𡊅」。
〔二〕王：原誤作「主」。

各屬不同，而無不可曉也。其探贄以欺者曰高帽笠。乘人不備以欺者曰粧禽宿，曰粧背弓。狀物之盛者曰烘烘聲，語之低者曰風風水旁聲，其他有意像聲音而無字可肖者類亦多矣。至於字之所異、音之所同，於聲韻之學頗有礙焉，如將與張、酒與走、狗與九、靡與匪、二與義、分與昏、昆與君之類。至有平仄相反而不知其非者。邇者粵閩邊徼漸習正音，户誦家絃，悉依《字典》，同文之治，聿昭海宇矣。《新語》。

右採録《府志》。

按方言者，囿於一方，不能通行各地之謂。今於府志未及詳者，補著於篇。

父母曰爺孃。古《木蘭詩》：「不聞爺孃唤女聲。」《南史》：「侯景曰：前世吾不復記，惟阿爺名標。」遵義鄭珍《親屬記》曰：「爺，本止作邪。《宋書・王彧傳》：子絢六歲，讀《論語》『郁郁乎文哉』，外祖何尚之戲之曰：『可改邪邪乎文哉。』」以郁與彧同聲也。通作耶。杜詩「耶孃妻子走相送」，耶即邪字，隸形因加父作爺。孃與娘同，女良切，而《南史・竟陵王子良傳》：「子良曰：娘今何處，何用讀書？」〔一〕《北史・韋世康傳》：「世康與子弟書曰：娘春秋已高。」《隋書》太子勇語衛玉曰：「阿娘不與我好婦。」皆通用娘字，其相混蓋久。

父曰阿爹、阿爸。此府志所有。今考《玉篇》爹、爸、奢、爺皆訓父。爸，蒲可切，吴人呼

〔一〕「用」上原脱「何」字，據《南史》補。

父。鄭珍曰：「古讀巴如逋，即父之重唇音，遂作巴加父。俗呼父爲巴巴，或爲粑粑，或爲八八，並此字。」《太平御覽》五百九十八文部：戴良字文讓《失父零丁》曰「今月七日失阿爹」，與我、禍爲韻。《南史·梁始興王儋心旁傳》：「詔徵還朝，人歌曰：『始興王，人之爹。赴人急，如水火。何時復來乳哺我。』」荆土方言謂父爲爹，故云。韓退之《祭女拏文》「阿爹阿八」。鄭珍曰：「自來無注阿八者。退之行次十八，不得爲八。余謂阿八是拏女之母也。時俗呼父爲爹，母爲八，故退之云阿爹阿八，遣某祭拏耳。當時以有此稱，因造䰾字。《集韻》《類篇》：『䰾，母也。』其字不見於《玉篇》《廣韻》，則知䰾是唐人因八而製。王氏念孫《廣雅疏證》以《集韻》䰾字爲采《廣雅》譌文，蓋未知此。」《廣韻》：「爹，徒可切〔一〕，北方人呼父。」「陟邪切〔二〕，羌人呼父。」今人皆呼陟邪切〔三〕，蓋由晉宋間羌語轉入中國也。

母曰阿嬭。讀奴蟹切。今通作奶。俗呼乳曰奶，其聲切以耶、斜。嬰索乳即以名母，而嬭遂轉爲平聲。又古韻五支㜷，武移切，齊人呼母。李商隱撰《李賀小傳》言「阿㜷老且病」。黄香鐵《石窟一徵》：「母曰㚷子。讀如哀。」哀、奶古音同部，則嬭之轉平聲不止廉俗矣。

〔一〕徒：原作「屠」，據《廣韻》改。
〔二〕邪：原作「斜」。下同，據《廣韻》改。
〔三〕今：原作「今今」，衍一「今」字，今删。

祖父曰阿公。《吕氏春秋·孟冬紀》：「孔子之弟子從遠方來者，孔子荷杖問之曰〔一〕：『子之公，不有恙乎？』搏杖而揖問之曰：『子之父母，不有恙乎？』置杖而問曰：『子之兄弟，不有恙乎？』」蓋孔子以六尺杖，諭貴賤之等，辨親疏之義。《史記·外戚世家》：「封公昆弟，家於長安。」索隱曰：「公亦祖也。謂皇后同祖之昆弟。」《顔氏家訓》：「齊朝士子皆呼祖爲公。」《南史》何偃習戲呼顔延之爲顔公，延之以其輕脱，乃曰：「身非君家阿公，何以呼爲公？」

夫之弟曰阿叔。《爾雅》：「夫之兄爲兄公，夫之弟爲叔。」今通稱阿叔。《文選》任彦昇《奏彈劉整》文：「齊故西陽内史劉寅妻范詣臺訴〔二〕，列稱：出適劉氏二十許年，撫孤養弱，叔郎整常欲相害。」

夫之女弟曰小姑。《焦仲卿妻》詩：「新婦初來時，小姑始扶牀。」則小姑之稱甚古，不獨唐人詩之「未諳姑食性，先遣小姑嘗」也〔三〕。

子之妻曰新婦。連平人呼爲新鋪，廣州人呼爲心抱〔四〕，或謂即薪臼二字，言其操井臼薪水之勞，要皆新婦之雙聲疊韻字。新、心雙聲，婦、臼疊韻。

子之最幼者曰滿子。讀若晚。黄香鐵《石窟一徵》引何光遠《鑒誡録》：「陳裕詩：『滿

〔一〕荷：原作「倚」，據《吕氏春秋》改。
〔二〕陽：原作「臺」，據《文選》改。
〔三〕性：原誤作「味」。遣：原誤作「喚」。
〔四〕心：原作「新」，據下文「新心雙聲」改。

子面甜糖脆餅，蕭娘身瘦鬼嫦娥。』則以最幼子爲滿子，自五代時已然。」《戰國策》趙威后曰：「丈夫亦愛憐少子乎？」《陟岵》詩：「母曰予季行役。」季，少子也。母以少子行役，其心眷眷然形之語言。孃疼晚子不獨今人然也。

曾孫曰塞子。屈大均云廣州人呼曾孫爲塞，其實係息字。《尸子》：「棄黎老之言，用姑息之語。」注：「姑，婦也。息，小子也。」曾孫最小，故以息爲名。又《釋名》：「息，塞也。言物滋息此四字據畢秋帆本增塞滿也。」至曾孫則生齒繁矣，塞滿門户也。廉人稱曾孫曰塞，殆沿粵語。

頸曰頸莖，强項曰硬頸。《説文》：「頸，莖也。」《釋名》：「頸，俓也。俓，挺而長也。」今人呼曰頸莖。黄香鐵云：「硬頸，見《廣東筆記》。又《吴都圖經續記》：『章岵守蘇州，人目爲章硬頸。』」

牙齦之腔曰牙骹。《周禮·考工記》：「參分其股圍，去一以爲交骨旁圍。」先鄭云：「交骨旁，近牙者也。」牙交骨旁二字本此。

手指紋曰贏。《廣韻》：「咼肉旁，手指紋也。」咼肉旁，通作贏。《淮南子·本經》：「冠無觚贏之理。」注云：「贏，指端贏文之贏。」

身手之毛曰寒毛。《晉書·夏統傳》：「聞君之言，不覺寒毛盡戴。」《唐書·鄭從讜傳》〔一〕：「捕反賊，誅其首惡，皆寒毛惕伏。」

〔一〕 讜：原誤作「讜」，據《新唐書》改。

揖曰唱若口旁。讀如惹。《通俗編》云：「《宋書・恩倖傳》前廢帝言奚顯度刻虐，比當除之，左右因唱若口旁。」翟灝曰：「若口旁本古諾字。」

聲之急速者曰懸朴。《方言》：「懸朴，猝也。」郭注〔一〕：「急速也。」王懷祖云：「俗語狀聲響之急速者曰懸朴。」今廉州亦然。

聲之蜂擁而至者曰必栗剥落。《爾雅》：「毗劉，暴樂也。」「冥見旁矛髟頭，弗草頭離也。」郝蘭皋云：「暴樂，通作爆爍。爆爍之爲言猶剥落也。又變爲觱篥，亦作必栗。必栗猶别裂，其聲激楚，聽之如欲裂也。又變爲弗草頭離杷拉，此古方俗之語，不論其字，惟取其聲。」〔二〕

飲酒曰食酒。《漢書・于定國傳》：「食酒至數石不亂。」顔師古曰：「食酒，謂能多飲。」劉分文旁云：「《論語》：『沽酒市脯不食。』然則酒自可言食也。」廉俗凡飲酒多言食酒。

怒曰生氣。《國語》：「子犯曰：『未報楚惠而抗宋，我曲楚直，其衆莫不生氣。』」

竹筥曰籍箕。《詩・卷耳》：「不盈頃筐。」〔三〕馬瑞辰《傳箋通釋》云：「《説文》筐，飯器。筥，籍也。筥即稍竹頭箕之類。」今廉俗謂之稍竹頭箕。

笊籬曰撈籬。王貫山《説文釋例》云：「匴、籅二字下云：『录水旁米數竹頭也。』數竹頭下

〔一〕郭：原誤作「鄭」。

〔二〕其聲：原誤作「聲其」。

〔三〕頃：原誤作「項」。

云：『炊箕也。』炊箕，小淥米數竹頭，大其形則同，今謂之笊籬。案《廣韻》五支籬下注云：『爪竹頭籬。』《通俗篇》：「誰有閒錢補爪竹頭籬。《元曲選·石君寶秋胡戲妻》、高文秀《黑旋風》、鄭廷玉《後庭花》皆用此諺。」翟灝曰：「爪竹頭籬，見《唐書·安禄山傳》，楊萬里詩作瓜网頭離网頭。」

履法曰鞋爰木旁。吁券切〔一〕。《説文》木部：「爰木旁，履法也。」段注：「今鞋店之宣木旁也。」《玉篇》吁萬切。王懷祖云：「今人削木置履中以爲模範，謂之爰木旁頭。」廉俗謂之鞋爰木旁。

〔一〕吁：原作「呼」，據《説文解字注》改。

海南省 凡二十三種

〔民國〕海南島志

【解題】陳銘樞修，曾蹇纂。「語言」「民情風俗」見第三章《人民》中。録文據民國二十二年（一九三三）鉛印本《海南島志》。

語言

海南漢族語言，至爲繁複。大别之可分爲六，即瓊州語、儋州語、臨高語、客語、艇家語、海邊語六種。瓊山、文昌、澄邁、定安、瓊東、樂會、陵水、萬寧、感恩各縣人民所操語言，謂之瓊州語。就中雖因縣别而有微差，然大致可通，略似閩之漳、泉音。儋州語似普通正音，爲儋之王五、長坡一帶及崖縣城、昌江城人民所習用，土人稱之曰官話。海邊語爲儋縣沿海及感恩沿海居民所習用，其語似粤、官、客三種音混合而成者。臨高語最爲特别，與各語全不同，臨高縣北部之民用之，或謂似緬甸語。客語即粤之東、西、北三江之客籍人民移家來居者，散布於澄邁之大雲，儋縣之落居、海頭、那大，臨高之蘭洋、和舍，崖縣之三亞，定安之思河、陵水、萬寧交界之牛嶺等處。艇家語即粵省語，操是語者多聚居於崖縣之三亞港、儋縣之海頭港、昌江之昌江港，悉以刺艇爲業。總上六種語言，就中以操瓊州語者爲多。兹列表以較其異同。

海南語言比較表〔一〕

一：瓊州語ㄖㄚ入聲，重讀，儋州語ㄧ陽平，臨高語ㄧㄣ，客語ㄧ去聲，艇家語ㄖㄝ入聲，重讀。

二：瓊州語ㄋㄛ去聲，儋州語ㄜ入聲，重讀，臨高語ㄨㄣ，客語ㄫㄧ去聲，艇家語ㄧ去聲。

三：瓊州語ㄉㄚ，儋州語ㄙㄢ陽平，臨高語ㄉㄢ陽平〔二〕，客語ㄙㄢ，艇家語ㄙㄢ去聲。

四：瓊州語ㄉㄧ陽平，儋州語ㄙ，臨高語ㄉㄧ，客語ㄙㄧ去聲，艇家語ㄙㄟ陽平。

五：瓊州語ㄫㄛ去聲，儋州語ㄨ去聲，臨高語ㄫㄚ，客語上聲〔三〕，艇家語上聲。

六：瓊州語ㄌㄚ入聲，重讀，儋州語ㄌㄨ陽平，臨高語ㄙㄨ入聲，客語ㄌㄩ入聲，艇家語ㄌㄨ入聲。

七：瓊州語ㄕㄧ入聲，重讀，儋州語ㄘㄧ陽平，臨高語ㄙㄧ入聲，客語ㄘㄧ入聲，艇家語ㄘㄝ入聲，重讀。

八：瓊州語去聲〔四〕，儋州語ㄅㄚ陽平，臨高語ㄅㄨ入聲，客語ㄅㄚ入聲，艇家語ㄅㄚ入聲，重讀。

九：瓊州語ㄍㄠ上聲，儋州語ㄍㄧㄡ去聲，臨高語ㄍㄨ上聲，客語ㄍㄧㄡ上聲，艇家語ㄍㄠ上聲。

〔一〕原爲表格形式，今改。原表中列有「羅馬字母」一欄，今删。文中未注聲調者爲陰平。
〔二〕原表説明：「聲音發出後，須即將口唇閉合，使其餘音改由鼻孔透出。」本條客語、艇家語發音相同。
〔三〕此字原表羅馬字母注音爲 Ng。下艇家語注音相同。
〔四〕此字原表羅馬字母注音爲 Pŏi。

十：瓊州語ㄉㄚ入聲，重讀〔一〕，儋州語ㄕㄧ陽平，臨高語ㄉㄚ入聲，重讀，客語ㄕㄧ入聲，重讀，艇家語ㄕㄚ入聲。

耳：瓊州語ㄏㄧ去聲，儋州語ㄌㄨ去聲，臨高語ㄕㄚ，客語ㄫㄧ上聲，艇家語ㄧ上聲。

目：瓊州語ㄇㄚ入聲，重讀，儋州語ㄇㄨ陽平，臨高語ㄉㄚ入聲，客語ㄇㄨ入聲，艇家語ㄫㄢ上聲。

口：瓊州語ㄕㄨㄟ，儋州語ㄎㄠ去聲，臨高語ㄅㄚ入聲，客語ㄎㄡ上聲，艇家語ㄏㄠ上聲。

鼻：瓊州語ㄆㄧ，儋州語ㄅㄧ陽平，臨高語ㄉㄨㄥ，客語ㄆㄧ去聲，艇家語ㄅㄟ去聲。

民情風俗

稱謂：海南人民之稱謂，凡子女稱祖父曰公，祖母曰婆。祖之兄弟曰伯公、叔公，祖兄弟之妻曰伯婆、嬸婆。祖母兄弟曰外伯公、曰舅公，祖母兄弟之妻曰外伯婆、曰妗婆。謂父曰爹、曰爸，母曰娘、曰媽。孺子恐難養，則令稱母爲嫂，或曰姐、曰姩。音念，愛之至也。父之兄弟曰伯爹、叔爹，父之兄弟之妻曰伯姩、嬸姩。母兄弟曰外伯爹、曰舅爹，母兄弟之妻曰伯姩、妗姩。祖之姊妹曰姆婆、姑婆，祖之姊妹之夫曰姆公、姑公。父之姊妹曰姆、曰姑母，父之姊妹之夫曰姆爹、姑爹。謂兄曰哥，弟曰老弟。兄弟之妻曰嫂、曰嬸子、曰仔。子之婦曰新婦。子女及婢僕命名多

〔一〕原表說明：「聲音發出後須即將口唇閉合使其餘音改由鼻孔透出。」本條臨高語、客語、艇家語發音相同。

曰那某、亞某、奀音不某。未字者合稱曰儂。對人自稱亦曰儂。已字者按伯仲行次，男曰某官，女曰某娘。對長輩自稱曰仔、婦。

謂姑舅曰家婆、家翁。謂壻曰郎家。螟蛉之子曰養仔。盟好之子曰契仔。奴僕曰儂仔。奴僕之子曰家生仔。自稱亦曰仔。謂隨嫁老婦曰婢，男曰老僕。音如伯。婦人飼乳者曰乳媽。穩婆曰生儂婆。僱工曰阿婆。男子僱工曰伙仔。耕田者曰佃丁。稱田者曰地丁、曰園丁。租屋者曰家客。凡匠人均稱師傅。以上對人之稱謂也。

潮曰水，潮起則曰水大，潮落曰水乾。數梹榔曰幾言〔一〕。此對物之稱謂也。又各地對事物之稱謂間有不同，臨、儋則多倒置，如大哥則曰哥大，猪肉則曰肉猪。

〔民國〕海南島新志

【解題】陳植纂。「語言」見第七章《文化·風俗》中。録文據民國三十八年（一九四九）鉛印本《海南島新志》。

語言

本島漢族語言，極爲繁複。大别之可分爲瓊州語、儋州語、臨高語、客語、艇家語、海邊語

〔一〕言：似當作「口」。

等六種。瓊山、文昌、澄邁、定安、瓊東、樂會、陵水、萬寧、感恩等縣人民均操瓊州語，略與福建漳、泉音相似。各縣微有出入，大致相同。儋州語，頗與普通話相近，一般稱之官話，儋州之王五、長坡一帶及崖縣與昌江城内人民習用之。海邊語由粤、官、客三種音調混合而成，乃儋縣及昌江兩縣沿海居民所習用者。臨高語最爲特别，與各種語言完全不同，或謂與緬甸語頗相近似，乃臨高縣北部人民所習用者。客語與廣東東、西、北三江客籍人民所操語音完全相同，蓋本島客籍人民，分布於澄邁之大雲，儋縣之落居、海頭、那大，臨高之蘭洋、和舍，崖縣之三亞，定安之思河、陵水、萬寧交界之牛嶺等地，初由該處移入者也。艇家語，即廣東語也，凡聚居於崖縣之三亞港、儋縣之海頭港、昌江之昌江港内之船户，悉操此音。總上六種語言中，以操瓊州語者爲最多。兹列表如下，以覘其異同。

本島語言比較表〔一〕

一：瓊州語ㄖㄚ入聲，重讀，儋州語ㄧ陽平，臨高語ㄧㄣ，客語〔二〕，艇家語ㄖㄝ入聲，重讀。

二：瓊州語ㄋㄛ去聲，儋州語ㄜ入聲，重讀，臨高語ㄨㄣ，客語ㄫㄧ，艇家語ㄧ去聲。

三：瓊州語ㄉㄚ上聲，儋州語ㄙㄢ，臨高語ㄉㄢ陽平〔三〕，客語ㄙㄢ，艇家語ㄙㄢ去聲。

〔一〕 原爲表格形式，今改。原表中列有「羅馬字母」一欄，今删。文中未注聲調者爲陰平。

〔二〕 原表爲空格。

〔三〕 原表説明：「聲音發出後，即行閉口，使其餘音由鼻孔而出。」本條客語、艇家語發音相同。

四：瓊州語ㄉㄧ陽平，儋州語ㄙ，臨高語ㄉㄧ，客語ㄙㄧ去聲，艇家語ㄙㄟ陽平。

五：瓊州語ㄫㄛ去聲，儋州語ㄨ入聲，臨高語ㄫㄚ，客語上聲〔一〕，艇家語上聲。

六：瓊州語ㄌㄚ入聲，重讀，儋州語ㄌㄨ陽平，臨高語ㄙㄨ入聲，客語ㄌㄩ入聲，艇家語ㄌㄨ入聲。

七：瓊州語ㄕㄧ入聲，重讀，儋州語ㄘㄧ陽平，臨高語ㄙㄧ入聲，客語ㄘㄧ入聲，艇家語ㄘㄝ入聲，重讀。

八：瓊州語去聲〔二〕，儋州語ㄅㄚ陽平，臨高語ㄅㄨ入聲，客語ㄅㄚ入聲，艇家語ㄅㄚ入聲，重讀。

九：瓊州語ㄍㄠ上聲，儋州語ㄍㄧㄡ去聲，臨高語ㄍㄨ上聲，客語ㄍㄧㄡ上聲，艇家語ㄍㄠ上聲。

十：瓊州語ㄉㄚ入聲，重讀〔三〕，儋州語ㄕㄧ陽平，臨高語ㄉㄚ入聲，重讀，客語ㄕㄧ入聲，重讀，艇家語ㄕㄚ入聲。

耳：瓊州語ㄏㄧ去聲，儋州語ㄌㄨ去聲，臨高語ㄕㄚ，客語ㄫㄧ上聲，艇家語ㄧ上聲。

目：瓊州語ㄇㄚ入聲，重讀，儋州語ㄇㄨ陽平，臨高語ㄉㄚ入聲，客語ㄇㄨ入聲，艇家語ㄫㄢ上聲。

口：瓊州語ㄕㄨㄟ，儋州語ㄎㄠ去聲，臨高語ㄅㄚ入聲，客語ㄎㄡ上聲，艇家語ㄏㄠ上聲。

鼻：瓊州語ㄆㄧ，儋州語ㄅㄧ，臨高語ㄌㄨㄥ，客語ㄆㄧ，艇家語ㄅㄟ去聲。

〔一〕此字原表羅馬字母注音爲 Ng。下艇家語注音相同。

〔二〕此字原表羅馬字母注音爲 Pŏi。

〔三〕原表説明：「聲音發出後，即行閉口，使其餘音由鼻孔而出。」本條臨高語、客語、艇家語發音相同。

〔萬曆〕瓊州府志

【解題】歐陽璨、戴禧等修，陳於宸、蔡光前等纂。瓊州府，轄境包括儋州、崖州、萬州三州十三縣，府治今海口市瓊山區。「方言」見卷之三《地理志》中。録文據萬曆四十五年（一六一七）刻本《瓊州府志》。

方言

語有數種，有官語，即中州正音，縉紳士夫及居城所者類言之，鄉落莫曉。有東語，又名客語，似閩音。有西江黎語，即廣西梧州等處音。有土軍語、地黎語，乃本土音。大率音語以瓊山郡城爲正，使鄉落一切以此漸相染習，皆四通八達之正韻矣，尚得以胡黎雜語病之，然習以成俗，弗能易也。

〔乾隆〕瓊州府志

【解題】蕭應植修，陳景塤纂。瓊州府，轄境包括儋州、崖州、萬州三州十三縣，府治今海口市瓊山區。「方言」見卷一上《風俗》中。録文據乾隆三十九年（一七七四）刻本《瓊州府志》。

方言

瓊人語有數種，有官語，即中州正音，縉紳士大夫及居城廂者類言之。以郡城流寓者多，故語近正，鄉落莫曉。有東語，略似閩音。有西江語，似廣西梧州等處土音。又崖州有邁語，與廣州相似。要皆商賈遺胤也，故謂之客語。又有土軍語、地黎語，乃本地土音。大率音語以郡城瓊山爲近正，使鄉落州邑轉相傳習，則咸爲正音不難矣。

〔道光〕瓊州府志

【解題】明誼修，張岳崧纂。瓊州府，轄境包括儋州、崖州、萬州三州十三縣，府治今海口市瓊山區。「語音」見卷三《輿地·風俗》中。有道光二十一年（一八四一）刻本。録文據光緒十六年（一八九〇）補刻本《瓊州府志》。

語音

州城惟正語。村落語有數種，一曰東語，又名客語，似閩音；一曰西江黎語，即廣西梧、潯等處音；一曰土軍語，一曰地黎語，乃本土音也。黄《通志》。大率音語以瓊山郡城爲正，使鄉落一切以此漸相染習，皆四通八達之正韻矣。牛《志》。

有近古者，古人一年四時改火，以爲一年之終。今瓊西鄉音謂一年爲一火，音微。年盡謂之火死。音歹。瓊東鄉音謂年爲喜，或謂之化，化乃火之變音，是皆古俗語也。或問雜胡語，若今呼小帽爲古邏，繫腰爲答博是也。

城之鄙村則曰蠻子，村之鄙城則曰赤父。即古赤籍意。父母稱呼，貴賤各别。上户則稱官、稱娘，中户稱哥、稱嫂，下户則稱爹、稱嬭。廝僕發呼稱那、稱妳。城中指揮千户，人稱爺、稱奶，家稱衙。百户以下稱官、稱家。文職自兩京方面以上家稱大人、進士，郡邑以下則稱衙。稱楞執爲丁相〔一〕，多忌怒爲小相，慳鄙爲小輩，細陋爲小家，詰誰爲孥箇，詰何如爲子麼。他如下鄉外邑土語，則傍東而撇黎。黎語則虚上而實下。如鷄肉則曰肉鷄，縣前則曰前縣。儋語討則呼煦、與呼批〔二〕、困呼巴查。崖語要呼羅。萬語母呼些。惟郡城音俱適，間訛去韻入暮、梳韻入歌，考音叶巧，皆市井牙販舛習也。

凡子女稱祖父曰公，祖母曰婆，祖之兄弟曰伯公、叔公，祖兄弟妻曰伯婆、嬏婆，祖母兄弟曰外伯公、曰舅公，祖母兄弟妻曰外伯婆、曰妗婆。謂父曰爹、曰爸。《南史》「湘東王〔三〕，人之爹」是也。母曰娘、曰嫣。孺子恐其難養，則令稱母爲嫂，或曰姐、曰姩。音念，愛之至也。父之兄弟曰伯爹、叔爹，父之兄弟妻曰伯姩、嬏姩，母兄弟曰外伯爹、曰舅爹。母兄弟妻曰外伯姩、曰妗姩。祖之姊妹曰姆婆、姑婆，祖之姊妹夫曰姆公、姑公。父之姊妹曰姆、曰姑，母父之姊妹夫曰姆爹、姑爹。謂兄曰哥，弟曰老弟。兄弟之妻曰嫂、曰嬏。子曰仔，子之婦曰新婦。子女及婢僕命名多曰那某、亞某、奷音不某。未字者合稱曰儂，對人自稱亦曰儂，已字者按伯仲行次，男曰某官，女曰某孃。對長輩自稱曰仔。婦謂姑舅曰家婆、家翁，《列子》曰「家公執席」是也。

〔一〕楞：原作「枵」，據正德《瓊臺志》改。

〔二〕批：正德《瓊臺志》作「批」。

〔三〕王：原誤作「主」，據《南史》改。

謂壻曰郎家。螟蛉之子曰養仔，盟好之子曰契子，奴僕曰儂仔，奴僕之子曰家生仔，自稱亦曰仔。謂隨嫁老婦曰老婢，男曰老僕。音如伯。婦人飼乳者曰乳媽，穩婆曰生儂婆。僱工曰阿婆，男子僱工曰伙仔。耕田者曰佃丁，種地者曰地丁、曰園丁。租室者曰室客。凡匠人均稱曰師傅。潮曰水，潮起則曰水大，潮落則曰水乾。數檳榔曰幾口，陸倕謝安成王賜檳榔一千口是也。《通志》，參探訪册。

〔正德〕瓊臺志

【解題】上官崇修，唐胄纂。瓊臺，今海南省海口市瓊山區。「風俗」見卷七。録文據正德十六年（一五二一）刻本《瓊臺志》。

風俗

語有數種。州城惟正語。村落鄉音有數種，一曰東語，又名客語，似閩音。一曰西江黎語，即廣西梧、潯等處音。一曰土軍語，一曰地黎語，乃本地土音也。其儋、崖及生黎與疍、猺等人語，又各不同。又或間雜胡語，若今呼小帽爲古羅，系帶爲答博是也。

蓋土俗上户則稱官、稱娘，中户稱哥、稱姊，下户稱爺、稱嬻。厮僕發呼稱那、稱妚。城中指揮千户，人稱爹、稱奶，家稱衙。百户以下，稱官、稱家。文職，自兩京方面以上家稱大人、如北門李大人家、石橋林大人家之類。進士，郡邑以下則稱衙。如山頭石進士家、墩山陸知府家之類。稱楞執爲丁相，多忌怒爲小相，慳鄙爲小輩，細陋爲小家。詰誰爲孥箇，即吴音遐箇。詰何如爲子麽。叶嫣。他如下鄉外邑土語，則傍東而撇黎。黎語則虚上而實下。如鷄肉則曰肉鷄、縣前則曰前縣。討則呼煦，與呼批，困呼巴查。儋。耍呼羅。崖。母呼些。萬。惟郡城音言俱適，間訛去韻入暮、梳韻入歌，考音叶巧，皆市井牙販舛習也。

〔康熙〕瓊山縣志

【解題】王贄修，關必登纂。瓊山縣，今海南省海口市瓊山區。「方言」見卷一《疆域》中。録文據康熙四十七年（一七〇八）刻本《瓊山縣志》。

方言

瓊人語有數種，有官語，即中州正音，縉紳士夫及居城廂者類言之，以郡城流寓者多，故語近正，鄉落莫曉。有東語，略似閩音。有西江黎語，似廣西梧州等處土音。又崖州有邁語，與廣州相似，要皆商賈遺胤也，故謂之客語。又有土軍語、地黎語，乃本地土音。大率音語以郡城瓊山爲近正，使鄉落州邑轉相慕效，則咸爲正音不難矣，其如習俗不易變何？

〔咸豐〕瓊山縣志

【解題】李文烜修，鄭文彩等纂。瓊山縣，今海南省海口市瓊山區。「方言」見卷二《輿地志》中。録文據咸豐七年（一八五七）刻本《瓊山縣志》。

方言

瓊人語有數種，有官語，即中州正音，縉紳士夫及居城廂者類言之，鄉落莫曉。有東語，略似閩音。有西江黎語，似廣西梧州等處土音。又崖州有邁語，與廣州相似。要皆商賈遺裔也，故謂之客語。又有土軍語、地黎語，乃本地土音。大率音語以郡城爲近正。舊志。

繞郛人家所言者，俗謂之客語。東北一帶都圖語音與郡城同，西南一帶都圖居石地者，盡言黎語，其不居石地者，黎音十之四，客音十之六。客音止一派，黎音分多種，非習聽者少有能解。新增。

〔民國〕瓊山縣志

【解題】徐淦等修，李熙等纂。瓊山縣，今海南省海口市瓊山區。「方言」見卷二《輿地志》中。録文據民國六年（一九一七）刻本《瓊山縣志》。

方言

瓊人語有數種，有官語，即中州正音，縉紳士夫及居城廂者類言之，鄉落莫曉。有東語，略似閩音。有西江黎語，似廣西梧州等處土音。又崖州有邁語，與廣州相似。要皆商賈遺裔也，故謂之客語。又有土軍語、地黎語，乃本地土音。大率音語以郡城爲近正。舊志。

繞郭人家所言者，俗謂之客語。東北一帶都圖語音與郡城同，西南一帶都圖居石地者，盡言黎語，其不居石地者，黎音十之四，客音十之六。客音止一派，黎音分多種，非習聽者少有能解。新增。

〔康熙〕澄邁縣志

【解題】高魁標修纂。澄邁縣，今海南省澄邁縣。「方言」見卷一《疆域·風俗》中。録文據康熙四十九年（一七一〇）刻本《澄邁縣志》。

方言

語有數種。澄多閩人寄居，語類閩音者曰客語，土音者曰黎語，近海蛋人客、黎音參半者曰蛋語，官語惟縉紳士夫及居城市者能言之，鄉落莫曉。

〔嘉慶〕澄邁縣志

【解題】謝濟韶修，李光先纂。澄邁縣，今海南省澄邁縣。「方言」見卷一《地理志·風俗》中。録文據嘉慶二十五年（一八二〇）刻本《澄邁縣志》。

方言

語有數種。澄多閩人寄居，語類閩音者曰客語，土音者曰黎語，近海蛋人客、黎音參半者曰蛋語，惟縉紳士夫及居城市者能官音，鄉落莫曉。

〔光緒〕澄邁縣志

【解題】龍朝翊等修，陳所能等纂。澄邁縣，今海南省澄邁縣。「方言」見卷一《輿地・風俗》中。録文據光緒三十四年（一九〇八）刻本《澄邁縣志》。

方言

語有數種。澄多閩人寄居，語類閩音者曰客語，土音者曰黎語，近海蛋人客、黎音參半者曰蛋語，惟縉紳士夫及居城市者能官音，鄉落莫曉。

〔萬曆〕儋州志

【解題】曾邦泰等纂修。儋州，今海南省儋州市。「言語」見《天集・民俗志》中。録文據萬曆四十六年（一六一八）刻本《儋州志》。

言語

華言者寡，近村落略似閩、黎、真，鴃舌之音莫可解。

〔民國〕儋縣志

【解題】彭元藻修，王國憲等纂。儋縣，今海南省儋州市。「習俗」見卷二《地輿志》中。録文據民國二十五年（一九三六）鉛印本《儋縣志》。

習俗

州話共有數種。

一曰軍話。與南省官話正音相同，而聲韻頗長，此乃五代前士夫以軍戍儋，遂相傳習，故名軍話。城市皆通行〔一〕。

二曰鄉話。字平聲，言則仄。字仄聲，言則平。惟入聲字，仍照仄言。此乃由高州、梧州傳來，故今聲調頗異，而與高、梧人言皆通。蓋外人來儋，惟高、梧人爲先且多，故其言傳徧鄉間也。

此二種爲州中言語之大宗，而鄉話爲廣，通鄉話者不必定通軍話，而通軍話者必定兼通鄉話。蓋軍話僅行於城市，而鄉話則通行里巷。里巷多而城市少，非通鄉話不能與往來也。

此外，近黎者則言黎話，近臨高者則言臨高話，來自吴川者則言吴川話，來自潮、嘉者則言

〔一〕城：原作「成」。

潮、嘉話，來自瓊、文者則言瓊、文話。話多不同，然居鄉必定兼通鄉話，居城市必定兼通軍話、鄉話。鄉其鄉，固不能不言其言也。前續志。

〔康熙〕樂會縣志

【解題】程秉慥纂修。康熙二十六年（一六八七）修。樂會縣，今海南省瓊海市。「風俗」見卷一《地理志》中。録文據清鈔本康熙《樂會縣志》。

風俗

土俗稱呼尤重官字，僕婢稱主，幼則稱官、稱娘，中則稱官爹、官姩，老則稱官公〔一〕、官溇，再老則稱公祖、稱溇祖。唤僕那，唤婢奷。考《字彙》無此奷字，流俗不知何處造來〔二〕，可採〔三〕。平等相遇，老稱公，幼稱儂，同儕稱兄。佃人田者爲佃户。

〔宣統〕樂會縣志

【解題】林大華纂修。樂會縣，今海南省瓊海市。「方言」見卷二《輿地略》中。録文據宣統三年（一九

〔一〕稱：據體例補。
〔二〕知：原誤作「如」。
〔三〕採：原誤作「株」。

（一一）石印本《樂會縣志》。

方言

父母稱呼，貴賤各别。上户則稱官、稱娘，中户則稱哥、稱嫂，下户則稱爹、稱媽。子女稱祖父曰公祖，祖母曰漊祖。祖之兄弟曰伯公、叔公。祖兄弟妻曰伯漊、嬸漊。祖母之兄弟曰外伯公、曰舅公。祖母兄弟妻曰外伯漊、曰妗漊。

稱父曰爸，《南史》「湘東王〔一〕，人之爹」是也。母曰娘、曰媽。孺子恐其難養，則令稱母爲嫂，或曰姐、曰姩。父之兄弟曰伯爹、叔爹。父之兄弟妻曰伯姩、嬸姩。母之兄弟曰外伯爹、曰舅爹。母之兄弟妻曰外伯姩、妗姩。

祖之姊妹曰姆漊、姑漊，姊妹夫曰姆公、姑公。父之姊妹曰姆、曰姑母。父之姊妹夫曰姆爹、姑爹。

謂兄曰哥，弟曰弟。兄弟之妻曰嫂、曰嬸。子曰仔，子之婦曰新婦。子女及婢僕命名多曰那某、亞某、妚某。未字者均稱曰儂，對人自稱亦曰儂。已字者按伯仲行次，男曰某官，女曰某孃。對長輩自稱曰仔。婦謂翁姑曰家翁、家漊，《列子》曰「家公執席」是也。謂婿曰郎家。

螟蛉之子曰養仔。盟好之子曰契子。同庚曰庚兄弟。同庚子曰世兄。換帖曰如兄弟。

〔一〕王：原作「主」，據《南史》改。

業師曰先生、曰老師、曰老夫子。謂門生曰友兄、曰賢弟。對窗友曰硯弟、曰社弟。對同鄉稱仁兄，自稱鄉愚弟。對朋友中後輩通稱世講。

奴僕曰儂仔。奴僕仔之子曰家生子，自稱亦曰仔。謂隨嫁老婦曰老婢，男曰老僕。婦人飼乳曰乳媽。穩婆曰生儂婆。女子傭工曰阿婆。男子傭工曰伙仔。耕田曰田丁。種地曰地丁、園丁。租室曰室客。買田曰業户。凡匠人均稱師傅，道士亦曰師傅。醫生曰先生。

其語音無數種，或謂東語，又謂客語，似閩音。或曰土軍語，又曰地黎語，乃本土音也。大率語音皆邑屬四通八達之正韻矣。

〔乾隆〕會同縣志

【解題】于煌等修，楊縉銓纂。會同縣，今海南省瓊海縣。「言語」見卷二《地理・風俗》中。録文據乾隆三十八年（一七七三）刻本《會同縣志》。

言語

會同有二，有官語，有客語，與漳潮相類。鄉落通言之官語，或雜土音，非正韻孰能齊也。

〔嘉慶〕會同縣志

【解題】陳述芹等纂修。會同縣，今海南省瓊海市。「言語」見卷二《地里·風俗》中。有嘉慶二十五年（一八二〇）刻本。録文據民國十四年（一九二五）鉛印本嘉慶《會同縣志》。

言語

會同有二，有官語，有客語，與漳潮相類。鄉落通言之官語，或雜土音，非正韻孰能齊也。

〔民國〕感恩縣志

【解題】周文海修，盧宗棠等纂。感恩縣，今海南省東方市。「風俗」見卷一《輿地志》中。録文據民國二十年（一九三一）鉛印本《感恩縣志》。

風俗

感語有三種，曰軍語、客語、黎語。軍語與正音相通。客語似閩音，瓊屬最多，此語惟人殊地異，腔口互有不同耳。黎語與黎峒相似而稍别。

按十所羅帶、居龍，八所小嶺、福玖、那悦、蘇屋、白奥、雍興以及上下名山等村，均説軍語。城廂及南北各村，皆説客語。黎語惟那斗、那傑、福臨、抱穴、陀乍、生旺、浩壁、陀興諸村而已。清季有儋州人遷居白井、文質等村，其人皆説儋語，故又有儋州語一種。新增。

〔康熙〕陵水縣志

【解題】高首標纂修，潘廷侯訂補。不分卷。陵水縣，今海南省陵水黎族自治縣。「風俗」見《地理志》中。有康熙二十七年（一六八八）刻本。録文據清鈔本康熙《陵水縣志》。

風俗

語有三種，有土語，有黎語，有官語。

黎語間有能言者，官語則男婦、兒童悉能之言語之〔一〕。

〔乾隆〕陵水縣志

【解題】瞿雲魁纂修。陵水縣，今海南省陵水黎族自治縣。「風俗」見卷一《地輿志》中。録文據乾隆五十七年（一七九二）刻本《陵水縣志》。

風俗

語有三種，土語、官語、黎語。

〔一〕言：原作「音」。

能黎語者百之一，能官語者十之V〔一〕，土語與他州縣略同。

〔乾隆〕崖州志

【解題】宋錦修，黄德厚纂。崖州，今海南省三亞市崖州區。「風俗」見卷八《風土志》中。録文據乾隆二十年（一七五五）刻本《崖州志》。

風俗

方語有六種：曰官語，即中原正音，州城七坊言之，其始皆中原人或仕宦或商賈家於崖，故其語猶存。曰邁語，音與高、涼、東莞相似，附城五廂及東西里言之。曰客語，與閩音相似，永寧鄉保平里及西六里言之，與郡語同。曰番語，所三亞里言之。曰地黎語，黄流及黎伏里言之，與崖黎語相似，俗傳其先本黎人，後化爲民，語音猶未盡變也。曰黎語，東西岐黎言之，亦互有異同。

〔光緒〕崖州志

【解題】鍾元棣修，張嶲等纂。光緒二十七年（一九〇一）修，三十四年（一九〇八）補訂，未刊。崖州，

〔一〕V：即羅馬字「五」。

今海南省三亞市崖州區。「風俗」見卷一《輿地志》中。録文據民國三年（一九一四）鉛印本《崖州志》。

風俗

崖語有六種：曰軍語，即官語正音，城内外三坊言之，其初本内地人仕宦從軍來崖，因家焉，故其音語尚存，而以軍名。曰邁語，音與廣州語相似，附城四廂及正三亞里、椰根里言之。曰客語，與閩音相似，永寧里、臨川里、保平里及西六里言之，與郡語同。曰番語，所三亞里言之，即回語。曰儋語，儋人隸籍者言之，與邁語相似。曰黎語，東西黎言之，互有異同。參舊志。